史全伟◎著

风范

共和国开国将帅的故事

中国出版集团　现代出版社

图书在版编目（CIP）数据

风范：共和国开国将帅的故事 / 史全伟著 . -- 北京：现代出版社，2022.6
ISBN 978-7-5143-9929-5

Ⅰ. ①风… Ⅱ. ①史… Ⅲ. ①军事家－生平事迹－中国－现代 Ⅳ. ①K825.2

中国版本图书馆CIP数据核字(2022)第103202号

风范：共和国开国将帅的故事

作　　者：	史全伟
总 策 划：	吴良柱
图书策划：	刘燕红工作室
责任编辑：	裴　郁　张　瑾
出版发行：	现代出版社
通信地址：	北京市安定门外安华里504号
邮政编码：	100011
电　　话：	010-64267325　64245264（传真）
网　　址：	www.1980xd.com
印　　刷：	三河市宏盛印务有限公司
开　　本：	710mm×1000mm　1/16
印　　张：	34.25　　　　　字　数：525千字
版　　次：	2022年6月第1版　印　次：2022年6月第1次印刷
书　　号：	ISBN 978-7-5143-9929-5
定　　价：	79.80元

版权所有，翻印必究；未经许可，不得转载

目　录

朱　德 / 001

  寻找自己的"新生命" / 001

  "度量大如海，意志坚如钢" / 010

  前人栽树，后人歇凉 / 013

  言传身教诠释"广大群众的代表" / 017

  总司令也是普通一兵 / 023

  破除裙带关系的榜样 / 032

  吃、穿、住、行自奉清俭 / 034

  "我要的是革命接班人，不要孝子贤孙" / 037

  "不要宣传我" / 042

  最后的党费 / 045

彭德怀 / 048

  一餐一饭彰显人格风范 / 048

  怕老百姓骂娘 / 057

  "小题大做" / 062

风　范

最怕"出名" / 065

"要多为战士们想想" / 070

"小气"和"大方" / 076

"我是共产党员，为什么看到党受损失不去说话？" / 082

关爱烈士子女的"严父" / 085

刘伯承 / 092

"共产党人要活到老、学到老" / 092

"我并没有过人之处，只不过是比别人细心些罢了" / 098

爱兵惜兵 / 103

"己身正，不令而行" / 107

严守群众纪律的典范 / 110

"世界上谦逊的人中最谦逊的人" / 115

心血浇灌常青树，今朝桃李满天下 / 120

帅门家风 / 128

贺　龙 / 134

70次找党 / 134

心甘情愿做好配角 / 140

"要用兵，就要爱兵" / 145

运用"活教材"讲生动党课 / 149

公私分明，顾大局 / 153

浑身闪耀着党性的光辉 / 156

"依靠自身努力，做有用之人，行大义之事才是根本" / 162

陈 毅 / 165

"一喜有错误，痛改便光明" / 165

"我要为众人，营私以为羞" / 171

"满招损，谦受益；终日乾乾，自强不息。" / 177

尊重爱护知识分子 / 180

对待干部的严格与厚道 / 188

国际交往中的恢宏气度和谦谦君子之风 / 194

宽严相济的家风 / 197

罗荣桓 / 204

生命不息，学习不止 / 204

坚持实事求是原则的老实人 / 210

遵循耐心说服原则的光辉典范 / 215

战士和干部的贴心人 / 223

以自己的模范行动作为无声的命令 / 226

春风化雨，循循育人 / 234

徐向前 / 241

为亡妻"调工作" / 241

"六亲不认"的大官 / 244

爱兵如子 / 248

"有损于党的形象的事，咱不干" / 254

"布衣元帅" / 258

关怀革命老区人民 / 263

风 范

聂荣臻 / 266

    彰显残酷战争中的人道主义光辉 / 266

    与老百姓同舟共济、生死与共 / 270

    "聂荣臻是个厚道人" / 274

    清廉朴实,绝不特殊 / 278

    科学工作者的勤务员 / 282

叶剑英 / 289

    "剑胆英武" / 289

    革命的"清官" / 291

    "叶师长不会反对我们" / 295

    "吕端大事不糊涂" / 297

    以他人之忧为己忧 / 300

    急人民所急,虑人民所需 / 302

    三回故居显风范 / 307

    "攻城不怕坚,攻书莫畏难" / 311

    "以己之退,促党的事业之进" / 315

粟 裕 / 318

    3次"斗胆直陈" / 318

    二让司令,一让元帅 / 326

    教子"10字"秘籍 / 332

    令人景仰的优良作风 / 338

    负重进取 / 342

目 录

徐海东 / 346

  生命不息、奋斗不止的"中国夏伯阳" / 346

  坚守崇高的党性 / 352

  淡泊名利，3次"让官" / 358

  最好的共产党员 / 362

黄克诚 / 366

  "党内夸刚正，人推黄克诚" / 366

  "节约标兵" / 377

  "调查研究时要蹲下来，沉下去，不能浮躁" / 386

  抓党风、查问题"不怕撕破脸皮" / 391

陈　赓 / 394

  不贪恋高官厚禄，不改共产党人志向 / 394

  党性高于一切 / 400

  严于律己，宽以待人 / 406

  真心实意地尊重知识，爱护人才 / 410

  树学习典型，真情育人 / 417

谭　政 / 422

  "他不是争个人的署名权，而是争一个清白！" / 422

  谭政就是"坦正"，一生坦正 / 426

  "不论走到哪里，都要模范遵守党的纪律" / 432

风　范

肖劲光 / 436

  矢志不渝的初心和坦荡无私的胸怀 / 436

  作风民主，对人宽容 / 443

  "遇着困难就要勇敢地去克服它" / 449

  严于律己，孜孜不倦 / 452

张云逸 / 457

  坚持原则、"懂经济的军事家" / 457

  "有大海容人之量、高山仰止之德" / 462

  "对待普通群众的态度是一个严肃的政治问题" / 470

罗瑞卿 / 474

  坚持"三不"原则 / 474

  "把我放在这个位置上，我就要负这个责任" / 478

  写在墙上的"家教" / 483

  "我今年72岁，要当27岁过" / 485

王树声 / 490

  严以修身、严以用权、严以律己的"普通一兵" / 490

  爱憎分明 / 496

  胸襟宽广 / 500

许光达 / 505

  坚强的革命意志 / 505

"一定要找到党，决不能半途而废！" / 508

离别 10 年情不移 / 513

"共产党人自身的明镜" / 520

清白传家 / 523

普通一兵，普通一民 / 528

后　　记 / 532

主要参考文献 / 533

朱 德

寻找自己的"新生命"

在革命战争年代,加入中国共产党是一件极其危险的事情,意味着个人不但要面对无数艰难困苦,而且要舍弃自身利益甚至牺牲生命。然而,在那血雨腥风的黑暗之中,朱德为了追求理想,舍弃了高官厚禄,义无反顾地加入共产党的行列。他投身革命时表现出的百折不回和坚定信念以及为实现心中理想而体现出的坚忍意志与奋斗精神,是共产党人永远的精神财富。

1886年12月1日,朱德出生于四川省仪陇县一个贫苦佃农家庭。由于世代贫困,朱德家祖祖辈辈没有一个识字的人,饱受了没有文化的苦痛。朱家几房人决心省吃俭用,送一两个孩子去念书,近一点儿说,可以为家里抵挡税吏、差役的欺侮和"帮助家里打打算盘";远一点儿说,期望今后能改变朱家的生活和地位。这样,朱德6岁时被送到私塾读书。在陆续换了几家私塾后,从10岁起,朱德随塾师席国珍学习。席国珍字聘三,知识渊博,思想开明,富有正义感。席先生为朱德取学名"玉阶"。朱德在席先生的私塾断断续续地读到1904年。席先生的良好教育不但为他后来喜欢读书、爱好作诗打下了良好基础,更重要的是,在席先生的启蒙、引导和现实生活的教育下,他的幼小心灵萌发了朴素的爱国主义思想,有意识地关心国家的前途和民族的命运。

1905年,在席先生的劝说下,家人同意朱德到顺庆府上新学堂,并且东挪西借筹措了一笔钱,供他读书时使用。朱德在顺庆府新学堂就读只有一年时间。他在这里学到了许多救国的道理,也开始接受科学的教育。这一年既是他从学习旧学到新学的转变,也是他接受"读书不忘救国"进步思想的开端,是他一生中思想发展的第一个重要转折。这时,朱德同社会各方面的交往也多起来了。当他得知成都新建立了一批学堂,便决意到成都上学。1907年春,朱德考入四川高等学堂附设体育学堂后,在学校秘密传阅中国同盟会的机关报《民报》,继续接受民主革命思想的熏陶。这时,他不仅感到清政府专制、腐败,还明确地认识到要"推翻清皇帝,建立一个好的国家"。

1908年春,接受了两年新式学堂教育的朱德回到仪陇县立高等小学堂任体育教习兼庶务。他在这里任教一年多,与新应聘来的教师积极提倡新学新办,大胆地向学生灌输新文化、新思想。他回忆说:"那时新旧思想冲突得很厉害。我们抱了科学民主的思想,想在家乡做点事情,守旧的豪绅们便出来反对我们。""我开始了反对封建主义的真正斗争。"一年下来,他对社会上新旧势力的斗争、政治上各种阴谋压迫都有了新的认识,觉得教书不是一条生路,便下定决心去云南,投笔从戎。

1909年2月,23岁的朱德背井离乡步行70多天,满怀求知的渴望奔赴云南陆军讲武堂。临行前,他奋笔疾书,立下救国誓言:"志士恨无穷,只身走西东,投笔从戎去,刷新旧国风。"从巴山蜀水到千里迢迢的云南高原,朱德迈出了一生追求光明、追求中华民族解放的第一步。这一特殊的人生历程造就了朱德积蓄力量、勇往直前的英雄气概。

1911年8月,朱德从讲武堂毕业,授少尉军衔,被派到新编陆军第十九镇蔡锷手下当副班长,不久任排长。通过不断与蔡锷交往,朱德的革命民主主义思想更加成熟。在辛亥革命时期的云南起义中,在反对袁世凯称帝的护国战争和护法战争中,朱德驰骋疆场,战功卓著,在军中有很高的威望,成为当时远近闻名的滇军名将。

时任滇军旅长的朱德虽然拥有高官厚禄,却对黩武争权日益感到厌倦,在战事间隙开始冷静地思索过去几年的经历。自己本来是抱着救国救民之心参加革命，但从军以来，多年征战，看到的总是同自己愿望相背离的另一种局面：许多"真正的革命者有的灰心了，有的被赶跑了，纵然想要继续努力，为创造一个中华民族的民主共和国而奋斗，但他们迷失方向了"。包括他自己在内，都陷入了一种怀疑和苦闷的状态，在黑暗中摸索而找不到真正的出路……

真正使朱德的思想发生重大转折的是1919年的"五四运动"。"五四运动"的浪潮把大量传播新思想、新文化的书刊带进了中国西南地区。朱德从这些书刊中接触到马克思主义、无政府主义等各种思潮，大大地打开了眼界。他对这些新思潮产生了浓厚的兴趣。他在朋友孙炳文的帮助下，开始用一种新的眼光去探寻中国的前途。

孙炳文，四川南溪人，是朱德妻子陈玉珍的舅父，但比朱德只大一岁。他于辛亥革命前夕加入京津同盟会，参与过密谋刺杀摄政王载沣的活动。1912年，他毕业于京师大学堂预科，担任过《民国日报》的主笔。1917年，朱德驻军南溪时同孙炳文相识，二人一见如故，结为知己。1918年1月，孙炳文受朱德之聘，赴泸州担任旅部咨谋。孙炳文的到来，对改变朱德的人生道路起了重要的推动作用。从1919年下半年起，朱德和孙炳文经常埋头在书斋里，一起阅读《新青年》《每周评论》《新潮》等传播新思潮的刊物，讨论他们所共同关注的问题。革命道路问题是他们经常讨论的中心话题。朱德开始感到以往的革命之所以最终没有取得成功，"一定是在某个根本性的问题上出了毛病"。俄国十月社会主义革命的成功，引起了朱德的注意。当他从书刊中看到那些介绍苏俄新社会制度的文章时，兴奋不已。他特别赞赏《苏俄劳动法典》中提到的"不劳动者不得食"的原则，认为只有在中国实行这种原则，才有可能使人民摆脱压迫和苦难。虽然朱德还没有明确地找到根本解决中国问题的出路，但是，他通过把自身的经历同苏俄的现实进行比较，开始朦胧地感到有必要学习苏俄的新式革命理论和革命方法来从头进行革命。

这时，朱德的阅读范围是相当广泛的，接触到的思潮也相当驳杂。许多互不相容的思想，在他头脑里却兼收并蓄地混在一起，一时难以分辨清楚。为了寻找救国救民的道路，朱德和他的朋友们进行了长时间的认真讨论，但是，限于环境的束缚，讨论只能限于口头的空谈。希望与失望，追

7月初，朱德在北京宣武门外的一所宅院见到了阔别近两年的孙炳文。朱德在孙炳文的陪同下，游览了古都北京。当孙炳文问朱德对北京的印象时，朱德说："北京就像一个臭气熏天的粪坑，封建主义的味道特别浓厚。旧官僚、军阀正在这里玩弄权术，把中国待价而沽。"孙炳文问："北京与上海有什么不同？"朱德心情十分沉痛地回答："北京和上海的区别，就在于一个是封建的、没落的、腐朽的，一个是殖民地式的、丑陋的、罪恶的。中国已破烂不堪了！"几天后，孙炳文陪同朱德乘北去的火车到张家口、归绥（今呼和浩特）、大同等地参观。一路上，孙炳文向朱德谈起了铁路、煤矿工人不堪忍受资本家的残酷剥削和压迫，不断地闹工潮，工潮的声势越大，军阀和资本家们就越恐慌。孙炳文还告诉朱德，他的好朋友李大钊在前一年参与组织了一个新党——中国共产党。这个党与国民党不同，是代表工人阶级利益、代表贫苦大众利益的。孙炳文说，这个党的党纲就是反对封建军阀鱼肉人民，反对帝国主义列强瓜分中华，号召劳动人民在共产党的领导下，夺取全国政权，实行无产阶级专政。朱德越听越感兴趣，当即表示："这是个好党，一定要找到。我也想加入，你能介绍我和李大钊见面吗？"不巧的是，当时李大钊去南方了。不久，朱德得知共产党负责人陈独秀在上海，便和孙炳文启程去上海。

正值酷暑，朱德和孙炳文顶着似火的骄阳，迎着炙人的热浪到了上海。恰好这时，金汉鼎也到了上海。金汉鼎也对朱德说："有个最新消息，中山先生最近从广州来到上海，听说我们在这里，他很想见见面，你看如何？"朱德立即说："当然要见！中山先生是我仰慕已久的革命领袖，一定要去晋见！"孙中山比朱德大20岁，是朱德从青年时代就十分景仰的革命先驱。孙中山这次来上海，是因为6月间，他所依靠的粤军将领陈炯明在英帝国主义和直系军阀的支持下发动了叛乱，他被迫离开广东，经香港来到上海，处在十分困难的境地，正谋划如何夺回广州，重建共和政府。

这天，朱德、金汉鼎等来到孙中山的寓所拜访孙中山。孙中山非常热情地接待了来客。孙中山握着朱德的手说："你就是蔡锷麾下的勇将朱德！早已闻名，你们都是讨袁护国的有功之臣！"接着，孙中山向朱德等人讲述了陈炯明在广州叛变的经过。孙中山提出，要朱德和金汉鼎回到已移驻广西的滇军中去，组织滇军到广东攻打陈炯明，并答应先付给军饷10万元。

朱德虽然同情孙中山此时的处境，但10多年的亲身经历，使他对孙中山希望借助一部分军阀的力量去打击另一部分军阀的做法已不再相信。朱德表示自己已决心出国学习，婉言谢绝了孙中山的要求。孙中山又向他建议，如果要出国学习，不如到美国。朱德诚恳地回答："我们愿意到欧洲是因为听说社会主义在欧洲最强大。""欧洲已经出现了新的社会力量，也许对我们更有好处。"临别时，孙中山紧握朱德的手，说："革命前程远大，虽然各人志向不同，道路不同，但都是为了中华民族的复兴和强盛。好自为之吧！"金汉鼎则当场答应了孙中山的请求，并表示立即动身去广西，动员滇军参加讨伐陈炯明之战。

几天后，朱德在上海闸北的一所房子里见到了中国共产党中央执行委员会委员长陈独秀。面对这位令人心生崇敬的共产党主要领导人，朱德把自己报考云南陆军讲武堂、参加护国战争和护法战争的前后经过都讲了出来，明确表示到上海寻找共产党、要求加入共产党的愿望。

起初，陈独秀十分认真地听朱德讲述少年时期的贫穷生活，但当他得知朱德是滇军中的一名旅长时，脸色骤变，双眉蹙在一起。在一阵难耐的沉默之后，陈独秀说："要参加共产党的话，必须以工人阶级的事业为自己的事业，并且准备为它献出生命。像你这样的旧军队的高级将领，需要长时间的学习和真诚的申请，要以工人阶级的世界观为自己的世界观。"朱德应道："尽管我是一名军阀部队的军官，但我的部队是纪律严明的，是不骚扰百姓的，我愿意加入共产党。"随后又是沉静。中共确实需要发展优秀人士参加进来，但在计划中的中共组织发展之中，确实没有想到要发展军阀队伍中的人，何况是军官，这是个棘手的事。陈独秀看看朱德，狠狠吸了一口烟，顺手摁灭烟头，调整了思绪，问朱德："你是国民党员了。共产党与国民党是有区别的，你知道区别在哪里吗？"朱德铿锵有力地回答："如果为了个人的享受，我就不会来找共产党了，我可以回到军阀部队中去，可以成就个人的功名利禄，但我正因为要抛弃这些，为国家和民族的利益而奋斗，所以，我才选择了共产党！"陈独秀看着朱德，又一次沉默起来。过了一会儿，陈独秀起身，踱到书架前，抽出几本书，交给朱德，摆摆手，说："共产党是极为严密的组织，与国民党不同，不是申请一下或者经人劝说就可以加入的。我们现在发展党员，都是在一起共事，参加革命活动，经过考验，认为合格才发展的，共产党员必须有坚定的革命意志，必须经受严峻斗争的考验，而且，这样的考验不是一个很短的时间，而应该是长时间的。我觉得，像你这样的身份，还是回到旧的军队去起积极的作用比较好，站在国民党那儿帮助革命也是一种办法，何必非要参加到中国共产党中来呢？"陈独秀喝了一口茶，示意朱德喝茶。朱德吃了一惊，显然，这是送客的姿态。

陈独秀的回答让朱德感到非常的痛苦，后来，他回忆说："我当时感到十分的绝望、混乱。我的一只脚还站在旧的秩序里面，而另一只脚却不能在新的秩序中找到立足之地。"

朱德没有因陈独秀的拒绝而对共产党失去希望和信心，他已经认清学习马克思主义是自己唯一的出路，去国外研究共产主义和寻找拯救中国道路的计划仍然不变。9月初，朱德与孙炳文登上法国"安吉尔斯"号邮轮，离开上海。经一个多月的航行，10月中旬，船抵法国马赛。当天，他们乘火车去巴黎。

在巴黎停留期间，朱德和孙炳文住在一个中国商人的家中。十分眷念故土的房主有空就请二人介绍祖国发生的事情，自己也热情地讲述巴黎的情况。一天，房主告诉朱德，听说一些到法国留学的青年学生组织了一个叫"共产党"的团体，闹起了革命。说者无意，听者有心。经再三打听，朱德得知这个组织的负责人叫周恩来，此时去了德国柏林，虽暂时还不能回来，但知晓了周恩来在柏林的住址。这意外的消息点燃了朱德和孙炳文寻找共产党的希望之火。他们决定去柏林，找周恩来。

一天，朱德与孙炳文循着街道，瞅着门牌，谨慎地核实号数，怀着忐忑不安的心情，小心翼翼地轻轻叩响了房门。门开时，一位身材挺拔、眉清目秀、眼睛炯炯有神的年轻人走了出来。他便是周恩来，看上去二十五六岁，举止文雅，待人热情。

进屋后，周恩来亲切地问："请告诉我，有什么事需要我帮助你们？"一句温暖的询问顿时驱散了朱德心头的重重顾虑。他面对这个比自己小12岁的年轻人，没有在已拉过来的椅子上就座，而是端端正正地站着，激动地说明了自己的身份和经历：怎样逃出云南，怎样会见孙中山，怎样在上海被陈独秀拒绝……他将多时的委屈和肚子里的苦衷和盘托出，特别讲述了这次来欧洲学习就是为了寻找革命道路，寻找自己新的生活方式。他提出自己的要求,恳切希望加入中国共产党,并表示一定会努力学习和工作,只要不再回到旧的生活中去,派他做什么工作都行。

周恩来聚精会神地听着,不时在笔记本上记录着。他被朱德异乎寻常的经历和执着的追求深深感动了。两位来客把经历和想法说完,周恩来微笑着表示:"我愿意介绍你们加入中国共产党。在你们的入党申请未得到国内党组织批准以前,可以接收你们为候补党员。"朱德和孙炳文上前握住周恩来的手,激动得喜泪横溢,许久才说:"恩来——同志!"

周恩来帮朱德和孙炳文找好住处,朱德就以"候补党员"的身份旁听参加党组织的学习讨论会,会后由党组织安排专人帮助学习。11月,经中共旅欧支部负责人张申府、周恩来介绍并经国内党组织批准[①],朱德和孙炳文光荣地加入了中国共产党。周恩来把这一喜讯告诉二人时,特别叮嘱:"你们加入中国共产党的事,一定要严格保密、不能张扬。这是革命斗争的需要,对外不要公开共产党员身份,因为像你们这样具有社会背景的人,便于团结更多的人。"朱德后来回忆说:"从那以后,党就是生命,一切依附于党。"朱德与孙炳文牢记周恩来代表党组织的嘱咐与要求,积极参加党组织的活动,执行"宣传主义、吸收同志"的任务,刻苦学习马克思主义理论,主动参与社会实践。朱德终于从旧时代中、从困惑和矛盾中拔出无处落脚的腿,双脚站立到了新的时代里。

朱德在《回忆我的母亲》中写道:"母亲是一个平凡的人,她只是中国千百万劳动人民中的一员,但是,正是这千百万人创造了和创造着中国的历史。我用什么方法来报答母亲的深恩呢?我将继续尽忠于我们的民族和人民,尽忠于我们的民族和人民的希望——中国共产党,使和母亲同样生活着的人能够过快乐的生活。这是我能做到的,一定能做到的。"朱德在确立马克思主义信仰、树立为共产主义事业奋斗的崇高理想后,无论面对什么样的艰难险阻和重大挫折,始终没有动摇,越是危难关头,他越是信念坚定,把自己的全部精力和才能毫无保留地献给了共产主义事业,直到生命的最后一刻。

---

① 引自《朱德传》《朱德年谱》和《陈独秀传》。

"度量大如海，意志坚如钢"

1935年6月，红一、红四方面军在懋功会师后，中央政治局在两河口举行会议，通过了北上抗日的决定。会师后，张国焘看到红一方面军减员严重，自恃兵强马壮，便打起了恃强夺权的如意算盘。8月初，红军总部决定将两个方面军重新编组，分左、右两路军北上，左路军由红军总司令朱德、总政委张国焘、总参谋长刘伯承率领。

9月初，左路军到达阿坝地区，进入草地后，被南北流向的噶曲河挡住了前进的道路。渡过噶曲河，只要走三五天就可以与毛泽东、党中央会合，但张国焘借口河水上涨，说部队过不去，在噶曲河停止不前。朱德亲自到噶曲河边，派警卫员潘开文下河测估河水的深浅。潘开文骑马蹚过了河，又返回来。虽然当天下了一点儿雨，河水涨了一些，但最深的地方也不过齐马肚子，队伍是完全可以通过的。面对这种情况，朱德多次提出部队过河北上，可张国焘总是按兵不动，拒绝率部过河向右路军靠拢。

张国焘置朱德、刘伯承的反对于不顾，重新布置左路军的行动，坚持他的南下主张。9月10日凌晨，中共中央得知张国焘背着中央电令右路军南下、企图分裂和危害中央的情况后，为贯彻北上方针，避免红军内部可能发生的冲突，果断决定率红一方面军主力先行北上。

因为张国焘严密封锁消息，一时也搞不清楚是怎么一回事，对此，朱德对夫人康克清说："情况一时弄不清楚，我们只有一条，坚信毛泽东和党中央。如果不是出于必要，他们是不会这样做的。"在朱德过去的革命生涯中，曾经历无数的坎坷和困难，但从来没有像这次那样心情沉重。两大红军主力会合3个月后，就这样分离了，这完全是张国焘对抗中央、分裂红军造成的恶果。这里还有由几万指战员组成的红四方面军一部，还有编入左路军的红一方面军的部队官兵和其他同志，不能把他们丢给张国焘不管。这样，只剩下一种选择：留下来，跟着这支队伍，哪怕遇到再多的艰难曲折，也要把它最终带回到党的正确路线上来。

此时，张国焘大造反对党中央的舆论，并组织了对朱德的围攻。他先派人同朱德谈话，要朱德写反对中央北上的文章，朱德予以坚决拒绝；他又开会攻击中央北上是"逃跑主义"，鼓吹南下。接着，一些人跟着起哄，要朱德当众表态，诸如"同毛泽东向北逃跑的错误划清界限""反对北上，拥护南下"等。朱德稳稳地坐在那里，不予理睬。张国焘说："总司令，你可以讲讲嘛，你对这个问题的认识怎样？是南下，是北上？"朱德这才从容地说："党中央北上抗日的方针是正确的。现在，日本帝国主义侵占了我国的东三省，我们红军在这民族危亡的关头，应当担起抗日救国的责任。北上决议，我在政治局会议上是举过手的，我不能出尔反尔。我是共产党员，我的义务是执行党的决定。南下是没有出路的！"会场气氛更加紧张。有人冲着朱德喊："既然你拥护北上，那你现在就走！快走！"朱德说："我是中央派到这里工作的。既然你们坚持南下，我只好跟你们去。"看到一部分人这样蛮横地攻击朱德，刘伯承挺身而出，说："现在不是开党的会议吗？你们怎么能这样对待朱总司令！"这样一来，一些人又把攻击目标转移到刘伯承身上。刘伯承和朱德一样表明了拥护中央北上方针的坚定立场。

阿坝会议没有使朱德、刘伯承屈服。张国焘又以各种名义召开大大小小的会议，不断攻击党中央，鼓吹只有南下才是真正的进攻路线。他和他的追随者给朱德施加压力，甚至谩骂朱德是"老糊涂""老右倾"和"老顽固"。但朱德很沉着，任你怎么斗，怎么骂，总是一言不发，像不沉的"航空母舰"。等对方斗完、骂完，朱德才不慌不忙地同他们讲道理。

有一次，张国焘等人在会上造谣："他们（指党中央）走的时候，把仓库里的枪支、弹药、粮食，还有一些伤员，统统放火烧了。"朱德立刻愤然地说："这纯粹是谣言！从井冈山开始，毛泽东就主张官兵平等，不准打人、骂人，宽待俘虏，红军的俘虏政策就是他亲定的，对俘虏还要宽待，怎么会烧死自己的伤员？过草地，干粮还不够，动员大家吃野菜，怎么会把粮食烧掉？这种无中生有的谣言，是别有用心的人制造出来的！"驳得张国焘面红耳赤，无言以对。

10月5日，张国焘在卓木碉召开高级干部会议，公然宣布另立以他为首的"临时中央"。在张国焘的煽动下，一些人你一言，我一语，责备和埋怨中央的气氛达到了高潮。这时，张国焘得意扬扬，要朱德表态。朱德语重心长地说："大敌当前，要讲团结嘛！天下红军是一家。中国工农红军在党中央统一领导下,是个整体。大家都知道,我们这个'朱毛',在一起好多年,全国、全世界都闻名。要我这个'朱'去反'毛',我可做不到呀!不论发生多大的事,都是红军内部的问题,大家要冷静,要找出解决办法来,可不能叫蒋介石看我们的热闹!"徐向前后来回忆说:"朱德同志坚决反对另立'中央',对张国焘也起了有力的制约作用。朱德总司令在党和红军中的巨大声望,人所共知。也只有他,才能同张国焘平起平坐,使张不敢为所欲为。自从张国焘另立'中央'起,朱德同志就和他唱对台戏。他同张国焘的斗争,绝不像'左'倾教条主义者那样,牙齿露得越长越好,而是心平气和,以理服人,一只手讲斗争,一只手讲团结。我去红军总部汇报时,曾不止一次见过他同张国焘谈论另立'中央'的问题。他总是耐心规劝张国焘,说你这个'中央'不是中央,你要服从党中央的领导,不能另起炉灶,闹独立性。张国焘就劝朱德同志出面,帮他做党中央的工作,要中央承认他的'中央'是合法的,是全党的唯一领导。两人的意见,针锋相对,谁也说不服谁,但又不妨碍商量其他军事行动问题。"

卓木碉会议后,朱德的处境更加艰难,和刘伯承住在一起,他们像被软禁了一样,不得不做万一不测的准备。由于朱德和刘伯承在红军中享有极高的威望,红一方面军留下来的指战员和红四方面军徐向前等许多同志都关心他们,张国焘始终不敢对他们采取极端手段。不久,刘伯承被调到红军大学工作,实际上解除了他的总参谋长职务,朱德则被派到前方部队。对此,朱德虽然很气愤,但想到自己还没有将部队带上北上的征途,凡事必须往大处着想,便安慰刘伯承先忍耐。

朱德的战马从长征开始就忠心耿耿地跟随主人,十分健壮,也通人性,可是一天半夜被张国焘的手下拉走,活活宰杀,煮着吃了。康克清知道后抑制不住悲伤,要去张国焘那里问个究竟,却被朱德拦住了。朱德说,张国焘杀马是向我们挑衅,如果我们找他,必定要争执,这正中他的下怀,他会借口我们和他不团结,把我们支走,好让左路军归他一个人领导。

尽管朱德以大局为重,不断忍让,但张国焘对他的排挤不断升级,甚至连中央文件也不给他看,封锁消息,想让他当个"冷板凳"总司令。朱德的宽阔胸怀和刚柔韧性在这个时候表现得特别清晰,无论怎样遭受陷害、排挤、冷落,就是不离开左路军,铁下心要将左路军带上北上的征途。这是责任!

张国焘反党活动的升级使部队受到很大影响,广大干部战士思想十分混乱。一些不明真相的人火上浇油,会上会下散布流言,制造矛盾,挑拨两个方面军之间的关系,这样,使本来已经复杂的形势更加严峻。随左路军行动的红一方面军指战员中,有的提出单独北上,去找党中央;有的甚至气愤地说:如果张国焘要拦我们,就跟他干!大敌当前,党的团结、红军内部的团结是党和人民的最大利益所在。朱德深刻地认识到这一点。在他有了同部队接触的机会时,就来看望这些指战员,为了避免因擅自行动导致局面更加严峻,他耐心地教育大家:"我们一定要坚持真理,坚持斗争,坚决拥护中央北上抗日的路线,但要有正确的斗争方法,要顾全大局,维护红军的团结。只有加强全体红军的团结,才能克服一切困难,争取革命事业的胜利。搞分裂活动的只是张国焘少数几个人,眼前的曲折总是能克服的。"在朱德的开导下,大家隐忍下来,增强了信心,并在事实上成为牵制张国焘的重要力量。

朱德还利用各种机会同红四方面军的干部战士接触、谈心。他以平易近人的作风、恢宏凝重的态度、循循善诱的谈话,赢得了广大指战员的尊重。就是一些一时不明真相、当面辱骂过他的人,也逐渐改变了态度,对他十分爱戴。

在这段最艰难的时期,朱德既坚持了高度的原则立场,又不轻率地采取任何决裂的做法,始终同广大红军指战员一起,以争取进行说服教育的机会。朱德坚决反对张国焘分裂党的行径,对于张国焘肆意妄为形成了有力制约,并最终促成了红军三大主力在陕北的胜利会师。对此,毛泽东曾评价朱德"临大节而不辱",并挥毫题词:"度量大如海,意志坚如钢。"

前人栽树,后人歇凉

红军长征中的困难既有来自国民党军队围追堵截的军事压迫,也有来自雪山草地等恶劣自然条件的艰难险阻,还有来自部队缺乏补给的饥饿窘迫。面对这些困难,朱德总是带领部队千方百计地加以克服。

1936年4月，朱德率红军总部驻在康北炉霍县境。康北是以藏族人民为主的藏汉杂居地区，是一片平均海拔3000米以上的高原，气候寒冷，地广人稀，对部队的生存发展极为不利。红四方面军原来不打算在这一带久留，只想在筹集必要的粮物后即刻北上。这时，红二、红六军团北上的消息传来。为了策应其北进，红四方面军决定在这一地区停留下来。为了这个目的，是要付出相当大的代价的。朱德和红军坚持在康北高原地区整整4个月，这是异常艰苦的4个月。由于严重缺粮，部队生活十分困难，很多指战员因长期吃不到蔬菜，患了雀蒙眼，也就是夜盲症。患了这种病的指战员一到傍黑，眼睛就不管用，有人放着大路不走，偏往烂泥坑里跳；有人竟然把一群群乌鸦看成了敌人的骑兵，错报了敌情。朱德等首长虽然也想方设法用一些偏方医治这种病，但效果都不理想。在当时缺医少药的情况下，最有效的治疗方法就是多吃青菜。如何解决部队的吃菜问题，成了当务之急，为此，朱德号召部队多挖野菜吃，只要有条件，还要自己种菜。

好在正值初夏，地里长满了野生植物，绿油油的，一望无边。当时，每个红军指战员一天的粮食只能分配到3至5两，只好采野菜充饥，但是，许多指战员没有食用野菜的经验，吃了野菜，不少指战员头昏脑涨、上吐下泻，病倒了，甚至有人误食有毒的野草而身亡，由此也造成了广大指战员的恐慌，有人宁愿饿着肚子，也不愿去挖食野菜。

情况严峻！总部首长动员大家积极想办法解决问题，身为总司令的朱德为此专门成立了一个"野菜委员会"，并亲自领导。朱德请来了通司（即一些少数民族地区对译员兼向导的称呼）和几个老百姓，询问这一带有什么可以吃的野菜。他们比比画画地介绍了许多野菜的形状和名称。朱德立即组成了一个由炊事员、饲养员和警卫员等10余人组成的野菜调查小组。经过半天工夫，调查小组认准了十几种可以吃的野菜，挖了几口袋，背回宿营地。当晚，炊事班加酥油炒了几样野菜，请大家品尝。同志们齐声叫好："这下可有办法了！"

第二天，朱德让各单位派来代表，组成了40多人的采野菜大队。前一天参加野菜调查小组的人，这天当起了"野菜推广介绍员"。朱德亲自带队，浩浩荡荡地开到了草原上。这一次战绩更加辉煌，发现了更多的不知名的野菜，而检验的方法是靠眼睛来分辨野菜煮后的色泽，或靠舌头品评味道。

为了更好地指导部队识别野菜，朱德还安排同志们在采集野菜时将整棵挖回，分类整理好，用水滋养起来。

在朱德的提议下，一个别致的野菜展览会隆重开幕了。60多种形状各异的野菜第一次如此神气地成了展览品。官兵们睁大了眼睛，像相媳妇似的从头到脚端详它们的模样。在场的何华章后来回忆说：朱总司令面前放着一张长桌子，上面摆着一簇簇野菜和杂草。这是讲什么课呢？大家一时猜不明白。这时，朱总司令讲话了，他说："同志们！今天，我不讲军事，也不讲政治，就讲点儿植物常识。"他慈祥地笑了笑，说，"目前的处境很艰苦，还得有段时间用野菜来维持生活。可是野菜不能乱吃，吃错了会中毒的，现在不是有许多同志就中毒了吗？吃野菜是为了生存下去，所以为了革命，我们得学会吃野菜。"总司令的声音特别洪亮，他首先拿起几束能吃的野菜，一样样地向大家讲解：这叫东苋菜，这叫马齿苋，这是苦菜，这叫灰条草……然后，他又拿起另外几束粗看起来有点儿像东苋菜和灰条草的野菜，告诉大家："这些都是毒草，不能吃。"每讲到一种植物，他都把手里拿着的标本举得高高的，唯恐后边的同志看不清。他讲得很仔细，有些不常见的植物，都一一指出它们的特征，反复讲解，并把一些不知名的野菜命名为"革命菜"。他从早晨一直讲到了太阳当头，再三叮嘱大家："千万记住，不要搞错了。只要大家不出错，身体不出问题，我们就能度过这段艰苦的日子。"

参观完野菜展览，朱德向红军指战员讲话："野菜是个宝，有了它就饿不死人了！这就解决了我们面临的大问题，野菜加上油盐顶蔬菜，把它掺在饭里就顶粮食吃。它为我们准备过草地北上，提供了一个解决吃饭问题的办法。我号召大家都上山去挖野菜……"

与此同时，朱德还号召部队，如果有条件，就要自己动手种菜。

6月初的一天，朱德叫警卫员买来了菜籽，又从老乡那里借来了一张木犁，套上骡子，在驻地墙外的一块空地上亲自扶犁耕作了起来。有战士看到总司令那么大年纪了，日夜操劳，还亲自扶犁耕地，心里过意不去，就要代他犁地。他告诉战士们，自己耕地、种菜都是内行，并坚持把地犁完了。第二天，朱德又叫警卫员借来了几把锄头，和大家一起把地整好，撒下菜籽，又用脚踩了一阵子，浇了头遍水，这才回去休息。此后，朱德每天都早起晚睡，细心察看菜地的情况。小苗出土后，他亲自浇水，细心管理。

有同志搞不清楚，为什么朱总司令那么辛苦，还要亲自种菜，就去问他身边的警卫战士，得到的答案是，总司令说："同志们得了夜盲症，主要是吃不到青菜，缺乏一种维生素，蔬菜里就含有这种东西。要治好这种病，就得多吃一些蔬菜。有了蔬菜，也能以菜代粮。要解决吃菜问题，就得自己种啊。干什么事，领导要带头，领导一带头，大家就会跟着做。"就这样，在朱德的带动下，部队很快就掀起了种菜热潮。

半个月后，朱德种的菜冒芽出土了，齐刷刷的，绿油油的，鲜亮极了。不料这时候，总部下达命令，说部队过几天就要开拔前往甘孜。这天傍晚，朱德招呼警卫员说："过几天，我们要出发到甘孜与红二、红六军团会合了。明天，咱们把菜地施一些肥，浇一次透水。"警卫员听说要出发，对朱德亲自种的菜地有些留恋和惋惜，嘴上答应了，行动上却磨磨蹭蹭的，一边找水桶，一边小声嘟囔："总司令，我们拔点儿青菜吃吧！"朱德听后，马上阻止说："不，不能拔！菜苗还小，拔了太可惜了！"第二天，警卫员又提议："好容易种了点儿菜，马上又要出发，还是拔几棵尝尝吧！"朱德听后，和颜悦色地说："不能拔。我们吃不上，有啥子关系嘛！我们走了，还有后续部队来这里驻，留给他们吃吧！"停了一会儿，他接着说，"就是我们的部队不在这里驻扎，还可以留给老乡们吃嘛！"警卫员听了，还是没有完全想通，仍然站在一旁不动。朱德走上前去，轻轻地拍了拍警卫员的肩膀，亲切而耐心地说："小同志啊，我们共产党人，做事要有前人种、后人收，前人栽树、后人歇凉的精神。咱们今天干革命，挨冻受饿，流血牺牲，为了什么？还不是为了给千百万人民以及我们的子孙后代谋幸福？这就是我们共产党人和一般人不一样的地方。我看你这个小脑瓜里还多少有点子不好的东西哩！走吧，先跟我去浇水。至于道理嘛，晚上躺下了再慢慢想。"俗话说，话不说不明，理不讲不通。警卫员听朱德这么一说，心中豁然开朗，爽快地提起水桶，高高兴兴地向菜地跑去。

不久，朱德这番感人肺腑的话就传遍了部队。大家深受教育，出发时，都自觉地把自己辛勤耕种的菜地移交给了后续部队。朱德种的菜地移交给了前来驻防的红三十一军某营。该营李教导员看着这片管理得很好的菜地，感慨地说："我们接收后，一定要好好管理，像总司令那样，想部队所想，急全军所急。"自此以后,后续部队的同志也都在驻地动手种起了菜,不仅解决了自己的吃菜问题,治疗了患有夜盲症的干部战士,还在一定程度上为当地群众解决了生活困难。

言传身教诠释"广大群众的代表"

朱德在《八路军抗战二周年》一文中总结了八路军抗战两年来的经验。他明确指出,凡是党政军民团结一致的地方,凡是民众运动有成绩的地方,我们就能取得胜利。晋察冀边区、晋冀豫边区和晋绥边区之所以成为华北抗战的坚强堡垒,靠的就是这些。朱德的言传身教,使在他身边工作的干部战士日益深切地领悟到,共产党、八路军是为群众奋斗的,也只有依靠群众才能取得胜利,因此,必须时刻想着群众,帮助群众,爱护群众。

1939年春天,八路军第一一五师第六八七团驻扎在山西省潞安府以西20里的西大营休整。这天,朱德来部队做军事报告。傍晚,他外出散步,看见一个战士在和老百姓争吵。朱德走过去问:"同志,怎么和老乡吵起来了?"

"借个东西用用,他就是不借!"战士气呼呼地回答。

"同志,好好地讲,不能和老乡吵架呀!"

战士没见过朱德,上下打量了一番,看他衣着和普通战士没什么两样,以为不过是个老八路,就没理睬,继续和老乡赌气。

这时,朱德耐心而严肃地说:"向老百姓发脾气是不对的。我们是革命军人,和老百姓是鱼和水的关系……"

"你是谁呀?"本来就在气头上的战士有点儿不耐烦地说。

"我是朱德。"

说话间,一位团长跑过来,向朱德行了一个军礼:"总司令,怎么一个人出来散步呀?"

这个战士恍然大悟,吃惊地叫出声来:"啊!您是总司令!"

第二天,吃完早饭,朱德问团长:"昨天那个和老乡吵架的战士害怕了吧?"

"是啊，他昨晚上说了一夜梦话，什么'我错了'呀，什么'我要受处分'呀……今天连早饭都没心思吃了……"

"怎么不早告诉我？赶快把他找来，我和他谈谈，就什么事也没有了。"朱德没等团长把话说完，便催促道。

这个战士怀着惶恐不安的心情，在朱德屋门外犹豫了好久，才硬着头皮进去。他以为朱德会发脾气，给他处分，但进屋后，朱德亲自给他倒了一杯水，请他坐在自己身边。战士惭愧地说："总司令，我错了，今后一定改。处分我吧。"朱德笑了，和蔼地说："知错就改，这就是好同志，今后可不能对老乡耍态度。记住，我们的一切都是人民给的，有事情要和群众商量着办，不能强求……"

朱德和风细雨般讲的这些话，让这个战士深受教育，明白了和老百姓鱼水情深的道理，也没有了心理负担。

当时，八路军总部驻在太行山西麓的武乡县王家峪。由于粮食不足，部队只好采食驻地的榆树皮和榆树叶。朱德发现把老乡的榆树采得太厉害，便对司务长说："老乡们的生活也很苦，我们采光榆树，老乡们吃什么？"司务长听后，就带着战士们去寻找野菜，把榆树叶留给乡亲们。

1939年麦收时节，一队八路军在一个村边行进，骑着马走在前面的是一个营长。这时，一位大娘背着一大捆麦子艰难地从对面走来，与营长擦身而过。营长仍然骑在马上，没事似的往前走。

朱德正好路过，将这一幕全看在眼里，粗重的眉毛拧到一起，摇了摇头，快步上前拦住了马头，略带怒气地问那个营长："你担任什么职务？"

营长不认识面前的拦路人，上下打量他，见他的灰军装已洗得发白，戴的单帽是用棉帽改的，以为是一位老战士，就毫不在意地说："我是营长。"

朱德又问："你现在的任务要紧吗？"

营长望着这位表情庄重的老同志，仿佛感觉到了什么，连忙跳下马，说："不十分要紧。"

朱德听后，用手指着大娘说："那么，你让队伍前头走，拉着你骑的马到村里套个车，帮大娘把地里的麦捆都拉回家去。"

营长遵从了老同志的话，帮大娘把麦子拉回了家。

事后，这个营长才知道老同志就是朱德总司令，不由得心里十分紧张。

几天后，朱德亲切地找他谈话："你见老大娘背着麦捆那么吃力，自己却骑着马不下来，是不对的。我们当干部的，只要有点空儿，有一分力量，就要尽量帮助群众。要特别注意自己的作风，事事要为群众树立一个好的榜样，决不能损害八路军在人民群众中的形象。"

营长听后连连点头，并响亮地保证说："总司令，我今后一定要设法帮助群众，做一个受人民热爱的子弟兵！"

1939年的一天，总政治部的天星剧团来武乡县砖壁村里演出。傍晚，剧团在村里临时搭起了简易舞台，前面"一"字排开摆放了许多矮凳、圆木和砖石，等待朱德和其他首长前来观看演出。

天黑下来后，大家陆续入场，朱德也兴高采烈地走了进来。他环顾会场，发现坐在场内看戏的全是部队的干部、战士，没有一个老百姓，不解地向值班岗哨询问。战士回答："我们是刚从前线回来的三八六旅的战士，对村上的人不太熟悉，为了首长和大家的安全，就只让部队人员入场了。"

朱德听后，马上去找民运科长，耐心地对他说："毛主席常常教导我们，每到一地都要爱护群众，关心群众，和群众打成一片。咱们的总部设在这里，平时给老百姓添了很多麻烦，现在剧团来演出，却不让老百姓来看，你说合适吗？"

民运科长一听，觉得这样做确实不利于军民团结，便遵照朱德的要求，很快把村里的人请过来一同看戏。这时，朱德又亲自安排十几位上了年纪的大爷、大娘坐在前几排的位置，笑着说："你们年岁大了，离台子近才能看好、听好。"他刚刚安排好老人，又转身去招呼抗日小学的老师，让把儿童团的队伍也带到前边来。

一切都安排好了，大家聚精会神地看节目。而朱德自己呢，悄悄走到后面，找了个位置和战士们坐在了一起。

中国抗日战争进入相持阶段，由于日本侵略军的疯狂进攻和"扫荡"，加上国民党顽固派的军事包围和经济封锁，使中国共产党领导的抗日民主根据地的财政经济发生了极为严重的困难。为了战胜困难，坚持抗战，中共中央号召根据地军民自己动手，艰苦奋斗，开展生产自救。在倡导大生产运动中，朱德提出了著名的"南泥湾政策"，经党中央同意后，亲自组织力量贯彻执行。当时的南泥湾一片荒凉，野兽出没，人迹罕至。朱德带领几个人翻山越岭，进行了实地勘探和研究。1941年3月，第三五九旅开赴南泥湾实行军垦屯田。其后，朱德又多次到南泥湾视察，向官兵们讲述"屯田政策"的意义，勉励大家自己动手，丰衣足食。经过官兵们的共同努力，终于使南泥湾变成了"陕北的江南"[①]。

1943年10月初，南泥湾一片金黄，处处是成熟的谷子和高粱。朱德和其他几位首长从延安出发，去南泥湾视察大生产情况。警卫团派一个尖刀班在前面开路。山道弯弯，时隐时现。走着走着，一块谷地挡住了去路。从地形可以看出，这儿原来是一片山草地，路从草地中间穿过，可能是大生产运动中，农民们把这片山地开垦出来，种了庄稼，使原来笔直的人行小道拐了4个直角弯。如果绕着走，要多走一里多路。考虑到首长时间宝贵，而且谷地里已被人踏出了一条小路，尖刀班打算从谷地里直穿过去。谁知前面几名战士刚踏进谷地，就被从后面赶上来的朱德叫住了。他翻身下马，走到站在谷地里的几名战士跟前，严肃地问："怎么能从老乡的地里走？学过《三大纪律，八项注意》没有哇？"见战士们低头，认识到了错误，他的语气变得温和起来，"《三大纪律，八项注意》不仅要会唱，还要照着做。革命的军队，不论什么时候都要记住：不能损坏老百姓的庄稼。"他让站在地里的战士回到埂上，见地里的谷子一根未倒，便顺着田的边沿一指，说："从这儿绕过去吧。"于是，尖刀班在前，总司令等首长随后，沿着地的边沿拐了4个弯，绕过了被谷地拦断了的小路，继续前进。

1947年5月至1949年3月，朱德在西柏坡生活工作了近两年的时间。1948年夏季的一天，朱德从西柏坡出发去视察刚落成的水电站。来到离河坊村不远的河边，朱德发现河里有两只鸭子在水草和芦苇丛中时隐时现。朱德爱打猎，以为是野鸭子，就停下车，从警卫员手中接过枪，一甩手，"叭叭"两枪，两只鸭子应声毙命。警卫员乐呵呵地捡起鸭子正要上车，一个老大娘哭喊着跑了过来："你们为什么打俺家的鸭子？"

朱德见状，说声："坏了，不是野鸭子！"忙从车上跳下来，向老大娘

[①] 引自陈友群《总司令的经济观：朱德对我国经济建设的创见》(《中共党史研究》，1994年第5期)。

赔礼道歉，"老人家，实在对不起！我以为是野鸭子呢。我们赔你钱，赔你钱！"

警卫员问老大娘："你要多少钱？"

"一只20块，两只40块！"老大娘说。

朱德马上付钱，并把鸭子留给了她。

朱德走后，一个看热闹的年轻人问老大娘："两只鸭子，你就讹人家40块钱？你知道那老头儿是谁？"

"管他是谁，打死俺的鸭子就得赔！"

"那是朱总司令！"年轻人说。

"啊！是朱总司令？你这浑小子怎么不早说！"老大娘慌了。

下午，当朱德的车返回路过河坊村时，司机看到那个老大娘一只手提着鸭子，一只手举着钱在路上拦车。

"他们说你是朱总司令。我老太婆有眼不识泰山，两只鸭子算什么，不该让你赔钱呀！"老大娘不待车停稳，就边说边忙不迭地把鸭子和钱往车上塞。

朱德赶紧跳下车，说："损坏老百姓的东西就得赔，这是我们的纪律，一定得赔！"好说歹说，朱德若不肯收下鸭子，老大娘就不让开车。朱德看了看表，时间不早了，就说："好，好，我们收下。"

车一开动，朱德打开车门，把鸭子和钱扔了下来，并说："老人家，我们有纪律，一定得赔！"

朱德习惯称自己是"广大群众的代表"。他认为，既然代表群众，就首先要成为群众的一员，和群众心连心。艰难困苦的战争年代自不必说，即便在和平建设时期，条件好了，地位高了，朱德仍时刻保持普通劳动者的姿态，从不摆架子、搞特殊，宽厚质朴，和蔼可亲，平等待人。

中华人民共和国成立后，朱德经常去各地体察民生。每到一处，朱德总是让汽车在远处停下来，然后步行走向群众，跟群众进行广泛的接触，了解他们的生产生活情况。遇到下雨，朱德还要关照驾驶员"开慢点儿"，免得把泥浆溅到老百姓身上，对老百姓的体贴细致入微。

一次，朱德到成都，在招待所下车后，服务员请他休息，他却说："不忙，我先到园艺组去报个到。"来到园艺组，他同工人一一握手问好，就像久别重逢的老朋友。他在这里常常系着围裙跟工人一起劳动，让人分不出谁是工人，谁是首长。在老家马鞍公社，朱德见到小孩儿，就拉到自己怀里；见到老人，就让坐在自己身边。在他家的院子里，他的腿上、背上爬的全是小孩儿，常常是他一到，院子里就人声鼎沸，笑语喧哗，谁主谁客，难分难辨，好个热闹景象。

1958年9月，朱德视察新疆时，住在喀什宾馆和乌鲁木齐的延安宾馆。离开前，他都走进厨房、水房、服务员室，和炊事员、烧水工、服务人员、保卫人员亲切握手，感谢他们的服务，鼓励他们要热爱本职工作。在乌拉乌苏农场，他去商店看副食品供应情况，和售货员一一握手。酱菜柜台的一个服务员满手沾着酱油和醋，急于擦手，朱德一把握住她的手，亲切地说："没关系，你的手不脏。"

一次，朱德在外地视察，乘车路过海边，看见不远处海滩上有3间小草房，烟囱里冒着烟，便叫司机停车，自己下车后，信步朝小草房走去。进了门，见一位老汉正在做饭，朱德便乐呵呵地打招呼："老哥，看你这年纪，该有80岁了吧？"老汉一时认不出这就是朱德，但见有一些工作人员跟在身后，知道来的不是平常人，有些拘束地答道："对，对，81岁了。"朱德听了，更亲热地说："咱俩都是80多岁的人了。看你这腰板，还挺壮实哩！"老汉见来者很和善，不觉也热情起来，一个劲儿地说："不中用啦，可要我光吃饭、不干事也不中。年轻人说我老了，老了又怎么的？不能出海，还不能在家里做饭？"朱德越听越高兴，夸赞这位老人不服老的精神，和他拉起了家常，问他家里情况，又问生产队的收入，还问一年能打多少鱼、社员生活怎么样，直到工作人员催促说，天不早了，该回去了，朱德才和老汉告别。老汉把朱德送出门，看着朱德的背影，兴奋地说："这位老干部可真够和善的！"走在后面的工作人员轻声告诉他："这就是我们的朱德委员长！"老汉一听，又惊又喜，望着朱德远去的背影，连连自言自语："朱总司令！他就是朱总司令！"

朱德对身边的工作人员也总是平等宽厚、关怀备至。给朱德做过保健医生的顾英奇回忆说："在近10年的接触中，我深深体会到总司令既没有官气，也不摆老资格，甚至年龄上的老资格也不摆。"那时，他是个20多岁的年轻人，但70多岁的朱德一直称呼他"顾医生""顾大夫"。有一年，顾英奇因血清转氨酶偏高住进医院，朱德和夫人康克清还专门来到病床边探望他，让他好好养病，这使病房的医生、护士和病友们都十分惊讶和感动。

朱德说："我是一个普通的共产党员，没有什么特殊……个人特殊了，就会脱离群众。"因此，当人们给他一些特殊照顾时，他总是拒绝接受。朱德到各地视察时，从不让组织群众欢迎，不让多跟车。1958年9月，朱德视察克拉玛依油田时，矿务局组织群众列队迎接，他批评说："你们组织大家欢迎我，这一方面耽误了工作，同时又违反了中央的规定，希望今后不要这样做。"1963年，朱德到四川乐山地区视察工作，途中经过峨眉山时，不少人劝他到万年寺看看。当地群众听说朱委员长要上山，特意准备了一套滑竿，可朱德坚决不坐。他说，共产党员是不应该坐滑竿的，更不能坐着它爬山，如果那样，就失去了爬山的意义了。别人劝他："您已是近80岁的老人了，又不常来，偶尔坐一次不算过分。"朱德却坚持说："不，偶尔坐一次也是错误的。"就这样，他始终没有坐滑竿，硬是沿着陡峭的山间小路一步一步攀登到万年寺，在山上稍微休息之后，又坚持步行下山。

总司令也是普通一兵

战争年代，身为总司令的朱德为人和蔼，生活简朴，穿着和普通士兵别无二致。徐向前回忆说："我第一次见到他，就深深为他那平凡、朴素的'庄稼人'风度所感动。行军路上，他经常把马匹让给伤病员和女同志骑，自己跟着队伍行进，帮战士背枪、背行李、挑担子。有些同志不知他是总司令，称他'老伙夫''老头儿''同志哥'，他都亲切应答，乐呵呵的，瞬间就和大家打成一片。"

朱德艰苦朴素，与士兵打成一片，这种美德还曾在危难之时成了潜在的"护身符"，助他脱离了险境。

1927年秋，朱德率领南昌起义军余部在湖南汝城与国民党第十六军军长范石生建立了秘密的统一战线。11月，范石生写信约朱德前往汝城，磋商合作事宜。

朱德接到范石生的信后，马上召开党组织会议，提出亲自前往汝城谈判的设想。陈毅等考虑到从驻地到汝城有90多里，山高路险，且山中盘踞着何其朗的土匪武装，担心朱德的安危，便纷纷劝阻。但是，朱德为了保存南昌起义的革命种子，争取范石生支持革命，以解决部队在编制、军饷等方面的实际困难，早已将自己的生死安危置之度外。11月20日，他率领教导队50多名官兵毅然前往汝城。

朱德率领部队冒着风雨在山间泥泞的小路上疾步行军，很快通过了土匪的聚集地。此时，天气渐晴，有同志认为已脱离了土匪占领区，加上赶路带来的疲劳，提出想在附近村庄宿营。朱德观察了地形，不同意在附近停留。他对战士们说："你们注意没有？沿途的深山丛林中，好几次有人在周围和后面若隐若现、鬼鬼祟祟地跟踪，很可能就是何其朗股匪的侦探。我们还是继续前进，到前面比较安全的地方再说吧。"

晚上，朱德一行途经汝城县濠头圩。朱德到四周察看后，选定了村外一处有利地形作为紧急集合地点，嘱咐大家一定要提高警惕，严防土匪的偷袭。随即，朱德把部队分散在村边的一座祠堂和几间空闲的民房中宿营。朱德住在祠堂里。

前半夜平安地度过了。后半夜，哨兵因急行军一整天，极度疲劳，竟打起了瞌睡。

突然，"叭"的一声枪响，划破了寂静的夜空，紧接着，枪声大作。

朱德听到枪声，跃身一看，匪兵已包围了这座祠堂，眼看躲藏或撤离都来不及了。他想起旁边有个厨房，急中生智，立即拉上警卫员转身进了厨房，把手枪等塞进柴火堆，顺手抓起一条围裙围在腰间。刚系好围裙带子，几个土匪就吆五喝六地冲了进来，为首的一个小头目端着枪，凶神恶煞般地喝道："你是什么人？"

"伙夫头。"朱德把双手在围裙上擦了擦，不慌不忙地回答。

土匪小头目上下打量了一番，只见面前的这个人黑黑的脸膛，长长的胡子，身着一件破旧不堪的旧军服，腰间系着一条网状的烂围裙，脚上穿着一双横七竖八裹着布条的烂草鞋，真是一副伙夫样，便信以为真，厉声喝问："老实说，你们的头头儿住在哪里？"

"在后面屋里。"朱德指着没人住的祠堂说道。

"搜！"土匪小头目对身边的土匪吼道。土匪们急于抓到朱德，无意和这个"伙夫头"纠缠，便一窝蜂地窜了出去。

朱德趁机折回厨房，和警卫员从窗户跳出，脱离了危险，向事先指定的紧急集合地点跑去。随后，朱德集合了队伍，指挥打退了土匪，继续向汝城进发。

群众及敌军俘虏初次看见鼎鼎大名的朱德那样芒鞋草履，衣衫褴褛，莫不诧异，若不介绍，至多只能估量他是一个伙夫头，而"伙夫头"3个字恰恰成了朱德的别名。不仅敌人以为朱德是伙夫，即便是不认识他的红军战士和群众，也往往弄不清他的真实身份，还闹出了趣闻。

1928年11月，朱德和毛泽东率领红军打下新城后，在新城附近进行短暂休整。数个月行军作战，红军指战员的衣服脏了，袜子破了，头发长了。休整期间，朱德除了布置军事训练和政治学习外，还留出时间让指战员们处理个人事务。

一天，数名战士来到新城南门的一家理发店理发。理发店的黄师傅很热情，一边给战士理发，一边跟他们聊天。说话间，朱德也到这家理发店理发了。他见理发的人多，就悄悄地排在几名战士后面等候。朱德衣着和普通战士一样，所以也没有人注意到他。

好一会儿，有个战士理完了，翻好军服领子走出来，猛地看见朱德排在后面，吃惊地叫起来："朱军长，你也来理发？"战士们一听，立刻站起来，争先恐后地说："军长，你先理。"黄师傅回头一看，才知道此人就是朱德军长，连忙拿着白围布走过来，说："朱军长，我先给你理。"

朱德笑着摇了摇头，说："不，不，你先给他们理。干什么事都有先来后到嘛，我还是排在后面吧。"

1936年7月，红军左路军北上穿越康北草地。一天，朱德跟红三十军的一个单位走在一起。这个单位的伙夫小陈双脚打了血泡，挑着一副担子，前面是桶，后面是一口铁锅，一瘸一拐地走着。朱德见了很心疼，忙上前对小陈说："小同志，你歇一歇，我替你挑一会儿。"他不管小陈同意不同意，夺过担子挑上肩，迈开大步就走。

朱德挑了一阵儿，在休息号声中放下担子，掏出烟斗，悠闲地抽着烟，同周围的人摆起龙门阵来。这时，从后面走来几个喘着粗气的战士。他们一看这个上了年岁的老同志黑黑的脸膛，满嘴的胡须，身边放了一口铁锅，估计是伙夫班长，于是亲热地上前招呼道："喂！老班长，有开水喝吗？"

朱德见战士们口渴的模样，连声应着："有！有！你们等一下，我马上就烧！"说罢，就起身拿铁锅。

坐在旁边的警卫员着了急，一边夺下铁锅，一边气呼呼地向几个战士大声说："这是总司令，什么班长不班长的！"战士们一听，愣住了，低着头呆呆地站着。

自此，朱德又一个"伙夫头"的故事在草地里不胫而走，他那普通一兵的崇高形象，在红军战士心目中更加闪耀了。

抗日战争爆发后，朱德率军东渡黄河，开赴抗日前线。当时，八路军总司令部在西安东南的云阳镇。总司令部里的人听说朱总司令要来上任了，就派几名年轻干部去迎接。这几名干部一大早赶了三四十里路，来到一条河的桥边上等候。这是部队必经之路。迎接的人虽久闻朱总司令的大名，却没有见过他，都猜想总司令一定骑着高头大马，威风凛凛，一派与众不同的将帅风度。

不一会儿，部队出现在桥上，都是一个打扮：穿灰军装，腰扎皮带，脚蹬草鞋，没有谁显得特别一些，更没有骑大马的。迎接的人以为这是打前站的部队，连问都没有问一下，蛮有把握地等着后面的部队过来。可是，他们等了半天，也没看见后面有部队过来。

这是怎么回事？他们开始惶惶不安：是不是总司令没有走这条路，还是日期变动了？经商量，他们决定派两个人先回总司令部汇报，其他人继续在桥头等。这两个人赶回总司令部，一进大门就高声报告："我们到现在也没有看见总司令，是不是总司令改变路线了，还是……"

"嘿嘿……哈哈……"

他们的话还没有说完，却引得满堂大笑。

"我看见你们站在桥头，还以为你们赶路赶累了，在休息呢，哪知道你们是迎接我的。让你们多走路了。"朱德笑着说。

简直不可思议！这个朴实得就算和他打个照面也不会多看几眼的老兵就是八路军的总司令！两个人愣愣地望着有一口浓重四川口音的总司令，一下红了脸。不用说，他们迎接的总司令就是在他们眼皮底下走过去的。

朱德不仅朴实、和气，吃穿和战士们一样，而且处处身先士卒，没有一点儿特殊，时刻把自己当作普通一兵。

1928年秋，红军驻扎在井冈山一带。这里人口只有数千，年产稻谷不足万担。就这么一点儿粮食，连老百姓自己糊口都颇感匮乏，更别说供部队吃粮、储粮了。为了解决吃饭和储备粮食问题，红四军司令部发起了挑粮上山的运动。

所谓"挑粮上山"，就是到盛产稻米的宁冈县买粮，并挑到井冈山上来。具体的路线是从红四军司令部和直属机关的驻地桃寮出发，经过黄洋界哨口，到宁冈以东的柏露村，往返一趟约60里，并且清一色是崎岖难行的盘山小路。

红军官兵积极响应司令部挑粮上山的号召，纷纷报名。

这天晚饭后，朱德来到伙房，找到了司务长老秦，说："我来报个名，明天参加挑粮。"

老秦正在统计挑粮队的人数，听朱德说也要报名，心想：军长已经是40岁开外的人了，白天黑夜还要处理那么多军务，够累的了，哪能再让他去挑粮？累坏了怎么办？便灵机一动，随口回答："不行啊，军长！我们挑粮队有条规定：40岁以上的人，不收！"

朱德笑着说："你别想蒙我，这规定，我怎么不晓得？是你刚刚想出来的吧。如果我没有记错的话，你老秦今年已经41岁了，是不是也不去参加挑粮？"

老秦被问住了，抓耳搔腮，答不上话来，半晌才笑着说："军长，我不是想蒙你，实在是因为你太忙、太累了。全军的担子都压在你身上，已经够呛了，哪能再增加你的负担？再说，你年纪大了，山路坑坑洼洼的，很不好走，挑粮的事，我看你就算了吧。"

"那怎么行？"朱德摆了摆手，"我身体挺好，你不用替我担心。军事工作，我可以安排在早晚的时间去处理，误不了事的。挑粮上山是前委的决定，我这个当军长的，应该带头执行，绝不该有任何特殊。当部队靠扁担挑粮吃的时候，我不能光坐着吃现成的；当战士们肩膀上压着扁担的时候，我哪能躲在一边去找清闲？官兵一致，本来就是咱们红军的光荣传统嘛，你说是不是？"

老秦听完军长的话，除了满腔的敬佩之情外，再也想不出任何不让军长挑粮的"理由"了，只好答应说："那好，我们挑粮队接收你。不过有一条，你可不能多挑!"

　　清早,挑粮队就出发了。朱德一根扁担挑着两个大箩筐,走在战士们中间。不熟悉的人,根本分不出谁是军长,谁是战士。路远难行,光是空手上山、下山都很吃力。朱德虽然年岁大,可他挑粮不比战士们少,担子两头各装了20多斤,再加上经常佩带的一支德国造驳壳枪和一条装有约百发子弹的皮子弹袋,约50斤重了。一位当年参加挑粮的老红军后来回忆说:"从井冈山上到山下宁冈的茅坪,上下足有五六十里路,山又高,路又陡,着实难走。每到运粮的那天,我们天一亮就出发,赶到装粮地点,有的用箩筐担,有的用口袋背;用具不够,有的同志索性就脱下一条裤子,把裤腿扎紧,满满装上两裤腿,往肩上一搭。这样挑的挑、背的背,翻山过坳,直到天黑才回到山上。"

　　头两天,挑粮进行得蛮顺利的。到了第三天,朱德早早起了床,正准备出发,却怎么也找不到扁担了。他去问警卫员。警卫员只说没看见,不肯卖力去找。他想:"这些小鬼不想让我去挑粮,在跟我耍花招哩!"

　　朱德想得没错。军长身先士卒,官兵们打心底里敬佩,但又心疼他,怕他累坏了。于是,通信员朱良才就出了个"鬼点子",干脆把朱德用的扁担藏了起来。

　　朱德没多说什么,独自出了门,找到了军需处的范树德,说:"你想办法再给我搞一根粗一点儿的扁担来,写上我的名字,不然,这个挑、那个拿的,到我用的时候又找不见了。"范树德接受了任务,当即到附近村里,用一个铜板从老百姓那里买了一根毛竹,回来削成两根扁担,一根送给朱德,另一根留着自用。在朱德的那一根扁担上,他用毛笔在一端写上了"朱德扁担",另一端写上了"不准乱拿"。

　　朱德拿到扁担,又看了看写在上面的字,特意对几个警卫员高声说:"谁要再'偷'我的扁担,我可要批评啦!"

　　就这样,第二天清晨,朱德魁梧健壮的身影又出现在挑粮的行列里。他把一只手搭在扁担的前端,另一只手拉着身后的箩绳,不紧不慢,从容迈步。沉甸甸的担子压在他的肩上,扁担在肩上忽上忽下,箩筐在前后颤颤悠悠。就这样,朱德挑着沉重的粮担,稳稳当当、一步一步向前走去。在朱德的带领下,官兵们挑粮的劲头更足了。为了纪念朱德这种身先士卒、艰苦奋斗的精神，有人专门编了一首歌赞颂他："朱德挑谷上坳，粮食绝对可靠。大家齐心协力，粉碎敌人'围剿'。"这悠长的歌声在井冈山谷回响，在红军官兵心中激荡。

1940年5月，朱德从前方回到延安，住在王家坪山坡下的一排石窑洞里。当时，陕甘宁边区在经济上、财政上日益困难。1940年冬，国民党不仅完全停发八路军的薪饷、弹药和被服等物资，而且调动几十万军队对陕甘宁边区和其他抗日根据地实行军事包围和经济封锁。毛泽东曾说，这一时期，"我们曾经弄到几乎没有衣穿，没有油吃，没有纸，没有菜，战士没有鞋袜，工作人员在冬天没有被盖……我们的困难真是大极了。"为解决这一难题，1940年冬，朱德首倡在驻边区部队中实行屯田的政策。他带着身边的几名警卫战士，跟着向导来到荒凉的南泥湾，勘察当地的自然地理环境。南泥湾的中心地带前不着村，后不着店，方圆一二十里没有人烟。看看天将擦黑，朱德决定就在附近宿营。

这个地方真是要啥没啥，费了好大劲儿才找到两孔破窑洞。窑洞没门，也没窗，与野外山洞没什么两样。战士们正商量另寻地方，身后传来朱德洪亮的声音："这里还可以嘛，不要再找了。"大家走进窑洞。朱德乐呵呵地说："不错，比战壕里强多了！"几名警卫战士跟着朱德七手八脚地找来了树叶和茅草，很快在窑洞里搭好了简易地铺。大家干完活，围坐在一起吃起干粮来。

那时候，不管是在哪里，都有很大的危险，所以在吃干粮的时候，几名警卫战士商量了站岗的时间，还让其中一名同样姓朱的警卫战士和朱德住在一个窑洞。睡觉时，考虑到朱德的年纪大，又奔波了一天，大家就让他睡在窑洞里边的铺上，小朱睡在洞口的铺上，这样，下半夜招呼小朱换岗也方便些。安顿好后，大家就睡下了。

下半夜，换岗的时间到了。警卫员小李轻步来到朱德睡觉的那个窑洞，轻轻推了推靠近洞口睡觉的"小朱"，说："该换岗了。"听到"小朱"应了一声，小李便回自己铺位睡觉了。

第二天清早，向导起床，看见朱德站在窑洞前，以为他在想事情，没敢过去打招呼，就叫醒了其他人，问："总司令干吗呢？"大家起床，跑到朱德面前，诧异地问："首长怎么不睡觉啊？"朱德微笑着反问："你们站岗放哨，睡不睡觉啊？"战士们一听，先是一愣，再往窑洞里一瞧，发现警卫员小朱睡得正香呢。这下，大家全明白了，站了半夜岗的人竟然是总司令！原来，前一晚睡觉前，朱德跟小朱调换了一下铺位。这个情况，小李不知道，他叫小朱换岗，实际上是叫起了总司令。被叫醒的朱德没有埋怨，也没做解释，而是以普通一兵的身份站了半夜岗。在战争年代，一位统领全军的总司令无怨无悔地为战士们站岗，这是多么令人敬佩啊！

为了克服严重的经济困难，党中央发动边区党政军民，人人参加劳动生产，厉行节约。朱德和党中央、毛泽东一起，领导各抗日根据地的工作，指挥敌后游击战争，在这样繁重的工作中，他还挤出时间，亲自领导和参加生产运动。

当时，跟随朱德从前方回延安的有四五十人。朱德指示大家要积极参加生产，并说明边区经济困难的情况和生产节约的重要意义，要大家组织起来，搞好生产，而且提出具体目标：我们这个小单位，要在一年内，做到自给自足，要用自己的劳动，达到自力更生，全部不要公家补贴吃穿。那时候，中央管理局觉得朱德年纪大了，工作太忙，为了照顾他的身体，有时送来一些吃用的东西。为此，朱德再三告诉大家："不准到管理局领东西！缺什么东西，我们自己生产解决。"

朱德和身边几个人组成了生产小组，在王家坪前面种了近3亩菜地，种上白菜、葱、蒜、韭菜、辣椒、西红柿等十几种蔬菜。休息的时候，朱德就来挖地、浇水、施肥、锄草。他身边的几个人年纪很小，没有种过菜。朱德是个种菜能手，就手把手地教他们，地要挖多深，什么菜要施什么肥料，怎样架菜，等等。部队中、机关里、百姓间有人纷纷来信要求给朱总司令代耕，但他都不予接受。他说："生产任务可以自己完成。生产虽然要花费劳动力，也是一件最快乐的事，这对整个革命，对自己的身体都有好处。按照生产计划，生产任务的完成是完全有保证的。"

朱德在大生产运动中不知洒下过多少汗水，付出过多少艰辛的努力。在许多人娱乐和休息的时候，他却默默地留下了辛勤的足迹。

当时，在延安中央党校学习的学员们，每人都分了一小块地，除了完成学习任务外，种好分给自己的这块地也是操心的事。为了使自己分到的地能长出更多的果实，学员们想了很多办法，其中最费心思的就数积肥了。因为党校挨着中央机关和军委机关，单位很多，人员很集中，有一点儿肥，互相都"抢"，动作慢一点儿，就叫人家"抢"去了，因此，天刚蒙蒙亮，有的学员就起来拾粪。如果哪个学员拾到一筐或半筐粪回来，连续几天的情绪都会很高。

1942年开春的一天清晨，几个学员起了个大早，抢先到延河一带拾粪。那天天气格外冷，大家都冻得麻木了，手里的铲子很不听使唤，一堆粪，常常要来回铲好几下才能放到筐里。正当大家拾得起劲时，在朦胧的曙色里，迎面走来一高一矮两个人，也在干着同样的活计。

"你们是哪一个支部的？怎么腿这么长，跑到我们的前面了？"一个学员开玩笑地问高个子，还以为是党校的同学呢。

"我的腿是长一点儿，个子大，腿当然就长嘛，但总比不上你们年轻人眼尖、手灵、脚快呀，你们是全面的优势噢！"高个子用好熟悉的四川口音说。

"啊，总司令，是前几天刚给我们讲课的朱总司令！"一个学员眼尖，首先认出了朱德。

高个子果然是朱德。只见他穿了一件灰色粗布上衣，打着绑腿，一手提筐，一手拿铲，站在凛冽的寒风中，后面跟着他的警卫员。学员们跑步迎了上去，不约而同地问候："总司令早！"

"你们比我更早嘛！看你们都拾了半筐了，我才拾了一点点。"朱德微笑着说。

有学员伸手去夺朱德的粪筐，想往筐里拨点儿粪。朱德忙说："使不得，使不得！那我不成了'剥削户'了？我当总司令的'剥削'战士的肥料，这多难听！"说完，大笑起来。

看到总司令那么一把年纪，还同大家一样拾粪，大家心里过意不去。有学员说："总司令，您事情那么多，大事情都操劳不完，就不要来拾粪了。什么时候需要肥料，只要通知我们一声，我们就给您送去，或者让警卫员到我们这儿来挑，都行。"

朱德听后，严肃地说："那怎么行？哪有当总司令的就不能拾粪的道理？我们大家都是农民出身，这些活在家时都是干过的嘛。这些年忙于行军打仗，好久没生产了。现在，国民党逼着我们搞生产，我们就要上下一起来干，同心协力克服困难。再说，我这也是积肥、锻炼相结合，一举两得嘛！"

朱德有丰富的农业知识，加上勤劳、细心，所以种的菜质量好，产量高，品种又多，在当地是很有名的。他的菜园经常有人来参观。朱德同大家交流种菜经验，向大家推荐蔬菜的新品种，还常请人品尝。部下来看望他时，他常留部下吃饭，用自己种的菜招待大家。1943年年底，在延安召开的陕甘宁边区劳动英雄大会上，还展出了朱德亲手种出的一个大冬瓜，大家看后都很感动，有个干部当场写了一首诗："工余种菜又栽花，统帅勤劳天下夸，愿把此风扬四海，逢人先说大冬瓜。"

康克清这样回忆当年第一次见到朱德时的情形："只见一位中等个头、体格健壮、忠厚长者模样的人，正向我们走来。走近了，才看清楚他身穿灰里透白的军服，脚穿草鞋，一身风尘，面带微笑，威武中透露着慈祥。朱军长给我的第一个印象，是他很平易，平易得像一个地地道道的农民。一个普通的红军战士和威名远扬的军长之间的距离，瞬间就缩短了。当时，我并不理解，这正是他的特点、他的气质、他的伟大所在。"

破除裙带关系的榜样

朱德出生在四川省仪陇县的一个贫苦佃农家庭。尽管他对自己的家乡、自己的亲属怀有无比深厚的感情，却决不用私情代替党的政策，决不用职权为亲友谋取私利。

1937年8月，朱德就任国民革命军第八路军总指挥（不久改为"第十八集团军总司令"）。9月，朱德率部赴山西抗日前线，指挥八路军将士同日军浴血奋战。斗争是艰苦的，甚至是残酷的，正如毛泽东给表兄文运昌的信中所说的："……唯我们这里仅有衣穿饭吃，上自总司令，下至伙夫，待遇相同，因为我们的党专为国家民族劳苦民众做事，牺牲个人私利，故人人平等，并无薪水……"这个时候，远在朱德家乡仪陇的一些亲属听说朱德当上了八路军总指挥，就想来投奔他，想仰仗他，大小混个事干干。朱德听说了这件事，立即写信给家人，直言不讳地说："那些望升官发财之人，决不宜来我处。如欲爱国牺牲一切，能吃劳苦之人，无妨多来……我为了保持革命军队的良规，从来也没有要过一文钱，任何闲散人来，公家及我均难招待，革命办法非此不可。"

作为党、国家和军队的主要领导人之一，朱德深知"一人得道，鸡犬升天"的危害无穷，他用实际行动为世人树立了破除裙带关系的榜样。

中华人民共和国成立不久，一些远在家乡的亲属准备来北京，名为"看望"，实际上还是想利用同朱德的亲属关系谋求更理想的职位。他家乡仪陇的乡亲中有几十人串联起来，背着柴火，带着米袋，走出大巴山，经过南充，乘木船沿嘉陵江到了重庆，要上北京。朱德得知这一情况后，立刻告诉重庆的负责干部：要做好工作，动员他们尽快回去劳动生产，一个也不要来；他们中要求参加工作的，也要根据党的政策，量才录用。贺龙替朱德接待了这批乡亲，派人陪他们在重庆游览后送返家园。随后，朱德又专门为此事给亲属们写信，说新中国刚刚建立，百废待兴，人人都忙，嘱咐他们要安心工作，不搞特殊，不要给地方党委增加麻烦，要多为祖国的繁荣昌盛出力。

朱德在老家有个侄孙，不安心待在农村，曾几次写信给爷爷，希望帮助他调到北京工作，朱德都没有答应。后来，这个侄孙作为适龄青年参了军，一次从东北回家探亲，路经北京时看望了朱德。朱德对他说："你参军了，咱们是革命同志关系，而后才是其他关系。你要模范遵守部队纪律，好好学习，严格训练，努力进步。"过了几年，这个侄孙从沈阳复员，到北京请求朱德帮助在城里找个工作。朱德说："使不得。回原籍安置是政府的政策，我要带头执行，不能有半点儿特殊的。你在部队入了党，共产党员应该服从组织纪律。仪陇县天地广阔，需要你，你要愉快地回老家去，由地方组织安排，无论干啥都要干好。"侄孙听从了爷爷的意见，回到家乡，由当地组织部门安排担任了公社的电影放映员。

1958年秋，仪陇县供销合作社的一名采购员出差路过北京，向朱德汇报了家乡近年的生产发展情况，说到产的粮食多了，棉花也多了，采集的山货、药材也挺多，可就是运输工具不足，东西压在那里运不出去，希望朱德帮助供销社买辆汽车。朱德听后笑笑，说："你是搞商业工作的，晓得我们国家搞的是计划经济。你们需要汽车，就应该向四川省委打报告。他们根据国家的经济计划和当地的实际情况，是会考虑你们的具体困难的。至于我这里，坦率地说吧，什么也没有，就是买一根针，我也不能给你帮忙。"朱德何尝不希望自己家乡的经济尽快发展起来？但是，他爱家乡，更爱人民共和国。他是共和国的缔造者之一，他珍视共和国的经济秩序，绝不用个人的感情去代替国家的政策。像对子女、对亲友的爱一样，朱德对家乡的爱也是博大而深沉的爱！

吃、穿、住、行自奉清俭

朱德主张艰苦朴素，不仅是教育别人，而且首先是自己身体力行。从中华人民共和国成立到他去世前，他在吃、穿、住、行各方面自奉清俭。对此，不仅他身边的人称道，凡是接触过他的人都有口皆碑。

先说吃的方面。给朱德做过厨师的邓林说："一般人以为朱老总是中央领导，吃饭是特灶，标准一定很高。可实际上，从进北京到1971年我生病离开中南海，老总、康大姐和我3个人加起来的伙食费平均每月只有四五十元，就是按当时的标准，也只是一般中层干部的水平。"平时，康克清在机关食堂吃饭，在家里吃特灶的只有朱德自己，每顿都是一小碗米饭、三小盘菜、一个汤。三小盘菜中，一盘是带点儿鱼和肉的荤菜，其余两盘都是普通的素菜，汤则是一碗普通的青菜汤或鸡蛋汤。晚饭更简单一些，几乎天天如此，从来没有超过这个标准。有时来了客人，朱德留吃饭，也只是嘱咐添一两个简单的菜，不够就上一点儿泡菜、咸菜等小菜，从不铺张浪费。

邓师傅最初给朱德做饭时，总想多做一些，好让他多吃一点儿，心想：吃不完，倒掉就算了，可是没有几天，她就发现这样做不行。朱德每次吃饭，总是尽力把饭菜都吃掉，连一点儿菜汤、一颗饭粒都不愿剩下。有时剩下了饭菜，到下顿吃饭的时候，朱德总要问剩菜哪里去了，如若听说倒掉了，马上就严肃地批评说："这是浪费人民的血汗。"并且一再嘱咐，剩菜剩饭一点儿也不能倒，一定要留给他下顿吃。邓师傅曾想把朱德的伙食搞得好一点儿，荤菜里放的肉多一点儿。一次，朱德饭后到厨房，对邓师傅笑呵呵地说："同志，你是不是资本家出身啊？"邓师傅赶紧说："首长莫开玩笑，我哪里是什么资本家啊？""不是资本家，怎么那样阔气呀？不要天天都成席嘛！

要吃家常便饭。我们这些人过去都是农民，是吃杂粮、小菜长大的，身体不是也很健康嘛。我不让你每天做大鱼大肉，不是怕花钱，主要是要养成俭朴的习惯，生活上不要太超乎老百姓的水平。"

20世纪50年代中期，有一天，机关供应站来了一批对虾。邓师傅知道朱德爱吃鲜鱼虾，就买了几个，精心烹好，端到饭桌上。朱德一见，就问是从哪里来的，多少钱一斤。邓师傅如实回答了。朱德听后，语重心长地说："老邓啊，对虾是好吃，可你知道吗？一吨对虾到国外就能换回好多钢材哟！我们国家穷，缺钢材，对虾少吃一口有啥关系，进口钢材更要紧。以后记住，再有对虾，你就不要给我买了，买了，我也不吃。"邓师傅说："您是国家领导人，就是顿顿吃对虾能吃多少？"朱德说："国家领导人就更要想着国家，能节约一点儿就节约一点儿，反正以后不要吃就是了。"在以后的几年里，朱德在家里再没有吃过对虾。

3年经济困难时期，朱德紧缩了自己的饮食标准，减少了粮食定量，也很少吃肉。由于他家里来往的客人多，有段时间，粮食亏空了50多斤，工作人员想报请机关行政部门把短缺的粮食补上，朱德坚决不同意。一天，他亲自指导厨师做了一顿"菜糊糊"，请身边的工作人员吃。他对大家说："今天请你们吃这顿饭，是让大家不要忘记过去战争年代那种艰苦奋斗的精神。现在，国家经济困难，人民生活艰苦，我们要想到全国人民，和人民一起渡难关，能节约一点儿是一点儿。"这样，他坚持和家里人一起吃用米和菜煮在一起的"菜糊糊"，硬是用"瓜菜代"的办法把短缺的粮食补了回来。

朱德每次到外地，都按规定用餐，不接受吃喝一类招待，从不挑剔或提特殊要求。1960年，朱德回到故乡四川仪陇。县委的同志想，多年来，朱老总第一次回老家，该好好招待一下才是。人还没回到家，朱德的"指示"却先到了："就吃家乡饭，其他统统不要。"而且这个"指示"一直发挥"效益"。以后，他每次到四川，都是吃杂粮，吃泡菜、灰灰菜、清明菜和折耳根等四川野菜。每次饭菜没吃完，他总嘱咐把剩下的饭菜收起来，下顿热一热再吃，谁要是倒掉了，就要挨他的批评。在成昆铁路工地上，有人想给他单独做饭，却被他阻拦了。在简陋的工棚里，他吃的是跟筑路工人一样的饭菜。1962年，朱德回到阔别30多年的井冈山。井冈山人民出于对总司令的爱戴，准备了一些菜肴款待他，可是，他一一谢绝了。他提出要吃红米饭和南瓜汤，说："井冈山的红米、南瓜，我已30多年没吃到了，很想吃。"有一顿，南瓜没有吃完，他叮嘱："请不要倒掉，留着，下顿饭热一热再吃，倒掉就可惜了！"

再说穿的方面。朱德的衣着非常朴素，有的衣服穿了多年，领口、袖口、肘部和膝盖处都打了补丁，仍然不让换新的。他有两身较好的服装，只有接见外宾、参加大的国事活动或外出时才穿，一回到家，就换上旧衣服。如果想给朱德做件新衣服，不知要费多少口舌。有一年冬天刚过，天气逐渐转暖，到了要脱棉衣换呢制服的时候了。康克清帮助朱德找了半天，竟然没有找到一件合体的呢制服，那些已经有年头的毛料衣服不是破旧得厉害，就是太小，不能穿了。于是，大家劝说朱德做一件新衣服，但他死活不答应，硬让康克清将两件小的改为一件大的。可是，衣料的年头太久，已经无法再缝制了。后来，在大家的劝说下，朱德才一脸不高兴地勉强同意做一件新衣服，但不让做面料太贵的服装。就这样，已经80多岁的朱德才添置了一件新衣服，从这时起直到他老人家去世，再没有做过新衣服。

在住的方面，朱德也处处体现一贯节俭的作风。朱德卧室的陈设很简单：一张旧棕绷床，一个旧床头柜，一个旧衣柜，一张木桌，一个旧式沙发，墙上挂着毛主席像和他自己手书的毛主席诗词和语录，此外再无其他装饰了。他的床单和被褥都是用了二三十年、打了补丁的。他坐的那个沙发很旧，也很矮，他晚年的时候，因为行动迟缓，常常坐下去，再站起来就很吃力。工作人员早就提出要换个新的，他坚持不让换。为了起坐方便，朱德就自己想出个主意：他让工作人员用4根木头把每个沙发腿接高了一截，照样使用，还风趣地称这个沙发是"土洋结合"。这个接了腿的高沙发伴着朱德度过了晚年。朱德住处的卫生间窄小，澡盆又高又滑，每次进出都很不方便，特别是他年纪大后，手脚本来就不灵便，还有病，澡盆又高又滑，用起来很容易发生意外。考虑到他老人家的安全，组织上几次要把澡盆改装一下：放得低一些，上面再加个喷头，好让他坐着淋浴。其实这只是花几个工时、用不了多少钱的事，朱德却始终不同意。他总是说："国家用钱的地方多得很。我这里已经很好了嘛，再修，又要浪费钱财。"直到1976年6月底，朱德因病住院了，工作人员才趁机悄悄地把澡盆改装了。深知他老人家脾气的工作人员为了这件事，还做了等他出院后挨他批评的准备，结果，这番心思白费了，他老人家还没有使用一次改装的澡盆就与世长辞了。

在行的方面，朱德向来主张轻车简从，坚决不收地方的礼品。中华人民共和国成立后，朱德去各地视察，常常带着自己的还是从战争年代就开始用的绿色被褥、绿色挎包、绿色搪瓷缸，即使招待所准备了被褥、用具，他也不用。招待所桌上备了茶叶，他不用来饮用；备了水果，他让撤下去。他每天起得早，当服务员来整理房间时，他已把自己的铺盖叠好，房间收拾干净。朱德去外地视察，出于对他的崇敬，地方的同志有时会送给他一点儿土特产，他每次都坚决不收。有一年秋天，朱德去山东视察工作，正值水果收获的季节。地方上的同志知道朱德喜欢吃莱阳梨，就想让他带一些回北京吃，可又怕当面给，他不收，就装了两筐，在他坐火车离开前悄悄抬到了火车上。火车开后，两筐梨被朱德发现了。他马上把随行人员叫来，批评说："我们下来是工作的，不是来搜刮的，怎么能随便收下边的礼呢？今后定下一条，下来工作，不许接受礼物；谁受了，就让谁原封送回去。"接着，他又吩咐，这两筐梨一个都不能动，到下一站火车停住，就把梨抬下车，派人送回去。1960 年，朱德在回仪陇的路上，人们送给他一些家乡的土特产，他一样也没有带走，只是在临离开故乡时，自己在街上买了两双草鞋。有人问："买这干啥？"朱德意味深长地答："草鞋穿起来舒服。我过去在家里劳动，穿的就是它。"

"我要的是革命接班人，不要孝子贤孙"

朱德把教育好后代看成是重要的革命工作，从不掉以轻心。他常对儿孙们说："在旧社会，许多家长希望自己的孩子将来能干一番大事业，他们所说的大事业无非是做官发财。我也希望你们做大事业，我这个大事业是为人民服务。为人民服务就要有本领，这就得好好学习，否则什么也不会，为人民服务就是一句空话。"

朱德有一个儿子和一个女儿，战争年代都没有和他一起生活。

儿子朱琦于 1937 年才到延安，不久，按照父亲的意见到部队基层工作。1943 年，朱琦在战争中右脚负伤，造成残疾，伤好后只好转到中国人民抗日军政大学行政部门工作。1947年4月，朱德到冀中军区检查工作，特意问第十一分区司令员杜文达："朱琦在你们这里，他最近的表现怎么样？"

杜文达回答："朱琦同志工作积极，学习也好，责任心也很强。"

朱德连忙制止说："你不要光讲优点。难道他就没有缺点吗？"

杜文达想了想，说："缺点嘛，当然有。他有时生活上散漫些，说话随便些。"

朱德沉思了一会儿，严肃地说："朱琦生活上散漫，说话随便，这就是他认为自己是我朱德的儿子，有优越感嘛。这样发展下去，就会造成很不好的影响，是会脱离群众的。因此，我要求你对他严格管教，不能搞特殊，要把他的优越感克服掉。你回去要找他谈，告诉他这是我朱德交代给你的任务。他是个共产党员，是为人民服务的，是人民的勤务员，而不是当官、做老爷，更不准有耍威风、摆官架子等旧军队的作风！"

1948年秋，朱琦带着爱人到西柏坡看望父母。他们结婚已经有两年了，这是婚后第一次有机会来见父母。朱琦说，他们参加土地改革工作后，将转业到地方工作。朱德说：转业到哪里，安排什么工作，要完全听从组织分配；无论做什么，都是革命的需要，都要干好，务求上进。按照父亲的要求，在部队已是团级干部的朱琦先是当练习生，后来当火车司炉工和司机，真正从一名普通工人干起来。朱琦严格要求自己，以至于许多和他在一起工作过多年的同志都不知道他是朱德的儿子。

1953年的一天，朱琦刚上班，就听领导说，今天开车是执行一项重要的政治任务，一定要完成好。朱琦和机组的同志们齐心协力，把车开得又快又稳。列车顺利抵达目的地，他们圆满地完成了任务。这时，铁路局领导通知朱琦："首长要见你，快点儿去吧。"朱琦连工作服也没换就到了接待室，怎么也没想到接见自己的首长竟然是自己的父亲！朱德望着身穿工作服、两手油污、满脸汗水的儿子，上前拉着他的手，高兴地说："你学会了开火车，而且开得蛮不错，这很好！"送儿子出门的时候，朱德又连连嘱咐儿子不要满足现状，政治上要上进，技术上要精益求精，要踏踏实实地工作。

朱德的女儿朱敏小时候被送到苏联读书，在苏联卫国战争期间，被德国法西斯关进少年集中营，吃了许多苦。1953年，朱敏结束了在苏联的学习，返回祖国，被分配到北京师范大学当教师。回到家，朱敏就拉着父母的手，迫不及待地向他们汇报了在苏联学习的情况。朱德看到自己的爱女已经长大成人，即将成为社会主义建设的有用人才，不禁喜形于色。朱敏亲昵地挽住父亲的胳膊，深情地说："爸爸，那么多年不在您的身边，我没有尽到女儿的责任。这次回来，我就不离开您了，好好地侍奉您。"朱德听罢，笑了起来："好女儿，我们国家现在非常需要建设人才。你是祖国和人民供养出来的大学生，你回来的主要任务是为国家建设做贡献。爸爸要革命事业的接班人，不要孝子贤孙。只要你好好工作，就是对爸爸最大的孝顺。爸爸这里，你不要操心了，把精力投入工作中去。等你生下孩子，就搬到单位去住，一来便于工作，二来可以和群众打成一片，学到许多好的东西。"当时，朱敏已经结婚，有了身孕，但学校的新宿舍没有建起来，她生完孩子，一直在单身宿舍住了4年，才搬进学校给她分配的房子。朱德有一句话常挂在嘴边："老百姓怎样生活，你就怎样生活。记住你是一名普通的人民教师，人民没有赋予你特殊的权利！"朱敏将这句话牢记在心。

1965年，朱敏所在的学校组织师生到晋东南地区参加"四清"运动，开始时，考虑到朱敏有高血压，不同意她去，但朱德鼓励女儿争取参加。他说："你应该去，尤其是你从小在国外学习，不了解中国的农村。更应该去经受锻炼。"朱敏在父亲的鼓励下，坚决报名争取，得到学校批准。朱敏在晋东南农村生活了半年，其间，一个眼球因受伤，得不到及时治疗而摘除了。朱德得知后，劝慰、鼓励女儿说："你虽然丢了一只眼睛，但你了解了中国的农村，一只眼睛也一样干革命嘛。"朱敏后来谈道："正因为当初爸爸没让我享受特殊的生活，让我和普通人一样生活和工作，才使我今天能拥有普通人幸福的生活和普通人那金子般的平常心。"

朱德不仅要求子女处处以党的事业为重，同样要求孙儿辈要"接为人民服务的班"。

朱德的孙子上小学二年级时，因为太贪玩儿，落了功课，一次算术考试，只得了59分，但他回到家里不吭声。朱德知道后，把他叫来，批评他学习太不认真。小家伙明知自己不对，还是嘴硬，辩解说："老师出的题，我都会，这回是马虎了。再说了，59分跟及格不就差一分吗？"

朱德可不迁就他，两眼一瞪，严肃地说："不及格就是不及格，差一分也是不及格！再说，及格就可以满足了吗？"

小家伙不敢再吭声，连忙去复习功课了。

朱德一见孩子们学习就高兴，有时还亲自检查孩子们的作业，谁做得好就表扬，谁做得不好就批评，发现错误立即纠正，而且要求重做一遍，以加深印象。孩子们年岁小，一听说重做就不耐烦。要说服朱德改口是办不到的，他决不让步，直到看着孩子把题按要求做完。朱德还耐心地给他们讲为什么要这样做，养成一个好的学习习惯有多么重要。在爷爷的严格要求下，孩子们不敢偷懒，成绩有了明显提高。

除了抓学习，朱德还特别注意教育孙儿们从小养成爱劳动的习惯，培养与劳动人民的感情，防止他们背上比别人优越的包袱。

朱德的孙儿们上的小学离家比较远，节假日，机关派车接送。朱德知道后，说："这对孩子们不好，容易滋长他们的特殊思想。"于是不准再派车接送了，小的孩子乘三轮车，大的孩子乘公共汽车，车费由自己付。朱德严格控制家庭日常开销，从不允许孩子们乱花钱。孙儿们添置必要的衣服和用具都要征得同意，并一一记账。他让人制作了一个开支表，每月伙食费、水电费、书报费、衣物费和杂支等项目记录得细致而清楚，他还要亲自检查这些开支。朱德常说："粗茶淡饭，吃饱就行了，衣服干干净净，穿暖就行了，不然就不能到工农中去了。"

孙儿们从上小学起，朱德就让他们自己学习洗衣服，先从手帕、袜子开始洗。院子里有一个水龙头，每到星期天，奶奶康克清就让孩子们端着脸盆，自己洗自己的东西，她负责监督洗得是否干净。

有一次，祖孙事先商量好，来个洗袜子比赛，看谁洗得最干净，如果谁输了，奶奶就要打三下手心。

外孙刘建的袜子是白色的，怎么洗也不干净，奶奶检查时，自然得不到表扬，而且要被打三下手心。可是，奶奶才打了他两下，他就哭叫起来，好像受了天大的委屈。不是奶奶打疼了他，而是他想用哭叫声把爷爷叫过来，以博取爷爷的同情。

朱德听见刘建的哭声，果然快步走了过来。他先拿起几个孙儿洗的袜子看，然后拉过刘建的手，又将奶奶的手心翻过来，放在一起比较。这时，刘建看到奶奶的手心和他的一样，也红了，不由得奇怪："奶奶打我，她的手心怎么也红了？"朱德笑了，用他那大手掌抚摸了一下外孙的手心，说："建建莫哭！你的手心红了，奶奶的手心也红了，奶奶打你的手心，她的手心也疼啊！"

刘建一听，连忙问奶奶疼不疼。奶奶也笑了："奶奶打你的手心是让你知道，要养成爱劳动的好习惯，做事情就要争取做最好。奶奶手疼是惩罚你的代价。做什么事情都是有代价的，教育你们也一样。"

随着孩子们茁壮成长，朱德更加注重培养他们热爱劳动的品质。

1963年3月，学习雷锋的活动在全国掀起高潮。这年的"六一"儿童节，朱德和康克清送给每个孩子一本印有毛主席题词和雷锋相片的日记本，还在扉页上写了鼓励的话。康克清告诉孩子们："爷爷希望你们像毛主席要求的那样，好好学习，天天向上，努力掌握文化知识，学习雷锋为人民服务的精神。从现在起，你们要把学雷锋的收获和体会写在本子上，爷爷说还要检查呢。"朱德说到做到，一有空就把孩子们的日记本要过来，认真地检查。到了星期天，他就让全家人接替服务人员的工作。开始干活了，他对儿孙们说："服务人员很辛苦，今天应该让他们休息。你们也要做些事，不能光吃现成的，这也是学雷锋的具体行动嘛！"于是，全家老少齐动手，有的打扫房间，有的洗衣服，有的扫院子，忙得不亦乐乎。

朱德还经常带领孩子们一起耕耘劳作，把锨头、铁锹、锄头等工具发到每个人的手上，手把手地教他们垦土、种菜，教育他们要体验劳动，自食其力，培养对劳动人民的感情。

刘建刚满16岁，初中毕业，就到北大荒生产建设兵团务农。开始时，他的劲头很足，但过了一阵子，觉得那里生活又苦又累，情绪有些低落。连里分配他去养猪。由于年龄小、没力气，挑不动猪食，还洒了一身，刘建一生气，就给家里写了一封信，要求调回北京。朱德知道后，马上回信，对他进行严肃的教育："干什么都是为人民服务，养猪也是为人民服务，怕脏、怕苦、不愿养猪，说明没有树立起为人民服务的思想。为人民服务就不要怕吃苦。劳动没有贵贱高低之分。想调回来是逃兵思想！"在爷爷的教育鼓励下，刘建坚持在劳动中磨炼自己，渐渐对北大荒产生了感情，不那么想家了。

孙儿们渐渐长大了，陆续走向社会，有的上山下乡，有的进工厂做工，有的入伍当兵。朱德看到他们走上为人民服务的岗位，成为普通劳动者，感到欣慰，常对他们说："工作不要挑挑拣拣，干什么都是为人民服务，不管干什么，都要把那一行干好。""要接班，不是要接官。接班就是接为人民服务的思想和本领。现在还有这样的人，只想着自己的名誉、地位，这样的人早晚要被人民抛弃！"

1974年，朱德的儿子朱琦病故。有关部门考虑到朱德已是88岁高龄了，几个孙子、外孙都在外地工作，身边应该留一个孙子或外孙陪伴和照顾他，就把在青岛海军当兵的小孙子调回了北京。

这个小孙子调到北京的海军司令部工作后，有一天去看望爷爷、奶奶。朱德问他："是出差，还是开会？"小孙子没敢说自己已调回北京，推说是暂时到海军司令部帮忙。两个月后的一个星期天，他再次去看望爷爷、奶奶。朱德又问："你在海军司令部帮忙，帮了这么长时间，怎么还不走？是不是调到北京来了？"小孙子就说了实话。朱德一听，知道里边有问题，便把海军首长请到家里，详细询问了小孙子调到北京的经过。朱德说："你们还是把他调到部队基层去锻炼吧，不要把他放在北京的大机关里。朱琦去世了，我有组织上照顾，用不着他们。我要的是革命接班人，不要孝子贤孙。"

在朱德的要求下，部队决定把他的小孙子调到南京海军某部。调令下来时，正是1975年农历腊月二十九。小孙子回家说："爷爷，组织上决定调我到南京部队的一个基层单位去工作，明天出发。"朱德一听，高兴地说："应该走出大机关，到基层去锻炼，这对你的成长大有好处。"那时正赶上要过春节，小孙子想过了春节走，征求爷爷同意。朱德耐心地说："不行！一个解放军战士，必须坚决服从命令听指挥，严格执行纪律。还是到部队去过春节吧，到那里和同志们在一起更有意思。"小孙子听了爷爷的话，大年三十就出发去报到了。

"不要宣传我"

在荣誉面前，朱德从不居功、不夸功，永远那么谦逊，总是把功劳归于群众、归于党。他曾经说:"功是谁的?是战士和工人、农民的,领导的人不经过他们,就一点儿功劳都没有……比如,我是总司令,有时把我当作他们的代表,把他们的功挂在我的名字上,如果我因此就夸功,那岂不可笑!不经过工农群众,哪里来的功!"

1941年1月,组织上决定让刘白羽回延安完成撰写朱德文稿的任务。刘白羽临行前,朱德诚恳地对他说:"你此次回延安完成党交给的任务,我没什么意见,但你一定要记住,我个人的历史没有什么,只是处处跟着党走,做了一个党员应该做的事。你这次回去可以多听听同志们的意见,特别要得到党中央的指导,切不可盲从执笔。"这平淡的话语,一字一句都使刘白羽感受到了一个无产阶级战士谦逊的品质和博大的胸怀。

出于对总司令的爱戴,1951年,朱德六十五岁寿辰之际,家乡仪陇派人到北京看望他,并提议把仪陇县改名为"朱德县"。朱德听了,立刻说:"这怎么使得!我不算英雄,只是一个在战场上没有被打死的普通士兵。为革命牺牲了的烈士才称得上英雄。"

到了土地改革时期,仪陇县委的领导又提出,马鞍场是朱德的故乡,全国各地乃至世界上的一些朋友都想来仪陇参观,访问他老人家的故居,因此计划拨出几百亩土地修建一个"朱德纪念馆"。县委专门向中共川北区工作委员会打了报告,川北区党委把这份报告转呈了中央。朱德听说后很着急,要川北区党委立即转告仪陇县委的同志,纪念馆不要修了,农民世世代代生活在那个地方,不应该把他们迁走,那些土地要分给农民耕种,以利发展生产。后来,马鞍场的父老乡亲得知了这件事,激动地说:"总司令处处想着人民,就是没有他自己。"

1959年,为了迎接国际友人来朱德的故里参观,仪陇县委根据上级指示,将年久失修的朱德故居加以修缮,开辟成一个陈列馆,把朱德少年时候用过的东西都陈列在这里。1960年,朱德利用到四川视察工作的机会,回到阔别了50多年的仪陇,看望故乡的人民和亲戚。他看了陈列馆后,严肃而诚恳地对县委书记说:"不要办我的展览馆。把这个地方办成一所学校,让娃娃们念书,好不好?希望你们赶快就改!"不久,他又让四川省委、南充地委的领导同志给仪陇县委打电话,再三要求把陈列馆改成学校。朱德此次回故乡,还专程去了几十年前自己参加创办的城关小学。他走在校园里,看见自己当年种下的桂树和皂角树上悬挂了"朱德同志手植"字样的木牌和一首歌颂他的诗,立即请校领导把木牌和诗拿掉了。1962年,仪陇县委书记和副书记到北京开会,朱德再次向他们问及陈列馆的事,仍然建议把故居改建成学校,以便让更多的孩子有书读。家乡的同志深为朱德大海一样的胸怀所打动,但又不能采纳他的建议,就再三解释保留陈列馆的原因。临别时,朱德还是满怀忧虑,无可奈何地说:"我感谢仪陇县委、各级党组织和全体人民对我的信任和关照,但对这件事,我仍然保留我的意见,我希望你们不要宣传我。"

朱德在同志面前,从来不谈自己的革命事迹和功绩。每当有人要他讲讲自己的经历时,他总是摇摇头或摆摆手,说:"我们这一辈人,以毛主席为代表。"他不仅总是由衷地称赞、敬重毛泽东的领导,还经常称赞、推崇周恩来、刘少奇、邓小平、陈云等党的其他领导人的才能和贡献,也常常称赞其他老帅领导军队南征北战的功绩,却从不谈他自己。

1957年夏,中国人民解放军总政治部发起建军30周年征文活动,号召全军撰写革命回忆录。当一位从事部队文学创作的同志请示朱德要为他写传记时,他先是一笑,然后摇着头说:"还是不要写了吧。中国革命的胜利是人民的胜利,是依靠中国共产党的正确领导,依靠毛主席和许多老一辈革命家的共同努力所取得的。我是普通一兵,只做了自己应该做的事情……"这位同志看朱德执意不愿意谈自己,只好说:"总司令,那您给我题几个字吧。"朱德笑着应允了。几天后,这位同志去取字,朱德指着手书的条幅说:"我写了南昌起义的一段话,你看看吧。"条幅的内容是:"南昌首义诞新军,喜庆工农始有兵,革命大旗撑在手,终归胜利属人民。"当这位同志想借机了解朱德在南昌起义时的事迹时,朱德微笑着说:"领导起义的不止我一个人,还有周恩来总理,还有贺老总……"朱德再一次拒绝了谈自己的事迹。

1962年,朱德重回井冈山。当地负责同志请他给大家做报告。朱德笑着说:"我没啥可说的,我是来看看大家。离别井冈山30多年啦!《毛选》(《毛泽东选集》)四卷不是已发表了吗?你们要认真学好四卷,用四卷来指导我们的各项工作。我再讲也不会像四卷讲的那样完整,那样深刻啊!"井冈山的大井村是当年朱德住过的地方,此时正在准备修建革命旧址、旧居。朱德得知后,当即指示:"我住的房子不用恢复了。毛主席的旧居要好好整理，要宣传毛主席。"后来，在参观井冈山历史博物馆时，有人指着闻名中外的"朱德扁担"说："朱委员长，您的扁担在这里！"朱德告诉大家："扁担不一定要放在这里，主要是放毛主席的东西。"一位跟随朱德重访井冈山的同志说："敬爱的朱委员长在重上井冈山的4天里，处处称颂毛主席，不断赞扬其他老同志，还高度称赞了井冈山人民的革命斗争精神，而唯独不提他自己！"

不仅在其他同志面前，即使在家人面前，朱德也从不谈自己的事迹，从不摆自己的功劳。朱德的几个孙子、外孙从小在他身边长大。20世纪五六十年代时，每逢节假日或工余时间，朱德常常把孩子们接到身边，给孩子们讲早年家境的贫寒、读书求学的艰难、革命烈士的牺牲、红军战士的英勇、抗日英雄的传奇……几个孩子渐渐长大，尤其上学以后，知道爷爷是总司令，就缠着爷爷讲过去带兵打仗的故事。一次，朱德把大手往孩子们头上一放，笑开了："红军打老蒋，八路军抗日，战斗故事多着呢，3天3夜也讲不完，难道你们不想听？"孩子们嚷起来："现在就要听爷爷自己打仗的故事！"见此情形，朱德和蔼地对孩子们说："我自己都是些老掉牙的故事，没什么好听的。老讲自己的过去有什么意思？咱们还是要多讲现在，多讲将来。中国革命的事情还很多，世界革命的事情还很多，要站得高，看得远，才能革命到底。"在朱德几个孙子、外孙的记忆中，保留了许多爷爷讲过的故事，却没有一个有关爷爷自己南征北战、出生入死的战斗故事。

最后的党费

1976年7月，朱德病情加重，生命垂危。

在病榻上，朱德同看望他的国务院副总理李先念做了最后一次谈话。那天，他正闭着眼睛，听到李先念来了，立刻睁开眼睛，与李先念紧紧地握手。他轻声地、慢慢地说："生产要抓，不抓生产，将来不可收拾。"又说，"生产为什么不能抓？哪有社会主义不抓生产的道理？要抓好。"

随着病情的加重，朱德几乎连说话也困难了。7月2日，刚刚毕业的孙女来看他。他见心爱的孙女来了，精神似乎好了些。孙女坐到他身边，他的脸上顿时出现了一丝光彩，努力显得轻松些，甚至还说了句笑话："我们的大学生来了……"刚说到第二句，"要做……无产阶级……"就再也没有力气把话说完。显然，他是要嘱咐孙女做无产阶级革命事业的接班人。这是朱德留给子孙后代最后的宝贵遗训。

7月4日，朱德意识到自己将不久于人世，用尽全身仅有的一点儿气力，清楚地喊了一声女儿朱敏的名字，两眼露出期待的目光，凝视着女儿，口微微张了几张，似乎有话要说。见此情景，朱敏立刻俯下身去，凑近父亲的耳畔，安慰他老人家说："爸爸，你不用说了，我明白你的意思——'永远听党的话，全心全意为人民服务，革命到底。'你放心好了。"听了这些话，朱德脸上露出了欣慰的笑容。

1976年7月6日下午3时1分，朱德的心脏永远停止了跳动，享年90岁。

朱德一生廉洁奉公，全心全意为人民服务，鞠躬尽瘁为党工作，没有丝毫的私心杂念。生前，他多次对子孙说：人总是要死的，不能永远活着。你们是革命的后代，要热爱老一辈的事业，不应关注老一辈的财产。你们是革命事业的接班人，而不应该是我财产的继承人。我没有财产，我这里的一切，包括我的整个生命都是属于党和人民的，没有党便没有我的一切，便没有你们。我死后，你们没有什么可继承的。房子、家具都是公家的。我所用的东西，都要上交给国家。我最珍贵的，就是屋里挂的那张毛主席像，你们可以继承。我的那些藏书，你们可以拿去学习。

朱德一生自奉节俭、自奉清淡，临终前积攒下了近两万元存款。对于工资，朱德有个规定，自己的工资待遇不能超过毛主席和周总理。1955年，中国人民解放军实行军衔制，朱德位居共和国第一元帅，但他坚决不要元帅工资，直至他去世前的21年间，从未领过元帅工资，他逝世后，大家才知道这件事。那么，他拿有限的工资如何应付全家那么多口人吃饭等开销呢？

总的来说，朱德的办法是计划开支，降低生活标准，节衣缩食，省吃俭用。用他的女儿朱敏的话说："这来之不易的积蓄是爸爸用近似'虐待'自己的方式才换取来的。"

朱德曾有一笔巨款，早就存放在德国。美国著名女作家史沫特莱在抗日战争时期采访过朱德。回国后，她怀着对中国革命和对朱德的敬爱之情，写成了《伟大的道路——朱德的生平和时代》一书。史沫特莱于1950年去世前留下了遗嘱，要将稿费转交给朱德。国外有关机构将这笔稿费交给了中国驻德意志民主共和国大使馆。朱德知道这件事情后，怀着对史沫特莱深深的敬意，亲自将她的一半骨灰安葬在北京，并在墓碑上题了字。此后，他再也没过问稿费。1958年2月，中国驻德意志民主共和国大使馆请示："朱德副主席在我馆存稿费（系史沫特莱遗留）95008.30马克，已有两年之久，此款如何处理？"朱德提笔批示："买自然冶金科学新书、化学新书寄回。"就这样，朱德用这笔稿费为正在建设的国家购进了大量国外最新科技书籍，全部分给各大图书馆和有关科研单位，余下的钱全部交公，自己分文不取。

临终前，朱德对身边的工作人员讲："我有两万元的存款。这笔钱不要分给孩子们，不要动用。告诉康克清，把它交给组织，作为我的党费。"朱德逝世后，康克清遵照他的嘱托，把这笔存款如数交给了党组织，完成了丈夫的遗愿。

朱德省吃俭用20多年积攒下来的那张两万元存款单，现陈列在中国人民革命军事博物馆内。朱德虽然没有给自己的后代留下什么物质财富，但是，他把宝贵的革命传统、高尚的无产阶级品质留给了后代。朱德的曾外孙女刘清芸是朱家的第四代，朱德的教导依然牢记在她心中："我从来没有见过我老爷爷（朱德），但是，我能从我奶奶身上、从我的叔叔、伯伯、姑姑身上，感受到我老爷爷身上的品质。我希望未来用我自己全部的力量，来传承好……"

彭德怀

一餐一饭彰显人格风范

彭德怀一贯秉持"吃喝小、事不小"的理念,严禁吃喝上的特殊化,充分体现了为民、务实、清廉的人格风范。共和国开国大将黄克诚对此感受颇深:"彭老总的生活是极其艰苦朴素的。他自红军时代起,就经常教育干部战士,莫忘我们吃的穿的都是人民的血汗。我们是人民的儿子,不要忘本,不要忘记人民,不要铺张浪费,不要追求生活享受。他自己身体力行,不愧为艰苦朴素的模范。"

彭德怀出生在一个贫苦农民家庭,父亲长年患病,他8岁时,母亲去世,全家生活更加风雨飘摇。幼年的彭德怀肩头就挑起养家的重担,为别人看过牛,在土煤窑做过童工,吃尽了人世间的苦楚。彭德怀在晚年回忆时写道:"童、少年时期这段贫困生活,对我是有锻炼的。在以后的日子里,我常常回忆到幼年的遭遇,鞭策自己不要腐化,不要忘记贫苦人民的生活。"

参加革命前,彭德怀在长沙投军,在湘军当了一名二等兵,1926年升任营长。1927年年初,彭德怀奉命率部驻防湘西。虽然身在旧军队,但他自发地认为"民众养活军队,军队要为民众谋利益",用这样的朴素观念约束军队,整顿风纪,对部下侵犯老百姓利益的行为绝不姑息。一天,他发现团部派到他营里协助工作的谢副官手提一只大母鸡,大摇大摆地走进营房,当即喝问:"鸡从哪里搞来的?"谢副官满不在乎地一边做手势,一边说:"一块零五百弄来的。"意思是用手抓来的。彭德怀一听,怒火中烧:"这里的群众被黔军害得很苦,你还要趁火打劫,这是破坏我部军纪,是决不容许的!"说完,彭德怀命令谢副官立即把鸡退回去。事后,彭德怀还将此事报告团长,要求将谢副官撤职处分。彭德怀的举动在旧军队中实属罕见。曾经担任红三军团政委、与彭德怀搭过班子的杨尚昆赞扬道:"他从小生活在饥寒交迫之中,痛恨旧社会的黑暗腐败。他在立志救国之初,就同好友黄公略等相约:'不做坏事,不贪污腐化(包括不刮地皮、不讨小老婆),不扰民。'他在旧军队工作12年,卓尔不群,出淤泥而不染。旧军官搜刮民财,克扣军饷,他却把自己的薪饷积蓄起来,做了起义的费用。"

  大革命失败后,白色恐怖笼罩中国,此时已是湘军团长的彭德怀却加入了中国共产党,并在1928年7月发动并参加平江起义,组建了中国工农红军第五军。1928年年底,彭德怀率红五军主力到井冈山与朱德、毛泽东率领的红四军会师。彭德怀意识到红五军是从旧军队建立起来的,成分比红四军更复杂,雇佣兵思想根深蒂固。为了使这支脱胎于旧军队的红军完全变成新型人民军队,彭德怀以身作则,在红五军带头执行朱毛红军的《三大纪律,六项注意》。在艰苦的井冈山时期,彭德怀常说:"大家有盐同咸,无盐同淡。"

  对于搞特殊化,在彭德怀这里没有下不为例。1929年7月,彭德怀率部队在江西遂川的戴家铺休整。警卫员看到彭德怀连日来辛苦劳累,又黑又瘦,便用自己的积蓄从老百姓家里买了一只大阉鸡,给彭德怀补补身体。当警卫员把鸡炖好端上来时,彭德怀说:"你的心意,我领了。不过,你想过没有,你花钱买鸡给我吃,可战士们吃什么呢?他们吃的是南瓜、茄子!如果我吃鸡,那岂不成了旧军队的军官?"警卫员苦劝说:"这是我心甘情愿的,就这一回,下不为例。"但彭德怀是个自制力特别强的人,坚定地说:"不行!军长和战士在红军队伍中是一律平等的。我是瘦了,可战士们也都瘦了啊!"他还从衣袋里摸出一些银毫子,塞给警卫员,"这是买鸡的钱,我出。你快把鸡端到后勤处去,送给伤病员吃!"警卫员还想劝阻,彭德怀一声令下,"这是命令!快送去!"

  1930年夏,彭德怀率领红五军转战鄂东南。由于战事频繁,辛劳过度,加上生活艰苦,一天深夜,他伏案工作时,竟晕倒在桌旁。警卫员看到这种情形,焦急万分,暗地里请炊事员下了一碗汤面,送到他面前。彭德怀看到面汤里有几片猪肝,就问:"哪里来的?"警卫员如实回答:"部队买了老乡一头猪,宰了。我看到军长近日身体消瘦,连日熬夜操劳,怕你身体拖垮了,特地请炊事员下了碗面。"彭德怀听后,非常严肃地说:"谁给你这个权力?我一再强调,红军官兵平等,当官的不能搞特殊!"警卫员还想再解释,彭德怀猛地站起,命令道:"不要说了!你快给我送回去!"在隔壁听到军长发脾气,炊事员连忙过来打圆场说:"军长,面已做熟了,不吃是浪费,还是吃了算了。只这一次,下不为例。"但彭德怀仍坚持说:"不能,就是绝对不能!这个先例决不能开,否则就不能说服人!我彭德怀闹革命不是为个人吃好的,如果只为享福,我就待在国民党里,享受好吃好喝得了!"说完,他一拳砸在桌子上,震得茶缸子掉在了地上。炊事员看到军长怒气冲天,也不敢再吱声了。过了一会儿,彭德怀才从怒气中缓过来,对炊事员说:"同志哥,请你将这碗猪肝面送给重伤员吃。"转头又批评警卫员说,"以后约法三章,谁也不准违犯!"

在中央苏区时,部队里有一个习惯:首长有时下连队,有条件的话,吃饭时,可以加一个如炒鸡蛋之类的菜。但是,彭德怀下连队,遇到给他加菜的情形,不管谁给他加了菜,他都眉头一皱,骂起来,直到把加的菜端下去,他才肯吃饭。开始,一些人对此不理解,也不知是什么原因,后来才知道,彭德怀是严格要求自己,决不要特殊,渐渐地就没人敢给他加菜了。供给部本来有个规定,每月另外发给彭德怀三四元的伙食费,可他坚决不要,身边工作人员只好自己凑钱偶尔给他做点儿好菜吃,但他吃的时候总要先问问:"哪儿来的钱?"如果知道是公家给的,他就要批评。对于彭德怀的批评,部下们虽然有时会觉得委屈,但时间久了,他们对彭德怀严于律己、艰苦朴素的高尚品德就越发敬佩了。

当然,彭德怀偶尔也会跟部下一起打打牙祭。曾经担任彭德怀警卫员的颜甫回忆:"一天,我拿他的零用钱买了一只鸡,炒好端到他面前。他又问:'哪儿来的钱?'我说:'是上面发给你的零用钱。'他笑了:'如果是公家特别开支可不行。哎,你去请邓(萍)参谋长来,还有你和毛正武、王力祥3个小鬼,也一起来打个牙祭。'他说着,夹了一块肉往嘴里一送,极口赞赏,但又很遗憾地看着我说,'鸡子炒得是好!嗯,要是多放点儿水,煮些汤就更好,这样,全参谋处的同志都可以来喝点儿鲜鸡汤!'我'嗯'了一下,可心里怪他只顾别人,就不知道关心自己。平时给他做只鸡,他总是要我送一半给滕代远同志和参谋处的同志,剩下一半,还要喊我们几个小鬼来同吃。"

抗战时期,彭德怀担任第十八集团军副总司令,在太行山上坚持敌后斗争。彭德怀刚来太行山时,因患有严重的肠胃炎,每次发作都疼得吃不下饭、睡不着觉。本来按照八路军的规定,他患病可以吃小灶,但他坚持同战士们一起喝野菜汤,同样过艰苦的生活。有一次,彭德怀的夫人浦安修看到他肠胃炎发作起来备受折磨、疼痛难忍的样子,心疼他,就在他的野菜汤里偷偷加了一把玉米面,没想到,这一小小的"花招"竟招来他毫不留情的批评:"你搞什么名堂?干革命是万万搞不得一点点特殊的!我永远不会忘记,我彭德怀是一个怎样的人,永远不会忘记我为老百姓打天下的使命。"一次,彭德怀外出办事,一路风尘仆仆。供给部长想让他恢复体力,就让炊事员给他做了4个菜,有鸡、有肉、有豆腐,没想到,彭德怀一见肉菜就发火了:"我是国民党?我是军阀?你为什么要让我和别人不一样?"他气得一夜没吃饭。又有一次,部队杀了猪,管理员给他留下一点儿肉准备炒菜用。他知道后,立刻命令把肉放到大锅里。大家劝他:"你要操劳费神的,吃点儿肉算什么?你吃点儿肉,就能把八路军吃穷了?"彭德怀就是不同意:"老百姓都吃糠呢!我们要处处想到老百姓,想到战士。"

1939年,彭德怀与国民党河北省主席鹿钟麟谈判,路过八路军第一二九师第三八六旅旅部驻地。旅长陈赓考虑到彭德怀远道而来,就想好好招待他一下。当时,敌人对抗日根据地的封锁和"扫荡"还不严重,旅部驻地又是县城,吃东西也不发愁,但陈赓深知彭德怀最反对超标准接待,最反对搞特殊,如果谁违反了,即使是老同乡、老战友,也会毫不留情地加以批评,于是就咨询彭德怀的助手、八路军总司令部作战科科长王政柱:"彭总对吃饭是不是还卡得那么死?"王政柱闻言色变,提醒道:"你可别给他搞特殊。一次路过中条山时,当地一位党的负责人招待了彭总一顿饭,多弄了几个菜,彭总就问这位负责人:'你参军时是什么成分?你参加革命,从家里带来多少钱?'那位负责人也没弄懂彭总的意思,顺口说:'我在家是个店员，哪有钱带出来？'彭总声色俱厉地说：'你没带钱出来，怎么有钱招待我呀？我有我的伙食标准嘛！'"陈赓听罢，一声长叹："嘿，他还是老脾气！"忽而眼睛一亮，一拍巴掌，"有了！"他先找到彭德怀"吹风"："今天的午饭没有准备别的。这个地方有一种鳜鱼，也叫桂花鱼，我叫战士到河里捞了几条，请你尝尝本地的特产。"彭德怀没有在意，随口应允了。午饭时，管理员端上一大盘清蒸鳜鱼，由于陈赓事先"预热"，彭德怀也就没有拒绝。接着，管理员又端上一大盘肉丸子。彭德怀有点儿不高兴地问："你不是说吃鱼，怎么又弄来了肉丸子？"陈赓又打了个"掩护"："这丸子是鱼肉做的，你尝尝。"彭德怀尝了一个丸子，确实有些鱼味儿，便不再吭声。第三道菜是一只鸡，管理员不敢再往外端，直看陈赓。陈赓使了一下眼色，鸡也被端上来了。彭德怀见状，不由得沉下脸，放下筷子，说："难道这鸡也是鱼做的？"陈赓豁出去了，往彭德怀碗里边盛鸡汤边说："河边的鸡也吃蚯蚓、鱼什么的长大的……"听到陈赓还想解释，彭德怀一句话把他堵住了："现在是减租减息，不是打土豪的时候！"说完，放下碗筷，起身背着手就走了。陈赓赶忙追了出去。留在屋里的人神情都不由得紧张起来，担心会发生不愉快的事。不一会儿，陈赓笑眯眯地推门进来，说："在路上，我把他给说笑了。彭总今天对我的批评，算是客气的喽！"

1940年春，八路军在太行山区开展整军工作。一天，彭德怀亲自来到某部炮兵连检查工作。战士们见到彭老总下连队，都非常高兴。为了表达对副总指挥尊敬爱戴的心情，连队领导提出给彭老总弄点儿好吃的。由于他们不知道彭德怀下连队吃饭的习惯，就为他做了100多个饺子。饺子是用柳梢上的树叶当馅儿、高粱面里加点儿榆皮面当皮包的，这在当时是很难得了。彭德怀知道后，立即把他们叫来，问道："战士们吃什么？"他们如实地做了回答。彭德怀严肃地说："为什么要给我单做呢？我到连队里来，要和战士一样，战士吃什么，我就吃什么。"说完，他命令把连队战士集合起来，让连队领导当着他的面把饺子分给每个战士尝一尝，而他自己吃的是窝窝头。

位于武乡、黎城和辽县（后改为"左权县"）的深山之中有一处四面环围着悬崖绝壁的奇险山谷，这里就是抗日战争时期名震中外的八路军兵工厂所在地——黄崖洞。1939年冬天，彭德怀来到黄崖洞兵工厂了解生产情况。

彭德怀

将近中午时分，兵工厂负责人程明升把伙食委员叫来，低声吩咐："你去和食堂的同志说一下，中午留彭总吃顿饭。首长胃口不好，给他另做一碗白面条，再炒些菜。"午饭时分，待彭德怀视察完毕，炊事员端来一碗热腾腾的白面条和一碟炒豆腐。彭德怀一看，立刻皱起眉头问："兵工厂的工人同志们和我吃的一样吗？"程明升支支吾吾地回答："嗯，差……差不多……"彭德怀看了程明升一眼，一言不发地倒背着双手来到食堂。工人们吃的是高粱、玉米和黑豆糁糊糊，几个人合吃一小盘萝卜丝。彭德怀见状，很不高兴地返回厂部，指着放在桌上的那碗面条问："这是谁让做的？"程明升只好红着脸解释："是……是伙食委员知道首长胃口不好，怕首长犯胃病，就让做了点儿面条……""乱弹琴！"彭德怀不等程明升说完，就打断他的话，"我的胃口不好，你们就做一碗面条；工人们的胃口不好，你们都知道不？现在，敌人对我们根据地实行军事包围和经济封锁，军民生活都很困难。大家每天吃野菜，嚼树皮，喝高粱黑豆粥，哪一个胃口好？我怎么能搞特殊？！"他说完，端起碗就往食堂走去。来到食堂，彭德怀把面条往大锅里一倒，又来回搅了几下，然后舀起一碗黑乎乎的糊糊，走到工人中间，和他们坐在一起，共同就着生萝卜丝，一面交谈，一面大口大口地吃了起来……

彭德怀把为他单做的菜倒入大锅里的事，也不止这一次。1940年12月，百团大战刚结束，司务长见彭德怀长期忙于作战指挥，日夜操劳，就为他专门炒了一盘猪肝。吃饭时，彭德怀看到端上来的炒猪肝，平心静气地问道："我的伙食标准是多少？"司务长做了回答。彭德怀又问："那你炒了这盘猪肝，我的生活标准超了没有？"听了这话，司务长连忙解释："就这一次，也超不了多少。再说，你这些日子太劳累，比以前瘦多了……"彭德怀打断司务长的话："难道因为我是副总司令，就应该比别人吃得好一些吗？这是哪家的规矩？……"看到司务长神情紧张，彭德怀半开玩笑地征求意见，"你看，这盘猪肝是公了好，还是私了好？"司务长听后，不解地问："咋叫个公了和私了？"彭德怀笑着说："公了，那就是把这盘猪肝拿到军人大会上去展览；至于私了嘛，也很简单，把这盘猪肝悄悄端回去，倒进食堂大锅菜里，大家一起把它报销了。"司务长忙回答："还是私了吧。"说完，就把那盘炒猪肝端走了。

解放战争时期，彭德怀担任西北野战兵团司令员兼政治委员，在大西北与10倍于己的国民党军胡宗南部艰苦对决。西北野战兵团司令部管理科为了改善首长们的生活，曾经让炊事员给首长们做过几次鸡汤。彭德怀偶尔跟大家一起喝点儿，但自从听说个别部队出现违反群众纪律的情况，就再也不让炊事员给他做鸡汤了。他当着司令部所有人的面，对管理科长高克恭说："你们都在这里，我给你们讲清楚，这鸡不管是不是买的，往后一只也不能吃！"彭德怀认为司令部保留小灶是脱离群众。为了保持官兵绝对一致，他专门找几位首长商量后，把小灶撤销了。宣布撤销小灶的那天大雨如注。彭德怀让警卫员把高克恭找来，指示说："司令部的小灶已经决定撤销。你今天就把小灶的炊事员调回管理科，另行分配或送到后方去。"高克恭想再拖上半天，让炊事员给首长们再做一顿好的吃，就推托说："雨下得这么大，能不能等到明天处理？"彭德怀却不同意："快去，快去！说撤就撤！一定要在今天把炊事员和炊具都撤掉！"

彭德怀不仅把小灶撤了，而且为了一只鸡还"开除"了警卫员。彭德怀率部转战陕北期间，生活非常艰苦，他长期患有胃病，大家都很关心他的身体。时任中央书记处办公室主任的师哲特意嘱咐彭德怀的警卫员小杨："不仅要提高警惕，保卫好首长的安全，而且要从多方面关心照顾首长的生活，尽可能地保证首长吃好、睡好、休息好。尤其是彭总，他有胃病，而且经常要在前线活动，十分劳累、艰苦，所以，只要有可能、有机会，就要设法改善他的伙食，给他增加些营养，保证他的健康。"小杨记住了这段话。转战陕北期间，部队天天吃小米干饭。小杨怕彭德怀的胃受不了，有一天给他炖了一只鸡。彭德怀见了，生气地说："不吃！拿回去！"小杨不知是怎么回事，只好将鸡端了下去。彭德怀仍天天吃从大灶上打来的小米干饭和炖白萝卜。小杨想到临来时，组织交代自己要照顾好首长的身体，于是，一个多星期后，他又给彭德怀做了一只鸡。这次，彭德怀发了脾气："你怎么又搞这一套！你干什么？！"小杨感到十分委屈，便申辩了几句。彭德怀说："你原来是哪个部队来的，你还是回哪个部队去吧，我这里不用你了。"

1947年七八月间，西北野战军第二纵队司令员兼政委王震在陕北某地遇到师哲。师哲知道这位老朋友转战陕北大半年，很辛劳，打算做点儿可口的饭菜慰劳慰劳他。王震也毫不客气："这个时期只有高粱、小米，缺油少菜，吃得人胃里发烧，太缺少脂肪，实在想吃肉了！"师哲不解地问："你们天天在广阔的农村转，难道买不到一点儿鸡或羊肉吗？这也花不了多少钱啊！"王震脱口而出："嗨，彭总不吃嘛！"现在，人们生活水平大幅度提高了，很难理解战争岁月能够吃到鸡肉、喝到鸡汤的可贵。王震一句"嗨，彭总不吃嘛"启发了师哲："从王胡子（指王震）的话里，我才真正地体会到什么是无声的命令。这首先就是处处以身作则、身先士卒！司令员生活简朴，旅长、师长们自然也不敢特殊化。彭总吃大灶，和战士们吃的完全一样。在战争年代，打仗行军，常常饱一顿、饥一顿，无论生活多么艰苦，战士们却没有任何怨言，上下齐心，专一作战，能不战胜敌人吗？"彭德怀用自己的行动为部队官兵树立了榜样。各部队指战员听说彭德怀的这些事迹后，深受震动，加上部队的教育，此后违反群众纪律的现象越来越少。

当然，彭德怀坚决反对在饮食上对自己的特殊照顾，但并非搞一刀切。一次，他到太岳军区视察。军区司令员陈赓等人用津贴凑起来买了肉，想请彭德怀吃，但谁也不敢去请，怕他不高兴，还得挨批。正巧，彭德怀看到了，便开玩笑说："好你个陈赓，吃肉也不叫我！"陈赓笑答："人家说你彭老总见肉就骂娘，谁还敢叫你啊！"彭德怀苦笑道："谁说我彭德怀不好吃肉？谁不知道肉香？"说得大家都笑了起来。

彭德怀对于自己在饮食上的严格要求，无论在战争年代还是在和平时期，无论在北京还是在地方，无论在国内还是在国外，无论在顺境还是在逆境，都别无二致。

1957年，彭德怀有一次到南方检查战备和国防工程，回京途中路过南京，在南京军区司令员许世友家做客。许世友在桌上只摆了炒豆芽、土豆丝、烧豆腐和炒肉四样菜。许世友的不客套、不摆谱、不铺张，让彭德怀十分高兴。他说："我们都是'出家人'，都应该爱国家之财，爱人民之财。管'公'的人要牢守三条：第一，自己不贪；第二，不给人家送；第三，敢把厚脸皮的上司、熟人挡回去。有这三条，才能保得住'公'！"

湖南湘潭是彭德怀的故乡，也是他童年生活的地方。彭德怀于1958年回故乡时，住在湘潭的一个招待所。他不让服务员搞特殊饭菜，每天到食堂里和工人吃一锅饭。即便回到自己亲属家里，也是如此。有一次，他看到弟媳和侄儿的饭里拌有红薯，给他盛的却是白米饭，就不高兴地说："社员们没把我当外人看，家里人怎么把我当外人看？"他夹起一块红薯就吃，边吃边说："吃红薯好，红薯有糖分，有营养。我小时候是吃红薯长大的，对红薯有感情。"彭德怀离乡返京时，乡亲们送给他一瓷坛蜂蜜和两只鸭子。这本是家乡人民的一片心意，蜂蜜和鸭子又是当地土特产，可彭德怀回北京知道后，坚持要折价汇款给生产队，并给支委们写了一封信："回到北京居地，数星期以后才发现你们送我一瓷坛蜂蜜，这是乌石生产大队全体人民的劳动果实。我对于中国人民和邻友们，无多贡献，吾之心情不安，深感惭愧，拟将原物奉还，又不便投寄，故折价30元，请予查收，交大队投入副业生产。"

一次，彭德怀出访罗马尼亚。结束访问的前一天，他专程赶到中国驻罗马尼亚大使馆看望工作人员。当他走向会客室的时候，无意间瞥见一侧的餐厅里摆好了几张大圆桌，几个人正在忙碌地准备宴席。彭德怀的脸马上阴沉下来，立即叫人把随同出访的国防部外事处处长找来，严肃地说："不是早说过了嘛，到使馆不要搞宴会。这里怎么又搞了？……告诉你，我是不吃的！"宴会只好取消了。按照彭德怀的要求，大使馆工作人员为每人做了一碗面条，这样，彭德怀才高兴地用了餐。

1966年4月，时任西南局三线建设委员会第三副主任的彭德怀在永川花果山煤矿考察期间，午饭都是在煤矿食堂里吃的。他到这里的第一天中午，矿场特意做了比一般客餐稍好一点儿的饭菜。彭德怀看到后，严肃地对煤矿领导说："搞这么好的伙食太特殊了，是浪费。同职工们一样吃，不是很好嘛！"并语重心长地说，"领导者不能只管自己吃好，要首先让群众吃好。"第二天午饭前，他又反复强调午饭就和工人一样，不搞特殊。彭德怀不重视吃喝，却重视工作。在他的指导下，煤矿领导改进了轮换制度中不合理的问题，改善了煤矿职工和公社的医疗卫生条件，从而使青壮劳动力少患职业病，提高了煤矿和公社群众的生产生活水平。

1959年，彭德怀受到错误批判时，德高望重的朱德仍仗义执言："彭老总在生活方面注意节约，艰苦卓绝，谁也比不过他。"后来，竟然有人说"彭德怀生活俭朴是伪装的"。这种昧心的话传出后，连张治中也不以为然，慨叹道："怎能伪装一生呢？"

作为妻子，浦安修对于彭德怀的艰苦朴素有比其他人更深刻的体会："1943年，太行山上连续两年闹旱灾。他看到一些人家的烟囱没有冒烟，他眼神是那样的焦急难过，他曾挨户走访，默默地注视着群众锅里的野菜，于是就决定总部及直属队采野菜、树叶，每人每天节约二两粮。他自己虽然当时患着肠胃病，也和战士们一起吃野菜，把粮食节约下来分给群众。北平和平解放后，到了北平，碰上改善伙食，他常念叨：什么时候，全中国老百姓都能吃上这样的饭菜呢？我记得，当人民生活出现困难的时候，他坐在饭桌前面，是怎样地难以下咽啊！我深深感到，他对人民生活的疾苦，有一种诚挚的、切肤的、连心的感情，在他那严峻的外貌下，跳动着一颗火热的心。这是一颗赤子之心啊！这颗心，从童年时代就和千百万受苦受难的人们连在一起，一直没有分开。"

怕老百姓骂娘

出身贫寒的彭德怀与老百姓有一种割不断的水乳交融关系。他常说："工农群众养育了我们，我们一时一刻都不能离开群众。离开了人民，我们就会一事无成。"在漫长的革命生涯中，他始终保持劳动人民的本色，凡事都以怕老百姓不满、怕老百姓生气、怕老百姓骂娘为衡量标尺，严格约束规范自己的言行。

中华人民共和国成立前夕，彭德怀曾动情地对身边的人讲过一个故事：当年，陕北担架队里有个叫金有发的人，他的父亲是一位陕北老红军，牺牲在黄河边；弟弟是一名新参军的战士，长期在榆林城外作战；妻子是一名普通的农村妇女，在一次战斗的前夜，她偷偷把埋藏在山上的十几斤谷子挖出来，背着刚满两岁的孩子，碾好米后，又送到部队，孩子却饿死在自己的背上。彭德怀说："这只是千百件事例之一。革命中，老百姓的自我牺牲精神和浩然正气才是千秋万代永放光辉的！他们是历史的创造者，是真正的英雄！"他提醒部队的干部和战士要摆好个人与群众的位置，万万不可自视特殊。

彭德怀从不允许人家招待他，超过伙食标准的饭菜，他不吃。他极其讨厌请客送礼，对那种连吃带拿的腐朽作风更是深恶痛绝。他总是当着那些爱请客的人批评说："什么你请客？人民请客，国家请客！这种风气要不得，慷公家之慨！"他无论到哪里，临行前都要打招呼：不准请客、送礼，不准搞特殊。

1955年的一天，外出视察的彭德怀下榻山东烟台某招待所。招待所的同志以十分崇敬的心情，在为他安排的房间里特地准备了一些小吃。彭德怀一进屋，见桌上摆满了高档水果、香烟和奶糖，便立刻让人把招待所所长和管理员叫来，在表示感谢的同时问道："咱们有没有招待费？"所长回答："有，有，还有不少哩。"彭德怀说："那只能招待外宾。你们想一想，主人自己每天大吃大喝起来，把自己当成外人，这个家还能当好吗？不吃穷了才怪呢！尤其是首长们，本来工资就高，又白吃、白喝、白拿，再弄个双份。为老百姓想一想，他们应该生气吧？这不像为他们当家做主的样子吧？人家应该不喜欢这样的当家人吧？升官发财、搞特殊，这是国民党的传统。咱们共产党人，不能向他们学习吧？咱们共产党人，不能想着升官发财、搞特殊。咱们的国家、人民还很困难哟！"彭德怀每次外出视察，在离开当地准备启程前，都吩咐要严格检查自己一行是否多出了什么东西。一次，他发现随行多了几个捆好的篓子，就问警卫员是什么，警卫员说是人家送的水果。彭德怀马上严肃地说："讲过多少遍了，不许任何人拿公家的东西送礼！快搬下去！以后，任何一点儿东西都不许收！"

彭德怀没有逛名山大川的习惯，他的心思和精力都放在了国家和群众上，休闲游览只有一次例外。1956年夏季的一天，警卫参谋景希珍对时任国务院副总理、国防部长的彭德怀说："北海公园的风景很美，游人很多，咱们也去转一转，玩一玩吧。"彭德怀早就听说北海公园秀丽热闹、游人如织，自己平日只顾忙于各种工作，还没去过一次，便笑着说："好，就今天下午吧，正好有个空档，我们也去逛逛、看看。"景希珍按照警卫部门的安全规定，将彭德怀打算下午去北海公园的事告诉了有关单位。

傍晚，穿着便衣的彭德怀让汽车停在离公园还有一条街的地方，闲适自在地和警卫员步行走到公园门口，可是一看，门口一块大牌子上写着"休息"二字，几个干部模样的人早已在门口等候，不由得皱紧了眉头，轻松的面色变得有些沉重。在这几个干部和公安人员的陪同下，彭德怀有些不悦地走进公园，发现偌大的公园里冷冷清清，不见一个游客。彭德怀这下沉不住气了，质问景希珍："你搞什么鬼？"景希珍心里明白是怎么回事，但嘴上敷衍说："门口的那个牌子上不是写着'休息'吗？"彭德怀转身问陪同人员。陪同的公安人员说，他们是奉了上级部门的指示，为了首长的安全，才清场闭园，专事接待的。彭德怀听了事情的原委，火冒三丈地说："为什么要这样做？我们来了，别人就不能来，这叫什么道理？！这个规矩，以后在共产党领导的国家里绝不能有！"接着，他毫不客气地不仅说给景希珍、也是说给跟在身后的陪同人员，"你们就是叫我脱离群众！不像话！"说完，他愤然出园，拂袖而去。在路上，他还狠狠地瞪了景希珍一眼，气冲冲地说："我以后再不逛公园了，免得老百姓背后骂我的娘！"

外出时，彭德怀向来反对前呼后拥。按规定，彭德怀到外地视察可以挂公务列车，在铁道线上随走随停。所谓公务列车，是铁路上专为中央首长准备的特殊车厢，长度与普通车厢一致，内部隔成首长卧室、起居室、随员卧室及厨房、卫生间等，挂于列车尾部，不与其他车厢相通。彭德怀多次提出买普通客票和老百姓同坐火车。有一次去鞍山，因为没有按他的吩咐买客票而挂了公务列车，他还发了脾气，责备办公室主任："你们就是不爱接近老百姓，难道不怕脱离群众？今后再这样，当心我撤你的职！"

1957年秋，彭德怀要去海南岛和福建沿海视察。警卫处长丁敏玉决定跟彭德怀一同前往。彭德怀外出，从来不允许过多的保卫人员随行，丁敏玉这次的行动，彭德怀事先并不知道。当彭德怀在机场看到丁敏玉时，奇怪地问："你们的工作很多，你来这里干什么？""首长不是要外出吗？"丁敏玉向彭德怀解释说，"首长，这次，我跟你去是搞保卫工作。你去的地方……"没等丁敏玉说完，彭德怀就打断了他的话："哪里有那么多的反革命分子？反革命把我打死活该，没有你们什么事。你不要去了。"见丁敏玉继续跟着自己往飞机上走，彭德怀停下脚步，说："我不叫你去，你就不要去了嘛。"说完，彭德怀转身下了飞机，一边往汽车的方向走，一边说，"好，你们去吧，你们去吧，我不去了。"见彭德怀真的生气了，丁敏玉说："首长，我不去了，你们去吧。"彭德怀对丁敏玉讲："你们这样做保卫工作，非叫我们脱离群众不可。你们把我们这些人同群众隔离开了,这叫我们怎样搞好调查研究呢?一个人出去,跟那么多的保卫人员,这是相信群众还是害怕群众?再说,多去一个人,就会给地方上增加更多的负担。我们做什么事情,都应该想到国家,想到人民,决不能搞特殊化……"

1959年7月,彭德怀在去庐山参加会议的途中,乘坐的火车停靠在武汉火车站。彭德怀坐在包厢里,久久凝视窗外,沉默不语。吃饭时,他只吃了几口就放下筷子不吃了。当服务员问他是不是不舒服时,他用手指指窗外,说:"你看看他们,叫人怎么吃得下去!"服务员向窗外望去,只见站台外面拥挤着许多农民。他们面黄肌瘦,有的背着破旧的行李卷儿,有的妇女怀里还抱着吃奶的孩子。当服务员再次看彭德怀时,他的眼中竟闪出了泪花。

彭德怀身居高位时想着人民群众、不脱离群众,即便身处逆境,仍不改初衷,始终与群众同呼吸、共命运,用自己的实际行动为全体党员做出了表率。

针对中华人民共和国成立以来最严重的经济困难,毛泽东深思究因后在1961年1月向全党发出了"大兴调查研究之风"的号召。此后,毛泽东不仅身体力行,率先垂范,还积极推动和领导全党进行调查研究,使1961年真正成为"调查研究年""实事求是年"。在庐山会议后被罢职的彭德怀得悉这一切十分高兴,想到农村做些调研。他说:"吃了人民的饭,就要为人民做事,为人民说话。"他马上提笔给毛泽东写信,请求批示。信中提出:先去湖南故乡搞3个月,了解农村情况;冬天回北京住一段时间,第二年春天再去太行一带。经毛泽东批准后,1961年严冬,63岁的彭德怀又一次回到湖南湘潭老家进行调查研究。12月13日,彭德怀在和《湘潭日报》记者戴鼎谈及当时有失偏颇的一些做法和效果时,满怀忧虑、极有针对性地剖析说:"群众最通情达理。我们解放才十来年,吃饭、穿衣、办事都要首先想到农民,丢了占全国总人口80%的农民,就丢了为人民服务的根本。瞎指挥、盲目冒进,建不成大业。要不是党中央、毛主席纠正得及时,损失会更大。"12月14日,彭德怀去鹤岭大队调查。他请大队党支部书记等人把全大队1956年至1959年4年间的变化情况,包括人口、粮食生产、农林牧副渔业收入、群众生活和疾病等情况逐年加以对比,从而找出发展生产中存在的问题，让大家保持清醒的头脑。彭德怀语重心长地说："毛主席经常讲要'关心群众生活，注意工作方法'，我们一定要牢记啊。"彭德怀这次回乡调研历时50多天。他每天冒着严寒往返跋涉十五六公里山路，深入乡村、农家走访、调查、座谈，接待乡村干部及农民2000多人。他还利用晚上的时间，坐在油灯前，亲笔写了4份农村调查材料。除了分发省、地、县委以及有关区委或公社外，还将一整套材料交中央办公厅转呈毛泽东。这些材料为党和国家制定农村经济政策提供了重要参考。

1965年，彭德怀被派往四川的西南三线建设委员会工作，成都市永兴巷7号院成为他的临时住所。到成都赴任后，彭德怀的党组织关系也由北京转到西南三线建设委员会，编在秘书处党支部的一个党小组，党小组由彭德怀、警卫参谋景希珍、秘书綦魁英、司机赵凤池和服务员辛大兴组成。经彭德怀提议，党小组推选景希珍担任党小组长。彭德怀在新党小组第一次组织生活会上发言："希珍同志，我向你反映一个情况，你得向组织上反映一下，我要罢看电影了。"景希珍忙问出了什么事。彭德怀严肃地说："7号院小礼堂时常放电影，放的大部分是新影片，看的人为什么那么少？是专门为我彭德怀放的吧！"原来，西南局保卫科为了彭德怀的安全，每次放电影，没有让更多的人进来。彭德怀接着严肃地说："共产党员能这样搞特殊吗？这是脱离群众！"早在志愿军抗美援朝作战时，彭德怀便在部队立下了规矩：战士在休整期间看电影，新影片要先从基层连队播放，士兵先看，各级首长后看。秘书綦魁英急忙解释："彭总，西南局保卫科同志出于安全原因，未对外卖票。"彭德怀一听明白了，这果然是组织上对他的特殊照顾，就急切地说自己不会有什么安全问题，要求今后要对外公开卖电影票，自己不能搞这个特殊，并要求景希珍将这个情况向党支部汇报，请办公厅在今后放电影时予以纠正。彭德怀坚定地说："如果不改变这个做法，我决不再看为我单独放映的电影！"从此，永兴巷7号院里的小礼堂每周放一至两场电影，都向西南局和西南三线建设委员会等机关公开售票，职工家属也能及时看到新影片。看到这个变化，彭德怀很高兴。

在接触西南三线建设工作之初，彭德怀多次谦虚地表示自己还不懂建设，主要是做好参谋，丝毫没有摆新中国开国元帅的老资格，没有摆当时就任的副主任的威风，并提出要尽快到基层了解情况。1965年12月14日中午时分，彭德怀到了华蓥明光仪器厂，冒雨视察了厂区，然后进了工人大食堂。在大食堂的厨房里，彭德怀拿起炊事员送来的碗筷逐一试吃工人吃的饭菜，还仔细询问了有关粮油和蔬菜的供应保障情况。华蓥山突然迎来了全国各地参加支援三线建设的大军，蔬菜供应无法保证。彭德怀了解到这个问题后，立即向在场的地方领导和仪器厂领导说："一定要关心好职工的生活。这些职工大都来自大城市，他们自愿到山区来搞三线建设，非常辛苦，十分可敬，你们要关心他们，蔬菜供应一定要得到保证。"他还在解决蔬菜供应问题上提出解决方案，为仪器厂解决蔬菜供应提供了简单有效的思路。

在三线工作期间，有个景区的服务员告诉彭德怀，景区里有几幢小楼是专给中央来的首长准备的，连哪一级住哪一层楼都有规定，有的楼一年到头都是空着的。彭德怀听了，半夜还在围着那些空着的小楼转圈，并自言自语地说："有些人硬要把我们往贵族老爷、帝王将相的位置上推，还怕人家不知道，在这儿修了当今帝王将相的庵堂庙宇咧！"离开那个景区时，彭德怀对当地的一位负责人讲："你们也许是真心实意尊重我们，但我也要真心实意告诉你们，我们不是帝王将相。你们这样搞，是在群众面前孤立我们嘛。人们看到这些长期关闭的房子，会怎么想？不骂娘，起码他会觉得我们这些人太特殊了吧！这样搞，又有什么必要？我们来了住个普通招待所有什么不好？看看人民住的什么！我们革命，不就是为了打倒压在人民头上的贵族老爷嘛！"

彭德怀情系老百姓的冷暖疾苦，常对身边的人说："我们共产党员要像扫把一样为人民服务，供人民使用，而不要像泥菩萨一样让人民恭敬我们、称赞我们、抬高我们、害怕我们。泥菩萨看起来威严吓人，可它经不起扫把的摔打。扫把虽是小物件，但每家都离不开它。"

"小题大做"

1947年，彭德怀、习仲勋率领只有2万余人的西北野战兵团与胡宗南的20多万国民党大军经过3次交手，取得了青化砭、羊马河、蟠龙镇三战三捷，把胡宗南打得缩成一团。彭德怀与习仲勋商议后，决定北上三边，寻找新的战机。时值6月，烈日当头，部队行进在漫无边际的沙漠里，由于水源奇缺，很多官兵都因干渴而晕倒。年近50岁的彭德怀每天不仅和官兵一起徒步行军，而且经常把自己仅有的那壶水拿去救助晕倒的战士。警卫员望着彭德怀那干裂出血的嘴唇，有些不乐意。彭德怀耐心地开导说："在这种时候，一口水就是一条命，我能见死不救吗？"

这天，部队终于走出了沙漠。晚上吃饭时，彭德怀意外地发现桌子上放着几根水灵灵的黄瓜。他没有多想，拿起一根就咬了一口，顿时，鲜美的滋味沁入脾胃，但刚刚吃了一口，他就停下了。他让人把管理员叫来，问黄瓜是从哪儿来的？听管理员说是从集市上买来的，彭德怀又问战士们都有吗？管理员犹豫了一下，没敢说话。彭德怀的脸立刻沉了下来，将咬了一口的黄瓜扔在桌上，起身就向外走。

管理员是觉得彭德怀在沙漠行军艰苦而干渴，才破例买了几根黄瓜，想不到他不但没怎么吃，还生了气。管理员感到大事不妙，急忙找到副政委习仲勋，如实汇报了情况，请习副政委帮着从中说和一下。习仲勋找到彭德怀。彭德怀不待习仲勋开口，先做了自我批评，说自己吃了不该吃的东西，违反了纪律，剩下的那些黄瓜，他已经让警卫员送给伤病员了。尽管如此，他还是希望习仲勋能召开一次会议，他要当着大家的面做检讨。

习仲勋被彭德怀的精神感动了，便采纳了他的意见，专门召开了一次团以上干部会。彭德怀在会上坦诚地说："这些日子，部队过沙漠确实很艰苦，累、热不说，主要是缺水，有的部队甚至渴死了人。可是在这种时候，我彭德怀居然吃上了黄瓜。在这里，我首先向大家做一个深刻的自我检讨，我彭德怀犯了严重的官僚主义错误！"彭德怀说到这儿，摘下军帽，向众人深鞠一躬。习仲勋见状，说："其实，这些黄瓜，彭总并没有吃，全让他送给伤病员了……"彭德怀打断习仲勋的话："你们也许觉得，不就是一根黄瓜吗？我彭德怀堂堂一个兵团司令，吃了也就吃了，何必小题大做呢？但我要告诉你们，我今天就是要小题大做！为什么？因为我们军队和国民党军队最大的区别就是官兵平等。今天，我这个兵团司令吃了一根黄瓜，明天，

风 范

你们这些纵队司令就会心安理得地跟我学，去吃一只鸡，再过几天，旅长、团长、营长、连长也会上行下效，官兵之间的距离就是这样一点点拉开的！"众人都被彭德怀的话深深震撼了，默默低下了头。彭德怀说到这儿，又转向习仲勋，严肃地说："习副政委，我本人的检讨，今晚就会交给党支部。对其他相关人员的处分，由你这个支部书记做出决定。"

无论是在战火纷飞的革命战争年代，还是在如火如荼的和平建设时期，在廉洁自律、做出表率方面，彭德怀一贯是"小题大做"。

1966年3月28日，时任中共中央西南局三线建设委员会第三副主任的彭德怀在视察成昆铁路建设的途中，不顾山高路险，轻车简从地登上了云雾缭绕的西昌螺髻山。他要全面了解山上的畜牧场的生产情况，并看望在这里劳动的知青。

探望彝族牧民家庭后，彭德怀和随行人员共10人在畜牧场场部食堂里吃了一顿午饭。餐桌上摆满了丰富的饭菜，有羊肉、猪肉……他见这顿饭搞得有点儿复杂，便神情严肃起来。畜牧场领导见状，连忙告诉他，这些菜和猪、羊都是场里职工自己种的、自己养的，并未额外多搞什么，他这才放心地与大家一起围桌用餐。

食堂按每人2角钱计收了彭德怀一行的伙食费，具体经手付款的是警卫参谋景希珍。离开畜牧场，彭德怀与景希珍在车上畅谈起此行的观感来。忽然，他好像想到了什么，问起午餐的事："饭菜是职工辛勤劳动的成果，不能白吃，交了饭钱没有？"景希珍告诉他已付过钱了，还开了发票，他这才放下心来。

当晚9点，在招待所住下后，彭德怀叫景希珍把发票拿给他看。当他看到只收了每人2角钱时，便着急地说："太少了！以市价计，6斤肉要4元2角，还有其他饭菜，要10元才算公道，至少还要补8元钱。"不仅如此，他还立即亲笔给畜牧场党委书记田兴成写了一封信，吩咐景希珍将这封信和补交的钱尽快派人带到畜牧场。信中写道：

田同志：

我们今天在你场吃过饭，每人只算2角钱，实在太少。以6斤肉计每斤7角，即4元2角，还有其他饭菜，至少10元才公道。

除每人已给 2 角外，另补 8 元，请查收。任何企业必须严格执行核算制。

彭德怀
3 月 28 日

后经重新逐一核算，最后补交了这笔餐费。横刀立马、叱咤风云的彭大将军居然为如此小事"耿耿于怀"，把"共产党最讲认真"演绎得淋漓尽致，并且特别叮嘱企业必须执行核算制，强调成本控制、严格管理，其忧国忧民的赤子之心跃然纸上。

在中国的历史上，"上梁不正下梁歪"的道理不知被重复了多少回，"小题大做"的举动也不知被演绎了多少次，而彭德怀的过人之处在于向自己"开刀"，用自己当"靶子"警示他人，体现了一个共产党人自律自责的高风亮节。

最怕"出名"

彭德怀在长期的革命生涯中，坚决遵循和恪守党和国家及人民利益至上的原则，始终谦逊低调，不允许宣传自己。他总是说："干点儿工作，要人家宣扬干什么？"

中央红军长征快结束时，中共中央在甘肃俄界召开政治局扩大会议，任命彭德怀为中国工农红军陕甘支队司令员，毛泽东为政治委员。会后，毛泽东和彭德怀率部队先后到达吴起镇。此时，一直追击红军的国民党军马鸿逵部也接近了吴起镇。敌人都是骑兵，情况很危急。毛泽东感到势态严重，坚定地指出："一定要打退追敌，不要把敌人带进根据地，而且要保护好我们的根据地。" 1935 年 10 月，彭德怀根据毛泽东的指示，指挥陕甘支队在吴起镇附近击溃了尾追的国民党军骑兵 2000 余人。这次战斗的胜利，使红军站稳了脚跟，结束了敌人不断"围剿"的局面。得知这一胜利的消息，毛泽东异常兴奋，挥毫写下《六言诗·给彭德怀同志》："山高路远坑深，大军纵横驰奔。谁敢横刀立马？唯我彭大将军！"这首诗洋溢着毛泽东对彭德怀的赞赏、钦佩与深厚友情。彭德怀获悉毛泽东这一赞誉后并无丝毫的骄傲和得意，最怕"出名"的他提笔致信毛泽东，请求将其中"唯我彭大将军"改为"唯我英勇红军"。他说："我一个人能打败敌人吗？这是全体红军的功劳，不是彭德怀的功劳。"

1947年，彭德怀率西北野战兵团取得青化砭、羊马河、蟠龙镇三战三捷后，在一次会议上，有一位地方干部说："打败胡宗南，咱彭总立下了汗马功劳。"彭德怀听后，严肃地说："不对，那是毛主席指挥的功劳，部队指战员的功劳，陕北人民的功劳。我们这些人只不过是在党的领导下，做了些自己应该做的事情。"

1948年1月11日，彭德怀在陕北米脂县杨家沟主持召开的西北野战军前委扩大会议上做《关于陕北九个月作战的基本总结》报告，检讨胡宗南大举进攻延安以来，西北野战军进行的12次大规模战斗的成败得失，综合归纳为四点"认识"，却不用"经验"二字。彭德怀说："什么是经验？它必须是千百件事反复证明准确之后的真理，不然就是狭隘的经验主义。"在他的心目中，"经验"的含义是被看作与"知识""理论"同等高度的，因此，他在看到西北野战军各级司令部每次战斗后的总结报告文稿中有"几点经验……"时，总是说："什么经验！仅仅是一次自己一点不成熟的初步感觉，就说成是经验，这不但误了自己，也可能误别人。你不用'经验'二字，那可使别人有思考余地。只供人家参考，误不了大事。"彭德怀在使用"经验"二字时的谨慎推敲，贯穿在他多年的文稿中。

1948年夏，我西北野战军在打响壶梯山战役前，彭德怀亲自到第三五九旅第七一八团作战前动员。那天，1600多名指战员集合在宽阔的草坪上。主席台设在草坪一端的一个高台上。高台上有一堵用砖坯垒的土墙，土墙上用图钉齐刷刷地钉着一长排画像，有中央领导同志的，有各个野战军领导同志的，约十几张。这些画像都是团里搞宣传工作的同志仿照书报上的木刻像刻在蜡纸上油印的。不久，在西北野战军召开的一次前委扩大会议上，彭德怀批评说：战前动员大会的主席台上挂了一溜人头像，是一个严重的错误。"我的画像不够格钉在主席台的墙上。""画像不是不能挂，要挂，只能挂毛主席的。毛主席是咱们全党的领袖，全军的领袖，全国人民的领袖。毛主席是经过考验的，是深孚众望的。我们怎能和毛主席比呢？"彭德怀用这些画像做活生生的"教材"，给大家上了难忘的一课。后来，在另外一次会议上，彭德怀旧事重提。有些同志感到茫然不解，更有人感到委屈。彭德怀说："你们嫌我婆婆妈妈，批评多了是不是？我问你们，你们嫌我抓住不放，可你们改了没有？"大家异口同声地回答："改啦！"彭德怀听后，微微点点头，但还是严肃地说："不错，你们在行动上改了，但是……"他边用手敲打自己的脑门儿，边问，"这里面的问题解决了没有？""这……"有的同志回答得不像刚才那样干脆了。"这什么？你们什么时候思想上的问题解决了，我就不批评你们了。"以后，大家通过学习，认识提高了，就再也没有因为这种问题受到彭德怀的批评了。

新疆和平解放后，彭德怀在张治中、陶峙岳等人的陪同下，来到新疆首府迪化（今乌鲁木齐）市。激动的人群敲锣打鼓、载歌载舞，欢迎彭德怀一行。在庆祝的人流里，出现了毛泽东、朱德、周恩来和彭德怀等领导人的画像。人们喜不自禁地振臂高呼，声震天空。彭德怀来到会场，望着翻身当家做主人的广大群众，脸上也情不自禁地露出了欣慰的笑容。说话间，众人抬着一排巨幅画像向主席台前迎面走过来。彭德怀一个箭步冲上前去，挡住了那几个抬着画像的人。抬画像的人一下子没认出彭德怀，诧异地问："你要干什么？"彭德怀指着他们抬着的画像说："这个人模样太难看，你们就不要举着他（的画像）过街了！"说话间，彭德怀伸手扯掉了画框上的画像。抬画像的人气愤至极，一把揪住彭德怀，几个民兵见状也围拢过来。彭德怀知道大家不认识自己，以为他是混进来的坏分子，便高声说："同志们，同胞们，我就是彭德怀，就是这个画像上的人！"大家面面相觑，不知所措。彭德怀接着说："你们不用害怕，我只是想给你们提一点儿要求，以后不要抬着我的画框子来回走了。你们要举，就举毛主席、朱总司令的画像，举象征革命的红旗！"众人闻言，在热烈鼓掌的同时，满怀钦佩地更加高声地欢呼起来……

彭德怀不允许挂自己画像的事还有几次。1949年年底的一天，第一野战军第二兵团在兰州召开扩大会议。当彭德怀走进会场时，代表们纷纷起立鼓掌。彭德怀含笑答谢，可侧身一瞥，脸色陡变，驻足不前了。陪同进场的兵团司令员许光达估计有纰漏，立即示意代表们安静。彭德怀手指主席台上自己的画像，一声怒吼："快把靠边的那个'猪头'给我摘下搬走！"大家听了为之一震，全场鸦雀无声。彭德怀继续说："都摆摆看，我彭德怀吃多少干饭，有啥资格能抛头露面地和毛主席、朱总司令的画像并排起来？我说过不准挂我的像，为什么就白说？"许光达检讨说："是我们粗心大意，忘了彭总立下的规矩，我们马上改正。"看着自己的画像被摘了下来，彭德怀的火气才慢慢消了。

在抗美援朝战争中，作为中国人民志愿军司令员兼政治委员，彭德怀深受我军官兵的爱戴。有一次，彭德怀到一个山洞里看望志愿军战士。谈话间，彭德怀的目光落在山洞墙上的一张照片上，脸色突然沉了下来。战士们面面相觑，茫然不知所措。"挂我的像干什么？撕下来！"彭德怀下了命令。原来是为了这个！不知是哪个战士在画报上剪下了一张彭德怀的像贴在墙上，这显然是出于崇敬之心。看到司令员这么严肃认真，战士们只好把画像轻轻地揭了下来。

抗美援朝是中华人民共和国成立后的第一场援外战争。当时，新中国刚经历战乱，百废待兴，各方面都不能与世界上最发达的美国相比。然而，中国人民志愿军与朝鲜军民同仇敌忾，英勇奋战，在战场上取得节节胜利，很快就改变了战争的格局。1951年10月23日，为纪念中国人民志愿军入朝作战一周年，朝鲜民主主义人民共和国最高人民会议常任委员会决定：以一级国旗勋章授予中国人民志愿军司令员彭德怀将军，因为他在朝鲜人民反抗美帝国主义武装侵略的解放战争中，以卓越的指挥艺术，指挥英勇的中国人民志愿军给予美国侵略者以歼灭性的打击，给了朝鲜人民军以莫大的帮助。当日，彭德怀身边的工作人员向他报告了朝鲜政府的通知。彭德怀表示坚决拒绝，他说："我有什么功劳值得授勋的，我不过在后方做了些具体工作。这个勋章应该授给那些战斗英雄，我哪能比得上他们的功劳大！"为了这件事，彭德怀给中央军委发电，表示不愿意接受勋章。中央军委复电，命他尊重朝鲜政府的决定。10月25日，朝鲜政府代表团在志愿军司令部驻地举行了隆重的授勋大会。彭德怀在接受"朝鲜民主主义人民共和国英雄"称号和一级国旗勋章之后，不止一次地说："我是代表志愿军全体指战员接受的。"

1952年3月，著名作家巴金带领一个创作组到抗美援朝战场采访。3月

22日，在接见巴金等文艺工作者的过程中，彭德怀的朴实与气度、坚定的正义立场以及对民族、对祖国的热爱，深深感染了在场的所有同志。25日晚，巴金"一挥而就"写下了《我们会见了彭德怀司令员》这篇文章。文中描述了从会见前大家的紧张心态到会见中的自然融洽，记述了彭德怀威严朴实的形象；通过对彭德怀谈话的记录，表现了中国军事领导人对战事的把握和对胜利的信念……第二天，巴金又参加了志愿军司令部欢迎"细菌战调查团"的大会。会上，彭德怀做了一个多小时的讲话。巴金细心体验、观察了整个会议过程，认真聆听了彭德怀精彩的演讲。晚上，结合这一天的新的了解，巴金对所写文章进行了修改和补充。次日，巴金把文章交给同志们传阅，广泛征求意见，经再次修改，将文章交给了新华社的同志。翌日，巴金意想不到地收到了彭德怀写来的一封信。原来，彭德怀看到新华社转交他审阅的巴金文章原稿之后，觉得文章把他"写得太大了"，并建议将其中"像长者对子弟讲话"一句改为"像和睦家庭中亲人谈话似的"。他说："其实，我是一个渺小的人，把我写得太大了，使我有些害怕！"彭德怀自视"渺小"并"有些害怕"，这是因为他时刻牢记和忠实地实践了"我们一切工作干部，不论职位高低，都是人民的勤务员，我们所做的一切，都是为人民服务"的宗旨。如此谦虚谨慎之举，更加赢得了人们对他的尊敬和热爱。

彭德怀戎马半生，可谓战功显赫，但他总是不准别人宣传他，就连新闻记者给他拍张照片都会受到批评。记者们知道他的脾气，采访时只能远远地偷拍几张他的照片。抗美援朝战争期间，有一次，战地记者张友林想给彭德怀拍摄一个镜头，刚找准时机、举起相机对准彭德怀时，却遭到了彭德怀的拒绝："我彭德怀有什么好照的？不要突出我个人。你省下胶卷给志愿军战士照嘛！"后来，张友林了解到，不少老摄影记者在给彭德怀照相时都吃过类似的不近人情的"闭门羹"。事隔不久，在志愿军政治部召开的一次党的组织生活会上，有同志提出："彭德怀同志是志愿军司令员，中国人民和世界人民渴望看到他在战场上的形象，中央宣传部门和中央一些报刊也叫我们提供材料和照片。"这句话说得合情合理，并说出了将士们的心声。志愿军副政委甘泗淇向彭德怀转达了这一意见，彭德怀的态度才有所转变。一天，彭德怀来到阵地前沿视察。张友林闻讯，立即挎着相机风风火火地赶了过来，看到彭德怀正和战士们谈笑风生，便连忙取出相机准备拍照。彭德怀一眼就认出了张友林，笑着说："哦，又是你这个小记者。今天，你随便吧！"

抗美援朝战争结束后，一段时间里，常有记者和作家前来彭德怀家，都是请他谈情况，准备给他写书的，可是，彭德怀总是一句话回绝："我有什么好谈的？你们另出个题目吧。"不管人家怎么说，他就是不说自己的事，慢慢地，就很少有记者和作家来了。但是，有个跟彭德怀比较熟识的摄影家还是经常来，一来，就缠住彭德怀，非要给他拍照。一天，彭德怀说："咳，你这个同志，成天'咔嚓咔嚓'！要照，你照群众，照那些流血流汗的英雄嘛！照我干什么？我这个人长得丑。"摄影家只好找彭德怀的警卫参谋景希珍帮忙。景希珍和摄影家约定，选一个好天气，在彭德怀经常散步的地方，先假装给别人拍照，然后把彭德怀领过来看热闹，再动员他照几张。谁知当他们按计划把场面摆好时，彭德怀老远看到了这个摄影家，扭头就走，边走边说："快走快走，不能往那边去，不然，那人又要拉我照相！"过年的时候，摄影家动员一群孩子把彭德怀从屋里拉了出来，打算给他照相。彭德怀历来爱孩子，可当他跟着孩子们来到院子里，一见摄影家背着照相机走来，就立刻"警惕"起来，怎么也不面对相机。后来，他对景希珍说："差点儿上了当！"景希珍劝道："人家也是好意，照一张就照一张呗。"彭德怀说："你小孩子不懂！干点儿工作要人家宣扬干什么？"就因为彭德怀不愿照相，解放军报社找到景希珍，给了一部相机。报社的同志表示，胶卷充分供应，要多少，给多少。彭德怀见景希珍背上这玩意儿，生气地问："哪儿来的这个？"景希珍回答："这是报社给的任务，照回去作资料的。"彭德怀听景希珍这样说，不好再拒绝，便强调说："作资料可以，不要拿出去登报，登报也不要登我。"既然不让登报，景希珍拍的照片后来也就只能自己留作纪念了。

"要多为战士们想想"

抗美援朝战争初期，彭德怀的指挥部就设在一个大山沟里。山脚下有一些早年挖矿时留下的洞，洞内经过修整，纵横相连，可以住人，只是非常潮湿，因此，彭德怀就住在搭建于洞口的一个木板棚里，他的写字台则是用木头箱子垒成的。这个木板棚总是头顶漏水，四壁淌水，冬季很阴冷。后来，朝鲜人民军派来一个工兵连，要给彭德怀重新整修一下木板棚，但他只让工兵连把通信人员和警卫排住的房子整修了一下。过后，他得到了一个大电炉。每到晚上，电动机响起，他的屋子里会变得暖和起来。等住在隔壁的警卫员们睡下，他总是把电炉移放在门口，并把炉嘴对着他们的铺位。半夜，警卫员们发现后，又把炉嘴调了过来，但第二天起床时，他们发现电炉又转过脸来对着他们烘烤了。有时，彭德怀办公到深夜，不便搬动电炉，就把自己的被子、军毯和大衣悄悄地盖在警卫员们的身上。

中华人民共和国成立伊始，中国人民志愿军赴朝参战的艰难条件是可想而知的。作为志愿军的统帅，在前线指挥的彭德怀深知志愿军将士们的艰苦。特别是志愿军经过三次战役后，伤亡较多，兵员一时补充不上，而后方供应线又长达数百里，在美机不停的攻击下，后勤供应出现严重困难，志愿军处于极端困难的境地。彭德怀面对此情此景，决心立即回北京面见毛泽东，尽快解决问题。

1951年2月21日中午，彭德怀由丹东乘专机飞回北京后，立即乘车直奔毛泽东住地。当他到时，毛泽东恰好正睡午觉。在毛泽东身边工作、深知毛泽东轻易睡不成一个安稳觉的秘书和警卫人员劝彭德怀先吃午饭，等主席起床后再谈。前线军情紧急，彭德怀哪里管得了许多，大喊大叫，把毛泽东吵醒了。毛泽东对这位共事多年的彭大将军十分了解，立即穿衣起床，对彭德怀说："只有你彭老总才会在人家睡觉的时候闯进来提意见。"彭德怀随手抓起一把椅子，放在毛泽东床边坐下来，顾不上说客套话，就开门见山地提出了困难："我这次冒险回京，是因为国内对志愿军当前在朝鲜战场面临的严重困难不太了解，如不尽快改善和解决，将影响到抗美援朝战争的胜败……"他把志愿军后勤供应跟不上的情况做了详细汇报。毛泽东的表情很严肃，一边听，一边点头："中央对志愿军在朝鲜前线的处境和困难还不十分了解。根据现在的情况看，朝鲜战争能速胜则速胜，不能速胜则缓胜。我马上通知（周）恩来同志，让他召集政务院和军队的有关单位领导人，你俩共同召开一次支援前线的紧急会议，专门研究和落实急需解决的问题。"

2月24日，专为此目的的军委扩大会议在中南海居仁堂总参谋部会议厅召开。彭德怀首先介绍了志愿军在朝鲜前线作战中物资、生活、兵员等各方面存在的严重困难，希望国内各行各业、军队和地方都要全力支援。当会议讨论到具体问题如何落实时，有些领导强调国内机构刚刚建立，许多问题一时还难以解决。彭德怀迫切希望国内能够大力支援，而在这样的内部会议上又出现这种强调困难的情况，他顿时火冒三丈，一拍桌子，站了起来……彭德怀的将军之怒，令居仁堂里气氛骤然紧张。主持会议的周恩来虽一再表示国内将尽一切努力支援前线，但碍于各种客观原因，当场仍未能解决实质问题。事后，周恩来忧心前线将士，连续几天召集有关部门开了一系列紧急会议，逐渐协调，才使一个个问题得到解决。在周总理亲自带头参加下，北京等许多城市的干部群众昼夜为志愿军赶制炒面，迅速送往前线，暂解了志愿军的断粮之苦。以后，随着条件的改善，国内的支援工作逐渐走上了正轨。

　　1951年6月10日，铁原阻击战的硝烟还未散尽，彭德怀就在第十九兵团领导的陪同下，急匆匆来到前沿阵地。将士们听说彭总要来，赶忙整理被鲜血和汗水浸透的军装，来不及擦掉脸上的尘土，立刻在阵前列队迎候。彭德怀看着一张张刚毅、亲切的面孔，沉默了许久，语气沉重且有些激动地说："谢谢大家，谢谢同志们！我彭德怀感谢你们，感谢你们为祖国、为志愿军争了光！"说罢，便和将士们一一握手。彭德怀来到一名腿部负伤的战士面前。这名战士也和其他战友一样，立正向司令员致以庄严的军礼，可由于用力过猛，腿上的绷带脱落下来，露出了淌血的伤口。见此情景，彭德怀一句话也没说，只是在这名战士的肩上轻轻拍了一下，又瞪了他一眼，像是在批评他：你腿上有伤，应该躺下来好好休息！接着，彭德怀慢慢地搀扶这名战士坐下，蹲在他身旁，小心翼翼地把他腿上的绷带重新缠好。在场的官兵为之深深感动。离开阵地时，彭德怀特意叮嘱第六十三军军长傅崇碧："要让战士们好好休息。把伤员尽快送到医院。"当问到还有什么要求时，傅崇碧说："部队减员很大……""我给你补！"没等傅崇碧说完，彭德怀便明确了态度，"给你补些老兵，补些能打仗的兵。"又问，"还需要什么？"傅崇碧回答："有兵，就什么都不需要了。""不！"一向"小气"的彭德怀"大方"地说，"再给你添些新装备，送给你些茅台酒，给你些香烟。祖国慰问团带来不少慰问品，你们优先，让我们的战士都能喝上茅台酒……"彭德怀走后不久，1500名素质过硬的老兵补进了第六十三军，大量的慰问品也用卡车运到了前线。部队的战斗力增强了，连队的生活也有了明显改善。

彭德怀不仅在抗美援朝战争时期为了将士们怒震居仁堂，即便在和平建设时期，也非常关注战士们的生活，时时为战士们着想。

1955年秋，时任国防部长的彭德怀到祖国南海岸视察。当他进入一座军营时，从一个亮着彩灯的礼堂里传来悠扬的乐曲声。显然，那里正在举行舞会。他下了车，径直朝营房后面的连队驻地走去。进门后，他发现一个班的战士正在讨论时事，便自我介绍说："我是彭德怀，来参加你们的学习，好吗？"大家一看是彭老总来了，赶忙端茶倒水，又拿来一把椅子，在上面垫了一床被子请他坐。可彭德怀谢绝了，同战士们一样坐在普通的矮凳子上。随即，彭德怀言归正传，问："你们讨论什么问题？"一名战士将一张报纸递给他看。原来，战士们讨论的是报上的一个话题：为什么一些新独立的国家老是闹政变？彭德怀请战士们继续讨论。在战士们纷纷发表自己的看法后，彭德怀举起手来："报告班长，我发个言。"他说道，"这些国家不安宁，同志们分析的原因都对。还有一个原因，就是他们的领导不愿意和大家一样坐矮板凳、硬板凳，他们可能原先也是坐矮板凳的，后来，他们就只能坐高板凳了，比你们叫我坐的那板凳还高，高得多！"战士们听了都哈哈大笑，彭德怀却站起来，严肃地看了看随后跟来的这个部队的几位领导干部，接着刚才的话，语重心长地说，"那些坐在很高很高的板凳上的人，看不到士兵了，不知道士兵们在说什么、想什么了。士兵们在学习，干部们在跳舞！"见几位领导干部的脸"唰"地红了，彭德怀继续追问，"今天是星期几？你们一个礼拜跳几次舞？"然后说，"我不跳舞，我也不反对别人跳。但你们在娱乐的时候，也要尽可能和士兵在一起。唱歌、演戏、打乒乓球、下棋，怎么不可以？大家同乐怎么不好？为什么光搞那个东西？搞也得分个时间、场合嘛！不要在营房里搞！不要因为你们自己不爱打球，不爱唱歌，只爱跳舞，你们就不去提倡，不去组织适合战士特点的文娱体育活动。你们要多为战士想想！"

1956年秋的一天，彭德怀来到青海省格尔木一带视察一个负责物资转运的高山兵站。他不仅参观了战士们的劳动工地，而且认真查看他们的住房、食堂。彭德怀摸着战士们盖的棉被，伸手接着从板棚上不断撒落的尘土，向干部们询问："战士们住在这样的屋子里不冷吗？"干部们回答："冷啊。这样的房子既不挡风，又不挡沙，早起时，被面上起一层霜。不过，大家没意见。"彭德怀郑重地指示："要给大家解决实际问题，入冬前一定要做好防寒准备。"当晚，彭德怀就住在兵站，和大家吃一样的饭。半夜，他起来检查该兵站的哨位，发现哨兵在寒冷的夜晚未穿皮大衣。彭德怀奇怪地问哨兵："你怎么不穿皮大衣？"哨兵回答："报告首长，我们没有皮大衣。"彭德怀又问："为什么你们没有皮大衣？"得到的回答是：因为上级有规定，以××河为界，河西才算高寒地带，发皮大衣、毛皮鞋；兵站在河东，没过线，所以不算高寒地带，不发皮大衣、毛皮鞋。第二天，彭德怀经专门调查后发现，这个兵站因地势高，比河西有的地方还冷，当即指示有关部门："按实际情况发给御寒物品。"在彭德怀的关怀下，上级不但给该兵站的官兵们发了皮大衣等御寒物品，还配备了一些烤火的铁炉等物资。

彭德怀爱兵于细微之处、爱将于"严"字当中，严讲原则、宽分场合，正是这位卓越军事家的掌兵之道。

彭德怀对总部机关干部和部队作风纪律一向要求严格。八路军总部移驻辽县时，他要求机关不论干部战士，一律要列队到大灶吃饭，行进时还要唱歌，连他自己也不例外。有一次，彭德怀在随部队去食堂吃饭的路上，看到一个干部在队列后面走，就上前问为什么不站队。这个干部解释："我没文化，不会唱歌，站在队里觉得挺难看。"彭德怀批评说："不会唱歌，站到队里可充个人数，但不能因此破坏部队的纪律！"还有一次，机关官兵列队去吃饭，彭德怀看到一个团长让警卫员端着饭往回走，上前一问，才知道这个团长准备把饭打回去吃。彭德怀先是关心地问这个团长是否生病了，听说没有，便严厉地批评说："总部定的纪律，你不知道吗？你把饭打回去吃，难道要搞特殊吗？"这个团长忙解释："我是新调来的，不知道总部的纪律，以后，我一定改正，下不为例，行吗？""不行，要现不为例！立即把饭端回去，倒进大锅里，然后排上队，重新打饭，在灶上吃！"这个团长听了这话，只得把饭端回食堂。

一天，有一位总部机关的干部到前线了解情况，由于敌人炮火过猛，只在团指挥所里听了汇报就回来了。彭德怀知道后，非常生气地说："我们的战士不也在前线吗？你的命难道就比他们的珍贵吗？"这位干部解释："军、师、团的领导都阻拦我，不让我上去。"彭德怀听了更加恼火："你的腿长在别人身上吗？你脖子上长的是别人的脑袋吗？是他们不让你去，还是你不愿去？请你立即把前沿阵地的第一手材料拿回来！……"这位干部被彭德怀训斥了一顿，头脑反而清醒了，胆子也大起来了，机智地冲破敌人的封锁线，到了阵地的最前沿。战士们看到总部领导机关的干部来看望他们，不由得非常激动，杀敌立功的劲头更足了。这位干部有些惭愧，后悔当初没有按照彭总的意图早点儿来到前线、奋不顾身地和指战员并肩作战。战斗取得了胜利，他也掌握了前沿阵地的全部情况。事后，出乎这位干部的意料，彭德怀主动找到他，诚恳地说："我这个人呀，你是晓得的，高山倒马桶——臭气熏天，脾气坏是出了名的。现在该我向你做检讨了，我对你的态度不好！"这位干部忙说是自己的过错，险些误了大事。

不仅是对总部机关干部，即便对高级指挥员，彭德怀也是从严要求，让他们给战士做好表率。1940年春，陈赓被任命为太岳军区司令员，当他去八路军总部彭德怀那里报到时，却吃了个"闭门羹"。事情是这样的：见到彭德怀的时候，陈赓像往常一样，恭恭敬敬地敬了个军礼，哪知彭德怀回过头来，冷冷地看了他一眼，没有吭声，又扭过头去继续看文件。陈赓看彭德怀没有搭理自己，感到很纳闷儿，猜想也许是彭总正为什么事生气。陈赓忙退出门来，向总部机关的同志打听究竟。大家一致回答没有什么让彭总生气的事，陈赓便把刚才的情况详细描述了一遍。这一来，不少同志也感到不解，你一言、我一语地猜测起来。有一个同志想到陈赓曾是黄埔军校的学生，参加过长征，资历老，有时不免在一些比他资历浅的同志面前显得随便些，便随口问："陈司令员，你是不是见彭总后有什么不规矩的地方？"陈赓想了想，回答："绝对没有，我敬礼后看彭总没有回话，站在那里好半天没敢动一下。"大家吵吵了一阵，谁也说不出个所以然来。这时，有一个同志发现陈赓没扎绑腿，便提醒："也许是你没扎绑腿吧？"陈赓听了，心里一震。谁都知道，彭德怀对部队的军容风纪一向抓得很严，对总部机关的干部战士一样要求，谁要是歪戴帽子，或是把捆草鞋的麻绳染上颜色，或在军装上多缀个扣子，他见了，非批评一顿不可。陈赓越寻思，越觉得是因为这事，于是赶紧扎好绑腿，再次去见彭德怀。这回，当他敬完礼，彭德怀回过头来，神情严肃地问："你知道我为什么生你的气吗？"陈赓不好意思地回答:"是我没扎好绑腿。""对了,就是这个问题。"彭德怀语重心长地说,"我们当领导的,首先应当给战士做好表率,这样说话、发号令才能有力量。你现在当了司令员,我看到你的毛病要是不管,将来你要是回去上任了,谁还敢惹你这个大司令呀?"看陈赓诚恳地接受了批评,彭德怀这才和他谈起了工作。

"小气"和"大方"

彭德怀一生艰苦朴素,廉洁奉公,他的"小气"是出了名的。

在战争年代,彭德怀在生活上与普通战士从来都是处于同一条水平线上,高一点儿也不允许。他穿着和战士一样的打着补丁的衣服,鞋子常露出脚拇趾。抗日英雄范续亭将军在延安时就以诗相赠:"爽直将军贵姓彭,志如铁石气如鲸。三军一致称模范,粗布征衣半老兵。"

北平和平解放初期,彭德怀穿着一身粗布棉衣去开会,被某大机关的门卫"挡驾",费了好一番口舌才得以入门。1952年元旦,在抗美援朝战场,彭德怀在志愿军领导机关大会上讲话:"我和警卫员开了个会,讨论了我还可以在哪些方面再做一些节约。我吸烟一个月要12万元(指旧币。1万元旧币等于第二套人民币1元),一年要144万元,如果我还能为党工作20年,那就可以节约两三千万元。我决定戒烟,棉衣也可以再穿一冬。我为革命事业贡献不多,应当尽量节约,给人民积累一些财富,这对于我个人来说也可自慰。"从此,他真的戒了烟。志愿军副司令员韩先楚、参谋长解方在联名撰写的《抗美援朝战争中的彭总》一文中谈道:"凡是和彭总相处或者见过面的人,无不对他艰苦朴素的作风留下深刻的印象。彭总念念不忘用广大工农兵群众的生活标准来比较和约束自己。供给标准以外的东西,他从不多吃多占;供给制度以内的东西,他也尽量少领或不领。每当换发服装,他就叮嘱警卫员:'我的旧衣服还可以再穿一年。'警卫员告诉他:'你的衣服已经破了。'他说:'补一补还可以穿嘛!'"

1954年,彭德怀被任命为国防部长,并主持中央军委的日常工作,同时任职中央政治局委员、国务院副总理,算得上名重位高了,但他从来没有利用职权牟取私利，从来没有为家庭添置什么新奇时髦的生活用品。彭德怀平时上班穿的是军服，下班后换上便服和布鞋，只有参加外事活动时才穿礼服和皮鞋，回家后，马上脱下来保存好，为的是延长服装和皮鞋的使用寿命，为公家节约开支。有一次，彭德怀即将出国，夫人浦安修见他身上穿的毛衣太破旧了，就悄悄买了一件新的。晚上，浦安修让彭德怀试了试新买的毛衣，结果太瘦了。彭德怀诙谐地说："花钱买来了一件'紧身咒'，穿不得，穿不得！"他决定仍穿破毛衣出国。别人劝他再买一件换换，他说："出去是为了工作，也不是去搞服装展览，旧毛衣穿在里面怕什么！"1962年，和彭德怀住在一起的侄女彭钢见他的毛衣已经破得实在不像样子，就开玩笑说："伯伯，你这件毛衣像是一幅世界地图，有湖泊，有河流，还有森林，花花搭搭的，该换一件了。"彭德怀说："补一补还可以穿，你就不用管了。"几天后，彭钢看不下去，对彭德怀说："伯伯，我想买几件衣服，给我点儿钱行吗？"彭德怀知道侄女平时不乱花钱，就给了她50元钱。彭钢去商场给彭德怀买了一件毛衣。当彭钢拿来毛衣给彭德怀试穿时，彭德怀笑着说："哎呀，这小鬼，我可上了你的当了。"彭钢把彭德怀脱下来的破毛衣随手放在了一边，他马上叮嘱："不要扔了，还可以穿呢！"

在中南海怀仁堂的东南角一排造型相似的院落中间有一座古式建筑，名曰"永福堂"。1953年，彭德怀从抗美援朝战场回来后就住在这里。这座院落有5间正房，西头的两间打通了隔墙，是彭德怀的办公室和会客室；东头的两间是卧室，兼作浦安修工作和学习的地方；当中的一间由东到西打了一个隔断，隔出十来平方米的一块空地作为餐室。东厢房作会议室，有时用来召开军委办公会议，后改为宿舍。西厢房是工作人员的办公室和宿舍。这座房子，彭德怀刚搬来时，由于长年日晒雨淋，没有及时维修，门窗和廊柱的油漆早已剥落，尤其是办公室天棚的一角还漏雨，每逢下雨，总要湿一大片。管理部门的同志对此很是过意不去，几次提出要对房屋进行翻修和粉刷，但都被彭德怀拒绝了。他叮嘱工作人员："你们要把心思用在国家这个大'家'上，眼睛不要老盯着我这个小'家'，要把钱节约下来，先用于国家经济建设。"他的侄儿侄女们来到他家一起住后，由于没有空余的房间，就只好打地铺睡觉。为此，后勤部门几次想给彭德怀扩建两间房子，但他说什么也不同意。他说："我们的房子已经很好了，比老百姓住的宽绰多了。北京市的群众要是跟我们一样住上这样的房子，怕 20 年也达不到。"彭德怀的住房确实又旧又小，后来，左权的女儿也住到了他家，住房就更紧张了，没办法，彭德怀夫妇经反复商量，决定盖两间小平房，可即便精打细算，也需要花费 1000 多元。彭德怀说："1000 多元！能买多少小米？能买 10000 多斤！这要多少农民的劳动？！又能养活多少人呀？！不盖了！不盖了！"屋里的家具，只要彭德怀认为"挺好"的，就别想给他换新的。有一次，警卫员提议把他家的旧窗帘换一下，他睁大双眼说："旧了？老百姓用这样的布做衣服，还不知穿多少年哩！"

彭德怀处处精打细算，注意节约，从不乱花一分钱，出国时也不例外。1957 年，彭德怀出国访问前，有关部门按规定给他发了置装费。他除做了必需的便服外，把剩余的钱全部退还给了公家。有一次要出国，秘书建议他多做两件衣服，他批评秘书说："不花自己的钱，你们就是不知道心疼！"有一年，彭德怀率代表团到德意志民主共和国访问，警卫参谋和他商量给他刚参加工作的侄女买一块手表。彭德怀想了想，同意了："好吧，弄个最便宜的，能看个时辰就行了。"警卫参谋想，发给出国人员的零用外币用不完的反正要退回去，索性就买一块样子好看点儿的手表，价钱稍贵一些也没有关系。当彭德怀看到警卫参谋买回来一辆自行车和两块手表时，首先批评不该买这么多东西，接着指定自行车归公务员小何使用，还说："出去办事，尽量骑自行车，少用汽车。"对买回来的手表，彭德怀一看发票，就说："这肯定不是最便宜的，赶快给我换掉！"警卫参谋说："这就是最便宜的。再说，现在去换也来不及了，你干吗这么小气呢！"彭德怀一听，严肃地说："不是我小气。我们的国家刚刚开始建设，要花钱的地方还有很多嘛！"

彭德怀身边的工作人员亲闻亲历他诸如此类"小气"的例子还有很多。平时，每顿饭剩下的菜，彭德怀规定不能倒掉，下顿热热再吃。从抗美援朝战场回国后，彭德怀乘坐的依旧是一辆旧式汽车，后来，有关部门按规定要给他调换一辆最新式的，被他拒绝了。警卫参谋给彭德怀讲新车的好处，彭德怀则回应说："世界上好东西多着呢，总不能见到什么好就搞过来嘛。"

彭德怀对自己非常严格、小气，而对党、对人民十分大方、慷慨。

1928 年年初，彭德怀由湘军独立第五师一团代理团长升为团长。当时，县里士绅们为了拉拢驻军，借"庆贺"彭德怀"荣升"之机，特地设宴招待他，然而，他断然拒绝赴宴，士绅们好不尴尬。他们一计不成，又生一计，厚着脸皮登门为彭德怀"恭贺"，还假惺惺地向彭德怀"请安"。彭德怀冷冰冰地回敬说："我没有生病。"士绅们无奈，扫兴而归。那时的社会，有兵权就有一切，升任团长可是一件大事，按照当时的规矩，要举行就职典礼，宴请官佐好友，并到顶头上司那里去"谢委"。团部也有人为彭德怀筹办这类事，师部还特地给他拨了就职费1200元。后来，彭德怀选了一个星期天，让一名战士背着行军床，自己提着小皮箱，把被子放在马背上，一声不吭地来到了团部。他还把师部给他的那笔就职费和他在代理团长期间所节省的款项全部拿来给士兵添置了蚊帐等军需生活用品。

1928年4月，在大革命失败的革命低潮时期，彭德怀毅然加入中国共产党。同年7月，他与滕代远、黄公略等领导了平江起义，组建了中国工农红军第五军，任军长兼第十三师师长。后来，他的侄女彭钢说：伯伯在旧军队中曾经有积蓄。他从连长当到团长，10年中从薪金、办公、杂支等项目中积存了30000多块钱，在平江起义的县城又筹了30000多块钱，加起来约70000元，全部用作平江起义后的各项经费了。对于家庭，那时，他每年寄钱不足200元，家中始终维持下中农生活水平。对伯伯来说，所能奉献的都奉献了，正如他自己谈到的那样："平江起义到解放战争结束，我家10余口人，流浪乞讨，全无任何顾及，40年如一日，这不是什么伪装得了的。"

过草地是红军长征途中最为艰苦的一段历程，官兵们经常吃不上饭。彭德怀率领红三军团负责殿后。他眼见一个个官兵因饥饿而昏倒在地，便把目光盯在一匹从江西出发时就跟随他的大黑骡子身上。战争年代，骡马对于一个高级指挥员来讲是很重要的。这匹骡子驮物资、背伤员，立下了大功，彭德怀非常喜爱它，视它如战友，可眼下官兵们体力不支，他便决定杀了骡子以解燃眉之急。几个警卫员听说后急忙围拢过来，大声劝说："军团长，大黑骡子可不能杀呀！"彭德怀深情地望着拴在不远处的大黑骡子，平静地说："杀了它解决吃的问题，或许能多一些人走出草地。"枪声响了，彭德怀向斜倒下去的大黑骡子缓缓摘下军帽，流下了两行热泪。

对于不该要的钱，彭德怀一向"大方"地视为无物。1938年1月，蒋介石在洛阳召开第一、第二战区将领会议。朱德、彭德怀等八路军将领参加了会议。会上，朱德、彭德怀等提出增加八路军的经费和武器供应问题。

蒋介石采取敷衍态度，但他看到共产党的这些将领身着灰布军衣、缠着绑腿，特别是身为八路军副总司令的彭德怀竟然穿着一双草鞋，却能在华北抗日战场大显身手，而国民党的将军们虽身着黄呢军服、足蹬马靴、待遇优厚，却不乏怯敌怕死之辈，不由得一阵心寒。会议刚结束，蒋介石便约彭德怀同车赴武昌继续会谈。该谈的问题都谈了，彭德怀便起身告辞。蒋介石忽然关切地问彭德怀的家庭情况、有没有回去探望、府上是否安好等。彭德怀沉默不语。蒋介石搓搓手，说："如有难处，我可嘱湖南省张治中主席予以关照。"彭德怀冷冷一笑："承委座垂询，职家早承何健主席关照过，连祖上三代的坟都挖了，家弟二人，至今流落在外。"蒋介石马上假惺惺地说："不像话，太不像话！我马上下令保护，你让他们回家！"遂连声呼唤，"来人，立即通知张治中。"同时签了50000元的支票，亲自递给彭德怀。彭德怀正色道："德怀一家素以劳动为生。身为抗日军人，每月有八路军规定的津贴费，其他分文不能领受。"稍停，他又补充说，"八路军在前线浴血奋战，现部队扩充，衣食不继，粮弹两缺，主要靠缴获维持。委座若以抗战为重，希望能给八路军按兵员实数发饷。"蒋介石面露不悦地说："那是另外的事。至于这个，是赠送副总司令的薄仪（礼）。""德怀是共产党人，决无个人受财之理。"彭德怀说完，头也不回地跨出门去。蒋介石气得铁青着脸，喃喃自语："共产党人厉害，彭德怀厉害！"

抗日战争时期，在一次反"扫荡"战斗中，八路军某部缴获了200多两黄金。战斗结束后，这批黄金被交到了总部。总部机关的年轻人大都没见过黄金，一听说缴获了黄金，都好奇地围过来看。这时，彭德怀走过来，伸手掂了掂装金子的口袋，说："嗬，还怪有分量的。你们说，这金子如何处理？"大家七嘴八舌，有的说买枪炮，有的说买给养，吵吵嚷嚷，兴奋地想出了各种主意。彭德怀笑呵呵地看看大家，说："这家伙很值钱。既然有这些值钱货，咱们就用它买几门大炮，早点儿打发鬼子回老家去。还要买很多的白面、大米、猪肉，让你们这些小伙子吃得像小老虎似的，肉滚滚的。你们说好不好？"大家听了很舒服，禁不住开心地大笑起来。但是，彭德怀话锋一转，接着说："现在，我们还不能花掉这些金子。我们目前是缺乏武器和粮食，可这些困难，我们是能够克服的。我们一定要把这些金子花在我们事业最需要的地方去，那就是说，好钢要用在刀刃上。还是老法子：

武器向敌人要；吃、穿靠发展生产来解决。"过了一段时间，总部作战科科长王政柱要回延安学习。临行前，彭德怀取出那个装着金子的口袋，交给他，嘱托："这里面的200多两黄金，你把它带回延安，交给党中央。"彭德怀还进一步强调说，"这几年，我们的同志生活是艰苦，可战斗在陕北根据地的广大军民生活更艰苦。延安是党中央和毛主席所在地，那里人多，财力、物力更紧张，那里正是革命最需要的地方。"经过一个多月的辗转跋涉，王政柱终于到达了延安。他把黄金交给党中央并讲述彭德怀送黄金的故事后，在场的同志无不感到彭德怀那颗对党和革命事业无限赤诚的心比金子更亮，比金子更珍贵。

抗美援朝战争期间，彭德怀的妻子浦安修因公出差顺道探望他，带来了黄克诚送的一些湖南土特产品和一匹夏布。彭德怀毫不犹豫地让人把这些物品分成若干份，分送给作战、机要等部门的同志。还剩一点儿布料，他让妻子交给了在北京的后勤部部长，可谓大方得很。

在彭德怀身边长大的侄女彭钢上学后一直享受供给制待遇。1954年，国家和军队干部实行薪金制，干部子女上学改由家庭负担。由于她是烈士的女儿，学校按规定继续供给，并为此写了信让她带回家。她十分高兴，一回到家，就把信交给了彭德怀，说："伯伯，今后还是国家供我上学。"谁知彭德怀一听，说："不，你上学，应该我管。"彭德怀说着，拿起铅笔就在信头写道："不要国家供给，由我负担。"随即，彭德怀叫侄女把签署了他的意见的信交给学校。从此，他用自己的薪金供侄女上学，一直到她上大学。对于其他革命烈士的妻子和子女，彭德怀也向来大方。彭钢曾深情地回忆道："在吴家花园，伯伯曾向我讲过，他自信在长期的革命斗争中从没有故意浪费公家的一分钱。参加革命后，他没有多少存款可言。有一回，他告诉我，1938年，从八路军武汉办事处转送给他和朱总司令各400块大洋。伯伯将这笔钱一分为二，托徐特立带给黄公略夫人和陈毅安夫人了。伯伯说，黄、陈两位都是烈士，'他们对革命贡献大，我应该照顾他们的家庭'。"

彭德怀家乡湖南湘潭乌石寨的彭家围子过去缺水，周围群众饮用水要到很远的塘里去挑。几十年来，彭德怀一直把这件事记挂在心。1957年，全国许多地方兴起大修水利高潮，他便给家乡干部写信，建议在他小时候砍过柴、放过牛的乌石峰下楠木冲修一座水库。1958年，水库动工兴建。

这年冬天，彭德怀回乡视察。听了公社、大队干部的汇报后，他非常高兴，立即捐献了500元表示支持。1961年再次回乡时，彭德怀特地去楠木冲察看水库，建议大队组织劳力将坝基加高、加宽，并在库内养鱼。不仅如此，彭德怀又慷慨地拿出300元给大队买鱼苗用。从此，乌石大队的财务账上便为彭德怀立了一个户头，记录彭德怀交来的各笔款项。彭德怀还说，要回来当一名农民，每年要为生产队出工100天。后来，由于政治气候的变化，回乡参加生产劳动的愿望不能实现，彭德怀就提出以钱代劳，每年从自己的工资里支出100元捐给家乡。1962年至1964年，他每年如数寄回100元。后因1965年去了三线建设指挥部，不久，"文化大革命"开始，他身陷囹圄，故而无法按时捐款。1978年，彭德怀得以平反昭雪。夫人浦安修按照他的遗愿，补交了他原先承诺给家乡的去世前10年的累计捐助款1000元。如今，彭德怀这几次捐助款一一记在"社员往来"账上，饱含了这位开国元勋的浓浓乡情和拳拳赤子之心。

"我是共产党员，为什么看到党受损失不去说话？"

彭德怀虽以骁勇善战著称，但在其他诸多领域也有独特的见解。他从不掩饰自己的观点，实事求是，无私无畏。至于其原因，彭德怀在回答夫人浦安修问话时说过这样一句话："我是共产党员，为什么看到党受损失不去说话？"

1949年四五月，解放战争即将取得最后胜利。彭德怀从西北来到北平，发现干部的办公室里都摆着沙发，铺着地毯，还有茶几、花盆、盆景、鱼缸等，就对周恩来说："前方干部的生活与工作条件还极其艰苦。我察觉到你们住在城里的人对农村开始有点儿生疏，现在就出现了这种苗头，日子长了，会怎么样呢？"周恩来称赞道："这个意见提得及时！"但有人说彭德怀"看到的不是主流，一棍子打死一大片"。

1961年11月，已被罢官的彭德怀回乡。湘潭地委领导设宴招待他，在饭桌中心摆了一个大冷盘，厨师用不同颜色的咸鸭蛋蛋黄组成了一个"太极图"。没想到，彭德怀一上来就不客气地用筷子把"太极图"搅乱了，并说：

"不要搞这个,只要看各位选哪个蛋好吃,随心所欲嘛。形式主义、花架子,会劳民伤财的。"后来,他在某地看到招待所设施豪华,也大发脾气道:"我向来不主张住招待所。招待之风非上面改不行!"

彭德怀的意见不光聚焦作风问题,也涉及国家经济建设和老百姓生产、生活等方面。他常说,军事是手段,最终还是要发展经济,提高人民生活水平。1958年12月,中共中央在武昌举行八届六中全会,讨论公布1958年的粮棉数字时,有人说,粮食有万亿斤。彭德怀直言,粮食没那么多,公布的数字少些,将来追加比较主动;公布数字多了,将来被动。当毛泽东公布"7500亿斤"时,彭德怀没说话,"但心中还是有怀疑"。

随后,他回到阔别30多年的故乡湖南湘潭,在省委书记的陪同下,先后到乌石、韶山、平江等地深入调查研究。在不到两天的时间里,他召开了干部、社员座谈会,走访了学校、幼儿园和敬老院,参观了炼铁厂。他十分关心人民群众的生产和生活情况,每到一处,总是问寒问暖,亲手摸摸老人和孩子们铺的、盖的,亲口尝尝他们吃的、喝的。16日晚,公社负责人向彭德怀汇报:"乌石与全国各地一样,各条战线都在'大跃进',社员生活大为提高。公社两万多亩水田,增产几十万斤,亩产上900斤的生产队就有不少。"彭德怀听到这一含糊里不乏夸大成分的汇报,警觉地追问:"亩产上900斤的生产队,我们这个地方有没有?"那位干部说:"附近的吴公塘生产队就是。"彭德怀便马上让人把该生产队队长请来,询问队里的产量情况。队长说:"今年'大跃进',收成很好,但具体的产量数字讲不出来。"彭德怀追问:"是不是有900斤一亩?"队长支吾地答道:"那怕会有!"彭德怀听了,有些疑惑,便站起来提议:"那我们还是到田里去看看吧!眼见为实嘛。"此时天色已晚,寒气逼人。彭德怀来到几丘未被收割的水稻田边,用手电筒照了照,看到禾秆已枯萎,痛心地捞上几根稻穗,捻了捻,说:"太可惜了!"他几次蹲下身,扯出禾蔸数了数根数,然后对那位生产队队长说:"你们看,禾蔸这么小,禾是不太好的,一亩会有900多斤的产量吗?我们那时在家里作田,一亩田收成500多斤,要算好禾呢!"那位队长在彭德怀这一番认真考察、如实分析面前,不得不承认了错误。彭德怀语重心长地说:"说大话,说假话,没有一点儿好处。我这个人,拿共产党员十条标准来衡量,很不够,但有一条,我是做到了,就是敢讲真话,实事求是。"

此后,彭德怀一处接一处马不停蹄地调研,他白天走访,晚上座谈,亲眼看到了农村的现状。他深感小高炉炼铁代价太大,不是发展方向。在参观平江县工农业生产展览馆时,他吃惊地发现有两组数字竟然是颠倒后公布的:把收成最好的1957年的粮食高产数字公布为1958年的产量,而把1958年较低的数字说成是1957年的产量。彭德怀后来忆及此事还感叹:"如此造假,真令人害怕!"在幸福院里,看到老人们吃瓜菜,冬天睡篾席、盖破被,他忍不住说:"这是什么幸福院!有名无实!"他建议幸福院的负责同志要设法改善老人们的生活条件,尤其是要提高老人们的口粮和食油指标。当时,学校规定学生必须住校,但学生的口粮不够吃。彭德怀对陪同的省委负责人说:"学生的口粮少,生活差,还是放到家里由父母照顾好一些,不然,这样下去,会把小孩子的身体都弄坏的。"他在幼儿园看到的情况也不那么好,为此,他以个人名义捐赠200元钱给幼儿园添置被毯和肚兜等。这次回乡调查,正值"大跃进"高潮,彭德怀在实地调查研究的基础上,对农村中普遍存在的浮夸风和脱离实际的大炼钢铁的做法进行了批评和纠正。离开家乡前,他殷切叮嘱当地干部要好好地发扬党的实事求是、联系群众的优良作风,要努力保持党和群众的鱼水关系,并郑重地对家乡的干部群众提出了"十不准",即今后再不准搞瞎指挥,不准搞浮夸,不准说假话,不准搞强迫命令,不准打人骂人,不准克扣社员口粮,不准拆毁社员的房屋,不准乱伐山林,不准挖社员的祖坟和不准断社员的烟火。

回北京后,他如实向党中央和毛泽东反映了问题。在1959年3月召开的上海会议上,彭德怀结合自己多省调研经历,义无反顾地开了"炮":"'大跃进'从根本上来讲是不是错了呢?我看是错了。如不采取措施改正过来,其后果不光影响到军队无法落实战备训练,更影响到国家的命运和前途。"不久,在庐山会议上,他7次在小组会上发言,反映实际工作中存在的问题,并于7月14日给毛泽东写了一封信,在会上产生巨大影响。

3年经济困难时期,彭德怀生活在北京西郊吴家花园。他曾向侄女彭钢说起参加庐山会议时,遇到一个服务员正在为家庭生活困难而哭泣。当时,他就表示要每月资助这个服务员20元钱,可是几天之内,自己被打成了"反党分子",不能履行诺言了,"那样又要说我收买人心啦,肯定会连累他。不知他如今情况怎样？"言下之意，不胜牵挂。彭钢忍不住说："全国困难的人多啦，你管得了那么多吗？再说，你现在又是这种情况。"彭德怀没有理会彭钢的话，还是叹息不已，过了一会儿才说："只要力所能及，我还是应当办的。"彭钢后来说："多年后回想此事，我追悔莫及。在那种境况下，我怎么忍心用言语去刺痛伯伯的心呢！"

在庐山会议上书前的小组会上，彭德怀在发言中对人民公社提出了质疑："人民公社，我认为早了些，高级社的优越性刚发挥，还没有充分发挥，就公社化，而且未经过试验，如果试上一年再搞，就好了。"他的有一些意见更是从大处着眼，如："有些人不说真话，摸领导人的心理。"在谈到应承担责任时，他说："要找经验教训，不要埋怨。人人有责任，人人有一份，包括毛泽东同志在内。"在庐山会议小组发言中，他说："毛主席和党中央在全国人民心目中的威信之高，是全世界找不到的，但滥用这种威信是不行的。去年乱传主席的意见，问题不少。"后来，他更以一份《意见书》直抒胸臆。后人认为，这不仅体现了他"为人民鼓与呼"的担当，更凸显了他"知其难为而为之"的政治品格。

关爱烈士子女的"严父"

彭德怀没有亲生儿女。中华人民共和国成立后，彭德怀把两位烈士弟弟的孩子接到北京，供他们读书和生活。他还将陈毅安烈士的儿子陈晃明、黄公略烈士的女儿黄岁新、左权烈士的女儿左太北视同己出，资助他们读书和生活。他的言传身教让这些革命后人传承了坦荡无私、清廉简朴的"彭门家风"。

1940年10月，彭德怀在华北敌后战场上指挥八路军抗击日寇时，国民党在他的家乡湖南湘潭制造了"湘潭惨案"，从小和哥哥彭德怀一起在苦难中长大的两个弟弟成了革命烈士。中华人民共和国成立后，彭德怀把两个弟弟的几个孩子接到北京，供他们上学和生活。不要以为当彭德怀的"子女"有什么特殊待遇，恰恰相反，他的侄子、侄女相比普通人要更加受委屈。彭德怀对他们在思想和生活上的要求是出了名的严格。

风 范

　　彭德怀有个侄子叫彭启超，是一名军人，曾跟王震的第三五九旅南下抗日，中华人民共和国成立后，是军事工程学院的调干学员。1955年，中国人民解放军实行军衔制，全军的评衔工作由彭德怀总负责。彭德怀在名单上看到了彭启超的名字，原定授予上尉军衔。军事工程学院院长陈赓和彭德怀谈起了彭启超的事，说以他的资历，授上尉军衔很合适，彭德怀却说："比他资历老的人多了，上尉不够用，给他定中尉吧。"这样，彭启超就被降为了中尉。这年11月初，当军事工程学院的调干学员都喜气洋洋地佩戴上军衔时，彭启超却高兴不起来，因为比照那些和自己履历相似的同志，自己的军衔被压低了一级。放寒假后，彭启超背负沉重的思想包袱回到了北京。后来，当他得知是在伯伯的要求下，自己才被压低了一级军衔时，非常不满地对伯伯说："我们学院这次评军衔，我被生生地压低了一级。我知道，这是伯伯您的意见。您当国防部长，为什么不按政策办事呢？"彭德怀望着满腹怨气的侄子说："你说得不错，你们陈赓院长在和我谈到军事工程学院评衔时，他确实提到了你，说你的情况比较特殊，如果按调干学员统一授中尉军衔，确实有点儿吃亏，他问我怎么办，是我提出要压低你的军衔的。"彭启超"腾"地一下站起来，激动地说："伯伯，您为什么要这样做！我可是您的亲侄子！"彭德怀脸上呈现出严肃的神情："正因为你是我的亲侄子，我才必须这样做。因为了解你的人，比如陈院长，知道你是凭本事当上上尉的，可不了解你的人，一定以为你是靠彭德怀的关系戴上这个牌牌的。全军近百万干部要授军衔，在这个问题上，我只有牺牲你，才能服众。这里没有政策问题，只有全局问题。"彭德怀还联系先烈给侄子讲革命道理："就说你父亲吧，他连胜利都没看到就牺牲了，我们活着的人还有什么理由为一点儿蝇头小利去闹情绪呢！"假期结束，彭启超踏上了返校的列车。在车上，他打开了伯伯写给他的一封信，上面写着："启超，你既为彭家人，就要遵守彭家的家风，任何时候都要清正、廉洁、诚实。老实人有时会吃亏，但从长远看，老实人不吃亏。想想那些为革命牺牲的人，你还会为肩上多一颗豆豆、少一颗豆豆烦恼吗？俗话说，近水楼台先得月，可从我这，得改改这个规矩，那就是近水楼台'不'得月。你也许一时想不通，但时间久了，你会明白伯伯的一番苦心，严是爱，松是害……"彭启超读着读着，眼泪不由自主地流了下来。

在彭德怀的侄子、侄女中，彭钢是和他生活时间最长的，也是交流最多的。彭钢从小就很羡慕解放军，经常嚷着要伯父送她去参军。彭德怀总是拒绝她说："不行，不能开这个头，搞这个特殊。"就是在有些军队院校招收女生时，彭德怀还特别告诫彭钢："你必须通过自己的努力去考取。"1959年，彭钢考入西安军事电讯工程学院计算机专业。此时，彭德怀已经被免职。彭钢临去学校报到时，彭德怀教导她说："你参军了，也就是说，进入社会了，从学习到生活都会有很大的变化，也可能会遇到一些意想不到的困难和挫折。你要有思想准备，决不要因为我的问题对党有任何不满。你不要管我的事情，要相信党。最重要的是自己要有坚定的信念，在任何情况下，对社会主义、共产主义不动摇。自己不垮，谁也无法整垮你。到了学院，你要积极争取入党。"接着，彭德怀谈起自己的历史，谈起牺牲的战友，这是他从庐山回来后对侄女谈话时间最长的一次。彭钢毕业后，不论是在北京汽车制造厂当工人、干部，还是后来参军入伍成长为一名少将、身居要职，都牢记伯伯的教导，始终保持浩然正气。彭钢说，从物质财富的角度来说，伯伯什么也没有留下，但从精神财富的意义上，他留给后人的是对真理的追求，是对党、对人民、对祖国炽热的爱。

在彭德怀的严格要求和言传身教下，他的侄子、侄女都严守"彭门家风"。1957年，他的侄女彭爱兰的孩子要出生了，临盆在即，需要赶紧去医院，丈夫却出差未归。她本想给彭德怀办公室打电话要一辆小车去医院，可一想伯伯从来不允许家人坐公车，就没敢拨这个电话。用伯伯的话说，就是：别人家没有专车，就不能去医院生孩子了吗？别人能去，你为什么就不能去？最后，她忍着疼痛喊来一辆三轮车，一个人乘三轮车穿越大街小巷去了医院。事后，彭德怀知道了，连声夸她做得对。1961年，彭德怀第二次回乡调查时，正值他的侄子彭康志结婚，老家的人就来找彭德怀，说："结婚是康志这辈子的大事，能不能用你的车接一下新娘？康志也体面。"彭德怀找到彭康志的母亲，劝阻说："现在是新社会，不应该搞排场，何况现在经济困难，铺张浪费是不允许的。小车是公家的，怎么能动用它干私活儿呢！不能占公家便宜。再说，这么搞，很不必要，会脱离群众。"家乡亲戚听了他的话，从简办了彭康志的婚事。工作和生活中的彭德怀就是这样公私分明，自己不搞特殊，也不允许自己的亲属搞特殊。

性情刚烈的彭德怀与战友和同志很少有私交,但他和陈毅安烈士的儿子陈晃明、黄公略烈士的女儿黄岁新、左权烈士的女儿左太北来往密切,言传身教,关爱有加。

1930年8月,时任红三军团第八军第一纵队司令员的陈毅安在掩护军团机关转移时壮烈牺牲。其子陈晃明在他牺牲后第二年3月出生。多年来,彭德怀一直关心照顾陈毅安烈士的遗孀李志强一家人的生活。1939年秋,李志强给担任八路军副总司令的彭德怀写了一封信,请求去延安工作。彭德怀回信表示欢迎,并寄来200块大洋的路费。1940年春,李志强和幼子陈晃明启程匆匆奔赴延安,不料在去火车站的路上,母子双双被特务逮捕了。出狱后,母子二人在长沙顽强撑到了中华人民共和国成立。抗战期间,武汉各界慰问八路军,送给八路军总部800块大洋的慰劳费。彭德怀一分未取,把这笔钱一分为二,分别送给陈毅安的夫人和黄公略的夫人,让她们用来抚养陈晃明和黄岁新。1951年,彭德怀把李志强母子接到了北京。李志强在北京电信局工作,陈晃明上学的费用由彭德怀负担。逢年过节,彭德怀都会派警卫员送一些礼物前去慰问。1955年,陈晃明从北京工业学院(今北京理工大学)毕业后,留校任教。1959年,庐山会议后,彭德怀移居北京西郊,直到1965年年底赴成都参加三线建设,任副总指挥,其间很少接见客人,但李志强、陈晃明一直是他家的座上宾。

一次,陈晃明来到了彭德怀的住处。彭德怀问他:"你最近在忙些什么?"陈晃明回答:"我是北京理工大学的讲师,学的是工程光学专业。这个专业对我国的国防建设用处可大啦!例如人造卫星上的侦察照相机、飞机上的轰炸和射击瞄准具、坦克和装甲车上的火控系统及热像仪,都离不开我们的这个专业。"当彭德怀问他从怎样的角度和距离去摧毁敌人的坦克最能奏效并对自己最安全时,陈晃明答不上来。彭德怀提醒他说:"你还年轻,要注意理论联系实际,在科学上来不得半点儿虚假。"陈晃明要走时,彭德怀见他穿得十分单薄,非要拿件衣服让他穿得暖和一些才放心,于是打开衣柜去找。当彭德怀察觉到陈晃明已经发现衣柜里面的衣服不多时,便说自己的元帅服上交了,但衣服还是够穿的。彭德怀拿出两件染成青色的旧军呢大衣,要陈晃明挑一件。陈晃明为了不伤彭德怀的心,挑了一件穿在身上。回到家里,李志强说:"这是元帅穿过的大衣,我们要好好保护它,留作永远的纪念！"

抗战时期，黄公略的遗孀刘玉英手捧彭德怀寄来的钱对女儿道："岁新啊！彭伯伯的钱来之不易啊！你要好好读书，才不辜负彭伯伯对你的厚望啊！"1949年8月，湖南和平解放。正在北京开会的彭德怀担心退守衡阳、宝庆的白崇禧部会杀害我党干部家属，便派人找到刘玉英、黄岁新母女，并把她们护送到北京。从黄岁新被送到北京时开始，彭德怀就代国家担负起了抚养烈士遗孤的责任。1950年，彭德怀即将赴抗美援朝战场指挥作战，刘玉英提出："让岁新给您当女儿吧。"彭德怀笑道："你只有一个女儿，我哪里舍得夺人之爱呢？就让她做我的半个女儿吧！"说完，他慈祥地看着黄岁新，"你是革命的后代。现在，党和人民送你上学，你要努力学习，不要辜负党和人民的希望！"黄岁新刚到北京时，缺少衬衣，换洗有困难，便把困难毫不隐瞒地对彭德怀说了。彭德怀立即要警卫员把他自己穿过的两件白衬衣找出来，对黄岁新说："拿去改一改再穿吧！"1952年夏天，黄岁新高中毕业后考取了位于河南新乡的平原农学院。她觉得自己得离开北京，有点儿后悔，便向彭德怀提出不愿意去河南，想在北京复习一年，来年再考。彭德怀毫不客气地批评她："就因为不喜欢新乡就不去报到，不服从国家招生的规定，这是很不应该的。"后来，在彭德怀劝说下，黄岁新高高兴兴地去学校报到了。1956年1月，刘玉英因脑病逝世。彭德怀吩咐彭钢接黄岁新来中南海永福堂小住。彭德怀对黄岁新说："你爸爸牺牲得早，现在，你妈妈又走了，我这里就如同你自己的家，以后，你可以随时来，有什么困难，尽管来找我。"黄岁新扑在彭德怀怀里，哽咽着说："我知道，您这里就是我的家，您和浦安修阿姨便是我的爸爸妈妈……"1957年春，即将毕业的黄岁新要去东北牡丹江国营农场实习，彭德怀鼓励她到农场好好工作，"要继承父亲黄公略烈士的遗志，完成父亲未竟的事业，争取早日加入共产党"。1963年年初，黄岁新生下第二个孩子。彭德怀闻讯，让警卫员开车把黄岁新接到吴家花园坐月子。他天天早晨为孩子热牛奶，帮助黄岁新带孩子。看到伯伯抱着婴儿在屋子里踱步，黄岁新忍不住掉泪。1965年初冬，彭德怀打电话告诉黄岁新要去四川工作的消息，黄岁新携儿带女兴高采烈地到吴家花园玩耍了一天。他们全家临别时，彭德怀一直把他们送到村东的小石桥旁。走出很远，黄岁新回头，只见月夜下，彭德怀仍然孤零零地站在石桥上……1978年12月24日，黄岁新作为彭德怀的亲属，参加了在北京隆重举行的彭德怀追悼会。黄岁新肃立在彭德怀的遗像前，泣不成声。透过一阵阵哀乐声，她的耳边仿佛又传来了彭伯伯那一次次的教诲。正是这一次次的谆谆教诲，激励她清廉自守，勇往直前。

1940年秋，左权与刘志兰唯一的女儿左太北出生后3个月就被送到了延安。1943年，彭德怀回到延安后再次见到左太北时，左权已经在一年前牺牲了。因为住得较近，左太北常常被放在彭德怀家；因为除了彭德怀和左权这层特殊关系之外，刘志兰和浦安修是北京师大女附中的同学。1957年，刘志兰调到内蒙古包头钢铁公司工作后，17岁的左太北就被接到了彭德怀家，和彭钢住在了一起。左太北在彭家生活了两年多。在左太北的印象中，彭德怀是一位重感情、重亲情、尊重妻子、喜欢孩子、和颜悦色、非常慈祥的老人，和他在一起生活，没有任何隔阂和距离，就像生活在亲生父母身边一样。左太北印象最深的是彭德怀夫妇吃饭总是两个素菜、一个荤菜，中间总有一碗汤，一人一小碗米饭，饭菜都很简单。老两口儿吃完了，彭德怀就对还没吃完的左太北说："太北，把剩下的都吃了吧。"随手拿个碗，把剩菜剩饭都弄到她面前。左太北那时候十八九岁，正是长身体的时候，也没有什么减肥意识，每次都"呼噜呼噜"地把剩下的饭菜"扫荡"了。彭德怀最喜欢看左太北吃饭了，看她吃就特别高兴。有时，他还批评她不吃早饭，吃东西挑三拣四。1960年夏天，左太北考上了大学。她第一时间兴冲冲地来到吴家花园，告诉彭德怀这一喜讯。彭德怀祝贺她，并工工整整地在她的日记本上题字："送给太北，希望你永远年青。"

彭德怀对烈士子女全心关爱，视同己出，但对于他们的错误决不徇私，哪怕是救命恩人的儿子，如果犯了大错，他也决不姑息。

1921年8月，彭德怀率湖南新军的一个连在华容县注滋口驻防时，因处死恶霸区盛钦，被湖南督军赵恒惕通缉，幸得老班长郭得云收留，才躲过一劫。1922年，郭得云因病去世前，将年仅14岁的儿子郭炳生托付给彭德怀照管。彭德怀对郭炳生视若亲生，先是将他带在身边，后又送他去读书。郭炳生学成归来，跟随彭德怀参加了平江起义，从战士逐步晋升为红二师师长。后来，郭炳生受不了红军战斗生活的艰苦，受敌人诱惑，趁部队开拔之机，拉走一个团和师特务连投向国民党。红二师政委彭雪枫闻讯赶去追回了一个团。郭炳生带特务连跑去投敌,被蒋介石任命为新编第三十七师师长,掉头参加"围剿"红军。彭德怀对此格外痛心,气得几天都吃不下饭:"叛变投敌,子不如父,甚为可耻!"同时下令:任何人见到郭炳生,格杀勿论。1933年7月,郭炳生在宁都与宜黄交界的一次战斗中被红军击毙。

15年后,彭德怀的侄子彭启超参军到延安,第一次和伯伯见面,彭德怀就告诉他要永远忠于革命,"如果有二心,我就亲手毙了你!""如果我反对革命,你也可以毙了我!"

刘伯承

"共产党人要活到老、学到老"

邓小平在庆祝刘伯承五十寿辰时著文写道:"假如有人问,伯承同志有无缺点呢?我想只有一个,就是他除了读书工作之外,没有一点娱乐的生活。他没有烟酒等不良嗜好,也不会下棋打球,闲时只有散散步,谈谈天。他常常批评自己,对于时间太'势利'了……"

刘伯承酷爱读书学习,这一习惯保持了终生。他的勤奋刻苦的治学精神是从少年时代开始养成的。

刘伯承的父亲刘文炳经多年寒窗苦读,学得满腹经纶,不料在参加秀才考试时,被人举发,说他家祖辈是吹鼓手,出身微贱,被逐出考场。不甘心听凭命运驱使的刘文炳执着地要把自己通往仕途的理想在儿子身上实现。尽管家境清寒,但他还是送刘伯承到私塾读书,而且对儿子的学业要求很严格。

在父亲的影响下,刘伯承每天最早到私塾学堂,最晚离开。有时,家里的饭做晚了,他宁可饿一顿,也不误上学。当天课读,他不仅能熟背正文,连注释也能背诵。在劳动中,他也抓紧学习,有时一面帮助烧火添柴,一面在灶旁看书,放牛时也常常手不释卷。晚上,灯火如豆,是供母亲纺纱用的,刘伯承就在旁边捧着书,依在纺车旁,伴着"吱呀吱呀"的声音一直读书到深夜。在私塾读了6年后,刘伯承在汉西书院、开县高等小学堂和夔州官立中学就读,其间,他勤奋好学,才智过人,成绩优异。这种新式学堂的教育使刘伯承眼界更为开阔,了解了新的社会生活,对他的思想产生了深刻的影响。

1912年,刘伯承考入重庆蜀军政府开办的将校学堂后,将《易经》中的"自强不息"作为座右铭,对军事学习十分刻苦,操练时一丝不苟,有时为熟练掌握一个动作,要反复练习几十次,甚至上百次。除学习本校课程外,他还广泛涉猎古代的兵书,或找其他军校的教材对照参考,以充实自己,诸如《孙子》《吴子》《司马法》等著作,更是案头必备,许多章节出口能诵。

在军旅倥偬的岁月中,刘伯承也不忘读书学习。特别是他在1921年因战斗负伤而休养的那段时间里,"读了一屋子的书",其中不乏《二十四史》等中国古典典籍。他的儿子刘蒙说,在重庆图书馆看到了父亲当年读的那套《二十四史》,上面有密密麻麻的点评,"其中不少特别独到的视角",让刘蒙深感触动。茅盾曾在回忆录里提到,中华人民共和国成立初期,有一次与刘伯承同桌吃饭时聊起《二十四史》,刘伯承的见解让茅盾深感钦佩,感慨"刘伯承是真正读书的干部"。茅盾当即表示,送刘伯承一套当时很难买到的精藏本《二十四史》。刘伯承在学习上从来不取巧。为了使自己读书时专心,不受外界的干扰,他不管环境多么嘈杂,多么乱,总是一动不动地坐在那里坚持把书中的一个章节读完,这渐渐成了他的一个习惯。他常对人说:"天才就是精力加勤勉。"有的朋友感慨地说:"伯承同志之所以能成为中国杰出的军事家,和他早年下的苦功是分不开的。"

加入中国共产党后,刘伯承为共产主义事业而发奋苦学,更加勤勉自觉。南昌起义失败后,中共中央派刘伯承到苏联学习。1927年11月,刘伯承等30余人从上海登上了一艘苏联货船,远赴莫斯科学习军事。

紧张的军校生活开始了。在中国学员中,刘伯承年龄最大,已经36岁了,在这个年纪学外语已相对困难。刘伯承此前有一些英文底子,但对俄文一窍不通,33个字母组成的俄文对他无异于天书。为了能直接阅读俄文书籍,直接听懂苏联教官讲课,他拼命地学俄文,付出了比常人更多的艰辛。在俄语中,"P"这个字母的发音是比较难的。刘伯承在刚开始认俄文字母时,有好几天从早到晚一有时间就练"P"这个字母的发音。他抓紧一切课余时间背单词或整理笔记。他除了准备单词小本外，每天都在左手手心上写满生词，常常一边走路，一边背诵单词。他认为在厕所里如不背单词，就是浪费时间。碰到自己不懂的地方，他就虚心向同学们请教。有的同学看他学俄文实在吃力，就对他说："我给你翻译吧。"刘伯承坚定地说："老弟，那可不行，得自己学啊！"他看书的时间长了，右眼的假眼球把眼眶磨得生疼，即使这样，他仍不休息。那段时间，刘伯承几乎每天都要学到凌晨两三点钟。为了不影响别人休息，待别人就寝之后，他就蒙上个毯子，在"小帐篷"里点灯学习。有同学起来上厕所走过"小帐篷"，就按一下他的头，示意他该睡觉了。每天清晨，刘伯承都提前来到操场上朗读俄语。俄文颤音很难发音，中国学生戏称"打嘟噜"。刘伯承打这个"嘟噜"，舌头就是不听使唤，于是，他每天比别人早起半小时，到操场上大声"打嘟噜"。同学们劝他不要起得太早，他却说："早起一会儿，第一，不妨碍别人安宁；第二，早晨空气新鲜，容易记忆。"凭着坚持不懈的努力，在莫斯科冬天哈气成冰的早晨，刘伯承硬是把"嘟噜"给打出来了。那时的苏联实行供给制。刘伯承是以中共将军的身份去学习的，享受的待遇高于普通学员。他找到学校打扫卫生的一位女工，说："你陪我聊天，我可以把用不了的供应券给你。"采取这种办法，他的口语提高得非常快。刘伯承晚年和子女们讲起他在苏联学习的经历时说："那时，在学习中遇到这么大的困难，咋个办？当时只有一个念头：学，刻苦地学，人家学一遍，我就学十遍；人家学十遍，我就学百遍。我的诀窍只有一个，就是刻苦学习，努力学习。"凭着这种夜以继日的顽强精神，刘伯承的俄语成绩显著提高，口语虽然差一些，但阅读和翻译能力在全校的中国学生中是第一流的。对于自己的进步，他很激动，提笔给川军旧友王尔常写信介绍自己的学习生活："余年逾而立，初学外文，未行之时，朋侪皆以为虑。目睹苏联建国之初，尤患饥馑，今日已能饷我以牛奶面包。每思川民菜色满面，'豆花'尚不可得，更激余钻研主义、精通军事以报祖国之心。然不过外文一关，此志何由得达？乃视文法如钱串，视生字如铜钱，汲汲然日夜积累之；视疑难如敌阵，惶惶然日夜攻占之，不数月已能阅读俄文书籍矣。"他这种为革命而勤奋学习的精神，在当时的中苏同学中传为美谈。老师对刘伯承的进步神速感到不可思议，甚至问他是不是讨了个苏联老婆。当时在苏联学习的还有国民党官员屈武。屈武倒是真的娶了一位苏联老婆，但俄语差远了。半年后，由高级步兵学校校长亲自写推荐信，刘伯承进入著名的伏龙芝军事学院深造。

在伏龙芝军事学院，刘伯承如饥似渴地刻苦研读外国军事著作。学校组织的很多活动，他都不参加，而是一个人静静地坐在宿舍里看书。同学们叫他，他说："来这里学习，机会很难得，要争取时间多学点东西。党随时都可能叫我们回去参加战斗，那时就没有这么安定的环境和时间了。"刘伯承学习军事理论，善于和实践结合起来学。每学一门课程，他都认真联系参加过的战斗，从中总结成功的经验和失败的教训，因此，无论是课堂提问、图上作业还是野外演习，他都表现得比别的同学学得扎实、理解得深。

1930年春，刘伯承和左权等人秘密回国，7月，到达上海。党中央决定让他担任我党专司军事翻译的军委编译科长，为军委训练班和各地武装斗争准备教材。刘伯承化名"林直木"，在上海愚园路一幢两层楼房里主持翻译、校译了《苏军政治工作条例》《苏军步兵战斗条令》两本书，并送到各根据地。1932年，刘伯承到江西中央革命根据地，被任命为红军学校校长兼政委，主持军事教育翻译工作，后又调任红军总参谋长。在长期紧张的军旅生涯中，不管是在长征路上，还是在抗战时期与解放战争时期，他都利用一切时间进行翻译。据统计，在战争年代，刘伯承参与翻译的军事著作总计数百万字。在抗日战争时期，环境极其艰苦，战斗非常频繁，刘伯承一面指挥打仗，领导抗日根据地的建设，一面从事苏联军事书籍的翻译工作。之后，他又从事了《苏军合同战术概则》（第一稿）的校订工作。这段时间是极不寻常的，正如刘伯承在《译版序言》中所说："这本书在校正中是经过了3次反'扫荡'的作战，特别是后一次，其底稿尚在印刷中竟未失去，这是陈雷同志尽了很大努力，才把它从三灾八难中保护了出来。"与此同时，他经常亲自起草战斗、战役指示，亲自动手总结战斗、战役经验，及时指导我军的作战和训练，丰富了我国的军事宝库。解放战争初期，刘伯承和邓小平指挥晋冀鲁豫主力部队在鲁西南战场作战，行动频繁，任务繁忙，可是就在这种日理万机的情况下，稍有间隙，他不是伏案写作，就是到村边的树林里，坐在小方凳上埋头读书。

1946年下半年至1947年春，解放战争处于历史转折的重要关头，也是我军处于战略防御的困难时刻。刘伯承在指挥千军万马与敌人艰苦作战的日日夜夜里，为了增强我军现代化的作战能力，还挤出时间亲自动手校译了《苏军合同战术概则》（第二稿）。往往是一天紧张的战斗生活刚刚过去，别人都已经休息，他又投入了紧张的校译工作中。那时，部队住在农村，工作、生活条件很艰苦，照明用的是根据地造的质量很差的蜡烛。当时，刘伯承仅剩下的一只眼睛的视力也不好。在微弱的灯光下，他支撑着疲惫的身体，以惊人的毅力和刻苦勤奋的精神，一字一句地进行极其艰苦的翻译和校正工作。特别是到了晚上，视力模糊，校正工作进行不下去了，他就把作战科长王长安找来，帮他誊抄校译稿。张生华回忆当时的情景时说："他（刘伯承）躺在临时搭起的木板床上，好像闭目养神，其实是在准确、细致地告诉王长安誊抄哪几章、哪几节、哪几条，应该注意些什么问题；他常常准确无误地指出第几页、第几章、第几条在翻译、校正时改动较大，涂抹很乱，问王长安能否辨认；如果认不清，他就闭着眼睛，一字不差地把这段译文背诵给王长安听。对他刻苦勤奋、专心致志的学习精神、超人的记忆力，凡在他身边工作过的人无不万分钦佩。"刘伯承曾这样总结自己的学习经验："一定不要赶时髦，要考虑自己的条件，从实际出发，循序渐进，扎扎实实，学什么就要努力学到手，要力求精通，否则就永远是个'半瓶醋'。"

1948年夏，成立中原军区，陈毅兼任了中原军区第一副司令员，和刘伯承一起工作和生活。陈毅深有感触地说："我们一号（指刘伯承）真是太令人钦佩了！他的生活要素就是工作、学习。我们大家都应该学习他这种工作、学习高于一切、重于一切的高尚品德啊！"在烽火连天、军务繁多的环境下，还能从容自若、字斟句酌地翻译如此大量的著作，在中外战争史上都属罕见。鲁西南战役后，国民党顾祝同的参谋长在日记中写道："刘伯承廉洁虚心，不断求知，以与政府（国民党）将领比较，诚不啻鹤立鸡群。如此，两党战阵上之胜败，不问可知。"刘伯承勤奋刻苦的治学精神，连当时敌军阵营中的有识之士也感慨不已，而且作为两军战阵胜败的标志看待，让人肃然起敬。

中华人民共和国成立后不久，刘伯承辞去西南军政委员会主席和司令员的职务，到南京创办军事学院。刘伯承办院校勤勤恳恳，兢兢业业，几乎把全部精力都花在了钻研军事科学和培养中高级军事干部的事业上。他极少娱乐消遣，也无什么嗜好，只要稍有空暇，便孜孜不倦地学习。1952年

5月，他亲自给军事学院高级系学员讲授"集团军进攻战役"的课程，前后用了18天时间，查阅了大量资料，亲笔写下了37000字的讲授提纲，并广泛征求各教授会的意见。他在左眼视力极其微弱的情况下仍然一丝不苟，拿着放大镜反复进行修改，讲稿的每一页都凝结了他的心血。讲课时，他条分缕析，深入浅出，列举了一个个生动的战例，从理论与实际的结合上深刻阐述了集团军进攻战役的理论概则和许多学术问题。学员们都感到打开了眼界；教员们无不佩服老院长理论水平高，学术造诣深。有一个教员特意向他请教讲课的诀窍。他风趣地说："有啥子诀窍啰！我号召你们学习，我自己也要带头学习。我这是几番心血一堂课，18天准备，6小时讲完。如果有什么诀窍的话，那就是4个字：'昼夜不息'。"对此，他的妻子汪荣华深有感触地回忆说："为了讲好战役系的课，你连续一星期在办公室里准备教案，甚至有一次办公室里电线失火，你竟全然不知。记不清多少个夜里，你睡着睡着，突然披衣起床，打开台灯，批改教案。我知道你的脾气，更理解你为了培养具有现代科学知识的军事干部的急切心情，不阻拦你；偶尔劝你几句，你也只是嘴里答应，身子却不动，还照常干你的事。对此，我只有着急，毫无办法。"

南京军事学院曾经聘请了一位苏联顾问。苏联顾问比较傲慢，经常指责中方不懂军事。有一次，刘伯承约他谈话，用俄语重点阐述了自己对俄国著名军事家苏伏洛夫十大军事原则的理解。苏联顾问听后，对刘伯承的学识深感惊讶："没想到中国还有人对苏联军事家研究如此深刻！"从此，他再也不评头论足了。

军事学院成立后，为了让学员们读到更多的军事书籍，刘伯承尽一切努力搜集。他曾委托时任我国驻印度大使袁仲贤从国外给他买军事书籍，也曾向何长工要当年红军大学的教材。为此，何长工还和他订了一个"君子协定"：红军大学的教材可以拿走，但军事学院出什么教材，也要送一套来。1970年8月，刘伯承创建的南京军事学院、北京高等军事学院与政治学院、后勤学院合并，成立中国人民解放军军政大学。他得知这个消息后，把自己珍藏的2000多册军事理论教材等书籍送给了军政大学图书馆。他对前来看望他的第二任军政大学校长肖克说："我现在年纪大了，眼睛也不行了。这些教材和书籍留给你们吧。希望你们把学校办好。"

刘伯承有一个习惯，喜欢早晨起来上厕所时坐在马桶上大声朗读俄文，这一习惯一直坚持到他72岁那年双目失明为止。他的妻子汪荣华曾经说他："你都老了，现在学它还有什么用？"刘伯承却认真地说："你不能这么说。共产党人要活到老、学到老嘛！"

在几十年的革命生涯中，刘伯承留下了390多万字的军事著作和190多万字的翻译作品，在战火纷飞的年月，他戎马倥偬且失去右眼，尚能如此，更令人敬佩。

"我并没有过人之处，只不过是比别人细心些罢了"

刘伯承对待工作的态度一向认真细致，反对粗枝大叶。在战争年代，人们都称赞他是常胜将军，聪明过人，他却说："我并没有过人之处，只不过是比别人细心些罢了。"

在长征路上，为了准确查明敌情，及时指挥部队行动，担任中革军委总参谋长的刘伯承经常率领先遣队走在前面。当时，干部团七连曾多次担任掩护先遣队的任务。有一次，七连执行任务时，天气炎热异常。晌午时分，七连到达一个小山坳，接到原地休息的命令。疲劳和干渴的七连指战员有的立即到附近的河沟里找水喝，有的索性坐在地上抓紧时间打盹儿，却没有派出警戒哨。刘伯承看到后，命令立即集合队伍，然后示意大家坐下，微笑着提出一个问题："你们看到过老母鸡带小鸡没有？"大家不约而同地回答："看到过。"刘伯承点点头，接着问："老母鸡带小鸡时，它总是把两扇翅膀张开，头往前伸，为什么要这样呢？"大家摸不清刘伯承提出这个问题是什么意思，一时都不知如何回答。刘伯承见大家疑惑，继续说："依我看，老母鸡带着一群小鸡，除了教会小鸡寻食外，还要保护小鸡的安全，防止老鹰把小鸡叼走，因此，它张开翅膀就是向两侧警戒，头往前伸就是随时准备战斗。你们说对不对？"大家被他形象的比喻和深入浅出的说理折服了，都笑着连连点头称是。刘伯承话锋一转，语气变得严肃起来："你们今天休息，就像散了集一样，连警戒也不派，还不如母鸡的警惕性高呢！"大家听了，都羞愧地低下了头。刘伯承一扬手，缓了缓口气，说："请大家记住,我们是军队,而且是红军,不管什么时候,也不管在什么地方,都务必要保持高度的战斗警惕,绝不能有一丝一毫的麻痹大意!"

红军长征过草地时,草地气候变化无常。一天清晨,刘伯承问红四方面军总部作战参谋邓仕俊:"你看今天会下雨吗?"邓仕俊抬头见天空晴朗无云,便回答:"不会下雨。"刘伯承又问:"真的不会?"邓仕俊重新观察了一番,肯定地说不会。刘伯承说:"我不是跟你赌输赢。今天看来要下雨。你已是第二次过草地了,应该了解一点儿草地的特点。我做过细致的观察,今天太阳出得早,空气中湿度大,很可能要下雨。况且,我身上的伤口也在做预报了。"午间,果然大雨如注。邓仕俊不禁佩服地说:"刘总长,你真神!"刘伯承说:"并不是我神,这是根据实践得来的知识。第一次过草地,我们吃过暴雨的苦,引起了我的注意。主要是虚心学习,仔细观察,认真研究,向当地人请教,把握住气象变化的规律。气象对作战关系极大,古人称之为'天文'。《三国演义》里,说诸葛亮借东风,其实并不是诸葛亮真有呼风唤雨的神通,只是他懂得一点儿气象知识罢了。"

1938年3月,被日军誉为八路军第一二九师"典型游击战术"的神头岭一仗,在地形的选择上充分体现了刘伯承的周密细致。当时,八路军总部命令第一二九师进攻东阳关至潞城一线的敌人。刘伯承经过深思熟虑,打算袭击黎城,吸引潞城和涉县的敌人出援,在神头村附近予以伏击。考虑成熟后,刘伯承立刻把参谋处处长李达和有关参谋找来,讲了他的方案。神头村是潞城东北20余里外的一个小山村,周围冈峦起伏。从地图上看,神头岭确实是个伏击的好地方——村子依坡而建,一条公路从村西的神头岭下穿过,把伏击部队摆在岭上,居高临下,确实很便利。"地形是很理想,可这里的地形到底谁看过?3个团的兵力如何来部署?"刘伯承凝视着地图上的圈圈点点,皱着双眉自语,"不行!还是到现场勘察一下再下决心。"于是,他带领李达等人一起去看地形。到了神头岭,他们发现公路并不在岭下,而是在岭上。刘伯承不禁长叹一声:"粗枝大叶可要害死人哪!"神头岭确切地说应称为山梁,光秃秃的只有一二百米宽,公路在中间蜿蜒而过,路面比两旁的土坎略低,离公路不远,有过去国民党军队修的一些工事。猛一看,这里地形很难埋伏大部队。一位参谋据此认为这个山梁狭窄崎岖,不便于部队展开,其他人有的反对,有的附和。刘伯承没有表态,而是围着山梁绕了一圈，认真察看了四周的山峰、沟壑和道路。回到原地，他决然地说："我的意见是原计划不变。"他从一反常态、出敌不意和敌我双方战场选择的利弊等方面入情入理地进行了分析，大家听后都心悦诚服，设伏神头岭的决心就这样定下来了。战斗胜利结束后，很多指战员感慨地说：这种伏击战，在我们外行人看来，简直是近于"押宝"的战斗，但刘师长所筹划的伏击战简直是神乎其神。刘师长之所以能神机妙算，就在于他完全弄清了任务、敌情、我情、地点和时间这"五行"。

为了使部属明确自己的任务，刘伯承对将要发出的战役、战斗命令总是逐字逐句地推敲，决不贸然下笔。有时，他躺下准备睡觉了，可还在考虑刚写过的电文是不是有不确切的地方，一旦察觉有不确切之处，就翻身起床，叫值班参谋取回电报，重新修改。有人和他开玩笑说："瞧你这样咬文嚼字，头发白得更快了。"刘伯承爽朗地笑了，说："打仗这玩意儿，可不能马虎，一字之差也会死很多同志，甚至影响整个战斗的成败。"布置任务力求正确、明了，这是弄清任务的一个方面，而接受任务的部队对任务的执行和理解是弄清任务的另一个方面。他经常讲述这样一个故事来说明任务的表达和理解上存在差别的可能性，从而告诫大家检查督促的重要性：当时，根据地有个二分区被敌人包围了，指挥员黄某是个文盲，不会写"包围"二字，只好画了一个圈、一个人头和一把刀。刘伯承看后，费了好大的劲儿才理解了其中的意思，马上派出部队解了围。他要司令部参谋人员养成一个习惯：命令、指示发出后，要检查有关部队接到命令的时间以及对任务的理解和执行情况，甚至对于战斗计划，从拟制、下发到部队执行的全过程都要求做到有布置、有检查、有落实、有报告，一旦发现问题，立即纠正。

1947年8月，刘邓大军千里跃进大别山，到达了淮河岸边，意外出现了：淮河突然涨水，难以架设浮桥，部队只能依靠临时找到的十几条小船摆渡，通过速度极慢。此时，国民党军先头部队距离刘邓大军后卫部队只有30里了。几个指挥员一起找刘伯承拿主意。刘伯承询问先头旅领导："真的不能徒涉吗？"旅领导根据实地了解的情况做了肯定的回答。刘伯承又认真地追问："到处都一样，都不能徒涉吗？"旅领导回答："淮河忽涨忽落，现在涨得很深。河边老百姓说，从来没人敢在这样的季节涉水。"刘伯承听后，继续细心周密地提出一系列问题:"你们是不是亲自侦察过?试过徒涉?亲自找向导查了没有?有没有多找几个老乡问问?他们怎么说?能架桥吗?"虽然旅领导一一做了回答,但刘伯承心里仍然觉得不踏实,决定自己先行渡河实地侦察。没多久,刘伯承拄着一根长过身高的竹竿,带着两个手提马灯的警卫员来到了渡口。他不要人搀扶,登上了一只小船。小船顶风破浪向南划去。天将黎明的时刻,就着微弱的月光,北岸的人们一直看着刘伯承高大的身影在船边摆动。忽然,从河心传来了刘伯承的声音:"能架桥呀!我试了许多地方,河水都不太深!"这时,岸边的指战员才明白,司令员原来是在亲自测量水的深度。小船经过水浅之处,刘伯承还让警卫员插上了标杆。"告诉李参谋长,叫他坚决架桥!"刘伯承的命令传到北岸。他怕岸边的人们听不清楚,又派人送来了亲笔书写的命令:"河水不深,流速甚缓,速告李参谋长(李达)可以架桥!"当先头旅政委李震到了南岸时,刘伯承以严肃的口吻批评说:"越是到紧要关头,领导干部越要亲自动手实地侦察!粗枝大叶就要害死人!"并且用竹竿在地上重重地点戳着重复了一句,"要害死人!"说完,刘伯承就到上游继续侦察了。当李达在北岸正按刘伯承的命令布置架桥时,刘伯承又派人送来了口信:"我亲眼看见上游有人牵马过河,证明完全可以徒涉。立即转告李参谋长,不要架桥了,叫部队迅速徒涉!"就这样,成千上万的人马浩浩荡荡徒涉过了淮河。8月27日,刘邓大军终于战胜了南征途中最后一个险关,进入了大别山区。紧随其后,国民党军罗广文、张淦部队也赶到了,可是淮河再次涨水,无法渡河。国民党将领吴绍周忍不住大发牢骚:共产党有命啊,刚刚过河就涨水了。

1947年,鲁西南战役胜利结束了,部队正在休整,准备南下大别山。8月的一天下午,刘伯承把作战参谋章安翔叫到五万分之一挂图前:"章安翔,希望你替我们记住一件事,这里,张家磅,你看到了吗?"刘伯承指着地图上鄂皖边境英山境内的一个居民点说。章安翔赶紧上前看图,应声答道:"看到了。""好!"刘伯承继续说,"四方面军有位老同志王××,家就在这里,他在长征途中牺牲了,听说家里还有一个女儿,你替我们记住,将来进大别山后,部队到那边时,告诉他们帮助寻找。"章安翔找了一片纸记下了村名和那位烈士的姓名,并将纸片小心地收藏起来。部队经过20多天的强行军和多次激烈的战斗，于8月底渡过淮河进入大别山。部署就绪后，刘伯承重提红四方面军那位牺牲了的老同志家的事。章安翔把那张纸片拿出来看，发现人名和村名都记错了一个字：村名张家磅的"磅"写成了"榜"；人名写错的那个字是音同、字不同。章安翔觉得这不算什么大错，可一向和蔼的刘伯承给予了他严厉的批评："一字之差，成千上万人的生命！这是战史上屡见不鲜的血的教训！差之毫厘，谬以千里！参谋人员必须慎之又慎，粗心大意，要害死人的！"刘伯承看到章安翔惶恐的表情，便转以语重心长的口吻，讲了参谋人员最基本的注意事项。后来，部队经过张家磅，找到了那个女孩儿。这件事情给章安翔留下了深刻印象，以后，他在日常工作中经常以此为教训，鞭策自己要认真细致，切忌粗枝大叶。

1949年夏秋，第二野战军奉中央军委命令进军大西南。一天，从机要处陆续送来了各兵团进军的战报，司令部作战参谋焦立中将部队所到达的位置和时间以要图的形式一一标示出来。由于第三兵团先头部队所抵达的乌江边那一带的渡场比较多，地名大体相似，他没有在地图上找到。在作战地图上找不到这个地点，在要图上就不能准确地标示出来，急得他手持战报、眼盯地图反复查找，但没有找到，只好向刘伯承如实报告："我没有在地图上找到三兵团先头部队抵达的那个渡场的位置，没敢标上，怕不准确。"

刘伯承听后，戴上专为看地图用的眼镜，右手执着毛笔，首先查阅各兵团报来的战报，继而看焦立中汇总的标示要图。看了一会儿，他把眼镜摘下来，靠在椅子上，好像在思考什么。突然，他和缓地说："小焦，你再去地图边，从彭水向南至沿河那一段的乌江两岸找那个渡场，看有没有这个地点。"焦立中遵照刘伯承的提示，没多大工夫就找到了小渡场磨寨，然后红着脸，回到桌边，在要图上工整地填上了磨寨的准确位置。这时，刘伯承重新戴上眼镜，将焦立中新标示的要图检查了一遍，确认无误后，对焦立中说："当年红军长征时，咱们红军的一个部队也是在这个小小的渡场过的乌江，至今已是十几年前的事了。"焦立中不由得感叹："我们的刘司令员对一个小小的地名，过了那么长的时间，还记得这么清楚。一个小地名没有标出来，他也不放过。"

中华人民共和国成立后，有一次，刘伯承写完一个材料，叫阮希明抄清后交打字员打印。他怕打字员看不清楚涂改的地方，就嘱咐阮希明留在打字员旁边，如有疑问，马上联系解决。当阮希明在看打字员打字时，刘伯承来了一个电话，告诉哪一页、哪一行的一个句子的句号应该改成逗号，哪一页、哪一行的逗号应该改成分号，又让阮希明在电话里复诵一遍。阮希明念完，他才说："对了，你就这样办，一定要负责到底，直到把文件发出去。"当时，原稿、抄写稿都不在刘伯承身边，他甚至连草稿都没有，但仍能对一个句子在哪一页，甚至用什么标点都记得清清楚楚，可见他对每一部分内容、每一个字、每一个标点都是经过深思熟虑、仔细推敲的。

刘伯承在担任军事学院院长时，对于基本教材，他总是亲自抓翻译、校对、编写、出版各个环节。他再三强调：必须要认真细致、精益求精，对基本的东西，不能有一个字的差错，错了，会"以讹传讹"，后患无穷。1953年，刘伯承利用在大连休假的时间，校对新的野战条令，在20余万字的铅印本子上修改了3遍。因为样本上的字排得太密，他只好拿着放大镜改写。第一遍用墨汁改写，第二遍用毛笔蘸着蓝墨水改写，第三遍用毛笔蘸着红墨水改写，三改定稿，以红色为准。当时，他的眼压很高，眼球充满血丝，不断地流泪。他要求在出版时，要做到一个标点也不要错。有关同志把刘伯承修改样本时的认真艰苦情形转告给了印刷厂的同志。印刷厂的同志听了，都十分感动，开会讨论时，纷纷保证高质量地完成刘伯承院长交给的光荣任务。结果，约20万字的一本书，做到了连一个标点符号也没有差错。可是，在印刷中发生了意外：因为字盘偶然发生跳字，在换铅字时，把一个"；"错换成了"，"。印完后，发现了这个差错，工厂的同志一张一张地改了过来。刘伯承听完汇报，满意地说："你们还是细致的，完成了任务，为教学工作出了力。请转达我对工人同志们的感谢。"

爱兵惜兵

刘伯承对部队要求十分严格，无论在什么时候都强调要有严明的纪律。他讲求的"严"是建立在"爱"的基础之上的。他把深厚的慈母心、阶级情倾注到官兵的身上，深得官兵的敬爱。

刘伯承认为，人民群众为了革命事业，把自己的亲骨肉送到部队，如果不认真培养、教育和爱护这些子弟兵，就无法向人民交代。他要求各级指挥员对战士的生命必须负全部责任。为了保证战役、战斗的胜利，减少伤亡，他在拟定每一个作战计划时，总是先对敌我情况和地形等做详尽的调查，再反复斟酌。在战斗的紧要关头，他往往亲临第一线指挥；战斗结束，他总是惦记部队的伤亡数字，考虑今后如何更好地消灭敌人，保存自己。他说："一个指挥员，不但要负歼敌三千之责，而且也要负自损八百之责。"并且严厉地告诫下级，绝不允许因指挥失误而导致官兵付出生命。

在一次战斗中，由于敌人防守严密，攻打不下。担任主攻任务的营长急红了眼，命令部队猛冲，结果使部队遭到较大的伤亡，敌人的阵地仍然没有攻下。刘伯承得知这个情况后，立即打电话批评这个营长："不能硬拼啊！那是我们革命弟兄的血呀！你这样做是犯罪！"并命令这个营长马上将部队撤下来。抗日战争期间，八路军第一二九师在长乐村将东撤的日军大部截住，迅即发起攻击，将日军截为数段，压缩到狭窄的河谷里，将其基本歼灭。这场战役粉碎了日军的"九路围攻"，开创了八路军雄踞太行的局面。本来是一场大胜，但刘伯承听说了团长叶成焕牺牲的消息，便跑到阵地，抱起他，连连呼唤："成焕！成焕！"悲恸地流下了眼泪。

在长期的革命战争中，每上报一次我军指战员的伤亡数字，都会使刘伯承难过。在他身边工作过的同志都看见过他经常一个人低着头，默默不语地统计这样几种数字：我军的伤亡及干部和战士伤亡的比例；敌人的伤亡；敌我双方伤亡的比例；使用何种战术，我军伤亡最少，敌人伤亡最大。第一二九师指战员在战斗中缴获了日军的九二式步兵炮。这种炮的性能较好，构造比较简单，有可能仿制。我军经过很大的努力，从敌占区把铁轨搬来，加工成炮架及零件，用敌人火车头的车轴旋成炮筒。这种炮，我军仿制了3门。不幸的是，在使用这种炮时，其中的一门炮筒爆炸，两名战士当场牺牲。刘伯承听说自己制造的炮造成了自己的战士牺牲时，非常痛心，也非常生气。他把军械长找来，严肃地问："这炮是用什么方法制造的，为什么会爆炸？"军械长报告说："火车头车轴的钢，是我们目前能找到的最好的钢材。那门炮所以炸膛，是因为这根车轴的钢不纯。"刘伯承的神情稍有缓和，嘱咐："以后要注意检查质量，粗心大意是会死人的！"30多年后，一次，几位老参谋去看望刘伯承。老人家虽然已经双目失明，但一下子就听出了当年担任过军械长的同志的声音，于是，他又含泪谈起了炮筒自炸、两名战士因此牺牲的往事。在场的同志无不感动得落下了眼泪。

刘伯承总是时刻想着战士，先人后己，甚至把自己的安危置之度外。1941年，日军向太行山黄崖洞发起进攻。当时，刘伯承身边的部队不多，他不顾自己的处境，命令骑兵连迅速把伤员运送到安全地区。1942年6月上旬，日军对太行山南部地区进行大"扫荡"时，刘伯承率部突围到一个小村庄。村庄里空无一人。战士们急行军了半天，个个又饥又渴，但找遍了村子周围，也没发现可喝的水。正在大家饥渴难耐时，几个战士从老乡屋里找出一瓦罐酸菜水。跟随刘伯承的警卫员想把瓦罐端过来，让刘伯承先喝上一口。刘伯承制止说："战士们最辛苦，最需要水，我们还是先忍一忍吧。"战士们走过来，从瓦罐里倒出一杯酸菜水，请刘伯承喝。刘伯承婉言谢绝："我不能喝，这水是你们找到的，应该由你们大家喝。"战士们坚持要他先喝，他接过来喝了一小口，然后把杯子交还给战士，说："谢谢你们。你们快分着喝吧，先润润口，等走出合击圈，就有水了。"

在反"扫荡"中，刘伯承率领第一二九师师部同日军周旋在一个半山腰上。当时，师指挥部与日军相距很近，必须迅速转移，可刘伯承正好闹病，昏迷不醒，一时又找不到担架，师部的同志都急坏了。这时，管理科长周鉴蹲下身子，拼出全身力气，背上刘伯承，抬腿就走，一口气走了几百米。刚绕过一个山嘴，周鉴突然听到背后"啪"的一声枪响，以为被日军发现了，惊出一身冷汗，走得更快了。又走了一程，不见日军追来，周鉴才长出了一口气。原来，刚才是日军鸣枪收哨。再往前走，道路渐渐宽了，可以行马，大家将刘伯承扶上马背，又一阵疾行，方才脱离了险境。周鉴因紧张劳累过度，一阵晕眩后，口吐鲜血，晕了过去。刘伯承看到周鉴吐了血，非常着急，交代其他同志好好照顾周鉴。部队还在继续转移，走着走着，到了山路拐弯的地方。刘伯承回头望了望，没有看到周鉴，就下了马，坐在路边的一块石头上不走了。警卫员说："师长，快走吧，在这儿不安全。周科长在后边有人照顾。"刘伯承只说了一句："他们在后边，更危险！"说完，仍旧坐在石头上，一动不动地望着后面，一直等到周鉴步履蹒跚、艰难地从后面跟上来。刘伯承一见周鉴，忙问好些没有，然后让警卫员把马牵过来，让周鉴骑，但周鉴说什么也不上马。刘伯承见周鉴不肯上马，挥了挥手，说："来4个警卫员，抬上他走！"

我军官兵之间互相爱护、互相关怀的动人事迹，为硝烟弥漫、险恶丛生的战争岁月增加了一抹浓浓的温情。

刘伯承平易近人，从无官架子，对官兵们无微不至地关怀，大家觉得和他在一起就像在家和长辈在一起那样亲密无间。红军时期，刘伯承经常背个大斗笠，穿着草鞋，和官兵们一起行军，吃住在一起，非常亲密。红军过苗山时，军团司令部弄到一些米酒，刘伯承尝了尝，就让战士们分着喝了。他常在夜深人静时来看望译电、发报的同志。做机要工作不分昼夜。刘伯承知道大家非常辛苦，就让炊事员给大家搞夜餐。有一段时间，译电员贺光华发高烧，但战事紧急，仍坚持译电。刘伯承看见了，心疼地说："贺光华这孩子又发烧了，叫医生快来给他打针，做点儿面条、稀饭吃。"在缺医少粮的艰苦条件下，见首长这样关心自己，贺光华感动得满眼泪花。

抗战时期，有一次，第一二九师司令部训练科的田牧、梁军随刘伯承到三八五旅检查工作，和刘伯承住在一家老百姓的三合院里，刘伯承住北房，警卫员住东房，他俩住西房。部队领导知道刘伯承爱吃鱼，就让炊事员每顿给刘伯承做一小碟鱼、一小碗白菜和一平碗饭。吃饭时，刘伯承都是端着饭菜走到田、梁二人的房里，放在桌子上，说："梁军，田牧，来，我们一起吃。"1940年，日军大"扫荡"时，刘伯承在率领指挥部行动的路上遇见了医院的伤员正在吃麦粥，非常心疼，就让警卫连的同志用司令部的米做了一些饭送去，并亲自给伤员布置了转移路线。夜深后，刘伯承想起那些伤员，还是放心不下，担心给伤员带队的同志不熟悉路途，怕伤员行动吃力，又临时派出骑兵连护送他们转移。骑兵连出发前，刘伯承把连长叫到身边，再三叮嘱："不要让伤员同志受惊，离他们一二里的地方就要下马，跑步去通知他们。"

不仅在战火纷飞、条件艰苦的战争年代，即便在和平建设时期，刘伯承同样时刻关心战士，在点滴中体现了爱兵惜兵的高尚品格。

20世纪60年代的一个夏天，刘伯承到北戴河开会。北戴河是有名的落雷区。一天深夜，天空白光闪烁，雷声、雨声和涛声交织在一起，发出震耳欲聋的轰响。刘伯承惊醒后，突然想到了什么，匆匆穿好雨衣，冒着雷雨，急急忙忙走到屋外的树下，拉着哨兵的手就往屋里走。刘伯承手扶着哨兵的肩膀，说："小鬼，这么大的雷雨，你在树底下站岗太危险啦！今晚就在屋里站岗吧！"

"首长，我的岗位是在外面……"

哨兵还没有说完，刘伯承就说："那——今天晚上，我给你一个新的任务，命令你在屋里站岗。能完成任务吗？"

"能！"哨兵轻声而有力地回答。

"好！"刘伯承脸上露出了满意的笑容，拍了拍哨兵的肩膀，说，"明天早晨，我去找你们连长，告诉他，这个任务是我交给你的。"

刘伯承进屋后，哨兵望着从刘伯承雨衣上洒落在厅道上的水迹，脸上的雨水和泪水融汇在了一起。

刘伯承担心得没错，第二天，大家发现，隔壁院里一棵高大的松树在夜里被雷电击中，大半个树冠竟被削掉了！

"己身正，不令而行"

刘伯承多次讲到"干部带头"的问题。他说："一支部队能不能带好，关键是干部。领导干部要做好样子。没有带不好的兵，只有带不好兵的官。"他常说："己身正，不令而行；己身不正，有令不行。"他不仅对干部和战士严格要求，自己更是处处身体力行，为人表率。

1937年9月6日，八路军第一二九师在陕西省三原县石桥镇召开奔赴抗日战场的誓师大会。天下着雨，近万人的队伍整齐地排列在旷野里，放眼望去，红星帽徽在纷纷的雨雾中格外鲜明。雨越下越大，一位参谋见刘伯承的衣服被雨水淋透了，便悄悄从背后给他披上了雨衣。刘伯承顺口问道："你知道'冬不服裘，雨不张盖'吗？"这位参谋领会了，马上将雨衣收走了。刘伯承大声说道："我过去同你们一起打蒋介石，现在，我同你们一道抗日，有难同当，有福同享。现在下雨，大家一起熬嘛！"针对很多指战员不理解、不愿意换成国民党军的帽子和帽徽的情绪，刘伯承说："大敌当前，中华民族危在旦夕，我们要把斗争的矛头指向日本帝国主义。换帽子算什么！那是形式。我们人民军队的本质不会变，红军的传统不会丢，解放全中国的意志也不会动摇！那帽徽是白的，可我们的心永远是红的！"他紧抿着嘴唇，停顿了一下，用低沉的声音说，"同志们，为了救中国，暂时和红军告别吧！"他说罢，缓缓地从头上摘下红军帽，戴上了缀着国民党青天白日帽徽的军帽，然后果断地向全师指战员发出命令，"现在，换帽子！"看到师长在雨中用实际行动做出了表率，全师指战员一齐从挎包里取出准备好的帽子，依依不舍地把红军帽摘下来，小心翼翼地放进挎包。换帽之后，举行授旗仪式和宣誓。刘伯承读一句，将士们跟着重复一句。雨声和宣誓声交织在一起，久久回荡在旷野上空，激发着全师将士……12年后，1949年7月7日，南京举行阅兵仪式，又赶上雨天。这时，刘伯承统率的部队已达几十万人，仍旧"雨不张盖"。第二天，南京《新华日报》对阅兵典礼的报道中有这样一段文字："天正下着雨，而刘司令员却几次拒绝了警卫人员送上去的雨衣。他淋着雨，注视着从台下经过的战士的行列。队伍行进得很缓慢，刘司令员这时向李达参谋长说：'步伐还可以加速一些，战士们都没有带雨具。'"

  刘伯承在几十年的革命生涯中，长期担负重要而繁重的领导工作，但他从来不要公家为他多开支一分钱、多发一件东西。1941年有段时间，他的眼睛看不到东西了。军医一检查，说是因工作、学习过度劳累上火所致，让他买点儿白糖，多喝点儿白糖水，败败火就好了。刘伯承问："白糖多少钱一两？"军医回答："5元（冀南银行币）一两。"刘伯承听后，摇摇头，坚决地说："这么贵！白糖水不是我们喝的，不能买。多喝点儿白开水就行了。"由于同志们都知道刘伯承一贯严格执行财务制度，他说"不能买"，就谁也不敢买，只能多给他送些白开水喝。

  抗日战争胜利后，国内形势一度扑朔迷离。敌对多年的国共两党在抗日战争中结成了统一战线，这时，抗战胜利了，统一战线还能维持下去吗？中国是战、是和，这是中国人最关心的问题。早在1945年8月13日，即苏联宣布对日作战的第五天，在延安干部会议上，毛泽东就指出："必须清醒地看到，内战危险是十分严重的，因为蒋介石的方针已经定了。按照蒋介石的方针，是要打内战的。按照我们的方针，人民的方针，是不要打内战的。"毛泽东强调指出:"蒋介石对于人民是寸权必夺,寸利必得。我们呢?我们的方针是针锋相对,寸土必争。"当时,蒋介石一面施放和平谈判的烟幕,一面积极准备发动全面内战。然而,并不是所有人对这一点都有清醒的认识,有少数同志被胜利冲昏了头脑,被"和平"麻痹了神经。

刘伯承和邓小平对毛泽东的讲话领会得极为准确、深刻。日本宣布投降的当天,还在延安参加整风的刘伯承和邓小平就给晋冀鲁豫军区司令部发来电报,命令部队要加强战备,防止内战。为了做好粉碎国民党进攻的准备,晋冀鲁豫军区于1946年6月在邯郸召开旅以上干部会议,部署开展整军练兵运动。会议后期,刘伯承和邓小平决定组织到会同志进行一次打靶,为部队训练带个好头。靶场设在邯郸市西北郊的一片荒地上。8点钟,刘伯承来到靶场。按照预先的规定,大家列队依次射击。刘伯承认真审视每个人的射击动作,严肃的神情仿佛是在指挥一场战斗。只见他从警卫战士手里拿过一支步枪,走向靶台。有同志劝他别打了,看一看就行了。刘伯承摆了摆手,说:"不行,领导干部要给大家带头做个样子嘛!"说着,他装上子弹,按照射击要领,卧下身子。"砰!砰!砰!"三声清脆的枪声过后,刘伯承从地上敏捷地站立起来,顺手扑打掉沾在衣服上的泥土,扭头对大家说:"我年纪大了,又是一只眼睛,打的成绩不算理想。今天打靶既是技术上打靶,也是政治上打靶。我们要打掉一些干部,特别是高级干部头脑里的和平麻痹思想。"随后,他批评了几名打靶成绩过差的纵队和旅级干部,说这是斗志松懈、备战观念淡薄的表现,跟不上即将发生的大战形势。他强调说:"全国性的内战箭在弦上了。意志松懈、刀枪入库、马放南山是危险的,要死人的!"刘伯承这一打一说,把与会者的心都揪紧了。秦基伟感叹道:"司令员以自己的行动,警告我们不要松懈斗志,不要被'和平'的假象销蚀了警惕性,要强化战斗观念。后来的实践证明,谁做好了打仗的思想准备,谁的仗就打得主动。"

中华人民共和国成立后,担任军事学院院长时,刘伯承已是花甲之年了,但他以饱满的热情投入教学育人的工作中。在学识上,他虽以博学强记、通晓古今闻名,但仍孜孜不倦,不停地阅读、研究、翻译、写作、讲课,以他丰富的精神养料滋润着大家。在作风养成上,他更是处处以身作则,为人师表。他亲自动手并组织翻译教材,亲自编写教学大纲,亲自主持军事科学理论专题研究，亲自培训教员和讲授重点课目。对建院和教育训练的进展情况和主要工作，除赴京当面向军委请示汇报外，坚持以其院长兼政委的名义，每两个月向军委和毛泽东主席呈报一次书面综合报告，长年累月，从不间断。这些报告，大都是他亲自调查研究，召集部门领导反复讨论，然后亲自动手写成的。即使同志们看他太忙，帮他起草，他也只当资料和参考，坚持亲自改写，一丝不苟。不管开几天会，他坐在那里总是一个姿势，威武端正。

1951年，在临淮关大演习时，一天，在酷热的阳光下，刘伯承从一条堑壕走进另一条堑壕，从一个阵地走到另一个阵地，连续步行4小时，汗水顺着脸颊往下流淌，浸湿了军帽，浸透了军衣。随行的人员热得实在受不了了，就解开领扣，摘下军帽，拿在手里扇起来。但是，刘伯承一直不解领扣，不摘军帽，始终保持良好的军人姿态。

1955年，印度尼西亚总统苏加诺访问南京，参观南京军事学院。由于刚授衔，学院决定校级以上军官身着新发的礼服、佩戴勋章夹道热烈欢迎。不巧，当天下起了大雨。有人舍不得刚发的新礼服，于是向刘伯承建议，将欢迎仪式改到礼堂里进行。刘伯承答道："事关国威军威，哪能随心所欲！"结果仪式当天，他穿着中华人民共和国元帅礼服，不打雨伞，带头淋雨。陪同外宾前来的陈毅见此情景，也不打雨伞。两位元帅英姿勃发地率领大家冒雨欢迎外宾，令苏加诺一行深受感动，全院同志也受到了深刻教育。

严守群众纪律的典范

刘伯承来自社会底层，深知底层群众的疾苦，这也是他立志"仗剑拯民于水火"的根本原因。"必须永远与群众站在一起"是刘伯承的座右铭。他反复强调：要群众拥护我们，必须严格执行群众纪律，密切与他们的血肉联系。

在战争年代，指挥千军万马的刘伯承以身作则，带领的部队纪律严明，深受老百姓爱戴。每次行军、作战，他总要大家"脚下留情"，不要踩到老百姓的庄稼苗。当看到行人把麦田踩成小路的时候，他便督促部队把道路修好，保全老百姓的麦田。一次，部队行军，抄近路踩坏了老百姓的麦苗。刘伯承知道后，立即命令部队按原路返回，并为此批评了带队的参谋。这件事对部队教育很大。当发现有不关心群众利益的人和事时，刘伯承总是严肃地提出批评并予以纠正。有一回，骑兵班护送他去开会，在一个村子里停留期间，借了老乡一个箩筐喂牲口，结果，牲口把箩筐啃了一个洞。刘伯承看见后，赶紧掏钱给警卫员："快找老乡赔个礼，照价赔偿！"某部队连续几天行军作战，没有吃上饭，发生了战士擅自掰老百姓地里苞谷吃的事。刘伯承知道后，严厉批评了这个部队的领导，并责令派人去道歉赔偿。事后，他又耐心地教育大家说："军队的生命在于群众的支持。长征时，环境要比现在艰苦困难得多，但仍然严格地执行了群众纪律。人民军队在任何情况下都要爱护人民，而不应该损害群众的利益。"

1942年，刘伯承率部驻扎在山西省武乡县。一天，房东托人送来一个大西瓜。刘伯承此前从来不白吃老百姓的东西，这回照例让人送了回去，可是一会儿，房东又把西瓜送来了，刘伯承还是叫警卫员送还房东。谁知过了一阵儿，房东又抱着大西瓜来了。刘伯承纳闷儿了，觉得这里面有问题，就让参谋去做调查。经过了解，原来是减租减息减到了房东头上，房东想走个"后门"，请刘伯承给说个情。刘伯承把房东请来，一方面向他介绍八路军要遵守《三大纪律，八项注意》，不拿群众一针一线，一方面向他说明军队也要遵守减租减息法令，任何人不能违反规定。房东听了，只得作罢，抱着西瓜回去了。刘伯承事后说："房东这一套办法是腊月二十三请灶王爷吃糖的办法。灶王爷吃了人家的糖，就得向玉皇大帝说好话。"刘伯承3次退瓜，严守群众纪律，这个故事至今在当地广为流传。

在1945年秋打响的上党战役中，有一段时间，刘伯承的指挥部设在长治市黄碾镇一家老百姓的房子里。由于条件简陋，战事紧急，电话员把房子的门板拆卸下来临时作了电话台。刘伯承经常在电话台旁布置任务、指挥战斗。从外边飘进来的秋雨常常把他的衣服淋得湿漉漉的，警卫员看在眼里，急在心上，生怕老首长哪一天被连绵不断的秋雨淋病了，便找了一位老乡商量好，摘下老乡家的门板，堵到指挥部的门口。刘伯承看到后，问警卫员："门板从哪里搞来的？"警卫员如实回答："从老乡家里借来的。"刘伯承继续问："借来门板堵到门上为了啥？"警卫员怯声怯气地回答："为了堵住从门外飘进来的雨水。看你这几天衣服都被淋湿了。"刘伯承一脸严肃地对警卫员说:"为了给我堵风雨,难道就不怕老乡家进风雨?快把门板还给老乡!"见警卫员仍然噘着嘴站在那儿不动,刘伯承口气有些强硬了:"小鬼,我命令你,马上把老乡的门板送回去!"警卫员只好把门板还给了老乡,并诚恳地道了歉。

1946年8月,晋冀鲁豫战场上硝烟弥漫。前方的仗打响了,运输任务格外紧张繁忙。有一天,晋冀鲁豫野战军直属队因公向政府要了25辆大车。刘伯承、邓小平等首长亲自逐个检查后,认为这次公差只需要17辆大车就够了,便立即督促直属队退回去8辆,还严肃地批评不该多要。刘伯承在直属队干部会上说:"同志们千万不要小看多要几辆大车的问题,这是有关军民关系、军民团结的大问题。"说到这里,他指着旁边的断壁残垣说,"同志们看,由于国民党反动派的破坏,人民生活很艰苦。人民为了支援前方,真是舍生忘死地支援我们打胜仗。兵民是胜利之本,没有人民的支援,我们的自卫战争就不能胜利。在这方面,我们的党员干部一定要起带头作用。干部好比是骨干,一定要与群众血肉相连。我们人民的军队是穿军装的人民,可绝不能忘本啊!"刘伯承一席语重心长、发人深省的提醒和教导,让大家终生难忘。

1947年10月的一天,刘伯承和邓小平在湖北蕲春县胡凉亭研究战斗方案,农民孙志先给他们送来一壶茶解渴。孙志先由于不小心,在倒茶时溅湿了桌子上的军用地图,忙用衣袖去擦,却不慎又碰倒了茶壶,茶壶一下子滚到地上,摔碎了,孙志先十分尴尬。刘伯承和邓小平见状,劝慰他不必介意,并立即掏出两块银圆作为赔偿。孙志先哪里肯收!因为茶壶是自己不小心碰倒的,怎么能要首长赔钱?经刘、邓二位首长再三说服,孙志先只好收下了银圆。回到家里,他把事情的经过从头到尾向老伴儿讲了一遍,老伴儿又气又急地埋怨他不该收下这钱,他也深感内疚。后来,刘邓大军筹集棉布制作冬衣,孙志先让老伴儿领回缝衣活儿,给刘、邓二位首长缝制棉衣。夫妇俩商量后,把那两块银圆缝在衣领里,算是退回了银圆,这才心安了。不久,部队在转移途中,刘伯承发现了衣领里的银圆,经询问,警卫员说,衣服是孙大娘缝的。刘伯承想起赔茶壶的事情,当即和邓小平商量,决定派警卫员把钱送回蕲春,还给孙志先。警卫员听完首长的吩咐,二话没说,骑马奔驰几百里路赶往蕲春孙家，执意送回了银圆。孙志先夫妇捧着两块银圆，激动得热泪盈眶。此后，他们逢人就讲："有刘司令、邓政委这样又讲纪律、又知人痛苦的大好人，仗一定能打赢，老百姓一定有指望！……"

1947年11月底，大别山到处都呈现了风雪交加、滴水成冰的景象。自3个月前，刘邓大军渡过淮河进入大别山区以来，歼敌28000多人，解放县城23座，给国民党军以重创。国民党军立即调整作战部署，调集了33个旅对刘邓大军进行全面围攻。大别山环境险恶，军情如火，刘伯承的安危冷暖更加引起人们的关注，因为他与大军征战的成败息息相关。率领千军万马进入大别山的刘伯承，身边只有一床薄棉被和一条褥子，很难御寒。警卫员们看在眼里，急在心里，都在动脑筋、想办法来解决这个问题——因为初到大别山，刘邓大军是远离后方作战，去哪里能领到一床棉被？又到哪里能买到一条毛毯？恰好，警卫部队参加当地群众打土豪斗争，分得了一条毛毯。警卫员们高兴得顾不上跟刘司令员请示，就把这条毛毯铺在了他的床上。刘伯承回来休息时，发现床上多了一条毛毯，在问明原委后，严肃地对警卫员说："既然是打土豪得来的，那就是贫下中农的东西，我们怎么能够妄取群众的东西呢？"他坚持要警卫员把东西送回去。警卫员明着把毛毯撤下来，暗里却把它絮在一床夹被里，又铺到了刘伯承的床上。刘伯承晚上上床休息时，尽管没有看出破绽，却细心地用手摸出来了。他狠狠地批评了这种言行相违的做法，要求警卫员当着他的面从夹被中把毛毯取出来，否则，他就不休息。警卫员再三说他铺得太单薄了。刘伯承笑了笑，说："我晓得你们看我年岁大，被褥又单薄，怕我不好过冬。咱们不是有'金丝毛毯'（指稻草）吗？多铺点儿不是很暖和嘛！"刘伯承一提醒，大家连连称是，立刻抱来一些稻草，在床上铺了厚厚的一层。刘伯承见了，脸上露出了欣慰的笑容。就这样，"金丝毛毯"伴随刘伯承度过了跃进中原的第一个然而也是最严酷的冬天。

提到"金丝毛毯"，还有一段故事呢。那是刘邓大军进入大别山不久，斗争形势十分紧张，有些地方正呈拉锯状态，只要我军一走，敌乡保武装便从山上下来，所到之处，都被抢劫一空。刘伯承多次强调不准惊扰群众，要爱护群众的一草一木。部队吃的粮食和其他日用品是用银圆买来的，就连烧的柴草都要过秤，向群众合理付钱。一天，司令部有个饲养员把刚刚称过的稻草抱去喂马，由于抱得太多，身后落下了一些，恰好被从屋子里出来的刘伯承看到了。刘伯承走过去跟在饲养员身后，不动声色地把掉在路上的稻草一根根捡拾起来，追赶上粗心的饲养员，把那些稻草交给了他，意味深长地教育说："稻草是农家宝，牛要吃，人要铺，灶要烧，还肥田！牛吃起来赛'细条挂面'，人铺起来像'金丝毛毯'，可要珍惜啊！"那个饲养员很懊悔自己的粗心大意，表示以后要爱护大别山的一草一木。从此，"金丝毛毯"的美名便传开了。

在大别山还流传着一个瓷碗的故事。当时，刘伯承一家与乔培民一家同住陈家巷胡同里，军民关系极好。刘伯承的儿子刘太行和乔培民的年龄差不多大，二人经常在一块儿玩耍、学习，彼此之间亲如兄弟。一天中午，天气非常热，刘太行和乔培民等村里的几个孩子一起到街上树荫下吃饭。他们边说、边笑、边吃，无意中，刘太行把乔培民手中的碗碰到地上打碎了，赶紧跑回家告诉了母亲汪荣华。不多时，汪荣华拿了一个碗到乔培民家赔碗。乔培民的母亲说什么也不肯收。刘伯承知道后，亲自拿着碗来到乔培民家赔碗。乔培民的母亲硬是不肯收，可刘伯承坚持要赔，并亲切地说："大嫂，损坏东西要赔，这是我们人民军队的纪律。你若不收下这个碗，这不是让我违反纪律吗？"乔培民的母亲实在推托不了，只好把这个碗收下了。乔培民和母亲一直珍藏着这个碗，后来捐给了晋冀鲁豫边区革命纪念馆。它铭刻着老一辈革命家的优良作风和崇高品格。

1949年4月，南京解放后，刘伯承担任南京市市委书记、市长和军管会主任。他十分注意联系群众，反对搞特殊化。一次，有人向他反映，少数政府工作人员、部队人员不按规定手续购买车票，免费乘车；进入戏院、电影院和娱乐场所不买票，看"霸王戏"等。得知这一情况后，刘伯承非常生气，以军管会的名义连续下发了"乘坐车辆须按规定购票""进娱乐场所须购票入座"这两条有针对性的命令。这两项"禁令"一出，违纪现象顿时消失，广大市民拍手称快。有一天，他带着儿子刘太行等去参观中山陵时看到一张通知，说这天因故不接待参观者。刘太行很扫兴，心想，爸爸是市长，跟管理中山陵的干部说一声，不就进去啦。中山陵的负责干部闻讯急忙赶来，对刘伯承客气地说："欢迎首长来参观！"然而，刘伯承说："谢谢，要按着规定办事啊。"说完，就转身带着孩子们回家了。一路上，他还给孩子们讲道理："爸爸虽然是个高级干部，但和普通工作人员一样，都是为人民服务的，因此也应该按规定办事，不能搞特殊化。"在南京短暂的停留期间，刘伯承收到一封群众来信，反映南京西善桥一带的树木被乱砍滥伐，要求政府予以制止。这时，刘伯承已接到命令，正准备挥师西进，解放大西南，无暇亲自处理这件事，便将此信转给有关部门处理。事后，刘伯承总觉得自己没有尽到责任，在繁忙的军务中，他决定为此事给中央写一份检讨。有的同志劝他："司令员，算了吧，砍掉几棵树，算不得什么大事。再说，你已经离开南京了。"刘伯承说："我现在虽然离开了南京，但当时是南京市市长。南京的一草一木都是人民的财产。我没有保护好人民的财产，是工作上的失职，应该检讨。"在检查报告中，刘伯承还提出了制定法规禁止乱砍滥伐、保护好森林树木的几项建议。

在国防大学的校园深处有一处恬静幽雅的居所，名曰"帅园"，是原军事学院为老院长刘伯承所建的住所。帅园落成后，刘伯承并未进住。他不无风趣地对工作人员说："不能让我高高在上，脱离群众啊！"刘伯承不住帅园，留下的不仅是一段佳话，更是老一辈革命家的崇高风范。

在义与利、得与失、奉献与索取的人生天平上，刘伯承等老一辈革命家时时处处诠释了共产党人的高风亮节。战争年代，他们与群众共患难，和平岁月，他们与人民同甘苦，始终保持同人民群众的血肉联系，严守群众纪律，不搞特殊化。这就是老一辈革命家的群众观念，这就是他们的义利抉择，这就是他们的表率示范。

"世界上谦逊的人中最谦逊的人"

刘伯承在几十年的革命生涯中，面对自己率领部队打过的一个又一个胜仗、立下的一个又一个战功，从不邀功自夸，更不居功自傲，他这种谦虚的美德感动了许多人。一位外国记者采访刘伯承后，称他是"世界上谦逊的人中最谦逊的人"。

抗日战争时期，刘伯承在太行山的主要精力，一是用于抓作战，二是用于抓训练。他对训练计划、重要教材以及有关训练方针、原则的指示性文件，

风 范

总是亲自审批和修改。1941年冬，司令部训练科的田牧为师部起草了一个有关克服游击习气、建设一支有战斗力的正规军的指示，篇幅有四五页，送请刘伯承审查。刘伯承感到田牧提出的问题比较重要，但具体措施中有一条不够妥当。他对这个文稿进行反复修改后，把田牧叫来，先给田牧上了一堂有关中国近代军队建军史的课，从袁世凯北洋练兵开始，一直讲到中国工农红军的各个方面军的组建发展过程，然后才让田牧看自己修改过的文稿，问还有什么意见。田牧表示同意之后，刘伯承才做了签批。可是，正当田牧拿去让油印员刻蜡版时，刘伯承又让警卫员送来一个便条，上面写道：

田牧同志：
　　刚才那个文件的第×页第×行的××××四字，我意改为××××，你的意见以为如何？

伯承　即

田牧遵照刘伯承的指示，将文稿重新做了修改，很快付印发出。刘伯承这张寥寥数字的便条，却使田牧陷入了长久的激动之中。田牧后来回忆说："像刘师那样久负英名的高级领导，对我这样一个普通参谋人员起草的文件，不但花那么大的功夫进行认真阅读和修改，过后还能记得什么字句在哪页哪行，而且还不耻下问，一再征求下面人员对他修改的意见，这要没有对革命事业高度负责的精神和对同志、对部属的高度民主作风，是根本做不到的。"

1942年12月，刘伯承迎来了50岁生日。中共中央决定并指示，在太行山抗日根据地为刘伯承举行万人庆祝大会活动，以表彰他的革命功绩，鼓舞敌后军民的斗志。在这种情况下举办祝寿庆典，在中共历史上还是第一次。为刘伯承隆重举行祝寿活动，也是从斗争形势和政治需要出发考虑的。当时，敌后抗日军民的斗争环境极为艰苦，国民党顽军在日军的诱降之下，加紧了投降活动，并紧密配合日军夹击八路军。刘伯承在抗日军民中威望甚高，为他祝寿，有利于扩大中国共产党和八路军的影响力，鼓舞人民的抗日热情,坚定广大军民抗战必胜的信心。

刘伯承得知八路军第一二九师政治部要为他举办祝寿活动的消息后,十分不安,始终不愿意说出自己生日的具体日期。政治部的同志设法询问刘伯承的夫人汪荣华,而汪荣华深受丈夫低调、谦逊作风的影响,也不肯说。政治部只好自行决定,在12月16日为刘伯承庆祝生日。与此同时,第一二九师《战场报》和太行山《新华日报》(华北版)编辑部各派一人,前往师部采访刘伯承。

这天,两名记者来到师部,比事先约定的时间晚了些。等候他们已久的参谋说:"首长非常尊重政治工作,早就在等候你们了,你们来晚了!"两名记者疾步进屋,立正敬礼,抱歉地说:"师长,我们来迟了!"刘伯承站起来,以长者的风度平静地说:"时间观念对于军人极端重要,有时胜败在于分秒之间,因此,行动的时间一定要准确。好了,你们要向我采访什么呢?谈吧!"两名记者迅速回答:"请首长谈一下自己简略的经历,我们想在您生日时公布您的年谱,让大家了解、学习。"刘伯承只知道组织上安排来人要对他进行采访,并不知晓采访的具体内容,当听到记者是奔着他的个人事迹而来,顿时有些懊恼,便不客气地挥着手说:"算了!算了!莫谈这些好不好?你们都晓得,粉碎'九路围攻'过后,有个记者来采访我。我对他说,你只能写战士,不准写我,要不,我不同你谈,即使你写出来,我也要把你的稿子撕掉!这也就是我今天要跟你们谈的'略历'。你们要是没有别的事,就回去吧。"

兴致勃勃前来的两名记者被刘伯承这一瓢冷水泼得愣住了,但还是不甘心地进一步申明说:"师长,不是给您庆贺五十寿辰嘛!这是我们的工作呀!"

刘伯承闻言后更坚定地拒绝说:"庆啥子寿嘛!我不晓得。你们无事找事,不要这样搞好不好?群众都还没有吃饱肚皮!走吧!走吧!"

两名记者无可奈何,只好去找第一二九师政委邓小平求援。邓小平了解情况后,领着两名记者亲自登门,开门见山地劝道:"师长,我看您还是要讲啊!这是党的决定,没得'略历',咋个祝寿嘛。再说,这也是工作嘛。"

见此事无法躲避,刘伯承只好硬着头皮开始接受采访:"要说这也是工作,我是无条件服从党组织的决定的。我这人没得啥本事,是被旧社会逼上

'梁山'的……"刘伯承把自己30年的战斗经历尽力浓缩，扼要地讲了一番。他最后颇为感慨地说："我深切地感受到，像我这样的人，如果不听党的话，势必一事无成！总起来说一句话，我也是从旧社会来的，出淤泥而不染是很不容易的。我也没有改造好，没有为党、为人民做什么工作，愿和同志们共同努力做个好党员。我的生日已经过去了，政委既然说这也是党的工作，那就不必管它是哪一天了！"

1943年春季反"扫荡"作战过后，刘伯承打电话给第一二九师政治部，要其第二天早饭后派一个干事到他那儿去一下。第二天，一位干事从政治部步行两里到达司令部驻地的师长办公室时，刘伯承已经正襟危坐等待好久了。干事进门敬礼后，满怀歉意地说："首长，我来迟了！"刘伯承不但没有不悦，反而和颜悦色地站了起来，亲切地说："我等你好久了。请坐，请坐。不怪你，怪我们没有钟表，像农民一样日出而作，日落而息，真是害死人啰！时间观念对于军人重要得很，有时胜败就在分秒之间！"接着，他就开始谈起了工作。

抗日战争时期，刘伯承在戎马倥偬中翻译了苏联红军卫国战争的材料。刘伯承语文修养很好，俄语也很有基础，但在翻译过程中还是虚心请教他人。他常对人说："我拜了两位老师——中文请教小平同志，俄文请教左权同志。"他还说，"找老师要看真心和假心。假心找，千里难寻；真心找，眼前就是。"和刘伯承在一起生活、战斗的同志无不为他这种虚心好学的精神所感动："自古以来，有些人好为人师，而刘伯承司令员却正好相反，他是为人好师。"

解放战争初期，国民党郑州绥靖公署调集三路大军，分别向嘉祥、巨野、濮阳进攻，企图围歼晋冀鲁豫野战军于鲁西南地区。刘伯承、邓小平率领晋冀鲁豫野战军依据避强击弱原则，立即向濮阳转移。转移途中，获悉国民党军一部由菏泽向鄄城孤军冒进，刘伯承遂当机立断，发起并亲自指挥了鄄城战役，在鄄城以南地区歼敌9000余人，随后指挥了滑县战役，歼灭国民党军10000多人，彻底粉碎了蒋介石欲打通平汉线、占领邯郸的美梦。在总结这两次战役的成功经验时，刘伯承反复强调："我们的胜利是在党中央、毛主席的英明领导下取得的，我们正是因为坚决执行了党中央、毛主席的指示，才取得了消灭敌人4个半旅的胜利。"这充分显示了刘伯承淡泊名利的高尚境界。

1947年农历元月初三那天，军邮快件送来了一周新闻小报。刘伯承打开报纸，被一篇短小的消息报道吸引住了。记者写道："我在冀鲁豫的小张庄小学，看到几个小学生都在写'刘伯承将军'5个字，正楷，写得蛮好。他们的许老师对我说：'庄子上自从听到陇海路大捷以后，学生们都自动来问我刘伯承将军这几个字怎么写法，我给他们专门上了两堂写字课，现在都会写了。'接着，许老师又说，'我校最近开了一个讲演会，两个学生讲得很好。一个叫李广的小同学说：咱们解放区好像一堆米。蒋军像偷米吃的老鼠。刘司令把一些米放在老鼠笼里，不知死的老鼠还要来偷吃米，结果，刘伯承司令把老鼠关在笼里了。现在已经关住了好几万老鼠……另一个叫许德福的小同学说：咱们解放区像一口大油缸。蒋军像偷油吃的老鼠。刘司令的战法是盖油缸。老鼠爬到油缸口上，伸长脖子偷油吃，刘伯承将军突然盖上了油缸，老鼠心一慌，就掉到油缸里去了。国民党整编第三师的赵锡田就是掉进油缸的大老鼠……"刘伯承读着这篇报道，哈哈大笑，说："好，好，米笼、油缸……好比喻，好大的笼子和油缸啊！几万老鼠都掉进去啦！哈哈！你们都来看呀！"参谋和警卫人员闻声跑来，刘伯承把文章给他们看，他们都笑得前仰后合。刘伯承乘兴嘱咐秘书和参谋说："要立即带信告诉那位许老师，不要光教学生写'刘伯承将军'那5个字，要写'中国共产党''人民群众和人民军队''毛主席和朱总司令'……要让孩子们知道，'大笼子''大油缸'就是人民群众……"

刘伯承用兵如神、屡战屡胜的故事，在中原大地不胫而走。1947年6月8日，晋冀鲁豫野战军在安阳召开了庆功大会，解放区党政军群各界派出代表送给刘伯承一面绣有"常胜将军"4个大字的横匾。刘伯承婉言谢绝，并谦虚地说："说我是常胜将军，我不敢当。不会是常胜，多数胜就不错了。在毛主席、朱总司令的领导下，在后方人民的帮助下，我们尽了自己的责任。是党的功，人民的功，我不敢'贪天之功'，我只是人民的勤务员。没有老百姓给吃、给穿、给人，军队就不能打仗。我们感谢人民的大力支持，咱们前后方要更加团结一致，把敌人尽快消灭干净！"

1949年7月中旬，中央军委发出向华南、西南进军的指示。在刘伯承、邓小平率领的第二野战军强大的政治攻势和穷追猛打的军事行动面前，盘踞在四川的国民党军很快土崩瓦解。12月27日，西南战役胜利结束，共歼敌96万人。在这一重大胜利面前，刘伯承坚持一贯的谦虚礼让的品德，不抢功，不争利，带领第二野战军守在成都城外3天，直到兄弟部队到达成都。刘伯承请兄弟部队先进城，第二野战军部队随后才进城，体现了高尚的品德。

在《苏联大百科全书》中有"刘伯承"这样一个条目，开头是这样写的："刘伯承（生于1892年），四川开县（今重庆市开州区）人，革命军事家……"当有关部门拿着初稿去征询他的意见时，他提起笔，毫不犹豫地把"革命军事家"的后两个字勾掉了，恭恭敬敬地写上了一个"人"字。这样一来，"革命军事家"就变成了"革命军人"。秘书在旁边提意见说："我们都是革命军人。您这么一改，那还有什么区别？"刘伯承当即严肃而幽默地说："大家都是革命军人，本来就没有什么区别嘛。不要说自己是军事家。我们都是在毛主席军事思想指导之下才打了胜仗的，是靠了许多革命军人英勇奋斗才取得胜利的。我只是一个普通的革命军人！"

心血浇灌常青树，今朝桃李满天下

刘伯承毕业于苏联伏龙芝军事学院，是"科班出身"的元帅。参加革命后，他把大量的时间和精力都用于部队军事人才的培养和正规化建设。我党我军经他精心培育的大批人才在各自的岗位上发挥了重要作用。心血浇灌常青树，今朝桃李满天下。刘伯承用他毕生的心血，为我军的革命化、现代化、正规化建设做出了重要贡献。

1932年年初，刘伯承到中央苏区后，受命担任刚成立的红军学校校长兼政委。这是我军第一所专门培养红色军事干部的重要基地，我党我军的著名军事将领和领导干部，有的曾经在这里从事领导和教学工作，有的是从这里培养出来的。毛泽东曾将红军学校与国民党的黄埔军校相比，说这是我们的"红埔"。但是，红军学校这座"红埔"不仅没有什么校舍、教室和教学设备，而且课桌大部分都是用木板和砖石垒起来的，连必要的教材和教学资料都没有，可以说是"一穷二白"。刘伯承到红军学校后，凭着高度的责任感和满腔热忱,一面布置全体师生利用已有条件和资料进行教学和训练,一面亲自搜集、参看和翻译了所有能找到的中外资料,从国民党军队的旧式教程讲义到外国、特别是苏联红军的各种军事条令,一一加以认真研究后,根据红军及苏区的特点和实际情况,亲自执笔并带领大家编写各科教材,内容丰富多彩,应有尽有。对此,伍修权回忆说:"新中国成立以后,我看到一些军事院校出版的各种印制精美的书籍、教材和参考资料时,总是联想到当年在瑞金谢家祠堂内,刘帅亲自带领我们编写出的一本又一本油印的、复写的以至手抄的土纸订成的各种教材和教学资料,虽然是今非昔比,但是,没有当初的那些,哪有后来的这一切呢?而这一切里头,哪儿不曾渗透过伯承同志的心血呢?"在教学和训练中,刘伯承不仅根据实战要求严格训练各科学员,还亲自带队进行夜战和攻防演练。在训练过程中,他不顾自己多次负伤、身体欠佳,总是像年轻人一样地长途行军甚至摸爬滚打。刘伯承自己也深入教学第一线,亲自给学员们上课。他讲课通俗易懂、形象生动。比如在讲弹道时,解释子弹出了枪口是直的还是弯的时,他在黑板上画了个简图,没有讲什么道理,只是说:"大家都看到过小孩子挺着肚子撒尿吧!弹道和小孩儿撒尿相似。你们说是直的还是弯的?"经他这一诱导启发,大家不禁豁然开朗。不仅如此,我党我军几十年来一直沿用的军队编制形式以至各种军语、名词等,许多都是由刘伯承提出并制定的。例如,他将"伙夫"改为"炊事员"、"马夫"改为"饲养员"、"挑夫"改为"运输员"、"传令兵"改为"通信员"、"号兵"改为"司号员"、带兵的统称为"指挥员"、"当兵的"统称为"战斗员",既有军队的特点,又表明了革命军队内部官兵一致、只有分工不同的无产阶级性质,在一定程度上消除了旧军队的残余影响,更加促进了我军内部的团结一致。

长征途中,红一、红四方面军会合后,刘伯承又担任红军大学校长。他亲自主持制定教学大纲,主持编写大量军事、政治教材,还亲自登台讲课。在教学中,他坚持把马列主义军事理论同当时中国的实际相结合的原则。为了使学员们在短时间内能学到更多的东西,他亲自抓教学计划,抓得很紧、很细。他经常深入各科学员中了解学习情况,和学员们一起听课、参加讨论,对学员们提出的疑难问题,他都耐心细致地一一解答。他以自己在苏联学习俄语的经历鼓励大家刻苦学习,不要被困难吓倒。每一项军事课程作业学习结束，他都要亲自讲评和总结。刘伯承讲话很风趣，善于用四川谚语和歇后语，常常使大家笑得肚子疼。在那艰苦异常的战争环境中，在气候和物质条件都十分恶劣的雪山、草地上，创办的这所举世无双的红军大学在刘伯承和校部其他负责同志的领导下，克服了重重困难，在不到一年的时间内，为党和红军培养各级干部3000多人次，许世友、陈明义、何正文等许多优秀的高级干部都是红军大学的学员。

刘伯承即便离开军事教育岗位，在担任军事指挥员的年代里，仍然十分重视培训指战员的工作。抗日战争爆发前，刘伯承指示援西军政治部向指战员系统讲授社会发展史常识，从猴子变人讲起，原始社会、奴隶社会……一直讲到必然实现社会主义和共产主义。同时，他还举办支部书记和政治指导员训练班，专门讲如何在连队进行政治思想工作，这对从根本上提高同志们的政治觉悟、提高政治干部的素质和工作水平有很大的帮助。抗战初期，根据刘伯承的建议，八路军第一二九师举办了全师排以上干部训练班，教育大家认识新形势，适应新形势，实现思想上的大转弯；组织大家学习如何分散到敌后进行游击战争，如何做群众工作等。后来，按照刘伯承的意见，训练班变成随营学校，使培训工作制度化。当时，参加人民军队的绝大多数是工农分子，他们作战勇敢，工作积极热情，但是文化水平低。刘伯承语重心长地对他们说：我一只眼看不见就很痛苦。没有文化就是睁眼瞎，怎么能当个好军人啊！建设一支优良的军队，没有文化是不行的。有了文化，眼睛才亮，才会成为"千眼佛"。在刘伯承的号召下，部队办起了许多扫盲班、文化班，掀起了学习文化的热潮。当时，在刘伯承身边工作的参谋人员大多是年轻人，文化程度不高，刘伯承满腔热情地帮助他们提高文化。他在战场上是叱咤风云的勇猛将领，对下级，特别是对年轻同志却是一位诲人不倦的慈祥长者。当他发现工作人员写了错别字或文理不通的句子，便把有关同志请来，耐心地一字一句、一笔一画地帮助其改正，因此，在他身边工作的许多同志的文化水平都有了相当大的提高。解放战争时期，一位青年翻译了一部俄文的军事著作，请刘伯承校阅。他在紧张繁忙的工作之余，花了很大功夫，对照原著一字一句地进行了校正。

中华人民共和国成立后，各军兵种相继成立，我军建设进入了新的阶段。为适应现代化战争的需要，全军都要掌握现代军事科学技术。1950年

6月，得知中央军委决定建设陆军大学的消息后，刘伯承基于"建军必建校""治军必先治校"的认识，主动给中央写信，言辞恳切地要求辞去西南军政委员会主席和第二野战军司令员的职务，自告奋勇去办军校。1951年1月15日，中国人民解放军军事学院在南京正式成立，刘伯承任院长兼政委。这是全军第一所包括各军兵种的规模最大的高级军事学府，奠基了我国现代军事人才的摇篮。对于新成立的军事学院的建设，刘伯承可谓白手起家、不辞劳苦。他亲自主持了组建学院领导班子和教员队伍、编制训练工作大纲、建立正规的教学制度等一系列工作。

军事学院以华北、华东和西南军政大学调来的教员为基础，形成了教员队伍，但是，由于人数不多，又缺乏现代战争经验，远不能适应教学的需要，尤其是军事、科学文化教学的需要。为了解决这个问题，刘伯承以伯乐之心为国求贤，注意罗致各方面的人才到军事学院任教：一是从做训练工作的干部中挑选有一定文化水平的，培养为教员。他对这部分同志严格要求，言传身教，放心大胆地使用，把他们培养成教学第一线的骨干力量。二是从地方大专院校招聘一定数量的知识分子。三是从起义、投诚和"解放"过来的原国民党军官中选拔政治表现好、有较高军事学术素养与专业知识的，留作教员。刘伯承常说：搞剧团要有梅兰芳那样的名演员，开医院要有药到病除的高明医生，办学校则要有一支精通业务的高水平的教员队伍。他向全院提出"尊师重教，教学相长"的口号，要求学员应尊重教员，积极协助教员搞好教学；教员也要向学员学习，帮助学员总结作战经验。

军事学院党委从起义、投诚和"解放"过来的原国民党军官中筛选起用了600多名旧军官担任军事教员。这些人有的在国民党国防部任过职，有的在国民党陆军大学执过教，有的担任过国民党军队的高级将官。起初，一些学员对这些旧军官出身的教员很不服气，思想怎么也转不过弯来，有的干脆说："手下败将来教打胜仗的，老子不听那一套！"为了做通这些学员的思想工作，刘伯承一方面语重心长地说："旧军官是他们的过去。现在，他们改变了立场，为我军服务，就是我们的老师。他们教授的是军事科学，要尊重科学技术，尊重知识分子，不要骄傲，要团结合作，协助他们搞好教学工作。"另一方面，他亲切地鼓励这些旧军队的教员："我也是旧军人出身，我和朱老总都是半生旧军人、半生革命。大家都是中国人，要团结起来，

风 范

共同为新中国的国防现代化建设事业奋斗。"他也要求那些教员虚心向学员学习，帮助学员总结作战经验，勉励他们要在教学实践中达到师生教学相长，共同提高。后来，这些旧军官出身的教员在我军军事理论教学中发挥了很好的作用，为新中国的国防现代化建设做出了贡献。

廖耀湘就是其中一个突出例子。一天，刘伯承指名要把正在接受改造的廖耀湘请来讲课。廖耀湘，湖南新邵（今湖南邵阳）人，既是一位抗日名将，又是解放战争中的俘虏。廖耀湘来到军事学院，没想到迎接他的竟是战功显赫、名扬中外的刘伯承院长。刘伯承开门见山地说："这次，请你来当我们的老师，主要讲3个方面的问题：一是讲讲你在缅甸抗日取得一定成绩的'小部队战术''森林作战法''城镇村落战斗'；二是讲讲你对辽沈战役的体会，实事求是，双方作战中的优缺点都可以讲；三是讲讲你对我军建设的建议。"面对这位名震中外的常胜将军，廖耀湘诚惶诚恐地说："刘院长，我恐怕讲不好啊。"刘伯承挥了一下手，说："放心讲吧，这3个方面的问题，只有你能讲，我们只能当你的学生。"廖耀湘走上讲台，额上沁出少许汗水。讲着讲着，他仿佛又到了缅甸、来到野人山、来到缅北战场。讲台上的廖耀湘把军事理论与实战典范有机结合起来分析，讲得深入浅出、出神入化；台下的将军们听得津津有味，如饮甘霖。一堂课讲完，教室里响起热烈的掌声。刘伯承鼓着掌来到讲台，紧紧握着廖耀湘的手，夸赞说："廖将军，你的课讲得真生动！"

刘伯承十分重视教材的编写与翻译工作。他曾形象地称教材是院校建设的"重工业"，翻译是学术研究的"水龙头"。为完成好中央军委赋予的办学的光荣任务，花甲之年的刘伯承以"昼夜不息"的精神带头学习，勤奋工作，制定军事术语，编写各类教材。他还呕心沥血、殚精竭虑地翻译、审校了上百万字的军事著作，系统地介绍苏联红军及其他外国军队的军事思想和军事科学研究成果。

刘伯承坚持建章立制，从严治校。建校之初，他和学院的其他领导干部一起深入基层，调查研究，以勇于探索的精神，研究制定学院的各种规章制度，使各项工作逐步走上正轨。建校初期的一天，刘伯承来到基本科学员的宿舍楼前，正好看到学员们下课回来。百十号人的队伍竖不成行、横不成列，三人一伙，五人一群，有说有笑，杂乱无章地走着。看到刘伯承站在楼前，带队的值班员不知道喊"立正"口令，不知道整队向院长报告，而是摸着脑袋"嘿嘿嘿"地笑着，结结巴巴地说："院长，您……有事吗？"刘伯承见状，叹了口气，摇了摇头，走进了学员的宿舍。很多宿舍又脏又乱，水壶、牙具到处乱放，书、本和地图横七竖八地摆满了桌面，床下塞着一团团的脏衣服、臭袜子，发出难闻的气味。"看看你们住的这个屋，真像个乱鸡窝！"刘伯承满脸不悦，扔下一句批评就走了。几天后，刘伯承主持一个训练工作会议。会议进行之中，他无意间看到这样一个情景——会场的一边坐着两个苏联顾问，他们军装笔挺，姿态端正，神情专注地听着汇报；会场的另一边坐着学院的十几个干部，多数衣冠不整，风纪扣松着，有的人还敞胸露怀，双手在身上搓泥、搔痒。这种鲜明的对比和反差，使刘伯承的心里很不舒服。会后，他深入各单位，全面了解了全院存在的自由散漫、无组织、无纪律的种种现象，意识到建立正规制度，不仅在于制定一些有约束力的行为规范，更为重要的是必须同战争年代的游击习气、同小生产者自由散漫的劣根性、同长期以来形成的旧的习惯势力进行斗争。他首先借全院学习讨论中国人民解放军《内务条令》《队列条令》和《纪律条令》这股"东风"，进行一次作风纪律的检查与整顿，并在此基础上因势利导，领导建立了军事学院的队列生活、行政工作和训练工作制度。随着各项正规制度的不断建立和完善，军事学院像一部庞大的机器一样和谐地、有规律地运转起来。

与此同时，刘伯承领导全院学员努力学习军事、政治和科学文化知识，掌握诸兵种协同作战的指挥本领，向现代军事科学的各个领域进军。军事学院一成立，刘伯承就坚持把科学文化教育作为"入门教育"和"基础教育"，以此推动整个训练工作。当时，学员们来自"胜利之师"，都是经过血与火考验的中高级干部，有两个突出特点：一是作战经验比较丰富，二是文化水平普遍较低。一部分学员对学习科学文化知识的重要性认识不足，以"大老粗"为荣，以没进过"洋学堂"为荣，认为国防现代化主要是武器装备的现代化，用不着多高的文化水平。为此，刘伯承形象生动地谆谆教导说："世界好比一间大房子，里面博大精深，万物皆有。但是，这间房子是锁着的，没有开门的钥匙，只能从门缝窥视。这样看就很狭窄。有了开门的钥匙，就能打开房门，走到里面去看，就能看得宽广，看得深远，看得全面。什么是开门的钥匙呢？科学文化知识就是开门的钥匙，是了解世界、认识世界的'金钥匙'。我们要把这个'金钥匙'送给学员，让他们打开房门，入室登堂，去攀登现代军事科学的高峰。"在刘伯承的领导下，经过反复教育，学员们逐步认识到了学习科学文化知识的重要性，稳定了学习情绪。对于部分学员对军事课、政治课感兴趣，而对文化课、特别是数理化课听不进去的情况，刘伯承采取的办法是自己坚持到课堂上和学员们一起听课，进行"督阵"，以此让学员们先集中精神听课，慢慢产生兴趣。后来，有人问刘伯承用什么办法促使学员们发生这种转变时，他风趣地说："我这是砂锅炖肉，炖不烂而蹾烂了。"

在学习中，刘伯承和军事学院党委确定了"以教学为中心""理论和实践相结合"的教学方针。他针对在学习外军经验与理论过程中出现的两种偏向，多次告诫大家，既不能躺在过去的经验上自满自足，故步自封，也不能采取囫囵吞枣、全盘照搬的教条主义方法。他说："古人云，'运用之妙，存乎一心'。'心'，即唯物辩证法。""同一孙子兵法，马谡的用法就是教条主义，孔明则不是；庞涓、孙膑同师鬼谷子，可是一个是教条主义，一个不是教条主义。王明和毛主席读的同是马克思列宁的经典著作，一个是教条主义，一个不是。"他形象地打比方说："经验好比是一堆零散的铜钱，理论好比是一根钱串子，把各个经验总结起来，上升到理论，就好比是一根钱串子把零散的钱穿起来，这时，你才能说有了理论与实践相结合的本钱。"为了贯彻理论与实践相统一的方针，建院之初，他就积极组织教员和学员编写解放战争的战例和战斗经验，3次派出由院、系领导干部和各教授会主任组成的见学团，到抗美援朝前线见学取经。1951年至1955年，刘伯承多次亲临现场，组织指挥军事学院实施了35次实兵示范演习和12次大的现场作业，认真探索现代条件下诸兵种协同作战的理论与实践问题，有针对性地培养与提高广大中高级干部实际组织指挥现代诸兵种协同作战的能力。

有一段时间，教育难度较大，学员中产生了畏难情绪，叫嚷"时间少、内容多、消化不了"，有的主张学点儿容易的，有的要求取消考试，有的从教员身上打主意，希望考试给予照顾等。一些教员也产生了急躁情绪，为学员们达不到标准而着急。有一个教员竟无原则地迁就照顾学员，把考卷上本来答错的题也悄悄地打了分。刘伯承听说这件事后，亲自查阅了考卷，并把这个教员和教务部长找来，严肃批评说：学员学得不好，却给高分，这或许对他提职有利，但对他增长知识有什么好处呢？对部队建设有什么好处呢？放松要求、降低标准、迁就照顾、弄虚作假，只讲"速"，不讲"成"，这不是我们的方针。我们应该做到求"速"，又求"成"，一定要把住质量关。为了克服学员的畏难情绪，进一步提高教学质量，刘伯承多次召开学员座谈会，亲自做大家的思想工作。刘伯承不仅在深入教学中归纳总结了一些教学方法，而且归纳总结了一些通俗易记、切实可行的学习方法，给学员们以具体的指导和帮助。这些方法，学员们都能看得见、摸得着、用得上，有效地提高了教学质量，全院一致称赞刘伯承院长是给大家"送'金钥匙'的人"。

刘伯承严于治校，严明纪律，但从不粗暴训人、不教而诛，总是循循善诱，以理服人，赏罚分明，谁肯钻研业务，谁的工作、学习好，就表扬和奖励谁。文化外语教授会女教员谭寿芬刻苦编写教材，数理化课讲得深透。刘伯承每次开大会都把她请到主席台上就座，树为标兵。有位学员对军事地形学很有研究，组织上决定留下他担任军事地形学教授会主任。他不愿做教学工作，不服从决定。刘伯承要干部部同志找他多次谈话后，他仍不服从。根据当时的纪律条令，刘伯承给了他"禁闭"处分，待他认识错误后，还是珍惜其特长，委以重任，仍然让他担任了地形学教授会的主任。刘伯承严于律己的高尚情操，自然产生了无形的权威与尊严，大家都十分敬佩他。

在刘伯承的不懈努力下，军事学院的专业设置和课程建设日臻完善，使刚从战场上成长起来的"泥腿子"将军得到了正规军事课程的淬炼，为新生的共和国培养了一批又一批既有实战经验、又富理论素养的德才兼备的高级和中级指挥员及参谋人员。几年来，刘伯承为了办好军事学院，废寝忘食，殚精竭虑，工作比战争年代还要繁重、还要辛苦。他的夫人汪荣华回忆说："在我们共同生活的数十年中，我看到他这一时期的学习和工作是最辛苦的，身体也是最不好的。"

风 范

帅门家风

  在长期的革命斗争中，刘伯承自律清俭、廉洁奉公，始终保持艰苦朴素的革命本色。对子女，他严格要求，言传身教，让他们永远和人民群众同甘共苦，艰苦奋斗，自强不息。他的革命家风一直被世人所称颂。

  中华人民共和国成立后，戎马半生的刘伯承终于有了一个安定的家。在对孩子们的教育上，他特别担心那种脱离群众的优越生活会使孩子们养成资产阶级意识。进城初期，他就对夫人汪荣华说，战争年代，我们与人民群众同甘共苦，一打仗，就把孩子寄养到老百姓家里。我们许多老干部的孩子都是吃乡亲们的红薯干和小米粥长大的。现在，国家还很穷，人民生活也不富裕，我们的生活，特别是子女的生活，绝不能特殊，同群众的生活大体相当才是。

  刘伯承教育孩子们的方法是以身作则，言传身教。

  1951年，刘伯承全家从重庆搬到南京后，住在北极阁一幢二层小楼里。当时，全军还是实行供给制。刘伯承经常检查家里的伙食账，看看有没有超出国家规定的供给标准。他还叮嘱炊事员："黄瓜、西红柿这类蔬菜在刚上市的时节太贵，不要买来吃。"刘伯承家的孩子多，刚来南京时，家里有4个孩子：长子刘太行，女儿刘弥群、刘解先和刘雁翎。到南京后，汪荣华又生了两个儿子：刘蒙和刘太迟。随着孩子们一天天长大，这一大家子人的住房渐渐紧张起来。军事学院营房部多次提出要给刘伯承家加盖房子，或把房子改建一下，可是每次都被他拒绝了。后来，营房部在没有请示刘伯承准许的情况下，趁他到北京开会的间隙来个先斩后奏，在他家的楼房后面加盖了两间平房。刘伯承从北京回来，看到这个情况，当即严肃地批评营房部说："你们总说我住房紧张，我一家人住着一幢小楼，老百姓有这种条件吗？你们不能让我太特殊了！"后来，他坚持把这两间加盖的平房分配给了身边的工作人员。在刘伯承的电话间里贴着汪荣华写的一张"告示"："儿女们，这些电话是党和国家供你爸爸办公的，你们私事不许用这些电话。假公济私是国民党的作风，不许带到我们家里来。"这张"告示"的内容，儿女们都严格地遵守了。

刘伯承对用车的要求更为严格。他自己用车从来不讲究、不挑剔，而且很节省。当时，他用的是一辆旧轿车。车管部门为了他的安全，提出给他换一辆吉姆车，他坚决不同意。他平时喜欢步行，外出开会、办事，只要路程不远，时间来得及，总是安步当车。他的车一般不准家属坐。每年寒暑假，孩子们从外地回来和快开学要离开南京时，刘伯承都不允许用车接送，而让孩子们自己乘公共汽车往返。汪荣华上下班也是像普通老百姓一样，一年四季都骑自行车，风吹日晒，雨淋挨冻。有一年冬天，南京下了一场罕见的大雪，汪荣华很晚还没有回家。司机不放心，瞒着刘伯承悄悄地把车开出去，从半路上把步行回家的汪荣华接了回来。刘伯承知道这件事后，批评司机不该私自出车。司机解释说，天气不好，又是晚上，汪荣华骑不了自行车。刘伯承说："骑不了车，可以走回来嘛！为什么非要开小车去呢？你要记住，车是国家配给我办公用的，家属、子女不能随便坐，办私事绝不能用公车！"

刘伯承始终保持俭朴的生活，一直是子女们最好的榜样。除了公家发的军呢制服和礼服外，他的衬衣都是用一般的浅蓝色洋布料子做的，破了，补补缝缝再穿。一双牛皮鞋穿了好多年，鞋底磨得有一个茶杯大的洞了，要给他换一双新的，他却说："补补还可以穿，不要买新的了，给国家节约一点儿钱也是好的。"他常常对子女说："勤能补拙，俭以养廉，廉洁的品行要靠平时俭朴的生活养成。只有工作上廉洁奉公，政治上才能无私无畏。"有一次，他的大儿子刘太行假期返校，管总务的同志给买了软席卧铺票。刘伯承知道后，说："把票退掉，买一张普通硬席票就可以。二三十个小时还要什么卧铺！年轻人应该锻炼锻炼，养成艰苦朴素的作风很重要。红军长征时连鞋子都穿不上，还得边走路、边打仗呢！"被他一说，事务长只好去换了硬席票。二儿子刘蒙上小学的时候，有一个存钱的小泥罐。那时，汪荣华一分零用钱也不给，为了买玩具，刘蒙每天都走路上学，把节省下来的8分车钱放到罐里，等春天来了，就把它打碎，用这些钱去买风筝、买用山里红做的大佛珠和一个新的储钱罐。上中学了，刘蒙穿的还是姐姐穿过的女式旧军装。有些同学取笑刘蒙，叫其"黄皮"。回到家里，刘蒙嘟着嘴跟妈妈说："我以后不穿这女式黄军装了。人家都笑话我。"汪荣华看了看儿子，笑着说:"是啊,你都大了,等这件衣服穿破之后,就不再让你穿女式衣服了。"汪荣华想了想,又说,"你在生活上要向你爸爸学习。你看他的棉鞋穿了好多年,补了好几次,不是还在穿吗?穿着干净整齐就行了。"过了几天,汪荣华给刘伯承买了一件新毛衣,说:"试试看合适吗?你身上的毛衣都已经破了。"刘伯承接过毛衣看了看,把它放在桌上,说:"穿着干净整齐就行了,我的毛衣补补还可以穿嘛,不要买新的。"这时,刘伯承见刘蒙在外面做航模,若有所思地说:"对孩子的生活,更要特别严格要求才行。不能让他们产生一种盲目的优越感,要让他们多向工农子弟学习……"刘伯承夫妇的这些言行对子女们教育很大,使他们从小就养成了俭朴的习惯。

刘伯承早在子女结婚之前就立下这样一条规矩:结了婚的子女一律到自己的工作单位去住,不要再和他住在一起。子女们都理解父亲的这番用心:父母这里的生活条件优越,各种待遇优厚,这是党和国家因为他们为革命所做的贡献而给予的。自己结了婚、成了家,应该独立生活,而不应该再沾父母的光。1970年以后,刘伯承的6个子女先后结婚,他们都同本单位的职工住在一起,节假日才回家看望父母。刘太行同工人的女儿肖玉兰结婚后,想把父母家中的储藏室腾出来暂时居住,但又不好意思开口,便叫母亲跟父亲讲。没想到,刘伯承听后坚决拒绝:"咱们早就约定好了,孩子工作了,结婚一律在外面,不准在家。太行是老大,应该带这个头。"刘太行只好和肖玉兰住在工作单位分配的一间9平方米的房子里,厨房、厕所公用。一些长期跟随刘伯承工作的同志有些看不过去,在民主生活会上给他提意见说:"首长太不近人情!子女结婚是大事,暂住一下家中储藏室都不让,太过分了吧!"刘伯承笑笑,给同志们讲了清朝八旗子弟的故事,并说清朝的灭亡和这群昏庸的败家子不无关系。说到最后,刘伯承话锋一转:"我们共产党人,我们的孩子是革命的后代,是国家的主人,也是普通的人。我的住房是国家给我的,供我生活办公之用,孩子成人之后就是社会的一员,他们再住我的房子,就情理不通了。试问老百姓能行吗?什么叫特殊?这么办了就叫特殊,群众知道了,就不服你共产党的气,就不服你刘伯承的气,你说的话,鬼才会听呢!"

肖玉兰生了孩子,她的妈妈从湖南老家来照顾她。房子实在住不下,领导给他们调换了一个18平方米的套间,厨房、厕所依然公用。肖玉兰在北京西郊的一所军队医院工作，每天上下班的路上得用3个多小时，而丈夫刘太行的工作单位离家较远，不能天天回来，生活上很不方便。她要求搬到医院住，但是医院解决住房有困难。肖玉兰见自己提出要求不管用，想请婆婆出面。汪荣华态度很坚决："这种事，我不能管！"女儿刘弥群结婚时，只在机关举行了简单的婚礼。事后，刘伯承提出用一个星期天，全家欢聚，庆贺刘弥群新婚。不巧，刘弥群所在单位利用那个星期天组织义务劳动。刘弥群有些为难地把这事告诉了父亲。刘伯承听后风趣地说："家规依从国法，个人得服从组织嘛！"坚决支持女儿去参加义务劳动，而女儿婚事的庆贺就免了。女儿刘解先入党前，她所在单位的党组织派人到刘伯承家里征询意见。刘伯承非常认真地说："如果你们要了解她在家里的表现，我可以向你们介绍，但你们问她能否入党，那完全是党组织的事，我不能发表任何意见。"刘伯承的长孙降生时，他已双目失明，年满八旬。他非常高兴地给孙子起了名字，并催促汪荣华赶快把名字告诉儿媳妇。家人每次把小孙儿抱到刘伯承面前，他都慈祥地抚摸孩子胖乎乎的脸蛋。但就是对全家的这个宝贝疙瘩，刘伯承夫妇也是严格要求，不允许他有什么特殊。孩子在妈妈医院的幼儿园里长大，在一所普通小学上学，随后考进北京西郊一所普通中学，平日口袋里揣着月票，脖子上挂着钥匙，和普通人家的孩子没有什么两样。

在生活上，刘伯承对子女们严格要求，在思想和学习方面也毫不放松。1957年夏天，刘弥群等兄妹3人在南京师范学院附中上学时，有一位华侨子弟打了内地的学生。这件事情本来是可以通过做工作平息下去的，但经少数人挑唆，最后导致大批学生到市政府请愿。刘弥群等虽然没参加，但思想上也有一些模糊认识，表达了不满。刘伯承当时是南京军事学院的院长，工作很忙，知道这件事情后，便利用星期天，组织开展了"家庭整风"活动，批评孩子们说："你们这些干部子弟，平时不关心政治，又脱离群众，很容易被人利用。你们知道美国国务卿杜勒斯吗？在美国对朝战争打了败仗后，他要对我们搞'和平演变'战略，把希望寄托在我们国家第三代、第四代人的身上。你们这样能接好革命的班吗？"此后，刘伯承经常给孩子们敲警钟。

1962年，刘伯承看到教育部的一个通报后，写信给刘太行说，这次教育部通报了对一个高等学校的调查，"成绩优良者10人：8个是高级知识分子的子女，一个是农民的儿子，一个是右派之子。而干部子女则一个也没有——可能这是不全面的调查，但是要警觉。干部子女生活优裕，自由散漫，看不起人，认为学习没有意思，自甘落后。这必须大力教育，扭转某些落后的干部子女的坏意识，才能继承发扬革命传统"。就在这封信中，刘伯承问刘太行："谦虚谨慎习惯在修养否？要坚持啊！"

刘伯承经常勉励儿女要好好学习。他说："我今天这种优厚的生活待遇，是因为我对革命做出了一点儿贡献，党和人民照顾我。你们没有做贡献，所以你们不能享受。我是共产党员，所有的东西都是公家的，我不能给你们留下任何遗产。我只能培养你们，使你们学会建设祖国的本领，成为自食其力的劳动者。"他还说："像毛主席那样聪明的人，把读书叫作攻书，像打仗那样对待书；那么，我们这样中等天分的人，更应该刻苦读书。"在"文化大革命"那个狂热年代里，刘伯承给身边的儿子刘蒙规定了两门主要功课：一是古文，一是书法。刘伯承经常说："一年之计在于春，一日之计在于晨。"所以，刘伯承每天早上5点钟起床时，总要同时把刘蒙叫起来，让他背书、习字。那时，刘伯承的视力已经不好了，但他的记忆仍十分准确。他青少年时期读过的《古文观止》，几乎是篇篇能背。每天早饭后，他都要检查儿子背书。刘蒙很怕检查，就把检查叫作"晨关"。每当早饭后，刘伯承叫刘蒙去背书的时候，刘蒙总要做个鬼脸，对妈妈说一句："'晨关'难过啊！"1972年年初，学校决定将刘蒙学校所在的系迁往四川。刘伯承语重心长地说："阿蒙，你要去四川学习了，我有些放心不下，怕你读书不求甚解，不去分析。你爱好太广，却又不专心于自己的学业，这是不对的。对待事物，要有一般的留心和特别的留心，分清主次，分别使用心力。而你不愿多想，读书连一般的留心都没有，这就更不对了。"刘蒙听了父亲的批评，低头不语。刘伯承问："你在学校里学英文，知道英国人有这样一句话吗？'Jack of all trades, but special of none'。你能不能把它翻译翻译？"刘蒙想了想，回答："这句话的意思是：'各种商业的杰克，而没有特别的'。"刘伯承对儿子这种文理不通的翻译很不满意，更正说："这句话的意思是：'一个一无所长的万能先生'。"停了一下，他接着说，"你学习外语，光记单词是不行的，要掌握人家的语言规律。"并比喻说，单词就像一个个铜钱，语言规律就是一根钱串子，如果没有这根钱串子，就拿不起那些散落的铜钱。而后，刘伯承又给儿子讲了一些自己学习外语的体会，勉励儿子要好好学习外语和国外的先进技术，为祖国的建设服务。刘伯承又问刘蒙在学校专业学习的成绩。刘蒙得意地说："只有一门4分，其余全是5分。"出乎意料的是，刘伯承竟然生气地说："你总是不能用最高的标准要求自己！你要记住：'取法乎上，得乎其中；取法乎中，得乎其下'。"他把一句古训写成字条，让每一个孩子都记住："人一能之，己十之；人百能之，己千之。"并在后面批上注释，"人家一次能做好的，我就十次去做好；人家百次能做好的，我就千次去做好。"

当孩子们要考大学时，刘伯承帮助每个孩子选定去向。他说：你们都必须学好一门技术专长，老老实实地去吃技术饭，不要去钻营权术。搞政治的人是要有大德大才的，我看你们都不具备这样的德才……

刘伯承多次告诫子女："你们不能靠着爸爸这块牌子生活，你们自己要自尊自立，自强不息。"刘伯承双目失明后，有一次让儿子刘太迟扶着他在院子里散步。突然，他挣脱了儿子的手，自己摸索着向前走去，边走边对儿子说："这叫什么，这就叫自强不息。我80多岁还要自强不息，你们年轻人更要自强不息！自强不息啊！"然后，他语重心长地告诫儿子，"我们是打扫舞台的，把'三座大山'推倒了，把舞台整理好了，唱戏要靠你们。你们要想唱好戏，就要好好学习，唱戏要靠真本事。"刘伯承的6个子女没有辜负父辈的期望，在学习上比学赶帮，个个奋勇争先，都考上了军事工程学院、清华、北航这样的名校，人人掌握一至几门高科技技术，全吃的是"技术饭"，在各自的岗位上为祖国建设贡献了才智。

贺 龙

70 次找党

1896年3月22日，贺龙出生在湖南省桑植县的一户贫苦农民家庭。少年时期的贺龙以愤世嫉俗、仗义疏财、敢于同恶势力相抗争而闻名乡里。在辛亥革命的影响下，1914年秋，经陈图南介绍，贺龙加入中华革命党，走上了孙中山领导的民主革命的道路，并在桑植、石门、沅陵等县从事反帝反封建的武装斗争。他以两把菜刀闹革命，夺取了反动派的武器，组织起农民革命武装。在军阀林立的旧社会，他领导的武装几经起落，逐渐发展壮大，在讨袁护国和护法战争中屡建战功。在斗争中，贺龙虽然积累了不少作战经验，却被军阀混战的黑暗现实、错综复杂的政治斗争搞得十分迷惘：他组织队伍，本意是为了拯救劳苦大众，可是，清王朝被推翻了，袁世凯归西了，劳苦大众的境遇丝毫没有改变，这样干革命，又有什么意义呢？在寻求救国救民革命真理的道路上，贺龙犹如一艘迷失方向的小舟，渴望灯塔的指引。

1919年爆发的"五四运动"掀起了中国现代史崭新的一页，马克思主义在中国得到了广泛传播。1921年9月，时任湘西巡防军第二支队支队长的贺龙率部进驻桃源，与思想开明的知识界人士广泛交往。老友陈图南和他的同学花汉儒也来到桃源。陈图南此时宣传起了无政府主义，花汉儒则信仰马克思主义。花汉儒带来许多进步书籍，并向贺龙介绍了俄国的情况，说俄国在列宁的领导下，建立了社会主义制度，消灭了剥削阶级，工人、农民当家做主了。社会主义也适合中国，一旦中国广大工农觉醒，一定会走列宁领导的俄国十月革命的道路。这是贺龙第一次接触马克思主义，他感到茅塞顿开，长期思考而又无法解答的问题，在马克思主义理论中找到了最好的答案。贺龙对马克思主义立即产生了浓厚的兴趣，对俄国革命更是神往。他请花汉儒天天为他介绍俄国革命和社会主义，讲解进步书刊上发表的文章，自己像小学生那样专心聆听，提出一个又一个问题。花汉儒告诉他，俄国有一个布尔什维克党，亚洲和欧洲的许多国家建立了共产党，全世界有一个总的国际党（指共产国际），正领导全世界人民进行革命，要建立共产主义。贺龙问，中国有没有共产党？花汉儒说，中国有许多共产主义小组，刚刚成立了共产党。这些交谈，在贺龙思想上点燃了炽热的革命火焰。他虽然还没有和共产党人打交道，但从心底里对共产党产生了钦佩之情。他后来说："他们讲的党，对我很有帮助……这时候，共产党在我脑子里的印象就相当深了。自从我知道了共产党，我就注意找共产党了。"

然而，此时的贺龙对马克思主义的认识是肤浅的，真正信仰的仍然是孙中山所倡导的三民主义。1922年6月，粤军总司令陈炯明叛变，孙中山到上海避难。身在川东的贺龙得知后，立即派人赴沪拜见孙中山，表示要竭尽全力支持孙中山。孙中山甚为感动，亲自写信给贺龙。贺龙接到孙中山的信十分欣喜，决心追随孙中山革命到底。随后，贺龙执行孙中山的指示，在湖南、四川、湖北与军阀进行了多次英勇作战，但局势仍没有丝毫的转变。贺龙对孙中山依靠一派军阀打另一派军阀的做法产生了怀疑与失望。他对好友刘达五说："孙中山是个伟人。可是，他依靠的还是军阀队伍，早晚是靠不住的。要革命，就要有本钱，不是经商，可以借钱做买卖。"他还向刘达五介绍了俄国革命："听说沙皇、贵族、资本家统统被打倒了，由工农当家搞共产。我很想知道这个共产党是怎么'共产'法，和孙中山的'平均地权'有什么不同？中国也有共产党了。不过，我想，不管怎么'共'，要有'产'才'共'得成，穷人反正不会吃亏。"贺龙后来回忆说："当年，花汉儒对我讲起马克思学说，社会主义、苏俄、共产党，让我觉得看到了光明，觉得中国有了出路。可惜的是，我不懂啊，又见不到一个共产党，看不到，摸不着，心里发急，又没办法啊！"

正当贺龙等一些爱国忠贞之士忧国忧民之际，孙中山在中国共产党的帮助下改组了国民党。1924年1月，国共两党实现第一次合作。1924年夏，贺龙在熊克武部任旅长，率军驻贵州省铜仁县。贺龙的秘书长严仁珊的亲戚、在黄埔军校的铜仁籍学生周逸群和一些桑植籍的黄埔军校学生给他寄来了许多关于广东时局、黄埔军校和国共合作等情况的书刊和信件。贺龙如获至宝，并请严仁珊为他讲解。

通过一段时间的认真学习、分析和研究，贺龙在政治上找到了出路，很赞赏中国共产党的主张，并由衷地说："我看哪，只有找到共产党，革命才有办法。"经过慎重考虑，他决定去广东找共产党。此时正值革命党用人之际，贺龙因屡建战功，又熟知湘西地理民情，在各界享有很高的威望，所以，当熊克武得知贺龙要离开时，极力挽留。贺龙随后率部驻守常德。当共产党员夏曦到访并向贺龙请求经济援助时，贺龙热情地给以接待并资助其50000银圆，这在当时可是一笔天文数字。10年征战，10年求索，贺龙虽未能去广州，但此时的他在真理的指引下，从实践上逐渐倾向共产党。

1925年2月，贺龙被委任为建国川军第一师师长，授中将军衔。4月，湖南督军赵恒惕以湖南省政府的名义委任贺龙为澧州镇守使，并送给他一套漂亮的军装。军装镶着金边，缀着金扣，肩章上镶着用金子和钻石做的军衔，还佩有漂亮的绶带和军刀。贺龙穿着这套军装照了相，照片一直被保存下来。参加红军后，贺龙还曾把这张照片拿给别人看，并开玩笑地说："瞧我的鬼军装！"1926年春，贺龙闻知广州国民政府准备出兵北伐，便立即派代表与广州政府联系。8月，贺龙担任国民革命军第九军第一师师长，率部参加作战。8月27日，贺龙率师攻占慈利。这时，国民革命军总政治部派出以共产党员周逸群为队长、共产党员为骨干的宣传队，来到贺龙部队开展政治工作，受到了贺龙的热情欢迎。贺龙就各种困惑虚心地向周逸群请教。周逸群的详细解答使贺龙心里豁然开朗。在宣传队到来的第三天，贺龙约周逸群到自己的房间密谈。一见面，贺龙就开门见山地说："我要参加共产党！"当时，中共中央规定，在友军内部不准吸收高级军官入党，所以，周逸群只好说："共产党是不关门的，只要够条件，时机一到，一定会有人找你。"只是这样也让贺龙很高兴，他下决心一定让自己达到加入共产党的资格。贺龙后来曾回忆说:"这是我第三次,也是真正的一次接近共产党。"从此,周逸群成为中国共产党和贺龙之间的"纽带"。贺龙还请周逸群主办培养革命军官的政治讲习所,并担任讲习所第一任所长。这个政治讲习所开设了一年多,先后培养了2000多名部队基层骨干,对贺龙后来的戎马生涯影响重大。贺龙在和周逸群朝夕相处、并肩合作、患难与共的几年中,对共产党的方针政策有了进一步的了解,不仅在思想上更接近共产党,而且与周逸群成了关系非常密切的战友。周逸群在部队中不断发展共产党员。有一天,一个营长跑去问贺龙,可不可以参加共产党?贺龙鼓励说:"这好得很嘛!赶快参加。"

贺龙对共产党的态度日益明朗,特别是任命周逸群为政治部主任、建立政治机关、配备政治工作干部以及开办政治讲习所等一系列措施,引起了部队中以陈图南为代表的一些资格老、职位高、自恃有功而思想陈旧的军官的强烈不满,两种力量的矛盾逐步激化。陈图南利用私人感情和家族关系,联络师参谋长陈淑元等人借机制造闹饷事件,甚至鼓动士兵向贺龙打黑枪。贺龙深有感触地说:"患难之交遇到大是大非也要分道扬镳啊!"对这种把革命军往反革命军那里拖的勾当,贺龙态度鲜明地向共产党中央做了报告,得以挖掉了部队中的重大隐患。

贺龙率领的独立第十五师在北伐战争中立下了不朽功勋,被誉为"战绩最大、声誉最高"的"钢军",并扩编为国民革命军暂编第二十军。在北伐军节节胜利的过程中,1927年4月12日,蒋介石发动反革命政变,革命形势急转直下,全国处于严重的白色恐怖状态,许多军队发生了迫害共产党人的严重事件。在严峻关头,贺龙与周逸群进行了一次坦诚的对话。贺龙说:"长沙的许克祥反共了,朱培德也开始把共产党人'礼送'出了江西……看来共产党应有所准备……不管局势发生什么变化,多么紧张,我贺龙还是坚决拥护共产党,坚决执行共产党的决定。在我部队里工作的所有共产党员,一个也不要离开,继续在自己的岗位上大胆地工作。无论出什么情况,我贺龙绝对不会做任何对不起共产党的事,在我部队中的共产党人,可以放一百二十个心。"不仅如此,贺龙将那些被"礼送"出境的共产党员"礼迎"到了自己的第二十军中。在那风云变幻、白色恐怖笼罩全国的时期,在共产党最危难的时刻,作为北伐军的高级将领且不是共产党员的贺龙,有这样的革命坚定性，难能可贵！

　　贺龙是功勋卓著的北伐名将，蒋介石、汪精卫竞相派人前来拜会，用封官许愿那一套进行拉拢，但全都被贺龙拒绝了。贺龙不为高官厚禄所动，毅然决然地脱下皮鞋，穿上草鞋，投身工农革命的时代洪流之中。十几年后，1938年1月，贺龙同朱德、彭德怀等人去洛阳参加蒋介石召集的第二战区师长以上军事会议。蒋介石会见贺龙时说："北伐，你在湖北、河南打得都不错，那时我就很注意你……民国十六年（1927年），为什么好端端的军长不当，跑去参加共产党的'南昌暴动'？"贺龙爽直地回答："我和委员长政见不同嘛！"话语不多，掷地有声，明确地道出他与国民党、蒋介石分道扬镳的缘由。

　　1927年7月初，武汉国民党集团已经处于背叛革命的前夜。周恩来到贺龙公馆登门拜访。这是他俩的首次晤面。贺龙紧握周恩来的手，热情地说："你的大名，我早就晓得，逸群对你钦佩得很呢。如今见面，胜似闻名喽。"周恩来也热情地说："疾风知劲草。我们对你是很钦佩的。"贺龙说："钦佩不敢当，我一直追求能让工农大众过上好日子的政党。最后，我认定共产党是最好的，我服从共产党领导，只要共产党相信我，我就别无所求了。"周恩来说："我们当然是相信你的，我们有什么理由不相信你呢？"贺龙说："我很清楚，只有共产党才能救中国。我听共产党的话，决心和蒋介石、汪精卫拼到底。"谈话中，周恩来分析了形势，谈了共产党对时局的看法，精辟的见解使贺龙深受启发。

　　7月23日，贺龙率部从鄂东抵达九江。贺龙刚到九江，就见到了中共中央政治局委员谭平山。谭平山认真严肃地说："贺龙同志，我要向你讲讲我们党的机密大事。"贺龙真诚坚定地说："好，信任我贺龙，我当然唯命是从！"于是，谭平山便把中共中央决定在南昌举行暴动的计划告诉了贺龙，并提出希望他能率第二十军参加行动。贺龙听后，一下子站了起来，激动地说："我感谢中共中央对我的信任，也感谢你把这样重大的机密告诉我。我只有一句话，赞成！我完全听从共产党的指示！"谭平山兴奋地说："我要谢谢你！有二十军参加，就更有把握胜利了。"贺龙说："谁也莫谢谁，我们大家一条心，为中国工农做一点点子事情嘛！"

　　7月27日，第二十军全部集中南昌。28日，南昌起义前委书记周恩来到第二十军指挥部看望贺龙。他紧握贺龙的手,说:"我来拜访你,不是礼节性的。开门见山,我是找你商量起义计划的,我们立刻就谈行吗?"贺龙连连点头道:"好极了!我洗耳恭听!"周恩来大笑,指着贺龙说:"洗耳恭听是不够的,你是大将军,光动耳朵怎么成?还是要动手动脚动枪动炮呢!"周恩来当即把起义计划告诉了贺龙,征求其意见。贺龙毫不犹豫地说:"我完全听共产党的话!要我怎样干就怎样干!"周恩来点了点头,说:"共产党对你下达的第一个命令就是党的前委委任你为起义军总指挥!"贺龙一怔,站了起来,讷讷地说:"我还没有入党……"周恩来盯着贺龙说:"你看,你刚刚讲过完全听共产党的命令,怎么第一个命令就不听了?"听了这话,贺龙非常激动,当即行了个军礼,郑重地说:"好,我坚决服从!"周恩来随即以前委名义任命贺龙为起义军总指挥。

31日下午,贺龙在第二十军指挥部召集营以上军官开会。他说:"今天召集大家来,有件重要的事情要谈。大家都知道,国民党已经叛变了革命,国民党已经死了。我们今天要重新树立起革命的旗帜,反对反动政府,打倒蒋介石,打倒汪精卫。我们今天要起义了。我们大家在一块儿都很久了,愿意跟我走的,我们一块儿革命;不愿意跟我走的,可以离开部队。"贺龙讲话掷地有声。军官们当即纷纷表示:"军长决定怎么办就怎么办,我们坚决跟着走!"贺龙高兴地说:"好!从今以后,我们要听共产党的领导,绝对服从共产党的命令!"

8月1日凌晨2时,周恩来下达了战斗命令。经过4小时激战,南昌起义取得了胜利。南昌城头的枪声,揭开了中国共产党领导武装斗争的历史。作为起义的主要军事指挥员,贺龙从此与人民军队的光荣历史紧紧联系在了一起。

8月3日,按照前委指示,贺龙率起义军开始撤离南昌。8月下旬,起义军攻占瑞金。在瑞金锦江河畔的一所学校里,由周逸群等介绍,贺龙正式加入了中国共产党。周恩来在贺龙入党宣誓仪式上高度评价贺龙说:"组织上对贺龙很了解,贺龙同志由一个贫苦农民经过斗争,成为国民革命军第二十军军长很不容易。多年来,贺龙同志积极追求真理,是经过考验的,是信得过的。"贺龙经历了长期的追求与考验,终于光荣地成为一名共产党员。他曾这样回忆自己的入党经历:"有的材料写着我70次找党,算上历次的要求，我也记不清楚了，没有70次，恐怕也有几十次吧！"

1928年春，贺龙在南昌起义失败后回到湘西。亲友中有人惋惜地埋怨说："现在国民党一统天下，势大力强，你为什么要当'红脑壳'（共产党）呢？你当过镇守使，当过军长，是有前程的，当个共产党落个啥？脱下将军服，穿粗布，脱下皮鞋，穿草鞋，你图的是什么？"贺龙听后，坚定地说："我贺龙找真理，找个好领导，找了半辈子，现在总算找到了。就是把我的脑壳砍了，我也要跟共产党走到底。我要的不是个人的前程，我要的是国家、民族和劳苦大众的前程。你们看着吧，共产党一定会成功，蒋介石一定会垮台！"认定共产主义这个真理，贺龙就坚定地跟共产党走。无论革命处于高潮还是低潮，无论顺境还是逆境，贺龙都对党忠诚，矢志不渝，始终保持旺盛的革命斗志。在中国共产党的领导下，贺龙最终成长为共和国的开国元帅。

心甘情愿做好配角

1947年春，国民党军向解放区的"全面进攻"遭到失败后，改变策略，集中主要兵力从东西两翼对山东和陕北两个解放区实行"重点进攻"，其中，调集了250000大军进攻的陕北战场又是重点中的重点，而我军在陕北只有不到30000人。兵力对比，我军处于绝对劣势。

延安上空战云密布，形势十分紧张。谁来指挥这场大战？陕北部队隶属陕甘宁晋绥联防军，按惯例应由陕甘宁晋绥联防军司令员贺龙指挥，但贺龙早已受命兼任晋绥野战军司令员，远在晋绥前线。中共中央军委副主席兼解放军总参谋长彭德怀向毛泽东请缨："要立即建立西北战场的指挥机构。贺龙同志忙于晋绥事务，一时还不能回来。在他回延安前，陕北这几个旅加上地方部队和后勤人员也不过两万多人，请主席考虑，是否先由我指挥？"毛泽东和中央书记处的其他同志都表示同意，并与贺龙通了气。

这些部队不仅是贺龙指挥的，而且大多数是贺龙一手带出来的，从红二、红六军团和红二方面军及八路军第一二〇师一步步发展起来的。贺龙一直是这支部队的代表和旗帜，他与部队的感情是在长期的革命战争中用鲜血凝结而成的。把自己带了一二十年的部队交出去，在情感上确实令人有些难以割舍，他的态度如何，会直接影响官兵的情绪和斗志。但贺龙是一个讲党性、讲原则的共产党员，为了解放战争胜利这个大局，他心甘情愿当配角，协助彭德怀打仗。他语重心长地教育各纵队领导："军队是党的军队，不是哪个人的，要听党的调动。我带过的部队，别人也能指挥。如果别人不能指挥，那就说明我贺龙党性不强！"贺龙当即回电毛泽东，坚决拥护中央的决定。3月16日，中央军委决定将西北野战兵团和地方部队统归彭德怀和中共中央西北局书记习仲勋指挥，彭德怀任司令员兼政委，习仲勋任副政委。时任中共中央办公厅主任杨尚昆耳闻目睹了这一过程，动情地说："像这样一纸命令就调整了指挥关系，在旧军队中简直难以想象，而在共产党领导的军队内，却顺顺当当地处理好了。党对枪杆子领导的有力，军队指挥员之间的团结，真是史无前例的。"

为讨论人民解放战争转入全国性战略进攻后的有关任务、部署各战区的协同作战问题，1947年7月，中共中央在陕西靖边县小河村召开扩大会议，史称"小河会议"。贺龙带病出席。会前，毛泽东专门同贺龙研究了军事部署问题，并交予新的任务。毛泽东说："没有一个好的后方，仗是打不下去的。陕北战场在军事上、财政上、粮食上都得依靠你们晋绥，所以，中央考虑，由你贺老总来把陕甘宁和晋绥这两个地区领导起来，造成一个统一的后方，也好让彭德怀放手去打仗。你看怎么样？"解放战争时期的陕北、晋绥地区，地瘠民贫，在这种地方为进行大规模战争的部队提供后勤支援，其难度之大可想而知。对于这千钧重担，贺龙当即表示一切听从中央安排，坚决完成新的使命。在会上，中央进一步明确分工：彭德怀主掌前线作战，贺龙主管陕北战场后方工作。小河会议后不久，西北野战兵团改称西北野战军，彭德怀任司令员兼政委，习仲勋任副政委。习仲勋回忆说："不合，仗难打胜。没有这个会议，前后方就不能一体化。会后就一体化了。前方打仗，俘虏带回来也有了地方。兵员补充、粮食弹药都靠晋绥，没有两区统一，就不可能取得只经一年一个月零三天就收复延安的胜利。"

一个半辈子带兵打仗、驰骋沙场的将领，在战火最炽烈的时候却"改行"

去管后方，许多人觉得难以理解。但贺龙认为，一名共产党员，一切都要听党的，怎样有利于战争就怎样安排。中央军委留在陕北，作战由军委领导同志亲自指挥更为适宜，而且中央交给自己的任务同样重要。会后，贺龙马上同习仲勋等领导研究，按照中央要求，全面部署后方工作，制定了一系列有效统一两个边区财经工作的措施。

贺龙回到晋绥不久就接到毛泽东的急电，要求向西北野战军火速提供7000至10000石粮食，以保障作战计划的完成。然而，黄土高原土地贫瘠，国民党军胡宗南部四处为患，大片土地荒芜，河东灾荒严重。在这样的条件下，短时间内上哪儿去筹那么多粮啊！

贺龙把视野投向邻近解放区。9月，他通过中央向晋冀鲁豫解放区求援。刘伯承、邓小平当即调拨100000石粮食解西北燃眉之急，可把这么多粮食运到陕北也不是一件容易的事。贺龙急调后勤部供给部长薛兰斌主持运粮。薛兰斌诉苦说："老总，千里不运粮，百里不运草啊！这么多粮食要运到陕北，太难了！"贺龙敲着手中的烟斗说："困难再大，也要克服。军队打仗，无粮自乱。你必须尽快把100000石粮食运过黄河，没任何价钱可讲！"为了保障前线部队对粮食的长期需求，贺龙领导边区各级人民政府动员和组织了庞大的筹粮运粮队伍，从晋中、晋西南以及其他解放区调运了大批粮食到陕北。贺龙还亲自到晋南检查运粮工作。他看到沿途各地男女老少齐动手、运粮队伍络绎不绝时，感动地说："毛主席说得好，兵民是胜利之本啊！"

在贺龙的领导下，不仅向西北战场运送了粮食，还运送了大量军需物资、武器弹药和经费等。补充兵员也是重要问题，贺龙想尽各种办法，在陕甘宁和晋西北这样人口稀少、连年征战的地方，仅1947年就动员30000人参加了野战军、50000人参加了地方军。到了1949年6月，西北野战军已从小河会议时的3个纵队发展成按三三制编制的两个兵团、6个军、18个师、220000人的大军。与贺龙并肩战斗的习仲勋深情地说："在贺总领导下，地广人稀、兵员匮乏的陕甘宁、晋绥两区有数十万农民涌进人民解放军，整个解放战争时期，仅西北地方武装及补充一野者就有10个师，还拨给华北两个步兵师、一个骑兵师。贺总为人民军队的发展壮大所建立的丰功伟绩，永彪中国人民解放军的史册。"1954年，彭德怀在接见电影《沙家店①粮站》剧组创作人员时说："光在粮食问题上表现贺龙是不够的。他不顾一切地支援西北战争，非常热情地动员新兵、搞医院、搞粮食，还亲自到部队中去进行鼓动。你们要加强描写他！"

中国人历来强调"不在其位，不谋其政"，而贺龙的做法是：补位而不越位。此时，贺龙虽然离开了前线军事指挥岗位，但无时无刻不关注西北野战军在西北战场的表现。部队原来在贺龙的领导下，上下级间关系融洽，凝聚力很强；归彭德怀统一指挥后，因相互间接触不多，彼此间难免产生一些摩擦和误会，影响了部队的内部团结和军心士气的凝聚。每当出现这种情况，贺龙总是主动站出来化解矛盾，协助彭德怀抓好部队的思想政治建设。

西北野战军第一纵队是从湘鄂西红二军团发展起来的老部队，副司令员（后担任司令员）贺炳炎和政委廖汉生都与贺龙有很深的渊源。他俩长期跟随贺龙转战南北，习惯了贺龙宽和而直爽的指挥风格，而彭德怀指挥风格迥异，年轻气盛的贺炳炎、廖汉生一时难以适应。

这引起了远在后方的贺龙的焦虑，他感到自己有责任找机会协助彭德怀解决这些问题。1948年5月，在西北野战军前委扩大会议上，彭德怀在发言中一方面肯定了第一纵队是"坚决勇敢迅速的"，另一方面指出"两个不足"。会上，贺炳炎、廖汉生很不冷静，当场跟彭德怀争辩起来。参加会议的贺龙赶紧制止，十分严肃地对贺炳炎、廖汉生提出批评。会议结束后，他又特意请习仲勋一道把贺、廖二人留下开会并再次严厉批评说："跟彭总顶牛，要检讨。彭总说了就是命令，必须坚决执行，不管有什么理由，有多大困难，都必须坚决执行，没有价钱可讲！"事后，贺炳炎、廖汉生主动找彭德怀做了检讨，彭德怀也做了自我批评，表示在指挥方法上要改进。廖汉生后来回忆说："这顿批使我们的头脑清醒了，对彭总的认识更加准确、全面、深刻了。从这以后，在我们身上再也没有发生遇到批评不冷静这类事。"在彭德怀指挥下，第一纵队成为西北野战军能打硬仗的主力，屡立战功。

西北野战军第二纵队是由红六军团发展而来的，王震任司令员兼政委。

---

① 1947年8月，彭德怀指挥西北野战军在沙家店地区歼灭了国民党军胡宗南集团的主力之一的整编第三十六师，成为西北战场转入战略进攻的转折点。

风 范

1947年年底，第二纵队参加运城战役，与兄弟部队一道，解放了运城，圆满完成了作战任务，可进城后没严格执行党的城市政策，违犯了《三大纪律，八项注意》，打击面过宽，把一些不该没收的财物也没收了，侵犯了群众利益。周恩来在西北局高级干部会上对此提出严厉批评："连学校里的钢琴也没收了，真是乱弹琴！"这使贺龙深感不安，觉得自己对这支老部队犯错误有责任。他考虑成熟后找到彭德怀，主动提出准备到第二纵队进行整顿，让彭德怀专心致志地谋划打仗。彭德怀听后非常感动。1948年2月初，贺龙赶到第二纵队驻地并住了一段时间，帮助王震抓部队纪律整顿。王震后来说："贺老总专门到二纵队来抓执行政策、遵守纪律，对二纵队此后的建设作用很大。"

西北野战军第三纵队司令员许光达是贺龙在洪湖苏区时的老部下。1948年4月，西北野战军发动西府战役，第三纵队主力在追歼从延安南窜敌人的战斗中取得了一定胜利，但是未能达到预期目的，原因是个别旅的指挥员未能坚决执行野战军司令部的命令。得知这一情况后，贺龙立即从延安赶赴第三纵队驻地。在纵队党委扩大会上，贺龙动员大家开展批评与自我批评，揭露矛盾，总结经验。在他的帮助下，第三纵队各级党委组织开展自下而上、自上而下地揭露矛盾的工作，总结经验教训，提高了认识，作风很快有了好转。

西府战役后，西北野战军进行了为期两个月的政治、军事整训。贺龙马不停蹄地深入第一、第二、第三纵队，找各纵队干部谈心，要求老部下们总结经验教训，加强团结，坚决服从彭德怀的领导和指挥。在贺龙的协调下，西北野战军将帅之间的磨合期大大缩短。彭德怀对贺龙的良苦用心一直心怀感激，中华人民共和国成立后，有一次在中南海开会，彭德怀情不自禁地对贺龙说："你领导的晋绥部队真是好啊，能打仗，听指挥！"

当我军在各战场捷报频传时，一向纵横驰骋沙场的贺龙默默地承担了后勤保障的艰巨任务，充当了无名英雄。多年后，毛泽东感慨地说："就那么一些人，能够打出那样的结果、那样的局面，实在是太不容易了！""太不容易"的原因是多方面的，但很重要的一条是，西北战场不仅有能在前方决胜千里的彭大将军，还有能在后方使兵马未动、粮草先行的贺老总。毛泽东对贺龙的杰出贡献赞赏道："贺老总忠于党、忠于人民，是守卫边区后方的'萧何'。"

贺 龙

"要用兵，就要爱兵"

美国记者斯诺在《西行漫记》中这样描写贺龙：他的口才很好，说起话来能"叫死人活过来打仗"。但贺龙在士兵中建立崇高威望的原因，口才只是一个最微不足道的表象，其自身的军事才能与个人魅力才是根本。贺龙的个人魅力中很重要的一个方面，是他向来坚持军民一致、官兵一致、爱兵如子。他说："要用兵，就要爱兵。"他不仅这样教育干部，而且以身作则，带头做爱兵的模范，从而深得将士们的心。

南昌起义后，1928年，贺龙回到湘西老家洪家关再举义旗，拉起了3000多人的队伍，被正式编成工农革命军第四军。在敌强我弱的形势下，部队受到挫折，9月底，转移至湖北鹤峰堰垭附近的高山野林之中。由于洪家关一带的后方基地被敌军侵占，人员补充、物资供应都面临极大的困难，一些人逃走了，部队减员至100来人，真是到了山穷水尽的境地。为了坚持斗争，贺龙在困境中对部队进行整顿，遣散了一些年老体弱和政治上不坚定的人。这时的红四军只剩下了91人、72支枪，却形成了党的坚强领导。没有粮食，官兵们只能找野菜充饥，几天吃不到一粒盐，喝不上一口稀饭。有一次，炊事员想方设法弄到手指尖大的一点儿盐，给贺龙专门炒了一碗有盐的辣椒。贺龙尝了一口，知道是炊事员专给他做的，便将那碗辣椒倒到大锅里。炊事员上前阻挡，贺龙笑着说："我们官兵一样，有盐同咸嘛！"

1935年8月，贺龙在前沿阵地视察战况时，发现一名叫张清的战士腿部受伤，便大声对年仅14岁的警卫员徐生财说："把张清扶上我的战马！"徐生财一时犹豫不决："军长，你……"贺龙坚定地说："我双腿能走。"徐生财只好遵命，但心里老大不情愿。张清走后，贺龙见徐生财满脸不高兴的样子，过去摸着他的头，语重心长地说："你这个娃娃呀，心中只有我，这怎么行？爱兵是我军的优良传统，不爱兵就没有兵，我这个军长还有什么用？你看国民党的那些官员，只顾自己升官发财，不管士兵死活，打起仗来不是乱弹琴吗？"听贺龙这么一说，徐生财头脑拐过弯来，使劲点点头。没多久，类似情况也发生在徐生财身上。一天，徐生财患了肠炎，泻肚10

多次，头重脚轻，浑身无力。当时，部队正过金沙江。贺龙对他说："小徐，你慢慢走，我在江边等你。"部队宿营地离金沙江有40里，徐生财拄着棍子，拖着沉重的双脚，从清晨走到傍晚才到金沙江边。这时，大部队早就过江了，他远远看见贺龙、关向应等几位首长和10多名官兵站在江边焦急地等待他。贺龙见到徐生财，拍拍他的肩膀，说："你这娃娃呀，把我等得好苦啊！"几名战士赶紧过来扶徐生财。大家依次上船坐定后，贺龙才飞步上船。

1935年9月，红二、红六军团集结在湖南石门一带整训。贺龙到连队检查工作，来到一个连队的伙房，见灶上放着一筲箕饭，饭上有锅巴，便抓起一块锅巴放到嘴里吃起来。陪同的团政委杨秀山不禁纳闷儿：首长刚才不是吃过饭了嘛，是不是没有吃饱啊？他迷惑地望着贺龙。只见贺龙一边细细嚼着，一边频频点头，说："嗯，这锅巴挺焦的，没有沙子，很香啊。"杨秀山这才恍然大悟，原来贺龙是检查米淘得干净不干净、有没有沙子、饭香不香啊。

1936年7月，贺龙任红二方面军总指挥。他率部从四川甘孜出发，随红四方面军之后向甘肃南部进发。从甘孜到甘南，必须穿越漫长的自然条件十分恶劣的水草地。草地遍布沼泽，没有道路，人稍不小心陷进去，就会惨遭灭顶之灾。草地空气稀薄，气候无常，忽而阴天，忽而雨雪交加，忽而下起鸡蛋般大小的冰雹。在一次风雪交加的行军中，仅红六师就牺牲了近200人。草地人迹罕至，红军一路上根本得不到给养补充。最初，每人每天有少量的青稞面充饥，到了后来就完全断了粮，只能吃野菜、草根，甚至吃牛羊皮。后来，连野菜也吃光了，许多指战员牺牲在草地上。在最困难的日子里，贺龙命令杀掉自己心爱的战马分给官兵们吃。贺龙爱马是出了名的，那匹枣红马与他一起征战多年，不仅救过他的命，还救过许多伤病员。一听说要杀掉枣红马，警卫员们都哭得很伤心。贺龙心里也很难过，劝大家说："不要哭了。我不到10岁就放马，10多岁就出去赶马帮。人对马亲，马也对人亲。我们爱马，马也爱我们。可是，我们和马都爱革命。我们常说，当革命需要我们的时候，我们要不惜自己的生命。现在，我们难道还舍不得一匹马吗？"贺龙还和战士们一起掘草根、捉鱼、抓青蛙、抓蚂蚱等。为了捉鱼，贺龙亲自动手制作了一根钓鱼竿，几乎是"竿无虚发"。可是回到驻地，他把钓来的鱼都分给了战士们，自己故意腆起肚子说："我有这根鱼竿呢，饿不着！"贺龙就是这样，在困难面前总能以乐观、幽默的状态鼓舞大家，在缺粮少食的困境里以对战友的深情厚谊感动大家。

贺龙率领部队经过艰难困苦的历程，过了雪山、草地，到达甘肃哈达铺。部队来到这里不久，就从草地传来一个动人的故事：过草地时，有些伤病员掉队了，散落在草地的各个角落，有的挣扎着前行，有的昏倒在地，奄奄一息。正当他们生命垂危时，突然奔来一队骑兵，撒开人网，四处搜寻，把掉队的伤病员一个个扶上马，将用水拌好的炒面糊糊一口口地喂进他们的嘴里。伤病员神志恍惚地吞咽着，如同在梦中。等他们完全苏醒过来，望着给自己喂炒面的战友，都激动得说不出话来。骑兵战友们告诉他们："我们大部队一到哈达铺，贺总指挥就把副官、供给部的同志叫去询问干粮还有多少，并让他们找头骡子，带上干粮，率骑兵侦察连立即出发，去寻找掉队的伤病员。总指挥说，一定要想办法把每个伤病员都带出草地，不许丢掉一个人！"侦察连的同志在草地上整整搜寻了3天，终于找到了近百名掉队的伤病员，并把他们安全地带到了哈达铺。这些掉队的官兵每当想起此事，都热泪盈眶地说："是贺老总救了我们的命啊！"

1949年年底，贺龙指挥大军直插秦岭山区，与其他野战军兄弟部队对国民党胡宗南溃军形成南北夹击之势。秦岭山脉到处是悬崖峭壁，只有一条川陕公路。贺龙看到汽车经过时卷起大量尘土、路边行军的官兵忙不迭地用手捂住口鼻时，连忙叫停车，命令各部队在安排行军序列时要人车分开。贺龙说："我们坐车，战士走路，他们本来就很辛苦，再让战士们吃土怎么行啊！要用兵，就要爱兵。安排行军序列，要尽量把汽车团放在前面，让车队先走，部队后走，把人和车错开。"

西南地区解放之初，百废待兴。由于经费缺乏，部队急需的营房、仓库、医院还没有全部建起来，剿匪部队送到后方的一些伤病员还躺在医院楼道里，有些武器装备和油料筒在露天存放，不少部队住在漏风漏雨的帐篷里。1952年秋的一天，时任西南军区司令员的贺龙听到反映，说重庆北碚某部领导为自己盖了讲究的"小洋楼"，快赶上美国的"华尔街"了，严重脱离了群众，当即约副司令员李达等一起到北碚进行暗访。

贺龙一行来到北碚的一座山丘上，远远就望见了几座新盖起来的"小洋楼"。他们来到楼前，见两位房主人不在家，就径直让人开门，进屋"参观"。这里电灯、电话、地毯、沙发、浴盆、抽水马桶等一应俱全。贺龙从"小洋楼"出来后，抬头看到了附近山上有几个芦席棚，便问闻讯赶来的该部负责同志："怎么，'华尔街'还有住芦席棚的？"负责同志回答，那是高炮连的驻地。贺龙说："上去看看。"就迈开大步朝山上走去。

贺龙等人走进一个芦席棚。由于没通电，棚里很黑，白天都需要点煤油灯。贺龙了解到棚里也没有通自来水，住在这里的官兵需要每天到山下打水。走出芦席棚，贺龙给端端正正地站在棚外的高炮连战士恭恭敬敬地鞠了一个躬，诚恳地说："我贺龙对不住大家了。我有官僚主义，到现在还让你们住在漏风漏雨的芦席棚里，我向你们道歉了！"然后，他指着对面的"小洋楼"，愤怒地说，"现在经费这么紧张，我们的高级干部不发扬艰苦朴素的精神，给自己盖'小洋楼'，却让保卫他们的高炮连住芦席棚，太不像话了！"他转身对随行的几位同志说，"你们回去后，叫他们从'洋楼'里给我搬出来，到这个芦席棚里来住。让高炮连搬到'洋楼'里住！"

住在"小洋楼"里的领导是贺龙的老部下，听到贺龙批评后，想先给贺龙写个检讨，暂时不搬出"小洋楼"，过几天看看再说。贺龙知道他们的态度后，气愤地说："盖好房子，写个检讨就完了，还住在里边，以后谁都会这么干。有错不改，谁也不行！知错必改才是好同志、好党员。告诉他们，限他们一个星期给我把房子腾出来，让高炮连搬进去。他们的检讨要重写，还要降级使用！"贺龙的严厉批评，使住在"小洋楼"里的领导终于认识到自己所犯错误的严重性，并加以改正。

1955年，贺龙到青岛第四海军学校视察。中午，学校请贺龙到饭堂用餐。贺龙看到偌大一个饭堂全腾了出来，师生们都聚在院子里，蹲在地上围成一个个圆圈吃饭，脸色顿时沉了下来，一声不吭地向蹲着吃饭的学员们走过去："给我一个碗，我就在这里和你们一起吃。"旁边的苏联高级顾问见了，大感不解地说："元帅怎么能和士兵蹲在一起吃饭呢？这在我们苏联是绝对不允许的。"贺龙听了，哈哈一笑："顾问同志，这可是我们中国军队的传统啊！"那位顾问看到贺龙真的蹲着和战士一块儿吃饭，耸了耸肩，只好陪着贺龙在院子里吃了一顿饭。

贺龙爱兵，但并不放松对战士的要求。"战士是革命的本钱，在战斗中应该尽量减少战士不必要的伤亡。"这是贺龙对干部们常说的一句话。为了提高战士们的作战本领，他经常抓紧战斗间隙的点滴时间，同战士们一起操练，传授他们军事技术，鼓励他们发扬勇敢战斗的作风。抗战时期，有一天，突然刮起了大风，飘起了鹅毛大雪。有的同志认为天气不好，可以不出操了。贺龙知道后就教育大家说，平时操练多吃点儿苦，打起仗来就可以少流血，为了人民群众早解放，越是条件艰苦，我们越要抓紧操练。他要求团长立即通知各团、营干部，加强思想政治工作，所有干部必须到班、排中去，同战士一起操练，老、弱和有病的战士则免于当天的野外训练。那天，贺龙和战士们一起操练，他一会儿到山坡上手把手地教战士练刺杀，一会儿到平坝上纠正战士的射击瞄准动作，一会儿到操场上讲解投弹要领，进行示范。

1953年7月，贺龙在军区连队政工会议上说："干部对战士应该像父母对儿女、哥哥对弟弟一样，随时关心战士的冷暖，战士有病更要体贴照顾，这样才是好干部。"他是这么说的，更是这么做的。

运用"活教材"讲生动党课

1940年，全面抗战的烽火已熊熊燃烧了3个年头，持久战拖得日寇气急败坏，对我抗日根据地进行疯狂的大"扫荡"。为战胜困难，抗日根据地全面加强党的建设，特别是重视对党员干部的党课教育。在此情形下，时任晋西北军政委员会书记、晋西北军区司令员的贺龙，给党员干部上了一堂关于密切党群关系的党课。

贺龙事先没有准备讲稿，也没有写提纲，只安排通信员准备了三样"活教材"：一碗小米、一双崭新的黑布鞋和一个盛着一条小鱼的水碗。贺龙微笑着走进课堂，开宗明义地讲："我们的党是全心全意为人民服务的党，只有紧紧依靠群众，密切联系群众，才能为群众所拥护。党群关系问题可是我们党应该时时注意的一个大问题啊。今天这堂党课，我就专讲密切党群关系问题。"

贺龙意味深长地指着桌上的那碗小米，讲道："我们的军队要打仗，不吃饭行不行啊？这粮食哪儿来的？还不都是老百姓种的吗？打胜仗就是要依靠群众哟！"他环顾了一下课堂，接着说，"大家想一想，这碗小米可来之不易啊，要耕、耙、种，还要选苗、锄草、割、捆，从地里背回来，还得打、晒，最后碾成米……要是忘了老百姓的血汗，我们一天也不能生存。"贺龙又拿起那双新布鞋，说，"这鞋子也来之不易啊。这鞋底，我数了数，有16层布，一针一线地纳。老百姓生活那样苦，吃黑豆、穿破衣，哪儿来的东西，哪儿来的工夫做鞋哟！可别瞧不起这双鞋，没有它，行军就走不动，打仗就冲不上。"他又端起碗，问台下的一个同志，"这碗里有水和鱼，你讲讲是什么意思？"那位同志沉思了一下，回答："鱼和水说明了党和群众鱼水情深。"贺龙高兴得连连点头："讲得对！讲得对！"接着，他把碗里的那条鱼捞起来，放在桌子上。开始，小鱼拼命地蹦跶，可过了一会儿就不动了。贺龙指着小鱼说："大家看见了吗？我们和群众就好比这鱼和水的关系。没有水，鱼就活不下去，没有人民群众，我们就难以生存。"

贺龙没有高谈阔论，没有照本宣科，而是别出心裁，用小米、布鞋、鱼和水这几样来自群众、来自生活的普通东西作载体，运用群众语言，把一堂党课上得别开生面、形象活泼，使大家受到了一次党的群众路线的深刻教育。

贺龙的成长背景使他对群众有着特殊的感情，总是想着群众，替群众办事。贺龙很早就投身国民革命。早年，他率部驻防彭水县，深受老百姓的拥护和爱戴。刚到驻地，贺龙就发现当地进出郁山镇的大路有一条深沟，每到雨季，山洪暴发，这条沟便成了一条湍急的河流，老百姓出行必须绕很远的路，非常不方便。贺龙看在眼里，记在心头。一天，贺龙把镇上的几位头面人物请来，开门见山地说："诸位都是本地人，不知注意没有，横在进出郁山镇大路上的那条深沟，给老百姓带来很大的不便，所以，我今天请你们来，就是要商量一个解决的办法。敝人的想法是在沟上建一座桥。大家有什么意见？"在场的人听了贺龙这一番话，既高兴，又惭愧，高兴的是，贺龙如此关心民众的疾苦，为老百姓排忧解难；惭愧的是，自己虽然在这里土生土长，却熟视无睹。大家一致表示赞成。贺龙主动捐出一笔钱用于修桥，在他的影响下，镇上各界纷纷响应，捐钱捐物。经过反复勘察，选定了桥址。贺龙又派出一部分士兵和民工一起采石、运石、烧石灰。半年之后，一座宽一丈二尺、长五丈的石桥建成了。这座桥至今仍巍然屹立在那里，造福群众。

在彭水期间，贺龙还为群众做了很多好事。他明令废除苛捐杂税，奸商、恶霸一经查实，立即严惩；他兴办女子小学堂，以兴女子入学之风，除封建陋习之弊，并带头捐了400块大洋作为开办费；他整饬军纪，处决了一个久随他征战并与他有亲属关系、但违法乱纪的连长。贺龙这些做法深得民心。后来，彭水老百姓知道他的部队将要移防的消息时，都非常不舍，各行各业纷纷派出代表去见贺龙，再三挽留，舍不得他和部队离开。

1931年夏，稻谷收获时节，国民党军炸开荆江堤，洪湖苏区顿时成为一片汪洋，庄稼没收成，群众没饭吃，连来年的种子都成了问题。贺龙在会议上提议调出红军口粮救灾，但有人借口红军口粮不多，也没有那么多运输力，反问哪能管得了这么多群众吃饭。贺龙据理力争地说："群众都快饿死了，我们共产党不关心他们，还搞什么革命？这几年，群众已经做出了很大的牺牲。失去了群众，我们在洪湖还能站得住脚吗？"在贺龙的坚持下，红军集中全部骡马和船只，不分昼夜，把从汉江以北地区没收土豪的粮食给受灾的老百姓运来，又组织会水的战士下水抢救老百姓的财产。老百姓都感动得热泪盈眶，和红军的心贴得更紧了。

在战争年代，贺龙上马是将，下马是民，一有空就给老百姓挑水、劈柴、烧火，和群众拉家常，帮助群众解决问题。1934年，贺龙率部经过一个小村寨时，发现寨里很多房屋被土匪烧毁了。他命令部队停下来，亲自带领战士砍树条、割茅草，帮助老百姓搭茅棚，重建家园，临别时，还给每户发了20多块钱。一次，部队打开一个土豪的粮仓，分谷给贫苦农民。由于红军刚到，一些农民还有顾虑，不敢来拿。为此，贺龙等天黑以后，亲自和特务连的同志一起把谷挑到了贫苦农民家里，耐心向群众进行宣传，消除了群众的顾虑。一天，部队宿营在一个小山村。房东出工还没有回来，贺龙拿起斧头就劈柴。房东回来后，上前劝阻说："红军大哥，难为你了！快歇歇吧！"贺龙笑笑，说："红军和老百姓是一家人嘛，难为什么！"房东这才发现面前的是贺龙，激动地说："哎呀，军长，你是带兵的，怎么给我们老百姓劈起柴来了？"贺龙擦擦汗，笑眯眯地说："军长就不应该给老百姓劈柴呀？军长也来自老百姓嘛！"抗日战争时期，第一二〇师司令部驻扎在山西兴县李家湾时，贺龙看到有战士在制作单杠和木马，便叮嘱战士做好这些设施后，安装在群众来往多的路旁，以方便更多的人锻炼身体。贺龙还经常和老人们围坐在一起，掏出旱烟斗，装上烟，递给老人们吸。有战士和民兵的体育表演，他一边和老人们一起观看，一边拉家常，谈笑风生。

贺龙关心爱护群众，还体现在他时刻注意部队的群众纪律，坚决与损害群众利益的行为作斗争。红军时期，有一次夜行军，有个战士不小心碰坏了群众晒在坪上的一个柿饼。贺龙抓住这件事在全军开展了遵纪爱民教育。贺龙经常召开群众座谈会，征求群众意见，和基层干部一道，挨家挨户检查执行纪律的情况，一旦发现问题，便及时解决。1935年秋，贺龙率部队在湖南省桑植县刘家坪休整，得知运粮时，借用群众的一头骡子丢失了，便立即将自己的一头骡子赔偿给群众。他的战马踏坏了群众的几棵苞米，他不仅自己掏钱赔偿，还亲自登门道歉。

贺龙为群众服务，坚持群众路线，还体现在了解群众所需、心系群众健康、积极发展群众体育事业方面。革命战争年代，贺龙就组织根据地军民开展各类体育运动，极大地增强了军民身体素质，调动了群众参与革命斗争的积极性。中华人民共和国成立后，贺龙担任国家体委主任后，系统地提出了开展群众性体育运动的方针和措施。之后，贺龙开始着手举办和开展全国性的群众体育赛事。他反复强调："体育运动不应当是供少数人玩乐的工具，而必须成为动员广大群众为生产服务的重要手段。"1959年9月，在贺龙的亲自组织领导下，举办了第一届全国体育运动会。贺龙大力推广群众体育运动，并首先从抓参与度比较高又比较简单的体操开始，这对群众体育运动的推广起到了关键作用。在贺龙的推动下，当时全国各大中小城市的机关和学校普遍开展体操运动，群众体质得到普遍提高，健康情况也得到了改善，人们的精神面貌焕然一新，同时为新中国竞技体育的发展打下了基础。

早在抗日战争时期，毛泽东就曾评价贺龙：对党忠诚，对敌斗争坚决，还有重要的一条就是联系群众。对于这个评价，贺龙是当之无愧的。

贺 龙

公私分明，顾大局

贺龙向来以大局为重，公私分明。如若对革命有利，即便面对杀父仇敌，贺龙也能从大局出发，不计旧怨，宽待重用。

1920年春，贺龙率部驻防桑植，经澧州镇守使王子豳改编为桑植守备队。5月，贺龙为了扩充武装，通过堂叔贺勋臣向王子豳说情，要他调拨300支枪、300箱子弹。王子豳虽然答应了，却迟迟未见行动。贺龙请父亲贺士道、弟弟贺文掌携带书信和礼物，由副官贺植卿陪同去澧州拜会王子豳，领取枪弹。贺龙后来回忆说："1919年，我当团长，有个谷膏如策反。本来早年同我一块儿去慈利搞枪的，因为他被捕了，失掉了联系。放出来后，一心只想当官。因为没有担任部队主要职务，他对我怀恨在心，仇恨很大。不久，他勾结'神兵'①烧了我家的房子。后来，勾结土匪把我父亲和弟弟杀害了。"当时，和贺龙同乡的谷膏如探知贺士道和贺文掌的行动后，买通土匪陈继之、柏家厚，拦路设伏。贺士道身中数弹，落水牺牲。贺文掌被抓，用大甑蒸得骨肉分离，惨不忍睹。噩耗传来，贺龙大姐贺英气愤至极，要砸谷氏祠堂，替父报仇。贺氏族人也都义愤填膺，准备动手。贺、谷两个家族的冲突一触即发。贺龙听说后，飞速赶来劝阻。他向大姐和族人说："枪杆子在我们手里，杀几个人容易得很，可这个仇不能报。"族人极为不满地说："杀父之仇，灭族之恨，为什么不能报？"贺龙说："贺、谷两家世代通婚，互相嫁娶的不满千人，也有几百人，光我家就有一个姑姑、两个姐姐嫁给谷家人。要是他杀我，我杀他，世代姻亲变成世代仇人，外面的'大脑壳'（即大人物）随便就能把我们毁掉。他们哪管你是贺家人，还是谷家人？洪家关可就遭了殃。谷膏如不认人，我贺龙认人呀！"

贺龙以顾全大局的气度说服了贺英和族人，也感动了谷姓一族。他

---

① "神兵"是指"湘西神兵"，是中华人民共和国成立前的迷信产物，是以神秘信仰与武力拼合而成的武装力量。

们派出本族头面人物前来贺家赔礼道歉，在贺士道灵前隆重致祭，一场械斗大祸得以幸免。24岁的贺龙获得了贺、谷两个家族和乡亲们的爱戴和尊敬。

1925年初春时节，被任命为建国川军第一师中将师长的贺龙准备从澧州移师北伐，却为队伍力量不足、枪弹缺乏犯愁。一天，贺龙与谷青云等麾下旅长商议如何扩大队伍之事。谷青云说："这一带活动着一支民间武装，存有几百支枪，可是，我们部队中没有人同这支队伍的头头儿熟识，找不到合适的人去活动。"这时，有人犹豫地说："有个人能把这支队伍招来。"贺龙急问是谁。此人回答："柏家厚。"此话一出，屋里顿时安静下来，因为柏家厚是杀害贺龙父亲和弟弟的仇人。这时，几位旅长愤然说道："他是师座的仇人，哪能去请他……"贺龙将手一摆，说："不，为国家办事，个人私仇不能计较。孙中山委任我为建国川军第一师师长时，我在就职仪式上讲过，当激励保国为民之素志，以尽义务于国家。怎能以个人私仇影响国家之大事、先生之主义？"说完，贺龙即修书一封，派人带着去找柏家厚。柏家厚见信后，开始时惊愕，继而大受感动，对贺龙派去的人说："请转告贺师长，他如此宽宏大量，不计私仇旧怨，家厚敢不竭尽全力以效犬马之劳？我一定不负师座的重托！"后来，柏家厚几经努力，终于把这支队伍拉了过来。贺龙委任他为这支队伍的团长。他和那支队伍一同参加北伐，作战英勇，多次受到贺龙嘉奖。

为革命、为大义，贺龙可以不计前嫌，但对于侵害百姓利益的行为，即便是自家的亲戚所为，贺龙也是大义灭亲、决不姑息。

1922年夏，孙中山命石青阳回四川整顿部队。石青阳途中经过陈渠珍防地，陈渠珍命令贺龙随石青阳去四川。进入四川后，贺龙被委任川东边防军警卫旅长和川东边防军第一混成旅旅长，驻防彭水县。贺龙从严治军，部队纪律严明，深受老百姓的拥护和爱戴。

有一次，彭水县长滩乡二峰关一带发生匪情，应老百姓的请求，贺龙派一个连配合地方团练去清剿。这个连的连长叫阎俊臣，是贺龙的亲戚。土匪很快被剿灭了，但部队违反了纪律，在群众中的影响很坏。

这事传到贺龙的耳朵里。他十分重视，找来团练局局长童宇石，问："这次去剿匪的部队情况如何？"

"打仗很勇敢，清剿任务完成得不错，但是，军队的纪律……"童宇石没有往下说。

贺龙见他说话吞吞吐吐、欲言又止的样子，明白一定发生了什么事，但他又不好直言，便道："童局长，我知道你一定有什么事瞒着我，也许有难言之隐。你不说，我去调查，一定会调查个水落石出……"

经调查，弄清了阎俊臣违犯军纪的事实。原来，他的连队在完成剿匪任务返回防地时，士兵们抢捉老百姓的鸡鸭，身为连长的阎俊臣不仅没有制止，更为严重的是他竟然强奸了童局长的小姨子。贺龙了解实情后极为愤怒，认为阎俊臣不仅给自己的脸上抹了黑，还损害了整个部队的声誉，决定严肃处理这件事。

贺龙请童宇石等人吃饭，把阎俊臣也一并叫来。大家边吃边谈。贺龙对阎俊臣说："你来给各位客人敬酒。"又随意问道，"你最近做了什么越轨的事没有？"

"我按旅长命令行事，没有什么差错！"阎俊臣干脆地回答。

事到如今，贺龙见阎俊臣还不坦白认错，气得猛一拍桌子，站了起来，指着阎俊臣大声喝问："你在长滩乡干的坏事，以为我不知道吗？"

阎俊臣一听，如五雷轰顶，知道事情已经败露，便双腿跪在桌前，说："卑职违犯了军纪，听凭处治！"

童宇石等人见状，连忙为阎俊臣说情作保。贺龙对他们说："你们的好意，我领了，但军法谁也不能犯。我不能因为阎俊臣是我的亲戚，对他姑息迁就……"说完就命人将阎俊臣看押了起来。

不久，阎俊臣被处决了。童宇石等人深深敬佩贺龙公正无私的品格，老百姓把他大义灭亲的高风亮节广为传颂。

为了百姓，为了革命，贺龙不徇私情的大义之举不止一次。1929年冬天，贺龙在桑植领导农民打土豪、分田地，建立苏维埃政权。当时，有个名叫贺文志的叛徒在洪家关一带危害人民，与区苏维埃政府作对。区苏维埃政府抓住了他，缴了他的枪。贺文志的叔父——洪家关的豪绅贺士光知道后，自认为是有声望的族老，从贺家辈分来说，还要算贺龙的叔叔，便穿上长袍短褂，坐着卧篷轿子到县苏维埃政府找贺龙求情。贺龙将贺士光当面训斥了一顿，并通知洪家关区苏维埃政府把贺士光抓起来惩办。洪家关区苏维埃政府根据贺龙的指示，利用场（集）期，公审枪决了贺士光，并发动农民抄了贺士光的家，组织红军战士打开谷仓，把贺士光剥削农民得来的粮食全部分给了穷人。老百姓欢呼雀跃，一致称赞贺龙不徇私情，是真正为穷人办事的人。

浑身闪耀着党性的光辉

贺龙在长期的革命实践中，克己奉公，廉洁自律，以高风亮节弘扬了我党我军的优良作风，树立了真正的共产党人的光辉榜样。

贺龙始终把自己看作普通一兵，严守纪律，先人后己，从不搞特殊。

长征路上，贺龙率红二、红六军团攻下了湘中重镇溆浦，缴获的战利品中有一批珍贵的钟表。按照规定，这批钟表先由后勤部登记造册，再交敌产接收委员会按实际需要审核发放。

贺龙的警卫员小唐送文件时，见后勤部正在清理缴获的钟表，他知道贺龙的那块表给一个团参谋长用了，便说明原因，给贺龙挑选了一只金表。回到总部，他一边把金表递到贺龙手上，一边说："这是我给总指挥代领的。"

贺龙左看右看，啧啧称赞道："好表，好表，还是瑞士进口的呢！"他猛然想起了一件事，"接收委员会的批准通知单呢？"

小唐说："我已请后勤部同志代办，过两天送到。"

"不行，不行。"贺龙摇头不迭，"这是先斩后奏。这表，我不能要！"

"你是总指挥，又确确实实用得着表，先拿后批又有什么关系？"小唐颇不以为然。

贺龙一脸严肃地说："正因为我是当总指挥的，更不能利用职权破这个例！马上把表送还后勤部，然后去接收委员会给我报一块表，等批准通知单下来了再去拿。"

小唐答应了一声就走，刚到门口，贺龙喊住了他，问："缴获的手表有多少只？"

"有十来只吧，还有好几个会叫的闹钟哩。"

"手表，我就不要了，给我报个闹钟吧。"

小唐真有点儿难以理解，忍不住问："小巧玲珑的金表不要，要那笨头笨脑的闹钟干吗？"

贺龙语重心长地说："长征刚起步，小巧玲珑的手表对第一线的各级指挥员来说太需要了，可惜太少了，一定要先给他们用。"

1937年秋，贺龙在延安开会时，旱烟叶用光了，警卫员叫后勤人员买了一些烟叶。贺龙得知因自己生活费已用光，这烟叶是用公款购买的，便沉痛地检讨说："我贺龙犯了挪用公款之罪啊！"事后，贺龙硬是要从每天3钱油、7钱盐、一斤米的生活费中扣除出来这笔烟叶钱，为此，他还亲自与司务长制定了一个加倍节省的个人生活开支"合同"：每顿饭给他减盐、减油、减菜，有时坚持一盘菜吃一两天，甚至就吃"白饭"，不吃菜。就这样，他坚持了两个多月，硬是从微薄的生活费中省出钱来，把烟叶款如数还清了。贺龙如此这般"自罚"，对身边工作人员的震动很大，在延安传为美谈。

湖南省桑植县解放不久，贺龙妹妹贺满姑的儿子向楚才徒步去重庆看望贺龙。久别重逢，百感交集，一见面，向楚才喊了一声舅舅，就热泪盈眶了。贺龙见到亲人，也掉下了眼泪，但马上紧紧握住外甥的手，说："楚才，你妈妈的遗愿，在毛主席的领导下实现了。今天，我们舅甥还能相见，就是万幸！"与向楚才同去的还有另外几位烈士子弟。贺龙特意请他们在家里吃了顿饭，并介绍其中几人到位于重庆的革命大学学习。向楚才也想留在重庆找个工作，于是就请求舅舅做介绍。贺龙语重心长地说："你就不要留下了。你熟悉家乡的情况，回去把村里的农民组织起来，办好农会，继续当农民，这就是你的工作。"向楚才听了这些话，怎么也想不通。他觉得贺龙是自己的亲舅舅，母亲为革命牺牲得那么惨，贺家的亲人几乎被杀尽了，自己以前受尽了人间苦难，现在好不容易盼来了解放，应该舒服一些才对，怎么舅舅还让自己回乡下当农民呢？贺龙耐心地劝道："楚才，你是烈士的后代，我的外甥，就更应该听毛主席的话，跟共产党走，绝不要留恋城市。"经过贺龙的说服教育，向楚才想通了。不久，他遵照舅舅的嘱咐，返回了家乡。以后的几十年，他牢记贺龙的教诲，始终坚持在农村生活和工作。

贺龙的旧居被土匪烧毁了，中华人民共和国成立后，家乡人民出于对贺龙的热爱，准备照原样修复。贺龙知道后，写信说："不要修了。是否可以修一所学校？"后来，他在接见桑植县委负责同志时，一再强调不要修复他的旧居。

贺龙爱好钓鱼,中华人民共和国成立后,他常去北京龙潭湖垂钓,回来后,将大一点儿的鱼都分给身边的工作人员吃,自己只留几条小鱼做汤喝。到了年底,他就要问警卫参谋自己一年共钓了多少斤鱼。有一年,警卫参谋回答有百把斤鱼。贺龙叮嘱:"平时钓上来的鱼,你们要叫人家过秤称,才有准确的数字。这次送200元给龙潭湖渔场,一定要问人家鱼钱够不够。"其实,当时活鱼的市场价为七八角钱,而贺龙是按比市场价格高一倍的钱付给了渔场。

贺龙坚持参加党小组生活和支部活动。有一次,同志们考虑到他工作繁忙,开党小组会没有通知他。他知道后,批评说:"开小组会为什么不通知我?是共产党员就要过组织生活,你们不让我参加是不对的。在长征途中,我和马夫、伙夫编在一个党小组,马夫担任组长。他叫我张贴标语、搞宣传,我非常高兴,提起糨糊桶就走。今后,你们也要分配我参加一些活动和工作。"

贺龙心怀坦荡,朴实谦虚,从不摆架子。

1942年的一天,任弼时和贺龙一起去中共中央西北局开会。因为任弼时的司机不在,临时让一位姓周的司机开车送他俩去。车子开出延安,在上一个山坡时,突然出了故障,抛锚了,老周急忙下车检查。

任弼时和贺龙也下了车。老周焦急地检修着,好一阵没修好,心里有些发慌,头上冒出了豆大的汗珠。

贺龙不知道临时换了司机。这时,他看了看表,怕耽误开会,就带着火气冲老周说:"当司机的不事先检修车,这是失职!"老周望了望贺龙,老实地点着头,心里不是个滋味。

"这车原本不是他开的。"任弼时轻声告诉贺龙,"今天是临时抓老周的差,他开的是别人的车,没有来得及检查。"

贺龙听完解释,郑重地拍拍老周的肩膀,诚恳地说:"我批评错了,让你受委屈了,我向你道歉!"老周不好意思地说:"那我也有责任,车是我开出来的嘛!"贺龙笑了,风趣地说:"好嘛!我们都要从严要求。"

当然,车不久就修好了,两位首长最终按时赶到了开会地点。

成都刚解放不久的一天晚上,东胜街沙利文礼堂灯火辉煌,喜气洋洋,成都市各界名流济济一堂,参加成都解放庆祝晚会。应邀出席晚会的除了熊克武等上层军政人物外,还有文艺界著名人士刘成基、周企何、贾树三、李德才、邹忠新等人。贺龙笑容满面地与大家亲切握手，轮到与刘成基握手时，旁边有人介绍说："他就是川剧名小丑，艺名叫'当头棒'。"贺龙哈哈大笑，说："'当头棒'！这个名字取得好嘛。当头棒就是敲警钟，新社会也需要敲警钟嘛！"贺龙走到邹忠新面前，握着他的手问："你是演什么的？"邹忠新回答："我是打金钱板的。"贺龙说："四川的金钱板好得很，紧凑而有气势，唱英雄人物、战斗故事，最合适了！"接着，贺龙高声对大家说，"旧社会，你们受的苦太多了！现在，你们是国家的主人了，挺得起腰杆了！"后来，许多老艺人每每谈起贺龙，无不深为感动。邹忠新说："旧社会，哪一个瞧得起我们哟。解放了，我们不仅能和熊督军等著名的川军将领坐在一起，还能与贺老总有说有笑。他直来直去，向我们问寒问暖，是如此地平易近人，一点儿也不摆大首长架子，只与我们见面一次，就把我们的名字记住了。"

贺龙考虑问题一向以大局为重，以革命需要为出发点，从不计较个人得失，具有坚强的党性原则。

1949年10月，中共中央决定时任西南军区司令员的贺龙率军担负解放陕南、川北的任务。在决定贺龙带哪支部队入川之前，毛泽东曾经征求贺龙的意见。贺龙经过综合考虑，选择了第十八兵团。有人不解地问："老总，你为什么不带自己带出来的部队进川呢？"贺龙十分严肃地回答："为什么一定要带我从前领导的那些部队入川呢？军队是党领导的，不是我贺龙个人的。如果我不带十八兵团，非要带自己带出来的部队，那我贺龙就不像个共产党员了。"

贺龙为中国革命立下大功，但他从不居功，从不宣传自己。

为迎接中华人民共和国成立10周年大庆，党中央、中央军委决定筹建中国人民革命军事博物馆。军事博物馆建设期间，贺龙多次来馆审查布展情况。众所周知，贺龙是"八一"南昌起义的主要领导人之一，其作用和影响是很大的，但他从不谈自己的功绩。有一次，当他审查军事博物馆的土地革命馆，见到南昌起义的陈列时，说："南昌起义是中国共产党领导的人民革命武装向国民党军队打响的第一枪。宣传'八一'南昌起义，主要是要宣传中国人民在中国共产党领导下以武装革命反对武装的反革命的斗争，不能把我突出出来。"贺龙还多次明确强调在陈列展览中要从我

风 范

军整体出发,突出中央红军,摆正各方面军之间的关系,从而加强军队之间的团结与统一。

20世纪50年代末,经典歌剧《洪湖赤卫队》作为湖北省向国庆10周年献礼剧目进京演出,并取得巨大成功。《洪湖赤卫队》上演之后,贺龙多次对该剧组的演员说:你们要唱毛主席,唱共产党,唱洪湖人民,不要唱贺龙。

20世纪60年代,有一次,贺龙外出时,嘱咐身边负责警卫的杨青成:"咱们可不能讲阔气。你们这些人总跟我想的不一样,就是总想让我吃点儿、喝点儿、穿点儿,还要坐这个公务车搞特殊。"杨青成解释说:"你是革命老前辈,是有功之人嘛。"贺龙听了,不高兴地说:"主席、总理才是真正有功的人。你们要好好学习毛主席、周总理,他们生活多么简单!"

贺龙自奉清俭,不搞特殊,对于革命队伍里的歪风邪气,坚决反对,绝不姑息。

1941年至1943年,是八路军最困难的时期。贺龙与战士们一样,寒冬腊月还穿着单薄的衣服。一天,贺龙冒着风雪前往临县兵站检查。当快到临县货栈的村子时,贺龙看见一个身穿狐皮大衣、浓妆艳抹的女人。在抗战最困难的岁月,军民吃不饱、穿不暖,这是哪里的人,穿得如此奢华?贺龙越看越觉得不对劲。他来到这个女人面前,问:"你叫什么名字?"那女人漫不经心地答道:"石礼香!"贺龙又问:"你在哪里工作?爱人叫什么名字?""我在货栈工作。我爱人叫魏国真,是兵站站长。"那女人得意地回答。贺龙听后,飞快赶到临县,立即打电话给临县县长,要求马上撤掉魏国真的职务。他说:"八路军、老百姓食不饱腹,衣不裹身,忍饥受冻,他的老婆打扮得像资本家的太太,简直不像话!他老婆身上的东西是哪里来的?还不是因为魏国真是兵站站长,手中有权,化公为私。共产党的干部要带头吃苦耐劳,如果谁利用手中的权力损害党的利益,损害人民的利益,我们决不允许!"临县县长按照贺龙的指示撤了魏国真的职务,更换了兵站站长,保障了军需物资的安全。

1946年秋天,贺龙住在晋西北的蔡家崖。一天下午,他刚从前线归来,秘书便告诉他,晚上县城大戏台演出《血泪仇》,问他去不去看。贺龙很喜欢看戏,他只知道县城西关操场上有个土堆戏台,却从没听说过有什么大戏

贺　龙

台，便惊奇地问："什么大戏台？"秘书告诉他是新建的，在县城中心。贺龙决定去看个究竟。

吃过晚饭，贺龙骑着马出发了，只20分钟就到了大戏台前。贺龙坐在第一排，把台上的设置看得清清楚楚。在当时，这个戏台是十分阔气的了。贺龙问陪同的一位当地负责同志："建这戏台是哪儿拨的款？"那位负责同志回答："没拨款，是修河坝剩下来的。"贺龙一听，脸色顿时沉了下来。

原来，汾河水连年威胁城关居民的安全，行署特地拨了3000石小米①修筑一道护城坝。大坝筑成后，还余下300石小米，于是建了这个大戏台。

听完这位负责同志的汇报，贺龙一言不发，大口大口地抽着烟斗。他回想起曾听人反映，行署的某些领导大吃大喝，铺张浪费，在群众中影响很坏，当时因忙于前线战事，他没顾得上解决，此时跟这大戏台联系起来，不是很能说明问题吗？这股歪风不及时刹住，会给革命带来多大的损失呀！贺龙想到这里，便再也坐不住了，对那位负责同志说："走，咱们到外边看看。"

一离开戏场，贺龙就严厉地批评道："你们知道现在是什么时候吗？你们以为打垮了小日本，就可以享享福，讲讲排场了？"他的右手使劲一挥，严肃地说，"不对！蒋介石手里拿刀要杀人了！我们怎么办？毛主席说，'针锋相对、寸土必争'，在这个时候，你们却花费那么多小米建大戏台。西关的土堆戏台不是一样能用吗？日本鬼子把好多老乡的窑洞门窗都烧了，他们还住着敞窑，为什么不把这些小米拿给他们修简易门窗？同志，这种歪风必须得刹住啊！"

此后不久，在贺龙的倡导下，晋绥边区开展了反对铺张浪费的群众运动。老百姓都高兴地说："贺老总刹歪风，抓得真及时啊！"

老战友关向应对贺龙的高尚品德曾做过这样的评价：老总在最困难的时候，总有办法，而且每当艰苦危险的时候，他也最乐观，最守纪律，最关

---

① "石"是古代容量单位。从抗战时期开始，小米曾一度作为中国财政收支计量单位。抗日战争和解放战争时期，各根据地和解放区分别发行币值不同的货币，加上物价波动，所以，财政预决算和供给标准均以小米计算。这种方法形成了习惯，于1949年以后的一个时期依然沿用。1950年，全国物价稳定以后，小米制逐渐取消，改用人民币计算。至1952年年底，全国范围内以小米为计算单位的方法彻底停止。

心别人。为什么能这样呢？因为他对党最忠诚，浑身闪耀着党性的光辉！

"依靠自身努力，做有用之人，行大义之事才是根本"

贺龙对子女要求很严格，十分注意在日常生活中对他们的教育。贺龙曾对子女说："依靠自身努力，做有用之人，行大义之事才是根本。不要求你们成名成家，也不要想去做什么大官，但必须拥有一技之长，这样，于己、于国家都有利。"

贺龙是贫苦农民出身，深知粮食来之不易，一直倡导节俭。在湘鄂西革命根据地时期，条件十分艰苦，贺龙与广大红军指战员有盐同咸、无盐同淡，一道节俭过日子。中华人民共和国成立后，条件有了好转，但他吃饭仍然十分简单，常年都是每顿饭两盘菜。如果视察部队，他总是和战士们同吃、同住，一直保持老红军的光荣传统。3年经济困难时期，贺龙对自己要求更严了。他患有很严重的糖尿病，需要增加营养，但他不许多吃肉类，只吃素菜。有一次，他见厨师把老的菜帮子扔掉了，便捡起来，让厨师做了给他吃。厨师担心他的牙齿不好，嚼不动，他却意味深长地说："那要比长征时吃野菜好得多吧。要知道，现在国家有困难，要节约。"后来，厨师把那些老菜帮做馅儿，包菜团子给他吃，他总让孩子们也吃，而且边吃边教育说："你们要和人民共甘苦啊！"平时，每次吃饭时，贺龙要求孩子们嘴巴不能发出声响，饭没咽下去之前不准说话。他要求孩子们的碗里不许剩饭粒，桌上不许掉饭粒，吃完饭，还得自己把碗筷洗干净。他教育家人说："一粒粮食，一粒汗，要懂得去珍惜。"贺龙身体力行，孩子们也耳濡目染地养成了节俭的习惯，全然没有铺张浪费的行为。

贺龙给子女定下一条规矩，要与普通群众一样，老老实实做人，认认真真做事。1942年，贺龙与薛明结婚后不久，贺龙就离开了延安，赶赴前线。紧张的战地指挥生活，使这对新婚夫妇少有短暂的相聚，多是长久的离别。儿子贺鹏飞出生时，贺龙已经50岁了。儿子出生后不久，贺龙有一次路过延安薛明和儿子的住处，如果不是警卫员提醒，他也许就疾驰而过了。薛明抱着儿子在路边等贺龙，贺龙在卡车上伸出手来握握儿子的手，只说了句：

"长大了当兵。打完仗再见！"然后就驱车远去了。贺鹏飞少年时穿的衣服几乎都由父亲的旧军装改成。孩子们在上学读书期间，贺龙又立下一条规矩，不允许以父亲的名义向学校、组织要求特殊的照顾和待遇，如果有这种行为发生，全家都应鄙视。贺鹏飞上初中时，有一次踢足球，导致腿部骨折。照理说，父母心疼都来不及，可是，一个星期后，贺龙就让打着石膏的儿子去学校。贺龙自然不允许儿子坐自己的专车，就在街上包了一辆人力三轮车，每天负责接送儿子上下学。贺鹏飞拄着拐杖坐在三轮车上，全然没有因为是元帅的儿子而觉得不自在。有老战友感到贺龙不近人情，贺龙却说："儿子本来就是普通一员。再说，正好借机让他受到磨炼，将来也好独当一面，把未来的路走得更好。"1958年，学校里进行劳动教育，贺鹏飞在校内打铁，回家后，累得手指头都展不开。贺龙摸着儿子的手掌摇头，说："不行，还得继续锻炼。"后来，儿子手上磨起了一层层老茧，又把一双手伸给爸爸看。贺龙满意地笑着说："嗯，有点儿成绩了。"贺鹏飞第一次报考清华大学失利，眼巴巴地等着父亲出面帮忙。贺龙告诉儿子："要想实现人生理想，唯一的办法就是继续努力，再没有第二个途径。"明白了父亲想法的贺鹏飞在清华附中复读一年后，终于如愿以偿。

贺龙要求孩子们不能丢掉日常的基本礼仪。有一年在重庆，恰逢贺龙父亲贺士道的忌日，他把子女们召集起来，逐一对搁置在窗台上的贺士道照片磕头跪拜。他说："这不是封建迷信，而是对长辈的追思和悼念。尽管离去的老人不可能知道在祭奠他，但后人不能失去感恩之心。父母给了我们生命，大家才会有今天。"贺龙倡导的孝道被儿女们很好地继承下来。到了贺鹏飞这一辈，形成了一种习惯：兄弟姐妹中每天必须有一个人在家陪老母亲吃饭。

贺龙还注重鼓励孩子们锻炼身体。孩子们初学游泳时胆子小，贺龙就搬来凳子，坐在游泳池边看，还鼓励他们往水里跳，说喝几口水就会了。女儿贺晓明学跳水时，被水灌得恶心欲吐，不想再学了，可是在爸爸的一再鼓励和督促下，她坚持了下来，很快就学会了。贺晓明年少时，总是给人腰伸不直的感觉。贺龙多次提醒后无果，就训导女儿说："做人，坐得有个坐相，站得有个站相，这不只是雅不雅观，而是个精气神的问题。小小年纪就弯腰驼背的，那怎么行？"他责令女儿每天必须靠墙站立一个小时进行自我矫正。贺晓明到了晚年身板依然挺拔，无疑少不了父亲的功劳。

对儿女，贺龙虽然严厉，但无时不表现出厚重的父爱。一次，他用小尺子责打年幼的贺晓明，不料被女儿重重地咬了一口，因而落下"笑柄"：在战争年代没怎么受过伤，在和平时期反而被女儿咬伤了手臂。对儿女的爱，贺龙往往用爽朗的大笑来表达，而且时常边笑边竖起大拇指，以示赞扬。孩子们考了好成绩，他笑；孩子们射击水平得到提高，他笑；孩子们在运动会上拿到名次，或者在游泳时超过了他，他也会笑。在繁忙的工作之余，贺龙还尽可能抽时间陪伴孩子。他领着一家人去观赏《天鹅湖》，儿女们看不懂，他会事先详细地介绍剧情。儿子组织一帮同学踢球，只要他有时间，一定会到场呐喊助威。

2015年初夏时节，贺晓明回到家乡谈及家风，深有感触地说："父辈的言传身教，悄无声息地影响了我们一生。"

陈　毅

"一喜有错误，痛改便光明"

陈毅有诗曰："一喜有错误，痛改便光明。"陈毅一生光明磊落，胸怀坦荡。他不但敢于坚持真理，而且勇于修正错误，从不文过饰非，正如他自己所说："我从不向敌人低头，但对自己的同志，我常常自我批评，很愿意低头，胜利时如此，不利时也是如此，即使失败，亦是如此。"

1929年，毛泽东和朱德在红四军具体的领导体制方面发生了激烈的争论。6月22日，陈毅主持红四军在福建龙岩召开第七次党的代表大会，本想以会议形式解决这次分歧，到后来却通过决议否定了毛泽东的大部分意见。这虽然是集体意见，但陈毅基本上是赞成的。最后，在未经中央批准的情况下，会议改选了前委书记，由党中央指定的前委书记毛泽东落选，陈毅当选。为打破僵局，陈毅采取了主张对毛泽东、朱德"各打五十大板"的调和折中方式：给予毛泽东党内严重警告处分，给予朱德党内警告处分。会后，毛泽东离开红四军，在贺子珍等人陪同下前往中共闽西特委驻地上杭县蛟洋指导地方工作。

陈毅对这场争论的性质认识并不十分清楚，相对来说，他更赞成朱德的意见。他知道，在未经中央批准的情况下改选前委书记，违背了党的组织原则，就一再申明，他主持的前委只能算是"过渡内阁"，一切由中央决定。恰巧，7月传来中央指示，要求红四军派人去上海汇报工作。陈毅指定朱德代行红四军前委书记一职，自己秘密前往上海。

来到党中央，他多次聆听周恩来等中央领导的教诲，又阅读了中央文件及各地红军报送来的材料，思想发生了突飞猛进的变化。站在党的事业全局的高度看这场争论，陈毅犹如醍醐灌顶，豁然开朗。8月29日，陈毅全面、如实地向中央政治局进行了汇报，坦诚地表达了对毛泽东的支持。他的汇报使党中央对红四军的情况有了全面准确的了解。党中央被他坦诚无私的品格所感动，委托他起草中央给红四军的指示信，史称"九月来信"。

10月，陈毅带着中央的"九月来信"，离开上海回到红四军。中央为化解陈毅与毛泽东的矛盾，有意将他调离红四军。陈毅坦荡地说："我要回四军去。七大没有选毛泽东担任前委书记，我有责任。解铃还须系铃人。我回去后，立即请他担任四军前委书记。我完成了这个任务后，再听中央调动。"

回到红四军后，陈毅得知有许多支部提议请毛泽东回来主持前委工作，但毛泽东回信说，他反对敷衍调和、模棱两可的"陈毅主义"，不打倒"陈毅主义"，他不回来。此时，陈毅已经深刻认识到自己所犯的调和折中的错误，并说："毛泽东批评得对，'陈毅主义'是非无产阶级的东西，我和大家一道来打倒'陈毅主义'！"陈毅与朱德商量后，立即给毛泽东写了一封信，真诚地检讨自己的错误，并请毛泽东回来就任红四军前委书记。陈毅还公开和前委的同志们说："七大没开好，责任在我，由我来检讨。"

毛泽东得知中央的指示是中央在听取陈毅汇报后做出的，不由得对陈毅产生敬意——否定别人容易，否定自己难啊！他看了陈毅自我批评的信后，决定马上回到红四军。他马不停蹄地从上杭蛟洋回到长汀红四军军部，与朱、陈会合。3个人都当面诚恳地做了自我批评，他们的手紧紧握在了一起。

对于这段历史，谭震林在1954年4月2日的华东局扩大会议上发言："我觉得陈毅同志在我们党内有3次贡献。……第二，七次大会到九次大会之间是中国革命很重要的关键，虽然犯了一些错误，但是如果没有他到上海把中央的精神带回来，中国今天究竟怎么样就很难说……"

很多同志亲耳听到陈毅多次就红军初创时期与毛泽东的分歧一事做自

我批评，听得多了，有的同志反而有些不理解。一次，王智涛与陈毅聊天时问："红四军那点小事，你为什么检讨个没完？"陈毅郑重地说："那可不是小事！当时，我年轻幼稚，没有认识到毛主席的正确伟大，说错了话，举错了手。后来的革命实践证明，党和军队离不开毛主席，中国革命的胜利是靠毛主席英明领导才取得的。如果当时我没有执行中央指示把毛主席请回红四军，那中国革命不知还要走多少弯路，不知何日才能成功，那我陈毅岂不成了千古罪人？这个教训刻骨铭心。这种错误不能重犯。所以，我要经常想，经常讲，既告诫自己，也教育大家。"

1940年10月，黄桥决战胜利后，中国共产党为了团结各阶层人士共同抗日，建立苏北抗日民主政权，在陈毅领导下，于11月15日在江苏海安召开了为时一周的苏北临时参政会。出席会议的有海安、江都、高邮、东台等10余个县推荐的各阶层代表约380人，其中上层爱国民主人士占多数，共产党员仅72人。会后，东台县代表施文舫到司令部拜访陈毅，在谈话中向陈毅反映：东台潘厂区委委员谭启明作风不好，有贪污腐化行为，瞒上压下，在群众中造成很坏的影响。施文舫为人真诚坦率，提意见时很激动，对陈毅说："你是新四军的将军、苏北东进抗日指挥官，对这样的坏干部，怎么不管？"陈毅看了他一眼，说："怎么！你来责备我？"陈毅说话本来就声音洪亮，加之当时带有反问的口气，施文舫听了，一下愣住了，心想：原以为陈毅虚怀若谷，看来并非如此。于是，他不再多言，转身拂袖而去。

当晚，陈毅想起了施文舫和自己的谈话，反躬自省，觉得自己当时说话态度有问题；施文舫作为党外民主人士，能不计个人得失，敢于批评和反映共产党干部的缺点和错误，这是对我党的爱护，是维护我党的威望和声誉。陈毅想到这里，便独自来到施文舫的住地，却没能找到他，问了其他代表，方知他当晚便回家了。陈毅随即来到大会秘书处找到施家的住址。

次日，天刚亮，陈毅早饭都没顾得上吃，就带了两名警卫员心急火燎地步行30多里，来到与海安毗邻的东台县施文舫家。施文舫听管家说陈毅带着两名挂有盒子枪的新四军战士上门来的消息时，心中暗自吃惊，认为来者不善。妻子责怪他不该多管闲事，惹祸上门。他说："我反映的问题是事实，看他对我奈何？"说罢，便硬着头皮去见陈毅。

陈毅看到施文舫出来了，立即主动上前，抱拳打招呼："施先生，打扰了。昨天，我对不起你，今天给你道歉来了。"施文舫没想到陈毅会亲自登门道歉，激动地连声说："不敢当，不敢当！"他把陈毅请至客厅上座，说："陈将军，我昨天不告而别，乃是以小人之心度君子之腹，惭愧呀，惭愧呀！"

陈毅在与施文舫的交谈中，再次阐明了共产党的干部政策，表明对谭启明的问题一定要查办的态度，并希望人民群众对共产党的干部严加监督，使这些干部能更好地为人民服务。听了陈毅一席话，施文舫又高兴，又敬佩。陈毅临走时，紧握施文舫的双手说："今天，我为交到你这位诤友而高兴。如果我们根据地的爱国民主人士都能像你这样，为了人民利益敢说真话，使我们的队伍更加纯洁，我们一定能够夺取抗日战争的胜利，我党和我们的国家一定会兴旺发达。"

事后，陈毅亲自交代东台县委对谭启明的问题严加查处。不久，谭启明受到撤销区委委员的处分，降职到川岸乡当指导员。

后来，陈毅与施文舫常有书信来往。陈毅63岁生日时追忆这段往事，信笔写下了："难得是诤友，当面敢批评。有时难忍耐，猝然发雷霆。继思不大妥，道歉亲上门。于是又合作，相谅心气平。大大开生面，红日散乌云。"表现了无产阶级革命家的博大胸怀。

抗日战争胜利后，黄克诚率领新四军第三师进军东北，途经山东临沂，与陈毅相见。陈毅在送行时，当着罗荣桓的面诚恳地对黄克诚说："过去我有批评错的地方，请你多加原谅。例如曹甸战役，我和少奇没有认真听取你的意见，坚持要打，结果没有打下，我军伤亡很大。最后批评你三师配合不力，撤了你的职，其实责任在我。"陈毅还说，当时，"不看你的功劳，指责你态度不好，指责你把问题直捅延安……是我有错，向你道个歉"。分手在即，陈毅竟然说出道歉的话，还是为了多年前的曹甸战役，这让黄克诚十分惊讶和感动。

1946年，陈毅担任山东野战军司令员。8月初，所属第八师奉命行军到达泗县以北，与第九纵队共同担负攻占泗县城的作战任务。然而，由于种种主客观原因，这一仗虽然歼敌3000多人，但我军伤亡巨大。因为未能打下泗县城，部队元气受到挫伤，失望和埋怨的情绪笼罩在指战员们的心头。10月4日，陈毅亲自致信第八师指战员，主动自我检讨，承担责任。他在信中坦诚地说:"这次仗未打好,不是部队不好,不是师旅团不行,不是野战军参谋处不行,主要是我这个统帅犯了两个错误:一个是先打强,即不应打泗县;一个是不坚守淮阴……我应以统帅身份担负一切,向指战员承认这个错误……"陈毅在信中以战区最高统帅的身份主动承担了攻打泗县作战失利的一切责任,其检讨言恳意切,毫不推卸责任,令部队官兵十分感动。第八师广大指战员怨气顿消,以此为训,更严格地检查自己,从兵力部署、战术运用到战斗指挥等方面找出失利的原因,总结出以鲜血和生命换取的沉痛教训。此后不久,第八师迅速补充了弹药与兵员,经过一段时间的休整,在宿北打了一个大胜仗,又在鲁南战役中打了一个大胜仗。

1949年5月下旬,上海解放。当时,第三野战军领导向聂凤智军长率领的第二十七军转达了党中央的指示:竭尽全力保护好住在上海的民主党派领导人和一些知名的爱国人士。护卫宋庆龄住宅的警卫连从干部到战士,无不敬称她为"国母",对自己所承担的任务感到非常光荣。上级指示他们要严查进出宋府的人员,以防坏人闹事,但因层层传达,曲解了原意,变成了"只准出,不准进"的一道不通情理的命令。这天,宋庆龄与徐悲鸿的夫人商谈速建妇联之事后,乘车返回自己家时,被警卫战士挡在门口。警卫战士说:"按命令行事,只认通行证,不认人。"坚决不准"国母"进家门。宋庆龄生气地叫司机把车直接开到第三野战军司令部,向第九兵团政委郭化若叙述了情况。郭化若听了,准备请示陈毅司令员后,自己护送宋庆龄回家,可是,怎么也找不到陈毅。宋庆龄想到上海刚解放,陈毅肯定日理万机,件件事情都要亲自落实,于是,她心平气和地笑着说:"这点小事麻烦你们真不好意思,不必再惊动陈老总了。"当宋庆龄由郭化若陪同回到自己住宅时,却见陈毅和聂凤智早已急切地站在宋宅门前迎候了。陈毅一见到宋庆龄,便毕恭毕敬地行了个军礼,非常认真地说:"孙夫人,为难您了。我刚开完会,在车上听说了这件事,便和老聂特地赶来向您赔礼道歉。"宋庆龄非常感动,连声说:"这是小事,小事。"陈毅握着她的手,笑着说:"我和老聂讨论了,仅是狠狠批评警卫连还不行,我俩应该为您站一班岗,才能引起他们的高度重视。"

中华人民共和国成立初期,陈毅审阅青年军人沈默君创作的电影剧本

《渡江侦察记》后，觉得写渡江战役只反映一支侦察小分队的活动，意义不大，不值得花费几十万元拍电影，于是指示不要搞这个剧本了，让作者另写一个主题深刻的剧本。正当沈默君烦恼之际，陈毅又请他前来相见，并当面收回自己的决定。原来，陈毅了解到群众对否定剧本一事议论纷纷，作者为创作剧本付出了极大的辛劳，文艺专家和群众都很推崇这个剧本，便真诚地检讨了自己的失误。陈毅说：我这个司令员有点儿官僚主义，没有调查研究的发言太主观了。我一个人的脑袋就那么大，哪能七十二行样样都在行？不懂就是不懂，老老实实地学……更不能因为我是首长，我说的话就成了宪法。事后，陈毅同作者一起认真讨论剧本，还建议作者增加了游击队长刘四姐这个人物，使剧本更加丰满和完善。

1952年年初，华东军区开展了"三反""五反"运动。当时，军区组织部门下发了一个统计表并打来电话，要求各部队摸底排查，上报"打虎"对象情况，规定"打虎"对象应占干部总数的1%—2%。华东空军政委王集成看了电话记录和统计表后很反感，信口骂了一句，发了几句牢骚。不知何人把这件事反映到了军区政治部，政治部又报告了陈毅，说王集成对运动不积极，有抵触情绪。不久，陈毅在军区团以上干部大会上做动员报告。他根据组织部门提供的材料，批评了王集成。会后，王集成找陈毅当面把事情的前后经过做了解释。陈毅听完，马上把政治部主任和组织部部长叫来，在全面了解情况后，严厉批评组织部是"乱弹琴"。他说："运动还没搞，哪里有什么底？有一个'老虎'就打一个，没有就不打！不能搞人人过关。既不能漏打，也不能错打，哪能定什么指标！明明是你们的土政策引起下面不满，你们还汇报假情况。"说完，陈毅站起来，向王集成深深鞠了一躬，诚恳地说，"集成同志，你是对的。我没有做调查研究，偏听偏信。我批评错了，向你认错道歉。"王集成连忙站起身，说："我也有错，不该骂人、发牢骚。"过了几天，陈毅在另一次团以上干部大会上重提此事，再做自我批评，又向王集成敬了一个军礼，赔礼道歉。大家都说："这样的领导，还能有谁不服呢？"

1958年，陈毅接任外交部部长时，正值开展"反右倾"运动。当时，外交部把乔冠华列为重点批判对象。陈毅初来乍到，听信汇报，批判乔冠华是赵匡胤式的人物，还给予乔冠华以"党内严重警告"处分。然而一年过后，陈毅在实际工作中对乔冠华的为人处事、思想作风等有了全面深入的了解和认识，深感自己当初对乔冠华的批判是错误的，于是，他除了在一些会议上认真地进行自我批评外，还当面向乔冠华承认错误，赔礼道歉，希望乔冠华不要计较。陈毅这种坦率承认错误和知错必改的高尚品质和风格，不仅令乔冠华非常感动，而且被传为美谈。后来，陈毅与乔冠华在外交部共事多年，成了无话不谈的挚友。1971年10月25日，第26届联合国大会恢复了中华人民共和国在联合国的合法席位。中央组团参加联合国大会，毛泽东亲自点将乔冠华任代表团团长。此时，病中的陈毅抑制不住内心的喜悦，特意让妻子张茜安排家宴为代表团饯行，并请来叶剑英、王震等作陪。陈毅深知乔冠华的酒量，也知道乔冠华爱喝茅台，便让张茜准备了好几瓶，以便让乔冠华一醉方休。遗憾的是，身体遭受癌细胞侵蚀的陈毅不能尽兴豪饮。陈毅的高风亮节使乔冠华刻骨铭心。1972年9月，乔冠华第二次率团参加联合国大会之前，陈毅已经不幸辞世。忆往事，乔冠华心如刀割，念挚友，他热泪盈眶，情不自禁地写下了一首《怀人》诗，作为永远的怀念："去年出国时，萧瑟门前柳。落叶下长安，共饮黄花酒。今年出国时，景物仍依旧。不见去年人，泪湿青衫袖。"

"我要为众人，营私以为羞"

陈毅常说：干部亲属和好友的言行，在群众中有很强的说服力。"我要为众人，营私以为羞。"这句话正是陈毅对待自己和亲属们的准则。

上海解放之初，美蒋对上海实行海上封锁，上海物资供应的来源受到严重威胁，给上海经济造成很大困难。中共上海市委决定咬紧牙关，厉行整编节约。陈毅身体力行，带头参加整编节约运动。他在一次党员大会上说："我们自己首先紧缩，把肚皮束紧，少享受一点，少开支一点，拿出二万五千里长征的精神来克服困难。"他带头在军管会机关食堂改吃大灶。在他的带领下，高级军政干部无一例外改吃大灶。陈毅和大家一样，每人每次吃饭时掏出一张大灶就餐券，领一份菜、一碗饭，而就餐券还是利用国民党丢弃的成堆旧照片切小后印制成的。事情虽小，但对机关干部震动、教育很大。政府机构实行精简,陈毅对管理员说:"我是上海主要负责人。我天天在外面做报告,动员教育大家增产节约、精兵简政,首先应该从我开始精兵简政。"他建议把警卫班从16人减到5人。保卫部门没有照他的意见办,他对此很不高兴,严肃批评说:"精简机构是全党的事,必须严格执行!"市委副书记刘晓考虑到上海刚解放,敌情比较严重,便劝道:"陈总,他们这是为您的安全考虑。"陈毅说:"要为全党事业考虑,不要为我个人安全考虑。"后来,他以司令员的身份,下命令把自己的警卫班从十几人减少到了五六人。

陈毅的日常吃穿都十分简朴。据他的警卫员回忆,在战争年代,部队发什么,他穿什么,平时总是穿一件杂布衣服,冬天只有一件棉背心,连一件像样的棉袄都没有。用的就更简单了,除了一条从国民党军队缴获的旧毛毯外,其余的同战士一模一样。中华人民共和国成立初期,陈毅平日穿的都是极普通的军装,即便在担任国务院常务副总理兼外交部部长后,平日里也是衣着随便,除了参加外事活动和会议外,夏天总是穿一身旧布衣,冬天则是穿一身咖啡色灯芯绒罩衣,洗得褪了色,袖口上还打着补丁。在吃的方面,陈毅从不讲究,常常和普通工作人员一道用餐,在家也只有几盘小菜和辣椒下饭。

陈毅公私分明,最反对假公济私。1951年后,陈毅的工作重点是在南京主持华东军区工作,他把家迁到南京后,就立即把在上海的住宅交了公。其实,他当时仍任上海市市长,还经常来上海主持工作,但他严格要求自己,坚决执行制度,不占两地房。他每次调动工作,除自己心爱的书籍以外,其他东西一概不带。每次搬家,他都让把公家的东西留下来,不带走。他说,我是共产党员,不能把国家的东西搬走,占为私有。到北京后,陈毅全家一直住在中南海的几间平房里,一个很小的套间就是他办公和住宿的地方。从1954年10月担任国务院常务副总理起,到1958年兼任外交部部长,他就在这小套间里为人民日夜工作,协助毛泽东和周恩来处理党和国家的大事。1958年后,为了工作方便,他搬到周恩来办公室的耳房办公。身边工作人员见这间房子太小,建议用国务院给他安排的宽敞的办公室,但他怎么也不愿意。他对工作人员说:"这间房子小是小点,但当面向总理请示工作方便,我看很好,不要再搬来搬去了。"他也不允许为自己添置新办公用具，一切因陋就简，办公桌是旧的，椅子也是旧的，甚至连沙发也不愿意要。他说："我是共产党员，不能为个人需要而慷国家之慨，乱花国家的钱。"调到中央工作后，陈毅便提出他的供给关系不要军委负责，要由国务院负责。工作人员说这不是一回事嘛。他说不一样，军队的工资高于地方的工资，在军队领工资要比在国务院领的多，并耐心地解释说："我在军委是兼职，主要做国务院的工作，所以应该在国务院领工资。"1956 年冬，中央决定派陈毅去某国访问，服装已经制成。陈毅由于患病，未能成行，他立即指示工作人员，制装费用全部由自己负担，如数退给承办单位。陈毅说："我们决不能占公家的便宜！"有时因工作需要，在家中举办招待便宴，陈毅也都自己付款。

陈毅不仅自己以身作则、率先垂范，而且对亲属严格要求，不允许他们受到特殊照顾。

上海解放后，陈毅当上了全国最大城市的市长，一些亲朋好友来找他，有的要他介绍工作，有的找他解决具体困难。对此，陈毅的态度是："你们远道而来，住上十天、半个月，我欢迎，但要我介绍工作，你就是说上十天、半个月，我也不会同意的。因为我是共产党员，遵行的是党性原则，不能搞封建社会的那一套。"还有亲友想请陈毅代他们向领导提出一些个人要求，陈毅回答得更干脆："我不能插手。你们自己去找组织嘛。"

陈毅不仅对家乡的亲友是如此态度，就算是对老岳父，也不允许有特殊关照。陈毅夫人张茜是湖北汉阳人，她父亲于中华人民共和国成立前在汉口打工，一直住在一间破旧的小屋里。中华人民共和国成立不久，中南军政委员会秘书长张执一特地交代工作人员为老人找住处。交际处先把老人接到招待所暂住，想找到房子后再搬。时任华东军区司令员兼上海市市长的陈毅得知这件事后，立即打电话给张执一，感谢中南军政委员会副主席邓子恢和张执一对老人的关心，同时诚恳地说："但是，我不能领情，不能说陈毅的岳父就应该特殊照顾，千万做不得！我陈毅不能搞特殊化，请莫害我去做检讨啊。"在陈毅的一再坚持下，老人又回到原来的简陋小屋里居住。

过了一段时间，张茜的父亲从武汉到上海看望女儿和女婿，在女儿家里住了一阵子。当时实行供给制，陈毅一家的吃、穿、用都由国家供给，老人住在这里,国家就要管他吃、用,陈毅便想动员老人早点儿回去。陈毅把自己的想法告诉了张茜,张茜表示赞同,于是,夫妻俩开始做老人的思想工作。起初,老人满脸不高兴,觉得女婿是上海市市长、野战军司令员,这么大的官,在女儿和女婿家住一段时间,吃几顿饭都不行吗?陈毅耐心地对岳父说:"共产党与国民党的官老爷不同。国民党时,谁当了大官,亲戚朋友找上门来,都可以当官,骑在人民头上作威作福。我们是共产党,共产党的干部是为人民服务的,是人民的勤务兵,职位越高,越要以身作则,严格要求自己,只有这样,人民才会拥护我们,国家才会兴旺。"听了女婿诚恳的话语,老人的心情缓和了许多。见老人心情好转,陈毅接着说:"我知道您老人家是爱护我们、支持我们的,我带头把工作做好,上海市人民才高兴。我不能以身作则,己不正,岂能正人?工作做不好,您老人家脸上也无光啊!"陈毅的一席话让岳父连连点头称是。第二天,岳父就高高兴兴动身回老家了。直到老人失去自理能力,陈毅才派人把他接到北京一起生活。

即便对自己的亲生父母,陈毅也是一视同仁,甚至还多次"约法三章"。

1950年春,组织上为了照顾陈毅年老多病的父母,把他们接到上海。陈毅见到父母,那个高兴劲儿就甭提了,他在一阵嘘寒问暖、拉家常之后,便安顿父母在家中住了下来。平时,陈毅和张茜工作都很忙,陈毅好不容易才抽出一个周日,专门陪双亲在市内游览了大半天,后来就再没有时间陪父母了。

陈毅的父亲在家待不住,灵机一动,想出妙法,即每到周六下午就给在上海工作的侄子陈仁农打电话,请他作陪游玩。陈仁农每接到电话,就向单位请半天假,还私下叫陈毅秘书备好车。就这样,他们一连游玩了3次。伯侄俩约定:千万不能让陈毅知道,一定要保密。到了第四个周六,两人早早约好第二天要去大海边观光。谁知中午时分,陈毅突然给陈仁农打电话,叫他下午不要再请假,还说请他下班后到家里来吃晚饭。陈仁农知道伯父和自己的"秘密行动"露馅儿了。

那天晚饭后,陈毅先是背起手来在客厅里踱方步,从容平静的神情中露出些许严肃认真,但他还是尽量缓和气氛,笑着说:"我们开个家庭会吧,有些话,我不得不讲一讲……上海刚解放,社会治安还很乱,一批批特务都暗暗对着我来。你们瞒着我私自外出是不对的，不但给保卫人员增添麻烦，万一出现什么状况，更加不利于安定民心呀……"最后，陈毅对父母坦率地提出，"你们也要遵守革命纪律……我们来个'约法三章'，好不好？一、不得随意动用公车；二、不要借用我这个市长的名义外出办事；三、没有特别的事，不要随意外出。"陈毅的父亲听罢，一边叹息，一边笑道："我们'遵命'就是了。只是你那第三条太厉害了！刚到这儿来实在不习惯……我在老家多自在，四川的茶馆是个最自由的天地……"

在陈毅如此"约法三章"的约束下，父母在上海住了3个多月，见儿子、儿媳工作实在太忙，不愿再增加他们的负担，加之确实不习惯大城市的生活，便想要回老家。陈毅送别父母时，既风趣，又认真地说："你们回去了，以后随时还可以来。但这一次'约法三章'的前两条，在何时何地都不能改呀！记住，那可是支持儿子的工作啊！"知子莫如父，"挺"子也莫如父。陈毅的父亲自那次家庭会后，严格要求自己，从没违约过。分别时，他笑道："娃，你放心吧，老子终生不给你丢脸就是了！"陈毅满意地点点头，深情地与二老话别。

当时，陈毅的妹妹陈重坤也跟随父母从四川来到了上海。她以为哥哥是上海市市长，可以靠他享福了，谁知住了一段时间后，陈毅就要她去独立工作，并动员她去报考学校。陈重坤想进大学读书，就请哥哥写个条子，或给有关单位打个招呼。陈毅坚决不同意，说："这样的条子，我不能写，这种招呼，我也不能打，我是共产党的上海市市长嘛！你有本事，自己去考，考不上就回四川。"陈毅了解妹妹的学历后，建议她报考卫校，她答应了。经过考试，陈重坤被录取到上海市卫生人员训练班，毕业后，被分配在上海卫生防疫站工作。两年后，陈重坤还是想上学，正巧上海办起了速成中学，于是，她又要求哥哥介绍她去学习。陈毅语重心长地说："那些能上速成中学的都是解放区的有功之臣，你怎么能和他们比呢？"1954年，陈重坤在南京结婚了，夫妇俩住在一间20平方米的平房里，后来有了孩子，再加上公公婆婆等，一家6口人挤在一起。为此，1964年，陈重坤写信求哥哥跟有关方面打个招呼，调整一下住房。陈毅去南京出差，专门把陈重坤夫妇叫来，批评说："你们有困难，应向组织反映。我们都是共产党员，现在正是国家困难时期，应该为国家分担困难，不能增加困难。"就这样，陈重坤

风　范

一家在这间平房里一直住到1969年调离南京时。

　　1954年，陈毅任国务院副总理，从上海调至北京工作和居住，便催促父母再来逛逛京城，甚至干脆一起住在北京养老。两位老人来北京后，一住就是3年，可是，两位老人住久了又开始眷恋故土，加之不习惯北方的气候和生活，于1957年第二次回四川并定居成都。临别时，陈毅想到双亲年迈，以后见面机会不多了，不禁百感交集，依依难舍，对二老说了许多关切的话语。最后，他对父母说："别人都很尊重你们，把你们当作革命的老人。你们这次回去，我又想到三条，不知道能不能行？"父亲理解儿子，笑眯眯地问："又有'约法三章'？好，说给我们听听。"陈毅和颜悦色地开口直言："一、回川衣食住行全部自理，不惊动当地政府；二、做普通的公民，不惊动邻里；三、坚持原则，不为亲友的无理要求牵线搭桥。"两位老人听后不住地点头，齐声说道："应该！应该！你娃就一百个放心吧！"陈毅还特地嘱咐送行的负责同志，千万不要惊动当地领导，并特意交代：一、把两位老人直接送到妹妹家，不要惊动四川省委；二、找普通民房住，不得向机关要房子；三、安家事宜自行解决。工作人员送两位老人回到家乡后，就依照陈毅的意见租了3间小房，由亲属们帮着打扫安置了一下。对于这样的安排，陈毅很满意。老两口儿就和普通老百姓一样在此默默地住了好几年，没有惊动任何人。除了部分亲友外，谁也不知道这里住着的两位老人就是共和国元帅陈毅的父母。驻成都部队和成都市委的领导没有一个人知道陈毅的父母就住在成都，直到1959年周恩来路过成都，向当时的成都军区司令员贺炳炎问起陈毅父母的情况时，他们才知道此事。

　　陈毅是个孝子，可惜数十年不是为民族解放而征战南北，便是为国家发展日理万机，很少能够抽出时间来尽孝道。1962年，陈毅随周恩来出访归国，途经成都时，带夫人张茜抽空去探望父母。那时，他母亲已年过八旬，重病在身，住在成都弟弟家中。母亲由于病重，时常小便失禁。这天下午，陈毅和张茜进到母亲房中，恰逢母亲刚换下一条尿裤。母亲见儿子到来，自然欣喜无比，但又不想让儿子、儿媳见到尿裤，便不停地挥手、使眼色，要侍候她的侄女把尿裤藏起来。侄女一时慌了手脚，急急忙忙将尿裤扔到床下。见此情形，陈毅好生纳闷儿，便上前拉住母亲的手，问："娘，您把啥子东西扔到床下了？"接着又问表妹，但她俩都矢口否认。陈毅弯下身去，要看个究竟。母亲见瞒不住了，只好说出实情。陈毅听罢，感慨道："娘，您久病卧床，我没能在您身边侍候，心里真有说不出的难受。这裤子应该马上拿去洗了，还藏着干什么？"表妹听了这话，拿出尿裤便往外走。陈毅笑着边把尿裤抢过来，边说："我母亲的病如此沉重，平时不知给你们添了多少麻烦，今天，就让我去洗吧！"表妹急了，怎么也不让，陈毅的母亲也赶忙劝阻。陈毅动情地说："娘，我不是说着玩儿的，您就允了吧。我小时候，您不知给我洗过多少尿裤啊。今天，儿子就是洗上10条尿裤，也报答不了您的养育之恩！"接着，陈毅又对张茜笑道，"我们家乡有句俗话：'婆媳亲，全家和。'你这个平常不能照顾婆婆的媳妇，也该尽点孝道。今天，我们俩一起来洗这条裤子好不好？"张茜低头直笑，一家人也都笑了起来。于是，陈毅和张茜一起动手为母亲洗了尿裤和其他一些衣物。亲自为母亲洗尿裤，虽然不是什么大事，但也充分体现了陈毅的拳拳孝子之心！1963年春，陈母不幸去世，陈毅处在极度悲痛之中，但因公务，无法回家乡奔丧，便给大哥写了封信："我已遵嘱寄600元做母亲后事料理费，又每月寄60元给父亲做开销。全国仍在克服困难中，希本此精神不再要省方补贴，至要至要。否则蒙格外照顾，于心不安，且难逃'五反'。希大哥、三弟、三姐、漱秋不要怪我。我一生都想努力克己、守纪律、不愿累公家，此是实言语也……"

"满招损，谦受益；终日乾乾，自强不息。"

在陈毅的办公桌上，有一个大铜墨盒，上面镌刻着他的手迹："满招损，谦受益；终日乾乾，自强不息。"这是陈毅为自己写下的座右铭。陈毅一生虽功勋卓著，却从不居功自傲，不愿意别人宣传自己，很好地实践了自己的这个座右铭。

对于自己参与指挥的淮海战役，陈毅评价说："有些外国人说我陈毅能文能武，打过淮海大战，其实我还有一点自知之明：淮海大战的胜利是由毛主席亲自制定方案、亲自指挥的嘛！是不怕牺牲的战士们用枪杆子打出来的嘛！是一心支前的人民群众用小车推出来的嘛！"在提到和他一起组成总前委的几位领导时，陈毅说："那时候，总前委的班子是刘伯承、邓小平同志，

风 范

谭震林、粟裕同志和我。邓小平同志是总负责的。邓小平同志、刘老帅都是有极其丰富的战斗经验的。拿华东部队来说，所进行的一切战斗和工作，首先都是依靠毛主席的革命路线、依靠他的一整套战略和战术、方针和政策。至于我自己，在政治工作上，依靠的是谭震林同志；在军事组织指挥上，依靠的是粟裕同志。不妨说，我也只不过是这么一个点点头、摇摇头的司令嘛！"

上海解放初期，陈毅担任市长时，有个秘书总对他说："你的决策太英明了！""你的批示太正确了！"……陈毅总听到这些恭维的话，便决定换掉秘书。他认为秘书恭维自己虽非有意加害，但一个人若听不到不同意见，难免要犯错误。后来，陈毅对新秘书提出的第一个要求就是要敢于提出不同的意见。

普陀区选举陈毅为人民代表。他在会上说，全体代表对我信任，这种信任不是我个人的，而是给我们共产党的。这种信任是党的光荣，也是我个人的光荣。在庆祝中华人民共和国成立时，报纸上要介绍陈毅的革命事迹，他坚决不同意，严肃地说："我们为革命做点工作，是毛主席领导的结果，个人有什么功劳？不要吹嘛！"报社几次三番派人来采访，实在拖不过去了，他就亲自写了一篇关于如何改造旧上海的文章。出版社要出一本解放上海的画册，要用他的照片，他也不同意："不要突出我个人嘛！"他身边的工作人员在回忆文章中说："陈毅同志胸怀磊落，严于责己。无论是大、小会上或是个别谈心，不管是对领导干部还是对青年学生、一般群众，他从不隐讳自己的缺点，总是讲自己的不足，用自己的历史经验教育干部和群众。这些，我们真不知听过多少遍。"

1951年夏，电影《南征北战》的编剧们想请陈毅为这部剧的剧本把把关。当时，陈毅既是华东军区暨第三野战军司令员，又是上海市市长，工作非常繁忙，但他仍然非常高兴地答应了。听完剧本的介绍，陈毅在指出剧本存在的概念化、简单化问题后，又着重强调说："有些对话，请你们务必修改，不要提我陈毅的名字，也不要提陈司令、陈军长，统统改成部队通用的首长称呼。仗不是我陈毅一个人打的，是第三野战军全体指战员打的。我陈毅一个人能消灭敌人60万吗？显然不能够。胜利归功于毛主席伟大的军事思想，归功于大家。个人在革命中的作用总是有限的，我陈毅不

陈 毅

能贪天之功为己有，我的作用也就是那么点子，沧海一粟，微不足道。夸大个人作用就会脱离群众。我们共产党人从来只承认马克思的存在决定意识，只承认时势造英雄的说法，而不赞成一个英雄能造就整个时势的说法。你们剧本中要好好写写那些冲锋陷阵的共产主义战士。"

1956年，南京军区剧作家顾宝璋、所云平等创作了多幕话剧《东进序曲》。该剧在北京演出期间，南京军区政治部主任肖望东在北海附近的三座门招待所召开了一次座谈会，并专门邀请陈毅参加座谈。在剧中，作者通过敌人的口，说出了"陈毅有大将风度"这样一句台词。陈毅听后，指着老部下肖望东严肃而幽默地说："你这个肖主任哎，怎么能让剧本写出这样的话呢？你让我陈毅听了往哪里钻呀？我要钻到桌子底下去了！叫我脸红呀！请你和作者商量一下，一定要把这句话改掉。"座谈会后，他又特地找到肖望东，说："'东进'是党中央、毛主席的指示，这你是知道的。要多歌颂党中央，歌颂毛主席，剧中自始至终都不要提到陈毅的名字。"作者听了陈毅的话，深受感动地说："从实际来看，打胜'东进'这一仗，的确显示了陈老总的非凡魄力和杰出的领导才能。陈老总不愿意提到他的名字，这种谦虚的品德真是值得我们学习啊！"

1959年10月，陈毅回到阔别36年的家乡。家乡人民看到他回来，非常高兴。当时正值公社里建成一座石桥，为了表达对陈毅关怀家乡的感激之情，公社领导决定把这座石桥取名为"将军桥"。陈毅知道这件事后，马上找来公社领导，对他们说："共产党不兴这一套，党纪更不允许。我陈毅从前也就是一个捡狗粪、放牛的娃子。真正值得歌颂的是劳动人民。是劳动的双手创造了世界、改造了世界，我们还要用艰苦的劳动去建设共产主义哩！我看这桥叫'劳动桥'，好不好？"他还诙谐地说，"修这座桥，我可没有沾边呀！我没参加过修桥的劳动。万万不能把我同桥联在一起。"

陈毅很早参加革命，先前还颇醉心文艺，有较深的功底，加之后来不辍努力，随手写出的诗词作品渐多，许多诗词在社会上有所流传。中华人民共和国成立后，陈毅的诗作更引人瞩目，并有出版社郑重建议出版，但是，此举被陈毅婉拒了。陈毅担任上海市主要领导期间，时任上海市统战部负责人的周而复就曾在与陈毅谈到文艺问题时，建议他编选一本诗集。陈毅推却说："还不到编选出集子的时候，要反复修改，等将来再说吧。"

风 范

　　1957年年初，毛泽东的一组旧体诗词在《诗刊》集中发表，引起了社会各界的极大关注。一时间，这类诗词的写作颇为兴盛。董必武、朱德等老一辈革命家写作并发表了很多旧体诗词，陈毅这段时间也写出多首诗词。楼适夷当时担任人民文学出版社副社长、副总编辑职务，与许多文化人一样，颇爱读陈毅的诗歌。因为喜欢，他便着手收集陈毅已经发表或已在社会上传播的作品。经过一段时间，一批陈毅诗作被集中了起来。待收集到一定规模后，楼适夷便致奉一函，附上这些作品的抄本，寄请陈毅审定，希望能获得出版的授权。没想到，陈毅婉拒了出诗集的请求。陈毅在给楼适夷的复信中说："来信收到。你社要为我出'诗集'，真吓我一跳。我的诗真可以成集吗？在这点上，我尚未下决心……"

　　虽然陈毅婉拒出版自己的诗集，但他的许多作品还是在社会上产生了很大影响，不仅一些新创作的诗词常有发表，就连他早期的一些作品，媒体也通过各种形式使之与读者见面。陈毅去世后，许多人热情地希望陈毅夫人张茜能把陈毅的诗词整理出版，但距陈毅逝世不过70天，张茜也被确诊为肺癌。在这样的情况下，编好陈毅诗词成了病重的张茜有限生命中的最重要任务。1973年年底，张茜终于编辑完成这部诗词选集，并于1973年11月写出一篇感人肺腑的序言，详细地陈述了编选过程。这部诗词选集编就后不久，张茜便离开了人世。这部集子，在"文化大革命"正盛之际当然不能出版。粉碎"四人帮"后不久，《陈毅诗词选集》出版发行，一时间，许多新华书店门前排起了争购的长队。陈毅那些洋溢着豪迈正气、清新健朗的诗词作品，被广大读者醉心吟诵，其中许多篇章至今仍熠熠生辉。

尊重爱护知识分子

　　陈毅常说：知识分子绝大多数是爱国的，爱我们的中华人民共和国，愿意为人民服务，为社会主义国家服务。我们尊重知识分子是完全应该的。没有知识分子，革命就不会胜利，社会主义建设就不可能取得巨大成就。我们尊重专家，专家对我们的事业是很宝贵的。陈毅是这样说的，更是带头这样做的。他多年来正确地、模范地执行党的知识分子政策，在中国的广

陈 毅

大知识分子中享有崇高的威望，形成了广泛而深刻的影响。他曾被毛泽东赞誉为"天才的统一战线的执行者"。

上海刚刚解放时，周恩来就说：上海不仅在工业、商业方面是占了全国总量的一半，人文荟萃，文教事业上也是"半壁江山"。可见，上海工作对于稳定全国、对于中共工作中心的转移有着举足轻重的示范效用。

为了有效地开展工作，陈毅在上海树立了"团结面越宽越好"的原则。他高度重视上海知识分子工作，在四大接管系统中，他亲自任文化接管委员会主任，并经中央同意，专门从香港调回熟悉城市工作、文化工作的潘汉年任上海市常务副市长，调回中共老资格的经济学者许涤新协助曾山处理经济工作，调回中共的文化工作者、作家夏衍任负责实际工作的文化接管委员会副主任。他告诉夏衍，要教育我们的干部与上海知识分子打交道"不要急躁，更不得粗暴"，一定要"礼贤下士"；有事要亲自登门，千万不要一个电话打过去，叫人家到机关来谈事。陈毅说到这些细节，是他认为与知识分子相处要懂得一个基本的道理："我们尊重他们，他们才会尊重我们。"

接管上海后，为了避免发生"野有遗贤"的现象，陈毅指示夏衍拟写一个他以上海市市长身份与上海文化界人士座谈的出席者名单。夏衍为了保险，搞了一个范围很广的名单。陈毅看后，把潘汉年找来做进一步商量，不仅没有删除名单里的人，而且在对名单充分研究后又进行了细致的增补。他说，范围广点儿好，都要请嘛！他语重心长地对夏衍说："这是我第一次与上海文化界见面，要讲讲党的政策，让大家安心工作，所以要记住团结面越宽越好。你们这些老上海要胸襟宽大，不要因为过去有过什么思想上、感情上的纠葛而抱成见，过去他骂过你一句，你嘘过他一声，这都已经是过去的事了，千万不要因为你们做了'当权派'，就可以报一箭之仇。凡是愿意为新中国服务的，一律要团结。社会上地位相同的人，请了这个，不请那个，人家就会生气，这就是古话说的'一人向隅，举座为之不欢'。我们每一个人都要照顾到。"

也就是在这次座谈会上，陈毅敞开心扉与上海文化界人士交心。他说："我这个共产党人，不是天生的，我也算是知识分子出身。我翻译过波德莱尔的诗，写过小说、诗文。我个人的改变就经历了3个阶段：开头是地主出身，信孔夫子那一套；后来接受了新思想，改信了'德先生、赛先生'，变成了资产阶级民主主义者；最后，从法国勤工俭学回来，经过矛盾、消沉、碰壁，才选择了革命的道路，确立了共产主义信仰。这几步，我走得都不容易，有别人推动，也有环境的逼迫。"他说的不是训话，不是自得，而是促膝谈心。上海文化界的名流遂对陈毅有了一番深刻的了解，也被他的人格魅力所吸引。

夏衍也叹服陈毅为人的真诚。陈毅还对夏衍说："有人把上海的接管概括为'接、管、清、改'4个字，这是先接后管，然后再清理、改造，这个秩序一般来说是可以的。但在文化界，我看，'清'和'改'要特别慎重，不要图快，更不要性急，急了就会出毛病、误大事。做统战工作，特别是对知识分子，先要交朋友、谈心，让他们敢讲真心话，不入耳之言也要听，骂娘也不要紧，可怕的是他们有话不讲，放在心里，形成怨结。"

陈毅说："上海的文艺界千富万富，最珍贵的财富还是人才。"如果说以最大的诚意团结所有可以团结的人，使上海知识分子对陈毅有了一番深刻的了解，那么，大度为怀，尊重知识，礼贤下士，善交朋友，是陈毅赢得知识分子敬佩和爱戴的根本原因。陈毅主政上海期间，对待广大知识分子，总是虚心求问学术上的问题，充分尊重他们的知识才华，同时，作为领导人，又处处关心他们的生活和工作。

旧上海有个交响乐团，也是当时中国唯一的交响乐团。上海解放后，军管会有人主张将这个交响乐团予以解散，理由是："花钱养这么个洋玩意儿有啥子用？"陈毅指示，不仅要保留，而且要搞得更好。他说："交响音乐是全世界的共同艺术财富嘛！上海这样的城市应有一个自己的乐团。"当时，乐团所在地环境较差，在一个菜市场的楼上，嘈杂混乱。陈毅亲自过问和催促，使乐团搬进了一座花园洋房。以前，乐团指挥都是外国人。陈毅得知青年音乐家黄贻钧作为将登台指挥的第一个中国人的消息后，立即亲临现场予以支持。有一次，陈毅专门请交响乐团为中共上海市党代会演出，有的人以"我们是工农干部、大老粗，对这玩意儿听不懂，也不感兴趣"为由，中途开始三三两两地退场。陈毅立即叫工作人员锁上了剧场的大门。中场休息时，他告诫大家要尊重艺术家的劳动，听不懂，也要静下心来慢慢体会。黄贻钧等全团艺术家得知这件事后非常感动，立即现场演奏了革命乐曲。上海交响乐团自1881年成立以来，从来没有演奏过中国乐曲，这次，他们演奏的是《新四军军歌》和《秧歌舞曲》，那些听不懂的干部耳朵竖起来了，听得热血沸腾。全场掌声雷动。陈毅满意地对身边的同志说："看到了吗？你尊重了人家，就能感动人家，人家就能让你听懂了。以后，交响乐可以演奏中国乐曲，但我们要有音乐的耳朵，要听懂西洋乐曲。"

道路工程专家赵祖康大学毕业后，又去美国专门研究道路工程，1931年回国后，他抱着"交通救国""工程救国"的宏愿，四处奔波，却到处碰壁，抱负始终没有实现。后来，他返回家乡，在上海当了工务局局长。1949年5月，上海解放前夕，国民党上海市政府当局在仓皇逃跑时，把代理市长的头衔安在赵祖康的头上。上海解放的第二天下午，赵祖康带着旧市政府工作人员，在市府大厦前等待新市长陈毅接管。赵祖康又喜又忧：喜的是，自己听从共产党的号召，为上海的解放做出了应有的贡献；忧的是，自己作为旧政府的要员，会不会得到谅解和宽容。就在他忐忑不安的时候，陈毅满面笑容地向他走来，亲切地和他握手，向大家庄严地宣布：上海解放了，从此将开始一个伟大的变革。陈毅要求大家服从命令，各安职守，好好移交，协助接管，并郑重地说："共产党是不会埋没人才的，对旧政府人员，将量才录用。"和大家见面之后，陈毅又和赵祖康促膝谈心，问他有何想法。赵祖康想到自己毕竟是国民党的高级官员，提出办完移交，想离开政界，到大学教书。陈毅觉察到他心里有疑虑，就笑着连连摇头，说："赵先生，不要有其他想法。你不跟他们（国民党）走，留下来是对的，国家需要人才，你可以发挥自己的专长。我们想请你继续担任工务局长的职务，为上海市政建设贡献力量。"接着，陈毅向赵祖康询问了许多有关上海市政建设的具体问题。谈话结束时，陈毅握着赵祖康的手，非常诚恳地说："请相信，我们是能够很好合作的。"后来，赵祖康将要代表上海科技组织出席在北京召开的全国自然科学工作者大会，而工务局的人事安排尚未就绪，他对此放心不下，临行前，向陈毅提出，等他回来再做最后决定。陈毅非常尊重他的意见。赵祖康开完会一回到上海，陈毅就主动去工务局与他商量，采纳了他的意见。陈毅还特意挑选了一名懂业务的党员干部协助赵祖康工作。陈毅对这名干部说："你一定要尊重赵先生，搞好关系。"事隔多年，赵祖康还常对人说：陈毅那句"我们是能够很好合作的"感人肺腑的话，在他一生中许多重要时刻都起过作用，帮他做了一种选择，历史证明，选择对了！

马一浮，6岁赋诗，15岁应县试获第一名，20岁起先后到美国、德国、日本留学，研究西方文学和哲学，是第一个把《资本论》带到中国的人。他是一位有民族气节和政治傲骨的儒学大师。孙传芳驻杭州时，以五省联军大帅身份亲访。马一浮让家人明确告之："人在家，就是不见。"抗日战争时期，蒋介石在重庆邀见他，他赠蒋"诚恕"二字，力陈一致御侮意见。

中华人民共和国成立后，陈毅来到杭州，专门去拜访马一浮。当时，马一浮正在休息，家人想唤醒他，被陈毅制止。家人请陈毅进屋，陈毅怕打扰了马一浮，就站在屋檐下。后来下起小雨，待马一浮醒来将陈毅请进屋时，陈毅的衣服和鞋子都已湿了。陈毅的敬重谦逊之举，令马一浮十分感动。陈毅表示，新中国百废待兴，急需像马一浮这样的爱国学人弘扬民族文化，并深情地说："过去人家掌权，您老不出山是对的；现在人民做主人了，您老能作壁上观吗？"于是，马一浮出任了华东军管会文化委员。此后，陈毅来杭，常去拜访马一浮。两人之间有不少往来诗词，成为挚友。

晚清及民国耆宿张元济是中国出版史上的标志性人物。陈毅闻听这位商务印书馆的董事长卧病在床，便前去探望，张元济感动得热泪盈眶。这时，陈毅才49岁，而张元济已是83岁高龄。以后每逢张元济生日，陈毅必送蛋糕祝贺。不过，两个人的关系不仅仅是这样的一种"客套"，而是真正的尊重。上海刚刚解放时，商务印书馆几近破产，经济困难，工资也发不出，张元济向陈毅提出向政府贷款旧币20亿元。陈毅原本可以划拨贷款了事，但他认为帮忙要帮到点子上，即"授人以鱼，不如授人以渔"。陈毅跟张元济仔细分析造成商务印书馆困难的原因，研究改善经营之道。陈毅诚恳地说："如果我说人民银行没有20个亿，借不出来，那是骗你老前辈了。你这么大年纪，为了文化事业跑来，理应借给你，但是，我想，还是不借为好。20个亿搞到商务印书馆，一下子就花掉了，却解决不了实际问题。听说现在商务印书馆那些编辑天天打扑克、唱歌、捅炉子、烧枣子吃，只愿搞学术丛书，不愿搞通俗读物，这样不要说20个亿，200个亿也没有用的。要你老先生到处借钱度日，我很感动，但也很生气。我不能借，借了是害了你们。"一席肺腑之言说得张老先生茅塞顿开，心悦诚服，钱也不要了，回去就与同人商量如何搞好经营。后来，商务印书馆挺过难关，继续在出版事业上大发展。通过接触交流，张老对陈毅也是真心佩服，逢人便夸。

1953年6月，周恩来倡导在各地成立文史研究馆，以"敬老崇文"，妥善安排"文、贫、老"的知识分子，使老有所养、老有所为、老有所乐。在上海，这项工作由陈毅主持。上海市刚开始设立文史馆、参事室时，市政府只准备给文史馆30个名额、参事室34个名额。陈毅得知后，要秘书长在这些名额后面分别都加个"0"。随后，入选人员迟迟难以落实，原因是统战部门把握尺度过严。这激怒了陈毅，他拍桌子说："你们这些人连蒋介石都不如，蒋介石还把段祺瑞一家养起来呢！怎么会没有人？上海三教九流、遗老遗少、国民党的军政人员多得是，每人每月给八九十或100多元生活费，我们养得起。每月组织他们学习一两次，接受你的教育，有什么不划算？我看这样做有个最大的好处——可以减少一些反革命！"有位颇有名气的文人精通围棋，靠儿子养活。陈毅得知后，便专门到文史馆，对文史馆副秘书长说："你们文史馆不是要人吗？我来推荐一位……"副秘书长听完介绍，连连摇头，说："陈市长，你不知道，进文史馆条件有三：一是文，有文史水平；二是老，必须年满60岁以上；三是贫，生活有很大困难。他还差一个条件，不够老，才56岁嘛。"陈毅风趣地说："你这位同志怎么这样笨，把56岁倒过来，不是65岁了吗？"副秘书长恍然大悟："我懂了！以后碰到这种情况，年龄可以适当放宽。"于是顺利敲定了入选人员。到"文化大革命"前，除去世者外，上海市文史馆还有329人，平均年龄在70岁以上，可谓名士风流，济济一堂。

除了文史馆、参事室，上海的文化坐标还有博物馆、图书馆以及文物保管委员会等，这些地方拥有大批的专家学者和文博人才。对他们的关心和任用，也体现了执政党敬老崇文、弘扬民族文化的理念。上海人文之盛，在陈毅主政期间可谓壮观，如上海市文化艺术工作者第一届代表大会的参会代表共有8个界别、547人，这可以说是上海文化艺术界的一次空前的盛会。

类似上述的事例还有很多。陈毅正是通过和风细雨地开导朋友和润物无声地感染他人，循循善诱，引导广大知识分子不断弃旧图新，投身新社会的文化建设事业。

1954年,陈毅离开上海,赴北京担任国务院副总理,协助周恩来工作。此后,他在主持文教等工作中仍然坚持尊重知识,尊重人才,千方百计地调动群众建设社会主义的积极性。特别是随着党内阶级斗争范围不断扩大、在文教和知识分子问题上也不断出现了基于错误的估计导致的在政策方针上的人为的错误时,陈毅的坚持和仗义执言,显得尤为可贵。

　　1955年,中国民主同盟(简称"民盟")有一个意见被反映到了中共中央。民盟一些人认为,中华人民共和国成立后,执政党对知识分子有"六不"的现象:"估计不足,信任不够,安排不妥,使用不当,待遇不公,帮助不够。"应该说,这些问题在某种程度上确实存在。1956年,中共中央召开关于知识分子问题的会议,周恩来在讲话中对知识分子有一个正确的分析和定性,即"他们中间的绝大部分已经成为国家工作人员,已经为社会主义服务,已经是工人阶级的一部分"。这是陈毅协助周恩来起草的讲话稿,其中包含了要充分发挥知识分子的作用、不断提高他们的政治觉悟,要大规模地扩大知识分子队伍,并尽可能地迅速提高他们的业务水平等想法。应该说,这也是实事求是的思想和做法。

　　1957年,陈毅因病离岗休养,没有卷入反右扩大化的运动中,但事后,他是痛心的,这反映在他的著名的为知识分子"脱帽加冕"的广州讲话中,真是痛定思痛,其言殷切。

　　1962年3月,全国科学家座谈会和全国话剧、歌剧、儿童剧创作的座谈会在广州同时召开。周恩来在两会的报告中重申了知识分子的绝大多数已是劳动人民的知识分子的论断。知识分子们听了这个报告,都感动得热泪盈眶。

　　会上,陈毅仗义执言,坚持认为:"科学家、知识分子是社会主义的科学家、人民的知识分子,是人民的劳动者,是为无产阶级服务的脑力劳动者。工人、农民、知识分子是我们国家劳动人民中间3个组成部分,他们是主人翁。经过了12年的改造、考验,不能还把资产阶级知识分子这顶帽子戴在所有知识分子的头上,因为那样做不合乎实际情况嘛。"

　　陈毅越说越激动,索性站了起来,挥舞着手臂大声说:"你们是人民的科学家、社会主义的科学家、无产阶级的科学家,是革命的知识分子,应该摘掉资产阶级知识分子的帽子。今天,我给你们行'脱帽礼'!"说着,他向全场知识分子深深地鞠了一躬。顿时,全场掌声雷动。继而,陈毅说:"我劝所有做党的工作的同志、做行政工作的同志,在这方面要进行反省,要有自我批评。过去没有从团结他们、体谅他们的考虑出发,有很多事情做得太粗暴、太生硬。"他还真挚地说,"我是心有所危,不敢不言。这个作风不改,危险得很!我们必须转变这个严重的形势!形势很严重,也许这是我过分估计,严重到大家不写文章,严重到大家不讲话,严重到大家只能讲好,这不是好的兆头,将来只能养成一片颂扬之声……危险得很啊!"他说:"12年的改造,12年的考验,尤其是这几年严重的自然灾害带来的考验,还是不抱怨,还是愿意跟着我们走,还是对共产党不丧失信心,这至少可以看出一个人的心! 10年、8年还不能考验一个人,10年、8年、12年还不能鉴别一个人,共产党也太没有眼光了!"他大声疾呼,"今天,我党团结的人不是多了,而是太少了!科学家是我们的国宝!真正有几个能替我们解决问题的人,一个抵几百个!愚昧是个很大的敌人,帝国主义是个敌人、封建势力是个敌人,愚昧——几万万人没有知识、没有科学知识,也是很大的敌人。"

陈毅这篇3万多字的讲话,生动活泼、诙谐风趣、悲愤交集,涉及了党对知识分子的信任问题,涉及了党怎样团结好知识分子的问题,讲得真诚动情,使与会同志深受感动和鼓舞。当年的记录稿注明,在陈毅的这次讲话中,会场里响起了60多次掌声和笑声。

1971年1月,301医院以陈毅患阑尾炎的缘由为其手术,结果发现是结肠癌。陈毅的结肠癌被耽误了,开刀时,发现癌细胞已转移到肝脏,无法切除干净,只有做放射治疗。周恩来打电话给肿瘤医院院长、镭放射研究专家吴桓兴,请他给陈毅进行放射治疗。

吴桓兴每周都要给陈毅做放射治疗,剂量大小、时间长短,完全根据陈毅的病情和治疗的反应来控制。考虑到病人的情绪,医院没有告诉陈毅真实的病情。为了不给陈毅留下问及病情的时间,在治疗中,这位不善言谈的专家说的话比陈毅还多。令他感到安慰的是,陈毅完全听从治疗,从未询问过病情,情绪始终乐观、平稳。

在一次治疗中,陈毅十分认真地说:"吴院长,我问你个问题,你答应不答应给我老实说?"

吴桓兴一听，立即紧张起来，判断陈毅一定会问自己的病情。

"这……首长……"

"哎，你不要叫我首长嘛！叫我陈毅、老陈或者干脆叫老头儿，都行！你告诉我，为什么你要回到中国工作？"

吴桓兴听后，心里这块石头落了地，回答："陈老总，您是了解我们的，华侨是有爱国、爱家乡传统的。在国外经济收入再高、再富裕，政治上总是受歧视，因为什么？就是因为中国穷，被人家瞧不起。华侨天天盼望祖国富强。我就是为这个目的，才放弃了在英国的优裕工作，回到祖国来的。"

"是啊，华侨都是爱国的。"陈毅动情地说，"我再问你一句，好吗？"陈毅见吴桓兴点点头，就坦率地问，"你现在想不想离开？"

吴桓兴是完全信赖陈毅的。他稳定了一下情绪，缓缓讲出一句藏在心底的话："挨骂的时候，就想走了，真想走啊！"

陈毅沉重地点点头，握住吴桓兴发颤冰凉的手，真诚地致以歉意："吴院长，让你受委屈了，真对不起哟！"

吴桓兴急忙摇头，让他受委屈的并非面前道歉的人啊！

"不过，吴院长，你一定要有信心。"陈毅的语气变得激昂而坚定，"我们党的政策不是现在这个样子的！不是要排挤知识分子，不是要排挤华侨的！不是的！"陈毅略微平静了一下，又说，"老朋友，祖国缺少你这样的专家，太缺了！你能留下来，我应代表人民群众、代表我这样需要你治病救命的人给你三鞠躬！你相信我陈毅一句话，党的知识分子政策是任何人篡改不了的！毁灭知识分子的人，最终要受到历史的惩罚！"

吴桓兴眼含热泪，频频点头。他心里一遍遍问自己：陈老总的功劳不大吗？陈老总受委屈不深吗？陈老总身患癌症不痛苦吗？可陈老总不埋怨，不泄气，还是充满信心！是呀，要像陈老总那样，赤子之心，至死不变！

对待干部的严格与厚道

陈毅对党员和干部要求很严格，一再强调："对自己人要求要严一点，否则怎么担当得起领导的责任？"他对那些违反政策、违反纪律的人和事从不宽容，但他那肝胆相照、待人以诚的态度又使人感到宽厚。为此，毛泽东、周恩来多次说过，陈毅最大的特点是善于团结同志。

陈毅是知识分子出身，他根据自己长期的亲身经历和工作经验，经常教育知识分子干部和文艺工作人员要向工农出身的干部、战士学习，学习他们革命意志坚定、作风踏实、生活朴素、吃苦耐劳等优良品质，不断地克服自身的缺点，改造思想，但对少数工农干部轻视、排斥知识分子干部的态度也常给予严肃的批评。

抗日战争时期，在我军与日军的一次作战中，一个没有参加过战斗的连文化教员由于害怕，在枪炮声激烈的时候，躲藏到了床底。战斗结束后，有些人嘲笑他是"怕死鬼"，连的领导干部要求将他调走。针对这件事，在一次排以上的干部会上，陈毅在讲话中严正指出，对这个文化教员加以嘲讽，甚至要把他调走是错误的。陈毅说：没有打过仗的人，第一次参加战斗，心里害怕是不奇怪的，难免的。对一个同志有这种表现加以嘲笑，甚至要把他调走，不是爱护同志、帮助同志的态度。最后，陈毅说，没有战斗经验的同志，第一次参加战斗有点儿心慌不要紧，但要经得起锻炼、考验，越是危急的时候，越要沉着、冷静。这是陈毅对工农干部的教育，更是对知识分子的关心和爱护。那个文化教员和许多文艺工作干部听了陈毅的这次讲话，都深受教育。

中华人民共和国成立前，上海这座城市是中国共产党的诞生地，是全国的经济中心和文化中心及中国工人阶级最集中的地方，又是帝国主义冒险家的乐园。上海解放前夕，毛泽东曾把进上海说成是"中国革命过一难关"。陈毅一直告诫同志们："我们一定要把上海'染红'，绝不能被它'染黑'。"陈毅强调要严守入城纪律，认为这是"入城政策的前奏"。在规定市区作战不许使用重武器的同时，他在《入城守则》中又制定了部队入城一律不得入民宅的规定，并强调说："这一条一定要无条件执行，说不入民宅，就是不准入民宅！天王老子也不行！这是我们人民解放军送给上海人民的'见面礼'！"入城部队严格地执行了这一规定，军、师、团指挥所都设在露天，广大指战员晚上露宿在马路边。市民见解放军睡在马路上，衣服淋湿了，劝他们进屋歇一歇。有的市民烧了茶水、热了馒头前来慰劳官兵，都被婉拒了。这一"见面礼"震惊了上海市民，大家奔走相告：中国共产党确实是全心全意为人民服务的政党，中国人民解放军确实是真正的人民子弟兵。香港、北美、西欧许多国家和地区竞相登载了进入十里洋场的胜利之师——中国人民解放军睡马路的照片。陈毅率领部队以严格的入城纪律，为上海市民送来了一份永垂史册的厚礼，宣告一个新的时期开始了，中国共产党倡导的新风尚在上海开始了。

陈毅对待"自己人"，在涉及原则的问题上，向来一是一，二是二，毫不含糊。上海解放初期，有一位解放军干部开汽车时因红灯受阻，动手打了一位交通警察。陈毅知道后，叫那位干部到自己的办公室来，狠狠地训斥说："入城前的政策教育都忘记了吗？对待俘虏和起义人员的政策都忘记了吗？当了这么多年兵，连《三大纪律，八项注意》都忘记了吗？"批得那位干部连连称是，深刻认识到自己的严重错误，并找到那位交通警察当面赔不是，取得了谅解。有些同志羡慕民主人士和资本家，认为他们吃得好、穿得好。陈毅在一次党内会议上说："你怎么忘了自己是一个共产党员？你一定要住洋楼，可以。我可以给你开个条子去住上海大厦，可是，对不起，你的党籍要开除。"这些批评虽然声色俱厉，却给党内同志敲响了警钟，端正了大家的思想。1952年，上海开展了轰轰烈烈的"三反""五反"运动。在一次会议上，陈毅严肃地问："我们家里有没有'老虎'？！"大家都笑了。有人说："我们全家用的钱加起来也够不上一个'老虎'哇。"陈毅坚持说："不，也要查！"经过认真检查，什么也没查出来。运动结束，他满意地对身边工作人员说："你们都是守法户啊！"

陈毅一向严肃认真地贯彻执行党的路线和政策，并以此教育干部。上海解放后，有一个负责税收的干部为了表现其"革命"，竭力主张要提早结束私人资本主义经济，用查账重罚的办法整垮资本家。这个干部的查账原则是"要在鸡蛋中找骨头"。陈毅知道此事后，批评这个干部说："共产党就是要废除资本主义的，但是，要实现这个历史任务，必须做很多艰苦的准备工作，简单地靠查账重罚，怎能办得到呢？而且，'要在鸡蛋中找骨头'，那就是'无中生有'。这是一种不光彩的做法，这是一种违反党的政策的做法。作为共产党员，怎能这么办呢？"陈毅对待犯了错误的干部总是热情地教育。这个自称"左派"的税收干部在后来的工作中独断专行，多次违反党的政策，多次置市委的指示于不顾，市委撤了他的工作职务。消息传出之后，有几家报社的记者到市委采访，要把这个干部的材料和过错在报纸上公布。陈毅不同意这种做法，并说："这个人的确犯了严重的错误，撤他的职是应当的，但是，在过去，他是为党做了工作的。如果把材料都公布出去，他在政治上不就完了吗？还要给他一条改正的路呀！"这就是陈毅对于犯错误的干部的态度，即始终如一地、一丝不苟地贯彻我党关于"惩前毖后，治病救人"的方针政策。

有一位跟随陈毅多年的老部下进城后，自以为有功，不服从分配，带着一些干部住到了指挥所。陈毅知道后，严肃地说："不像话，叫他来！"那位干部来后，陈毅非常严厉地批评说："你有什么了不起！要不是革命把你带下山，你现在连黄包车都拉不上！"那位干部很惭愧，表示坚决改正错误。他刚刚离去，陈毅就打电话给负责分配干部的同志说："那位同志是个老同志，你们要很好安置一下。"陈毅对一个犯了错误而愿意改正的同志又是多么爱护！

陈毅经常说："我喜欢搞'阳谋'，不搞'阴谋'。"对于干部的缺点和错误，陈毅通常会当面批评和指出，讲究方式方法，使对方心悦诚服。

1957年，第二十三军政治委员陈茂辉患病，从朝鲜回国，住进了北京医院。这时，陈毅和军委总政治部主任肖华也住在这家医院。

有一天，陈茂辉去看望陈毅，恰好肖华也在陈毅的病房里。肖华就向陈茂辉问起部队在抗美援朝战场的情况。陈茂辉汇报说：在我们守卫的地方，群众对我们如何如何，关系很好；部队本身也有做得不够的地方，但总的来说也还算好。无意之中，他也提到了兄弟部队的一些问题。陈毅在旁边认真地听着，一言不发。

肖华因为要参加一个会议先离开了。肖华走后，陈茂辉对陈毅说："我就要出院了。首长，还有什么指示？"

陈毅坐在沙发上，一面抽出一支烟，不住地在小茶几上敲着，一面盯着陈茂辉说："刚才，肖华同志在这里，我没有插话。指示嘛，我先要批评你！"

"呀！出了什么事啦？"陈茂辉暗问自己，感到有些惶惑，嘴上说："老首长批评我，应该嘛！"

"好的，我就批评你骄傲自满！"

"首长呀！我……哪有本钱……"陈茂辉结结巴巴地说。

"那你为什么要在肖主任面前不认真检查自己部队的缺点，却要去讲兄弟部队的什么问题呢？"

"首长……"陈茂辉心里一急，嘴里像含了石子，说话就不大清楚了，"我们和兄弟部队……同属一个兵团指挥的嘛！"

"还是缺乏认识！"陈毅把烟一灭，有些激动地说，"我是外交部长，但还是军委副主席。我在军委本来就听到过关于你们在朝鲜情况的汇报，总的说表现不错，就是干部有点骄傲自满。刚才听你对肖主任讲话的口气，果然有那么股骄傲自满的情绪。"

陈茂辉低头想了一下：可不是吗？肖主任只是一般地问一下自己所在部队的情况，为什么不适当地去说兄弟部队的问题呢？于是，站起来说："我错啦！老首长。"

"好。你回到军部要开展一次反对骄傲自满的学习。领导干部要严格要求自己。你自己先带头检讨一下，并找出和兄弟部队相比的差距。"陈毅又说，"我看过你们的总结。你们以为自己部队思想文化有了提高啦，我看还很不够呢！比如，你们的总结里津津乐道什么'善于突击'，我问你，为什么要用这个词呀？"陈毅又说，"工作嘛，总是要有周密的计划和切实的步骤，怎么老是靠突击呢？也许这并不是什么用词不当，而正是你们错误地把缺点当作了优点！"见陈茂辉不知如何回答，陈毅进一步语重心长地说，"过去，你们部队在长期的国内革命战争中，实事求是地说，也有过不少创举，可就是没有很好地总结。这方面就很不如兄弟部队，要虚心学习呢！当然，这也不能全怪你们，我过去也直接领导你们的嘛，你们没有很好总结经验，我也有责任，没有认真抓，帮助你们也不够。希望你们今后要好好总结经验，要不断有所发现、有所提高、有所前进才好！"

陈茂辉后来在回忆文章中说："陈毅同志给我的一番语重心长的批评和教育，多么使我感动啊！他那肝胆照人、情亲言直的风貌，叫我终生难忘。"

20世纪60年代初的一天下午，陈毅给外交部全体工作人员做形势报告。开始时，他说要先谈一件与形势无关的事情。他说："上午，我一个人去部里各部门走走、看看。在总务司房管处门口碰到一对男女小青年，边哭边吵着要求分给他们结婚用房。他们突然见到我，有点不大自在。看上去胆子大一点的男青年，也许觉得我会帮他们说几句话，让房管处满足他们的要求，便眼泪汪汪地向我诉起苦来，说他俩是3年前大学毕业分配到部里工作的。现在两人都超过25周岁，完全符合法定结婚年龄。半年前开始申请婚房，但房管处一直跟他们左推右挡，含糊其词，就是不肯做出明确承诺。我听后，觉得这件事很有代表性，但没有当场回答他们，想留待现在向大家说说自己的看法。"陈毅环顾了一下会场，接着说，"年轻人结婚要房，合情合理，天经地义。今后，外交部也应该想方设法多造一些房子，满足大家的需要。但小小年纪，就为个人的这点小事哭哭啼啼、怨天怨地，也太过分、太没有出息了！我陈毅25岁时，自己唯一担心的，就是再这样下去，我们中国会不会灭亡，我陈毅会不会当亡国奴，于是，便到处寻找救国救民的真理，先是去法国勤工俭学，回国几年后，又放弃城市生活，上井冈山，把脑壳挂在裤腰带上，打游击、闹革命，好几次差一点就去见马克思了。直到40岁那年，组织上对我说，陈毅呀，你年纪不小啦，该考虑找个对象、成个家了。经组织上提醒，自己才开始安排这件事情。"陈毅话锋一转，说，"当然喽，与战争年代相比，现在各方面都发生了很大的变化。我们不能够、更不应该都要求年轻人40岁才考虑结婚成家。但是比起要干的革命工作来，个人结婚成家总是一件小事吧，怎么可以因为一时分不到房子，就哭哭啼啼地闹情绪呢？要知道，对一个有志于革命的人来说，不论什么年代，也不论什么情况，都应该把革命工作放在第一位。只有这样，才会有出息呀。"

陈毅以自己年轻时为例并联系实际的谆谆教导，使外交部的同志，特别是一些年轻干部深受教育，有些干部事后还做了自我批评，很好地摆正了革命工作与个人待遇的关系。

对于同志们业务水平的不足，陈毅有时会用轻松幽默的话语进行批评，鞭策同志们提高和进步。一次，陈毅把外交部的十几个主要翻译叫去开会，说要听听大家对改进翻译工作的意见和建议。他先对大家表示感谢，接着就表示歉意，因为他说自己已经记不住许多翻译同志的姓名了。听到这段开场白，与会者都很感动。接下来，陈毅说："说实话，我使用不同水平的翻译，自己的感受也完全不同。不少高水平的同志给我当翻译，常常使我觉得像是大热天吃高档冰激凌,痛快得很,舒服极了;而个别稍欠火候的同志给我当翻译,每次都使我感到像是看着一个正处在换牙期的六七岁娃娃,明明吃不动甘蔗,还在那里死咬硬啃。他十分吃力,一旁的我心里比他更吃力。"陈毅的话让大家深有感触,会后纷纷表示要继续努力,争取做到每次都能给陈老总大热天吃高档冰激凌的感觉,而不再让他看见死咬硬啃甘蔗的娃娃的样子。

国际交往中的恢宏气度和谦谦君子之风

1958年2月,陈毅兼任外交部部长。"德不孤,必有邻。"陈毅在对外关系中始终真心尊重他人、平等待人、以德服人,展示了泱泱大国的恢宏气度和谦谦君子之风,在世界上,特别是在发展中国家赢得了朋友、尊敬和信任,这也是无论国际形势如何云谲波诡,广大发展中国家都坚定站在中国一边的重要原因之一。1971年11月,乔冠华从联大回来,对病中的陈毅说:"许多老朋友问候您,说中国重返联大这个胜利也有陈毅元帅的一份心血。"

在处理与国际社会弱势群体的关系中,陈毅严格恪守"和平共处五项原则",完全尊重其主权和内政,决不对其内部事务说三道四。不仅如此,为了充分尊重其主权,有时宁可自己受些委屈。那时,流窜缅甸的国民党军残部不时越境骚扰,有人主张过界追剿,但陈毅从完全尊重缅甸主权和中缅友谊大局出发,不让这样做。他说:"过界就形成干涉(缅甸)国家内政。"因此,中国军队始终不过边界,这使缅甸政府和人民深受感动。为了加强中国同发展中国家的友好关系,陈毅还不顾奔波劳顿和年事渐高,遍访友邦,像走亲戚一样,经常往访许多国家,其中对缅甸的访问就达9次之多。这些集中体现了他对发展中国家的高度重视,极大地增进了中国与发展中国家的相互了解、信任、友谊与合作。

陈毅要求外事干部对大国主义意识要防微杜渐,一定要平等待人,尊重小国。他针对有些干部流露出的民族自大意识和输出革命的思想苗头,批评教育说:"我们有些同志马列主义水平不高,表示自己很高明,拿着我们这一套，要人家完全照搬我们的模型，来改造人家，这是错误的。"陈毅充分理解并尊重亚非拉国家，选择中立和不结盟政策，这在很大程度上消除了一些亚非拉国家对中国的疑虑。从对待来访客人这一具体事情上也可以看到陈毅的平等精神。访华外宾无论来自大国还是小国，富国还是穷国，他都一视同仁，接待规格相等，对来自亚非拉小国、穷国的客人，不管是官方的还是民间的，都格外重视、热情与友好，尽量抽出时间会见，甚至建议毛泽东予以接见。一个非洲青年代表团访华后，其成员感动地说："我们到巴黎、伦敦，连外交部的官员都见不到。只有到中国，毛主席、陈外长都接见我们。在毛主席面前还能争论。"

陈毅这种对待小国、穷国真正平等的态度不仅出于正义与礼貌，还基于别国有自己的长处、创造和值得学习的优点，应当予以尊重与平等对待的深刻理念。他说："世界上无论大民族、小民族，大国、小国，它能够存在下来，存在到20世纪、21世纪，一定有它的长处，否认这些小国、小民族的历史和创造，这是资产阶级思想。"在西方国家歧视与排斥亚非拉穷国、小国文化之时，陈毅根据周恩来的指示，指导成立了中国东方歌舞团，专门学习、演出和传播亚非拉国家的歌舞艺术与文化。他发表讲话指出，亚非拉国家的歌舞"都有艺术价值"，是"真正的艺术"，"任何一个小国、小民族都能够作为一个成员，把自己的艺术贡献到世界大家庭里来"。有的非洲国家领导人在陈毅陪同下观看东方歌舞团演出本国歌舞时，感动得流下了眼泪。

"己所不欲，勿施于人。"陈毅像对待祖国一样珍惜、爱护、尊重别国，特别是弱小国家平等地位的同时，面对搞强权政治的大国、强国，也坚持原则、秉持公道、敢顶敢斗。

1959年10月2日，中苏双方领导人在中南海怀仁堂举行会谈。会谈开始不久，交锋和舌战就出现了。这次会谈，毛泽东、周恩来、陈毅都参加了。陈毅本来不是主谈手，但是，当赫鲁晓夫指责中国1958年炮击金门是"冒险""好战""对亚洲和平不负责任"，甚至强烈暗示中国可以考虑暂让台湾"独立"时，身为外交部部长的陈毅忍不住拍案而起。他指出，金门、台湾都是中国神圣的领土，炮击、解放，这都是中国自己的事，是内政，是不容别国说三道四的。说三道四，就是不尊重别国主权，干涉他国内政。赫鲁晓夫讲不出道理，竟然耍赖说："好，我知道你是元帅，我是中将，军事上，我得服从你，但现在在党内，我是第一书记，你只是政治局委员，你应当听我的。"对赫鲁晓夫的个性，陈毅早有耳闻，但仍未想到这位"第一书记"竟会越过兄弟党的界限以职压人。他毫不客气地说："什么第一书记？你讲得不对，我们就不听你的。这是两个党在谈问题嘛！"他又说，"去年，你提出要在中国领土上共建长波电台和海军联合舰队，我们认为这也是有损中国主权的事。"赫鲁晓夫矢口否认："那是某些政府部门干的事。"陈毅立即与其当面对质，令其面红耳赤，无以对答。后来，赫鲁晓夫在回忆录中说："这一次，毛（泽东）没有正面出来谈我所怀疑的事……放出陈毅来攻击我。谈判一下子就激昂和紧张起来。"

当时的中国，外有美国武装威胁、中印边界冲突，内有严重的自然灾害，特别是苏联政府突然撤走全部专家、撕毁合同，给中国的社会主义建设造成巨大的灾难。全世界都在注视中国共产党人将做出何种抉择。陈毅在一次接见外国友人时说："老实讲，我们可以跟着赫鲁晓夫走，这样，他马上会称你'亲爱的同志'，授你勋章，给你援助，可以得很多好处，但我们作另一种考虑：不服从他'老子党'指挥，坚持原则，以平等的地位起来同他讨论问题，那马上就要遭受打击。我们考虑过后果，但为了保卫马列主义原则，保卫中国独立自主的权利，中国决心不贪图他的'好处'，把这场斗争坚持下去！"

20世纪60年代中期，美国通过与日本、南朝鲜、台湾国民党当局分别签署双边军事条约，与东南亚签署多边防务条约，对中国的东北至华南构成了半月形的包围圈。1965年2月，时任美国国防部长的麦克纳马拉在参议院军事委员会做证词时公开宣称："中国今天是美国的主要敌人。""我们打算坚定不移地反对共产党中国。"在我国南面，美国不断扩大侵越战争，英国允许美国利用香港作为侵越反华的基地，直接威胁中国的安全；在东面，日本佐藤内阁追随美国反华政策，中日关系风雨飘摇；与此同时，苏联断绝对中国的一切援助后，两党两国关系日趋紧张；在国内，刚刚度过3年经济困难时期，全国的物质技术基础仍非常薄弱。在这种黑云压城的形势下，1965年9月29日，陈毅在北京举行了一个记者招待会，就中国政府的外交政策和当时国际局势中的许多问题回答中外记者的提问。出席招待会的有近300名各国记者。在长达4个小时的记者招待会上，陈毅谈笑风生，寓庄于谐，会场气氛非常活跃。就在与会记者被元帅、外交家的风趣幽默深深打动的时候，香港《正午报》《香港夜报》《国际文摘》等报社的记者提出一个问题：中国政府怎样看待美国利用香港作为侵越战争的据点？这是一个关系中国主权、安全和尊严的问题。听完提问，陈毅的神情顿时严肃起来，严正指出：中国不只看到一个台湾问题、一个香港问题、一个澳门问题，我们看到的是美国的全球战略。他语气激昂地说："中国人民在反对帝国主义的战斗中，愿意做出一切必要的牺牲！""对于美帝国主义，我们不存任何幻想。""如果美帝国主义决心要把侵略战争强加于我们，那就欢迎他们早点来，欢迎他们明天就来。中国人民有足够的勇气和胆量来保卫自己神圣的祖国不受凌辱侵犯！"他声若洪钟，语气严厉地说，"我们等候美帝国主义打进来，已经等了16年。我的头发都等白了。或许我没有这种幸运能看到美帝国主义打进中国，我的儿子会看到，他们也会坚决打下去。请记者不要以为我是个好战分子，是美帝国主义穷凶极恶，欺人太甚！"这一番话，全无通常的外交辞令，豪气干云，全场震撼。

陈毅这一番话，不仅是他个人的豪言壮语，而且是在举行招待会之前，党中央、毛泽东就做了研究的，周恩来还同陈毅交换过意见。中国领导人认识到，与其让帝国主义无休止地无端指责，不如把中国的立场和态度昭告天下。这个答复，可以看作中国共产党和中国政府的正式态度。此牌一亮，等于明白地告诉世界自己的底线。后来的实践证明，陈毅举行的记者招待会过后，国际舆论中喧嚣一时的要对中国进行战争冒险的言论大为收敛。这正是古人说的"示之以行，禁之以势，使之望而不敢犯，犯而无所得"。中国把斗争的主动权牢牢掌握在了自己手里。

宽严相济的家风

陈毅在教育子女方面十分讲究方式方法，宽严相济，循循善诱。

陈毅一生酷爱读书，时常废寝忘食，达到入神入迷的地步。少年时，他

风 范

到亲戚家发现了一本想看的书,便兴致勃勃地读了起来,边读边用毛笔做记录。亲戚几次催他吃饭,他都没有把书放下,亲戚只好把准备好的糍粑和糖端到书桌上给他吃。谁知,陈毅只顾读书,竟把糍粑伸到砚台里,蘸上墨汁往嘴里送。亲友们见他满嘴是墨,忍不住捧腹大笑。陈毅看到自己错把墨汁当成糖,诙谐地说:"喝点墨水没关系,我正觉得肚子里墨水太少咧!"陈毅一生勤奋好学,博览群书。革命期间,他除了坚持长期精读马列著作和毛泽东著作外,还广泛涉猎古今中外的政治、军事、哲学、文学、历史、地理等各方面书籍。通过孜孜不倦地向书本学习、勤奋不辍地总结实践经验,陈毅逐渐成长为人民军队的杰出将帅和优秀的政治家、军事家、外交家。

"将军本色是诗人。"陈毅倾心文学创作,早在20世纪20年代初,他就开始发表诗歌、小说,翻译介绍法国文学作品。他还是中国作家协会会员,著有《陈毅诗词选集》,收录了他于各个时期创作的诗文350余篇。陈毅长子陈昊苏曾回忆说:"父亲有暇和子女沟通的时候,谈论得最多的便是古今诗词,或问子女对自己新作的感受,或以诗词中的微言大义对子女谆谆教诲。"

一次,陈毅用唐诗名句"凭君莫话封侯事,一将功成万骨枯",向子女形容革命成功的来之不易,告诫他们不要依赖父母的功劳与地位,要永远把人民群众放在心中最高的位置上。陈毅还用"读书没有理想是空的,花盆难栽万年松"和"不要空言无事事,不要近视无远谋"等诗句教育子女要树立远大理想,要谦虚谨慎、脚踏实地。

1961年夏天,陈毅的二儿子陈丹淮高中毕业,考入哈尔滨军事工程学院。正在国外开会的陈毅想到孩子是首次只身出远门,理应尽父辈教诲之责,于是提笔写了《示丹淮,并告昊苏、小鲁、小珊(二首)》赠送给孩子们。诗前有序:

> 1961年7月,小丹远行就学,余适因公南行,匆匆言别,不及细谈。写诗送行,情见于辞,不尽依依。望牢牢紧记,并告诸儿女。

陈　毅

全诗写道：

小丹赴东北，升学入军工。
写诗送汝行，永远记心中。
汝是党之子，革命是吾风。
汝是无产者，勤俭是吾宗。
汝要学马列，政治多用功。
汝要学技术，专业应精通。
勿学纨绔儿，变成百痴聋。
少年当切戒，阿飞客里空。
身体要健壮，品德重谦恭。
工作与学习，善始而善终。
人民培养汝，报答立事功。
祖国如有难，汝应作前锋。
试看大风雪，独立有青松。
又看耐严寒，篱边长忍冬。
千锤百炼后，方见思想红。

一首写罢，他觉得还需再嘱咐几句，便又研墨展纸：

深夜拂纸笔，灯下细沉吟。
再写几行诗，略表父子情。
儿去靠学校，照顾胜家庭。
儿去靠组织，培养汝成人。
样样均放心，为何再叮咛？
只为儿年幼，事理尚不明。
应知天地宽，何处无风云。
应知山水远，到处有不平。
应知学问难，在乎点滴勤。
尤其难上难，锻炼品德纯。

风 范

> 人民培养汝，一切为人民。
> 革命重坚定，永作座右铭。

孩子们在不知不觉中长大，看着他们一个个远离父母，陈毅用诗词表达了一位父亲对刚独立踏上人生之路的孩子们的千般叮咛与万般嘱托，字里行间透露出陈毅期盼孩子们成才的殷殷之情，耐人寻味，其不放纵、不溺爱的拳拳之心，溢于言表。这就是陈毅宝贵的教子经。

陈毅很注重把毛泽东思想融入孩子们日常的读书学习中。有一次，陈毅给三儿子陈小鲁讲解毛泽东的《沁园春·雪》，一边传授知识，一边巧抓时机地灌输道理。他说："'数风流人物，还看今朝'，贯穿着一条历史唯物主义的原理，就是毛主席说的'人民，只有人民，才是创造世界历史的动力'。你要牢记这一点哟，长大了要老老实实地为人民服务。"长子陈昊苏16岁生日时，陈毅思考良久，最后郑重地把一套《毛泽东选集》作为生日礼物送给长子，还在扉页上题词："读毛主席著作，要学习他的高尚品格、他的敏锐思想、他的艰苦作风和他一生为人民服务的伟大精神。"他说，毛主席的文章非常重要，都是前人在革命斗争中付出了很多鲜血和代价，最后形成的宝贵思想财富。1958年的一天，正在读初三的陈丹淮饶有兴趣地在家里读郭化若所著的《新编今译孙子兵法》，书中探讨的是毛泽东战略思想和孙子兵法的关系等问题。陈毅正好过来，把书拿在手里翻了翻，问："你觉得怎么样？"陈丹淮答："写得挺有意思，我挺感兴趣的。"陈毅沉吟片刻，给儿子提了一个建议："你在读的过程中，要注意一条，毛主席的这些军事思想，都是他从实践中总结起来的，不是教条。"可能是觉得儿子是大人了，两天后，陈毅郑重其事地把陈丹淮叫到身边，拿出一套《毛泽东选集》（《毛选》）三卷本，说："你好好读读这个吧。"陈丹淮做梦都没有想过，父亲会突然送《毛选》，因为在自己的印象中，那应该是高级干部才能看的，而自己还是个中学生。后来，陈丹淮回忆此事时深有感触地说："我真正接触到毛泽东思想就是从这套书中来的，这就叫'政治投资'，就是它奠定了我的政治基础，从这以后，生活和工作中就是靠这套书来指导。说实在的，还真管用。"等到《毛泽东选集》第四卷刚一出版，陈毅就又送给子女们一人一套。那时，陈丹淮上高一，学校还没有《毛选》第四卷，在班上没有几个人读过时，陈丹淮就全读完了。《毛选》第四卷主要内容是有关解放战争时期的，陈丹淮读后，感觉跟前三卷大不一样，收获颇多，甚至深深影响了人生目标的确立。

陈毅有两间书房，一间存放的都是《二十四史》《四库全书》和马恩列斯著作等成套的书籍。这间书房，陈毅一般不许孩子们随便进去。另一间书房存放的是各种文学艺术类杂书，孩子们可以自由翻阅，这些藏书成了孩子们最早的启蒙读物。

陈毅的夫人张茜15岁就参加了革命，只有中学文化程度，总觉得自己的知识修养和陈毅差距太大。为了缩小差距，她学习非常认真刻苦。那时，很多人都喜欢跳舞，张茜却很少把时间花在跳舞等娱乐活动上，一有空闲就学习，看书、读诗，然后练字、写诗。她还坚持学习俄语、英语，熟练掌握了这两门外语，而且翻译出版了苏联作家绥拉菲摩维奇的小说集《沙原》和李昂诺夫的多幕剧本《平平常常的人》。

在这样爱学习、重修养、强"充电"的家长和学风浓厚的家庭的带动、熏陶下，陈毅的孩子们从小到大从未因学习让父母操过心。在孩子们的学习和择业等方面，陈毅也比较民主。孩子们要考哪个学校、考什么专业，陈毅都尊重他们的意愿，从不横加干涉，均由他们自己选择、自己做主。在这样宽松、民主的家庭里，孩子们的个人志趣得到全面的发展。但是，在孩子个人品行的锻造与养成上，陈毅时时处处严格要求，绝不纵容、包庇。他要求孩子们在政治上要坚定立场，能经受住考验；在生活上要勤俭节约，不能搞特殊化。

1963年，陈毅获悉陈昊苏在中国科技大学入党的消息后十分欣喜。这年8月19日至23日，他在繁忙的公务活动中，抽出时间专门找陈昊苏进行了4次长时间的谈话。陈毅同儿子促膝长谈自己的经历，介绍了家史、自己如何找到党和如何确立共产主义理想的过程，又讲了20世纪20年代，一些人参加革命队伍的情况，其中有的人很聪明、很有才华，但在艰苦岁月里经受不起考验，离开了革命队伍……陈毅在深刻地解剖自己后，坦诚地对儿子说："我觉悟得比较迟，但一经觉悟就坚决干，我认定一条，党内比党外好，同志之间可以互相帮助，党的事业可以发展，革命一定走向胜利。觉悟迟没关系，有反复也不怕，只要真正觉悟就好办。就怕觉悟得早而不真，迟早仍会动摇；也不怕犯错误，就怕不改。"陈毅语重心长地说，"你能得到组织批准入党,不是一件容易的事情,这说明你政治上有很大的进步。但是,入党后,下决心坚决干到底,更不是一件容易的事,特别是革命的转折关头。所以,你现在要多学点马列主义理论和毛主席的著作,站稳立场,经受住考验。"陈昊苏后来深有感触地说:"正如父亲在写给孩子们的诗作《示儿女》中说:'革命重坚定,永作座右铭。'父亲认为这是他给予我们的最宝贵的精神遗产,我也这样认为。因为在从事一个伟大事业的过程中,有各种各样的困难,有各种各样的磨难,需要人们表现出坚定和忠诚的品格。我想这是我们做一个革命者最值得珍惜的品德。"

"汝是无产者,勤俭是吾宗。"陈毅不允许孩子们享受任何特殊的照顾。陈毅在担任上海市市长期间,常常对妻子张茜讲:"人们都说上海是个大染缸,我们这一代在革命熔炉里炼过,不怕染。可孩子幼小,千万不能让孩子染上恶习。"还特别强调,"不要让孩子太娇气,也不要有优越感。"为此,陈毅要求孩子们穿土布衣,不坐公家的小汽车,办任何事都要严格按制度来。陈毅家几个孩子的衣服总是大的穿过了,小的穿,"新三年,旧三年,缝缝补补又三年"。三儿子陈小鲁岁数虽小,可个子长得快,衣服轮到他穿时,往往不仅破旧,而且显得很不合身。一次,他用手摸着盖不住腿肚子的裤子,跟陈毅秘书说:"叔叔,我就穿这么短的衣服过年吗?"张茜穿的也是带补丁的衬衣和袜子,她患病住院时,因为衣服上有补丁,医护人员都没有想到她竟是上海市市长夫人。陈毅为了不让老师和同学知道自己子女的父母是谁,就请工作人员冒充"家长"送他们入学。据陈毅子女回忆,父母一直很低调,他们从上小学开始,就按照父母的要求,一直在履历表"父亲"一栏里填"陈雪清,职务:处长"。孩子们偶尔去剧场,也从不跟父母在一起,而是悄悄坐在剧场的最后面。孩子们上学从不使用公家的小车。他们衣着朴素,遵守纪律,尊敬师长,学习用功,与工农子弟没有区别。当孩子们对父亲的严格要求有怨言时,陈毅往往晓之以理,动之以情。在给陈丹淮的一封信中,陈毅这样写道:"责备你严,比宽待好处多,不从严格出发,就什么事也办不好,反之,一切从宽大、谅解,自己为自己辩护出发,结果害处太多。古人常云:火性烈,死于火者极少;水性柔,死于水者比比皆是。汝应深知此理。"

陈毅家一宽一严的环境、良好的学风和家风,给孩子们提供了一个健康积极的成长环境和宽松的自主空间，使他们可以通过各种渠道和方式获取知识，培养情趣。陈毅在给孩子们的信中说："我作为父亲，总是希望你们4个能成为有学问、有品德的人，这点心事，老放不下去。"在陈毅的影响下，孩子们耳濡目染，都养成了良好的品质，不仅在生活上克勤克俭，而且待人谦和。三儿子陈小鲁与粟裕的女儿结婚时，正好是夏天，前去家里祝贺的宾客看到桌上仅放了一个大西瓜，俭朴的"西瓜宴"成了"婚宴"。陈毅住院期间，孩子们对医护人员都非常尊敬，主动取药、帮助打扫楼道卫生。陈毅用心血培育的良好家风，成为孩子们的自觉遵循，并使他们终身受益。

罗荣桓

生命不息，学习不止

罗荣桓在几十年的革命生涯中，不仅在军事上闻名中外，而且在读书治学上享誉全党和全军，他那生命不息、学习不止的治学精神值得人们永远学习。

罗荣桓6岁时，父亲开始教他识字读书，8岁入私塾。由于私塾先生只照本宣科地教学生读书，却不讲解其中的意思，这让罗荣桓感到十分乏味，有时不免同其他学生一样，思想开小差，做做小动作。有一天，先生出去了，罗荣桓便拿出一张毛边纸，专心致志地叠起小船来。他精神非常集中，全然不知先生回来……罗荣桓的小手被盛怒的先生用竹戒尺打肿了，回家吃饭，连筷子都拿不住。这件事让罗荣桓印象深刻，不敢再偷懒、搞小动作，把精力都用在了读书上。

随着识的字越来越多，罗荣桓不满足于在私塾里学习的那些知识了，求知欲越来越旺盛，好在他家里从祖父辈起就留下了不少书。他变成了一个读书迷，只要一有空闲，便手不释卷。一个炎热的中午，罗荣桓独自坐在池塘边的一棵树上聚精会神地看书，由于注意力过于集中，竟不小心跌进池塘，弄得浑身湿透。家人和四邻八舍知道后，便称他"小书呆子"。对于罗荣桓酷爱读书这件事，母亲并不反对，可罗荣桓一读就是半宿，母亲怕他累坏身体，每逢夜深人静都要查看，催他睡觉。罗荣桓也有办法对付：

他早早把被子松开，放下蚊帐，一听到母亲的脚步声，就赶紧把灯灭了，钻进蚊帐，等母亲的脚步声远去，他再起来，把灯点上，又孜孜不倦地读起书来。由于经常在夜间小油灯下读书，他上中学时就成了近视眼，戴上了眼镜。

后来，从衡山到长沙，从长沙到北平，从北平到青岛，而后到武汉，罗荣桓如饥似渴地学习，汲取各种新知识、新思想，不懈寻找救国救民的真理，思想上发生了很大的变化。1927年4月12日，蒋介石在上海发动反革命政变，屠杀共产党人和工农群众。罗荣桓逐渐认识到，只有中国共产党才能领导中国革命走向胜利。在风雨飘摇的局势之下，罗荣桓毅然决然地加入了中国共产党。

参加革命之后，无论工作、军务多么繁忙，罗荣桓都不改如痴如醉的读书嗜好。在井冈山斗争时期，残酷的环境使书籍来源几近枯竭。吃红米饭、喝南瓜汤，他安之若素，不以为苦，可没有书读使他感到难以忍受，终日若有所失，因此，每逢战斗后，打扫战场时，他都要去找书，只要是有益的书，找到什么就看什么。有一次，他找到一本《野人记》，竟也看得津津有味。1932年，红军打下了漳州城。时任红一军团政治部主任的罗荣桓进入漳州后，公务之余做的第一件事就是逛街买书。然而，那时每本书动辄大洋一元，这使仅有两三块零花钱的罗荣桓望而却步，不敢问津，无奈，他只得光顾旧书店，打起了每本只要一二角钱的旧书的主意。一次，他在旧书店一待就是几个小时，最后倾囊而出，高兴地买了一摞旧书。回去路过毛泽东住处时，罗荣桓进去，把书店的地址告诉了毛泽东。博览群书的毛泽东自然更不肯放过这个机会，也很快成为旧书店的座上客。

罗荣桓非常珍爱书籍，走到哪里就带到哪里，决不轻易舍弃。1939年2月，时任八路军第一一五师政治委员的罗荣桓奉命带领部队由晋西进军山东，开辟抗日根据地。行前，罗荣桓将一只小皮箱交给政治部秘书杨永松携带，并叮嘱："箱子里的东西，你可以看，但千万不要搞丢了。"杨秘书以为里面一定存放着什么贵重的东西，后来打开一看，里面除了一瓶药之外，其余都是书，其中有一本是当时尚未公开发表的毛泽东的《中国革命战争的战略问题》。在这本纸质很差、印得模模糊糊的讲稿上，罗荣桓在多处圈点批注，书角都卷起来了，看得出来，他已阅读多遍了。杨秘书深深地为罗荣桓惜书如金、勤读不辍的精神感动不已。

抗日战争时期，罗荣桓作为山东战略区的主要负责人，工作异常繁忙，艰苦的斗争环境使他患了严重的肾炎、心脏病和高血压等疾病，即便这样，他也一刻不放松读书和学习。当毛泽东的《论持久战》《抗日游击战争的战略问题》等小册子几经周转，送到他手上时，他一口气读了好几遍，并且对照山东的抗战工作，常常掩卷深思，总结过去，谋划未来。后来，严重的疾病使罗荣桓不得不躺在担架上指挥行军、打仗，加上眼睛深度近视，看书很不方便，他就让别人把小册子读给他听，边听边同大家研究、讨论。周围的同志很为他的健康担心，常常劝他等身体好些再学习，可他每次都意味深长地说："毛泽东同志的著作是指导中国革命的真理。革命的形势发展这样快，我们不抓紧学习怎么能行？否则，就会被前进的历史抛在后面。"

中华人民共和国成立后，罗荣桓更加珍惜时间，争分夺秒地工作和学习，为新中国人民军队的建设、军队政治工作的开拓和发展呕心沥血，日夜操劳，但沉疴迫使他不得不多次住进医院。在医院里，医生要求他静卧休息，不能看书或写东西，可他总是不顾医生劝告，趁公务少一些，抓紧时间读书和学习。他对医护人员深怀歉意地讲："我是个不会休息的人，在娱乐方面没有什么爱好，这是一个缺点。"他用商量的口气说："我的愿望就是多读一点书，请你们满足我这点嗜好吧。"几次住院，他一边以顽强的毅力同疾病做斗争，一边认真地学习《毛泽东选集》，甚至把《毛泽东选集》完完整整地通读了4遍，还做了大量读书笔记。有时病情严重，眼睛看不清东西，他就让夫人或子女读给他听。罗荣桓的举动深深地教育了医护人员，他们感慨地说："罗帅这不是在养病，是利用住院的机会学习进修来了！"

罗荣桓在勤学苦读的同时，也非常重视干部和战士的文化教育。

红军时期，罗荣桓有个勤务兵名叫王东保，从小没有读过书。一天，罗荣桓问他想不想学文化，他回答想学。罗荣桓高兴地说："学了文化，可以懂得很多道理，更好地干革命。"从此以后，罗荣桓无论工作多么繁忙，总是挤出时间手把手地教王东保写字，并用通俗的语言、形象的比喻讲述农民为什么穷、地主为什么富，革命就是要推翻人剥削人的旧制度的道理。这些循循善诱的教导，就像为王东保的心灵打开了一扇窗户，照进了真理的阳光。罗荣桓还经常督促检查王东保的学习成果，有一点儿进步，就表扬鼓励；若有错字，就耐心地给予纠正。在罗荣桓的悉心教育下，王东保进步很快，逐渐能够写标语，并学会了油印文件和宣传材料。当罗荣桓看到王东保写的标语的时候，高兴地说："小鬼，进步不小啊！"

抗战时期，时任八路军第一一五师教导大队大队长的李梓斌连名字都不会写，签名经常请秘书代笔。一天，罗荣桓把他叫到师部专门谈学文化的事。在谈话中，罗荣桓说："李梓斌，你连自己的名字都不会写，那怎么行呢？"李梓斌辩解说："现在，我有图章了。到时候，盖个章就行了，不用签名。"罗荣桓听了这话，不由皱起眉头，说："这老粗太粗了也不行啊！教导大队好比是一所学校，你这个大队长就好比是校长，你都当校长了，要起带头作用，学好文化。"当李梓斌问该怎么学习时，罗荣桓耐心地启发说："用到什么，你就可以学什么，不懂就问，慢慢地积少成多。比如，现在教战士们唱的那首歌：'游击队，反扫荡，坚持敌后方。'你不仅要会唱，而且要会讲、会写、会用，这样，以后碰到这些字，你就不会念白字了。"说着，罗荣桓还拿起铅笔边写边说，"比如这个'游'，就是游来游去、活动的意思……"在罗荣桓的教育启发下，李梓斌表示今后一定要好好学习。他回去后，买了笔、墨、纸、砚，装进自己缝制的布袋，走到哪里，写到哪里，有时反"扫荡"上了山，就用大石头当桌子，坚持练习。几个月后，他的文化水平提高得很快，作业在"八一"军政大检阅时被展览出来，得到领导和群众的赞扬。

中华人民共和国成立后，时任中国人民解放军总政治部主任的罗荣桓从当时解放军的实际情况出发，认为要提高部队的军事素养，首先应当抓文化教育。解放军指战员主要来自工农阶层。在旧社会，他们为了生活而在死亡线上挣扎，绝大多数人没有读书识字的机会；参加革命后，戎马倥偬，虽然也学了一些文化，但零零碎碎，不成系统。因此，中华人民共和国成立初期，指战员的文化水平普遍偏低，其中仅文盲和半文盲就占了30%。不少连队找个文书、司务长都很困难。部队装备了一些新式武器，干部战士学习技术也很吃力。1950年，国民党空军轰炸上海。驻沪防空部队虽然已经装备了比较先进的高射炮，可是干部战士文化水平低，对它的性能和数据计算还不能熟练掌握，不能充分发挥武器的作用。这种文化水平低的状况和现代化建军的要求显然形成了一个突出矛盾。军队的文化素质如果不提高到一定的水平，现代化建设就会落空。

罗荣桓紧紧抓住了提高文化水平这一实现军队现代化建设的突破口。1950年，他主持总政治部制定了《关于在军队中实施文化教育的指示》，经毛泽东审阅、修改后，签署颁发全军。《指示》要求全军除执行规定的作战任务和生产任务外，必须在一个相当时期内着重学习文化，以提高文化为首要任务，使军队形成一个巨大的学校。《指示》规定部队文化教育的方针是："速成的、联系实际的、但又是正规的。"其中"但又是正规的"6个字为毛泽东所加。这个方针要求部队要从实际出发，在较短的时间内学到实际有用而又系统的文化知识。

这是向文化进军的一次大战役，罗荣桓所领导的总政治部就是这次战役的指挥部。为了保证这项战略任务的胜利完成，全军各级政治机关进行了深入细致的、规模巨大的思想动员工作和组织保证工作。"建军备战学文化"成为深入人心的口号。在很短时间内，全军调配了文化教员50000多名，陆续开办了速成小学200多所、速成中学60多所，抽调大批骨干，包括有丰富战斗经验的老干部和英雄模范离职学习。在职人员也按文化水平组织不同班次参加学习。总政治部统一制定了具体的教育实施方案，编印了几百万册各种文化学习课本，连学习用的纸张、黑板等物质保证也都做了具体安排。

抗美援朝战争开始后，罗荣桓除了同聂荣臻共同商量和处理大量军委日常工作外，对部队的文化教育仍然紧抓不放。在他授意下，总政治部提出了1951年文化教育实施方案。在要求文化教育应该围绕战争和战备需要的同时，继续强调在任何环境下，文化教育都是军队建设不可缺少的一个方面，提高文化对提高军事政治水平、完成作战和战备任务都有重要的意义。

1951年年底，中央军委决定，1952年6月至1953年5月，全军教育训练，除海、空军及雷达部队有文化者外，均执行以文化教育为主的方针，开展以扫盲为重点的学习运动，要求在一年内扫除官兵中的文盲，并将初小和高小毕业者分别提高到高小毕业和初中一年级的程度。为此，1952年，中央军委又发出了《部队文化教育大纲》。部队迅速掀起了向文化进军的热潮。

这个时期，少数单位出现了行政管理和军事纪律松懈的现象。有一个营在进行军事演习的时候，集合的命令下达一个小时了，队伍还集合不起来。有个连队长期不擦火炮，竟让小鸟在炮筒里垒了窝。有的干部反映，这是因为文化教育搞多了。罗荣桓对这种情况做了具体的分析。他认为，不应该把严格的军事管理与完成文化教育的任务对立起来。纪律松懈最主要的原因是长期存在的游击习气、在工作中缺乏严格的要求以及不重视建立正规的生活秩序，当然，这和某些领导干部对文化教育这个正确的方针在执行上发生了若干偏差、工作单打一、只抓文化学习以及过多地抽干部离职学习也有关系，因此，解决的办法首先是加强教育，提高严格执行军事纪律的自觉性，同时也要学会科学地安排工作。

由于充分发动了群众，在"向文化进军"中涌现了许多有创造性的好经验。西南军区某军文化干事祁建华总结出了速成识字法，能在大约150课时左右，使一般文盲初步会认、会讲1500到2000个单字，受到群众的欢迎。总政治部很快向全军推广了这个经验。接着，速成写字教学法、速成写作教学法、速成算术教学法等行之有效的经验相继涌现，总政治部也都及时做了介绍和交流。这些来自群众实践的经验，缩短了教学进程，取得了比较好的效果。

在普遍推广和运用各种速成经验的同时，罗荣桓又多次授意总政治部发出电文，提出必须全面地、正确地理解和贯彻文化教育的方针。所谓速成，不只要"速"，更要"成"。要防止贪多冒进，只搞突击、不注意巩固，只看眼前的需要、不重视学习的系统性等偏向。各种速成的方法都是在一定问题、一定程度上起作用，不能片面夸大，使它变成反科学的东西。所谓联系实际，应该从发展上去联系，不应该是短视的实用主义，这样才能适应现代化建设的需要。

在文化进军中，罗荣桓始终抓住干部这个重点。除了各级速成学校吸收大批干部学文化以外，1953年年底，根据罗荣桓的建议，军委专门开办了一个高干文化班，轮训了一批军以上高级干部。

全军经过两年多的努力，到1953年，文化水平发生了显著的变化。全军由原来80%人员是初小以下文化水平普遍达到初小毕业以上文化水平，干部绝大多数达到高小毕业至初中的水平。1953年下半年以后,文化教育逐步转入经常化,在巩固的基础上坚持下去,继续提高。

罗荣桓还非常注重培养子女读书学习的习惯。他在给上大学的儿子罗东进的信中勉励说:"你要加倍努力,集中精力学习,不要纠缠于一些生活小节,耗费自己时光。""你要学习愚公移山精神,刻苦钻研科学技术。不患不成,而患不坚持耳。"女儿罗北捷在回忆文章中写道:"爸爸很爱讲他童年的故事给我们听,而讲得最多的还是怎样读书的故事,他甚至还记得几句私塾先生教的古诗呢!他常常带着无限感慨说:过去他到处求学,常为了学费四处奔波,甚至遭有钱人的白眼。有一年,家乡寄的学费迟迟未到,当时,他正在北京念书,湖南会馆的几个朋友给他出主意,要他到在北京做官的一位远亲那里去借些钱。结果这家人家根本不放他进去,一听说他是来借钱的,就当着他的面,'砰'的一声把门关上,留下爸爸一个人孤零零地站在外面。爸爸说,从那时起,他下定决心,就是饿死,也不去求这些有钱人了。他说:'你们现在有书读,有饭吃,没有反动派的迫害威胁,能安安静静地学习,长知识,要知道这在我那个时代是不可能的。'他要我们珍惜大好时光,刻苦努力,奋发向上,又说,'我小时候念书,一贪玩,老先生是要打手板的,不像你们这样舒服。不过,你们现在不好好念书,将来长大了要挨社会的板子的。'"

坚持实事求是原则的老实人

1927年夏,罗荣桓被湖北省委分配到通城从事农运工作,并参与组织通城、崇阳农民自卫军。通城暴动后,农民自卫军见罗荣桓是个有学问的大学生,便推举他保管一只装钱的箱子。罗荣桓戴着一副深度近视眼镜,穿着还是从武汉带来的旧中山装,在队伍里特别显眼。战士们有的称他"党代表",有的称他"先生"。队伍从通城向修水转移的途中,天气炎热,山路崎岖。罗荣桓提着沉重的钱箱,一路上不断地倒手,十分吃力。在翻越一座大山时,有两个农军士兵跑到罗荣桓跟前,指着他手里提的箱子说:"先生,我们来帮你扛吧!"罗荣桓摇摇头,说:"不用,我自己可以提。"一个农军士兵抢上两步，一面从罗荣桓手里夺过箱子，一面说："先生你是识文断字的，哪里提得动，还是我们帮你扛吧。"罗荣桓看这两个人很面熟，知道是队伍里的弟兄，挡不住他们连说带抢，箱子便被他们拿过去了。傍晚，队伍到了宿营地，罗荣桓去找这两个士兵，但是这两个家伙已经逃之夭夭了。丢了这二三百块钱，罗荣桓非常懊丧。他后来和妻子林月琴谈起此事时说："那个时候，思想单纯得很，以为大家都是来革命的，都是一样的同志嘛！其实，并不都是来革命，混饭吃的、找出路的，大有人在。那个时候，我们都是'秀才'造反，脱不了书呆子气。一个知识分子要成为坚定的革命者，不经过一番磨炼是不行的。"在延安时，林月琴又把这件事转述给毛泽东。毛泽东听了哈哈大笑，说："你看，他非常老实，可又很善于总结经验，从这件事就悟出了一个真理，因此，他对是与非、对正确和错误鉴别得特别分明。"

被毛泽东称为"老实人"的罗荣桓，在一些非原则问题上善于忍让、克己厚人，但是在大是大非的原则性问题面前毫不含糊。罗荣桓一贯坚持实事求是的原则，严格遵守党的组织纪律，坚定维护党中央的权威。毛泽东曾高度赞誉罗荣桓"最守纪律""是执行上级指示的模范"。

1948年9月初，中共中央审时度势，提出了"置长（春）、沈（阳）两敌于不顾，专顾锦（州）、榆（关）、唐（山）一头"的方针，一再强调攻克锦州乃是辽沈战役胜利的关键。9月12日，在林彪、罗荣桓指挥下的东北野战军开始进攻锦州，发动了声势浩大的辽沈战役。蒋介石急忙从华北、山东、沈阳调兵增援锦州，又从锦西、葫芦岛的国民党守军中抽出一部分兵力参战。听说国民党军在葫芦岛增兵，时任东北野战军司令员的林彪动摇了打锦州的决心。10月2日22时，在未和任何人商量的情况下，林彪以自己和罗荣桓、刘亚楼的名义签署致中央军委电，表达了锦州难攻、应考虑转攻长春的请求。10月3日晨，罗荣桓得知消息后，立即赶往林彪住处，要他遵守中央军委命令，一定要先打下锦州。林彪征求刘亚楼的意见，刘亚楼也同意罗荣桓的意见。林彪想了一会儿，叫秘书告诉机要处，追回那份电报，但电报已经在早晨4时多发出去了。罗荣桓建议不要等军委回电，再给军委发一份电报，决定仍打锦州，并做了具体战略部署。于是，3人研究后重新写了电报，并于上午9时签发。林彪突然决定转攻长春的电报引起了毛泽东的强烈不满。10月3日17时和19时，毛泽东接连发去两封电报，全面分析了先打锦州的有利条件，严厉批评了回师打长春的做法。10月4日凌晨1时30分，毛泽东收到了林彪、罗荣桓、刘亚楼重新表示攻打锦州决心的电报。6时，毛泽东复电表示"甚好，甚慰"。刘亚楼看了毛泽东的几次来电后，长叹一口气，说："果然挨批了！罗政委的意见还是正确的，幸亏又发了电报。"由于罗荣桓的及时劝阻和毛泽东的一再坚持，林彪坚定了攻打锦州的决心。10月14日10时，东北野战军发起了对锦州的总攻，于10月15日攻克锦州，全歼国民党守军12万人。攻克锦州后，人民解放军迅速掌握了主动权，沈阳和长春之敌成为"死棋"，对于辽沈战役的胜利起着至关重要的作用。罗荣桓坚持要打锦州，既是基于战场形势的科学判断，也是毫不动摇地坚持中央军委命令的原则性体现。1963年12月，罗荣桓病逝，毛泽东异常悲痛，提笔写下七律《吊罗荣桓同志》，其中一句"长征不是难堪日，战锦方为大问题"，是对罗荣桓的高度组织纪律观念和坚决执行、维护党中央战略意图的充分肯定。

中华人民共和国成立后，为了学习苏军经验，从1950年开始，解放军总政治部和总干部管理部都聘请了苏联顾问。罗荣桓时任总政治部主任兼总干部管理部部长。他注重处理好同苏联顾问的关系，十分尊重他们，但是，牵涉到工作中的是非问题，他态度鲜明，对那些不符合中国实际的做法从不盲目接受。例如，关于干部的任免权问题，苏联顾问要求实行更大的集中，即团无任免权，师任免排级，军任免连级，军区任免营到副团级，正团到副师级由总干部管理部部长任免。罗荣桓认为，苏联顾问的意见可能是适合苏军情况的，但并不切合中国军队的实际。中国军队干部大多是从下面成长起来的，总干部管理部尚不能掌握全军的情况，因此，任免权不能过分集中。他强调："不能认为人家一切东西都是好的。可能有些东西在他们那里是好的，在我们的条件下就不一定适合……我们应该是以我为主，在我们自己原来的基础上，接受苏联的先进经验。"罗荣桓对于军队存在的不加鉴别、不结合中国军队实际而照搬照抄苏联的做法，旗帜鲜明地予以反对。他明确表示："现在有些同志认为政治工作过时了，政治委员作用不大了，要学习苏联，搞一长制。如果那样做，从井冈山时期就搞起来的政治工作传统不就丢掉了吗？"在罗荣桓的多次呼吁和参与下，中华人民共和国成立后第一部《中国人民解放军政治工作条例（草案）》于 1954 年颁布实施，为落实党对军队的绝对领导这一根本原则提供了制度保障。

老实人罗荣桓一贯坚持原则，老老实实地为党工作，但这种老实并不等于死心眼儿或是固执，而是能够结合实际，灵活地执行党中央的指示。罗荣桓一贯不唯书、不唯上，一切从实际出发，对于一切背离这一原则的思想、言论和行为，他都毫不含糊地予以抵制和摒弃。

1930 年，红一方面军在肃清"AB 团"①时，许多同志无辜受到牵连并遭到迫害。由于这是红军开展的第一次"肃反"斗争，缺乏理论和实际经验的指导，导致在斗争一开始就出现了乱抓乱杀现象。当时，罗荣桓任红四军政委，面对此种情景，他坚决顶住压力，即使被指责为"肃反不力""右倾"，危及自身，也想方设法保护革命同志不受迫害。随着打"AB 团"在各师普遍开展，军政治部通知红十二师师长肖克，该师的宣传队长和一个宣传员是"AB 团"分子。于是，师里就把这两个人抓了起来进行审问。这两个人不承认，一动刑，承认了，又供出十几个人。再抓、再打、再审，这十几个人又供出几十个人……当时前委规定，捕人由团党委决定，杀人由各师党委决定，无须报告军党委。红十二师党委决定杀几十人。就在准备行刑的这一天早晨，肖克感到杀人太多，有问题，便骑马赶到军部向罗荣桓请示。罗荣桓明确回复：不能杀这么多人。肖克立即赶到刑场，救下了这些"犯人"。从此，"罗政委刀下留人"的故事便在红军许多部队中流传开来。

第四次反"围剿"以后，受"左"倾教条主义影响，罗荣桓被调离部队，改任总政治部巡视员和动员部长。这一时期的罗荣桓并没有消沉，仍然老老实实地为党工作，不仅主动去江西兴国、瑞金一带搞调查研究，还安慰一些受到"左"倾错误打压的干部说："我们有意见归有意见，工作还是要尽量做好，要尽量发挥一个共产党员的作用……越是处境困难，越要冷静。要暂且忍耐，遵守纪律。"罗荣桓当时有一项工作是领导扩大红军。针对一些地区出现的强迫命令、哄骗收买等错误倾向，罗荣桓提出一定要坚持说

---

① "AB 团"的名字来自英文"反布尔什维克"(Anti-Bolshevik) 的缩写，全称为"AB 反赤团"，是 1926 年 12 月段锡朋、程天放等人在蒋介石、陈果夫的支持下，于江西南昌建立的国民党右派组织。

服教育，反对强迫命令，同时要优待参军者的家属，减少他们的后顾之忧。在他的领导下，扩大红军取得了非常突出的进展，受到中共中央的表彰。后来针对此事，毛泽东说："荣桓同志是个老实人，可又有很强的原则性，能够顾全大局，一向对己严，待人宽。做政治工作就需要这样的干部。当然，老实人免不了受人欺负，这也没什么，历史总会正确评定人们的功过是非。在世界上要办成几件事，没有老老实实的态度是不行的，我们共产党人都要做老实人。"

1938年8月，山东抗日根据地湖西地区掀起了"肃托"的狂风恶浪。所谓"肃托"，即"肃清托派"。"托派"，原本是苏联共产党中以托洛茨基为首的一个派别。20世纪30年代在苏联开展了大规模的反托斗争，许多人被当作"托派"遭到杀害。在湖西地区，不到两个月，被关押的党员、干部达数百人，约300人被无辜杀害。湖西"肃托"事先并未向上级请示，山东分局和八路军第一一五师开始都不了解那里的具体情况。当时，罗荣桓正为开创鲁南抗日根据地而紧张工作，得到有关消息后，忧心如焚，立即率部星夜赶赴湖西地区。出发前，罗荣桓发电报通知在湖西的苏鲁豫支队政治部主任王凤鸣：所有被押人员一律不得处决，要等他到达后再做处理。罗荣桓到湖西后，立即把带来的保卫干部分成两个小组，深入下去，访问群众、干部和被关押人员的家属，调查事件真相。很快查明，被扣上"托派"帽子的干部的所谓罪行完全是逼供的结果。罗荣桓命令释放被关押的同志，恢复他们原来的工作。他以果断的措施挽救了湖西的困难局面，使那里的抗日形势逐步好转。被罗荣桓解救出来的同志，很多人后来担任了各级领导职务，他们当中的许多人记录下了当年对他们来说生死一线的时刻，为罗荣桓坦荡的胸襟、无私的品质和在真理面前绝不退缩的精神所感动。

1943年春，党中央提出要开展整风运动，并派人到山东，提出要在山东搞发动群众揭发领导的民主运动。一向谨慎的罗荣桓认为，在敌后开展运动须格外谨慎，因此，他没有立即将运动普遍展开，而是先在某些机关单位进行试验，结果出了问题。罗荣桓立即停掉这些单位的试点工作，并提出了适用于敌后的以正确发扬民主为中心工作的整风办法，效果显著。后来，许多同志反映，罗荣桓贯彻中央整风精神既正确，又灵活，效果还好。

在我们党的历史上，曾在不同程度和范围内发生过"左"的错误。罗荣桓不是机械地执行，而是根据事实给予了抵制，以尽力减轻对党、对干部的伤害。实事求是是罗荣桓在长期的革命实践中坚持奉行的思想路线。毛泽东曾称赞罗荣桓："这个同志有一个优点，很有原则性，对敌人狠；对同志有意见，背后少说，当面多说，不背地议论人，一生始终如一。一个人几十年如一日不容易。原则性强，对党忠诚，对党的团结起了很大作用。"

遵循耐心说服原则的光辉典范

"千里之行，始于足下。"罗荣桓后来成为共和国元帅，他的元帅历程是从深受士兵爱戴的连党代表开始的。罗荣桓是红军队伍里第一批连党代表。他担任党代表后，坚持的第一条原则就是：要求士兵做到的，自己首先做到，以自己的模范行动作为无声的命令。打仗冲锋时，他同连长并肩冲在队伍的最前头，退却时又在最后面负责掩护；行军时，他的肩头经常扛着几支病号或是掉队战士的枪；宿营时，他每夜都要查铺，逐个将战士们的被子盖好；每逢发零用钱，他和连长、司务长又总是最后去领；他自己病了，咬着牙坚持工作，可战士病了，他要一天几次嘘寒问暖，并嘱咐伙房做好病号饭……罗荣桓处处关心爱护干部战士，当干部战士违反纪律或有什么思想包袱时，他总是耐心地开导教育，从不简单训斥或发脾气。在长期的革命实践中，他在坚持思想政治教育必须遵循的耐心说服原则方面有独特的贡献。

1928年初冬的一天，气温骤降。罗荣桓任党代表的红军第三十一团第三营驻扎在永新。三营九连四班的战士放哨回来无火可烤，一名俘虏过来的永新籍战士不听班长黄永胜的劝告，从老乡家抱了一捆柴火点火取暖。黄永胜要这名战士送回去，这名战士没理他，黄永胜骂这名战士，这名战士不服，并和黄永胜争辩。黄永胜感到自己的尊严被触犯了，伸手打了这名战士一个耳光。这名战士没有还手，捂着脸像孩子一样伤心地哭了起来，班里其他人不敢说班长打人不对，都去批评这名战士，并将柴火送还了老乡家。黄永胜向全班训话："军人以服从命令为天职。今后，大家都要服从命令！"训完话，大家熄灯睡觉，一时间，屋里只听到那名挨打的战士不时发出的抽泣声。

风 范

　　第二天，罗荣桓到九连检查工作，听连长讲了黄永胜打人的事情后，就将黄永胜找来谈话。黄永胜一进来，罗荣桓开门见山地问："听说你昨天晚上打人啦？你因为何事打人啊？""那个战士违反群众纪律，又不服从命令，我才打了他一巴掌。"黄永胜辩解说。"哦，这么说来，你打人是对的喽！"罗荣桓停了一下，接着问，"我问你一个问题，你当班长，如果不打人，有没有法子把全班带好？"见黄永胜低头不语，罗荣桓耐心开导说，"怎么？你没有想过吧？我再问你，如果你是当兵的，犯了一点错误，班长动手打你，你的心里会好受吗？毛委员再三讲，靠拳头来代替教育，那是不能解决问题的。同志们有了缺点和错误，要反复地向他们讲道理，使他们明白为什么错了。要以理服人，不能以力服人。口服不如心服，只有心服了，才能自觉遵守纪律。你今后无论如何也不要打人了。你回去好好想想，看看我讲的道理对不对。"在罗荣桓的耐心教育下，黄永胜承认了错误。

　　当时，受封建军队不良作风的影响，士兵委员会有时也用体罚的办法处罚犯了过错的官长。九连连长就曾因违反群众纪律而被士兵委员会打了屁股。罗荣桓发现这一情况后，第一时间赶到九连处理问题。这时，恰好士兵委员会又决定要打排长曹响的手板。

　　曹响原来是湖南起义农军的一个大队长，后来调到九连当排长，自认为是降级使用，心里很别扭。因为他没有受过正规军事训练，每逢他带操，口令总是喊不到点子上，做示范动作时，连个"枪上肩"也做不好，他一带操，有些战士就忍不住笑。他一见战士笑就骂，谁要不服就打。他还有一个毛病，就是爱赌钱。在红军里既没有纸牌，也没有牌九，他赌瘾发作时，就悄悄找几个人，用一个铜板猜字背。输赢数额不大，就是分来的一点儿"伙食尾子[①]"。曹响赌钱的事很快被士兵委员会发现了。士兵们早就对曹响的军阀作风不满了，这一回岂能放过？九连士兵委员会决定当众给他打手心的处罚。

――――――――

　　[①] 1927年9月，毛泽东率领秋收起义部队在三湾实施了著名的"三湾改编"。在加强党对军队的领导的同时，各连队建立了士兵委员会。士兵委员会在党的领导下，实施政治、军事、经济民主。其中，经济民主是士兵参加清理账目，管理伙食。每个月，连队精打细算，可使伙食费有一小部分的节约，经过士兵委员会讨论，均分发给包括普通士兵和高级将领在内的就餐人员零用，名曰"伙食尾子"。在这种官兵一致的民主制度下，部队面貌焕然一新。

罗荣桓到九连知道这件事后，把士兵委员会的委员们找来开会。他仔细听取委员们关于曹响情况的汇报后，问大家："官长打士兵对不对？"

"不对！"大家异口同声地回答。

罗荣桓点点头，说："是啊，官长打士兵是要记过、扣发零用钱的。官长打士兵不对，可士兵打官长难道对吗？官长打士兵要受处分，士兵打官长就不受处分，你们看，这样做公道吗？"

一名委员小声嘟囔："可他赌钱啦！"另一名委员又补充了一句："他动不动就吹胡子、瞪眼睛，骂起人来可难听了！"

"那也不能打啊！"罗荣桓耐心地说，"无论是官长打士兵，还是士兵打官长，都解决不了问题嘛！他有缺点、错误，大家可以批评他，教育他，为什么要打呢？你们这一打，他今后在连里怎么工作？"

在罗荣桓的说服教育下，九连士兵委员会撤销了打曹响手板的决定。

罗荣桓重在说服教育的同时，坚持官兵在物质生活上一律平等。无论是发衣服，还是分"伙食尾子"和零用钱，他都要求先战士、后干部，干部和党员必须做到吃苦在前、享受在后。坚持实行民主主义，使战士认识到自己就是革命队伍中的主人翁，从而成为自觉的战士，这正是罗荣桓经常考虑并大力抓好的一件主要工作，也正是第三营成为拖不垮、打不烂的红色铁军的重要原因。

在江西瑞金，红四军第三纵队的特务大队随着部队的扩大，团结问题渐渐突出。这个大队的大队长是湖南人，爱吃辣椒；政委是广东人，不爱吃辣椒。买菜的时候，大队长经常嘱咐司务长买辣椒，而且要挑那种又红又尖、越辣越好的辣椒。大队长这种爱好得到了同样喜欢吃辣椒的江西籍战士的支持，却遭到不爱吃辣椒的政委和福建籍战士的反对。这个大队长有点儿军阀残余思想，嘴里骂骂咧咧是家常便饭，而政委也不肯忍让，于是，吵架就不可避免。

罗荣桓了解这一情况后，出席了大队的支委会和士兵委员会。会上，罗荣桓说："我们这个大队有江西人，也有福建人，还有广东人、湖南人，来自四面八方。要不是革命，大家谁也不认识谁。革命使我们成了阶级兄弟，我们一定要团结，不团结，工作搞不好，仗也不能打好。所有的共产党员都应该在团结方面起模范作用。团结，这是一个出发点，有了这个出发点，一些具体问题，像吃辣椒的问题就好解决了。大家应当互相谅解、互相照顾。今后可以少买点辣椒，单炒，爱吃辣椒的湖南人、江西人的需要就可以满足了，但是，不要放到菜里头，这样也照顾到了福建人的不同的口味。"经过罗荣桓的耐心教育，这个大队的几个干部都做了自我批评，表示一定要团结起来。

罗荣桓离开特务大队后，又走访了几个大队，发现福建人和江西人之间的团结问题普遍存在，除生活习惯不同外，语言不通也是造成隔阂的原因之一。针对这一情况，罗荣桓召开了专门研究和解决团结问题的政工会。罗荣桓在会上说："福建的同志刚从地方上出来，讲话，别人听不懂，他们坐在一起是很自然的。这不是什么小宗派、小集团。当然，福建的同志也要学国语（普通话），你们干部今后向部队讲话，要学着讲国语，不要讲土话。在这个问题上，干部也要用自己的带头作用去影响战士。今后，部队还会不断发展，五湖四海的人都会碰到，如果不会讲国语，指挥部队就会发生困难。"会后，由于各级党组织的重视，很快解决了团结问题。

罗荣桓在这个时期的表现和作用也得到了毛泽东的称赞。在古田期间，有一次，毛泽东和刚刚从上海调来的前委秘书冯文彬散步，罗荣桓恰巧从一旁走过。毛泽东指着罗荣桓对冯文彬说："这个同志是个人才，是一位很好的领导干部，对这个同志，我们发现晚了。"

抗日战争时期，担任八路军第一一五师政治委员的罗荣桓以自己的模范行动，为政治干部做出了表率。他谦虚谨慎，平易近人，同志们都把他当作贴心人，都愿意和他说心里话。他能听正面的意见，也能听反面的意见。他听取意见的时候，从不打断别人的讲话，对讲错了的给予正确引导，耐心启发，从不扣大帽子，使人在不知不觉之中，潜移默化地受到教育。

当时，有一位团政委调到机关当组织干事，岗位的反差使他不太安心在机关工作。罗荣桓从侧面了解这一情况后，特意找了个时间和他拉家常，先问他是哪里人、哪一年参军，然后问："在组织干事中，你的资格是最老的吧？""是的。改编八路军时，给我评的是少校干事。"组织干事回答。罗荣桓又问："论部队实际工作经验，你比其他同志大概多一些吧？"组织干事笑了笑，感到这是对自己的鼓励。接着，罗荣桓便谈到机关工作与部队工作同样重要，机关干部不能光用年轻的知识分子，还需要有一些资格老一点儿的、有部队实际工作经验的同志做骨干。罗荣桓亲切地和组织干事一起研究工作，没有丝毫批评和指责。组织干事本想提出调动工作的要求，但听了这一席语重心长的话，认识到机关工作的重要性，感到了领导的信任，便不再提个人的要求了。

山东分局有个工作人员曾用一些道听途说、似是而非的材料攻击分局的个别同志，企图否定山东分局的工作成绩和分裂党的集体领导。罗荣桓耐心地向他指出："我们工作中不可能没有缺点，正像太阳也还有黑点一样，但不能把这黑点看成乌云。"这位同志非但不听劝告，居然说："那黑点，那乌云，就罩在我的头上！"在场的同志见他这样蛮不讲理，都很气愤，罗荣桓却心平气和地对他讲："同志，你的车已经开到危险的边缘，再向前一步，就要开进泥塘里了。"同志们都主张处分他，罗荣桓却和蔼地向大家讲明："他这些年对敌斗争坚决，与大家同生共死，做了不少工作，大家要原谅他。"当有人问罗荣桓何以对他这样宽大？罗荣桓回答："你们不是刚刚读了毛泽东同志的《学习和时局》吗？毛泽东同志不是讲'既要弄清思想，又要团结'吗？这是一条很好的原则，我们应当照办。"

有一次，山东一位抗日根据地负责人及所部被数倍于己的国民党军队包围，负责人考虑突围还是谈判，考虑到最后，他还是决定率部冲出去，并且胜利地冲出去了。这本不是什么问题，作为一个小战略区的负责人，有权考虑这样或那样的斗争方式，可是有人硬是揪住不放，并在山东分局的会议上批评这位负责人政治动摇，双方争论不休。罗荣桓得知后，对大家说："不要怕人家说动摇，以为'动摇'这两个字了不得，在敌强我弱的形势下，尤其在孤军作战的时候，考虑用这种办法或那种办法打击敌人，保存自己，争取胜利，是可以被允许的。当一个指挥员决心未下，未成为政治行动、战争行动之前，即使被人看成动摇，也没什么了不起，问题在于而后的决心和行动。"罗荣桓的话既为这位负责人卸了包袱，也令那些把问题性质拔高上纲的同志折服。

1945年11月，罗荣桓从山东渡海北上，抵达沈阳，开始作为东北解放战争的主要领导人之一，率领东北人民进行对敌斗争。12月，东北人民自治军总部分为"前（方）总（部）"和"后（方）总（部）"，罗荣桓主持后总工作，在思想政治、扩军、军工生产与后勤保障及特殊兵种建设等方面都做出了突出贡献。他那高超的政治工作水平和丰富的实践经验，在1948年8月于哈尔滨召开的荣誉军人代表大会上可见一斑。

蒋介石挑起的全国内战爆发后，东北解放战争规模的不断扩大与形势的不断发展，一方面带来人民军队的节节胜利，另一方面使部队的后勤问题越来越突出。从前线退下来的伤病员与日俱增，各军分区的后方医院都住满了人，处于超负荷运行的状态。更为严重的是，很多从前线下来的伤病员觉得自己在前线与敌人面对面地拼杀而负伤，自然是功劳高人一等，这种思想导致他们中的一些人居功自傲，目无法纪，惹是生非；其中有相当一部分人是从国民党部队投诚过来的"解放战士"，把国民党军队的坏习气也带到革命队伍里来了。他们不服从管理，看电影不买票、下馆子少给钱或不给钱，还有的打骂群众和医护人员，甚至包庇地主分子，干扰土改运动，还挑起了企图抢劫银行和聚众闹事的恶性事件。处理伤病员问题成为安定后方的一件大事。

这些情况很快就被反映到了罗荣桓那里。罗荣桓觉得问题很严重，立即召集政治部、后勤部、卫生部和政府民政部门及其他有关单位领导干部一起开会，研究解决办法。大家就这一问题必须尽快解决很快达成了共识，对采取什么措施却各执一词：有提出多设岗哨加强警卫与管理的，有主张突击治疗后遣回前线的，有建议严厉处分带头闹事者的……罗荣桓一边仔细倾听各种意见，一边用心思考和分析。他觉得大家的意见虽然各不相同，但都是从消极的方面把伤病员当作包袱来看待，对此，他有不同的看法。他说："解决伤病员闹事这个问题，我看还是应该从积极方面入手。抓紧治疗，加强管理，都是好主意。除了对个别极恶劣的，尽量不要搞纪律处分，更不要随便抓人。目前各地医院多数是新成立的，设备不太好，住得很分散，医院里又没有文化娱乐器材，生活比较单调、枯燥。那些轻伤员想出来走走，你想捆住他们的手脚，硬是不让他们出门，恐怕要和哨兵打架。我看还是以正面教育为主。我们能不能在短期内召开一次伤病人员代表大会？"罗荣桓的分析透彻在理，他的提议很快获得与会者的一致赞同。当即成立了代表大会筹备小组，确定了以东北军区政治部副主任周桓担任组长。

一天，筹备小组向罗荣桓汇报筹备情况，谈了会议的内容和准备于1948年8月在哈尔滨召开代表大会，代表人数为500人。

"准备叫什么代表大会呀？"罗荣桓问。

"就叫'伤病员代表大会'吧。"周桓答道。

罗荣桓考虑了一下，说："还是叫'荣誉军人代表大会'比较好。不管是负伤的、病残的，都是为了革命，都是荣誉军人。"这一名称的更改可谓一举两得，既切合大会主题，又把握了会议的积极方向。

大会名称确定后，下一步就是选派代表的问题。罗荣桓问："准备让些什么人来开会呢？"

"当然要选一些先进人物和积极分子参加啦！"周桓按老规矩回答。

"积极分子要参加，但不要超过三分之一。"罗荣桓说，"多找些调皮捣蛋的和爱闹事的来开会。"

周桓和筹备小组的同志们听了，都有些迷惑不解。

罗荣桓进一步解释说："这次会议要打破常规。为什么呢？会议主要想解决的是闹事问题，找先进人物来开会，代表不了闹事的伤兵，回去以后，作用也不大。找带头闹事的人当代表，首先肯定他们为革命负伤是有功劳的。对他们闹事，不直接批评，要进行正面教育，可以请一批伤残的老红军、老八路来'现身说法'，讲我军的光荣传统，讲身体伤残、思想不伤残的好人好事。这部分伤兵的思想转变了，回去就可以起很大作用。"

荣誉军人代表大会要如期召开了。各地医院派来的代表，不少是思想比较落后、憋着满肚子气的，有的还准备了一大堆要求，如不答应，就要大闹一番。当他们到哈尔滨火车站的时候，只见月台上锣鼓喧天，到处张贴了欢迎的标语，人们喊着口号，女学生给他们胸前戴上了大红花，把他们当成英雄欢迎；到了招待所，接待人员热情地为他们端茶送水，医生和护士细心地为他们换药治疗，他们每天吃的都是细粮、四菜一汤……这一切，使他们很感动，心里有气的人气消了一半，想大闹的人也觉得不好意思了。

根据大会的组织安排，代表们白天听报告，听完报告，分组讨论；晚上看戏、看电影。按照罗荣桓的指示，大会采取积极引导、典型示范的方式，请了一大批身残志坚的同志，如在红军时期便失去一条腿的后勤部副司令员钟赤兵、在保卫井冈山战斗中被打瘸了腿的何长工等，"现身说法"。他们讲负伤不下火线的故事，讲伤好后继续革命的情形，讲当年缺医少药时艰苦奋斗的生活，讲我军的光荣传统，讲《三大纪律，八项注意》。言语中情真意切，感人至深，代表们深受教育。大会还专门请人讲述苏联小说《钢铁是怎样炼成的》，讲作者奥斯特洛夫斯基双目失明以后如何写出这部小说的动人故事。

听到这么多感人的事迹，代表们的思想发生了巨大变化，听完报告举行的讨论会也由"意见会"变成了"检查会"。他们逐渐联系了自己的思想，检讨了自己的错误行为，有的懊悔难过，有的痛哭流涕，有的恨自己忘本。他们纷纷表示，回去以后要用实际行动改正错误，争取早日康复，重上前线。

会议期间，罗荣桓在总结大会上做了报告。他对大会做了充分肯定："这次荣军大会开得很好，大家对荣军工作的领导上提出了很多意见，同时又着重地检讨了自己，这种态度是正确的。每个革命者都应当具有这种批评与自我批评的精神。"对于过去荣军工作的不足，他指出领导上是应该负责的，同时要求荣誉军人自身努力，珍惜过去的荣誉，不要忘本。罗荣桓还动之以情，晓之以理，指出前方的胜利中有后方的功劳，并号召每个荣誉军人都"要学会一套新本领，参加具体工作，继续为人民立功"。最后，罗荣桓说："蒋介石在中国的统治已经到了最后的时刻了。全中国人民到了翻身的时机了。每个同志都应做出新的努力，每个荣军同志也应把自己的一切力量贡献出来，争取胜利的早日到来。"罗荣桓的讲话说到了代表们的心坎里，赢得了全场热烈的掌声。

代表们在大会期间耳闻目睹先进人物及事迹，思想产生了深刻的转变。大会结束后，他们回到各地医院，都变成了宣传员，在伤病员中做工作，带头遵守纪律。从那以后，伤兵闹事就很少了。

中华人民共和国成立初期，罗荣桓担任总政治部主任，健康状况很不好。有一次，一位干部打电话要晚上来见罗荣桓，妻子林月琴考虑到罗荣桓的身体，就请对方第二天过来。罗荣桓知道这件事后，批评妻子说："这样不好。过去在山沟里打游击，什么时候要见就什么时候见，现在有病就不能见了吗？人家来看你，能谈多少就谈多少，不能谈，见见面也好嘛！"所以，罗荣桓家门前不仅有高级干部乘坐的小汽车，还有一般干部的自行车，他对来访的干部从不拒绝。他经常教育机关干部要热情接待部队来访的同志，政治部应该成为干部的家，使干部感到温暖，不要阎王爷开店，小鬼不敢上门。

对一些有错误、走过弯路的同志，罗荣桓在严格要求的同时，总是以与人为善的态度热情帮助，耐心教育。有一位参加过南昌起义的老同志，在处理个人生活问题上犯过错误，进城后分配了工作，不愿去。罗荣桓找这位老同志谈话，严肃指出："你再不改，就开除你的党籍。"1955年评军衔时，有人提出这位老同志最高评少将，罗荣桓却全面分析了这位老同志的功过是非，公道地主张授予中将军衔，并说："这样才能服众，对他本人也是个促进，如果失之不公，就会出问题。"还有一位井冈山时期的老同志，在井冈山处境最困难的时期离开了部队，抗战期间才回来。这位老同志就组织上对他的使用有意见。罗荣桓亲自找他谈话，严肃地批评他："井冈山困难时期，你跑哪里去了？"接着进行了耐心的说服教育，让他正视自己历史上走过的弯路，好好为党工作。

不少同志都感慨地说："到罗荣桓元帅那里谈话，进去的时候有的愁眉苦脸，有的满腹牢骚，可是出来的时候，愁容没了，怨气消了，一个个心平气和、精神抖擞地回到工作岗位。我们的政治工作者如果能学会这样热情、耐心地进行教育引导，政治工作的威力就大了！"

战士和干部的贴心人

凡是熟悉罗荣桓的人，都知道他关心爱护战士，心细如发。

抗战胜利后，罗荣桓率部奔赴东北。

早春时节，松辽平原的下半夜，气温常常在零下二三十摄氏度。在抚顺一座房子的一楼里，在临窗的一张条桌旁，罗荣桓正在起草文件。屋内没有暖气，寒气袭人，罗荣桓停住笔，朝手掌哈了几口热气，又搓了搓双手，抬头望了望窗外，只见一个身穿薄棉衣的哨兵，头上、肩上落了一层雪花，双手紧握一杆步枪，在门口来回走动。罗荣桓轻轻拉开门，走下台阶，拍打哨兵肩上的雪，脱掉身上的旧羊皮大衣，披到哨兵身上。这个哨兵原是山东军区特务团的战士，随大部队渡海北征来到东北，最近几天奉命为罗荣桓站岗放哨，常常看到首长穿着这件大衣。此时正是首长最需要它保暖御寒的时候，首长却把它披到了自己身上。一阵暖流涌上哨兵心头，他双眼湿润地望着罗荣桓，说："首长，你……"他一激动，便说不成句子，想把大衣脱下来。罗荣桓亲切地说："穿上，快穿上！我房里比外面暖和得多。换班的时候，传给下一个哨兵。"罗荣桓说完，回到房间，拿起笔给供给部长何敬之写了个条子："何部长，无论如何，要搞上几件羊皮大衣，几顶狗皮帽子，给站岗的专用，以免夜间把哨兵冻坏。"几天后，所有哨兵站岗时，都有了皮衣、皮帽和靰鞡（乌拉）鞋御寒。

上述只是罗荣桓在长期革命生涯中关心爱护战士的一个小片段。他从担任连党代表到总政治部主任，几十年如一日，爱兵如子。广大指战员无不交口称赞："他待我们胜亲人，是我们最贴心的人！"

1927年随秋收起义部队上井冈山时，罗荣桓担任连党代表。当时既没有后勤部，也没有供给处，吃饭穿衣问题很难保障，全靠打土豪、募捐筹款和打仗缴获的战利品来解决。冬天临近，战士们陆续穿上了棉衣，罗荣桓却还穿着单衣，直到全连100多号人都穿上了棉衣，他才去领自己的一份。连队的主要干部都有一匹马。不管是行军，还是作战，罗荣桓的那匹马不是驮着伤病员，就是驮着实在走不动路的"红小鬼"，尽管以后职务不断提升，罗荣桓除了指挥作战需要，还是很少骑马，经常和大家一起走路。对于负了伤、患了病的指战员，罗荣桓更是关怀备至、体贴入微。抗战时期，他在山东还曾别开生面地举办了战时"敬老会"。应邀出席的，年龄都在45岁以上，有的是大革命时期的老英雄，大部分是身经百战的老红军。他还先后为10多位老同志、大龄青年牵线搭桥当红娘，一直传为佳话。

罗荣桓对待战士像亲人，最集中的体现是爱兵如子，珍惜他们的生命，尽量减少伤亡。他常说："乡亲们把孩子交给了我们，我们就应该把乡亲们的孩子当作自己的孩子，对他们负责，对每一个鲜活的生命负责。"打仗当然会有流血牺牲，但每次战斗前，他总是尽量做到知己知彼、精心策划、精心组织，不打无准备之仗，不搞蛮干硬拼的冒险主义，采取灵活机动的战略战术，多多消灭敌人，好好保存自己。

全面抗战开始后，八路军第一一五师有一些指挥员习惯于10年内战中打运动战时那种猛冲猛打的战术，有时在同装备优良的日军作战时，伤亡较大。1941年2月7日，教导第二旅副旅长张仁初带领一个团向郯马地区出击时，在重坊附近与出来"扫荡"的数百日伪军相遇。日伪军在密集炮火的掩护下向我军大举进攻。张仁初跨上战马，举枪高喊："共产党员跟我来！"官兵们跟着他勇猛地拼刺刀、展开肉搏，给日伪军以沉重的打击，但我军伤亡也很大。战后，罗荣桓看到此次战斗牺牲的指战员名单时，十分惋惜而又沉痛地说："都是些多么好的战士啊！"

就在这时，张仁初来了，一脸打了胜仗后兴奋的神情，老远就高喊："政委！"

罗荣桓沉着脸，双眼狠狠地盯着他，劈头就问："张仁初，你是来邀功的吧？你是来领赏的吧？老实告诉你，我这里没有功给你，没有赏给你。你真是个疯子，你还我干部，还我战士！"一向稳重和蔼的罗荣桓，此时怒容满面，透过黑边眼镜，可以看到他的眼睛里饱含着的泪水，"你违反了游击战的原则，拼掉了我们的红军老干部。你赔我的干部来！"

张仁初幡然悔悟，沉痛地说："政委，我错了，处分我吧！"

"处分你有什么用？好好地记住这起血的教训吧！"罗荣桓的情绪慢慢平静下来，语重心长地说，"干革命不能单凭一股冲动，打仗也不能光靠勇敢。我们现在是开展游击战，不是和敌人拼消耗，只管打得过瘾，动不动就硬拼。革命的本钱被拼光了，我们怎么向党和人民交代啊！"

张仁初永远都忘不了这件事，每逢提起，他总是十分后悔地说："唉，罗政委说得对，我真是个疯子！"以后，他克服了莽撞、蛮干的旧毛病，逐渐成为一名智勇双全、爱兵如子的高级军事指挥员。

在山东战场，每次战斗结束，罗荣桓总是首先了解敌我双方的伤亡情况，沉痛追悼死难烈士，亲切慰问伤员。1944年冬，莒县战斗结束后，从前线抬来一位头部、胸部等7处受伤的重伤员。罗荣桓来到担架前看望，着急地对医护人员说："赶快进行抢救，分秒必争！一定要尽最大的努力，把他救活！"医护人员通力合作，最终使重伤员脱离了危险。春节前，八路军第一一五师宣传队、战士剧社排练了一些节目，到各地各部队为驻军和当地群众演出。那位重伤员下不了床，没有看成。罗荣桓知道此事后，安排战士剧社带着幻灯，为那位重伤员单独表演了一场。那位重伤员高兴之余，听说是罗政委特意安排的，感动得放声大哭起来。

风 范

　　为了适应革命形势的迅速发展，罗荣桓一向重视培养提拔新生力量。他常说："培养干部只在老干部中打圈子，路子会越走越窄。我们配备干部，不能一律看资格，要重视德才，只要有发展前途，就要认真培养，大胆使用。"红军时期，他经常把十八九岁、二十来岁的青年干部放到基层去锻炼，使部队工作搞得生龙活虎，朝气蓬勃。经受了锻炼的年轻干部茁壮地成长，很快就被提拔为中上层的领导干部。当时，有的师的政治委员才20岁左右。抗战时期，罗荣桓作为第一一五师政委，经常说："培养新生力量是带方向性的问题。"师作战科的几个参谋都是参军不久的青年，缺乏战斗锻炼和实际工作的经验。罗荣桓经常帮助他们，不仅对他们起草的文件详细指点，亲自修改，而且寻找机会，把他们放到尖锐复杂的斗争实践中去锻炼。许多当年经过他培养的年轻同志后来都成了我军的高级干部。

　　罗荣桓经常说，培养干部，首先要了解干部，做广大干部的贴心人。他对干部不仅在政治上精心培育，而且在生活上给予无微不至的关怀。由于他在长期革命斗争中同广大干部建立了深厚的友谊，成为他们肝胆相照的挚友、亲人，因此，他们也都乐意把心里话告诉他。有一次，他生病了，长期下不了床。师政治部主任肖华去汇报工作，发现他对所有的情况几乎都知晓，觉得惊奇。他笑笑，说："大伙儿接二连三地来找我谈心，对我来说，不正好是在病床上进行调查研究的难得机会吗？！"他又补充说，"关心爱护干部，才能为培养干部创造条件。我们可不能'阎王爷开店，鬼都不上门'哟！"抗战结束后，肖华奉命奔赴东北，女儿肖雨刚满周岁，带上她走是个麻烦，正不知如何是好时，罗荣桓说："你们那个肖雨，我和月琴已经商量好了，就暂且留给我们吧。"看到肖华爱人王新兰眼泪汪汪的，罗荣桓关切地说："你是不是舍不得小雨呀？你放心好了，我们走到哪里，就把她带到哪里，保证把她带好。"听了这番话，王新兰感动得哭出声来……

以自己的模范行动作为无声的命令

　　在长期的革命工作中，罗荣桓从来不计较个人的名利和地位，一切服从党的安排。他严于律己，从不搞特殊化，总是坚持一条：凡是要求同志们做到的，自己首先做到，以自己的模范行动作为无声的命令。

井冈山斗争时期，他先后担任过连、营党代表和红四军政治委员。此间，他同战士一样上山打柴，下山背米，不搞一点儿特殊。后来，由于他坚持毛泽东的军事路线，遭到"左"倾机会主义者的打击和迫害，被免去红四军军委书记、红一军团政治部主任的职务。长征前，他被调离红一军团，到刚成立的红八军团任政治部主任。尽管这个军团的主要领导原来都是他的部下，但他毫不介意，对他们很尊重，并积极协助他们做好工作。对此，有的同志为罗荣桓愤愤不平，罗荣桓却对他们说："我们参加革命，为的是打倒蒋介石，建立新中国！为的是实现共产主义的理想，不是为了当官。……不要论资排辈，要服从组织决定，不计较地位高低……"

抗日战争时期，部队到了鲁南山区，由于群众对八路军不了解，导致部队给养十分困难。罗荣桓和战士们一样，常常吃发了霉的带壳子的高粱掺地瓜干做成的煎饼，菜汤里看不见油花。罗荣桓身边有个小勤务员，见本来身体就不好的首长吃这样的饭菜，人一天天消瘦下去，心里十分难过，想让伙房单独给首长做些好一点儿的饭食，却被罗荣桓严词拒绝了。群众随着对八路军的日益了解，认识到八路军是仁义之师，因此亲近起来。房东大娘想表表心意，就杀了一只小鸡，炒了一碗辣子鸡，叫小勤务员端给罗荣桓吃。见到这碗香喷喷的辣子鸡，罗荣桓板着脸问："小鬼，哪里搞来的？"小勤务员如实交代是房东大娘送的。罗荣桓接着问："'三大纪律'第二条是什么？"小勤务员答："不拿群众一针一线。"罗荣桓又问："那你为什么把鸡肉也拿来了？"看着那碗香喷喷的辣子鸡，小勤务员委屈地答道："又不是我拿的，是她送的。"听罢，罗荣桓说："给房东端回去！……你怎么说？"小勤务员想了想，答道："说你不喜欢吃鸡。"罗荣桓说："乱弹琴！要说谢谢她的好意，咱们八路军有纪律，不能随便吃老百姓的东西。"小勤务员尽管心里不愿意，但还是带着一肚子委屈，噘着嘴把辣子鸡端走了。不一会儿，房东大娘的闺女又端来了那碗辣子鸡，对罗荣桓说："首长，吃吧！这是俺娘的一点儿心意。俺娘说，俺家都不吃辣的，是特意给您做的菜，您不吃，就见外了。您再客气，俺娘可要生气了。"说完便扭头跑了。即便这样，罗荣桓还是对小勤务员说："小鬼，去喊警卫班的同志来，咱们会会餐。不过有一条，吃完了一定按价给钱，用我的津贴费，办得到吗？""办得到！"小勤务员大声喊道，高兴地跑出去叫了两名警卫员进来，和罗荣桓一同享用了这碗辣子鸡。

罗荣桓的生活十分简朴。他结婚的时候，盖的仍然是长征途中使用的旧被子，并一直用到抗战胜利。平型关战役中缴获了很多日军的黄呢子大衣，但罗荣桓没有要，一直穿着他那件早已褪了色的老羊皮大衣。1945年年底，林彪带领前总在辽西前线指挥作战，罗荣桓主持后总的工作。一天晚上，罗荣桓回到宿舍，看到床上放了一床丝绸被面的棉被，簇新闪亮，伸手一摸，又滑又软，便问妻子林月琴是从哪里弄来的。林月琴告诉他是从仓库领来的，自己缝的。罗荣桓听后，神情严肃地说："仓库里的东西是公家的，怎么好随便拿呢？"林月琴解释说，是管理处王处长叫何敬之去仓库领来的材料，东北局领导同志每人都做了一床。罗荣桓听后，不悦地说："这个何敬之真乱弹琴！他是老供给处长，明明知道仓库里的东西应当统一分配嘛！怎么一进城就可以发洋财？太不像话！明天叫他送回去！"第二天，按照罗荣桓的吩咐，何敬之去退被子。王处长很感动，解释说："这东西是人造棉的，看起来漂亮，可并不是什么值钱的东西。冬天到了，在东北，没有厚实一点儿的棉被过不了冬。如果罗政委嫌它花哨，等以后有了布被，再拿来换好吗？现在都已经做成被子了……"罗荣桓听了他的解释，才不再坚持自己的意见。

在战争年代，罗荣桓经常以四海为家。在井冈山时，风餐露宿、曲肱而枕对他来说是家常便饭，后来，中央根据地内的祠堂、庙宇、茅舍，陕北的窑洞，沂蒙山的庄稼院都曾是他的栖身之所。长期在险恶艰苦的环境里工作和生活，罗荣桓的身体遭受了很大的损害。1942年，部队进入沂蒙山区以后，罗荣桓患上了严重的肾病，开始尿血。根据地医疗条件差。他强撑病体，常常坐在担架上工作，但他异常坚强，甚至告诉妻子林月琴："我要订一个5年计划，争取再活5年，打败日寇，死也瞑目了。"党中央和毛泽东对他的健康很关心，安排他到苏联就医。1946年，罗荣桓去苏联治病时，党组织给他少量黄金以备应急用。他到苏联后，供应由苏方负责，黄金一点儿也未私自动用。那时，苏联卫国战争刚刚结束，罗荣桓用其中一小部分黄金为我党在那里学习的孩子们添置了一些衣物和学习及生活用品，并反复告诫孩子们："这金子是中国人民的血汗，要节省着用。你们要继承父母辈的革命传统，保持艰苦奋斗的作风，努力学好本领，不要辜负党和人民对你们的期望。"他的一家在国外生活了将近一年，却再也没有动用过一点儿黄金，回到国内，把剩余部分全部交回了组织。苏联医生切除了他的左肾，并建议他休养3年，但他心系东北解放战争，谢绝了医生的建议。1947年7月，健康状况有所好转的他便从莫斯科回到了哈尔滨。

哈尔滨是我军在全国解放的第一个大城市。野战军管理处为时任东北野战军政治委员的罗荣桓安排了一座同司令员林彪住处差不多的又大又漂亮的庭院。房子原是一位旧官僚的别墅，里面设有豪华的舞厅、会客厅、洗漱间等，这跟他之前住过的房子相比，简直是一个天上，一个地下。罗荣桓一家住下甫定，就要求另找房子。罗荣桓认为自己的四口之家占用一幢别墅，既浪费，又脱离群众，坚决要求尽快搬出去，将这房子挪作公用。一天，他到野战军政治部主任谭政家，见谭政住的是一座二层小楼，便说："跟你们搭个邻居怎么样？你家住楼上，我们住楼下。欢迎吗？"谭政起初还以为是句玩笑话，但没过几天，罗荣桓一家真的搬来住了。他对忙忙碌碌的妻子林月琴和工作人员说："住的房子大小，看来是不起眼的事情，但我们是党的干部，要时刻想到生活在基层的人民大众，不能官越做越大，住的就要越来越好。"他还说，"生活不要特殊化，一味追求舒适的生活，讲究吃穿，贪图享受，就要变坏的。"

1949年秋天，罗荣桓一家搬到北京南池子18号。这是一座老式的四合院，房子比较陈旧，间数也不多，加上秘书、司机、警卫人员，几乎住不下。房管部门根据需要，在院子里为秘书加盖了一间房子，同时盖了一间车库。后来，罗荣桓认为，加盖房子也是一种浪费，自己没有制止，应该做检讨。他不顾其他同志的劝阻，主动向党中央写报告进行了自我批评。然而，房子狭小毕竟是事实。1954年秋天，在邓小平的建议下，他们全家搬到了东交民巷新8号。罗荣桓在这里一直住到逝世。

1956年深秋，罗荣桓回到了阔别30多年的家乡湖南省衡山县。县委领导准备设宴招待罗荣桓。罗荣桓婉言谢绝，却提出弄一些本地的红米冬粘[①]

[①] 冬粘系方言，即晚稻。

做饭吃。对这种糙米，他吃得津津有味，边吃边说："现在的人总以为吃精米最好，其实这红米冬粘，虽然糙一点，但营养不坏。什么事情都得看实质。"吃完饭，他嘱咐工作人员别忘了照价付钱。在休息室里，他见摆了一些糖果，便让服务人员撤下去。他对一些在场的领导说，共产党的干部，不能在金钱和物质面前伸手，吃吃喝喝、吹吹拍拍不是共产党的作风，不然，迟早会失掉群众的。罗荣桓公私分明、廉洁自律、两袖清风的精神，在家乡不胫而走，赢得了广大干部群众的交口称赞。

罗荣桓不仅在吃住等生活问题上从来不提什么个人要求，而且在名誉、地位面前，始终保持了无产阶级革命家的高尚情操。他经常说，人民群众是领导干部身上的血液，领导干部脱离了群众，生命就要枯竭，因此，一个革命者想的应该是怎样为人民多做一些有益的事情，而不能要求额外的照顾，增加人民的负担。

进入北京以后，由于工作需要，组织上给罗荣桓配备了专车。对此，他反复告诫家人和工作人员，一定要节约用车，只要有可能，就尽量不用或少用车。在党的八届一中全会上，罗荣桓当选为中央政治局委员。中央办公厅按照规定要给他增派工作人员，增加车辆。恰好这时，罗荣桓因健康原因，刚刚辞去总政治部主任和总干部部长职务，他便以此为由，多次亲自打电话给中央办公厅的同志，表明不同意增加车辆和人员。他深情地说："车子是组织上为工作需要安排的，而我现在身体不好，具体工作管得不多，有个秘书管管文件就行了，没有必要增加人员和用车。再说，现在我们国家还比较困难，需要用车的地方很多，请把车子安排到更需要的地方吧！"在罗荣桓的一再坚持下，中央办公厅只好取消为他增加车辆的安排，只增加了一名副官。按照当时的规定，在罗荣桓家里可以放映专场电影，但他坚决反对这样做。有一次，他不在家，放映队来放了一场电影，他知道后很不高兴，不仅批评了身边工作人员，还把总政文化部的负责人找来，说："我们为什么不能出去看电影呢？你们放什么好片子，可以打电话通知我，我想看就去，不想看就算，以后不准再到家里来放。"自此以后，他家里再也没有放过电影。

有一年夏天，罗荣桓在北戴河疗养。一天晚上，通知罗荣桓到剧场看河北梆子演出。他带着几个孩子去得晚了一些，场内座位已经坐满了人，他们在剧场里转了一圈，也没有找到空座位，只好走了出来。孩子们不高兴地埋怨组织晚会的人没有安排好，罗荣桓却笑吟吟地说："看不成就不看嘛！出来散散步不是也很好吗？"罗荣桓工作之余，偶尔会到京郊一些公园休息、散步。一天傍晚，劳累了一天的罗荣桓来到颐和园，兴致比较高，便让警卫员租来一条小船，在昆明湖上高高兴兴地划起船来。当他听说谁也没有带钱时，心里很是不安。公园保卫人员反复说，租金用不了几个钱，就不用交了。罗荣桓坚决不同意。他说，不能占公家的便宜，这钱一定得还。回到住处，他告诉工作人员，一定提醒他不要忘记这件事。几天后，当他再次来到西郊时，马上让司机把租船的钱送去，并向公园管理人员表示了歉意。

罗荣桓长期身体不好，但他从不因为自己有病而要求什么特殊的照顾。有一次，他从医院回家，发现家里多了4张躺椅，就问秘书："哪里来的躺椅呀？"秘书回答："总后送来的。""给钱了吗？""没有。"他一听没有付钱，便马上要秘书退回去。秘书解释说："总后的首长说，因为您有病，办完公好靠着休息休息。"罗荣桓听后，不悦地说："乱弹琴！我一个人害病，用得着4张躺椅吗？都给我搬回去！"看到秘书一副为难的样子，罗荣桓口气缓和了一些，说："不退也成，一定要照原价给钱，用我的薪金。"这样照价付钱以后，躺椅才被留了下来。罗荣桓常常因心脏病发作而卧床不起。医生为了让他在床上读书、看文件、找人谈话方便些，就从北京医院借来一张摇床。罗荣桓见到后说什么也不答应，要医生马上退回去。他严肃地说："医院有许多病人比我更需要，怎么能把医院的床搬到自己家里来呢？要更多地为其他病人着想，决不能为了方便个人，把医院的设备搬到自己家里来。"妻子林月琴怕医生为难，就婉转地问："你不同意借，咱们自己出钱做一张，可以吧？"最后，罗荣桓拿了400元钱，到上海订制了一张摇床。罗荣桓把公和私分得特别清。有一次，他到政治学院，院务部的干部让他的司机带回一小包学院自己栽培的蘑菇，说是让首长尝尝鲜。他吃饭时看到了蘑菇，问是从哪里弄来的，家里人告诉了他。为这件事，他专门让秘书教育司机、警卫员等工作人员，今后外出，绝对不允许接受别人送的任何东西。1961年，根据罗荣桓的身体状况，党中央、毛泽东多次关照他每天工作不要超过两小时，以利休养和坚持长期工作。罗荣桓把党和人民的关怀化为忘我的工作热忱，更加珍惜时间，抓紧工作和学习。住进医院后，罗荣桓是最自觉、最守纪律的病人。他尊重医护人员，积极配合治疗，处处为医护人员着想，从来没有提出请专家教授专门来给他看病，也不要求用什么特殊的药物。医生和护士为他做点儿事，他总是用感激的口吻说："你们是党派来工作的，真比我自己的儿女还要亲。我病了，使你们得不到休息，真对不起！"

罗荣桓总是把自己看成群众中的一员，很愿意接近群众，不搞特殊化，不赞成领导干部警卫森严、和群众隔绝的做法。到外地视察时，他常常一个人信步走到街上。有一次，他从汉口乘船到南京，上船后，发现所在的一层船舱只有他和几个随行人员。经了解，原来是警卫部门同售票处打了招呼，这一层的票就没有卖。他不满意地把警卫人员找来，批评说："我看你们搞警卫工作的恨不得把我们锁进保险柜里。我们接近群众有什么不可以？"他出外视察，都是轻车简从，厌恶前呼后拥、迎来送往等繁文缛礼。有一次，他乘飞机去昆明，刚走出机舱，只见机场上黑压压地站了一群人。原来，云南省党、政、军负责同志大都来了，还有不少工作人员。他很不高兴，便倚在机舱门口，对站在舷梯旁的几位负责人说："以后，你们来这么多人，我就不下飞机，原机飞回去！"有一年，他在杭州时，去北高峰游览。因为山比较高，警卫部门准备了一副滑竿跟在他的后面。走到半路，医生说："路不好走了。请首长坐滑竿吧。"他摆了摆手，头也不回，拄着拐杖径直走上山去。回到住处后，他对医生说："你这个同志搞什么名堂！我是出来休息游览的，怎么能叫人抬呢？"医生解释说："你身体不好，抬滑竿的人都是我们自己的同志，又不是雇的人。"他连连摇头，很严肃地说："不对。不用说叫我坐了，让他们跟在后头也不应该，想也不应该这样想嘛！"

罗荣桓为人谦逊，从来不向荣誉伸手。1955年评定军衔时，党中央提名他为元帅。他知道后，连忙给党中央、毛泽东写信，说明自己参加革命较晚，对革命贡献不大，恳请不要授给他这样高的军衔。党中央根据实际情况，还是授予他元帅军衔。罗荣桓对此非常感慨地说："这不是给我个人的荣誉，主要是党中央和人民给予我们军队政治工作者的崇高荣誉！"中华人民共和国成立之初，作为时值壮年、身居高位的开国元勋，做出辞官让位的选择是很不容易的。1956年9月，中国共产党第八届全国代表大会召开前夕，时年 54 岁、身兼中国人民解放军总政治部主任、总干部部部长、政治学院院长等要职的罗荣桓因心绞痛反复发作，担心影响工作，开始考虑辞掉在总政和总干的领导职务。罗荣桓在考虑这件事情的时候，曾深情地对妻子林月琴说："一个人在其位，就得谋其政。你在那个位置上，人家有事情就请示你，你又没有那么多精力去了解情况，这会影响工作，还不如把事情交给身体好的同志去做，这样，对革命、对自己都有好处。何况，我专做政治学院院长这份工作，也可以集中有限的精力把工作做得好些！"在考虑成熟后，罗荣桓于 9 月 2 日给中央军委主要领导同志写了一份自请辞官的"申请书"。中央军委经过反复研究，考虑到罗荣桓的健康状况，同意了他的辞职请求。

罗荣桓平时埋头工作，不愿出头露面，更反对对他个人的宣传和颂扬。照相、题词、上主席台之类的活动，他都尽可能地回避。1954 年 11 月，中央军委任命罗荣桓兼任政治学院院长。当时，政治学院的校园建筑工程正在紧张进行，罗荣桓不断前来视察。1955 年 10 月，实行军衔制以后没几天，罗荣桓又乘车直奔政治学院，快到学院门口时，远远看到校门内外是一排排整齐的队伍。罗荣桓仔细一看，学院的领导干部、教员和学员都佩戴军衔，列队站在大路两旁。他毫无思想准备，开始时吃了一惊，继而恍然大悟，这是按条令规定的礼节迎候他呢！他吩咐停车，下车后，和迎上前来的几位领导干部一一行礼、握手，然后迈开大步匆匆走过欢迎的队伍。一进办公室，他就对学院一些领导干部说："这样可不好啊！知道我是学院的院长，怎么还对我来这一套，这不是搞形式吗？这没有什么意义，相反，它还有副作用，起码会影响学员的学习和干部们的工作。以后无论如何不要再搞这个了。"过了几天，罗荣桓又来到政治学院。这次虽然没有组织列队夹道欢迎，但学院党委的常委们和各部门负责人还是来到校门口迎候。罗荣桓又和颜悦色地对大家说："上一次是我没跟你们讲清楚，这次又来这一套。虽然规模没有上一次大，这样也不好。这种形式主义的东西脱离群众，没有一点用处。你们不这样搞，今后，我仍然可以经常来，想找谁就找谁，想干什么就干什么，也不影响你们的工作，彼此都不约束，一搞形式，我反而受约束了。"从那以后，罗荣桓到政治学院，就再也没有举行迎候仪式了。

1956年，湖南衡山中学给罗荣桓写信，说学校为了表达对老一辈无产阶级革命家的崇敬，准备将校名改为"荣桓中学"。罗荣桓立即回信制止，并希望学校带领学生努力学习，多宣传人民群众的英雄事迹。有一次，《解放军报》刊登的一则报道中几次提及罗荣桓的活动和指示。罗荣桓看后，给总编辑打电话，说："罗荣桓给了你们什么贿赂啊？为什么左一个罗荣桓元帅、右一个罗荣桓元帅地宣传，这样做没有必要嘛！工作又不是我一个人做的！"在新中国的10位元帅中，罗荣桓是最早和毛泽东在一起共事的。他的儿子罗东进回忆说："父亲去世后，我们打算为他做一本纪念画册，却连一张他与毛主席单独的合影都找不到。每每有什么好事，众人上前庆祝时，父亲却默默闪到一旁。最后，我仅找到一张当年在机场迎接苏联最高苏维埃主席团主席时，毛主席、聂荣臻、贺龙与父亲的工作合影。我们只得将父亲与毛主席截取出来，这成了父亲和毛主席唯一的合照。"

春风化雨，循循育人

处理好与亲属、家人的关系，对每一个共产党员都是一个重大课题。在这方面，罗荣桓始终牢牢把握一个原则：从严要求。他经常告诫自己和家人，一个革命者想的应该是怎样为人民多做一些有益的事情，不能因为地位不同了、身份变了而要求额外的照顾和特殊的享受，搞特殊化。

1949年，开国大典结束不久，罗荣桓的故乡湖南衡阳解放，如何处理好同亲属关系的问题便摆到了罗荣桓的面前。抗战初期，罗荣桓给哥哥罗晏清写过信，之后便同老家断了音讯。衡阳解放后，罗荣桓不仅关心在他离家时尚不足一岁的女儿罗玉英的下落，而且更多考虑的是会有许多亲属来找他，其中很可能有人以为他当了大官，来向他谋个一官半职或提出其他不切实际的要求。1949年11月，罗荣桓打电话给衡阳铁路局局长郭维城，说："衡阳是我的家乡。会有很多人想通过你上北京来找我。你要做工作，劝他们不要到北京来。不能让他们免费坐火车。"不久，果然有一些打着罗荣桓亲属旗号的人想通过郭维城免费乘火车进京，但都被婉言拒绝了。当然，罗荣桓也不是对前来探望他的乡亲们一概拒之门外，他反对的是那种要求免费乘坐火车上北京、希望从自己这里得到一官半职或者谋得不切实际利益的做法。对出于真情前来探望的客人，罗荣桓总是热情招待，自己出钱给他们安排住处、购买回去的火车票。中华人民共和国成立不久，从衡阳来了一位当过长工的老人。1926年年底，罗荣桓在家乡开展农民运动时，这位老人是农会会员。家乡解放了，老人特地到北京看望罗荣桓。罗荣桓非常热情地接待了老人，安排住处，让秘书陪着参观游览。老人走时，罗荣桓为其买火车票，亲自送到大门口，又派人将其送到火车站。事后，罗荣桓对孩子说："这些人虽然不是亲戚，但思想感情一致，比亲兄弟还亲。他们来看我完全是出于真心，出于阶级感情。"

罗荣桓留在湖南老家的女儿罗玉英于中华人民共和国成立时已20多岁，在老家结了婚。她听说爸爸当了大官，就提笔写了封信，要求和爱人陈卓一起到北京。罗玉英是罗荣桓与原配颜月娥所生的女儿。罗荣桓参加革命后，为了不连累妻小，给颜月娥写了一份离婚书，劝她改嫁，但颜月娥不听，依然在罗家当媳妇，凭着一手好针线，含辛茹苦地将女儿罗玉英抚育成人。从感情上讲，罗荣桓是亏欠这个女儿的，但面对女儿的要求，罗荣桓没有一概应允。他在1949年12月给女儿的回信中写道："你爸爸20余年来是在为人民服务，已成终身职业，而不会如你想的是在做官，更没有财可发。你爸爸的生活，除享受国家规定的待遇外，一无私有……不能对我有其他任何依靠。"

1950年1月，罗晏清带着两个儿子陪同罗玉英、陈卓夫妇等一行7人来到北京。罗荣桓看到已长大成人的女儿，看到女婿、外孙和侄子，很是高兴，并介绍陈卓和两个侄子到华北军政大学学习。罗玉英由于文化水平较低，便留在家里补习文化，年底时进了速成中学的预备班。至于罗晏清，孩子们进学校后，他还在北京住了一段时间。自从出来，他被当成上宾招待，慢慢地也就感到心安理得，当警卫员、通信员为他做事时，他爱理不理，有时还支使警卫员干活。罗荣桓看不下去，严肃地对他说："我们的警卫员、通信员都是革命同志，是为人民服务的。你怎么能对他们摆那个土豪劣绅的臭架子！"后来动员他回去，在土改中接受群众的教育。

直到中华人民共和国成立后，颜月娥才知道罗荣桓还活着。因为罗荣桓已经和林月琴结婚生子，现实不容许她和女儿一起去北京团聚，不过，罗荣桓一直给她寄生活费。

1937年5月，罗荣桓与林月琴在延安结为夫妻。两个月后，"七七事变"爆发。罗荣桓离开延安奔赴山西任八路军第一一五师政训处主任（后改为政治部主任）。新婚不久的两个人分别一年后，才在山西孝义抗日前线相聚。林月琴来到抗日前线后，在第一一五师师部工作的梁必业准备安排她到司令部担任机关协理员。罗荣桓考虑再三，对妻子说："我相信你能胜任在部队的工作，但我觉得还是参加地方工作为好。一则，地方工作对女同志比较合适，晋西北根据地刚刚开辟，有许多工作等着女同志去做。再则，最好不要在我领导的单位工作，这样对你的锻炼可以大些。"林月琴欣然接受了丈夫的建议。

抗战胜利后，为夺取全国解放，罗荣桓奉命率军到东北建立根据地。由于长期繁忙工作，罗荣桓患了肾癌，需要进行手术治疗。1946年夏天，罗荣桓赴莫斯科治病。一年后，林月琴随罗荣桓回国，东北野战军政治部组织部准备把她分配到组织部任副部长。罗荣桓听说后，对林月琴说："你究竟做什么工作合适，让我再考虑考虑。"经过几天深思熟虑，罗荣桓对妻子说："你在山东曾做过组织工作，这岗位对你是适合的，但是，我看你还是不要去组织部了，有件工作，你可以去做。野战军和各兵团留守处都有许多到了上学年龄的孩子没有地方上学，你可以办一个子弟学校。这件工作很重要，关系到培养革命后代的问题，是很重要的事。要当'长'，就当个子弟学校的校长吧！"根据罗荣桓的建议，林月琴不要职务和名誉，在哈尔滨把很多干部家属组织起来，办了一所子弟学校。学校设了小学部和幼儿园，接受前方和后方干部的孩子，使他们学习、生活都有人管，这样，父母在前方的，免除了后顾之忧；在后方的，也减轻了家务劳累，可以更好地工作。大家都称赞她们办了一件大好事。

在战争年代，为了革命，罗荣桓亏欠孩子们太多。中华人民共和国成立后，生活条件逐渐好转。罗荣桓虽然爱孩子们，却从不骄纵他们，对他们要求十分严格。罗荣桓常常通过生活中的一些细节，教育孩子们作为干部子女不能搞任何特殊化。他常对孩子们讲："革命干部子女不应当脱离群众，不应当特殊，不要有优越感，不要觉得自己高人一等，要和工农子弟打成一片。"

对于多年不见的大女儿罗玉英，罗荣桓要求是非常严格的。罗玉英刚来北京时，曾拿一条破裤子上街去补。罗荣桓看后，立即批评说："为什么不自己补啊？可千万不要忘本啊！"他还经常嘱咐她和陈卓："你们不但要工作好、学习好，还要教育好子女。"1954年，罗玉英由于身体不好，难以坚持学习，想提前分配工作。她的这一想法得到了父亲的支持，但是，分配工作时，父亲并没有在城里的大机关为她找个合适的工作，而是要求她到工农群众中去，到艰苦的地方锻炼自己。不久，组织上分配罗玉英到郊区的一个农场工作。农场条件比较艰苦，交通也不方便，周末要步行10多里，然后乘公共汽车才能到家。在农场，罗玉英和其他职工一起学习、工作和劳动，既锻炼了思想，又学到了许多书本之外的知识，身体也有了明显的好转。由于进步快，罗玉英到农场第二年便加入了中国共产党。对女儿的这一进步，罗荣桓感到欣慰，并鼓励她再接再厉，更上一层楼。1961年冬，罗荣桓让罗玉英夫妇回家乡看看。他们临走前，罗荣桓再三叮嘱：要到县里、公社看看干部；问候村里的农民群众；绝对不要搞特殊化，吃饭要交钱，老乡家请客，不要去；和社员一起参加农业劳动。后来，当得知他们按照自己的要求做了，罗荣桓非常高兴，连声称好。

罗荣桓和林月琴有罗北屯、罗东进、罗南下、罗林、罗北捷和罗宁6个孩子。罗北屯是部队屯兵陕北的时候所生，出生后即寄养在老乡家中，由于生活条件太差，不足两岁便夭折了。罗南下生于向鲁南行军的途中。1955年，年仅15岁的罗南下因骨癌去世。罗林生于1941年，比罗南下小一岁，出生后也是寄养在老乡家中，一岁多就夭折了。

进北京后，罗荣桓经常跟子女们讲，你们不要成为"八旗子弟"，躺在父辈的功劳簿上不思进取，不学无术，整天就知道提笼架鸟，专横跋扈。罗东进和罗南下上小学时，由于学校离家远，每星期都是坐机关大客车集体接送回家一次。有一天，家人让司机用小车接了他们一次。罗荣桓知道后，把全家人召集到一起，严肃地说："汽车是组织上给我工作用的，不是接送你们上学的。你们平时已经享受了不少你们不应当享受的待遇，如果再不自觉，就不好了，那样会害了你们自己。"他又吩咐工作人员，"以后绝对不允许用小汽车接送孩子，让他们去搭公共汽车也是个锻炼嘛！"后来，罗东进和罗南下再也没有坐过爸爸的小汽车。有一天，罗东进和罗南下放学没有赶上公共汽车，步行了很久才回到家。罗荣桓看到两个孩子满头大汗、满身尘土地走进门来，问清原因后，高兴地表扬他们："好，好，你们做得很对！今天，你们搭不上车走着回来，不怕苦，不怕累，这种精神要发扬，要长久保持下去。"罗荣桓教育孩子们不能因为是干部子弟而有优越感，要和工农子弟打成一片，常到同学家里走一走，看看人家是怎样生活的，更要和那些家庭有困难的孩子接近，多帮助他们，吃饭穿衣要首先想到他们。罗东进读中学时，有一次过团日，带同学们回家取留声机。罗荣桓热情欢迎，拍拍学生们的肩膀，亲热地问长问短。这些学生长大后，每每回忆起这位没有一点儿架子的元帅，都感慨不已。由于罗荣桓夫妇的教育，他们的几个孩子在学校里都同班上其他同学一样，毫无特殊之处。

作为人民军队的老政治工作者，罗荣桓不但要求自己深入细致地做群众思想工作，而且教育儿女们要吸取政治营养，筑好思想防线。有一次，罗荣桓领导的部队打了胜仗，缴获了一些战利品。他的儿子罗东进捡了一个日本鬼子的破防毒面具戴在头上，跑到街上又蹦又喊，把老乡的孩子都吓哭了。罗荣桓知道这件事后，严厉地批评儿子："你寄养到老乡家的时候，路都不会走，是老乡用高粱煎饼把你养大的。老乡待你像亲生儿女一样，可你刚从老乡家里回来，就忘了本！你知道什么叫群众纪律吗？……"说完，又叫罗东进在屋内反省，以便牢牢记住这件事。有一年冬天，林月琴给罗东进买了一顶棉布帽子。罗东进嫌样子不好看，不愿戴，要买一顶皮的。罗荣桓知道了，把儿子喊来，狠狠地批评了一顿："小小年纪就讲究这、讲究那，这还了得！"他告诉林月琴，以后对孩子们的生活不要过多操心，要在政治思想上多关心一些。他曾说："教育孩子，是件麻烦的事情。急躁不行，夸奖太多了也不好。不过有一条，做父母的完全可以办到，那就是，只要发现有一点儿不好的苗头，就指出来，要他们改正，不让它发展下去。"1959年，罗东进考入了哈尔滨军事工程学院，学习导弹工程专业。临行前，罗荣桓嘱咐儿子："你要走了，爸爸妈妈很为你高兴，希望你在学校接受正规的军事科学技术教育，在政治上更快地进步，将来为我们的国防建设做一点儿贡献，为人民做一点儿有益的事，而绝不是要你当什么官，出来摆威风。"罗东进每次放假回家，罗荣桓都要详细询问儿子的学习、劳动、联系群众的情况，发现缺点，马上提出来；有了进步，勉励儿子继续努力，牢记

"虚心使人进步，骄傲使人落后"的道理。有一年放寒假，罗东进乘火车回家。车上乘客太多，罗东进看到一位老大爷没有座位，便主动让座，自己挤在过道里站了一天一夜，因劳累和受了风寒，患了感冒。罗荣桓了解了儿子生病的原因，说："东进，你做得很对呀，能关心别人，能吃苦，这很好。我们像你这么大，哪有火车坐呀！"罗荣桓教育儿子要专心致志地学习，不要因家里的事情分散精力。罗荣桓几次住院，都不让家人告诉儿子。1963年12月，罗荣桓病危时，组织上通知罗东进回京探望父亲。罗荣桓从昏迷中醒来，看到病床前的儿子，露出不悦的神色，带着责问的口气说："为什么没有放假就回来了？……你要安心学习，不该请假回来看我。"儿子含着眼泪解释道，别的同学的父母病重，也是允许请假探视的。罗荣桓还是微微摇头，说："你是革命干部的孩子，对自己应当要求更严格……"罗荣桓的话，使在场的医护人员无不感动得流泪。

　　罗荣桓在严格要求子女的同时，也是一位慈祥的父亲，对子女关怀备至，循循善诱。有时，他坐在藤椅上休息，孩子们在一旁奔跑嬉笑，林月琴怕影响他而去制止，他总是缓缓地说："算啦，算啦，由他们去吧。孩子嘛！"工作之余，罗荣桓常喜欢与孩子们促膝谈心，问问他们的学习和思想情况，帮助他们算数学题，或者纠正他们的英语发音。他常说，一个家庭也要有民主作风，孩子们思想要活跃。每逢寒暑假，罗荣桓总要求孩子们组成临时家庭小组，由罗玉英任小组长。除坚持学习和帮助工作人员一起搞家务外，他还规定，孩子们每周开一次小组会，互相开展批评，主动征求工作人员的意见。在一次小组会上，罗玉英把妹妹批评哭了，气氛一下子紧张起来。罗荣桓当时也参加了孩子们的小组会。他先看了看小女儿，然后笑着对罗玉英说："看来你这个小组长，群众威信不高，不然，你提意见，别人怎么不愿接受呢？"听到这诙谐的话语，小女儿破涕为笑。

　　罗荣桓对其他年轻人的成长也倾心关怀。有些家乡亲友的孩子找来，他都尽力帮助他们，前后由他供养读书学习的就有十七八人。林月琴有一个侄女叫林保住，父母离婚后，她来到了北京。林月琴考虑家里孩子已经很多了，想让她返回老家。罗荣桓说："现在叫这孩子回去，还不是当个童养媳。我们多养一个孩子还养得起，把她留下来吧。"罗荣桓为她改名"林立"，鼓励她要学好本领，自强自立，成为一个对国家有用的人。

1963年年底,罗荣桓病情恶化,知道自己将不久于人世。醒过来后,他看看床前的林月琴和子女们,拉着林月琴的手说:"我死以后,分给我的房子不要再住了,搬到一般的房子去,不要搞特殊。"他又慈祥地看着子女们,嘱咐:"我没有遗产留给你们,没有什么可以分给你们的。爸爸就留给你们一句话,坚信共产主义这一伟大真理,永远干革命。"罗荣桓一生清苦,没有什么私人财产,几十年如一日,兢兢业业为党和人民工作,这不仅是他给予子女们的精神财富,也是给予后人的一笔宝贵的精神财富!

徐向前

为亡妻"调工作"

徐向前一生战功卓著，名扬中外，然而，他对亡妻程训宣、对岳母汪秀芝的深情厚谊，鲜为人知。

1911年，程训宣出生于湖北黄安（今红安）七里坪一个贫农家庭。1928年，她冲破封建旧礼教的束缚，毅然投身革命。她为人正派，工作积极，很快就加入了中国共产党。后经人介绍，于1929年与徐向前结婚。婚后，徐向前在前方打仗，程训宣在后方工作，为了革命，夫妻见面团聚的机会很少。

1931年秋，正当徐向前在前线指挥作战时，张国焘却在后方大肆"肃反"。这场"肃反"如瘟疫一般在苏区蔓延，使一批又一批好干部、好同志惨遭迫害甚至被杀害。工作勤勤恳恳、任劳任怨的程训宣也被抓了起来。保卫局逼她承认是反革命，并要她揭发"同伙"，但她坚贞不屈。牺牲前，她将自己的一件花缎面棉袄脱下来交给同牢的女友，要她转交给徐向前并带话："你的妻子是忠诚的，是为了革命而死的，你不要为她难过。"

徐向前晚年回忆说："1932年反第四次'围剿'时，我在七里坪一带打仗，战局很紧张，我无法回家看她，让警卫员把袜子拿给她补一补，好行军作战。警卫员回来悄悄地对我说：程训宣被抓走了，人家说她是改组派！

她的命运如何，我不得而知，也不便过问，听候组织'审查'就是了，还是打我的仗。部队撤离鄂豫皖根据地后，我一直打听她的消息。没有人知道，也没有人告诉我。1937年到延安，才听说她和王树声的妹妹等一批人，都被杀害了。我就问周纯全，为什么把我老婆抓去杀了，她有什么罪过？周说：'没什么罪过，抓她就是为了搞你的材料嘛！'她家里弟兄姐妹5个，全都参加了革命，对党忠心耿耿。大哥程启光，共产党员，我们的特务队长；二哥当教员，也是共产党员；三哥任过基层的苏维埃主席，被敌人杀害；弟弟在我们司令部当警卫员，以后在红二十五军，也被'肃'掉了。她被抓走后，究竟受过什么刑罚，我不清楚，听说是打得不成样子，没什么口供，相当坚强。"

妻子程训宣被杀害后，徐向前曾长期心灰意冷，多年不愿再娶。其实，有不少红军女官兵喜欢徐向前，他手下还曾经有一个妇女独立团，团里有1000多名活泼可爱的姑娘，可他始终如一。听说有的干部没事就去妇女独立团瞎转悠，他对妇女独立团政委张琴秋大发雷霆，说："你那团是战斗队，不是老婆预备队……"结果，有的同志说徐总指挥是个"怪人"，是"封建脑瓜"，"看见妇女就苦着个脸"。

中华人民共和国在隆隆的礼炮声中诞生，兵荒马乱的日子终于结束了。程训宣的母亲汪秀芝老人思念儿女，从乡下来到北京，住进大儿子程启光的家。徐向前知道后，立即赶去看望。

几十年来，徐向前念念不忘程训宣，并为自己当年无力保护她而抱憾终生，但他和程启光等人一直没有把程训宣牺牲的消息告诉老人。老人已经失去了几个孩子，老伴儿也被战争夺去了生命。她经受了那么多苦难，怎么能再让她承受这样的打击？！尽管女儿长期音信全无，但她认定女儿交给了徐军长，保险！所以，她等了近20年！她希望女儿还活着，从不肯放弃这个希望。

徐向前来到程启光家时，一家人正在吃饭。岳母打开橱柜，拿出一罐米酒，在给女婿倒酒时，手不停地颤抖。

"向前，训宣到哪里去了？娘来了，她也不来看看我？"岳母终于忍不住问道，眼神里充满了期盼和不安。

"噢，训宣在陕西学习，怕一时回不来呢，您别怪她。"徐向前不知该怎么回答才好，不忍心把不幸的事实告诉老人，便编了一个理由，但他解释时的声音有些异样。

"这孩子，咋不想娘呢？一走就是几十年，忙啊忙，这回又不在……"老人说着说着，眼里噙满了泪水。她用衣角擦了擦泪眼，竭力控制住自己的思念，"来，向前，先不谈训宣。你喝喝娘带来的红安老米酒。"

徐向前一饮而尽，又让程启光给他斟上一杯，说："这一杯，我代训宣喝了，向娘赔罪。"就这样，他连干了几杯。老人就这样眼睁睁地瞅着他，一直瞅着他把饭吃完。

徐向前望着老人那满头的银丝和期待的目光，虽然满脸笑容，心却在滴血。多少年了，老人被蒙在鼓里，她会想些什么呢？是女儿不孝，还是她预感到了什么？他真想把一切都告诉老人，但他不能说，也说不出口。一个指挥千军万马的元帅，在一个既简单、又复杂的问题上进退两难，这比打仗还难啊！

老人一直沉浸在思念女儿的心绪中，过了好半天，才说："向前，跟你商量个事，既然训宣回不来，娘就去看她，你给娘打张车票。"说着，她从床底下拖出一个竹背篓，并忙着往里面拾掇出门用的物品。

大家看老人真有去看女儿的意思，都急了，赶忙上前劝阻。徐向前接过背篓，开导说："娘，您真要到训宣那里去，我们送您，但您要缓一缓时间。训宣功课忙，又要考试，您说去就去，她也没个准备……"

"我等了她这么多年，真巴不得一下子见到她。"老人一边悲伤地说着，一边用央求的目光望着女婿，"那你说该怎么办？"

"您老要是等不得，我就打电报让训宣退学回来。"徐向前故作镇静地说。

"别打，别打……"老人见女婿一脸认真，感到有些不好意思，更怕影响女儿的学业，便小声嘟囔，"娘就是想她。一时半会儿见不着她没啥，让她安心学习吧。你们都是做大事的，耽误不得。娘老了，听你们的……"

老人知道女儿的"下落"后，心里就踏实了，也不愿在北京多待，不久就回老家了，但心里仍充满了对女儿的挂念和要同女儿见面的期望……

然而，这善意的谎言让徐向前从此走进了一个自设的更难过、更难处理的生活旋涡之中……

为使汪秀芝老人的晚年得到幸福，徐向前不得不小心翼翼地编织善意的谎言。对于一生光明磊落的徐向前来说，过这种设计亡妻仍活着的双重生活确实是很不容易的。他必须记住自己对老人说过的每一句话，以免失言。他不仅要及时给老人捎去亡妻的问候，还要兴高采烈地和老人一起为女儿过生日。在老人眉开眼笑的时候，徐向前却一次次沉湎于对亡妻的追思和怀念之中，一次次在这种感情的旋涡中不能自拔……

老人知道自己的女婿是做大事的，绝对相信他不会骗自己。她越思念女儿，就越想见到女儿。徐向前为了让老人相信女儿还活着，有时以个人的名义、有时又不得不以他和程训宣两个人的名义写信，其情也真，其意也切。为了不让老人对女儿"追踪"，徐向前不得不一次又一次地给亡妻"调动工作"，从陕西"调"到青海，又从青海"调"到新疆，最后只有将亡妻"调"到苏联……

这期间，还得感谢老人的孙媳配合徐向前"演戏"。每当老人絮絮叨叨想念女儿时，孙媳就开始做工作："向前姑爷和训宣姑母不比一般人，他们是大干部，比不得区上乡里的干部可以随便走走。要是训宣姑母当小干部，她能从这省调到那省吗？没事，好着呢，别担心……"

尽管见不到女儿，老人却不再感到孤独。透过女婿的关怀，她感到了女儿的体贴。在徐向前等人的细心照料和赡养下，老人安度晚年，直到1972年才离开人世，享年96岁。

临终前，老人躺在病床上，看着徐向前给她剥开的橘子，脸上泛出微笑，不知不觉地流下了泪水。她拉着徐向前的手，缓缓地说："向前，你是个好心人。训宣跟着你，我死也放心了！"老人含笑咽下了最后一口气，而她临终也不知道，女儿早在40年前就已离她而去了……

"六亲不认"的大官

1948年10月起，遵照中共中央的指示，太原前线司令部司令员兼政治委员、中共太原前线总前委书记徐向前带病组织指挥了太原战役。1949年4月24日，太原解放，盘踞山西长达38年之久的阎锡山政权宣告灭亡。

太原解放当天，太原市军事管制委员会正式成立，徐向前任主任。

徐向前是山西五台人，与阎锡山是同乡，还曾是阎锡山的学生。阎锡山以太原为老巢，在山西经营了几十年。他非常看重老乡关系，多年来，把一批又一批的山西人，特别是五台人，笼络到自己麾下，加官晋爵，委以重任，因此，太原有句顺口溜："会说五台话，就把洋刀挎！"徐向前入城后，当地又流传起新的顺口溜："阎锡山跑了，徐向前来了，五台人还是沾光！"

在胜利面前，徐向前时刻牢记毛泽东在党的七届二中全会上的讲话，务必继续地保持谦虚、谨慎、不骄、不躁的作风，务必继续地保持艰苦奋斗的作风。他时常告诫身边的工作人员：我们是共产党，可不是阎锡山，我们的一举一动、一言一行都要符合革命原则，要用事实证明我们和阎锡山是完全不同的。徐家在五台是个大家族，一些亲戚朋友听说徐向前"打"回来了，兴高采烈地前往太原，找徐向前要官当。对这些老家的来访者，徐向前总是动之以情，晓之以理，耐心地予以说服。一些人理解了，逢人就讲："还是共产党的官好，不贪、不占、不徇私情！"也有人对此不大理解，说徐向前当了大官，"六亲不认"了，可是，当他们听说徐向前对两个姐姐的态度后，也就哑口无言了。

徐向前对两个姐姐是心存愧疚的。

1937年8月，中国工农红军改编为国民革命军第八路军，徐向前被任命为八路军第一二九师副师长。随后，为了建立抗日民族统一战线，中共中央决定派徐向前随同周恩来、彭德怀到山西与阎锡山进行谈判。谈判结束后，周恩来、朱德、彭德怀劝徐向前回老家看一看，同时也好扩大党的影响。

9月中旬，徐向前怀着复杂的心情启程回乡了。离乡十几载，戎马倥偬，转战南北，没有机会和家人团聚，但故乡的山川草木、亲人的音容笑貌都一直萦回在徐向前的脑海中。年年岁岁花常发，岁岁年年人不同。十几个春秋过去，故土面貌依旧，家人的变化却不小：母亲已去世，棺材还在家里；父亲年逾古稀；两个姐姐早已成家，有儿有女，苍老了许多；妹妹在教书。徐向前突然回来，家人恍如隔世相见，悲喜交集的心情难以用笔墨形容。消息很快传开了，村里热闹起来，亲戚、朋友、同学、邻里奔走相告，都赶到了徐家，要看一看这个出在本村的能与阎锡山比高低的大人物，连住在外村的两个姑姑也都赶来了。院子里，人来人往，上房和东西厢房里都挤满了人。徐向前热情招呼着众人，一一回答他们的问话。

一位老大娘挤到徐向前跟前，说："银存（徐向前的乳名）呀，让我好好看看，人家说你长了红头发、蓝眼睛、猪嘴巴，当了什么'匪'，这是真的吗？"一句话逗得全屋的人都笑了。徐向前也逗趣说："那你还来看我，不怕把你吃了哇。"众人都大笑起来。

自打进门，姑姑的一双眼睛就没离开过徐向前。她听说侄儿做了共产党的大官，定是"衣锦还乡"了，却没想到，这个大官穿的竟然还不如老百姓！瞧他那身上的衣服多单薄，只能过春秋，不能挡寒。她觉得，侄儿母亲不在了，姑姑应该尽母亲的责任，于是心疼地说："银存，天快冷了，看你这衣服怎能过冬？姑姑得给你做条棉裤吧？"徐向前理解老人的心意，温和一笑，说："姑姑，怕你做不起呀。"姑姑拍着胸口说："再怎么穷，一条棉裤还是拿得出来的。"徐向前意味深长地解释道："姑姑，我们是朱德总司令、彭德怀副总司令领导的八路军，有好几万人，他们和我穿的都一样。要做就得一起做呀，光我一个人穿暖了怎么行呢！"姑姑这才明白了徐向前说的话的意思。

乡亲们都听说共产党、八路军抗战，却不知道他们的处境这么艰苦。老百姓哪里知道，红军虽然改编成了八路军，编制是国民革命军，但蒋介石发的饷少得可怜。一河之隔的阎锡山每次回家来，大车小车拉着各种吃的、穿的和用的，那么神气十足，那么威风凛凛。看来共产党的官和国民党的官确实不一样！

国难当头，徐向前和家人、乡亲们的中心话题也离不开抗战。人人都怕当亡国奴，问徐向前该怎么办。徐向前说："大敌当前，每个中国人都应当有所准备。要沉着应付各种情况，要准备着过战争的生活。日本人来了，你们就拉起队伍，上山打游击去！"他对闻讯前来看他的本地"抗敌后援会"的负责人说：要做好抗日宣传，把乡亲们发动起来。不要怕日本人，不要当旁观者，有人出人，有钱出钱，有枪出枪，在战斗中求生存。

在徐向前的感召下，徐向前的大姐和二姐的儿子都要求舅舅把他们带去部队，上前线打日本鬼子。徐向前看着两个孩子，很高兴他们能有这样高的政治觉悟，但又觉得他们年龄稍小了些，带他们走不合适。他素来敬重两个姐姐,从小听她们的话。最后,他征求两个姐姐的意见,两个姐姐竟异口同声地说:"向前,你不用看我们,我们早商量好了,让他们去吧,跟上舅舅打日本(侵略者),为国家出力,这是大好事!"听了这话,徐向前的顾虑消除了,答应带两个外甥参加八路军……

对于两个外甥,徐向前从未有过特别的关照。两个孩子入伍后,徐向前就把他们放到了仗打得最多、最激烈的部队,每有作战,必令他们冲锋在前。后来,两个孩子在与日军的作战中先后牺牲,这成了徐向前的痛心事,总觉得对不起两个姐姐……

此时,太原解放了,徐向前的两个姐姐听说弟弟做了"太原王",就结伴从五台县的乡下来太原找弟弟。看到姐姐,徐向前想到两个牺牲的外甥,内疚不已。这时,太原城里收缴和没收的敌人的物资堆积如山。两个姐姐看了,想起自己一贫如洗的家,忍不住提出要带一些回去。她们本以为弟弟一定会念亲情,看在牺牲的两个外甥的情分上答应她们的要求,谁知弟弟说什么也不肯给。他对姐姐们说:"我这个司令和老百姓一样,是个穷司令。那些东西不是我的,我说了不算。"一个姐姐说:"不会吧!我们都看见了,那里堆了这么多的桌子、椅子,还有柜子。你在太原说了最算呀……"另一个姐姐也说:"阎锡山当官,家里人是什么福都享尽了。我们不要你当什么官,只要点儿堆在街头的家具都不行?!"

徐向前听了,觉得姐姐们还是不大了解什么是共产党人,就笑着解释说:"我们共产党和国民党不一样。国民党、阎锡山是一人当官,鸡犬升天。我们共产党干部再大,都是人民的勤务员,是为老百姓办事的,不能为自己。那些东西都是公家的啊,我不能让你们拿回家去。"姐姐们以为徐向前真的是官当大了,六亲不认了,不由得很生气。徐向前耐心劝道:"你们来了,就多住几天,我吃什么,你们也跟着吃什么;在这儿吃几天,就知道共产党的官是怎么回事了。"老姐俩住了几天后,发现弟弟还是过去的弟弟,共产党的官是不办私事的,就什么东西也没要,空着手回家了。

徐向前虽然在太原只住了一个多月,但留在太原人民心中的是一座共产党人廉洁奉公的丰碑。中华人民共和国成立后,徐向前数次将姐姐们请到北京,让她们在浓浓的亲情中疗愈心中的创伤。

爱兵如子

　　解放军战斗力强，除了马列主义的党、党指挥的枪、党领导的统一战线这"三大法宝"外，很大程度上跟我军将领爱兵如子有关。徐向前正是在这方面做出了表率。在治军方面，他在从严训练、保证战斗力的同时，心里始终装着全军将士，视士兵如亲兄弟，经常深入各部队嘘寒问暖，帮助士兵解决实际困难。他经常教育干部："人是最宝贵的，部队的有生力量主要是人，是士兵。"

　　抗日战争初期，徐向前任八路军第一二九师副师长，率领部队深入华北敌后，在冀南、山东等地创建抗日根据地，开展抗日斗争活动。当时，环境非常艰苦，生活极其困难。徐向前率领的领导组内只有师政治部青年部干事张甦一个女同志，年纪不到20岁。徐向前工作很细心，每次行军出发前，他不放心，特意派人招呼张甦。他说："咱们领导组只有小张一位女同志，大家要互相关照，照顾好小张。咱们要争取一个不掉队，一个不受伤，一个不减员，圆满按期地完成预定任务。"

　　当时，部队活动的地域广，张甦骑马的技术不高，徐向前怕她的马跑不快，掉了队，就特地将自己骑的大青马换给她骑。他说："小张，你骑马技术差些，马的脾性、速度和耐力也不好，特别是你的马和大伙儿的马不熟，不合群。你就骑我的好了。我的这匹大青马膘肥体壮，非常机灵，又有速度和耐力，脾性也温顺。"听徐向前这么说，张甦心里很温暖，但觉得过意不去，便说："你是我们的首长，工作重要，我还是骑那匹老马好了，不给大家添麻烦了。"她还拍着胸脯自信地说："我决不会掉队，我一定会跟上你们。"徐向前笑着说："小鬼啊，马跑起来可不完全由你做主了，它走不好，跑不起来，你就只能干着急，弄不好，你掉了队或发生别的问题，还是影响了大家，影响了任务。"徐向前坚持让张甦换骑了自己的大青马。

　　那时，部队行军多，住宿也很困难。到了我们党有基础的地区，情况还好些，如果到了新区、国民党区域及靠近日本占领区附近的村镇，因群众对八路军不了解，有时就不愿让部队进村宿营。部队为了不影响群众，就在村外树下、山洞、野地里露宿。徐向前总是身先士卒，与大家同甘共苦。他怕张甦不方便或不安全，亲自为她选择比较好的或比较安全的地方住，并且嘱咐同志们为她多垫些东西。有一次，部队连续行军，徐向前看张甦太辛苦了，就亲自到村中给她找房子。徐向前给老大爷、老大娘做工作，希望张甦能和老大娘母女住。开始时，老大娘和女儿看张甦穿一身灰布八路军军装，腰间扎着皮带，脚上打着绑腿，留着短发，梳着大分头，猛一看分辨不出男女，不肯让她住，徐向前便耐心地向老大娘解释，直到确认她是女同志，才肯让她住。后来，张甦和老大娘一家人混熟了，老大娘一家了解了八路军的纪律和作风后，感慨地说："你们那位长官说话那么和气、热情，与国民党军官就是不同呢！"

1947年夏，刘邓大军挺进中原后，国民党军为了扰乱我军战略后方，几乎每天都派出数架次飞机对晋冀鲁豫军区政治机关所在地——太行山东麓的河南省武安县冶陶等镇实施轰炸。每次轰炸时，为稳定军民情绪，徐向前都会亲自组织有秩序的疏散转移。一次，在一架敌机俯冲扫射时，徐向前突然跃出几步，把一位放哨的战士扑倒，而就在这时，一排雨点儿似的机关枪子弹从他们身边扫过，若不是徐向前判断准确，及时把这位战士扑倒，战士一定会惨遭不测。

徐向前在任晋冀鲁豫军区副司令员时，因根据地蔬菜奇缺，经常同广大指战员一起四处挖野菜，同大家吃得津津有味。临汾战役期间，国民党军为阻止我军进攻，竟丧心病狂地向阵地投射毒气弹。战火稍停的间隙，作为前线指挥部司令员的徐向前亲自来到前沿阵地，深入指战员中间，戴着口罩与官兵们一起席地而坐，深深地感动了每一名官兵，极大地鼓舞了士气。

中华人民共和国成立后，在一次到部队检查时，徐向前看到外面刮着刺骨的寒风，便径直来到战士的宿舍，检查供暖情况。当了解到战士们的宿舍离锅炉房比较远、温度上不去时，徐向前嘱咐锅炉师傅把暖气烧得再热些，同时指示营房部门为战士的宿舍增加了暖气片。1989年除夕前夜，已经88岁高龄的徐向前还惦念身边的警卫战士，派人给他们送去了水果，和他们一起吃年饭。

徐向前不仅自己爱兵，还要求干部们爱兵。

风 范

  1947年年底，晋南重镇运城在徐向前的指挥下获得解放。解放运城的部队在向临汾进军时，一名刚由地方武装升级到野战军的战士因不愿离开家乡而逃跑了，后被地方政府动员归队。本来这是一件很普通的事，但这名战士所在连队的连长在巩固部队教育时失去理智，当众罚这名战士吃大便。这件严重违纪事件上报到军区后，徐向前异常愤怒，要求严肃处理这个连长。后来，徐向前在高平给晋冀鲁豫野战军第十三纵队连以上干部讲话时，以此事对大家进行教育，严厉要求干部必须爱兵。他激动地说："大家必须记住，是先有战士，而后才有干部。是因为先有了120名战士，需要成立一个连队，才任命一个连长，绝不是因为你是一个连长的材料，才给你招募120名战士的，不能把位置弄颠倒了！干部必须首先是士兵的同志，是士兵的师长，是士兵的表率，是士兵的知心朋友，然后，你才能把士兵带好，才能使各个出身不同、性格不同的战士，变成一个战斗的集体，部队才会有真正的战斗力。"在后来的讲话中，他再次提道："对于逃兵，基本原则是采取说服教育，爱护他，感化他。违反这个原则是不对的。有的连排干部，对待逃亡者是打骂他，禁闭他，有的甚至用非人道的办法，这是极端恶劣的现象，是违反纪律的行为。逃兵回来了，首先要安慰他，再调查他为什么逃跑，然后对症下药教育他，这样一定能巩固他；你伤害他，侮辱他，处罚他，是不能巩固他的。你虐待他，他一辈子也忘不了你。你究竟是为了促他逃跑呢，还是为了巩固他？你要设身处地去想一想。如果虐待你，你会怎么样？你这样对待他，他对你至多只能形式上服从，绝对不能做到思想认识上的提高。你这种做法，实际上是破坏了部队。今后对新兵、逃兵，绝对禁止打骂，如果你用非人道的办法来处罚他们，你就要受到严厉的处分。"而后，部队政治机关又根据徐向前的讲谈内容，专门对爱兵问题做出决议，下发部队，人手一份，使每个干部都懂得爱兵的重要意义。

  徐向前还要求指挥员从大处着眼，在指挥战斗时，实行战术爱兵，尽量减少伤亡。

  1948年3月，临汾战役打响后，晋冀鲁豫军区部队运用炮火轰击，未能炸开城墙，前线指挥员打电话请示徐向前，要求搭云梯，实行强攻。徐向前考虑到用这个办法攻城，会给部队造成很大的伤亡，没有同意前线指挥员的请求。他说："我们要把战士看成我们的亲兄弟，当作自己的亲生儿女一样爱护。你们想想，老百姓在艰难之中，把儿女从小养大成人，送到我们部队来，如果蛮干，不讲战术，造成不必要的伤亡，怎么对得起老百姓啊！"后来，部队改用坑道爆破攻城，取得了成功。

在晋中战役的一次战斗中，有个旅伤亡惨重，徐向前非常痛心，要给旅长记过处分，并亲自质问旅长："你想过没有，农民兄弟辛辛苦苦把他的儿子养大，拣最优秀的送到部队来杀敌立功，而我们不能很好地爱护、珍惜战士的生命，我们当指挥员的能安寝甘味吗？"还是在晋中战役中，阎锡山的嫡系精锐部队装备精良，交通工具齐全，我军与其打运动战，疲劳程度是可想而知的。在一次大规模的战斗结束后，我军一位首长强调部队疲劳、减员多，提出不能按时到达新指定的战斗位置，要求休整一日再出发。徐向前在电话中严厉批评了这位部队领导："你这不是爱兵，是你自己疲劳了！你想过没有？在你们休整的时间里，敌人将会从比我们多十倍的疲劳中苏醒过来，那将会成为一种什么局面呢？那将会要我们付出比今日疲劳更多十倍、百倍的生命代价才能取胜。"徐向前有个著名的口号："坚持最后5分钟，夺取战斗胜利。"徐向前曾解释："谁要不能坚持最后5分钟，而把部队撤下来，延误的不只是战机和时间，而必将付出数十倍的生命代价。"临汾战役前夕，在召开的全兵团营以上干部参加的工作会议上，徐向前发表讲话，将"爱兵问题"列为一个专题论述。他说："军队中真正的广大群众是士兵。所以，我们不管是军事工作、政治工作、后勤工作，都要看到士兵。干部生活好，士兵生活苦，军心就不会巩固……干部要关心士兵的生活，使他们吃饱穿暖。尤其要关心战士的生命，使士兵少伤亡，这是非常重要的。我常常和人讲，一个人从小长大到当兵，是不容易的。人是最宝贵的，有人就不愁没有别的。中国革命战争是长期的，可是人是有限的，人一死，就不能再复活。我们部队常讲有生力量，基本是指人说的。因此，我们要特别关心战士的生命，爱兵主要是讲战术爱兵。讲战术，就可以少死人，甚至不死人。"

徐向前不仅对我军战士关爱有加，甚至对烟客、俘虏也是十分关心的。

徐向前要求部属必须严格地执行我军的俘虏政策，只要敌人放下武器投降，就以礼相待，不杀、不打、不骂、不歧视、不搜腰包、不侮辱人格，给予他们人道的和阶级的教育，使他们能在新旧两支军队、两种对比中提高认识，选择自己今后应该走的道路。徐向前说："这些人大部分是被抓壮丁抓来的，大都是贫苦阶级兄弟，只要他们接受教育，懂得为谁当兵才有出路，他们就会变成为有理想、有阶级觉悟的革命战士。"

1932年10月，红四方面军主力撤出鄂豫皖根据地，在向西的战略转移中，徐向前率部历经千难万险，连续击破国民党军10万余人的围追堵截，于1932年年底进入四川。素以"天府之国"闻名的四川，此时为大小军阀所盘踞，连年混战，烟毒泛滥。在川北，人称有"五多"：一是兵多，二是匪多，三是捐税多，四是纸票多，五是抽鸦片的人多。从山区到平坝，差不多家家种植鸦片，城里烟馆林立，人们进烟馆就像进茶馆一样普遍。四川大军阀刘湘、杨森都是靠鸦片发家、养军。川军官兵号称"双枪兵"，几乎无人不吸食鸦片，即使是在打仗的时候，烟枪也不离手。为了抽鸦片，他们烧杀抢掠，无恶不作，灾难深重的人民迫切盼望翻身求解放。

徐向前率红军来到四川后，分兵发动群众，开仓分粮，在川北大地进行轰轰烈烈的土地革命。红四方面军在创建川陕革命根据地的斗争中得到了迅猛发展。新入伍的红军战士绝大部分是苦大仇深的川北贫苦农民，也有一定数量的俘虏，其中不乏大烟客。这些烟客无不嗜烟如命，骨瘦如柴，烟瘾一发，不抽烟就走不动路，打不了仗，严重地影响了红军的建设和战斗力的提高。红四方面军声势浩大的戒烟运动就是在这种情形下开展的。

戒烟运动开始时，响应者寥寥，因为绝大多数红军指战员对烟客厌恶透顶，对改造烟客缺乏信心，强烈要求将这些烟客清除出红军队伍，主张不准抽大烟者参加红军。烟客们则多持消极对抗态度，甚至制造谣言，挑拨红军和群众的关系。戒烟运动面临着严峻的考验。

如何将戒烟运动开展起来，将烟客改造成合格的红军战士，是身为总指挥的徐向前昼思夜想的一件大事。为此，他下基层，找干部，了解戒烟进展情况，商讨戒烟的有效办法。然而，情况比徐向前想象的还要严重，基层干部对总指挥连连叫苦："俘虏好改造，土匪也能改造，就是烟鬼难改造。他烟瘾上来，你给他磕头，不如给他一口大烟。我看，干脆把他们赶出红军队伍！"

"怎么赶，都赶到白区去？闹革命就是改造旧世界，就得改造人。地方政府都在发动戒烟运动，红军里首先要做好。现在，要来个比赛，看哪个连队戒烟搞得好。往后，红军里一律不准叫'烟鬼'，他们也是同志哩！"徐向前听后，严肃地指出。

后来，徐向前的指示传达到部队，产生了积极的成效。广大干部战士从中深受启发，逐渐从拒不接受烟客转变到鼓励他们、帮助他们戒烟的立场上。烟客们听了，心里热乎乎的，许多人暗下决心，坚决改掉恶习，做身心健康的红军战士。此后，宣传戒烟、厉行戒烟在红军中蔚然成风。红四方面军的戒烟运动很快进入了一个高潮。

为巩固戒烟成效，徐向前在紧张的作战间隙深入部队基层，找戒烟成功的典型谈话，亲切鼓励他们，并让他们介绍戒烟的经验；找戒烟困难的战士谈心，讲抽大烟的害处、做人的道理和红军战士的使命。在他的直接指导下，红四方面军政治机关编写了戒烟教材，编印了大量的戒烟歌曲，那首脍炙人口的《戒烟小调》在红军中广为传唱。

在徐向前的严格督导和亲切关怀下，数月之内，红四方面军中的戒烟运动取得了巨大的成效。烟客们基本上革除了吸食鸦片的恶习，迅速增强了体魄，极大地振作了革命精神，以合格红军战士的新面貌走上伟大的革命征途。

徐向前对被俘的国民党军官也关怀备至，教育部属要特别注意对这部分人的帮助和改造，并正确任用，发挥他们的才能。太原战役开始不久，晋绥军区奉贺龙司令员之命，把在晋中战役中脱离战场后，又被我军俘虏的阎锡山部工兵二团团长邢蔚送到第十八兵团。邢蔚是阎锡山部的老工兵，曾在阎锡山的碉堡建设局担任太原城防碉堡建设科科长，与阎锡山留用的日军碉堡专家一起主持设计、构筑过太原城防碉堡工程，对这一工程的位置、结构和火力配系十分熟悉，被称为阎锡山的"碉堡专家"。徐向前对邢蔚非常重视，除亲自接见他、感化他、从他口中了解太原的城防工事外，还指示情报科要很好地帮助他，给予足够的信任，大胆使用他，放手让他工作。徐向前还特别关照有关领导给他团级待遇，和兵团的科长们一样吃"中灶"。邢蔚受到宽大政策的感召，工作十分努力。他精心绘制各种碉堡的平面、立体、解剖和写真图，摆沙盘，编写文字说明材料，向机关和部队首长介绍太原敌情和城防工事配系情况，尽其所知，毫无保留，为我军了解太原城防工事和增加碉堡构筑知识做出了积极的贡献,被称为太原城防工事的"活字典"。太原战役后期,邢蔚积极要求加入中国人民解放军。徐向前根据他的思想觉悟和政治表现,批准吸收他参加人民解放军,正式成为人民军队的干部。

徐向前始终像父兄般关爱自己的部属,也赢得了广大指战员的衷心爱戴。他率领的部队所向披靡、战功卓著,这与部队内部官兵一致、上下团结分不开。也正是因为有徐向前这样一批爱兵如子的将领的身体力行,才使我军士兵们认识到他们是为人民而战,为未来的幸福生活而战,才造就了我军无数个战争奇迹。

"有损于党的形象的事,咱不干"

徐向前在生活上从来不提个人要求,廉俭自律,以奢侈为耻,以朴素为荣。他严守清廉家风,决不允许子女和亲属利用他的威望拉关系、走后门、搞特殊。他常说:"有损于党的形象的事,咱不干。"

1979年11月2日,邓小平在做关于《高级干部要带头发扬党的优良传统》报告时说:最近一个时期,人民群众当中主要议论之一,就是反对干部特殊化。要讲特殊化,恐怕首先表现在高级干部身上。当然,我不是说所有的高级干部都是这样,我们的许多高级干部是很艰苦朴素的……徐向前到会听了报告,回去后对身边工作人员说:"认真检查一下我们这里有没有特殊的地方,凡是有不符合规定的事,一律纠正,有损于党的形象的事,咱不干。"

老实讲,在徐向前身上和家里,找点儿特殊化的表现很难。徐向前进城后,一贯坚持党性原则,严格遵守党的生活准则,数十年如一日,从不超标准、搞特殊化。就说用车吧,他规定除了到医院看病外,家人一律不准用他的车办私事,有时不得已用了,就嘱咐司机按规定收费,一分钱也不能少。徐向前的妻子和几个孩子上班、上学或办事,都是挤公共汽车。3年经济困难时期,徐向前经常让管理人员给他弄代食品吃。管理人员从他的健康出发,有时想买点儿肉食,他严肃地说:"全国人民都很困难。我们是人民的勤务员，要时刻想着人民、想着部队，不能有丝毫特殊呀！"徐向前身体不好，国家特别照顾，每月补助一些钱。开始时，他不知道，有一天询问家庭生活开支，知道了这件事，立刻叫人把领来的钱送还公家。他说："国家给的薪金已经够用了，何必再额外要国家这笔开支。"他时常教导身边的人说，我们国家是个大国，但目前还是个穷国，不能随便开支，作为个人，更不能张口向国家要。

一天，工作人员遵照指示，经过认真检查，向徐向前报告确实没有特殊化的表现。徐向前听了，先不置可否，后又想了想，说："不能说没有吧！我看那台电影放映机就该交公。"

经徐向前指点，大家才想起来。原来几年前，工作人员见徐向前年纪大，行动不方便，便打了个报告，有关部门发了一台电影放映机，由工作人员每周放一两次电影。工作人员解释说："首长到外面看电影不方便，留下它，谁也不会有意见。"

"我们要严格要求自己，不能只满足于别人没有意见。"在徐向前的坚持下，工作人员把那台电影放映机上交了。打那以后，直到去世，徐向前再也没看过电影。

无论在国内，还是在国外，徐向前一向不吃请，不收礼，不搞特殊化，时刻维护共产党员的崇高形象。

中华人民共和国成立后，徐向前到部队视察，总是先要秘书通知部队领导："不准搞招待，干部战士平时吃什么，我就吃什么，否则，我就不去。"

1981年夏，徐向前到大连棒棰岛休养。在"八一"节前一天，驻地警卫连杀猪过节。官兵们想到徐向前元帅，便送来了一块肉。秘书左推右推不肯收，送肉的人说："这不叫送礼，这是我们连队自己养的猪。徐帅头一次来这里休养，又逢节，无论如何得收下。"

秘书无奈，只好报告了徐向前。徐向前听后，说："连队养大一头猪不容易啊！战士们辛辛苦苦打猪草，搞饲料，把小小一头猪喂到一二百斤，怕要一年的工夫哩。再说，到海滨来休养的领导人也多，要是连队每次杀了猪都给领导人送一块肉，战士们还能吃到多少呢？连队的伙食怎么改善呢？"

怎么办？送回去吧，担心连队干部战士误会，怕他们认为首长嫌肉不好。最后，秘书想了一个办法，到岛外买来了20多个大西瓜，带着人送到连队，慰问干部和战士，祝贺"八一"建军节。连队干部战士看着元帅送的西瓜，笑在脸上，甜在心里。

徐向前生在滹沱河畔，特别喜欢下水。当时，徐向前已近80岁了，考虑棒棰岛附近水温低，医生不允许他下水。在棒棰岛休养期间，他每天都到海边，有时穿着游泳衣躺在沙滩上，用热沙埋埋那受过伤、换了一块人造小骨的腿；有时坐在太阳伞下，静静地看着游泳的人们。一天，徐向前看到大家从海水里爬上来，叹息道："你们年轻，游得真开心，我是望海兴叹啊！"

有一天，徐向前和工作人员乘车来到大连西北的一个海滩。这里是个公共浴场，海滩广阔，水温相对较高，许多老人、小孩儿、妇女都欢快地下了海。徐向前换上游泳衣也走入水中，高兴得像个孩子似的直说水好。秘书和医生也说："这里水温真好，老帅高兴的话，以后咱就多来这里。"

谁也没想到，这是第一次，也是最后一次。回到住地后，徐向前就和秘书说："以后不去那里了。"秘书不解地问："那边水不好？"徐向前说："水是好的。可是得想想呀，来往跑一趟，费油不说，地方上还给派公安人员。今后再不去了，我们千万不能劳民伤财！"

徐向前坚决遵守中央不做寿的规定。每当工作人员为他张罗过生日，他都这样说：共产党人不兴这个，既浪费，又耽误工作。徐向前八十诞辰前，秘书迫于不少人打招呼，不得不对他说："上面说过，领导人80岁后可以考虑做生日。今年开戒吧。"徐向前听了，还是摇头。1983年深秋，徐向前在广州视察，听说当地领导执意准备为他过生日，他二话没说，提前两天离开广州，返回北京。

即便在国外，徐向前也时刻不忘节俭，不搞特殊化。20世纪50年代初期，徐向前任总参谋长，率领一个军事代表团到苏联访问。去的时候，正值初夏，他们身着薄军服，随身仅带了一套便衣，以备某些场合穿着。到了莫斯科，由于购买武器装备的谈判进展缓慢，代表团在苏联住了4个多月。莫斯科的气温比北京低好几摄氏度，刚进入9月，天气就已经凉了。徐向前和同去的代表团成员把带去的衣服全穿上了也不能抵御寒冷。眼看同志们被冻得都缩成"团长"了，管理生活的同志向徐向前请示是不是可以在莫斯科给每人做一套冬衣。徐向前考虑到这要花去许多外汇，便对管理生活的同志说："你让使馆告诉跑莫斯科的信使，请他把军事代表团成员家里的冬衣带来。"并特别嘱咐，"我家里有一件大衣，你让他们找黄杰（徐向前的夫人）同志取来。"那位同志想，买一件大衣也不值几个钱，何必再让黄杰找呢？便对徐向前说："徐总，还是给你在莫斯科买一件吧！"徐向前说："我家里有大衣嘛，为什么要在这里买呢？料贵，做工也贵。如今，每一块钱的外汇，我们都要付金子呀！我们国家建设正需要钱，能不花的钱尽量不花，就是将来富裕了，不该花的钱也不能乱花。"

对自己的子女，徐向前从来没有利用职权为他们提供过任何照顾。"路是自己走出来的。"这是徐向前常常告诫子女的一句话。他教育子女做人要干干净净、清清白白；要抓紧时间掌握、研究新东西，特别是科学技术。他最担心子女不求新，不上进。他曾写下"言之贵在于行，行之贵在于果，大小事皆然"的警语。

徐向前的大女儿徐志明直到退休时还是一名普通的医务工作者。二女儿徐鲁溪毕业于中国科技大学，后来考入中国科学院读理论物理，是我国第一代硕士研究生，主持的项目曾获得国家科技进步奖特等奖。在很长时间里，徐鲁溪一家三口都住在一间8平方米的小屋子里，后来，单位调整住房，才改善了居住条件。为此，徐向前对女儿好一顿"审问"，让女儿十分委屈，最后了解到确实是单位正常调房，不是特殊照顾，这才安下心来。最小的女儿徐小涛也是一名医务工作者。当年，徐小涛中学毕业后，被指派去内蒙古插队。按说，女儿年龄小，身体从小就不好，只要徐向前说句话，女儿就可以免除插队之苦，但他还是那句话："孩子的路要靠自己去走。"小女儿听从爸爸的话，背起行李就去了荒凉的大草原。

徐小岩是徐向前唯一的儿子，出生于1947年。那年，任晋冀鲁豫军区副司令员的徐向前已经46岁了，中年得子，他兴奋地将儿子的小脚丫含在嘴里。即便如此，徐向前对儿子的要求也一刻未曾放松。徐小岩上小学时，全家已经来到北京，住在史家胡同。回忆起父亲，徐小岩说："我在八一小学读书，同学中也可以说都是干部子女，也有互相攀比谁的家长官大的，但我对此毫无概念，不知道'首长'具体是多大的官，也没有觉得有什么特权。"徐小岩从家到学校，步行要一个多小时，坐公交车要倒一次车，车费两毛五分钱。"每次家里会给我3毛钱，但因为嘴馋，在放学路上，我经常把车费拿去买了吃的，于是只能步行回家。"有一天，徐小岩一直走到天都黑了才回到家。徐向前见到儿子，着急地询问为什么这么晚才回来。徐小岩说因为肚子饿，用车费买吃的了，所以步行回家。徐向前没有责备儿子，但也没有改变规定，依旧每天只给3毛钱车费。

徐向前在弥留之际，特意交代家人，自己死后，不搞遗体告别，不开追悼会。徐向前去世后，总政治部给家属发了8000多元抚恤金。这是徐向前留下的最后一笔财产，他的妻子黄杰一分钱都没动，全部给了秘书郭春福，因为郭春福的孩子得了白血病。

"布衣元帅"

生活中的徐向前心灵手巧，爱好广泛，生活简朴，不讲究吃穿，一生说五台话，爱好山西饭，平生没有官气，给人的印象比较"土气"，人称"布衣元帅"。

徐向前家里有一只小小的白木箱，由几块木板钉成，没上漆，做工也很粗糙。在战争年代，这是他的随身物品，跟着他南征北战，显得异常陈旧，新来的公务人员总想把它当成垃圾处理掉，但几次都被阻止了。1950年，徐向前要从青岛赴北京参加中共七届三中全会。秘书想，总不能再带着这只破箱子参加会议吧，便对他说："首长，我想去北京开会前，到街上买只皮箱。我打听过，买只小皮箱，用不了多少钱。"徐向前说："还是不买吧，我看小木箱挺好的，它跟着我走了那么多地方，去北京为什么不能带上？去年好多地方闹了灾荒，我们能节省一点就节省一点嘛！"花几块钱的小事，徐向前硬是不准，这使秘书深受感动，把文件、书本等放进小木箱，提着它和徐向前一起来到了北京。

20世纪50年代，徐向前住在北京东城区史家胡同。小小的庭院，房屋是旧的，家具也全是旧的。张麟与徐向前有过交往，他在文章中回忆了第一次去见徐向前时的情景：

还是1957年春天，在北京城的一条小胡同里，有一所普通的住宅。我走到这个陈旧了的红漆大门口，轻轻地按了下门铃。门开了，一个穿棉衣的青年走了出来。我以为走错了门，再不就是记错了门牌号码。难道说，我们国家的一位元帅竟会住在这样一个普通的地方？我犹豫着向开门的人问道："徐副主席住在这里吗？"开门的人说话十分和气，问明白了我的来意，轻声说了句："请进吧。"我这才相信，这就是国防委员会副主席徐向前元帅住的地方。在这之前，我没见过徐向前元帅，只是从报纸上看到一张徐帅穿元帅服的像（相）片。副官引我进去的时候，我走着，想着：元帅他一定像那张照片一样，很威严地坐在写字台边的皮转椅上……

我们推开门走进去。啊，完全不是我所猜想的那样，元帅穿着一身深蓝色的棉衣，着一双黑色布棉鞋，坐在靠墙的沙发上。他面前有一个长方形小茶几，茶几上放着一本《诗选》。元帅看见我向他敬礼，便摘下眼镜站起来，微笑着，亲切地和我握手。

我坐在一旁暗暗打量着这间屋子：这是一间普通的平房，白瓷砖地，没铺地毯。地上摆着几盆花草。迎门悬挂着一幅毛主席的放大照片。对面是一张茶桌，桌上摆着两只竹壳热水瓶和几只玻璃杯。另外还有一张桌子，一个书架。看来都是多年的老家具。最使我惊奇的，是一个竹子做的小躺椅。我暗想：这就是元帅的躺椅？他老人家头发都白了，身体又不好，负责管理元帅生活的同志为什么不买一把舒适的皮椅呢？后来才知道，元帅是一向拒绝增添新家具的。这屋子里的用具，除了几只沙发是公家发的，其他所有的用具，几乎全是以前别人留下的。行政管理部门很早就想替元帅换座房子，元帅不同意。他说："北京的房子很挤，许多干部没有住处，我们住在这里已经挺好了。"

20世纪60年代初期，徐向前一家搬到位于北京什刹海附近的柳荫街。附近许多居民都看到战功赫赫的徐向前元帅是一位衣着简朴、平易近人的慈祥老人。居委会干部每次去他家办事和访问，徐向前和夫人都热情接待，仔细询问这条小街的居民情况，关心这里的文明街道建设情况。他常常对居委会的干部说:"我也是柳荫街的普通居民嘛!"他要求家人和身边工作人员积极参加军民共建文明街道的活动,大家一起植树种花、清除垃圾、整修街道、疏通水道。

徐向前的生活是非常俭朴的。他不抽烟、不喝酒,饭菜常以玉米、红薯等粗粮为主,每年春季,树绿花开,榆树结了榆钱,柳树发出绿芽,他就叫炊事员采点儿回来做着吃。他家院内有块空地,常年种一种野菜——马齿苋。这种野菜时常成为他的餐桌上的佳肴。不少人感到奇怪,徐向前为什么这么喜欢吃树叶、野菜呢?有位记者曾经问了这样的问题,徐向前笑着回答:"野菜、树叶有它特别的味道,又有益健康。今天,物质生活提高了,待遇优厚了,吃点儿野菜,就自然会想到战争年代,想到党的艰苦朴素的优良传统和作风。"有一年夏天,徐向前在北戴河疗养,几个老部下前去探望,徐向前留他们吃晚饭。"一大锅稀饭,再放一点儿面条、大块儿土豆和豆角,与一些肉一起炖,大家就穿着背心,呼噜呼噜地吃开了。这就是当年的高级领导人聚会。"回忆起当时的情景,徐向前之子徐小岩记忆犹新。

徐向前平时在家办公和休息,总是穿一身旧衣服,衣服的袖口、领口破了,他就拿出针线,自己缝补。有一件毛背心,是他在解放战争年代亲手织的,中华人民共和国成立后,他又穿了多年,最后成了徐家压箱底的宝物,他去世后,这件毛背心才被捐给了博物馆。作为共和国元帅、党和国家领导人,徐向前除了在正式场合外,一般都身穿便服。我们在大量的史料中,也很少看到他身着元帅服的影像。有一年,妻子黄杰过生日,细心的徐向前问她:"过生日了,你要什么礼物呀?"黄杰想了想,说:"我也不要别的了,就是你当元帅以后,我从来没看见过你穿元帅服什么样,你就穿上让我看一眼就行了。"对于这个出人意料的要求,徐向前答应得很痛快,麻利地穿上元帅服,站在老伴儿面前,模特般地展示了一番……从此以后,那象征他一生荣誉的元帅服就再也没有被穿过,一直静静地躺在徐家的樟木箱里。徐向前说:"我老了,穿军装有损军人的形象啊!"20世纪80年代后期,走在大街上已经很难看到穿补丁衣服的人了,而在当时徐向前拍摄的照片中,还可以看到他的领子上有清晰的补丁。

由于徐向前衣着太过朴素,很难想象他就是在革命战争年代里指挥千军万马、叱咤风云的元帅,为此还闹出过笑话。有个在徐向前身边工作过的干部,带着新娘来看望首长。打扮得漂漂亮亮的新娘又激动,又高兴,想象共和国元帅肯定很威风,元帅住所肯定哨兵众多、车马盈门。他们来到一个小胡同,在一个脱落了油漆的大门口按响了门铃。开门的是一个身着蓝布旧衣的和蔼的老人。新娘先迈步进门,向老人点点头,继续向前走。她的丈夫急忙抢前一步,对她说:"你怎么不给首长问好?"新娘心想,兴许给元帅看大门的人也是不小的"首长",便回头又向老人点点头,笑了笑,还想往里走。新郎又急忙拉住她,向老人介绍说:"首长,她是我爱人!"身着蓝布旧衣的老人面带笑容,请客人进屋。新娘这时还没认出面前的老人正是徐向前。她爱人急了,扯住她,说:"这是徐帅!""啊!"新娘惊叫起来,霎时,脸便红了,怎么也没想到,面前这位一身蓝布旧衣的老人就是鼎鼎大名的徐向前元帅,而她竟把元帅当成了看门的人!徐向前亲切地接见了这对新婚夫妻,问了他们的工作、生活,谈话是那么平和。新娘一直不好意思,直到告辞后走出大门,脸还是绯红的。她埋怨丈夫不早点儿跟她说,又喃喃自语:"做梦也没想到,元帅会是这样,比普通人还普通呀!"

徐向前不仅自己不讲究穿着,还教育工作人员不要讲究这些,不要做衣裳架子,要把精力放到工作、学习中去。有一年换夏衣的时候,有个在徐向前身边工作的警卫员突然闹了情绪。他看到一个比他年纪小的警卫员被提为干部了,军服换成了4个兜,而自己还是两个兜的大兵,越想,心里越不舒坦,牢骚话就出来了:"都干一样的工作,为什么衣裳两样!"秘书跟他谈话,他不愿意听;那名4个兜的警卫员和他交换意见,他又恼火,懒洋洋地说:"往后,4个兜的要多干,咱两个兜的,干两个兜的事!"徐向前知道后,把这个警卫员叫到身边,问:"怎么,听说你为两个兜不高兴了?"

"我……"警卫员脸红了。

徐向前拿出自己的一套军服,说:"我这套衣服是新的,4个兜,你可以拿去穿。"

"不……不……"警卫员连忙摇头。

"我们进了大城市,不能忘记过去,忘记为革命牺牲的同志。和牺牲的同志比,他们连两个兜的衣裳还没穿上呢!"徐向前说着,翻出一本画报,指指上面穿着两个兜战士军装的朱德总司令视察部队的照片,"你看,朱老总都喜欢穿两个兜嘛!"

警卫员意识到自己的错误，连忙说："首长，我只是说说，往后还会好好工作的。"

徐向前说："是啊，革命总得有个分工，总是有个差别嘛！一个人，最重要的是学问，是本领，哪能光看衣裳！衣裳穿得再漂亮，肚里空空，还不是个衣裳架子。俗话说：'少小不努力，老大徒伤悲。'年轻人，要紧的是努力学习呀！……"

徐向前不紧不慢地说着做人的道理，讲着革命者应有的品格，警卫员听着，惭愧地低头不语。过了几天，他在党小组会上自觉地做了自我批评。从此，他积极工作，努力学习。后来，他被提升为干部，尽管发了4个兜的军装，但还是常常穿那件两个兜的军装。他牢记徐向前的教导："人，不能当衣裳架子啊！"

生活中的徐向前少言寡语，看似木讷，却是一个内秀而富有情趣的人。徐向前爱养动物。长征时，年轻的徐向前骑马挎枪，威风凛凛，和其他人不同的是，他的马背上还有一只猴子。这只猴子在长征中陪他走了很久，也给战士们增添了不少乐趣。徐向前喜欢听和唱粤剧、河北梆子、晋剧，还会弹扬琴、拉二胡，对摄影艺术也很在行，不仅自己拍摄照片，还亲自动手布置暗房，配显影液、定影液，很多早期珍贵的照片都是他自己拍摄、放大、洗印的。尽管身边有秘书、警卫、管理人员，但只要是自己能动手做的，徐向前就不要别人代劳。早晨，不等勤务员到房里来，他就把床铺整理好了；午睡以后，他时常自己拿着茶壶到厨房打开水；晚上，工作人员有时忘了关路灯，他会把路灯关了；洗澡，自己擦背；衣服纽扣掉了，只要工作不忙，他就戴上老花镜，自己找针线缀上；有时，家里的用具出了小毛病，他就在休息的时候，自己动手修理。徐向前家里有个"百宝箱"，里边放着钉子、锤子、钳子等工具。平常家里的物件有小毛病时，徐向前都会搬出他的"百宝箱"，亲自动手，修理整治。子女们对他的这种爱好也是心知肚明，每次出国考察回来，带给他的礼物大都是一些国外出产的扳手、小刀之类的精美小工具。收到这些礼物，徐向前往往是最开心的。

喜欢自己动手操作的徐向前表达爱情的方式也与众不同。有朋友曾送给他两根竹木拐棍。徐向前看到拐棍比较光滑，手持和着地都有些不便，于是找到一些胶条，一点儿一点儿缠好，又在两根拐棍底下各安上一个橡胶头，使其不易打滑，一根留作自用，另一根作为礼物送给了妻子黄杰。一晃几十年过去了，徐向前去世后，拐棍依然和黄杰形影不离。

逢年过节，徐向前总是让秘书、炊事员回家团聚，要孩子们自己烧饭、吃剩下的小菜。从生活到待人，他都给身边的工作人员留下难忘的印象。徐向前的老部下称他"老班长"，在他身边工作多年的秘书称他"布衣元帅"。"班长"与战士，是生死与共的战友；"布衣"是老百姓和普通人的风格。"布衣元帅"这个评价，不单单因为他简朴的生活习惯，还因为他一直坚持自己的理想，坚持共产主义的信仰，从不动摇，朴素而执着。

徐向前是一位伟人，他的伟大来自平凡，又回归平凡。

关怀革命老区人民

中华人民共和国成立后，徐向前对养育过他的革命老区，像孩子对母亲的情感一样眷恋难忘。每当老区来人拜访，他总要亲自接见，嘘寒问暖，认真倾听意见。老区人民有进步，他高兴；老区人民有困难，他关心。

1980年年初的一天，信阳地委、新县县委的负责人到北京拜访徐向前。那些天，徐向前身体不好，秘书嘱咐客人稍坐一会儿就结束拜访。徐向前见客人坐了几分钟就要告辞，便说："不要忙走嘛，多谈一会儿，我正想听听你们的意见，了解一下老区的情况。"于是，客人们高兴地谈了起来。他们知道徐向前身体不好，担心他听了不好的情况会增添烦恼，于是净拣好事讲、好话说。

徐向前听了一会儿，明显感觉"报喜不报忧"，便问："群众生活怎么样啊？有没有吃不饱饭的？"

这一问，顿时冷了场。沉默中，一位年轻干部开口说："徐帅，你还记得七里坪吗？"

徐向前微笑着点点头。七里坪，红四方面军的诞生地，当年的总指挥焉能忘记？

年轻干部接着说："我陪着新华社记者到那里做过调查。那里的人民生活没有多大变化……"

徐向前听了年轻干部的直言，从躺椅上探起身，脸上的笑容顿时消失了，表示要继续倾听的意愿。有个客人要插话，他摆摆手制止了。

他微微闭眼，陷入沉思。他习惯这样，每当思考问题时，会闭上眼，直到要讲话了，才再睁开眼。可是这次，他再没有讲话，一直微闭着眼。客人们想，徐帅年事高，又值身体欠佳，就连忙告辞了。

送走客人，徐向前回到卧室，一直没有说话。开饭时，他坐到饭桌前，还是默不作声。往日，他和妻子黄杰一块儿吃饭，高兴时总是边说边吃，一顿饭需要用一个多小时；如果不高兴或者要去参加会议，几分钟就吃完了。这天，他吃这顿饭只用了几分钟。黄杰因为没有参加和客人谈话，并不知道说了些什么，见丈夫不高兴，猜得出与接见客人有关：要么，客人提出要求，是老区的救济问题让他为难；要么，听客人们说了一些党风不正的事，使他生气忧心。黄杰问了一句："怎么吃得这么快？"

徐向前答："吃饱了。"

黄杰问："黄安来人，都说了些什么呀？你怪不高兴的样子。"

徐向前叹口气，说："怎么能让人高兴！你会想到吗？老区一个7口之家，只有6个碗呀，连每人一个饭碗都平均不上啊！"他说罢起身，在房里来回踱步。

接连几天，徐向前多次向秘书、警卫人员、子女重复那"7口人、6个碗"的话。几天后，是徐向前的寿辰。后来，子女们回忆说："父亲那天发了很大的火，因为我们要给他做寿。他一再念叨，老区有的地方一家7个人，才6个碗呀！我们还过什么生日哟！那以后，父亲再也没有过过生日，只是八十五大寿时，和身边的工作人员一起照了张合影。"

1982年，徐向前结合有关同志对老区的实地调查报告，给中央写了《关于请关注老区建设的意见》，文中写道："这些地区的人民为中国革命的胜利做出了巨大的牺牲，有过重大的贡献。这些山区洒满了革命烈士的鲜血，到处都掩埋着烈士的尸骨。没有这些穷山沟和穷山沟的人民，中国革命的胜利是不可能的。新中国成立33周年了，虽然党和人民政府采取过不少措施，对老区有过不少帮助，但许多地方没有什么变化，有的地方变化不大，甚至个别地区的群众连裤子都穿不上。有些老红军生活无着，无人照料。看了这些情况，我心里很难过，感到愧对于老区人民，愧对于革命先烈。吁请中央关注老区的建设。建议中央书记处、国务院派人对井冈山、大别山、湘西、四川、陕北等经济上贫穷落后的革命老根据地做些系统的调查。而后，专门开一次会议，研究制定尽快改变老区面貌的措施。"徐向前在报告中还提出了4条具体建议。

中共中央很重视徐向前的报告，印发给中央、国务院领导人参考。不久，国务院成立了支援老、少、边、穷地区办公室，统一部署帮助老区人民脱贫的工作。1986年，在北京召开了开发大别山区的动员大会。

对于老区和老区人民，徐向前有着深深的眷恋和浓厚的感情，直至生命最后一息。1990年6月，徐向前因病住院治疗。随着病情日渐加重，徐向前在医院里郑重地留给儿女3条遗言："我死后，一不搞遗体告别，二不开追悼会，三把骨灰撒在大别山、大巴山、太行山和河西走廊。你们要永远跟着党走，言行一致，说到做到！"6月29日，李先念到医院看望他，他再次郑重地向老战友重复了这3条遗言。

聂荣臻

彰显残酷战争中的人道主义光辉

1940年，侵华日寇对晋察冀边区实行烧光、杀光、抢光的疯狂"扫荡"，犯下了罄竹难书的罪行。在晋察冀军区司令员兼政治委员聂荣臻率部对华北日伪军进行的反"扫荡"战争中，中国人民做了一件让自称文明的日本人感到无地自容的事，那就是将两名日本小女孩儿送还日本人的大义之举。

当时，日寇控制了我国华北地区的许多矿区，矿区里不仅住有中国居民，还住了许多日寇。1940年8月，八路军在进攻日军控制的井陉煤矿新矿时，盘踞在岗头老矿的日军向新矿猛烈炮击，井陉煤矿火车站日方副站长加藤清利夫妇在炮击中先后身亡，遗下两个小女孩儿，被八路军战士在战火中冒着生命危险抢救了出来。两个小女孩儿，一个五六岁，一个尚在襁褓之中，且受了重伤。战士们把两个孩子抱回来后，对受伤的妹妹进行了抢救和治疗，保住了她的性命。因为还要继续战斗，不能带着孩子，部队打电话请示聂荣臻如何安排。聂荣臻了解情况后，让他们立即把孩子送到指挥所。

聂荣臻放下电话后心潮难平。他身经百战，耳闻目睹了多少红军和八路军官兵奋不顾身地从战火中抢救孤儿的事，可这回，八路军战士抢救的是侵略中国的日本人的遗孤。他知道，日本法西斯分子在这场野蛮的侵略战争中，为了使中国亡国灭种，令人发指地残杀了无数无辜的中国孩子，而这时，他们的孩子却安安静静地躺在八路军战士的怀中，这是何等鲜明的对比！

两个日本小女孩儿由参战部队的4名干部战士和两名民兵护送到四分区战地动员委员会，再由战地动员委员会派专人用箩筐挑着送到前线指挥所。

聂荣臻慈爱地抚摸着这两个无辜的异国小女孩儿。人们都知道，聂荣臻喜欢孩子，他只要一有空，就要逗逗老百姓家的孩子，体现了他对人民深深的爱，也体现了他对自己失散多年的独生女儿无限的思念。

两个日本小女孩儿分坐在两个箩筐里。姐姐剪着短发，穿着长条纹花衣裳；妹妹在襁褓中，身上穿的也是小花衣。

聂荣臻看到两个箩筐里各放着几个雪花梨，还放着为孩子赶苍蝇的拍子，便问："孩子送来之前，在你们那儿是怎样安排饮食的？"来人回答："我们四分区政治部的袁心纯副主任规定，按团职干部负重伤的伙食标准特别照顾，供给奶粉、罐头、白糖、水果。我们用西瓜蘸白糖，一口一口地喂她们。按规定，这是参加过红军的干部负伤后才能享受的最高待遇。有的老百姓不理解，骂我们用好东西喂东洋崽子，袁副主任还特地召开区长和村干部会，讲优待这两个孩子的革命人道主义道理呢。"

"嗯，做得对！"聂荣臻满意地点点头。但是，他并不知道，一个精心照料和护送日本小女孩儿的民兵的母亲是盲人，被日本鬼子用刺刀活活捅死了！而那位半夜还打着手电为日本小女孩儿查铺、送走小女孩儿前还叮嘱一路上要注意赶苍蝇的袁心纯副主任，后来竟被日军用马刀杀害了！

聂荣臻抱起那个受伤的女婴，看到伤口包扎得很好，孩子正安详地睡着。他交代医生和警卫员好好护理这个孩子，看看附近村里有没有正在哺乳期的妇女，赶快给孩子喂喂奶。那个五六岁的孩子显然受到了惊吓，瞪着大眼睛四处张望。聂荣臻拉过她的小手，慈祥地安抚她。聂荣臻拿梨子给她吃，她听不懂中国话，只是瞪着一双大眼睛，望望聂荣臻，又皱起小眉头看了看聂荣臻手中的梨子，但不伸手去接。聂荣臻笑了，明白了孩子的意思，赶紧用水把梨子冲洗干净，她这才高兴地接过去吃了起来。

把两个孩子安顿下来，聂荣臻让炊事员做了一盆稀饭，把那个稍大些的孩子拉在怀里，亲自用小勺喂她。孩子显得不那么拘束了。聂荣臻问她叫什么名字，她"嗯嗯"地回答着。翻译在旁边说，她叫"兴子"。其实，这个小姑娘名叫美穗子。在日语中，"兴子"的发音和"死了"的发音相近。孩子很小，问她叫什么名字，她受到惊吓，答非所问地一个劲儿地说："妈妈死了。"对日语不太精通的翻译就由此认为她叫"兴子"了。

之后几天，聂荣臻走到哪里，美穗子就跟到哪里，常常用小手拽着聂荣臻的裤腿不松开。聂荣臻还和她在指挥所外的土场上合了个影，这张照片后来成了珍贵的历史见证。人们从聂荣臻处理这件事情的过程中，充分看到一个无产阶级革命家的宽广胸怀和革命人道主义精神。

聂荣臻在他的回忆录中比较详细地写到了这件事："当时，我的想法是，孩子是无罪的，应当很好地安置她们。至于究竟怎样办，我考虑，或是由我把她们养起来，或是把她们送回去。我想，如果养起来，激烈的战事不知何时结束，边区的环境不仅艰苦，而且敌人'扫荡'频繁，部队经常转移，照顾两个小孩子，将有不少困难。再说，两个孤苦伶仃的孩子留在异国他乡，大的五六岁了，已经开始懂事，留下来，她很可能会伤感的。她们失去了父母，只剩姐妹二人，不在本国的土地上，将来也会给她们造成痛苦。送回去，爸爸妈妈虽然死了，她们家里总还会有亲戚朋友可以照应吧。想来想去，我决定还是把她们送回去……我们共产党领导的八路军，实行革命的人道主义，对被俘士兵，我们绝不伤害，对日本人民，我们不仅不伤害，还要尽最大力量给予爱护和照顾。"

聂荣臻找了一个可靠的老乡，准备了一副挑子和两个箩筐。那时候，用挑子运送孩子要算太行山区最好的交通工具了，翻山越岭，不怕颠簸。为了防止孩子们在半路上饥饿和啼哭，他和指挥所的几位同志在筐里堆了许多梨子。孩子们上路前，他依依不舍地挨个抱起来，摸摸头，以示祝福。他把本应给独生女儿的深沉的父爱，给了这两个战火中的敌国遗孤。妹妹合着睫毛长长的眼睛，甜甜地睡着了。姐姐似乎明白要与眼前这位个头高高的、和善亲切的叔叔分离，所以，小眉头皱着，神情有些忧郁。聂荣臻对老乡说："请帮忙把这两名日本孤儿送往石家庄的日军兵营吧。"说完，他郑重地交给那个老乡一封亲笔信。聂荣臻在信中讲了两个孩子一家的遭遇，八路军解救、救治和抚养的过程以及战争给中日两国人民带来的伤害，号召两国人民携手反对侵略战争。在信的最后，聂荣臻写道："我八路军本着国际主义之精神，至仁至义，有始有终，必当为中华民族之生存与人类之永久和平而奋斗到底，必当与野蛮横暴之日阀血战到底。深望君等幡然觉醒，与中国士兵人民齐心合力，共谋解放，则日本幸甚，中国亦幸甚。"聂荣臻希望趁此机会对敌军进行政治工作，所以，这封信没有封口。他回忆说：不管你高级军官理不理，反正要经过你下层人员的传递，他们总可以看到。这些下层人员同军阀、战犯是不同的，好多人是强征来的工人、农民。日军中间，并不是不可以做工作的，应该大力地开展工作。

石家庄的侵华日军收到这两个孩子后，回信表示了感谢。40年后的1980年5月，《解放军报》《解放军画报》相继刊登了姚远方写的《日本小姑娘，你在哪里？》的文章。文章一经刊出，立即在中国和日本产生了强烈反响。5月29日，日本最大的报纸《读卖新闻》全文转载了姚远方的文章，同时编发了一篇题为《战火里救出孤儿，聂将军40年后呼唤兴子姐妹》的报道。奇迹很快发生了，不到10天，《读卖新闻》的记者神奇般地找到了当年那个大一点儿的日本小姑娘——美穗子。她住在日本九州的宫崎县都城市，这时已是3个孩子的母亲了，与丈夫经营着一家小杂货铺。她那受伤的小妹妹，在送回石家庄后，死在医院里了。

6月10日，《读卖新闻》以《真的是"兴子"，她写信给聂将军盼望着再会》为题，报道了已经找到那个日本小姑娘的消息，一时成为关注的焦点。很快，《读卖新闻》转来了美穗子希望访华并看望聂荣臻的亲笔信。

聂荣臻看过美穗子热情洋溢的来信，高兴地说："我看了她的近影，很像她小时候的样子。阔别40年，终于找到了，很难得。这件事能够促进中日两国人民的友好往来。"聂荣臻又对女儿聂力说："我又多了一个女儿，你多了一个妹妹。"

随后短短几天内，来自日本各地的感谢信和贺电堆满了聂荣臻的办公桌。有人称聂荣臻为"活菩萨"，有的旧军人在信中说，这件事更使他们认识到侵华战争的罪恶，深深地表示感谢和道歉。

1980年7月中旬，应聂荣臻和中国有关方面的邀请，美穗子偕全家来华访问。日本各地的民众托她给聂荣臻捎来了各种礼品，以表达对聂荣臻和中国人民的良好祝愿和感谢。聂荣臻让聂力去机场迎接美穗子。见面后，两人都克制不住感情，相拥而泣。

7月14日上午,在人民大会堂新疆厅,聂荣臻会见了美穗子一家。见到聂荣臻的一刹那,美穗子话未说,泪先流,竟"呜呜"地哭出了声。她弯下身子,用额头触摸聂荣臻那双温暖的手,表达自己深深的感激之情。聂荣臻在交谈中详细询问了美穗子回国后的情况。他一遍遍打量美穗子,像打量一个失散多年的女儿。美穗子说:"我到中国来的时候,许多日本人,特别是参加过侵华战争的旧军人,托我带口信,他们向中国人民表示道歉和谢罪。"聂荣臻表情严肃地说:"过去的事情已经过去了。日本军国主义发动侵华战争,给中日两国人民都带来了巨大灾难,你就是其中的一个例子。这次看到你有一个幸福美满的家庭,我很高兴。"美穗子说:"您是我的救命恩人,您救了我,才有我今天这样幸福美满的家庭。"聂荣臻说:"救你的事,这不是我个人的问题。我们这样做,是因为中国共产党的军队有讲人道主义的光荣传统。中日两国是一衣带水的近邻,没有理由不友好,中日两国人民要世世代代友好下去。"

之后,美穗子一直从事中日友好工作。聂荣臻的女儿聂力也成了美穗子的朋友,她们以姐妹相称,成为一段佳话。1998年,聂力出访日本时,每到一地,只要提起那个被中国聂荣臻将军救护的日本小姑娘,人们都能说出她的名字和她的故事,可见那件事的影响是多么大。这个抗日战争中的小插曲彰显了残酷战争中的人道主义光辉,表现了中国人民热爱和平的愿望,也成就了一段中日两国人民友好的佳话。

与老百姓同舟共济、生死与共

创建、扎根和发展于太行山脉的晋察冀抗日根据地,是中国共产党在敌后建立的第一个抗日根据地,在抗战史上发挥了重要作用。聂荣臻在晋察冀边区的几年时间里,每到一地,对人民群众总是倾注以同胞情、阶级爱,处处体现了共产党、八路军全心全意为人民的崇高精神,因而,他和八路军指战员获得了广大人民群众的衷心拥戴。正如聂荣臻在回忆录中所说:"在抗日战争中,尽管我们处在敌人的封锁包围之中,甚至我们的司令部距敌人不过几十华里[①]，尽管有许多战火纷飞的场面，但是，我们却有一种安全感。在群众的海洋里，安全得很啊！有一段时间，军区领导机关驻在唐县和家庄，中央分局在阜平易家庄，我每次去开会的时候，只带一个警卫员，我们一人一匹马，一天就跑到了。一路上毫无危险，走到哪里，哪里的老百姓都给我们烧水、指路，照顾得十分周到。八路军英勇抗击侵略者，保护了人民，人民同样尽心尽力地保护我们。"

在晋察冀边区，聂荣臻留下了许多脍炙人口的亲民爱民故事。

1938年年初，晋察冀边区党政军机关由河北阜平县迁驻山西五台县金岗库村。在与村里老乡聊天的过程中，聂荣臻了解到，村前的清水河一到冬天结冰后，人畜过河就很困难，不是人摔倒，就是牲畜扭伤。夏天山洪暴发，乡亲们无法过河上山砍柴、种地，河对岸的田地不能适时耕种，误了农时，就会影响粮食收成。河上无桥，老百姓往来实在是太困难了。阎锡山统治时期，地方官吏借口修桥，曾几度向村民勒索钱财，却只要钱，不见修桥，因此，老百姓气愤地把这条河叫作"害民河"。聂荣臻得知这些情况后，立即动员晋察冀军区干部战士为民众义务修桥。

任务下达后，广大指战员情绪高涨，决心建好这座爱民桥，为老百姓排忧解难。村里的群众听到这一消息，喜出望外，奔走相告，整个山村都沸腾了。聂荣臻亲自挂帅，察看地形，了解水情，设计图纸，召开座谈会，征求群众意见。建桥方案确定后，便立即施工。聂荣臻与大家一道上山坡砍树，下河滩实地测量。官兵们站在冰凉的河水里打桩，腿脚冻得红肿，仍然坚持干活，村里的群众看了深受感动，主动给他们送水、送饭、送棉衣……经过10多天的艰苦奋战，一座宽约4米、长约30米的五孔土木结构大桥便建成了。金岗库村多少年来的"害民河"从此变成了"便民河"。

可惜的是，后来，这座桥在战火中被日军烧毁。桥虽然不在了，但聂荣臻率领官兵架起的共产党、八路军与人民群众之间的"连心桥"，永远屹立在金岗库村人民群众的心中。

[①] 华里：长度单位，1华里等于500米。

那时，金岗库村没有学校。许多儿童团员查路条很认真，却苦于不认识字。聂荣臻深为失学的孩子们担忧，命令部队从住处腾几间房子，办了个小学校，让大多适龄儿童上了学。

1939年5月，聂荣臻率部来到了唐县和家庄，在这里住了将近两年。这年春天，和家庄一带天旱无雨，庄稼生长受到影响。聂荣臻对此忧心忡忡，每天清早和傍晚，总要到附近高坡上观察天色，看有没有朝霞或晚霞。"朝霞晴，晚霞雨。"这种预报天气的土办法是劳动人民从长期生活实践中总结出来的。聂荣臻根据霞光看天气的这个习惯一直保持到晚年。有一天半夜下了雨。天还没亮，他就高兴地披衣起床，跑到庄稼地里看看雨下没下透，小麦和玉米长高了多少，那种神态完全像一个痴痴地盼着自己种的庄稼喜获丰收的农民。

司令部的干部都知道，聂荣臻和他们说话，一般都比较严肃，不苟言笑，可只要和乡亲们一接触，他马上就显得笑容可掬，和蔼可亲。他在路上遇到儿童团员向他敬礼，都要勒住马缰绳，向孩子们还礼，有时还跳下马抚摸孩子们的头，勉励他们几句。他一有空就会看望房屋里住有部队的房东们，嘘寒问暖，还不定期请房东们吃饭。有一回晚饭后，聂荣臻发现全村最穷的史国泉一家4口人住在一个自挖的土洞里，他的眼眶湿润了，掏出一些钱送给史国泉，还请村长设法帮助解决贫困户的生活问题。村里一位德高望重的老人感叹道："好在是共产党，要是国民党，看到这种穷得钻土洞的人，还不早用棍子把他打跑了！聂司令员好啊！八路军好啊！"

1939年冬，日伪军大"扫荡"，到了离和家庄仅几公里的地方。司令部人员大部已经撤离，聂荣臻却还在与村支部书记研究组织群众转移的问题。警卫员几次催促他快点儿离开，他说："不让群众转移好，我走了也不安心啊。"最后，他确定留下警卫排掩护群众，才撤离了和家庄。聂荣臻住过的几间房屋，相当长一段时间，群众舍不得打开，盼望他能再回来居住。

聂荣臻不仅以火一样的热情温暖当地群众的心，而且总是教育部属要关心群众的疾苦。他曾指示供给部：任何人不得以他的名义跟老百姓要任何东西。他教育部队要爱惜驻地的一草一木，不拿群众一针一线。

1941年9月，日军出动7万人对晋察冀边区进行了长达两个月的残酷的秋季大"扫荡"，给晋察冀边区造成很大伤亡和损失。日军所到之处，房屋被烧，庄稼被毁，村庄被抢掠一空，只剩一些残垣断壁。雪上加霜的是，1942年又发生了严重的春旱，晋察冀的北岳区进入了最困难的时期，军民严重缺粮，新生的树叶成了军民的日常口粮。大家几乎每天都去采摘树叶。采树叶时，一般是几个人爬到树上砍下小一些的树枝，下边的人负责捋树叶。由于部队里多是年轻的小伙子，手脚比群众麻利，因此，部队总能采到更多的嫩树叶，没几天，一些村的树叶就被采得所剩无几了。

当聂荣臻看到百姓们吃树皮和树叶、一个个瘦得皮包骨，孩子们更是细脖顶着大脑袋、严重营养不良时，十分难过。一天，炊事员采来一些杨树叶，拌上一点儿玉米面，给聂荣臻蒸了一小盆"苦累"。所谓"苦累"，就是旧社会北方穷苦人家用野菜、树叶同糠或玉米面拌在一起蒸熟的食物。聂荣臻端起来，沉思片刻，又放回桌上，问炊事员："这杨树叶是从哪儿捋的？"炊事员说："是我们从山坡上的树上捋的。"聂荣臻发火说："你们知不知道，老百姓早就断粮了，村里的群众就仗着这些杨树叶度荒。你们捋来，老百姓吃什么？"他吩咐把这盆"苦累"送给机关的伤病员吃。随后，他指示军区政治部马上起草一个训令：部队所有伙食单位不能在村庄附近采摘已经被群众当作主食的杨树叶和榆树叶，也不要在村庄附近挖野菜，宁可自己饿肚子，也不能与民争食。训令是作为必须无条件执行的军事作战或其他重要政治任务的命令，聂荣臻把不得采摘树叶作为训令发布，足见他对此事的重视程度，充分反映了党和军队与人民群众的血肉亲情。

老百姓看不到战士们采摘树叶，很是奇怪，后来发现了真相，很感动，纷纷找到部队甚至找到聂荣臻要求取消训令，因为八路军也要吃饭，还要打鬼子，饿着肚子怎么行？聂荣臻感谢老百姓的好意，做了耐心的解释。在边区财政会议上，聂荣臻发言时讲到，部队给养困难，但是人民群众的生活更困难，为了渡过难关，部队要想方设法减轻人民的负担。讲到这里，他想起老百姓三五成群捋树叶、剥树皮充饥的情景，想起了被饥饿折磨的孩子……再也讲不下去了。平时被大家称为"能够控制感情"的聂荣臻，这一次却怎么也控制不住感情，泪水夺眶而出。许多地方干部见状，也感动地流了泪。会场里一片哽咽声。

与饥荒接踵而至的是蔓延的疫病。由于严重缺乏营养，很长一个时期内，疟疾、痢疾、回归热等疾病持续流行，许多官兵还得了夜盲症。有一回反"扫荡"，官兵们几天没吃上饭。有人捡到了一只山羊，因饿急了，要杀了填肚子，管理员却说：这是绝对不行的，聂司令有命令，非得找到失主不可。

在极为艰苦的岁月里，聂荣臻和晋察冀边区的其他领导人密切配合，认真贯彻执行中共中央的指示，号召边区军民咬紧牙关，克服困难，冲破黎明前的黑暗，开展了轰轰烈烈的大生产运动。聂荣臻身先士卒，堪称表率。当时，部队机关普遍制订了节约粮食计划，脱产人员除伤病员外，每人每天节约一至二两粮食救济百姓，聂荣臻也不例外。聂荣臻叫司令部的人员养猪、种菜，自己也喂养了两只奶羊和4只鸡，反"扫荡"时就放在筐里，驮在骡背上。房东的女儿得了天花，病得厉害，聂荣臻天天让她喝自己养的奶羊产的奶调理身体。有一次，聂荣臻在大会上做报告，讲着讲着，忍不住在身上使劲搔了几下。有的干部战士在台下交头接耳，说司令员身上也有"抗战虫"光临了。所谓"抗战虫"，是指抗日将士身上的虱子。

养鸡、喂羊、种庄稼，与房东大爷大妈聊庄稼人的事……这一切，与叱咤风云的将军下达命令、指挥作战、检阅部队形成了多么鲜明的对比！这在八路军以外的其他军队的将军们看来，简直是不可想象的。然而，这就是聂荣臻！这就是一位在艰苦的环境中，与老百姓同舟共济、生死与共的八路军将领！难怪晋察冀边区一些老人在数十年后谈起他来，仍然异口同声地说："聂司令员是有菩萨心肠的人！"

"聂荣臻是个厚道人"

在长期的革命生涯中，聂荣臻始终宽厚待人，急人所急，少说多做，谦逊大度。聂荣臻的厚道作风，是其一生爱党、爱祖国、爱人民的高尚品格和无私情怀的集中表现。

中华人民共和国成立不久，中央人民政府重新任命了人民革命军事委员会的领导成员，徐向前被任命为中国人民解放军总参谋长，聂荣臻为副总参谋长。当时，由于徐向前处于病中，总参谋部的工作由聂荣臻代管。1950年年初，聂荣臻正式代理总参谋长。

1952年，几位老总在中南海居仁堂开会，彭德怀、陈毅批评了总参的某些问题。事实上，很多不能算是总参的问题也都怪到总参头上了。散会后，几位同志围着聂荣臻问，会上所提意见，有些不符合事实，有些不属于你和总参职责范围之内，你为何不声辩一下？聂荣臻笑笑，说："彭总、陈总都在气头上，没必要顶牛嘛。遇到事情要敢于承担责任，不能上推下卸。再说了，我们的工作也不是十全十美的，听听人家的不同意见和批评有好处。个人受点批评误解，算不了什么，有则改之，无则加勉嘛。"不是自己的问题，不是自己的过失，但是面对别人的批评和指责时，没有据理力争，而是默默承受，反思不足，没有顾全大局的意识，没有豁达的胸襟，是做不到的。

在国防事业的初创期，聂荣臻强调自己是科技人员的"勤务兵"，并身体力行。为了让攻关的科技人员在困难时期的生活有所改善，他四处募捐，并要求把募捐物资以中央和军委的名义全部分配给每个专家和技术人员。在我国进行核导弹试验时，聂荣臻亲临现场，在核弹头与导弹对接进行通电试验的危难时刻，人们力劝他离开，他却拉了把椅子坐下来。著名科学家钱学森曾充满深情地说："在聂帅手下工作的时间，是我一生中最幸福的经历。"

1958年，在一次军委常委会议上，毛泽东说："聂荣臻是个厚道人。"不久，主持军委日常工作的彭德怀在一次军委扩大会议上传达了毛泽东的那句话。彭德怀说："毛主席说'聂荣臻是个厚道人'，我再加一句，用我们湖南话说：荣臻同志是个'驴驹子'。"彭德怀所说的"驴驹子"，就是北方的小毛驴。毛驴吃得少，干得多，走得远，能负重。据杨成武回忆，1967年7月下旬，毛泽东在南方巡视，他向毛泽东请示出席"八一"建军节40周年招待会的人员名单时，毛泽东指示，军队几位元帅都要出席招待会，并对几位元帅做了评价。谈到聂荣臻时，毛泽东又说："聂荣臻是个厚道人，什么事都出来承担责任。一军团有林彪，别人不出来承担责任，聂荣臻出来承担。功劳是别人的，责任是自己的。"一些在"文革"中整过聂荣臻的人，聂荣臻后来也没有为难他们，并说："事情过去就算了，当时情况复杂，黑白颠倒，做错点事有时难免。"

不仅是对党、对领袖、对老战友，即使对一般战士或是普通工作人员，聂荣臻也是一样的厚道。

1940年冬季反"扫荡"战斗结束，聂荣臻和司令部机关、直属队在平山县的吊儿村住了下来。人们发现聂荣臻一到吃饭的时候就沉默寡言，有时还明显地流露出哀伤的神情。后来，大家才知道，长期为他和司令部领导做饭的老炊事员不久前病逝了。每次吃饭，看到老炊事员留下的锅碗瓢盆，想起老炊事员的音容笑貌，重感情的聂荣臻怎能不伤感呢？

聂荣臻在代理总参谋长时，有一天中午，总长办公室3个负责机要工作的年轻秘书歪在沙发上睡着了。聂荣臻在自己的办公室按电铃要处理电报，按了几次，他们也没醒。等了一会儿，聂荣臻看还是没有动静，就走到机要室诙谐地喊起来："下雨喽！下雨喽！"几个秘书一听聂代总长在喊他们，都很不好意思地爬起来，赶快接过电报处理。考虑到大家都很辛苦，厚道的聂荣臻并没有因此事批评他们。

20世纪50年代初的一天，聂荣臻坐车上班途经地安门，有个小女孩儿正低着头歪歪扭扭地骑车，听见汽车喇叭响，惊慌失措地迎着汽车而来。司机一个急刹车，汽车停在原地，自行车却撞到了汽车上。小女孩儿没有受伤，只是汽车的车身被撞坏了一点儿。附近的交通警赶快跑来，由车号知道是撞上了中央首长的车。交通警很紧张，严厉地训斥了小女孩儿。不远处的小女孩儿的父亲也过来了，连声道歉。为了首长的安全，交通警示意让聂荣臻的汽车先走。这时，聂荣臻却走下汽车，和蔼地对小女孩儿说："这点事不算什么，你不要害怕，赶快上学去吧。"并对小女孩儿的父亲说，"告诉她，好好学习。"聂荣臻临走时还叮嘱小女孩儿的父亲，无论如何不要责怪孩子。聂荣臻的车子走远了，交通警告诉小女孩儿的父亲这是首长的车子。那位父亲吃了一惊，禁不住感叹："还是人民政府好啊！"

聂荣臻不仅是元帅，是无产阶级革命家，也是至仁至义的忠厚长者。他把女儿一岁多时拍的照片珍藏在贴身衣兜十几年。任弼时的儿子任远远将亲手制作的台灯送给聂荣臻，聂荣臻将它放置在床头柜上，整整15年没更换。叶挺不幸遇难后，聂荣臻通过党组织收养了叶挺的两个孩子，中华人民共和国成立后，叶挺的另外两个孩子又来到了聂荣臻身边，聂荣臻视他们如亲生儿女，当亲生女儿聂力偶尔"吃醋"时，聂荣臻夫妇便教导她：你想想吧，你叶伯伯不在了，咱们为他的孩子做什么都是应该的。叶挺家老四叶华明高中毕业后,有一天对聂荣臻说:"伯伯,我想当兵。"聂荣臻犹豫片刻后说:"孩子,你的这个想法很好,不过,我考虑,你还是继续读大学吧,你的成绩很好嘛。读了大学,能够多为国家做贡献啊。"叶华明不甘心地说:"伯伯,我身体好,很想去当一名飞行员。"聂荣臻听后,眼里掠过一丝忧虑,低声说:"是这样啊……身体好,也不见得就能验上飞行员。我的意见,你还是继续上大学。"叶华明不解地问为什么?聂荣臻叹了口气,说:"因为……我该怎么给你说呢?唉,你的父母亲就是因为飞机失事离开我们的,一想起来,我心里就……"聂荣臻说不下去了,眼圈红红的。懂事的叶华明终于理解了聂伯伯,点点头,走开了。

聂荣臻的厚道表现在日常点滴之中。夏季到了,聂荣臻总要询问警卫人员的防暑措施落实了没有,开水供应足不足,有无冷饮等,生怕大伙儿中暑。冬天,他照例让秘书派人检查警卫战士住的房屋门窗是否都完好,暖气热不热……发现问题,及时解决。按照规定,战士们值勤上哨统一穿皮鞋,既显得精神威武,又整齐统一。冬天穿皮鞋还好,但到了夏天就闷得难受,脚经常被捂坏,害脚气,烂脚丫子。细心的聂荣臻知道了这事,便对战士们说:"对部队严格要求,这是非常必要的,但你们现在在我的院内执勤,咱们特殊情况,特殊处理,能不能不穿皮鞋而穿布鞋呢?把脚捂坏了多不好呀。你们把我的想法带回去,和领导商量一下,看他们觉得如何……"1976年,唐山大地震时,北京也受到波及,聂荣臻住处的围墙有多处倒塌。不久,聂荣臻的秘书从西郊给家里打来电话,说首长关心警卫班的同志,问有无受伤的,并让大家在院子里搭起了临时帐篷,最后才问起了自家房子的情况。聂荣臻把身边的工作人员都看成家庭成员,时常让大家把孩子带到他家来,逢年过节都要请大家和他一起吃顿家常便饭。工作人员的学历、性格、爱好,他都了解得很细。他鼓励医务人员要不断总结临床经验,著书立说,搞好老年病学研究。日常工作生活中,哪怕是面对一个普通护士、一个普通战士,聂荣臻说话时也非常注重礼貌,不管让别人做什么事,他都要说"请你"等词语,从不颐指气使,指责别人。

聂荣臻的女儿聂力在《山高水长:回忆父亲聂荣臻》一书中写道:

> 日常生活中,我们也能感受到父亲的厚道作风。他和母亲经常

教育我，还有住在家里的孩子们，对人要诚恳厚道，讲信义。父亲曾说，旧社会过年，很多人家贴门联，其中常贴的就有"忠厚传家""诗书继世"。中国传统的道德信条中，"厚"是很重要的一条，是"美德"之一。

父亲厚道惯了，全家人都受他的影响。他对我们和孩子都说过，要懂得如何尊重别人，诚恳待人。只有待人以诚，人家才能与你以诚相见。这就是互相尊重，就是谦虚谨慎。他还说，要善于与人共事，不要什么事都以自己想法为标准而去与别人相争。真正原则性的分歧，必须讨论清楚，是与非要明白；工作上的意见分歧，有时也可争辩，但要心平气和，不可盛气凌人；至于个人之间一般性的分歧，最好采取"和为贵"的态度，互谅互让，互相尊重，因为谁是谁非很难说清，大多是由于个人经历、性格、爱好等等不同造成的。

正因为聂荣臻是个厚道人，他去世之后，才有那么多人怀念他。人们怀念他，为他落泪，并不是因为他当多大的官，也不是因为他是元帅，而是因为他具有让人感动的品格。

清廉朴实，绝不特殊

"室内陈设十分简单，一张极普通的木床，床上铺着最常见的白布床单，我发现床单中央还有块补丁。这对我来说简直不可思议！床头柜上摆放着一盏旧台灯，仔细一看，原来是自制的。卧室内的另一大件摆设，是一个褪了色的双开门立柜，里面放置着首长常用的换洗衣物。有的外衣还是（20世纪）50年代穿过的旧军装。"聂荣臻医疗组成员傅志义曾这样描述他于1984年第一次走进聂荣臻卧室的情景。

一直以来，聂荣臻崇尚清廉朴实，反对铺张浪费，绝不搞特殊化。

聂荣臻对节约抓得很紧，真正做到了"一粥一饭""半丝半缕"不能浪费。聂荣臻平常睡的床，床柱子绑着战争年代常用的那种竹竿。有人曾劝他："这些东西该换一换，让它进历史博物馆了。"聂荣臻听后，严肃地说："东西只要能用就行了。艰苦奋斗是我们党一贯的优良作风，过去是这样，现在和今后更需要坚持和发扬，不能因为条件好了就丢掉这一点。"聂荣臻要求吃应季菜，说不要冬天去买夏天的菜，西红柿便宜时多吃，贵时少买。聂荣臻晚年时，牙齿不太好，厨师想照顾他，买了些猪里脊炒菜，因为肉嫩，好嚼。聂荣臻知道后，明令不准再买，还规定不得随便买所有高级食品，如果买，要事先报告。20世纪50年代开始，党和国家领导人每年都会到北戴河办公和休息。有一次，当聂荣臻听说总参管理局准备维修他在北戴河的住所时，坚决不同意。他说："房子是好的，能住就行了。国家财政不宽裕，花这笔钱可以安排别的用场嘛！"聂荣臻在晚年几次指示工作人员开会研究节约水电的措施，制定责任制，落实到人。有一年，管理部门在他房屋和院子里安装了3盏照明灯。聂荣臻开始觉得挺亮堂，晚上散步，感觉很好，但当他得知每个灯是500瓦、3盏灯每小时要耗1.5度电时，就和家人商量每次只开一盏灯。试了几天，他还是恢复使用原来60瓦的普通灯泡。平时，如果有家人离开房间忘了关灯，聂荣臻都会批评。有一年大旱，北京缺水严重，聂荣臻知道后，让人立即拆掉了家里仅有的两台水冷式冷风机，还让人暂停浇灌花草，以节约用水。

  在日常工作和生活中，聂荣臻时刻注意不搞特殊化，从不利用职务之便为家人谋利。聂荣臻每次去人民大会堂开会，离开时，总要问警卫参谋："去结账没有？"所谓结账，就是去交价值两毛钱的一杯龙井茶钱。聂荣臻家乡的同志曾几次给他送来家乡土特产——江津广柑，聂荣臻很高兴地收下了，但每次都坚持按价付钱。他说："家乡人民的厚意，我领了，但农民种出来很辛苦，我不能白要。"他执意让秘书将款汇回江津。家乡的一些人要求聂荣臻解决这样的、那样的问题，他对此既非常关心，又十分严格。他总是提醒说："一定要按规定办。我们是共产党人，不能徇私情。"聂荣臻还说，办事要走正渠道；国家大，又不富裕，家乡建设要立足自力更生，艰苦奋斗，要以国家大局为重。20世纪80年代，聂荣臻故居的老房子因年久失修，成了危房，江津县委、县政府几次提出修复意见，他都没同意，直至故居快要垮塌之时，他仍三番五次告诫省里和县里的领导维修要严格把关，按规定办，不要劳民伤财，造成不好影响。根据聂荣臻的要求，县里修改了故居修复方案。工程开始后，他再次强调节约，不能搞新的装饰。

聂荣臻对某些高级干部子女行为不端而家长又百般包庇纵容十分反感，曾大声呼吁："今后考核干部时，也把他对子女的教育情况列为德才表现之一，认真考核。把这一问题看得重些，才能引起足够的注意。"又说，"如果不正之风在家庭里代代相传，那不要多久，我们民族的精神、党的优良传统都将荡然无存，岂不可虞！"聂荣臻是有资格说这种话的。他因为长期全身心投入紧张繁忙的革命工作之中，对妻女照顾有限，即使这样，对家人的要求，他也从未放松。

1930年，聂荣臻的妻子张瑞华难产，在一家美国人开办的慈善医院里进行了剖腹产。在女儿聂力出生后的第三天，聂荣臻才来到医院。他是空着手来的，没带任何东西，并不是他粗心大意，而是太忙了。聂力出生一年后，聂荣臻就远赴中央苏区，离开了母女俩。1935年，张瑞华奉命北上，把聂力寄养在上海一户贫苦农民的家里。聂力受尽磨难，直到1946年，一家人才在张家口团聚。在聂力一岁多时，张瑞华拍了女儿的照片，托人带给聂荣臻。作为父亲，聂荣臻始终把女儿的照片珍藏在胸前贴身的上衣兜里，一有空就拿出来看一眼，14年后，父女重逢时，他还把照片带在身上，照片早就发黄了，上面浸透了汗渍。聂荣臻感慨地说："14年了，我们一家终于团聚了。以后，我再也不用看你小时候的那张照片了。"

即使是久别重逢，聂荣臻也决不允许妻女有一丝特殊。重逢后不久的一天，聂荣臻就安排女儿到张家口的一所小学上课。聂力觉得自己都16岁了，还要上小学，有些难为情。聂荣臻说："只要是学习，哪怕年龄再大，也不丢人。学到了本领，才能为劳动人民做事情。"他断然拒绝了让妻子担任其办公室主任的提议，张瑞华一直在中央组织部门工作到退休。聂荣臻对家人用车有严格的规定，包括张瑞华在内，谁也不能随便用公家的车。20世纪五六十年代，张瑞华总是每天一大早就赶公共汽车到中组部上班，还自己带饭。有一次乘车时太拥挤了，张瑞华被挤下了车，摔在了马路上。

20世纪50年代，聂力在北京师大女附中读书时，一天，雪下了一夜，地上的雪有近半尺厚。早晨，她推着自行车去学校赶早自习，聂荣臻的秘书看见了，要派车送她，她就是不同意，说："爸爸说过多次，不让我坐他的车。再说，同学看见了，影响不好。"秘书担心路滑难行，就对警卫员使了个眼色，警卫员趁聂力不备，把自行车锁上，拿着钥匙跑开了。司机怕发动汽车引起聂荣臻注意，叫人帮忙把汽车推到街上。聂力无奈，只好上了车。车到西单皮裤胡同口，离学校还有很远一段距离，她怕被同学发现，坚决下了车，然后挽起裤脚，踏着没脚的雪进了学校。

在聂荣臻的教育影响下，就连聂力夫妇唯一的女儿聂菲也是衣着朴素：衬衣破了，补补照样穿；裤腿短了，接一块继续穿。聂菲上初中的时候，有一天放学回家，在路上想买零食吃，挑来挑去，最后只买了一块果丹皮。外公看见她回来，就笑着说："我就知道，你最多也就是花几分钱，买个果丹皮解解馋。"聂菲从上小学到大学毕业，学校里很少有人知道她是聂荣臻的外孙女，从她身上看不出有什么"特权"，她朴素得就像一个平常人家的孩子。

聂荣臻妹妹聂荣昌的3个儿子李继津、李继宣、李继家和张瑞华妹妹的儿女周继刚、周继强、周继英都生活在聂荣臻家。他们从小受到聂荣臻夫妇的教育和感染，都老老实实做人，认认真真干事，稍有不慎，就会挨老人的批评。20世纪60年代初，李继家在北京军区某部当兵，有一年春节，部队放假3天，单位领导给了他7天假，让他回家看望老人。除夕那天，李继家刚踏进家门，聂荣臻就盯着他问："继家，你回来干什么？"了解情况后，聂荣臻严厉地说："人家放假3天，你也不要搞特殊，过完节，赶快归队，不能当特殊兵！"结果，李继家在家待了3天，就提前归队了。这件事使李继家深受教育，他一直牢牢记住了舅舅的话，不能当特殊兵。后来，他在部队工作，作风正派，老实肯干，多次受到上级表彰和奖励。

聂荣臻过生日一贯坚持"不做寿、不受礼、不请客"的"三不"主张，鲜明地体现了时刻注意节俭、不搞特殊化的优良作风。他通常过生日，不过是全家吃一顿长寿面，若遇到外出开会，也就免了。他即使到了晚年，生活水平逐步提高，每逢生日，多数也是精神上的表示，偶尔有人送个蛋糕，就算是隆重之举了。如果中央领导同志和老战友、老部下前来贺寿，他也都是热情畅叙心怀，喝一杯清茶而已，从未因做寿宴请过他人。1979年12月29日，是聂荣臻的八十寿诞。家人和工作人员商量要不要到外面找个饭店，热热闹闹办一次生日寿宴，但是，聂荣臻还是依照惯例，特别交代："关起门来自家过。"那天，聂荣臻和家人以及身边工作人员一起，高高兴兴吃了一顿便饭。1989年12月29日，是聂荣臻的九十寿诞。一些领导同志要来家里向他贺寿，但他觉得大家都忙于国家大事，不应当为他个人的生日牵扯精力，所以在90岁生日之前几天，就吩咐秘书转达他的"三不"主张。他是节俭惯了，不想因此造成浪费。他说，别的不说，一个生日花篮得花多少钱？不顶吃，不顶喝，过几天，花儿就谢了，钱就白白浪费了。聂荣臻提出的"三不"主张起了作用，虽然依旧有人陆陆续续来家里祝贺，但没有兴师动众。让他格外高兴的是，邓小平夫人卓琳带着小孙子、小孙女来给他祝寿。一进客厅，卓琳就大声说："今天是聂爷爷九十大寿，快给聂爷爷磕个头！"两个小家伙当即"扑通"一声，跪在了聂荣臻面前，逗得大家哈哈大笑，聂荣臻笑得特别开心。卓琳对聂荣臻说："小平同志让我代表全家来祝贺你九十大寿，祝你健康长寿，超过100岁！"卓琳的话又引起一片欢笑声。

聂荣臻不在意自己的生日，但党的生日，他牢牢记在心上。1991年7月1日是建党70周年纪念日。纪念日到来之前，他就念叨，应该好好庆祝一下，党走到今天，不容易啊！他把身边工作人员组织起来，以他的名义请大家吃了一顿家常便饭，一起唱唱歌，说说话，气氛搞得很热闹。工作人员特意为党的70岁生日订了一个蛋糕，上面用奶油写了几个数字："1921—1991"。大家唱《没有共产党就没有新中国》后，有人提议："请我党最早的党员之一聂荣臻元帅讲话。"大家热烈鼓掌。聂荣臻坐在轮椅上，沉默了一会儿，抬起颤抖的手臂，紧握着拳头，坚定地伸向上方，用力高呼："中国共产党万岁！万万岁！"他嘶哑的声音和坚定的表情震撼了在场的所有人，大家眼睛湿润了。这是聂荣臻从心灵深处发出的呐喊。他是真心地爱这个党，他为这个党奋斗了一辈子！

科学工作者的勤务员

1956年10月，经过3年多的休息和治疗，聂荣臻的健康状况有所好转。当时，刚开完党的第八次全国代表大会，中央正在研究一些领导同志的分工问题。聂荣臻表示："对科学技术工作，我倒很感兴趣。我们国家太落后，也迫切需要开展这方面的工作。国防工业与科学技术有密切联系，可能的话，将来兼顾也可以，但是，还是请中央决定。"不久，中央任命聂荣臻为国务院副总理、科学规划委员会党组书记，主管科学技术工作。

确定抓科学技术工作以后，有些同志为聂荣臻担心，善意地劝告说："你身体不好，这个工作很忙，千头万绪，又是跟知识分子打交道，麻烦太多，最好还是不要管这个事吧。"但聂荣臻的想法没有动摇。热爱科学技术，希望以此来改变我国的贫穷落后面貌，是他青年时期就有的夙愿。经过革命战争，人民掌握了国家政权，正是实现这个夙愿的好时机。他决心把自己的后半生贡献给祖国的科学事业。

中华人民共和国成立初期，我国国防科技队伍基本上是一片空白。聂荣臻受命主管国防科技工作后，把组织国防科技队伍当作一项战略工作来抓。在他的直接主持下，从全国抽调了一批优秀科学家充实到国防科技战线，作为骨干力量；通过各种渠道争取在国外的科学家回国；从早期留学苏联和中华人民共和国成立前后的大学毕业生中选调了上千名优秀人才，作为承上启下的中级科技人员。短短几年，我国就组建了一支老中青结合、门类较齐全、具有一定规模的国防科技队伍，初步满足了当时国防科技工作的需要。聂荣臻在工作中始终发自内心地尊重科学、尊重知识、尊重人才。他尊重知识分子，不论其年龄、职称、出身、职位，只要努力为国家和人民工作，如果遇到困难，他知道后都会全力给予关心和支持。

1958年入冬以后，几场北风一刮，两场雪一下，北京城似乎变成了一个冰窖，寒风刺骨，滴水成冰。那个年代，即使是在北京，有暖气的房子也是很少的，加上物质贫乏、人们肚子里缺乏高热量的食物，冬天的滋味可真够人受的。聂荣臻虽然在家里，但心里一直牵挂五院那些刚从各地来报到的科研人员。五院即后来的七机部，也就是航天工业部的前身，中国的航天事业就是从这里发端的。1956年5月10日，聂荣臻向国务院、中央军委提交了《关于建立中国导弹研究工作的初步意见》的报告，建议在航委下面设立导弹管理局，建立导弹研究院（后称"国防部第五研究院"，简称"五院"），尽快开展导弹的研制工作。10月8日，国防部第五研究院正式成立，这也是聂荣臻领导国防尖端事业的开篇之作。位于北京西郊的五院院部以及几个分院在初创阶段时，大伙儿住在借来的旧房子里，有的技术干部甚至住在临时搭起的军用帐篷里，条件艰苦自不必说。

一天上午，聂荣臻专程来到五院。他先钻进科学家和技术人员住的小屋和帐篷，看了看火炉是不是管用，又摸了摸床上铺的和盖的厚不厚、保暖不保暖，这才走进会议室和领导干部们见面。当五院领导请聂荣臻做指示时，他说："我没有指示，只有一个心得。我是带兵打仗出来的，今天，毛主席、党中央让我来抓国防科研。我常常想，怎么抓啊？这个干部怎么当啊？后来，我想明白一点儿了，就是要老老实实地做好人民的勤务员。当干部，特别是当行政干部，干的工作就是勤务员工作。我聂荣臻有志于当个科学工作者的勤务员，为你们创造科研工作条件，创造学习和生活条件。这就是党分配给我聂荣臻的工作，是否做得好，我不敢说，但我一定要认真去做，把这当作我终身的光荣任务。"聂荣臻的话令在场的人，尤其是科学家深受感动，他们想不到，一个元帅会说出这样的话。元帅愿意当勤务员，这在过去，打死也不敢相信啊！

聂荣臻话锋一转，接着说："我就拿3个字——'勤务员'来要求在座的各位负责同志。你们做到没有？做好没有？我们当勤务员，负责科研组织协调和条件保障工作，要像国家培养乒乓球选手一样，使优秀人才更快地、更顺利地成长，并且大力地发挥他们的作用。"接着，聂荣臻略显沉重地说，"我今天来看了大家的住处，心里很不好受，我这个勤务员没当好啊！在座的各位，勤务员也没当好。我们的科技人员，不少是党中央千方百计帮我们从国外请回来的，从各个兄弟研究机构忍痛割爱调过来的，可是数九寒天，我们让这些宝贵的人才住帐篷。我不满意，我要告诉五院的领导们，谁冻坏了一个人，你们得赔我！"几句话，说得五院的同志们心里热乎乎的。

不久后的一天清晨，五院二分院的科技人员按部队要求列队出操。大家刚刚列队完毕，发现等待他们的是一位佩戴少将军衔的将军。大家正纳闷儿时，少将说话了："请大家伸出手来。"随后，少将如同幼儿园阿姨一样挨个查看了200多位科学家和技术干部的双手。大家不知道到底发生了什么事。检查完毕，少将回到队列前，大声说："同志们，我是国防科委秘书长安东。聂老总说，五院的同志夜里加班，又没暖气，担心冻坏了手，一大早就打电话让我一个个查一遍，他等我回去汇报呢！"短短几句话，让队伍中的几百人感动了，有些人的眼里湿漉漉的。这时，安东有些惭愧地继续说道："我刚才看了，确实有同志冻伤了。我们工作没做好，这个问题，我马上汇报聂老总，会很快解决。"

1959年初冬，寒流突袭，气温骤然下降。刚建好的宿舍楼由于热电站还没有建成，暖气一时供应不上，室内潮湿，使住在这里的科技人员感到透心彻骨的寒冷，这样，后勤人员原来的防寒工作被打乱了。对此，聂荣臻指示五院领导，一定要采取紧急措施，解决科技人员的取暖问题。遵照聂荣臻的指示，五院领导立即布置院务部给科技人员家里安装炉子救急。

五院院务部部长侯青久亲自带同志押车运来炉子、烟筒，大伙儿一齐动手卸完车，扛的扛，抬的抬，挨家挨户安装炉子。当他们来到一个留苏回来的大学生家里时，大学生的家属已经休息了，他还在伏案工作。桌上堆满了书，他披着军大衣，搓着冻红的双手，接待了来安装炉子的同志。看到大家忙活完，他激动地说："首长同志，你们辛苦了，快歇会儿吧！"侯青久说："不早了，你快休息吧，我们还要接着干哩。"大学生一直把大家送出门，紧紧握着负责后勤工作的老红军罗光理的手说："谢谢首长！你们工作那么忙，特别像您这样的老红军，还亲自给我们安炉子，这让我说什么好啊！"大家经过不懈努力，终于在最短时间内将炉子全部安装好，解决了科技人员的取暖问题。

取暖问题解决了，但吃饭的问题很快又来了。在"两弹"攻关紧要关头，3年经济困难时期降临了。起初，谁也没想到会那么严重，毕竟中华人民共和国成立后，城市里的人的吃饭穿衣问题早就解决了，可是这一回，饥饿像潮水，来势凶猛，粮食供应日渐紧张，副食品几乎见不到了。由于粮食不足，迫使正在导弹基地、核试验基地施工的工程兵、铁道兵部队疏散或撤走了，许多科技人员也被疏散了。

聂荣臻为此忧心忡忡，赶紧报告周恩来，请总理想办法。周恩来亲自到军委会议上部署军队各大单位筹措了一部分粮食，紧急运往西北大漠戈壁深处的基地，这才解了燃眉之急。当聂荣臻得知导弹试验基地有的单位因为缺粮，不仅把工兵团、汽车团、警卫团的大部分人员疏散了，连直接从事火箭技术工作的知识分子也被"打发"走了，便找到来北京开会的导弹试验基地司令员李福泽，讲了莫塞莱的故事。聂荣臻说，莫塞莱是位28岁便英年早逝的英国大科学家，在原子物理学方面有重大发现，可是，第一次世界大战时，他被强征入伍，死在了战场上。不仅英国科学界，而且世界科学界都对这颗科学巨星的过早陨落感到惋惜和悲痛。此后,英国政府规定,不准征召科学家到第一线作战部队服役。聂荣臻讲这个故事,用意是告诉李福泽,对于国家而言,科学家是最宝贵的,应该让科学家永远站在最适合的岗位上,给科学家创造条件,而不是放任自流。聂荣臻还对李福泽强调说:"以后,凡离开基地的大学生以上的科技干部,必须经过批准。"李福泽永远忘不了聂荣臻给他讲的故事。回到基地后,他想方设法把已经疏散到各地的知识分子请了回来,给他们创造良好的生活条件,让他们继续搞科研。

以后的情况越来越糟糕。最困难的时候,即使是研究导弹和航天的科技人员,伙食标准也只能是"2611",即每月26斤粮,每餐1个馒头、1角钱干菜汤。因为粮食定量不够,更由于副食品严重缺乏,营养跟不上,致使很多科研单位的科技人员出现了浮肿、色盲等病症。就是在这种情况下,科学家们仍然加班加点,苦心研究。五院和北京核武器研究所的办公楼、资料室里,灯光总是通宵达旦地亮着。干部们心疼,劝他们,甚至撵他们回家休息。聂荣臻最关心的是一线科技人员。消息源源不断地汇报到聂荣臻这里时,他正在协和医院住院,听了各方面的汇报,他深深地感叹:"这就是我们的知识分子呀!"聂荣臻强调说:"科技人员一定要劳逸结合,要想办法改善他们的生活,决不能搞坏身体。鼓足干劲争口气是可喜的,但不能拼命,否则,即使技术攻关成功了,身体也垮了,下一步怎么办?要搞个规定,要经常检查落实。"不久,科研单位就有了规定:晚上加班不得超过12点。

尽管有规定,聂荣臻还是听到汇报:在五院和原子能研究所,每到晚上12点以后,有的同志就躲进厕所看书,有的在被窝里打着手电筒看书;有人白天省下干粮,留在晚上吃。聂荣臻得知这些情况后,难过得流下了眼泪。他对妻子说:"科学家是我们的宝贝,只强调休息,没有足够的营养品,身体也是要垮的,脑子会不好使唤的。"可是,到哪里去搞营养品呢?这时候连主席、总理都不吃肉了!他翻来覆去地想各种解决的办法。最后,在医院里,他拨通了周恩来的电话,汇报了自己掌握的情况,说:"总理呀,我想了一个办法,可否向各大军区、海军募点儿捐呢?让他们支援一些猪肉、黄豆、鱼呀、海带呀之类的东西,多少解决点儿问题。"周恩来认为这不失为一个办法,并表态支持。

放下电话,聂荣臻办公室的工作人员代表聂荣臻,把电话打到北京、济南、广州、沈阳等各军区和海军,传达了同样的意思:我们正在进行国防尖端项目攻关的科技人员,生活清苦,任务很重,需要各大单位援助一些副食品。

陈毅到医院看望聂荣臻时听说了此事,大力支持说:"你要募捐,我举双手拥护。向各单位募捐时,也加上我的名字。"这位性格爽直的元帅又说,"我们不吃,也要保障他们起码的生活。"

"募捐"来的东西比预料的要多得多。在困难的情况下,这些单位慷慨解囊,按价拨给科研战线一批猪肉、黄豆、鸡蛋、海带、鱼、豆油等副食品及各种水果,在当时,这些都是无比珍贵的物品。拿到这些物品的清单,聂荣臻开心地笑了,病也好多了。有人对他说:"聂总,还是你的面子大啊!"聂荣臻摇摇头,说:"我的面子?是科学家,是尖端武器给撑着的。"在这次"募捐"活动中,一位身经百战的老战士以"竭诚尽智图强国,'为虎添翼'铸长城"的诗句,盛赞聂荣臻坚持自力更生、不畏困难、为实现国防现代化而努力奋斗的雄心壮志和远见卓识,热情讴歌他对科技知识分子的关怀和厚爱。

物品一批批被运来了,如何分配呢?聂荣臻把有关人员叫来,说:"这些东西,以中央和军委的名义,全部分配给专家和技术人员。"他特别严肃地声明:"领导、行政人员一律不分。包括你们,一两也不能要。"也许还是不放心,他又补充了一句,"我是要检查的!"事后,聂荣臻还真派安东下去检查了。在五院,政委刘有光拍着胸脯说:"要是我们领导干部分了一两,就开除我的党籍!"专家和技术人员领东西时,很多人是红着眼圈,甚至是流着眼泪排队领取的。他们得知是中央和军委给大家弄来的物品,更是激动不已,纷纷表示:听说主席、总理都吃白菜汤,却给我们吃肉!我们就是拼了命,也要搞出"两弹"来!

"募捐",是那个饥饿年代的一个无奈之举,但也是一段温暖人心的插曲。在这艰难的岁月里,聂荣臻在和知识分子打交道的过程中,给自己定立的角色就是勤务员。他不止一次公开表态:"我自己就是一个大管理员、勤务员,我自愿为他们服务。"钱三强回忆说:"记得聂帅不止一次说过,你们尽管放手工作，我来做你们的后勤部长。他最能理解科技人员的要求和苦衷，最了解科学技术工作的特点，因此，对于下面提出的问题，他总是千方百计予以解决，甚至亲自出马。"

"古人有言：'士为知己者死。'我们有聂帅这样的领导人，还有什么困难不能克服呢？"钱学森自从回国后，住处一直没变，上至中央领导，下至机关后勤部门，不知有多少次动员他搬到宽敞明亮的新房子里，可他就是不搬。人们感到奇怪，他为什么就是不搬家呢？这个谜底很久以后才有了答案，是钱学森自己揭开的："我住在这个老房子里不愿搬家，就是因为这是聂老总亲自分配给我的，它常常使我想起当年的科研工作，想起聂老总对我的关怀。"

因为有了聂荣臻等领导这样无微不至的关怀，科研人员至今还怀念那些艰难岁月里的难忘的经历。也正是因为有了这样的特殊关怀，中国的"两弹一星"才以惊人的速度研制成功，让中国人在世界上扬眉吐气！

叶剑英

"剑胆英武"

1917年，20岁的叶剑英考入云南陆军讲武堂。叶剑英进入学校时踌躇满志，希望能在这里学习文韬武略，将来大有一番作为。他在给弟弟叶宜导的信中说："当今天下混乱，乃英雄吐气之时，有胆识、有军事技术者为前驱，有文才、有谋略者为后盾。"为了表达投笔从戎的决心，他还将自己的名字由"宜伟"改为"剑英"，意思是"剑胆英武"、利国福民、英勇奋战。

叶剑英入学后，首先接受学校督署的考试和身体检查。他以各科优良的成绩再一次通过了考试，然后接受入伍训练。讲武学校的校规十分严格，教育方法完全模仿日本士官学校的那一套，学生几乎没有个人自由。叶剑英在过去的十几年中，多数时间在学校里度过，这时转入军队士兵生活，很不习惯，但他以坚韧的毅力经受了艰苦生活的磨炼。新生训练极其紧张和严格，经常夜里搞紧急集合和野外训练。叶剑英晚年回忆起当年在云南陆军讲武堂夜间紧急集合的事，仍对那种紧张和严格的训练生活十分感慨。

一天深夜，叶剑英躺在床上睡得正香，忽然听到了紧急集合的号声。随后，他随队伍出发，进行越野跑步。天黑沉沉的。队伍到了哪里？目的地在什么地方？到达后将如何应付情况？大家一概不知。叶剑英扛着枪、背着包，跟着队伍，累得上气不接下气，内衣早被汗水浸透了。更糟糕的是，他这时憋着一泡尿,想离开队伍,痛痛快快地撒完尿再跑,又担心掉队,只好憋着,一步一步地紧跟着队伍,生怕掉了队。时间过得真慢啊,怎么目的地还没到呢?他有点儿坚持不住了,但情况不允许他停下来,只有坚持。就这样,一直跑到凌晨,他们才返回了营房。

经过半年的严格训练,叶剑英转为学校的正式学生。讲武学校共设步、骑、炮、工4个科。叶剑英在第一学期学习军事基础知识。第二学期,他被分配到炮科。按照学校的要求,各专科的学生除学习本专业知识外,还要学习其他几科的知识。由于叶剑英在中学时的基础打得好,加上学习用功,成绩渐渐在同学中崭露头角。叶剑英在学业中的出色表现,不仅得到炮科科长王柏龄的器重,骑兵科科长林振雄也十分欣赏他的才华和为人。林振雄与叶剑英是广东梅县老乡,毕业于日本陆军士官学校骑兵科,精通骑兵技术、战术,无论马上、马下,都能劈刺、格斗。每逢林教官上课,叶剑英的兴趣总是格外高。闲暇的时候,叶剑英还常常找这位老乡个别请教,渐渐地,他的骑术和劈刺术有了较高的水平。

当时,学校有一名日本教官,20多岁,身强力壮,为了炫耀自己的劈刺技术,常常主动找人比武。他一连打败了几个教官,连林振雄也败在他的手下,于是趾高气扬起来,得意忘形地声称:"在讲武学校,没有一个人是我的对手。"

看到这个情形,叶剑英暗暗憋了一口气:"难道中国人就这样无能,甘拜下风吗?"他下定决心要争一口气,教训教训这个骄横的日本人。他把自己的想法向同寝室一位名叫金至顺的朝鲜族同学讲了,对方愿意为他作陪练。一连几个月,他们每天天不亮就起床,跑到操场上练习对刺。林振雄得知后,也时常去操场指点他们,与他们一起练习。经过一段时间的苦练,他们的技术水平又有了很大的提升。

快到毕业的时候,叶剑英找到那位日本教官,提出了比试的要求。日本教官提出要比就真刀真枪地比,比试劈刀。叶剑英毫不畏惧,一口答应下来。

正式比武这天,许多学科的教官和学生都来围观,无不希望叶剑英能够取胜。比武开始,日本教官双手举刀,气势汹汹地向叶剑英劈来。叶剑英沉着应战,不慌不忙地避开刀锋。日本教官"嗨——嗨"地大叫,又连劈数刀,企图速战速决。叶剑英看出对方求胜心切,故意采取守势,左闪右挡,步伐稳健,防守严密。双方战了十几个回合,日本教官看一时难以取胜,便心浮气躁起来,刀法也有些乱了。叶剑英发现对方情绪焦躁,气势渐弱,立即抓住时机,转守为攻,用熟练的刀法对准对方的要害部位猛劈,使对方乱了阵脚,只有招架之功,而无还手之力。日本教官毕竟经验丰富,稍事调整,再次挥刀劈来。叶剑英毫不退缩,以攻对攻,一个箭步冲了上去,大喝一声,举刀凌空而下,直劈对方胸部。对方挥刀上挡,叶剑英顺势用刀将对方的刀按在下面,并死死摁住,加劲下压。这时,只听那位骄横的日本教官上气不接下气地说:"不要太重!不要太重!我认输了!"人群中顿时掌声雷动,喝彩声一片。

比武结束,这位日本教官按照武士道的规矩,走上前来向叶剑英鞠躬,心悦诚服地说:"小伙子,领教了!你们中国人厉害!"并将自己随身佩带的战刀送给叶剑英作纪念,以表钦佩。后来,叶剑英一直将这把战刀带在身边。

革命的"清官"

叶剑英早年追随孙中山先生投身于民主革命。1924 年,叶剑英任建国粤军第二师参谋长。1925 年 3 月开始,叶剑英还有一个短暂的兼职:被广州留守府任命为梅县县长。叶剑英在任时间虽然不长,但他厉行德政,清正为民,除暴安良,不收礼,施廉政,远近的民众都说他是个革命的"清官"。

叶家是个大家族,听说叶剑英当了家乡的主官,家族亲朋奔走相告,都为叶家出了个县官而自豪。他的几个远房伯父想让他给安排在县府当差。叶剑英耐心地对他们说:封建时代讲究一人得道,鸡犬升天,谁家出了个当官的,亲朋故旧全都沾恩带惠,坐享荣华;如今,时代不同了,我们是实行孙中山先生三民主义的革命政府,与过去的县衙完全不同,不能随便安插人,请他们谅解。亲戚们吃了闭门羹,有的人想不通,就在叶家祠堂内贴出了一首打油诗表示不满:"虎头山上英雄树,英雄树开英雄花。花开时节蕾满树,为何不见花接花?"这首诗从另一个侧面反映了叶剑英为官清廉的风貌。

风 范

　　叶剑英并不是不近人情的人，他对贫苦乡亲的困难，总是极力想办法帮助解决。那时，有个叫赖宾庭的贫困农民，迫不得已向当地一个乡绅借了高利贷，因无力偿还，跑到外地不敢回家。有人劝他的妻子"钓两尾鱼"到县政府找县长。叶剑英让她把鱼带回去自己吃，随即派人找来那个乡绅，斥责其放高利贷是不合法的，指出只能按正常利息还本付息。乡绅只好同意。赖宾庭的妻子十分感激，告诉子女世世代代不要忘记叶县长的恩德。

　　叶剑英当县长时还清理了旧官府的一些错案、漏案，为民申冤。在梅县县城东北140里的王寿山广福寺里有个恶僧，他表面上晨钟暮鼓、慈悲为怀，暗地里欺压民众、无恶不作。附近的老百姓不堪其苦，就告到了县衙。恶僧广用银两疏通官府，反将告状人逮捕问罪，自己落个逍遥法外，百姓对他恨之入骨。当地受害乡民听说来了"革命县长"，就联名写了一张状子，派人到县政府投诉。恶僧听说此事，故伎重演，派出心腹到县里上下打点，特意给叶剑英送来300块大洋，满以为这次送的钱多，保证可以过关。叶剑英经过调查，找来那个送礼的寺庙管事，严厉地训斥："别说300块，就是30000块大洋，也休想打动我！"说罢，将大洋悉数退回。恶僧一计不成，又施一计。他打听到叶剑英的母亲是虔诚的佛教徒，便托人找她求情。叶剑英知道后，向母亲讲了恶僧的罪行。母亲听了，也很支持儿子。经过审理，证据确凿，叶剑英觉得不杀不足以平民愤，于是将那个恶僧捉拿归案，召开公审大会，就地正法。百姓无不拍手称快，一些土豪劣绅则闻风丧胆。

　　叶剑英在梅县执政期间，在繁忙的军政事务之余，还深入底层体察民情。一次，他在乡下听说县政府有人正在用公款起屋，便回县政府调查，果然发现有个协助他料理财务的人挪用公款100多块银圆给自家盖房子。叶剑英立即召集县政府有关人员讲解孙中山的三民主义，说明政府人员要革除时弊、廉洁奉公的道理。那个挪用公款起屋的人自感惭愧，会后立即把挪用的银圆退了回来，并向叶县长做了检查。

　　叶剑英不仅实行廉政，而且治军很严。他无论每天工作多么紧张，总要抽出时间巡查军队驻扎情况，一来关心部队生活，二来检查部队纪律。他除弊革新，发现问题，立即解决，尤其容不得旧军队欺压老百姓的恶劣作风。

有一天，他漫步在街头，听到一老一少在小声争议："当兵的不讲理，把我卖的那担粮压价，我找长官去评理。""不要去了，他们给你一半钱就不错啦。从前的兵是抢粮，如今，他们总算给了钱，当兵吃粮是常理。"听到这里，叶剑英停下脚步，问清缘由，就同他们一起去找那个买粮的连队，将少给的钱要了回来。还有一次，他巡查营房时，发现有个营长占用了房东准备娶儿媳的洞房。他找到那个营长，真诚而严肃地劝其搬家，说："如果找不到地方，可以搬到我住的地方去。"说得那个营长很不好意思，心悦诚服地搬出了洞房。

叶剑英是共产党员不忘初心的代表，一贯克己奉公，即使革命即将胜利，手里的权力大了，他仍做革命的"清官"。

1948年12月，根据中共中央的决定，叶剑英被任命为中共北平市委副书记、北平市军事管制委员会主任兼北平市长。1949年2月初开始，北平的接管工作在叶剑英、彭真的领导下全面展开。接管工作大体被划分为政权接管、物资接管、文化接管3个方面，并组成相应的机构进行对口接管。物资方面的接管情况相对比较复杂。叶剑英每天都要听取负责物资接管的同志的汇报，及时掌握接管进度，处理工作中遇到的难题。叶剑英要求所有工作人员正人先正己，廉洁自律，不贪图物质享受，全心全意为群众谋利益。作为一市之长，叶剑英更是率先垂范。

有一次，北平警备司令部副政委莫文骅找到叶剑英，请求给警备部队值勤的战士们批几辆自行车。没想到，对待这些小事，叶剑英都非常认真。

"哪里有自行车？"叶剑英问。

"警备部队守卫的仓库里就有一批车子，可战士们一辆也没有动用。他们成天跑路，能不能给他们解决几辆值勤用车？"莫文骅说。

叶剑英沉思了一会儿，说："战士们自觉遵守纪律的精神，很使我感动。批一些车子给他们，以便值勤，完全应该。可是，现在要东西的单位太多。我们军管会所属单位应该以身作则，起模范作用，宁肯自己吃点儿苦，也要尽量把东西分给别的单位才好。"他说到这里，用手指指莫文骅，又指指自己，笑着说，"我们之间的个人关系很好，但是不能私相授受啊！老莫，你说对吗？"

莫文骅觉得叶剑英的话在理，当即表示："你讲得很对，我们是应该高风格,先人后己。"

"我不批车子,部队不会有意见吧?"叶剑英稍有顾虑。

"不会的。部队进城以前,进行过政治纪律方面的教育和大讨论,开展了'评入城资格'的活动,战士们的觉悟都有很大提高。他们感到,能入城参加警卫工作,是一件十分光荣自豪的事。有些没被评上入城资格的战士还哭鼻子哩。"莫文骅又说,"分配给你的东西,你都不要,部队怎么会有意见呢。"

莫文骅说的是事实。几天前,军管会的物资部长童陆生找到叶剑英,说:"现在物资都分配得差不多了。我给军委机关分了一批东西,其中有些被服和办公用具,每个领导干部都分配一点儿。你要点儿什么?"

"我?什么都不要。"叶剑英那阵子忙于给各单位分配物资,却从未想过自己。

"我是正式向你报告这事,不是随便说的。"童陆生认真地说。

"我是军管会主任,又是市长,领导接管了旧北平这么多物资,怎么能自己给自己分配呀!"叶剑英笑着正式做了答复。当时,叶剑英领导接管的旧北平市党政军机构的物资在仓库里堆积如山,其中有各种各样的高级家具,有成千上万件毛毯、被服,还有珍奇古董、名人字画。

"这又不是你伸手要的。"童陆生说。

"我知道。你现在手里有很多东西,车子、房子、被服,特别是那些古董,都非常珍贵,你可要保管好,如数交给国家,可不能随便给人啊!"叶剑英严肃地强调说。

"你放心,我一定保管好。办公用品,你总是需要的吧?"童陆生又问。

"那你就送一架打字机和一点儿派克墨水吧,但必须要登记入册。"叶剑英想了想,最后终于要了一些办公用品。

最终,警备部队值勤的战士们一辆自行车也没有分到,但他们不仅没有意见,还纷纷表示要向叶市长学习,发扬高风格,先人后己。

叶剑英在任北平市长期间,以实际行动体现了党中央关于进城以后要继续保持艰苦奋斗作风的精神,为军管会和市政府全体同志树立了榜样,被群众亲切地称为"平民市长"。1949年8月,叶剑英两袖清风地离开了北平。

"叶师长不会反对我们"

1927年4月，国民革命军第四军副军长陈可钰专程到南京向蒋介石报告：叶剑英师长反对我们，希望能给出一个明确的处理方案。但蒋介石根本不相信他说的话，只是冷冷地回了一句："叶师长不会反对我们。"

陈可钰专程来到南京告状，岂肯甘心，很快第二次去报告："叶师长真的反对我们！"蒋介石听后偏了偏头，说："好了，知道了，你下去吧。"这样将信将疑的回答，无疑再一次给陈可钰泼了冷水。

一向多疑的蒋介石为何不愿意相信叶剑英会反对他呢？这还得从东征和北伐说起。

1925年，广东革命军在对军阀陈炯明的两次征讨中，叶剑英在军事上大展宏图，发挥了杰出的才能。蒋介石知道叶剑英文武双全，能攻善守，便于1925年年底将其调到嫡系部队教导师当团长。

1926年7月，国民革命军开始北伐。出师之时，蒋介石任命他的亲信、第一军第一师长王柏龄代理第一军军长。接着，他又令第一军担任总预备队，任命王柏龄为总预备队指挥官，负责指挥第一、第二师，随他北伐。时年29岁的叶剑英被调任总预备队指挥部参谋长。

9月，北伐军向南昌发起进攻。经过近两个月时间，北伐军终于攻克南昌。南昌之役，使蒋介石深感自己的嫡系部队问题严重。他痛诫第一、第二师长官，责骂王柏龄和第一师代师长王俊根本不是带兵人才，提出对两个人要惩办、撤职。他听说在南昌之役中，二王不听叶剑英的劝告，以致连连失利，于是特意召叶剑英佩剑来晋见。

蒋介石见到叶剑英，先是夸奖一番，然后摊出了此次召见的底牌，说："现在一师没人指挥，我看你就去一师当师长吧！"叶剑英丝毫没有思想准备。他想到第一师是蒋介石的嫡系，有些部下目空一切，很难管束，同二王的关系也很难处，而且对蒋介石的面目还看不清楚，所以就婉言谢绝了。要知道，第一军第一师可是蒋介石麾下最效忠的嫡系部队，让叶剑英来掌舵，用意不简单。

不久，蒋介石将收编过来的赣军组成新编军，任命叶剑英为新编军第二师代理师长。这一次，叶剑英没有理由推辞，便整装上任。新编第二师组成后，很快就奉命开赴吉安。那时，当个国民革命军的师长既神气，又阔气，出门不是骑马，就是坐轿子，前呼后拥，威风凛凛。在经济上实行委任经理制，即包干制，一个月，全师军饷15万块银圆。叶剑英当师长，从不克扣军饷。他告诫军需处长，不能贪污，每个月发完饷要清理账目，向他报告。叶剑英一向宽厚待人，关心部属疾苦，经常用自己的薪俸接济有困难的人。他每个月都接到许多来信，有些老同学、老同事、老下级，这个结婚，那个报丧，每有所求，他都寄给几十元或上百元。他与身边的人平等相处，公务之余，常教他们骑马、射击，没有一点儿官架子。

1927年4月，蒋介石在上海发动了"四一二反革命政变"，大肆屠杀共产党员、国民党左派及革命群众，使中国大革命受到严重的摧残。在这种严峻的形势下，摆在叶剑英面前有两条道路：一条是荣华富贵的路，这就是继续留在蒋介石嫡系部队，为蒋介石效命，升官发财。那时，蒋介石很赏识叶剑英，他不单单看重叶剑英年轻有为、才华出众，更重要的是因为这个出生在广东的儒将曾经追随和保卫过孙中山，在广东地区和粤军中很有影响力，他想把叶剑英拉过来，利用其威望和才干，笼络人心，控制南粤。这就是蒋介石几次给叶剑英封官晋爵，甚至允许其佩剑直入自己私邸的缘由。另一条是艰难曲折的路，就是脱离蒋介石，另寻出路。

蒋介石在上海发动反革命政变，使叶剑英终于看到了国民党右派的反动本质，认清了蒋介石的丑恶面目。是反蒋，还是投蒋？在两条道路面前，需要迅速做出抉择。

叶剑英经过反复思索，终于选定了反蒋的道路。选择这条险路，在他内心深处是经过一番激烈斗争的，正如他事后回忆："究竟跟着谁走？那时没人来，也没电报来。我就自己看报纸，关上门，想了几天，什么问题都想到了。我想到自己年轻时立志为国为民做点事，参加革命后当了师长。那时师长每个月差不多都有二三万元收入。二三万元不少了，10个月就是二三十万元，公公道道，做二三年师长就是个百万富翁。……如果只是为了个人，跟蒋介石走，至少可以做大官。但是，蒋介石在上海屠杀工人，屠杀群众，变成了十足的反革命！一个革命，一个反革命，阵线已很分明了。

参加革命，还是反革命？想了想，只有革命才有出路。所以，我就下了决心，通电全国反蒋。"

叶剑英亲自起草并领衔签发了反蒋通电，政界和军界都十分震惊。深受蒋介石赏识和信任并重用的叶剑英在这个时候举起了反蒋旗帜，大出蒋介石的意料，所以，在陈可钰来报告的时候，蒋介石迟迟不愿意相信这是真的。

叶剑英通电反蒋后，很快投入中国共产党的怀抱。他晚年回忆说，当时也不是对共产主义完全理解，只是觉得国民党不行，享乐腐化，必然失败；共产党朝气蓬勃，必然胜利。叶剑英加入中国共产党后，便义无反顾，勇往直前，投入新的革命洪流之中。

"吕端大事不糊涂"

20世纪50年代末，在一次中央工作会议上，毛泽东讲："剑英，我送你一句话：'诸葛一生唯谨慎，吕端大事不糊涂。'""吕端大事不糊涂"，叶剑英足以当之！吕端是北宋一位名宰相，时人称之"识大体，以清简为务"。毛泽东所说的这句话，是指叶剑英在长征途中获悉张国焘要陈昌浩南下的电报，及时报告毛泽东，保证了党中央和红一方面军按原计划北上。在这里，毛泽东是表扬叶剑英在政治上的坚定性。

那是在长征途中，1935年6月，当红一方面军与红四方面军会师时，红一方面军不到2万人，而红四方面军有8万之众。红四方面军的领导人张国焘依仗人多、枪多，向党闹独立，甚至要求改组党中央和中革军委，被党中央拒绝。7月下旬至8月上旬，党中央连续开会，反复强调北上抗日方针和创建川陕根据地的任务，并批评张国焘的错误。党中央决定，以红四方面军总指挥部为红军的前敌总指挥部，任命徐向前为总指挥，陈昌浩为政治委员，叶剑英为参谋长，李富春为政治部主任。8月初，党中央决定将红一、红四方面军混合编成左、右两路军，共同北上。左路军由红军总司令朱德、总政委张国焘、总参谋长刘伯承率领，从马塘、卓克基出发，经阿坝北上与右路军会师。右路军在党中央、毛泽东直接领导下，由前敌总指挥部的徐向前、陈昌浩、叶剑英指挥，从毛儿盖过草地到班佑、巴西，与左路军会师。8月下旬至9月上旬，右路军艰难地走过草地，到达班佑、巴西、潘州一带。可是，左路军在张国焘的率领下，到达阿坝以后即按兵不动，拒绝北上。张国焘向党中央提出，要主力红军全部南下川康边一带，其真实目的则是继续向党中央要价，妄图篡夺党和军队的领导权。这种无理要求理所当然被党中央拒绝。9月上旬，党中央在巴西、潘州一带不断给张国焘发电报，劝告他执行中央的北上方针，率左路军北上。但张国焘对中央的电示不予理睬，坚持南下，并于9月9日背着中央电令右路军南下，企图以武力要挟党中央和红一方面军，阴谋分裂与危害党中央和红军。

对于这段惊心动魄的经历，1982年，叶剑英与军事科学院几位同志谈话时曾回忆说：

> 大概在1935年9月上旬，我们到了巴西一带一个叫潘州的村子里。我和徐向前、陈昌浩同住在一间喇嘛庙里。中央机关和毛主席他们也住在附近。张国焘率左路军到了阿坝，就不走了，不愿再北进。中央多次催他北上，他就是不干。他还阻止陈昌浩等人北上。我们在巴西那一带等他。
>
> 9号那天，前敌总指挥部开会，新任总政治部主任陈昌浩讲话。他正讲得兴高采烈的时候，译电员进来，把一份电报交给了我，是张国焘发来的，语气很强硬。我觉得这是大事情，应该马上报告毛主席。我心里很着急，但表面上仍很沉着，把电报装进口袋里。过了一个时候，我借故走出会场，去找毛主席。他看完电报后很紧张，从口袋里拿出一根很短的铅笔和一张卷烟纸，迅速把电报内容记了下来。然后对我说："你赶紧先回去，不要让他们发现你到这来了。"我赶忙跑回去，会还没有开完，陈昌浩还在讲话，我把电报交回给他，没有出娄子。那个时候，中央要赶快离开，否则会出危险。到哪里去呢？只有到三军团去，依靠彭德怀。

形势危如累卵。在危急时刻，叶剑英首先想到的不是个人的安危，而是革命。他这样回忆当时的情景："毛主席提议上三军团开政治局会议。他们临走的时候,张闻天和秦邦宪找到我,对我说:'老叶,你要走啊,这里危险。'我知道有危险。但是我想,军委直属队还在这里。我一走,整个直属队就带不出来了。我要等直属队走后才能走。我对他们说:'我不能走,你们先走吧。如果我一走,恐怕大家都走不了啦。我以后会来的。'"经过思考,叶剑英设计了一条妙计,利用张国焘要部队南下的电报脱身。他假装执行张国焘南下的指示,通知各个直属队找地方打粮食,限10天之内把粮食准备好,然后秘密到军委直属队找负责人开会,与李维汉、杨尚昆、李克农等商定,于次日凌晨两点离开红四方面军,与中央会合。

　　由于情况紧急,叶剑英当晚来不及通知其他有关同志,带着当时全军唯一的一张甘肃全图,和杨尚昆匆匆上路。草原上空乌云密布,地面寒气袭人。两个人一点儿也不感到冷,既紧张,又兴奋,急忙赶路。走出不远,就听到后面传来马蹄声。他们躲过追兵,又走了好一会儿,才赶到军委直属队休息的地方。同志们看到他俩来了,高兴地说:"你们开小差跑出来了!"叶剑英风趣地说:"不!不是开小差,而是开大差,是执行中央北上方针。"在一个岔路口,叶剑英碰到了正在焦急等待他们的彭德怀、张闻天等。脱险后重逢,大家格外亲切,说得很热闹。等叶剑英和杨尚昆赶上第三军部队时已是拂晓时分了,毛泽东、周恩来、王稼祥正在焦急等待呢。见了面,毛泽东高兴地说:"哎呀!你们可出来了!好!好!我们真为你们担心!"会齐了队伍,便朝第一军所在地俄界进发了。

　　9月12日,中央政治局在俄界召开扩大会议,着重讨论与张国焘的斗争及今后的战略方针问题。叶剑英出席了会议。会议一致通过《关于张国焘同志的错误的决定》。张国焘恼羞成怒,公然分裂党和红军,另立中央,并通令对叶剑英"免职查办"。叶剑英知道这个消息后,一笑了之,根本就不屑与张国焘这样的野心家去争论什么。

　　叶剑英在长征途中将张国焘企图危害和分裂党中央、红军的密电送给毛泽东一事,是中国共产党和红军与张国焘斗争的重要组成部分,也是叶剑英一生为党、为人民立下的一大功绩。毛泽东后来多次提到这件事。1935年9月,毛泽东在哈达铺向陕甘支队干部说:"一、四方面军分家时,剑英给我送了电报,立了一大功。"1937年3月,毛泽东在有张国焘等人在场的延安政治局扩大会议上说:张国焘一到毛儿盖就反了,他就在这里大开其督军会议,用枪杆子来审查党中央路线。……叶剑英同志便将秘密的命令偷来给我们看,我们便不得不单独北上了。因为这电报上说:"南下,彻底开展党内斗争。"当时如果稍微不慎重,那么会打起来的。1967年夏天,毛泽东曾摸着自己的脑袋,跟杨成武风趣地说:"叶剑英同志在关键时刻是立了大功的。如果没有他,就没有这个了。他救了党,救了红军,救了我们这些人。"周恩来、彭德怀、聂荣臻等当事人和知情者都曾明确地回忆了长征途中此事的经过。

叶剑英对于此事的功绩和坚定的革命立场,正如聂荣臻所写:"综观剑英同志的一生,每逢革命的关键时刻,他总是挺身而出,义无反顾,以超人的无产阶级革命家的胆略,勇敢机智地捍卫革命利益。他的这种精神是何等的可贵啊!他的革命立场,他的原则性,是何等的坚定啊!'吕端大事不糊涂',他是无产阶级的吕端!"

以他人之忧为己忧

无论是在革命战争年代,还是在社会主义建设时期,叶剑英虽然勋业卓著,位高权重,却从不居功自傲,一贯宽厚待人,关心部属,没有一点儿架子。

1932年年底,叶剑英从前线调回瑞金,任中国工农红军学校校长兼政治委员及瑞金卫戍司令员。1933年1月,吕黎平被选作叶剑英的机要秘书。作为一名初出茅庐的地方干部,他不懂机要业务,心里忐忑不安。叶剑英看到吕黎平的这种拘谨,对他倍加亲切,以师长对小学生一样的和蔼态度,手把手教他如何翻译电报,鼓励他看书学习,思想上要有抱负,不要浪费血气方刚的年华。工作之余,叶剑英不仅关照他的生活,也经常同他唠家常、讲故事,用谈笑风生、平易近人的方式教他办事待人,毫无"官气"。叶剑英也很体贴,有时工作到深夜,便对吕黎平说:"我很快就办完了。小鬼,不要等我,你年轻,瞌睡虫多一些,先下去睡觉吧。"有段时间,吕黎平腿上生了疥疮,叶剑英知道后,不但减轻了他的工作量,还亲自找来医生给他治疗,并督促他每天早晚用热水清洗,以除去毒菌。

1939年春,叶剑英在湖南衡山举办的南岳游击干部训练班任副教育长。

训练班住在山区，生活十分枯燥、单调。一天，著名戏剧家田汉率抗敌演出队来慰问，训练班在南濠酒楼宴请演出队。席间，几个国民党官员突然起哄，要演出队的女队员唱歌。由于他们说话时嬉皮笑脸、言语不恭，演出队的同志十分反感，都沉默不语，气氛顿时变得尴尬起来。这时，叶剑英从容不迫地站起来，说："我来唱一个。"他清了清嗓子，一只脚踩在桌边的一条小凳子上，唱起了陕北小调《开荒》："开荒呀！开荒！前方的战士要军粮。织布呀！织布！前方的战士要衣服……"他的嗓音浑厚，唱的是陕北曲调，但又夹杂一点儿广东话的尾音，大家觉得别有一番韵味。刚唱完一曲，大家齐声呼喊："再来一个！"叶剑英笑着说："这回呀，该轮到演出队了！"于是，演出队照例由女队员站在前排，齐唱了《红缨枪》《大刀进行曲》等歌曲。起初不愉快的情绪，一扫而光。

叶剑英从重庆回到延安后，任中共中央军事委员会参谋长。从那时起，人们习惯亲切地称呼他为"参座"。在紧张繁忙的工作之余，他十分重视机关的文化生活，喜欢和干部战士同乐。他亲自拉二胡，还亲手做乐器，教大家识谱、弹琴、唱歌。在他的带动下，部队成立了乐队、演出队，经常组织演出。叶剑英不仅能同干部战士打成一片，而且十分关心爱护同志。1944年冬，叶剑英为了加强参谋部工作，把在延安中央党校学习的刘志坚调到军委作战局。当叶剑英看到刘志坚穿着单薄时，就到卧室拿出一件皮大衣，见刘志坚推辞，他硬是让刘志坚穿上试试，还笑着说："长了点儿，晚上还可以当被子盖。"抗战胜利后，刘志坚告别怀孕的妻子，随部队到了太行山。1945年12月的一天，刘志坚突然接到叶剑英从延安发来的电报，恭喜其得了一个儿子。在紧张艰苦的斗争环境中，这份简短的电文可谓重抵万金。后来，叶剑英去北平军调处工作，还特意让秘书带了两罐奶粉回延安给刘志坚的妻子。军委机要秘书张明的妻子生孩子，身体虚弱，没有奶水，孩子整天饿得"哇哇"叫。叶剑英知道了，就把伙房每天分给自己的半磅牛奶送给孩子吃，还亲自去看望，并送去自己小孩儿用的小床。伍修权调到东北执行紧急任务时，妻子身体不好，孩子又小，无人照顾。叶剑英对伍修权的妻子及子女关怀备至，派人把他们安全送往东北团聚。伍修权夫妇后来告诉子女要以老首长为榜样，切实做到关心他人胜于关心自己。

叶剑英这种照顾部属、关心干部的好作风坚持了几十年，到了晚年也是如此。20世纪70年代初便在叶剑英身边工作的李俊山回忆："首长是个极和蔼的老头儿。在工作之余，常和工作人员说说笑笑，没有一点儿架子。我们在首长面前也很随便。我感到，能在这样慈爱的首长身边工作，十分荣幸。"晚年，叶剑英有时利用工作之余看电影时，总是忘不了喊身边工作人员一起看。逢年过节，他总是邀请工作人员和他一起吃饭。1976年春节，李俊山到战友那儿去玩儿，叶剑英见饭桌上少了李俊山，还让秘书打电话去找。1980年，叶剑英患帕金森病，常常因此而引起并发症；1982年以后，他的肺部感染一次比一次严重，并且越来越频繁。为了积极有效地控制肺部感染，医疗小组认为，使用静脉滴注抗生素是最有效的方法，但是，这种方法给病人带来的痛苦比较大。专家们反复讨论，认为只有采用这种方法治疗，才能控制疾病的发展。叶剑英知道这是唯一有效的办法后，便鼓励医护人员："要大胆地穿刺，不要因为是给我打针而紧张。"有的护士问他："首长，您平常不是最害怕打针吗？怎么真正要打针的时候，又不害怕了呢？"叶剑英笑了笑，回答："这个道理很简单，当你们决定要打针治疗的时候，我若是紧张，你们不是更紧张了吗？"

叶剑英的女儿叶向真回忆："在父亲身边，我从没听到过他说自己如何能干，以此向我们这些小字辈摆功，也从来没有听到过他去说谁谁怎么怎么不好。他说到别人犯了错误，总是带着一种沉痛而惋惜的语调。他这种以他人之忧为己忧的情绪，往往使在他身边的我们产生一种共鸣。"

急人民所急，虑人民所需

在叶剑英的革命实践中，每到一地，他首先了解和关心群众的生产和生活，不论工作多么繁忙，都不忘抽出时间体察民情，主动为群众排忧解难，把群众的冷暖时刻挂在心头。

1947年，叶剑英带领中央后方委员会驻扎在山西临县双塔村。时逢黄土高原大旱，庄稼都快枯死了，老百姓吃水非常困难。村里的湫河早已断流，干涸的河床上偶有几个积水窝，里面游着一些小鱼和泥鳅。条件艰苦，饭桌上很久不见荤腥。警卫人员商量用脸盆把水淘走，再用床单当渔网捞小鱼和泥鳅，给首长们改善伙食。他们决定瞒着叶剑英，悄悄行动。正当大家干得兴高采烈时，叶剑英来到河滩上，隔着很远就喊："快停下来！"等大家都从水坑里爬上来，他生气地指着干旱的田地说："你们这些小鬼，只想着照顾好你们的首长，怎么不替群众想一想？天这么旱，老乡们都争着担水浇地，抢救庄稼。水对老乡们是多么宝贵啊。你们为抓几条鱼，把这么一坑水淘到河滩上是多大的浪费啊！"说话间，叶剑英看到远处有人在洗衣服，转身对警卫员说："回去请行政处通知大家，在抗旱期间，不要到村边的水坑里洗衣服。衣服脏点儿有什么关系，把水搞脏了，老乡怎么浇地呢？"

久旱无雨，河道断流，叶剑英十分挂念群众的饮水问题。一天早上，他散步来到村外，看见许多人挑着水桶排队。他跟着大家来到山脚下的水井边，只见下面仅有一个小坑，坑里只有浅浅的一点儿浑水。挑水先要下10多个台阶，到达坑底，再用瓢一下一下地把水舀到桶里。水量很小，舀满一担水要花较长时间，而且人多地滑，路面泥泞不堪，脏水又会流进水坑，很不卫生。回到驻地，叶剑英立即找来有关负责同志，说："群众吃水这样艰难，我看了心里很难过。我们应该帮助群众解决这一困难。"当时，从陕北调来的一些石匠正在山脚下挖防空洞、修指挥所，叶剑英决定让他们暂停几天，为群众突击打井，同时抽调一部分战士一起干。尽管工作很忙，但叶剑英每天早晚都会抽空到工地看看工程进度，撸起袖子和大家一起搬石头、垒井台。同志们劝他休息，他幽默地说："为群众打井，我也应该出一份力嘛。再说，我还等着水喝呢！"经过连续几个昼夜的奋战，这口井在原有基础上又向下挖了一丈多深，四周还垒起了井台。群众喝着清冽的井水，感激地说："叶参谋长为我们做了一件大好事！"

1947年秋，叶剑英在河北省平山县西柏坡村参加完全国土地会议，返回晋绥边区途中，绕道山西省五台县视察。一天晚上，一名五台县妇女被歹徒袭击，身受重伤。区政府根据线索很快抓住凶手，然后同受伤妇女一起将凶手送到五台县委机关。正在县委机关的叶剑英知道后，立刻来到受伤妇女跟前，查看伤势后，转身吩咐警卫员拿一些白糖和代乳粉给她。他又让当地干部找附近的军事机关派一名医生，带上药品，以最快的速度赶到五台县委，为受伤妇女诊治。第二天，叶剑英亲自审问罪犯，并建议县政府依法严惩，为民申冤。之后，他再次探望受伤妇女，得知其转危为安，才放心地回到住所。目睹此事的五台县干部李惠德回忆说："叶剑英同志的这种关心群众疾苦、疾恶如仇的高尚品质，不要说受伤者本人，就是我们这些旁观者也十分感动。他工作那么多，那么忙，还亲自过问一个受伤的农村妇女，这充分说明他心里时时刻刻装着群众呀！"

1948年，根据毛泽东和中央军委的指示，叶剑英调任位于河北石家庄的华北军政大学校长兼政治委员。那时，国民党的飞机经常轰炸这里。叶剑英不仅指示学员要组织好群众的防空工作，而且要在敌机轰炸后，带领医务人员走家串户看望群众，帮助群众修建被炸毁的房屋，医治被炸伤的群众。有一户人家原本有6口人，在一次轰炸后只剩下60岁的老母亲。幸存的老母亲因极度悲伤而神志不清。叶剑英得知后，亲自和医生带着药品、食物去看望她，并指示医务人员一定要把她的病治好。在叶剑英的亲切关怀下，这位老人很快恢复了健康。

北平和平解放后，摆在市长叶剑英面前的是纷繁复杂涉及百姓切身利益的问题。叶剑英在处理这些问题时，注重运用群众工作艺术，从群众最关注的问题着手，把复杂的问题处理得井井有条，赢得了群众的支持和拥护。当时，北平市垃圾堆积如山，市民出行甚至要翻越垃圾山才行，生活、交通方面苦不堪言，就连天安门城楼也是破败不堪，广场杂草丛生。面对这种状况，叶剑英决定从市民们最关注的垃圾问题入手，改变北平城的面貌，使老百姓对共产党的领导有新的认识。在他的指挥下，轰轰烈烈地揭开了全民大清扫运动序幕。经过91天的会战，北平市共清除垃圾219280立方米，重达201638吨。垃圾山消失了，臭味儿、怪味儿也没有了，市民们感慨地说："旧社会，穷人走路都困难，新社会给我们开了幸福路。"他们发自内心地拥护共产党和新政府。

1949年10月，叶剑英担任广东省人民政府主席，兼任广州市委书记、广州市市长、广州市军管会主任。他不仅为建立、巩固祖国南大门而日夜操劳，还大力领导广州市开展建立各级基层政权，发动群众恢复生产、发展经济、搞好市场供应和金融货币、稳定群众生活等，为官一任，造福一方。

叶剑英为水上人民做好事，水上人民铭记在心，永世难忘。

1950年以前，广州市约有10万居民是生活在水上的。水上居民，旧时被称作"疍家"，绝大多数都是劳动人民，以船艇为家，从事捕鱼、渡客、水上运输业等。民国初年航拍的图片上显示，珠江上布满密密麻麻的船只，那就是水上居民的家。根据1926年广州市人口统计，当时的"疍民"大概有11万人，约占全市总人口的10%。广州市内河南（今海珠区）江岸东起石涌口，西至白鹅潭，均是水上居民活动频繁的江岸线。正是他们的辛劳，才有了珠江两岸的交通和发展。然而在中华人民共和国成立前，水上居民受不到陆居居民的认同，除了在经济上受到国民党反动官僚、特务分子、码头恶霸的剥削压迫而极端贫困，在社会上也完全被瞧不起，毫无政治地位可言。他们生活在社会的最底层，不被准许在陆上居住，不能同陆上的人通婚，死后不能在陆地埋葬，即使上岸，也不能穿鞋。他们没有学校，子女也不被准许在岸上的学校读书，所以文化程度普遍很低，大多数是文盲。他们长年累月住在河面的小木船上，船上没有自来水，吃的用的完全是河水，卫生条件也很差，所以，他们生病很严重，婴儿死亡率达到40%至46%。除此之外，水上妇女还经常受到警匪恶霸的调戏、凌辱，真是苦不堪言。

广州解放后，叶剑英经过调查研究，了解水上居民过去的情况后，对他们的处境高度重视和关怀。1949年11月，广州市委、市政府为水上居民专设了一个管理区，叫"珠江区"，其辖区东起猎德，西至白鹅潭。1950年11月，广州市第三届各界人民代表会议根据叶剑英的提议，正式通过取消"疍家"称号的决议，改称"水上人民"。叶剑英在会议上郑重宣布：应从政治、经济、文化生活等各个方面取消对水上人民的歧视，不准再称水上人民为"疍家"。水上人民应同陆上人民一样，政治上完全平等，上岸可以穿鞋，可以同陆上人通婚，水上人民的子女也可以上陆地学校读书……

这样，水上人民在党和政府的领导下，不仅政治上得到彻底翻身解放，经济上也得到了很大发展，成立了渔业社、民船运输社、手工业联社等各种组织，增加了收入，生活得到不断改善。政府在广州市珠江河段专门开设了9所水上人民子弟学校，供水上人民子弟上学读书。政府在各个码头为水上人民设立了自来水站，使水上人民用上了自来水；建立了水上卫生所，为水上人民治病；建立了水上文化馆、文化站，丰富了水上人民的文化生活。广州市解放后短短的几年里，在党和政府的关怀下，水上人民逐渐都迁居到岸上入户，过上了幸福的生活。

1958年3月，中国人民解放军军事科学院正式建立，叶剑英任院长兼政治委员。他不但在思想建设、组织建设、学术建设和作风建设等方面付出了巨大的心血，而且非常关心群众的生活，注意群众生活福利的保障。建院时，他就提出院内设立门诊部、幼儿园和合作社，还建立几个生产基地。在20世纪60年代初的经济困难时期，叶剑英忙于军事科学院的创建和领导工作。为了保证大家的生活，他特意组织人员到外地打黄羊、搞豆子，想方设法帮助大家共渡难关，自己则节衣缩食，过着艰苦朴素的生活。他的女儿叶向真回忆这段生活时说："记得（20世纪）60年代初，我在大学读书时，因为营养不良，得了浮肿病。父亲见我面孔苍白浮肿，什么话也没有说过。上大学后，和父亲在一起的时间不像儿时那样多了，能和父亲聚一聚，见见他慈祥的面容，成了一件经常盼望的美事。正巧一天下午没课，中午，我就回了家，和父亲共进午餐。桌上的菜虽然简单，但对我来说也是'久违了'，心想可以饱餐一顿了。我端起饭碗大口吃起来。过了一会儿，才发现，父亲根本没动筷子，只是用一种异样的神情望着我。'爸，您怎么不吃呀？您不舒服……''女儿，你知道不知道，这几天，毛主席都不吃肉了。他对炊事员讲：全国人民都没有肉吃，为什么还要给我肉吃？每次端上肉来给他，他都让端回去……他不是别人呀，连他都不肯吃肉了……'父亲的声音开始颤抖，说不下去了。一个饱经风霜的老人，表情忧伤而痛楚，眼圈都红了，我作为他的女儿在他身边，心里有说不出的难过。我知道自己无法排遣他的沉重的心情，因为在他心里，正想着暂时困难给全国人民带来的痛苦。"

20世纪70年代初，某地区下了一场大雪，一部分牧民和牲畜受困，来电请求支援。叶剑英看到电报后，问工作人员是什么时间收到的。当他得知是刚刚收到的，满意地点点头，叮嘱大家，像这样的事情一定要随到随办，不能延误，还说牧民们受困已几天了，这是人命关天的大事，一定要及时处理。叶剑英就是这样急人民所急，虑人民所需。

叶剑英的家乡梅县由于山多田少，粮食产量一直很低，发展速度始终非常缓慢，为此，叶剑英时刻惦记家乡人民的吃饭和生活问题。1976年，朋友送给他一种珍贵的水稻良种标本，他便立刻托人捎回家乡试种。第二年11月，他去广州，还专门接见了家乡的干部代表，了解家乡的生产和人民的生活情况。当他了解到梅县还有三分之一的地方人均粮食供应水平每月仍在30斤以下时，极为难过，沉痛地说："我们搞了近30年建设，群众连吃饱肚子的问题都还解决不了，真是愧对乡亲们啊！"之后，他又多次指示梅县要从实际出发，发展山区经济。

"矢志共产宏图业，为花欣作落泥红。"叶剑英的这两句诗，正是他光辉一生的真实写照。他以人民为先，以人民为镜，为党和人民的事业兢兢业业、鞠躬尽瘁、奋斗终生，以自己的实际行动为党员干部践行党的群众路线做出了表率。

三回故居显风范

叶剑英故居位于广东省梅县雁洋堡下虎形村，坐东北朝西南，前拥池塘，后倚小丘。1897年4月28日，叶剑英就诞生在这里，并在这里度过了童年和少年时代。

《羊城晚报》原文艺部副主任万振环在1982年曾到梅县叶剑英故居采访。他在文章中这样叙述：

> 这是一座极为普通的旧式砖瓦屋，门前墙壁上仅挂了一块白漆四方木牌，上面工工整整写着"叶剑英故居"几个黑字。走进室内，但见两排8个房间，中间隔着一个狭长的小天井，互相对称，显得并不宽敞。故居并无年轻姑娘当讲解员，也没有资料介绍可供参考，只有一位50多岁的老农民（据说是叶帅的亲属）领着我们逐间观看，并简单介绍几句。他先带我们看了叶帅父母的住房，然后来到叶帅的卧室，里面陈设极其简单：一张书桌，一张凳子，一张木床，一张粗布印花被子，一顶黑麻布蚊帐，同普通老百姓

的一模一样。

　　参观完毕出来，我有点儿纳闷，便问当地一位朋友："上级没有给叶帅建展览馆吗？"朋友笑了笑，点点头说："有呀，你看。"他伸手指着故居旁边一幢新建不久的两层楼房说，"政府原来为叶帅建了纪念馆，还精心搞了许多展品，后来叶帅知道了，坚决不让搞，吩咐把展品统统收起来。他说：'不要宣传我个人，我的故居保留原样就可以了。'"

　　我听了，心里热乎乎的。瞧，多么谦逊的品德，多么质朴的气质！这就是一个伟人的宽广胸怀，这就是一个伟人的高尚情操……

　　叶剑英对故乡、对故乡人民充满深情厚谊。1916年冬，年仅19岁的叶剑英离开家乡，因为戎马倥偬，献身于中国人民的革命事业，一晃将近40年，直到中华人民共和国成立后，他才有机会回故居。他共有3次回故居，每一次回去，细微之处都体现了他的崇高风范。

　　1953年5月，时任中共中央华南分局第一书记兼广东省人民政府主席的叶剑英回到梅县视察。在故居，他总共停留了两个小时。他首先在故居的周围看了一遍，然后来到母亲生前住过的房间，见房门已上锁，问明当时居住的是什么人后，用极诚恳的语气跟人家说："借光，麻烦将房门打开，让我看一下我的胞衣迹[①]。"在场的宗亲对叶剑英说："房间是你的，何必客气？"叶剑英却说："我当然知道房间是我的，但现在已由他人代管使用，他便是现主人。今天，我要进此房，必须以礼相待，如果以势压人，这不是我们共产党人的作风。"离开故居前，叶剑英到母亲墓前参拜。有位村民告诉他："有人想将你母亲的坟挖掉，将地开出来种作物。"叶剑英听后，说："如能开成土地种作物，就由他们拆吧，种上粮食，对国家、对个人有利的事，我们都要支持啊。"同时交代宗亲，"如骸骨被挖出来，可送到对面深山中去或深埋地下，免得再与生人争土地了。"

[①] 客家人把出生地叫作"胞衣迹"。

1971年1月，时任中共中央政治局委员、中央书记处书记、中央军委副主席兼秘书长的叶剑英在执行公差时顺路回到梅县。在故居，他见了几位叔侄和伯母，对儿时住过的和玩儿过的地方一处一处地看。看完房子，又看村边的水井、田间的小道，当看到光秃秃的祖山时，他问陪同参观的干部："村背后过去满山是树，为什么现在光了？"陪同的干部回答："1958年大炼钢铁时砍光了。"叶剑英说："1958年已经过去十几年了，为什么不再种上树？种上，十几年不是又长大了吗？"中午，在梅县地区革委会接见机关干部时，叶剑英做了讲话："这次因公出差，从北京至福建，到广东，都没有做什么讲话。回到家乡，心里很高兴，跟同志们讲几句。我离家半个世纪了。半个世纪以来，我们的国家发生了巨大的变化。但回家看看，家乡的路还是半个世纪以前的路，田园、房屋还是老爷爷留下来的，没有变。有一样变了，就是山变光了。"讲到此时，陪同的梅县地区革委会领导接话，说这主要是地委的责任。叶剑英说："主要是本地干部缺乏为人民服务的思想。"叶剑英教育故乡人民去思考，鞭策故乡的干部去努力，把家乡建设得更好。

1980年5月，担任中共中央副主席、全国人大常委会委员长的叶剑英回到梅县视察，最后一次返回故里。党的十一届三中全会以来，梅县人民的生活水平有了很大提高。家乡的领导和群众准备好好接待这位功勋卓著的革命老帅。而叶剑英早有准备，刚到广州就定下规矩，不要给群众增加负担，并叫人传达下去：一、不要惊动大家，不搞迎来送往；二、不准举办宴会请客，只吃三菜一汤；三、不准送礼馈赠。

5月13日，叶剑英回到梅县。从踏上故土的那一刻起，他激动的心情就一直不能平静。他于青年时代离开故乡后，数十年来，无论在枪林弹雨的战场，还是在党和国家的领导岗位，始终眷恋故乡的山山水水，惦记故乡的父老乡亲。这时的他虽然已是耄耋老人，行动不便，但还是再次回来了。他要亲眼看看党的十一届三中全会以后，故乡的面貌发生了哪些变化，人民的生活有了多大改善，还有些什么困难和疾苦。叶剑英坐在一辆米黄色的轻便旅行车里，神情专注地凝视着窗外。那葱郁茂密的山林，那随风起伏的稻浪，那明镜般闪光的水库，像一幅幅色彩绚丽的图画掠过他的眼前。他满面笑容，高兴地对坐在身边的中共梅县地委负责同志说："变了，变了，许多地方都变得认不出来了!"

　　叶剑英到达故乡雁洋堡下虎形村,乡亲们纷纷围上来向他问好。叶剑英同大家握手,还挥动着草帽向大家致意。他指着一面山坡上的沙田柚、柑橘等果树和青松翠竹,高兴地说:"家乡真是变了呀!"村党支部书记汇报说:"那面坡上的果树一年收入好几千元。好多农户在银行都有存款。"叶剑英连声赞道:"乡亲们干得好!乡亲们干得好!"接着,他向亲友和乡亲们询问了生产和生活情形。当他听说每人每月吃粮能达四五十斤时,脸上再次露出了惊喜的神色。故乡长期以来由于山多田少,群众吃粮是一大难题,他的心中总是记挂着这件事。在党的十一届三中全会路线指引下,仅几年时间,群众的吃粮问题就得到了解决,怎不令他格外高兴呢!

　　回到故居,叶剑英走进自己出生的房间,面对双亲的遗照,看到儿时用来读书的小方桌,即兴赋诗一首。中午,负责接待的同志多安排了几个家乡菜请他品尝。他看到超过了规定,坚持让把多余的菜端走,而他的随行人员,吃的都是自带的干粮。

　　5月17日,叶剑英接见梅县地、市科以上干部,并做了重要讲话。他特别强调两点:一是要向山区进军,把山区建设好。山上可以种植林木,包括果树、茶叶、油茶、油桐和木薯,可以发展畜牧业,门路广得很。矿藏也在山区。他说,靠山要吃山,吃山要养山。有山必有水,无水不成山。要充分利用山区水利资源,把大小水电站搞起来。平原地区要办沼气,山区也可以办,沼气可煮饭,也可发电,这样就可以少烧或不烧木柴,保护森林资源。二是要搞好团结。他语重心长地说,南下干部、外省干部在梅县地区做了很多工作,经验丰富,本地干部要向他们学习。外省干部也要向本地干部学习,要学会讲当地语言。语言不通,就无法深入群众,工作起来就比较困难。外省干部和本地干部一定要互相学习,互相支持,加强团结,努力学习文化科学知识,同心同德搞"四化"。叶剑英的视察和讲话,使梅县干部、群众受到了莫大的鼓舞。

　　这一次,叶剑英在故乡待了5天。他的兴致特别高,临别时一再说:"以后,我还要回来的。"想不到这是他最后一次回故乡!

"攻城不怕坚，攻书莫畏难"

翻开叶剑英书架上《社会学大纲》一书的扉页，上面"攻城不怕坚，攻书莫畏厚"两句诗十分醒目，这是他于1943年1月22日写的。事隔34年，在粉碎"四人帮"以后，思想理论战线开始拨乱反正，中共中央决定召开全国科学大会。为了迎接这个具有历史意义的空前盛会，鼓舞全国人民向"四个现代化"进军，勇登科学技术的高峰，叶剑英将原作的第二句"攻书莫畏厚"的"厚"字改成了"难"字，并重新写了两句，组成了新的五言绝句《攻关》："攻城不怕坚，攻书莫畏难。科学有险阻，苦战能过关。"这是他几十年战斗、学习和工作的经验总结。

1980年5月，83岁高龄的叶剑英重访广东梅县雁洋堡故居时，看到儿时读书用的小方桌尚在，用手抚摸着小方桌说："我还记得，这张小桌是我小时候吃饭和读书用过的。"说完，他坐在小方桌前，面对昔日的木窗和灯盏，触景生情，感慨万千，挥笔写下一首七言绝句："八十三年一瞬驰，木窗灯盏忆儿痴。人生百岁半九十，万丈霞光值暮时。"

叶剑英于1897年4月28日生于广东梅县雁洋堡，原名"宜伟"。叶剑英出生之时，中国正处于灾难深重的年代。他的父亲叶钻祥年轻时曾考取清朝的武秀才，却无用武之地，只得靠摆摊经营小本生意维持生计。然而，那些年月，天灾人祸不断，加之常年繁重的苛捐杂税，家里孩子又多，小本生意总是很难维持生计，家中经常缺钱买米，有时吃了上顿没有下顿。他的母亲也要经常给人打短工，赚点儿微薄的收入贴补家用。

自古寒门出俊才。叶剑英7岁那年，虽然家里生活拮据，但父母仍然省吃俭用，借钱送他到私塾读书。梅县虽然地处山区，但由于华侨众多等原因，与封建思想文化对立的新思想、新文化在这里传播得较早、较快，因此，叶剑英很快就告别"子曰""诗云"那一套，转入雁洋堡怀新小学堂学习国文、算术等新课程。

深知学习机会来之不易，叶剑英读书很勤奋。在课堂上，他全神贯注地听讲；放学回家，一边帮父母做家务，一边坚持学习，整日以书为伴。

风 范

    每天晚饭后，他和弟弟妹妹帮助妈妈收拾完碗筷，用抹布把小方桌擦得干干净净，便坐在小方桌前刻苦攻读，直到深夜。夜晚读书必然要点灯熬油，去学堂读书，家里已经花了不少钱，哪里还有闲钱去买灯油呢？有没有既能读书、又能省灯油的两全其美之法呢？叶剑英灵机一动，想起了山里人用的"竹精子"。他在大人们的帮助下，从山上砍来一种叫"硬头黄"的竹子，把它们剖成一根根筷子大小的竹篾子，缠上破布，再浸些松脂，晾干以后，能够照明的"竹精子"就做成了。"竹精子"虽然省钱，但燃烧时间短，每根只能燃烧一刻钟左右。为了读书，叶剑英就一根接着一根地点，那跳动的小小的火苗仿佛是一颗充满求知欲望的心。一个晚上下来，要点十几根"竹精子"。每天早上，小方桌下都会堆积厚厚的灯灰。由于读书太过用功，一次，叶剑英实在太累，趴在桌子上打盹儿，被"竹精子"飞溅的火星烧焦了一缕头发。母亲见了十分心疼，而他毫不在乎，依然埋头苦读。即使是出门玩耍，叶剑英也从不放过学习的机会。每逢游山玩水、寻访名胜，他都会随身携带一个小本子。每到刻有楹联诗句的地方，他就会停下脚步，留意观看，一边吟诵，一边抄写。就这样，一句句妙语佳联深深地印进了他的脑海，对他提高诗文写作水平很有帮助。

    一张窄小的木制方桌，一根根简陋的"竹精子"，陪伴叶剑英度过了一段难忘的苦读岁月。从青葱少年到白发老人，从战火纷飞的革命年代到如火如荼的建设时期，不论是攻城夺堡，还是攻书学习，叶剑英总是发扬"苦战"攻关的精神，知难而进，敢想敢拼。叶剑英酷爱读书学习，对此，毛泽东曾称赞他"有学问"。但叶剑英从不自满，深感自己知识匮乏，曾非常谦虚地说："我这个院长[①]，实在惭愧，肚子里一点科学也没有。怎么办？要么爬上琅琊山，要么退休，解甲归田。还是爬山，科学的大山要爬。马克思60岁才学俄文。干到老、学到老。人生就要干，要战斗、前进的人生。"他是这样说的，也是这样做的。

    马恩列斯和毛泽东的著作，尤其是革命导师的哲学思想和军事思想，是

[①] 指中国人民解放军军事科学院院长。

叶剑英孜孜不倦、反复钻研的理论书籍。他形象地说："理论好比是一条红线，老同志一脑子珍珠玛瑙。一箩再好的珍珠，不用红线穿起来，还是一箩珍珠。"对于那些重要的书籍和文章，比如马克思和恩格斯的《共产党宣言》、列宁的《国家与革命》、毛泽东的《中国革命战争的战略问题》《论持久战》《实践论》《矛盾论》等，叶剑英都会反复阅读和研究。就像地质学的钻探一样，他总是从一点深入，针对一点，深入钻研下去，取得实践需要的宝藏。他经常对大家说，遇到问题了，要多翻翻马克思、列宁和毛泽东的书，和他们商量。

除了学习政治理论书籍，叶剑英对自然科学方面的书也十分喜爱。20世纪60年代，我国研制原子弹，叶剑英作为发展核武器的决策者之一，迫切需要这方面的知识，为此，他特意聘请专职老师帮他攻读数学、物理、化学、历史、地理等，像个小学生那样重新补课，毫不畏难。为了能深入学好自然科学，即使去广州休假，他也抽出时间组织随员们一起学恩格斯具有交叉学科属性的《自然辩证法》。一次，在和大家重温恩格斯的《步枪史》时，叶剑英十分感慨地说："恩格斯在那样的年代，条件那么差，还写了那么多军事著作，他甚至花了那么大的精力，对步枪的历史做了那么系统的研究，时至今日，我们从事军事科学研究，还写不出那样的作品，说来真是惭愧！"

外语是叶剑英始终勤学不辍的一门课。早年在苏联莫斯科共产主义劳动大学学习期间，从未接触过俄语的他，下定决心攻克语言关，每天废寝忘食，苦读苦练，并经常向在莫斯科高级步兵学校学习的刘伯承请教，一起交流学习俄语的经验。有一回，他走在校园里，由于太过投入，差点儿撞到树上。经过一年多的努力，他终于能看懂俄文报纸和阅读一些简单的俄文书籍。即使步入耄耋之年，叶剑英还坚持学习英语。那时候，叶剑英总是阅读英文的参考清样。他亲切地称呼熟悉外文的陈秘书为"teacher"。陈秘书带着他读，什么地方不会，他都及时记下来，并在旁边注上中文的意思。通过一段时间的学习，叶剑英的英文水平有了很大提高。他不仅自己学，还督促办好英语学习班，号召身边的秘书、警卫员、勤务员、服务员、炊事员一起学。由于每个人的文化程度和学习兴趣不同，学习的结果往往是几家欢喜、几家愁。当有人产生畏难情绪和懈息思想时，只要一看到叶剑英执着的学习劲头，就会立马重新投入学习之中。

在长期的读书实践中，叶剑英逐步形成了自己的读书"三遍法"，即"一读、二记、三用"。"一读"就是按照书里的文章先后顺序一篇一篇、一段一段、一句一句地一边眼看着、嘴说着、手写着，一边圈点，看、说、写同时进行，非常协调。"二记"就是在书籍的天头地脚、边白中缝、段末行间作批注，将记忆、理解和运用统一起来。叶剑英认为读书要有摘要、眉批和标记。"三用"就是联系实践理解运用。叶剑英强调"学习要走在工作前头"，要围绕党的中心工作和个人的工作需要读书。他曾撰文指出："'做什么，学什么。'这是在职干部学习问题上，应该咬紧的一句话。""革命工作的繁剧和艰巨，是要求全体干部各专一门，不是要求每一干部都精百艺，这就是说：做一样，学一样。"

叶剑英认为："在学术上，本来没有平坦的道路，只有不避艰险的迂曲攀登，才有希望到达光辉的胜景。"为了达到这个"光辉的胜景"，叶剑英恪守了他的办公室写字台桌面玻璃板下写的"抓紧时间学习，挤出时间学习，偷点时间学习"的座右铭。他曾说："学习的时间主要是靠自己挤出来。努力挤，就有；不挤，就没有。"在繁忙的军政工作中，他除了挤白天的工作时间，还充分利用早晚的休息时间，即使平常休息时，还以读《唐诗三百首》为乐。早上，他一般会早起一会儿用来读书。《辩证法唯物论诸问题》这部约33万字的书，就是他连续9天早起读完的。白天工作间隙，他常用来读书、看报、自学外语，主要是自学英语。吃饭和散步的工夫，他用来听秘书根据有关资料汇报国内外形势。晚上入眠前，他也是习惯性地读会儿书。他读过的书上记载的许多阅读时间都是深夜12点以后。叶剑英还会利用外出视察途中和住院休养的时间读书，这样一来，他的休息时间更少了，只好"偷点时间休息"。有时工作累了，他就坐着闭上眼睛休息一会儿，5分钟、10分钟就可以了。叶剑英认为，为了革命建设的需要，再辛苦、再劳累也值得，他把工作、学习和休息融为了一体，正如他在一本书上所作的批注："他在工作着，同时在学习着；他在学习着，同时也在工作着。"

"以己之退，促党的事业之进"

1982年9月6日，北京人民大会堂内灯火辉煌，群情振奋，不时响起热烈的掌声。中共中央政治局常委叶剑英正在中国共产党第十二次全国代表大会全体会议上发表重要讲话。他以浑厚的声音说道："我们的党是一个生机勃勃的党。经过这次大会，将有一批年富力强的同志，走上中央的领导岗位和其他领导岗位，这是党的事业兴旺发达的重要标志。我们老一辈同志，看到这种情况，由衷地感到喜悦。唐朝诗人李商隐曾经用'雏凤清于老凤声'的诗句，称赞他的后辈的诗才。意思是说，后来者居上，年轻的会超过年老的。可以说，这是历史发展和社会进步的一个基本规律。"

代表们听到这里，情不自禁地再次鼓掌。

叶剑英接着说："这次大会以后，将有许多老同志从领导岗位上退下来，这是党的事业发展的需要。这些老同志勤勤恳恳奋斗几十年，他们是革命的功臣。他们的功绩，党和人民是不会忘记的。……我今年85岁了，年老多病，做事已力不从心，从党的事业着想，我曾多次要求退出领导岗位。在中央没有决定我退出之前，当尽力而为，'鞠躬尽瘁，死而后已'。"

叶剑英的话，深刻地揭示了中国共产党的组织工作、干部工作中的一个重要问题，即年高体弱的同志到了不能坚持正常工作的时候，应该为党的事业着想，主动从领导岗位、工作岗位上退出，让年轻的同志接替工作。这个问题，在党处于执政地位的情况下显得尤其重要，只有这样，中国共产党的事业才能犹如长江大河，后浪推前浪，奔流不息。

出席中共十二大会议的许多老同志都清楚地记得，重视年轻一代，重视培养革命事业的接班人，是叶剑英的一贯主张。早在1956年11月，叶剑英写下的《西游杂咏》组诗中就有这样的诗句："引得春风度玉关，并非杨柳是青年。英雄一代千秋业，敢说前贤愧后生。"他以历史唯物主义的眼光看到，在无产阶级的千秋大业中，革命的后生将会不断地超过前贤，因此，要重视后生，关心青年。20世纪50年代末以后的一个时期，由于中国共产党在指导思想上出现"左"的偏差，培养革命事业接班人的工作也受到了极大的干扰。有鉴于此，1976年粉碎"四人帮"后，处在党和国家领导岗位上的叶剑英格外注意培养和选拔革命接班人的工作。1978年12月，在中共中央工作会议上，叶剑英就提出要造就和培养一大批革命事业的接班人，这是摆在全党全国面前的一项十分重要的战略任务，要不断增添干部队伍中的新生力量，把他们选拔到各级领导岗位上来。1982年5月，叶剑英在一次和几位中央领导人的谈话中，特别谈到三国时期蜀汉在接班人问题上的教训。他说："蜀国那时也有个干部接班的问题。'蜀中无大将，廖化做先锋'。诸葛亮晚年，不放手选拔、使用年轻的接班人。后来，诸葛亮很急，好容易发现姜维是个人才，让姜维做了接班人。蜀国人才的老化问题，接班问题，很值得我们借鉴。我们自从井冈山以来，50多年了，多年征战的干部都老了，现在需要大力培养选拔接班人。"

叶剑英对党的组织建设中的新老交替问题不仅从理论上做出了精辟的阐述，更以自己的模范行动，为全党做出了表率。20世纪60年代，叶剑英在谈到老干部工作时就曾指出，自然规律是不可抗拒的，老同志到了不能工作的时候，应当主动退位让贤。这种退位不是消极的，而是要"以己之退，促党的事业之进"。1979年，鉴于党的马克思主义路线已重新确立，党中央的各项工作已逐渐走向正轨，更多的年轻同志也已挑起了重担，叶剑英便向中央政治局打报告要求退出领导岗位，但中央没有同意，仍希望他留在领导岗位上。1981年6月，叶剑英又给中央写信，要求改变中央政治局常委名次的排列，将自己的名字放到邓小平之后。中共中央经过慎重考虑，依然没有同意。1983年2月25日，叶剑英在他担任第五届全国人大常务委员会委员长任期将满之际，给第五届全国人大常委会递交了请退信，重申了退出的意愿。这一次，第五届全国人大常委会经过认真的讨论，终于同意了他的请求。1985年9月，在中共十二届四中全会召开前夕，叶剑英同其他老同志一起致函全会，请求不再担任中央委员和候补中央委员。全会同意了他们的请求。自此，叶剑英退出了他在中共中央和中央军委的所有领导职务。中共十二届四中全会通过了《给叶剑英同志的致敬信》，高度评价了他的光辉业绩。

此前，在我党历史上，还没有一位最高层的领导人在自己健在且威望正隆的时候，主动要求从领导岗位上退下来，叶剑英是第一人。在叶剑英等老一辈革命家的身体力行和大力推动下，我国干部队伍的革命化、年轻化、知识化和专业化建设迈出重要步伐。至1985年年底，全国已有近46万名中青年干部走上县级以上领导岗位。至1986年年底，全国有137万名于中华人民共和国成立前参加工作的老干部离休或退休。叶剑英以自己的模范行动，为促进干部的新老交替和干部制度改革，为党的事业的兴旺发达做出了突出贡献。

粟　裕

3次"斗胆直陈"

毛泽东在《反对本本主义》一文中深刻指出："盲目地表面上完全无异议地执行上级的指示，这不是真正在执行上级的指示，这是反对上级指示或者对上级指示怠工的最妙方法。"在解放战争时期，粟裕3次"斗胆直陈"，正是积极能动地贯彻执行上级指示的典范。这不仅体现了他作为战区指挥员能够站在战略高度分析形势、敢于提出正确意见的胆略和胸怀，更充分体现了这位无产阶级革命家对党和人民解放事业的高度负责精神及共产党员淡泊名利、无私无畏、将个人得失置之度外的高尚品格与坚强党性。

1946年夏，国民党军队向解放区大举进犯。中央军委提出以山东、太行解放区主力实行外线出击，向南作战，并于6月26日电令华中分局，要粟裕率华中野战军主力兵出淮南，与山东野战军配合作战。新四军军长陈毅随即也电令粟裕率军西进淮南。

粟裕认为，中共中央筹划的这场大战对未来战局的发展关系重大，必须做到初战必胜。他从实际情况出发，对执行中央军委和新四军军部的指示以及可能发生的各种情况进行了认真的分析研究，权衡在苏中作战和在淮南作战的利弊得失，认为在苏中打一仗再西移更为有利。粟裕说："仗是非打不可的，南边走得脱，北边也走不脱。苏中是我们的老根据地，地形复杂，物产丰富，群众基础好，有苏皖、鲁南、豫皖、中原各方策应，条件是很好的。要打就在这里打。"6月27日，粟裕发电报给中央军委、陈毅军长和华中军区，提出了在苏中先打一仗再西移的建议。

6月28日，粟裕召开各师和纵队首长会议，传达中共中央和新四军军部的指示。各部队首长一致要求首先在苏中打一个胜仗。粟裕认为，这个行动关系战略全局，应当由华中分局做出决定。会议一结束，粟裕从海安出发，长途跋涉赶到华中分局、华中军区驻地淮安，与张鼎丞、邓子恢、谭震林面商如何执行中央军委和新四军军部的指令。与此同时，粟裕在实际工作中做了在苏中作战或到淮南作战两手准备。他要求华中军区测绘队突击翻印淮南、淮北军用地图，开始筹划华中野战军西进淮南的作战行动。张鼎丞、邓子恢、谭震林赞同粟裕的意见，4人联名于6月29日发出向中共中央和新四军军部的报告，建议第一阶段"仍位于苏中解决当地之敌"。

中央军委、毛泽东根据战场形势变化，最终采纳了粟裕的建议，决定："我先在内线打几个胜仗再转至外线，在政治上更为有利。"7月13日，粟裕接到毛泽东当天为中央军委起草的电报。电报中，中央军委、毛泽东赋予华中野战军在苏中作战的任务是"先打几个胜仗，看出敌人弱点"。粟裕回忆这一段经历时说："确定先在内线打几个胜仗，再转至外线，这是战争初期中央军委对原定战略计划的一次重要调整，对于解放战争的胜利发展起着重要作用。苏中战役，就是在中央调整了的战略计划指导下发起的。"

7月13日，华中野战军发起第一次作战。宣泰和如南两战后，进攻华中解放区的国民党军队虽然受到一定打击，但在数量上仍然占有很大优势，在东面继续进攻海安，在西面突破了淮南，在北面则向淮北进犯，华中形势日趋紧张。在宣泰和如南两次作战过程中，我军始终有不同意见的讨论。讨论的问题依然是内线歼敌和外线出击的利弊得失以及与此相关的华中野战军主力使用方向问题。

粟裕分析敌我双方态势，总结前一段实践经验，认为要粉碎敌人的进攻，更多地歼灭敌人的有生力量，必须在主要作战方向上集中更大的兵力。他于7月25日向新四军军长陈毅报告，建议在淮北战役尚未大打时，调淮南的第五旅至苏中参战。这时，陈毅为执行外线出击的作战计划，已率山东野战军主力从鲁南到达淮北。接到粟裕的电报后，陈毅于7月27日复电，提出："淮南五旅不改东调仍留淮南，粟部亦宜逐渐向西转移。"第二天，再次强调："五旅不宜东调，因津浦线是主战线已苦兵力不足。"粟裕接到陈毅的复示，认为有必要向中共中央、陈毅军长、华中军区陈述自己的意见，再次提出第五旅东调、集中兵力歼敌的建议。8月2日，毛泽东为中央军委起草致粟裕并告陈毅和华中军区的电报，询问："一个月内在苏中再歼敌两个旅有可能否？如你们能在8月内歼敌两个旅，南线情况即将改观，那时粟可率主力转至淮南作战。"8月4日，毛泽东为中央军委起草致陈毅、宋时轮的电报中指出："粟裕集团应否于此时调动各有利害，待考虑再告。"8月5日，粟裕答复中央军委8月2日电报的询问，第三次建议调第五旅到苏中参战，集中兵力在苏中大量歼敌。

在战争年代，有一条不成文的规矩：下级向上级提建议，同样的内容，只允许提出3次。这是第三次，也是最后一次了，因此，粟裕采取十分郑重的态度，使用了"斗胆直陈"的措辞。在解放战争期间的电报中，这是他第一次使用这样的措辞。最后，中央军委和毛泽东确认苏中为主要作战方向，并接受了粟裕的建议，决定华中野战军主力仍留苏中作战一个月。随着几天后李堡作战的胜利，不同意见的争论告一段落。这样，通过战争的实践和不同意见的讨论，进一步明确了内线歼敌的作战方针。

苏中战役于7月13日开始，8月31日结束。粟裕指挥华中野战军以3万多人对阵国民党军12万余人，七战七捷，歼敌5.3万人，歼敌总数为华中野战军参战兵力总数的约1.76倍，打出了人民解放军的神威，创造了战争史上的奇迹。苏中战役的全过程也是不断探索解放战争客观规律的过程。在这个过程中，始终伴随不同意见的讨论。粟裕能够站在战略高度分析形势，"斗胆直陈"自己的意见和建议，为战役的胜利做出了突出的贡献。正确的战略指导思想和作战方针，在实践中，在争论中，逐步明确和完善，不断深化和发展。这种在实践中探索战争规律以指导战争的经验，是苏中战役歼敌数字以外的另一重要收获。对此，中央给予很高评价。朱德说："好你个粟裕，否定了中央战略决策，结果在苏中打了个七战七捷。"毛泽东说："自遵义会议之后，对我和中央做出的决策，还没有人提出反对意见，你粟裕可是第一个喔！"毛泽东在1947年9月1日为中共中央起草的对党内的批示中指出："我军正确地采取战略上的内线作战方针"，"奠定了我军歼灭全部敌军、争取最后胜利的基础"。

1948年，中国人民革命战争达到了一个新的历史转折点。从刘邓大军千里跃进大别山开始，人民解放军在全国各个战场陆续转入战略进攻，国民党军队被迫由"重点进攻"转为"全面防御"，又由"全面防御"转为"分区防御"，主战场则由山东移到了中原地区。蒋介石为改变其战略上的被动地位，采取坚守东北、力争华北、集中力量加强中原防御的战略部署，调集重兵于中原战场，一再叫嚣"确保中原""肃清中原"。毛泽东为了实现用5年左右时间打败蒋介石的战略目标，指挥刘邓、陈粟、陈谢三路大军经略中原，强调指出："中国历史告诉我们，谁想统一中国，谁就要控制中原。今天中原逐鹿，就看鹿死谁手了。"

这种"鹿死谁手"的较量，当时正处于难解难分的关键时刻。在中原战场上，刘邓、陈粟、陈谢三路大军犹如三把钢刀插进敌人胸膛，纵横驰骋于江淮河汉之间，但是，蒋军在兵员数量和技术装备上仍然占有相当优势。蒋介石除以相当兵力担任8个绥靖区重要点线的防御外，还将其主力组成6个机动兵团，采取避实击虚的战法，在各个要点之间往返驰援，对人民解放军实行战役进攻。刘邓、陈粟、陈谢三路大军分兵作战，"我集敌亦集，我散敌亦散"，如以一路大军对当面之敌作战则难获全胜，如待三路大军集中，又往往失去战机，只能打中小规模的歼灭战。由于蒋军不易分割，又增援较快，有时连中小规模的歼灭战也打不成。中原战局在一段时间内形成反复拉锯的僵持态势。

面对这种形势，应当采取何种战略行动，迅速改变中原战局，继续发展战略进攻，进而夺取解放战争的全面胜利，是战略指导上亟待解决的问题。身处战争第一线并时刻关注战争全局的粟裕在半年以来的战争实践中，深切感到解决这一问题的迫切性，促使他积极探索战争发展的客观规律，逐步形成了发展战略进攻、改变中原战局的战略构想。粟裕回忆这一战略构想形成过程时说："我军自孟良崮战役后一直没有找到打大歼灭战的战机。我对此不断地进行思考。我认为，随着敌我力量的消长，战略战术的变化，我军的歼灭战将进一步向更大规模发展，这可能是个客观规律。"同时，粟裕通过分析敌我战略态势及其发展趋势，认为改变中原战局，进而发展战略进攻不仅是必需的，也是可能的。

1948年1月22日，粟裕向中央军委和刘伯承、邓小平发出了《对今后作战建军之意见》的电报，提出了发展战略进攻、改变中原战局的战略构想，建议在中原战场上采取忽集忽分的战法，集中兵力打大仗。按照电报日期地支代月、韵目代日的惯例，该电被称为"子养电"。由于这一构想和建议事关战略全局，在电文最后，粟裕用"管见所及，斗胆直陈"的语句，表达了自己的慎重。

粟裕这个战略构想不是一时心血来潮的产物，而是在总结正反两方面实践经验基础上长期深思熟虑的结晶。在"子养电"发出前后，1月5日至3月15日，粟裕在上报的4份电报和在华东野战军的3次讲话中，7次反复阐述"子养电"的基本观点，说明他对这个基本观点是坚信不疑的。

然而，正式提出这个建议，粟裕还是采取了不同寻常的慎重态度。粟裕保存的抄件说明，这份电报早在1947年12月10日就起草好了，他又继续观察思考了40多天，方才发出，并且使用了"斗胆直陈"的措辞。他的建议不仅关系战争全局及其未来发展，而且与中央军委已有的战略决策大不相同。当时，他虽然不知道中共中央已经做出分兵渡江南进的战略决策，但是，他主张依托根据地，集中兵力打大歼灭战的思考，与中央军委一再强调的不要后方的战略跃进和在中原地区打中小规模的仗的指示显然是不同的。12月9日，即预定发出此电的前一天，粟裕收到中央军委电示："目前时期，华野仍以打中等规模之仗为有利。"面对这种情况，粟裕虽然坚信自己的意见是正确的，但唯恐考虑不周，干扰中央军委的决策，因而采取了格外谨慎的态度。

中共中央收到"子养电"的时候，陈毅也在陕北杨家沟。毛泽东电召陈毅到陕北，是因为继刘邓千里跃进大别山后，他正在考虑第二步战略跃进。毛泽东预计，5年内可以解放全中国。1948年是第三年，战略重点就放在跃进江南的行动上。中共中央决定以华野为主，组建东南野战军，陈毅、粟裕分任正副司令员。毛泽东与陈毅还共同商定，先由粟裕率第一兵团3个纵队于1948年夏季或秋季渡江南进，随后由另外3个纵队组成第三兵团，于1949年二三月间渡江作战。陈毅兴致勃勃，赋诗一首："北国摧枯势若狂，中原逐鹿更当行。五年胜利今可卜，稳渡长江遣粟郎。"然而就在这个时候，"子养电"来了。

粟裕的"子养电"引起了毛泽东的重视。从现存中共中央收电译稿上看到，毛泽东除在电报稿上逐句圈点外，还特别指示周恩来、任弼时和正在中央参加会议的陈毅传阅后"再送毛"。围绕"子养电"，中央军委于1948年1月27日电示粟裕，要他率3个纵队渡江南进，组成东南野战军，执行宽大机动任务，以吸引国民党军20个至30个旅回防江南，并要求他就渡江的时机、地点和方法等问题"熟筹见复"。

渡江南进，还是无后方作战，而且比刘邓跃进大别山走得更远。当收到中央军委命令的时候，粟裕又想到了他一辈子都不会忘记的北上抗日先遣队。当年，这支本来很能打仗的部队也是在进行无后方挺进，长途行军，到达皖南时已减员了一半，其后来的失利几乎是可以预见到的。这次渡江南进，华东野战军要走的路程比北上抗日先遣队还多一倍，估计减员也不会少于一半，沿途又得不到补充，前途如何，粟裕心里实在没有底。

粟裕军事决策的一个重要特点是：决策前深思熟虑，寻求最佳方案，看准了则坚定不移，敢对历史负责。这一次，他一如既往，积极研究执行中央军委的指令，提出了渡江时机、地点和方法的具体方案，并且立即着手进行渡江南进的各项准备，同时进一步研究改变中原战局、发展战略进攻的方略。粟裕深知对中央已经确定的战略决策，不宜轻易提出不同意见。他经过3天的缜密思考，写出一份长达2000字的电报，于1月31日上报中央军委。在这份电报中，粟裕在提出渡江南进时机、地点和方法的同时，重申他在"子养电"中的观点和建议。

接到粟裕的电报，毛泽东特意把原定于2月1日动身回返的陈毅留下来一起研究。研究的结果是仍然坚持由粟裕率领3个纵队渡江南进，认为从调动中原国民党军主力去江南的意图考虑，向蒋介石的要害地区出击是最有效的，但是采纳了粟裕关于渡江时机、地点、方法以及采取"忽集忽分"的战法的建议。

军人以服从命令为天职。粟裕虽加紧完成渡江南进的准备，但并没有放弃个人的独立思考。自此以后，粟裕经常手拿中央军委的电报默默沉思。他时而站在地图前比来画去，时而征询众人的意见，翻来覆去地对自己的思路进行推敲。经过多方面比较、权衡两种方案的利弊得失，粟裕认为，集中兵力在中原黄淮地区打大歼灭战，更有利于迅速改变中原战局，进一步发展战略进攻。要不要向中央军委再次提出自己的意见，粟裕开始时是有顾虑的，主要是担心自己看问题有局限性，对如此重大的战略决策提出不同看法，会不会干扰统帅部的决心，而且部队的准备工作已经达到了"万事俱备，只待渡江"的程度。为了做到确有把握，他两次向陈毅谈及自己的设想和建议。对"稳渡长江遣粟郎"充满信心的陈毅大感意外，迟疑地问了一句："中央要你过江，你不过江？"见粟裕仍然坚持己见，陈毅遂同意他将意见直接报告中央。在上报中央之前，粟裕又将他的建议报告了刘伯承、邓小平，征求他们的意见。当时有一种意见，认为中原无大仗可打，这也促使他采取谨慎态度，但他又想到，作为一个战区指挥员，在即将执行上级赋予的作战任务时，应当结合战争的全局进行思考，从全局上考虑得失利弊，把局部和全局很好地联系起来。全局是由许多局部组成的，从局部看到的问题，也许会对中央观察全局、做出决策有参考价值。粟裕认为，既然自己已经深思熟虑看准了，就要敢于承担历史责任。

4月18日，粟裕再次"斗胆直陈"，向中央军委建议，华东野战军3个纵队暂不渡江南进，集中兵力在中原黄淮地区打大规模歼灭战；向淮河以南到长江以北地区派出几个以旅或团为单位的游击部队，配合正面战场作战；向长江以南的敌人深远后方派出多路游击队，与当地人民武装结合，在广大范围内辗转游击，以求大量调动敌人，策应中原地区作战。这样，三线密切配合，推动战局较快与较大发展。粟裕在电文最后特别声明："以上是职个人不成熟的意见……斗胆直陈，是否正确尚祈指示。我们对南渡准备仍积极进行，决不松懈。"

粟裕关于发展战略进攻、改变中原战局的3次建议引起了毛泽东等中央领导人的高度重视。毛泽东要陈毅、粟裕赴河北中央驻地当面汇报。4月25日，毛泽东提议在阜平县城南庄召开中共中央书记处会议，"陈粟兵团的行动问题"是会上要讨论的重要议题。4月30日，陈毅和粟裕到达城南庄。毛泽东有个习惯，会见党内同志从不迎出门外，但获知粟裕前来时，他破例走到门外，并同粟裕长时间握手。4月30日，中共中央书记处会议召开的第一天，毛泽东、刘少奇、周恩来、朱德、任弼时五大书记集体听取了粟裕的汇报，经过中央集体讨论，粟裕的建议最终以军委命令的形式确定下来。中央同意了粟裕留在中原打大歼灭战的建议，不过给他的指标难度不小——要在4个至8个月内，歼灭5万至10万国民党军。当时，华东野战军在中原的主力部队总共才10万，也就是说，歼敌数要达到自身体量的一半甚至全部。粟裕接下的是一份沉甸甸的军令状，从这个时候起，他在战场上就只能胜，而且必须是大胜。粟裕有此勇气，是因为他坚信打大仗、取大胜的时机已经到来。

随后，粟裕按照中央的要求，于6月和9月指挥华东野战军发起了豫东战役和济南战役。其中，豫东战役不仅创造了我军历史上一次战役歼敌9.4万人的空前战绩，更迅速改变了中原战局，为全国战局由战略进攻发展为战略决战做出了重要贡献。毛泽东得知豫东大捷的消息后，高兴地说："解放战争好像爬山，现在，我们已经过了山的坳子，最吃力的爬坡阶段已经过去了。"不久，粟裕等又胜利地发起了淮海战役，将蒋军主力歼灭于长江以北，为渡江南进、减少江南富庶地区的战争损失、加快解放全中国的进程做出了卓越贡献。

对粟裕的这一次"斗胆直陈"，周恩来后来评价说："这是一个重大的战略决策，构成了以后淮海战役设想的最初蓝图。"作为第一线高级指挥员的粟裕经过深思熟虑，敢于实事求是地大胆对中央重大战略行动部署提出不同意见，是难能可贵的。淮海战役中，粟裕的直接对手杜聿明在紧要关头明明知道"蒋校长"的命令于战况不利，却不敢犯颜进谏，不敢违背蒋介石的命令，不同的选择造就了不同的结局。同时，我们也从中深刻体会到党中央、中央军委和毛泽东始终坚持一切从人民解放事业的大局和战场实际出发，高度发扬民主，虚怀若谷，从善如流，能够听取前线指挥员的合理建议，敢于不断否定和完善自己的宽广胸怀、宏大气度和实事求是的态度。这正是中国革命最终取得成功的最重要原因之一。毛泽东不是轻易能被说服的人，而敢于对毛泽东反复提出意见并为他所接受的，在解放战争的历史上，粟裕是比较突出的一位。粟裕后来回忆说："党中央领导同志这种处处从实际情况出发，十分重视前线指挥员意见的领导作风，使我深受教育和感动。"

二让司令，一让元帅

粟裕在战争年代指挥过许多重大的战役、战斗，打了许多胜仗，是解放军优秀的将领之一。他不仅在军事指挥上享有盛誉，而且在正确对待个人得失荣辱方面为世人做出了榜样。"生死沉浮寻常事，乐将宏愿付青山。"这是粟裕的肺腑之言，也是他宽阔胸怀的写照。他"二让司令，一让元帅"的故事在全党、全军、全国人民中传为佳话，赢得了全军上下从最高统帅到普通士兵的交口赞誉和尊重，堪称共产党人当之无愧的楷模。

抗日战争胜利后，战争的阴云笼罩华夏大地，内战一触即发。中共中央根据国内形势的变化，制定了"向北发展，向南防御"的战略方针，确定了我党的任务是夺取东北，巩固华北、华中，为此在全国范围内调整战略布局，同时调整各大战略区领导机构和主要将领，在原华中地区组建华中分局和苏皖军区（后称"华中军区"）。中共中央决定，由华中局提出华中分局和苏皖军区领导成员名单。

根据中共中央的指示，华中局提出了华中分局和苏皖军区组织方案，并于1945年10月6日上报中共中央。在这个方案中，根据粟裕于抗日战争时期在战役指挥上的杰出表现和他对华中地区的熟悉情况，提议将他留在华中，担任苏皖军区司令员。10月8日，中共中央致电华中局，同意粟裕留华中任司令员，后来又决定由刚从延安返回华中的张鼎丞任副司令员。

张鼎丞年长粟裕9岁，曾经参加领导福建西部的农民暴动，担任闽西南军政委员会主席。新四军组建初期，他和粟裕同在第二支队，他为司令员，粟裕为副司令员。后来，张鼎丞去延安参加整风，担任中央党校第二部主任。粟裕看到中共中央任命自己为苏皖军区司令员、张鼎丞为副司令员的电报，当即向华中局负责同志提出建议，请求任命张鼎丞为司令员，自己改任副职。粟裕一向视张鼎丞为兄长，对他十分尊重。粟裕认为，由张鼎丞担任司令员，更有利于工作，有利于团结。

粟裕的建议没有得到华中局负责同志同意。机要科送来向部队转发中共中央决定的电报，粟裕接过一看，叹了一口气，说："我已经提过意见了，张鼎丞同志是我的老上级,让他当我的副手,不利于工作,不利于团结。这份电报先不要发出去,我还要向中央提出我的意见。"粟裕立即起草电报稿,陈述自己的建议和理由,第二天发给了中共中央。他在电报里是这样说的:"昨在华中局阅悉中央以职及张鼎丞同志分任正副司令之电示,不胜惶恐。在职之能力,实不能负此重任。而鼎丞同志不论在才、德、资各方面,均远较职为高超:抗战以前,均为长辈;抗战初期,则曾为职之上级;近数年来,又复在中央直接领导之下,功绩卓著,且对于执行党的政策与掌握全局均远非职所能及。为此,曾再三请求华中局,以鼎丞同志任司令,职副之,未蒙允许。为孚众望以利今后工作起见,特再电呈,请求中央以鼎丞同志为司令。职当尽力协助,以完成党中央所给予之光荣任务。"短短200余字的电报,体现了共产党人对党的事业的赤胆忠心,展示了无产阶级革命家的博大胸怀和高尚情操。

对于粟裕这一建议,中共中央当时没有采纳,仍然坚持由粟裕任司令员。10月27日,华中局传达了中共中央的任命:以粟裕为苏皖军区司令员,张鼎丞为苏皖军区副司令员,在中共华中局的统一领导下开展华中地区的军事斗争。中共中央的这一任命充分反映了党中央在用人方面的不拘一格和对年轻而杰出的军事人才粟裕的高度信任。

当天深夜,粟裕发出了请求改任副职的第二次建议电,重申了上一份电报的理由,最后恳切地说:"为慎重并更有利今后工作起见,特再电呈,请求中央以鼎丞为司令,职当尽力协助,以完成中央所给予之光荣任务。"粟裕一再提出自己改任副职的建议是经过深思熟虑的,不能简单地理解为谦虚,而是出于对革命全局利益的考虑,是他大公无私高尚品德的集中表现。

其实,任命粟裕为司令员的建议最初还是由张鼎丞本人向中央提出来的。事情的经过是这样的:张鼎丞参加完中共七大,回到华中局和新四军军部驻地江苏淮阴后,华中局向他传达了中共中央和中央军委的决定——由张鼎丞担任苏皖军区司令员。张鼎丞接到中央的这一任命后,考虑到自己自1939年5月到延安向中央汇报工作后,6年以来一直在延安工作,华中地区的形势与他离开时相比已经发生了很大的变化,自己不适合担任这样重要的领导职务,而当时率部北撤的苏浙军区司令员粟裕在苏浙地区多年,熟悉情况，而且在抗日战争时期的骄人战绩是全党有目共睹的。于是，张鼎丞毅然向中央建议，由粟裕担任此职比自己更适合，请中央另行任命，这样，才有了中央于 10 月 27 日的重新任命。这也充分反映了张鼎丞作为一名共产党员不计个人名利、大胆举贤的高尚品质。中央在接到粟裕的电报后，也为粟裕的这种谦让精神和对革命事业的高度责任感所感动，决定同意粟裕的请求。10 月 29 日，中央致电华中局和新四军军部，认为粟裕的建议"是有理由的"，"同意以张鼎丞为华中军区（不称"苏皖军区"）司令，粟裕为副司令并兼华中野战军司令"。后来又规定，华中野战军在建制上属于华中军区，战略行动上受陈毅指挥。

当时，华中军区的干部来自四面八方。在组建华中军区和华中野战军领导机关过程中，如何安排各方面的干部，把领导班子配备好，是面临的一大难题。粟裕坚持"五湖四海"的用人标准，自己以实际行动带头，并在原则上让自己原来部队的干部担任副职，这个难题就迎刃而解了。在这期间，为了做好干部的思想工作，粟裕召集他的部属——原苏浙军区的干部开会。粟裕问到会干部："昨晚，你们看了京剧团的慰问演出吗？"大家都说看了，并认为《断桥》这出戏演得不错，有的说白娘子演得好，有的说许仙演得好，多数认为小青演得特别好。粟裕说："我也认为小青演得最好。她虽然是配角，却恰到好处地演出了剧本规定的角色，没有喧宾夺主，没有抢白娘子的戏，但留给观众的印象很深，演得入情入理，活泼可爱。如果没有她的衬托，白素贞和许仙也不会演得那么好。"突然，粟裕提高了嗓音，"由此可见，不可小看配角！我们部队何尝不是如此，要打好一个仗，军长、师长、团长的正确指挥固然重要，各级副手的密切配合也不可小看。副手在各自的岗位上，同样可以发挥他最大的作用。你们说，对不对？""对！"干部们齐声回答。"你们愿意不愿意当配角呢？现在当正职的愿不愿退下来当副职啊？"粟裕用锐利的目光扫视每一个人。见干部们一时不知如何回答，粟裕又郑重地说："告诉你们吧，中央决定成立华中军区，我们要和兄弟部队合编。为了顾全大局，搞好团结，我们决定在座的各位正职干部一律改为副职，希望你们当好配角。大家有什么意见？"干部们这时想起粟裕一再请求让出司令员之职、改任副职的模范行动，不由得从心里发出赞叹。正所谓：信而生威。其身正，不令而行。长期与粟裕一起工作的开国上将钟期光说：这是粟裕的一贯作风。过去几次部队整编、合编，他总是坚持以革命利益为重、以团结为重、以他人为重的原则，正确处理与兄弟部队的关系，让自己部队的正职干部改任副职，把正职让给兄弟部队的干部。他了解自己的部属，部属也理解他的意图，大家习以为常，没有怨言。

张鼎丞和粟裕双双请辞司令员，互相举荐对方，这种相互谦让的高尚品质成为我党我军历史上的一段佳话。以后华中战局的发展，充分证明了粟裕的请求与党中央决定的正确：张鼎丞统管军政建设，为在军事上反击国民党军队的大举进攻、保障前线的兵力补充及物资供应等方面做了大量工作；粟裕则将主要精力用于研究作战方案和在前线指挥作战。他们一正一副，一前一后，同心协力，紧密合作，是苏中地区获得"七战七捷"巨大胜利的重要原因之一，从而达成了粟裕向党中央表述的"完成中央给予之光荣任务"的初衷。

1947年1月，新四军华中军区与山东军区合并为华东军区；华中野战军与山东野战军合并为华东野战军，粟裕任副司令员。1948年年初，刘邓、陈粟、陈谢三路大军在中原地区布成"品"字形阵势，纵横驰骋，大量歼灭国民党军有生力量，战局得到很大的改观，国民党军的中原防御体系已经支离破碎。为了进一步打击国民党军，中央军委电示粟裕，由他率领华东野战军3个纵队渡江南进，在湘赣浙闽诸省执行宽大机动作战任务，以吸引中原国民党军回防江南。对此，粟裕两次"斗胆直陈"对战局的认识和对作战方针的建议，提出华东野战军3个纵队暂不过江，而集中兵力在中原黄淮地区打大歼灭战的战略构想。

大战在即，主帅易位，粟裕毫无思想准备，大感意外，再三请求让陈毅仍回华野。从抗日战争到解放战争，他和陈毅在长期的斗争中结下了"陈不离粟、粟不离陈"的深厚友谊。他深深地体会到，华野和他自己都离不开陈毅。有陈毅主持全局工作，他就更能于军事上放手，集中全部精力指挥作战。

毛泽东坚持说："中央已经决定了，陈毅和邓子恢两位同志到中原局、中原军区工作，华野还是你来搞。"

粟裕知道这是中央已经做出的决定，于是提出了最后的请求：陈毅同志在华野的司令员兼政委职务继续保留。

风 范

　　毛泽东沉思片刻，表示同意粟裕的意见："那好吧，陈毅同志仍任华野司令员兼政委，但是中原那边工作很需要他，现在必须马上去。"

　　听毛泽东这样说，粟裕觉得不好再争辩下去了，立即表示："既然陈毅同志要去中原局和中原军区工作，为了全局利益，我服从中央的决定！"

　　不久，中共中央和中央军委发出了正式决定。1948年5月9日，中央军委任命陈毅为中原军区和中原野战军第一副司令员，仍兼华东野战军司令员和政治委员。5月14日，陈毅、粟裕在致华东局、中原局等的电报中传达中共中央的决定："陈（毅）邓（子恢）粟（裕）参加中原局根据地的建设工作，陈在华野党政军职务由粟代理。"5月30日，中央军委发出致中原局、华东局、华北局的电报："任命粟裕同志兼华野副政委，负担副政委各项工作责任，并于陈毅同志不在华野总部工作时代理政委职权。"6月24日，中央军委又任命粟裕兼豫皖苏军区司令员。此后，粟裕就以代司令员兼政委职务，担负起领导和指挥华东野战军的重任。显然，粟裕虽让掉了司令员兼政委的名义，却并没有让掉司令员兼政委的责任与担当。这就是有口皆碑的粟裕"二让司令"。

　　实际上，在让司令方面，与粟裕风雨同舟、相濡以沫40多年的妻子楚青有更深层次的看法。她后来回忆，粟裕曾对她说："我让司令，主要是为了作战指挥上的便利。"那么，粟裕在作战指挥方面有什么不便之处吗？华中野战军和山东野战军合并的时候，粟裕对山东野战军的干部和部队的情况不太熟悉，加上山东的老资格多，战役指挥中可能会遇到一些阻力，他对此是有想法的，于是，他向中央建议自己任副职。楚青后来分析说："他不是怕谁不听他的指挥，他面子上过不去，他是考虑到，战役指挥中要是经常发生卡壳的事情，对战役胜利不利啊！这里面没有丝毫的个人打算！所以，粟裕二让司令完全是为了战役指挥上的便利。在粟裕看来，有陈老总为他坐镇、压阵、撑腰，他什么顾虑也没有了。正因为如此，粟裕不愿意和陈毅分开。"

　　粟裕是战功显赫的军事家、战略家。他在人民战争的大舞台上演出了许多摧枯拉朽、威武雄壮、气吞山河的活剧，如他指挥的苏中战役（七战七捷）、宿北战役、鲁南战役、莱芜战役、孟良崮战役、沙土集战役、豫东战役、济南战役、上海战役以及他参与指挥的淮海战役、渡江战役等，都是这些活剧的生动体现，把蒋介石以及国民党的许多高级将领打疼了、打怕了。刘伯承赞扬粟裕"百战百胜，是解放军最优秀的将领之一"。

中华人民共和国成立后，为了加强军队的现代化、正规化建设，1955年1月23日，中央军委发布《关于评定军衔工作的指示》，对评定军衔的标准做了明确规定，并将原军衔条例的主要内容并入《中国人民解放军军官服役条例》，于同年2月8日经第一届全国人大常委会第六次会议通过公布。资历、威望和战功是当时授元帅、将军的主要依据。中央政治局考虑元帅、大将军衔；上将至少将的军衔由中央军委考虑。对于上将至少将的授衔问题，中央军委确定了授衔原则，其中规定：正兵团级，原则上评上将，个别的可评中将和大将。粟裕当时的行政级是大军区级，比正兵团高两级，同野战军司令员一样，因此，他的军衔问题自然不能放在正兵团这一级予以考虑，而应放在大将、元帅这一级予以考虑。

被评为何种军衔，不仅关系到个人的荣誉，也触及个人的切身利益。按当时中央的有关规定：元帅是行政三级，享受政治局委员待遇；大将是行政四级，享受副总理待遇，自大将以上算作党和国家领导人；上将是行政五级，享受国务院秘书长待遇；中将是行政六级，享受部长待遇，自中将以上都是高级将领，可配备警卫、秘书和保健医生、厨师、勤务员；少将是行政七级，享受部长级医疗待遇。当时，有1000多名将军要评衔，评定工作难度之大可想而知。公布授衔的初步方案后，大多数人表示认可，但也有一小部分人并不满意。有的人虽然嘴上不说，心里却不是很舒服；有的人眼泪长流，两三天不吃饭；有的人跑到领导那里，说自己如何劳苦功高，索要更高军衔……

毛泽东考虑到粟裕的资历、威望和战功，给予了极高的评价，力主给粟裕授元帅衔。不光党内、军内，就连邵力子、黄炎培等党外高层民主人士也认为应该给粟裕授元帅军衔。然而，粟裕本人以其一贯的谦逊和大局观念，坚持辞让元帅军衔。一次，秘书把一份写有邵力子建议粟裕应该被评为元帅的材料拿给粟裕看，满以为粟裕看了会高兴，哪知粟裕把脸一沉："评我大将，就是够高的了，要什么元帅呢？我只嫌高，不嫌低。今后不要议论这方面的问题了！议论这些都是低级趣味，没有什么意思。"

据毛泽东的卫士长李银桥回忆：中央在讨论粟裕军衔问题时，毛泽东说:"论功、论历、论才、论德,粟裕可以领元帅衔。在解放战争中,谁人不晓得华东粟裕呀?"周恩来说:"可是粟裕请求辞帅呢?"毛泽东又说:"男儿有泪不轻弹,只是未到授衔时。我们军队中有些人,打仗时连命都不要了,现在为了肩上一颗星,硬是要争一争、闹一闹,有什么意思!"毛泽东还说:"难得粟裕!壮哉粟裕!竟3次辞帅,1945年让了华中军区司令员,1948年让了华东野战军司令员,现在又让元帅衔,比起那些要跳楼的人,强千百倍嘛!"周恩来也说:"粟裕二让司令,一让元帅,人才难得,大将还是要当的。"毛泽东补充说:"而且是第一大将。我们先这样定下来,十大将,十元帅。"这样,粟裕没有领元帅衔,而是被授予了共和国的大将军衔。后来,毛泽东还曾这样对粟裕说:"你担的是大将衔,干的却是元帅的任务!"

教子"10字"秘籍

对于常年在枪林弹雨中出生入死的粟裕来说,并没有奢望能见到革命战争的最后胜利。他把自己的一切交给了党,同时也寄希望于下一代。粟裕共育有3个子女:长子粟戎生,次子粟寒生,女儿粟惠宁。他将3个子女都送到部队锻炼,用最典型的军人教育方式——吃苦、耐劳、严肃、顽强、勇敢训练他们,这是粟裕教子的"10字"秘籍。

有些人遇到困难就会打退堂鼓,而粟裕不能容忍自己的儿女在困难面前是"兔子胆"。他要求孩子们碰到困难要能够吃得起苦,并通过自身的努力去改变所处的困境,不要幻想别人会给予帮助而养成惰性。

在战争年代,粟裕要求身边的工作人员不仅要具备一定的指挥能力,还要掌握骑马、游泳和开汽车等技能。他以身作则,不仅会骑马、游泳、骑自行车,还会开汽车、开摩托车、划船。他有一次练习开摩托车,摔到河里,摔断了一根手指,幸亏他游泳技术高,才从沉到河底的摩托车下钻了出来。在培养孩子们时,粟裕采取的一个重要方式就是通过体育锻炼,让孩子们一方面锻炼身体,掌握各种技能,另一方面磨炼意志,培养吃苦的精神,所以,他一有空就带着孩子们去游泳或滑冰,还说学会游泳和滑冰在战时很有用处。在长子粟戎生刚3岁的时候，粟裕与妻子楚青就带着长子去河边游泳。粟裕拿出事先准备好的竹筒，塞给儿子，说："抱紧了，跳下去！"还没等儿子反应过来，粟裕猛然抱起儿子，抛到水里，可把儿子吓坏了。粟裕在岸上喊："小戎，不要怕，自己游！"因抱着竹筒，粟戎生浮在水面上，只得依靠自己乱扑腾。楚青看在眼里，急得不得了，责备粟裕："你也真是，就不怕淹着他？"粟裕说："就是要把他扔进水里，要不老是学不会。你看怎么样？不是也没淹着吗？"粟裕如此锻炼儿子的吃苦精神和坚强意志，在新四军内部传开后，就流传了这样一句歇后语："粟司令教儿子游泳——扔进去不管！"粟裕对女儿粟惠宁的训练也是如此。有一次，粟裕带女儿去游泳。粟惠宁站在很高的跳台上左顾右盼，不敢往下跳。粟裕见女儿在那里迟疑，就走到她背后，一把把她推下了水。粟惠宁在叫喊和呛水中很快就学会了游泳。当然，粟裕并不总是这样"无情"地训练孩子们，当孩子们有点儿基础后，他会亲自下水示范如何避浪换气。即使没空陪孩子们游泳，孩子们游泳后回到家，他也要问："今天喝了几口水？游了多少米？"如果孩子们游得好，完成了目标，粟裕就会很高兴；如果完不成目标，他会要求孩子们以后要更加努力。

粟裕教育孩子们说："在战争环境中，各种条件很艰苦，从意志上、性格上、身体上都要能适应战争条件，平时就要吃苦。"他动情地讲到南昌起义、潮汕失败、转战井冈山、在中央苏区和后来的3年游击战争时期，有时好几天吃不上东西，打了土豪，才能吃顿饱饭，有东西就吃，没吃的，行军打仗也能熬上几天；负荷很重，全靠两条腿，有时一天跑100多里路，还连续打几仗；行装很简单，每人一床夹被，冬天在里面塞上稻草用来睡觉，出发时把稻草倒掉，行军中遇雨，就披在身上当雨衣。粟裕给孩子们讲这些，一方面是要求孩子们不畏困难，养成吃苦耐劳的品格；另一方面是要求孩子们在部队要符合战备要求，一举一动都要有高度的警惕性。

粟裕不希望自己的儿女在安逸的环境下成长，哪里危险，哪里艰苦，他就想方设法要求儿女到哪里锻炼。他常常这样鼓励孩子们："年轻人不要贪恋小家庭，只想着坐机关。"他总是利用父亲的"权利"，坚持让儿女到艰苦环境中接受锻炼。

风 范

粟戎生从军事工程学院毕业后,被分配到云南一线,从战士到排长,一干就是4年,历经上千次的战斗警报和频繁的移防。绝大多数时间,他都睡在帐篷里,这也是他后来在家里依然摆放军用帐篷的原因。当粟戎生向父亲汇报当兵4年的艰苦体会时,粟裕满意地说:"当兵嘛,就需要这样的艰苦锻炼。"粟裕常对粟戎生说:"在部队最好是从战士当起,逐级取得经验,半路出家,基础是不扎实的。"粟戎生从战士、排长一直干到师长、军长……在不同时期,他都铭记父亲对他的教诲。

粟寒生入伍后,一直在舰艇上工作。因长期在海上作业,粟寒生得了风湿性关节炎。后来,他转业到交通部,粟裕支持他继续上远洋轮工作,这样,他又转业到了远洋公司。粟裕还经常写信鼓励粟寒生要不畏艰难困苦,要在平凡的岗位上做出成绩,为祖国的发展做出贡献。

粟裕并不只是对两个儿子这么严厉,对女儿粟惠宁的要求也一视同仁。粟惠宁在当兵头3年干过通信值机员、展览会讲解员、宣传队员、炊事兵等多种工作。对自己这样频繁的工作变动,粟惠宁开始也颇有不满,认为工作环境不固定,会影响自己的进步。她看到有些军队干部的孩子,哪里条件好就想方设法往哪里调动,而自己的父亲偏偏反着来,哪里条件差,就让自己的孩子去哪里,心里不平衡,便把自己的想法写信向父亲汇报。粟裕收到女儿的信后,立即写了回信。他在信中说:"生活环境固然对人的进步有影响,但这只是外部的条件,而决定的因素还是要靠自己的自觉。高尔基不曾是一个洗碗筷、烧锅炉的吗?但由于他自己勤奋,成了世界闻名的革命文学家。所以决定的关键还在于自己。""你们是在甜水里生长的,更要自觉地锻炼吃苦耐劳的能力啊!"粟惠宁从信中看到了父亲的殷切希望和一片苦心,从此以后,她不再因为环境和工作的变化而影响自己的情绪了。

在粟裕眼中,一个军人即使在日常生活里,也应保持高度的战斗警惕性。平时在家里,粟裕看到孩子们动作磨蹭,就会严肃地批评说:"这不行!"他特别不满意孩子们边说话、边慢腾腾地吃饭。他说:"我参加南昌起义前,在武昌叶挺部队教导队,要求非常严,连吃饭都很紧张,一个个都是狼吞虎咽。教导队长官有时故意在饭里掺头发和沙子,你要挑拣就吃不饱。"

粟裕要求子女应将个人必需用品放在固定的地方，随手就能摸到，一有情况，就能以最快速度整装上岗，就是在放假期间也要这样。粟戎生当兵后，有一次好不容易休假回家，不免放松了警惕，觉得没必要像在部队那样每天保持高度的作战准备。有一天，他起床后，背包也没打，内务也没整理，就到院子里和别人聊天去了。粟裕看到儿子的衣服、鞋子乱放，就把他叫进屋给予了严肃的批评："你这是怎么搞的？鞋子乱放，没有个规矩！"粟戎生委屈地说："不是回家休假了吗？我平时不是这样的。"粟裕不高兴地说："什么是平时？现在就不是平时？"

粟裕在军容、军姿方面不仅对儿子这样苛刻要求，自己更是这样做的。即使在和平年代，他每晚就寝前依然像战争年代一样，先把衣服叠得便于穿着，而后把衣服、鞋袜都放在触手可及的固定地方，几十年如一日。按照军人着装规定，他总是把衬衣、毛衣扎在裤腰里。只要穿上军装，就扣好风纪扣。即使在病重偏瘫期间，别人协助他穿衣服，他仍然这样要求。这并不是说他僵化、古板，而是反映了这位老军人在长期的战斗生活中养成的个性，反映了他良好的政治素质和军事素质完美的统一。

粟裕既是孩子们的楷模，也是孩子们的良师。粟戎生看着父亲那严整的军容，也深刻理解了父亲是要求孩子们时时处处要脚踏实地、严肃认真，这样才能成为合格的军人。此后，粟戎生在父亲的教诲下，一步一个脚印，终于成长为一名合格的高级将领。

对于子女的培养，粟裕不单是在生活和工作上严厉，最为关心的还是他们在政治上的坚定性。粟裕认为，政治上的坚定性是人生信仰的问题，对一个人来说，形成正确的人生观、世界观尤为重要。

在1958年的军委扩大会议上，粟裕遭到错误的批判，并被调离了军事指挥一线。面对突如其来的无端打击，粟裕采取了极大的克制，从不向别人谈起冤屈，因为他始终相信几十年的革命实践会证明自己是一个怎样的人，历史终究会检验清楚谁是谁非。

然而，粟裕被扣上"特嫌"的帽子后，其子女也受到迫害，次子粟寒生被江青、康生公开点名加以批判，还被关进了监狱。家庭遭到这些无辜的打击后，孩子们都很悲愤，对未来的生活和前途感到很迷茫。粟裕从孩子们的表情中看出了他们的心思，就召集家人开了家庭会议。粟裕正气凛然地说："中国革命的成果是政治流氓扒不去的！你们千万不可失去共产主义事业必胜的信念，历史将证明当前发生的这一切不过是革命斗争道路上的一段插曲。"粟裕与妻子楚青谈话时也提到了这个问题："江青这个人，你是知道的，她不会放过我，要有个精神准备。不过，他们也没有什么了不起的，只能横行一时罢了，但要有最坏的准备。"在此后的教育中，粟裕嘱咐儿女们要时刻注意外界的变化，不要消沉，面对"四人帮"的迫害要有充分的思想准备，无论情况怎么变化，一定要顽强，一定要保持坚定的革命意志，对共产主义事业充满必胜的信念。

后来，"四人帮"垮台了，这也证明了粟裕教导孩子们"这一切不过是革命斗争道路上的一段插曲"是正确的。粟裕的儿女们正是有父亲经受打击而不倒的坚强意志教育，在"四人帮"的迫害和折磨中坚韧不拔，顽强拼搏，不仅在各自的生活和工作中磨炼了意志，还取得了可喜的成绩。

在粟戎生的记忆中，父亲喜欢保存四样东西：枪、地图、指北针和望远镜。在这四样东西里，粟裕最喜欢的是枪和地图。粟戎生五六岁时，粟裕就送给他一支小手枪，并说："这是给你的礼物，你要好好地学会打枪！"可粟戎生当时并不理解父亲送枪的真正原因是希望他从小立下志向，成为一名战士，做一名合格的军人。粟裕常对粟戎生说：打好枪、爱护好枪是军人最基本的素质；学会使用各种枪，熟悉各种枪的性能又是军人最基本的业务能力。年幼的粟戎生在随军行动中很快掌握了瞄准、击发等要领。他后来动情地说："爸爸爱枪，不仅仅是对过去战斗生活的情感寄托，也反映他时刻关注着战争风云，时刻注视着现代战争和国家的安危。"在粟裕的办公室和书房内，最主要的装饰品就是地图。世界上哪里发生了动荡，他就挂哪里的地图。粟戎生回忆说："有一次，我们在部队制作了一种用'的确良'布料印制的华北地区交通图，很精致耐用。我多领了一张给他，他特别高兴，看了又看，很珍惜地收进了他的书柜。"

1969年，粟戎生所在的部队结束作战任务，正准备调回内地，恰逢北部边境形势紧张。在这种局势下，粟裕又把粟戎生送到北部边境前线。从南陲到北疆，各方面条件更加艰苦。为鼓励儿子，粟裕将自己的一首诗《老兵乐》送给儿子。诗的内容是："半世生涯戎马间，征骑倥偬未下鞍。爆炸轰鸣如击鼓，枪弹呼啸若琴弹。"诗，对于诗人来说，是感情长河的流溢；

对于粟裕这位叱咤风云的将军来说，则是一面镜子，照出他的肝胆与情怀。粟戎生感受着诗句的境界，犹如听到了驰骋沙场的战鼓，充满了无限的勇气和力量。当别人想方设法调离一线部队的时候，粟戎生却带着连队欣然北进了。

粟裕知道粟戎生缺乏带兵打仗的经验，常常针对他的弱点，教育他如何熟悉下属，如何关心战士，如何对战士们高度负责。粟裕说，对于一名基层指挥员，如何带好兵，是一门十分重要的军事科学和管理科学。针对如何带好兵的问题，粟裕教育儿子：要熟悉战士，和他们交知心朋友，让他们既尊重你，又喜欢你；要关心战士，要完全信任他们，他们才能完全信任你。做到这点，最重要的是要身先士卒，要求战士做到的，自己必须首先做到，哪怕在最危险的时刻，战士们也会坚信你，和你一道杀开出路。粟裕还经常给孩子们讲当年在井冈山的故事。他说：那时，红军初创，物质条件极其艰苦，比起国民党军队的物质待遇要差很多，但是，国民党军队逃兵很多，而红军却很巩固，战斗力也很强。这是什么原因呢？这是由于废止肉刑，建立了"三大民主"，红军部队像个革命大家庭，干部与战士情同手足，不仅干部关心战士，战士也关心干部。有时，战士分到一点儿"伙食尾子"，就自动地把钱凑起来打顿"牙祭"。当时，我任连队指导员，战士打"牙祭"的时候，都想着我，一定要拉着我和他们一块儿吃。吃什么呢？因为钱太少，买不起什么好东西，也就是买一些油炸豆腐，大家吃得津津有味，有说有笑，十分欢快。什么环境的艰苦、斗争的残酷，全都不在话下。粟裕在讲述往事时，目光闪烁，神情活跃，完全沉浸在团结友爱的战友情之中。中华人民共和国成立后，粟裕对战士们依然怀有特殊的感情，每逢节假日，都要给值班的警卫战士们送食物或请他们吃一顿饭，以示慰问。如果节日正在外地，他从不忘记打个长途电话，交代在家的同志去买几斤肉，给警卫班的同志们送去，让他们加个菜，过一个愉快的节日。

粟裕还教导儿子要树立对每个战士的安全高度负责的态度。粟裕常说：打仗就要死人。我们的战士把自己的生命贡献给了祖国，作为指挥员，就要特别爱惜战士的生命。在作战的重要时刻，为了夺取胜利，我们是不怕牺牲的，但不应该的牺牲，哪怕是一个人，也要避免。在战争年代，每到一个地方，粟裕都要亲自勘察地形，布置检查岗哨警戒，做出紧急情况下的处置预案。他带领的部队在突如其来的紧急情况下，很少受到损失。特别是他亲自选定驻地、亲自布置警戒的首脑机关和后方单位，在敌人千方百计想偷袭的情况下，没有一次遭受损失。这不仅反映了粟裕周密细致的工作作风，更反映了他关心战士、爱护战士、对每个战士的安全高度负责的态度和感情。粟戎生说："有了爸爸的榜样，我努力按战斗员的要求来约束自己。习惯后，再苦、再紧张也不觉得枯燥、乏味。"在北线战场上，实仗并未打起来，粟戎生带着连队在山沟里接连打了3年坑道。在采石挖坑的过程中，粟戎生时刻铭记父亲要特别爱惜战士生命的告诫，每当塌方和哑炮排险时，总是自己上，完全没危险了，才让战士们上，3次险些丧命。正因为粟戎生身先士卒，全连在3年施工中没有发生过一起伤残和死人事故，粟戎生也赢得了战士们的信任。

后来，随着工作需要，粟戎生逐步走上团、师等领导岗位，粟裕与儿子交流时的话题也就转移到了通过战例研究未来战争，而且对儿子提出了更高、更新的要求。他时常提醒儿子要注意接受新事物，研究新问题，带兵作战不能光有勇气，更多是要有谋略，战争是一门不断发展的科学。粟裕在最后的岁月里与粟戎生交谈时还提到团、师级对军队干部的锻炼很重要，要求儿子注意研究新一代军人如何在和平时期和未来战争中继承发扬我军光荣传统，并赢得现代化条件下人民战争的胜利。粟戎生在此后的实际工作中时刻铭记父亲的教诲，努力做一名合格的军事指挥员。粟戎生曾动情地说："如果没有伟大的共产主义理想、高尚的革命风范、优秀的政治品德，我爸爸是很难做到这样的。今天，我强烈地感受到老军人身上那种在曲折经历中不断升华的高度的责任感。他不仅关心我个人的成长，更关注我们的军队能否在和平时期继承发扬光荣传统，永远保持我党密切联系人民群众的优良作风。"

令人景仰的优良作风

粟裕为中国人民革命战争做出了重大的贡献。他的军旅人生波澜壮阔，光照千秋，而他生活俭朴的优良作风同样令人景仰。他在衣食住行等方面是我党、我军廉政的楷模。

粟裕穿衣服从不讲究。1949年7月，粟裕率领华东军区和第三野战军领导机关从上海移防到南京。奉中央军委命令，他兼任南京市军事管制委员会主任、中共南京市市长。为了便于工作，组织决定为担任地方党政职务的每位同志做一套便衣。后勤部门提出，粟裕应该做一套毛料服装。粟裕一听就不赞成，说："不行，为什么要做毛料的呢？做布的不行吗？刚进城就讲究穿着不好嘛！穿得漂漂亮亮，怎么好深入到工厂、机关、学校、农村去搞调查研究？群众会有意见的。你不以普通群众身份出现，群众就不和你说真心话了，真实的情况，你就了解不到了。人民群众不是看我穿得好不好，而是看我的工作做得好不好，看我是不是为他们服务。你一定要做毛料的，那就你穿，反正我是不穿，请你们还是多从工作上关心我吧。"他谢绝了后勤部门同志的好意，并对大家讲，一刻也不能脱离群众，这才是我们共产党人应该保持的品德。后勤部门按照粟裕的意见，给他做了一套蓝灰色卡其布中山装。粟裕就穿着这套衣服同南京人民见面了。从穿上这套衣服那天起，他就和这套衣服结下了不解之缘，除了抓军队工作穿军装以外，其他时间，他都是穿这套衣服。这套衣服从蓝色穿到灰色，从灰色穿到灰白色，从1949年一直穿到1984年他临终。这中间，工作人员多次劝他做套新的，他都没有同意，还是舍不得丢掉这套衣服……

当时，后勤部门还给粟裕发了一双军用短靴。他很喜爱，笑着对身边的工作人员说："我们部队要现代化了，着装也应该改进，体现出军人的威严。穿靴子有好处，一是精神，二是保护脚踝。"粟裕日常都穿这双军用短靴，晚上，公务员想帮他擦擦，他不同意，都是自己用布把皮靴擦拭得干干净净。七八年过去了，皮靴换了两次底，皮面裂口了，也修补过好几个地方，两边松紧口坏了好几次，即使穿到这种程度，粟裕仍将其擦得干干净净。部队换发服装时，工作人员想给他换双新的皮靴，粟裕不肯，说："还好嘛，换什么？"

粟裕的衬衣都是补丁摞补丁，破得像渔网才肯换。秘书说："首长，你为啥这样节省？"粟裕笑笑，说："我要穿得衣冠楚楚，干部、战士就会敬而远之的，何况节俭是劳动人民的本色。"

除了不讲究穿，粟裕也不讲究吃。他一不抽烟，二不喝酒，喜欢粗茶淡饭。炊事员做什么，他吃什么，从不挑三拣四，而且总怕炊事员做得多了，吃不完导致浪费。一个馒头吃剩了，他还要留到下顿烤烤再吃。有时，做菜锅里还剩点儿油，他会叮嘱炊事员放点儿主食抹干净油星，再吃掉。在他身边工作的炊事员很轻松，觉得首长很随和，从不嫌淡嫌咸。粟裕出差住在宾馆或招待所，总是嫌人家招待太好，菜烧得太多，一再要求削减，减到四菜一汤，他才没有意见，临走的时候，还要督促工作人员不要忘了交粮票，算伙食账。秘书鞠开回忆："我跟随他14年时间，没有看到他用公款请过一次客，也从来没有看到过一次经过他的手批的发票或条子，拿到公家去报销。他也多次到街边饭店请我们吃饭，都是他自己掏腰包。实行供给制的时候，他吃特灶，伙食标准一个月30元。他一再交代，只准按30元吃，不准超过。这样要求还不行，每个月的伙食账，秘书看了还不算，他都要亲自过目，没有超过标准，才让人拿到公家去报销。"

粟裕在住的方面就更不讲究了。他对于住有一个指导思想："我们从农村进到城市，住的条件再不好，也比在农村地当床、天当帐那个日子好多了。"1951年年底，粟裕从南京调到北京任副总参谋长，全家搬到了北京。他在南京的住所原来是国民党一个官员的别墅，室内外设备齐全。离开南京时，工作人员想把他平时休息时使用的弹子球台带到北京。粟裕发现后，特别嘱咐负责搬家的同志："一定要按规定办，除了我们自身的东西，公家的东西一律不准带。"到北京后，粟裕家住在一所四合院里，生活上归军委办公厅管。这个院落有正房、厢房，房子跑风漏雨。他把正房让给别的领导同志住了，自己住厢房。因为年久失修，人踩在地板上，发出"咯吱咯吱"的响声，夜里，老鼠从地板缝里钻出来，在房间里来回穿梭。好多领导来看望他，看到他住的条件这么差，建议他将旧房子拆掉，在院子中央盖一栋新的楼房。办公厅管理处打报告给总后勤部，经批准后要给粟裕盖房，他坚决不同意。粟裕后来调到军事科学院当副院长，副院长兼院务部部长杨至成知道他住的条件很差，在院党委常委会议上提出，要在程家花园为他盖一栋新房，他当即表示不同意，但常委会通过了，没有采纳他的意见，照常造预算和设计图纸。报请总后勤部批准后，杨副院长专门派营房助理员向在上海养病的粟裕报告，粟裕还是坚决不同意。他说，用人民的血汗钱，在我的身上花几十万元、上百万元，为我盖房子，我心里不安。这样，两次要为粟裕盖房子的事就此作罢,他仍旧住在修修补补、拆东墙补西墙的平房里。由于他住的房子经常漏雨,管理部门提出好好修补一下。他怕花钱多,不同意,只准小修,不准大修,要修,还得造一个预算给他看看。鞠开回忆,有一次造了一个预算为7000多元,他看后大吃一惊:"需要花那么多的钱吗?不行,要压缩!"减掉2000多元,才获得他的通过。小厨房的纱窗坏了,到了夏天,苍蝇、蚊子都往里面飞,既不卫生,又叮人。"我要管理处换了一扇新纱窗。他知道后很不高兴,将我批评一顿,并说以后哪里要修、要补,必须经过他的同意。他就这样精打细算地勤俭持家啊!治家如此,治军更是精打细算,将钱用到刀刃上。海、陆、空军的建设,都凝聚着他的心血。"鞠开说。

粟裕对用车和穿衣、吃饭、住房一样,很不讲究。

中华人民共和国成立初期,粟裕时任华东局常务委员、华东军政委员会副主席、华东军区副司令员。华东局设在上海,华东军区司令员陈毅也常住上海。为了开会和商谈工作,粟裕经常往来于南京、上海之间。按照规定,他是可以乘坐公务车厢的,可他从不坐,有时连软席车厢也不坐,而与随员一起坐到硬座车厢里,利用一切机会接近人民群众。随员知道,江浙一带有许多人认识粟裕,很为他的安全担心,粟裕则说:"没关系。这也是体验生活,联系群众,在硬座车厢里可以听到人民群众的声音。"到北京担任副总参谋长后,粟裕从没有主动向公家提出要坐什么样的豪华车,公家配什么车,他就坐什么车,并提出只准办公用,不准办私事用;只准配一辆车,不准配第二辆车。他的妻子楚青的上班地点距离住处很远,他从来没有用他的车接送过妻子。

粟裕担任总参谋长后,有关部门想给他换车。他说:"为什么要换呢?官做大了就应该坐更好的车子吗?这是什么思想?"听说有的部领导配了"胜利"牌的车,嫌不好,想要一辆伏尔加,有的领导配了伏尔加,嫌不好,想要一辆吉姆车,粟裕批评了这件事。他说,在用车问题上这样挑挑拣拣,这就很不好嘛!我们应该在工作上去认真,不应该在享受上去过多地讲究;我们现在条件是好了,但不应该忘记艰苦朴素的优良传统和作风。粟裕是一个腿很勤的人,能走路去的地方,他决不坐汽车。他家离什刹海、北海比较近,散步时总是走路去,没有坐过汽车。粟裕还常常乘公共汽车或坐三轮车到农贸市场了解行情和民意。工作人员提醒他，这样做太不安全了！他说："那有什么关系？人家外国总理夹起公文包坐公共汽车上班，怎么我们就不行，难道我们的身体就比人家宝贵？"

粟裕简朴的优良作风体现在方方面面。在艰苦的战争年代，他带领大家千方百计谋节约。后来，进驻大城市，有人开始对军衔、职位、轿车、住房、女人和排场产生更大兴趣，而他最心爱的还是手枪、地图、指北针和望远镜，他最关心的还是军队建设和国防安全。他一直保持艰苦奋斗的老传统。在外出期间，每当碰到摄影记者，他总是躲在后面。他自己不抽烟，但有干部、战士到他宿舍时，他总要请大家抽烟、喝茶，不抽烟的就请吃糖果，到了开饭的时候，就留来人一起用餐。下部队或去其他单位时，被哨兵拦住了，就自己下车，通报姓名和工作单位，还怕哨兵听不懂湖南话，常常摘下军帽，把帽子里的名字亮给哨兵看……粟裕正是用衣食住行等实际行动诠释了他一尘不染、艰苦奋斗的本色和普通一兵的自律。

负重进取

1958 年，在中央军委扩大会议上，粟裕被错误地扣上了"资产阶级个人主义"等帽子，受到了批判和斗争，并因此长期受到不公正的对待。身陷逆境的他，面对指责和批评，胸怀坦荡，面对巨大的政治压力，顾全大局，面对人生沉浮，泰然自若，充分展现了崇高的革命情操。

粟裕对革命历来忠贞不贰，执行毛泽东和党中央的指示非常坚决，要是有个人主义、争权思想等方面的事，就不会两次让司令、一次让元帅了，更不会在全国解放战争中冒很大风险 3 次向毛泽东"斗胆直陈"了。粟裕虽然功勋卓著，但从不以功臣自居，而是以普通一兵自律，以"沧海一粟"自谦，以"勤勤恳恳打仗，战战兢兢做人"自勉。淮海战役，"粟裕立了第一功"是毛泽东对粟裕的极高评价和充分肯定，也是对他一生战功总结的一个缩影。当谈及自己的功绩时，粟裕总是说，自己只是把毛主席和党中央的指示同具体情况结合起来，起了个联络员的作用。在功劳面前，粟裕总是把"战"和"绩"分开来，谦虚地把功劳归功于党和人民，归功于毛泽东和中央军委的英明决策,归功于下级指战员们不怕牺牲和英勇顽强的作风,始终保持清醒的头脑,保持谦虚谨慎的作风。有一天,粟裕去拜访叶剑英,临别时,叶剑英相送,粟裕急忙阻止:"老帅相送,不敢当!"叶剑英说:"百战之老将,岂能不送!"粟裕回答:"沧海一粟,不足挂齿。"叶剑英把粟裕送出大门,望着他的背影,感慨地赞道:"战功高不居功,贡献大不自大,不简单啊!"

1958年,中央军委举行扩大会议,中共中央决定撤销粟裕总参谋长职务的同时,决定调他担任国防部副部长和军事科学院副院长。粟裕从此离开了军事指挥第一线,并被限制接触部队。军事科学院院长叶剑英非常敬重粟裕。9月,叶剑英在欢迎粟裕的军事科学院常委会上,既不叫粟裕同志,也不叫粟副院长,而是称粟裕为"粟总"。以后,叶剑英总是这样称呼粟裕。在这次会议上,叶剑英还决定院里的日常工作主要由粟裕主持。粟裕受到不公正的对待之后,并未一蹶不振,而是兢兢业业、负重进取。

到军事科学院工作后,粟裕当面向叶剑英表态:"叶帅,您放心,我不会倒下的。"粟裕说到做到,他工作认认真真,一丝不苟。尽管住处距上班的地方较远,但粟裕平时早上班,晚下班,中午也不回家,在办公室找个地方休息。他整天忙于开会,看文件,听汇报,找干部谈话了解情况,下部队搞调查研究。他一面认真研究总结中国革命战争的历史经验,一面从敌我双方不断发展变化的现实情况出发,探讨现代条件下人民战争的指导规律,并将注意的重心放在未来反侵略战争的作战指导上。他提出要学习和运用军事辩证法,正确处理阵地战、运动战与游击战,歼灭战与消耗战,人民战争与武器装备,科学技术与战略战术的辩证关系,坚持和运用毛泽东军事思想研究新的作战方法。

有一件事最能说明粟裕的为人。1959年庐山会议时,有一位老战友建议粟裕把1958年受错误批判的事找机会提一提。粟裕坦荡地表示,不愿在彭德怀受批判的时候提自己的问题,并掷地有声地说:"我决不利用党内政治风浪的起伏来为自己服务。我相信我几十年的革命实践足够说明自己!"几句话,强烈地表现了粟裕特有的光明磊落和自信,也表现了真正的共产党人的浩然正气。以后,也有一些老战友、老部下不断对粟裕说:1958年,你受冤枉的事,你不好讲,我们替你向上面讲。粟裕说:"这不关你们的事,你们不要管。"

在"文革"期间，粟裕曾任国务院业务组成员，在周恩来的直接领导下，分管交通、邮电和港口建设。在极其复杂困难的情况下，他坚决抵制"四人帮"对国民经济的干扰破坏，保障铁路运输，发展远洋船队，修建深水泊位。为完成周恩来交给他的3年改变港口面貌的任务，他走遍了全国主要港口，尽心竭力，做出了重要贡献。身在地方工作的粟裕，时刻心系祖国安危，1970年1月4日，年近63岁的粟裕对周恩来说："我请求总理替我向毛主席报告，将来一旦打起仗来，我还要重上前线。"周恩来答应了他的请求。不久，周恩来对他说："你关心国防，我给你创造个条件，去西北、华北边疆走走，一边学习地方工作，一边了解边防情况。"粟裕欣然受命，到甘肃、青海、宁夏、内蒙古、河北等省、自治区，历时近50天，行程7000公里，一面调研地方工作，一面了解边防情况。1973年2月，粟裕根据多年的调查思考，把对未来反侵略战争作战的方向问题及其作战指导思想方面的有关意见向毛泽东、周恩来、叶剑英报送了建议报告。写这个报告时，粟裕口述，他的妻子楚青负责记录。楚青记着记着，手中的笔不知不觉停了下来。几十年相濡以沫，共同战斗和生活，楚青深深了解粟裕，也深知他的一些观点、看法是正确的，但这样直率地提出意见会不会招致不测？她不免担心，便对粟裕说："你这是何苦呢？难道你为直言而吃的苦头还不够吗！"粟裕严肃而又激动地说："战争是要死人的！我是一个革命几十年、打了一辈子仗的老兵，如果面对新的形势看不出问题，或者不敢把看出来的问题讲出来，一旦打起仗来，就会多死多少人，多付多少代价，而我们这些老兵就会成为历史的罪人。"楚青知道，粟裕认定的真理以及对真理的追求，是谁也无法阻拦的。她没有再提出不同意见，重新拿起笔来记录，帮他把报告整理完成。这个报告上送后，出于对国家安全的高度责任感，粟裕对如何打好未来反侵略战争继续进行探索和研究，又经过一年多的思考，于1974年12月25日上送了第二个军事报告。中央收到这个报告后，高度重视，于1975年1月5日以"12号文件"印发在京政治局同志。

1979年1月，党的十一届三中全会刚刚开完，粟裕应军事学院和中央党校的要求，分别在这两个院校做了题为《对未来反侵略战争初期作战方法几个问题的探讨》的重要报告。这个报告所阐述的观点是粟裕长期研究、探索现代战争规律重要成果的一次总结，标志了他的研究达到了新的高度。这个报告随后在《军事学术》和《解放军报》上发表，引起强烈反响，很快在全军掀起了研究战争初期作战的热潮，大大地活跃了我军的军事学术思想，也引起了国际上研究军事战略专家的注意。

1982年，在党的十二大上，粟裕当选为中央顾问委员会常委。他因重病退出第一线后，仍继续抓紧整理过去的战争经验，把用鲜血和生命换来的宝贵财富留给后人借鉴，表现了对祖国安危的高度责任感。1984年1月25日，在逝世前10天，粟裕还在中顾委、中央组织部、解放军总政治部举行的春节茶话会上做了语重心长的书面发言，对实现"四化"满怀信心，并和老同志互相勉励，要为党和人民发出最后的光和热。

徐海东

生命不息、奋斗不止的"中国夏伯阳①"

徐海东参加革命后,反动武装对他恨之入骨,不仅烧了他家的房子,而且将徐家66口人残忍杀害,其中有他的27位近亲、39位远亲。得知此事,徐海东指天发誓:"大仇不报,誓不还家!"徐海东是一名极为彪悍豪勇且军事智慧过人的将领,毛泽东曾评价他是"工人阶级的一面旗帜"和"对中国革命有大功的人"。蒋介石则视徐海东为"文明一大害",曾发通缉令:"凡击毙彭德怀或徐海东,投诚我军,当赏洋10万。"后来,徐海东到了山西,阎锡山也发通缉令:"凡击毙徐海东者,赏洋5万元。"徐海东听闻后,摸着自己的后脑勺说:"阎老西不如蒋介石,太小气了!"

徐海东于1925年4月加入中国共产党,参加过北伐战争。1927年,他参加黄麻起义,在创建鄂豫皖苏区的斗争中,曾任鄂东暴动委员会西南总指挥、黄陂县赤卫军大队长、中国工农红军团长和师长等职,为保卫党的早期革命根据地建立了卓越的功勋。

红军初建时,徐海东虽当过正规军的班长、排长,但毕竟缺乏组织大

---

① 夏伯阳是苏联国内战争时期的英雄人物、苏联红军指挥员。他足智多谋、顽强勇敢、屡建奇功,深得苏联人民和苏联红军的爱戴。

部队的经验，是靠边打边学、用鲜血交的学费。当时，部队火力很差，农民战士普遍缺乏战斗经验。他从当队长起，都是在最前线指挥，并亲自带领战士冲杀，打起仗来不要命。从北伐攻打汀泗桥开始，他历经百余战，9次负伤，身上有战创17处，时人称他为"中国夏伯阳"。

长期动荡不安的战争生活，使徐海东的身体受到了严重的摧残，但这位硬汉咬紧牙关挺了过来。1932年，徐海东率部与敌人搏杀了整整两天两夜，将敌人打散。战斗中，徐海东一直在第一线指挥，疲惫不堪。部队准备开会，全身瘫软的徐海东再也坚持不住，一头倒在地上昏睡过去，大家怎么叫也叫不醒，连他自己也没想到，自己一睡就是两天一夜。醒来时，徐海东只觉得胸口发闷，接着大口吐出鲜血。警卫人员吃惊地喊了起来，可徐海东像没事一样。徐海东从来没有将自己的身体放在心上：从小放牛、烧窑，身体一直很结实，会有什么病？他并没有重视自己的病情，又率部继续征战。

1932年冬，红四方面军撤离鄂豫皖苏区后，徐海东所在部队临危受命，负责留在原地阻击国民党军，掩护红军主力部队转移。在敌我力量悬殊、地形于我方不利的形势下，他不畏艰险，指挥若定，一面率领部队奋勇阻击数倍于己的国民党军，顽强坚持根据地的斗争，一面苦苦寻找失散的部队，寻找主力部队的伤员、掉队人员，同时把地方部队集中起来，使队伍在战斗中一天天壮大。

1933年2月，徐海东任红二十五军副军长兼第七十四师师长。5月，他对鄂豫皖省委关于围攻七里坪的错误决定提出反对意见，未被采纳。围攻七里坪失利后，红二十五军面临严重的困境。徐海东率部转战大别山，在敌人的包围圈中几进几出，创造了名副其实的游击战术。10月，皖西北道委决定组建红二十八军，徐海东任军长，在皖西坚持斗争。1934年4月，徐海东率红二十八军与吴焕先率领的红二十五军会师，合编为红二十五军，徐海东任军长，吴焕先任政委。在烽火与血泊中，徐海东敢闯险境，善打硬仗，积累了丰富的作战经验，红二十五军也声名远扬，"徐老虎"的威名响彻大别山区，令敌人闻风丧胆，谈"虎"色变。

1934年7月，周恩来派程子华到红二十五军传达中央指示：红二十五军作为中国工农红军北上抗日第二先遣队实施战略转移，以此牵制国民党军力量，减少对中央苏区的进攻压力。这时，党性强、作风正、以革命大局为重的徐海东主动提出由中央派来的程子华任军长，自己请求降职，改任副军长，但仍负责实际指挥战斗。11月11日，中共鄂豫皖省委在花山寨举行会议，做出向桐柏山、伏牛山转移的战略决策。省委任命程子华为军长，吴焕先为政委，徐海东为副军长。11月16日，红二十五军高举中国工农红军北上抗日第二先遣队的旗帜，近3000人从河南罗山县何家冲出发，开始长征。考虑到长途征战的艰险，带着女同志不方便，军领导决定把7名女红军战士留在鄂豫皖根据地，每人发8块大洋，让她们投亲、靠友或者嫁人。这些女战士接到通知，却坚决要求跟部队走，一片哭声惊动了徐海东。他问："为什么哭鼻子？为什么不服从组织决定？"年纪最小的周少兰天不怕、地不怕地说："我们都是逃跑出来参加红军的。我不能再回去当童养媳。部队就是我们的家。再说，行军打仗，难免会有战士受伤，前线需要我们呀！"徐海东被她们坚定的革命意志所感动，决定将7名女战士全部留下，这就是后来红二十五军长征"七仙女"之说的来历。

　　红二十五军一路向北征战，途中险阻不断。面对国民党军的重兵"围剿"与堵截，危急时刻，徐海东总是一马当先，率部与国民党军反复冲杀，可谓九死一生，多次与死神擦肩。

　　当红二十五军到达方城县独树镇附近时，驻守南阳的国民党军庞炳勋部已抢先占领了独树镇附近的七里岗、砚山铺一线，并在此构筑工事，准备以逸待劳，堵击红军。红二十五军到达独树镇后，首尾受敌，处境十分危险。当日适逢寒潮，气温骤降。全军指战员衣服单薄，十分疲劳，步履维艰。这时，部队距许南公路只有25公里，过了公路就可以进入伏牛山区。为防国民党军追堵合围，使部队有回旋余地，争取顺利通过公路，吴焕先和程子华率领前梯队走在前面，与徐海东率领的后梯队拉开了距离。下午，国民党军第四十军第一一五旅和骑兵团突然向红军前梯队猛烈攻击。因天气寒冷，红军指战员的手指被冻僵，拉不开枪栓，抵抗不及，被迫后撤。国民党军乘机猛烈冲击，并从两翼对红军实施包围，形势十分险恶。紧要关头，徐海东率领后梯队跑步赶到。他迅速部署部队就地坚守，并找到一盒保存较好的干火柴，点燃了路边的一个草垛，让官兵抓紧时间烤手、烤枪……

紧接着，他亲率60多名机枪手，排成一列横队，向国民党军冲去。随着他一声令下，红军的60多挺机枪一齐怒吼起来，顿时把国民党军打得抱头鼠窜。独树镇战斗是红二十五军在长征途中一次极为险恶的战斗。徐海东在这次战斗的危急关头力挽狂澜，为全军化险为夷建立了功勋。

12月9日，红二十五军西抵雒南。10日中午，鄂豫皖省委正在庾家河开会，国民党军第六十师从鸡头关方向发动突然袭击，抢占了东山坳口有利地形，向红军猛攻。省委立即停止会议，由徐海东率领第二二三团冲过去，夺回了东山坳口。国民党军两个团又增援上来，组织反扑，全线展开激烈的争夺战。红军从军长到伙夫都投入了战斗，从中午一直打到黄昏，反复冲杀20余次，终于将国民党军击退。这次战斗，程子华负重伤；一颗子弹从徐海东左眼底下打进去，从后颈穿出。徐海东生命垂危，被抬下阵地后，经抢救，虽然止住了血，可是他的喉头仍被血和痰堵着，呼吸困难。紧急关头，女护士周少兰毅然伏到徐海东身边，一口一口地将他喉咙里的淤血吸了出去。徐海东得救了！在缺医少药的战争环境里，周少兰眼不合拢，衣不解带，连续4天4夜看护，硬是从死神手中把徐海东的生命夺了回来。第五天，徐海东一醒过来就问："现在几点了？部队该出发了吧？"周少兰含泪答道："还出发呢！4天4夜不省人事，真把人急死了！"徐海东笑着说："我可不急，倒是睡了好觉！"当他听闻部队又与国民党军遭遇、先头部队打得不好、有全军覆没的危险时，立即让4个人扶他到指挥所，协同指挥，终于歼敌一个团又两个营，扭转了战局。这是徐海东负伤最重的一次，造成右耳失聪，如果子弹稍微偏离一点儿，或是炸子弹，他也就没命了。后来，他脸上的伤疤常常被误认为是个酒窝。"大难不死，必有后福。"在养伤过程中，徐海东与悉心照料他的周少兰结下了深厚情谊，以后成为革命伴侣。恢复健康后的徐海东在一次与周少兰的交谈中，建议她将名字"少兰"改为"东屏"，即"徐海东的保护屏障"之意。

1935年年初，红二十五军在鄂豫陕边区创建了鄂豫陕革命根据地。据参加过长征的老红军王诚汉回忆："在将近10个月的长征途中，大大小小有500多场战斗，有时一天要打三四场仗，战士们累得站着都能睡着了，虽然筋疲力尽，却斗志顽强。部队最小的战士仅12岁，大的也不过十七八岁，个个生龙活虎，勇猛无畏。蒋介石称徐海东带了一支'童子军'。凭借着在

风　范

战火中总结出的'先疲后打'的运动战术和声东击西的游击战术，徐海东带领部队打的胜仗越来越多。人家都说红二十五军没有打不了的仗、没有打不胜的仗。胜仗打得越多，缴获敌人的战利品也就越丰厚。红二十五军战士身上一般都背3个袋子——子弹袋、米袋、银圆袋。"

身上多处负伤，加上常年征战、积劳成疾，1936年，徐海东在一次战斗中再次吐血，病情加重。1937年，他忍着病痛参加了平型关战役。不久，他的病情越发严重，不得不回延安休养。由于当时延安的生活条件也极度困难，徐海东的生活条件并没得到太大的改善，养病的效果也不明显。

1939年，全国战局日趋紧张，八路军、新四军不仅要同日寇进行殊死战斗，还要不断反击国民党日益嚣张的反共气焰，前方干部非常缺乏。随着战争的进展，徐海东的心早已飞到了烽火连天的前线。他找到毛泽东，开门见山地说："主席，让我回前线去吧。"毛泽东关切地问："身体好了吗？"徐海东笑着回答："好多了。我这个人一听打仗就有精神，再一上阵冲锋，就什么都好了！""噢？打仗也可以治病，这是你'徐老虎'的发明？"毛泽东笑着说，"好吧，看来我又得放'虎'出山了。你就准备一下，中央决定你同少奇同志一起到华中去。"徐海东从毛泽东处出来，三步并作两步回到自己住处，告诉妻子这个好消息，同时要求她也做好到华中的准备。

在华中，徐海东没日没夜地忙碌，过度的劳累使他的身体有些难以支持，咳嗽和哮喘让他整夜不能安睡，脸色蜡黄，非常虚弱，但他仍以惊人的毅力坚持工作。12月，徐海东在皖东周家岗率领新四军第四支队与日寇激战3昼夜，粉碎了日寇对皖东的"扫荡"。1940年1月28日，徐海东在做这次反"扫荡"的总结报告时，突然口吐鲜血，昏倒在桌旁。经医生诊断，他因劳累过度，肺病复发，生命危险，必须抓紧治疗和休息。开始，徐海东还不以为然，认为会像过去一样，好好睡上一觉，躺上几天，就又可以冲锋打仗了，但几天过后，他觉得这次不同往常，躺倒后想起也起不来，而且动不动就吐血。徐海东肺部发炎时，一件薄衣服都不能贴着胸部，周东屏特意做了一个铁丝架，把被子搭在架子上，徐海东只能这么长期平躺着！对于这种状况，连一向自认为"命大"的徐海东也暗暗吃惊，自言自语："难道这次要去见马克思了？"周东屏当面强装笑颜地安慰他，可背后不知流过多少眼泪。

在战场上无所畏惧的徐海东,在病床上也是斗志不减。尽管肺病的痛楚时时折磨他,但他带着"酒窝"的那张脸始终洋溢自信的笑容,以乐观的态度对抗病魔。徐海东对身旁的医护人员说:"前方的将士更需要你们,不要老围着我转,我命大,阎王爷他不要我。""皖南事变"发生后,徐海东感到国难当头,自己却长期患病,不能为国出力,急躁不安,悲痛地说:"我们的部队遭了难,我怎么能躺在这里!"周东屏安慰他:"只要你能安心养病,早日康复,少给组织添麻烦,就算是对部队的支持了。"新上任的新四军军长陈毅特意来看望徐海东。徐海东拉着陈毅的手激动地说:"陈军长,人家都叫我'徐老虎',你看我都成了病猫了!唉!"陈毅听后,笑着安慰他:"虎老雄风在。有你趴在这里,敌人听了也胆寒。"

徐海东病重的消息传到了延安。毛泽东亲自给徐海东去电,要他"静心养病,天塌不管"。徐海东用颤抖的双手接过电报,顿时泪流满面,感慨万分。他想起在延安养病时,毛泽东就几次去看望他,嘘寒问暖,关怀备至,在经费十分紧张的情况下,还特批了50块钱给他增加营养。这次,远在千里之外,党中央还是这样惦记着他,关心着他,怎能不让他感动万分!徐海东哽咽着对妻子说:"有党中央的领导,天,绝不会塌下来!我一定要坚持活下去,只要呼吸不停,就要为党工作!我还要争取看到抗战胜利,看到新中国的建立呢!"

1943年冬,徐海东突然大口吐血,高烧昏迷,再次倒在战场上。同志们已在悄悄地为他准备后事了,但周东屏没有放弃,她知道徐海东在长征和抗日途中负伤、患病,都是吃中药好转的。她力排众议,果断地请老中医开处方,并亲自翻山越岭去采药。当大家还在担心中药有没有药效时,徐海东竟神奇地苏醒过来了。周东屏把自己坚持开中药一事说给他听,他不等妻子说完,就伸出手来说道:"东屏,快端药来,又是你救我了!"他接连服了3剂中药,病情竟大为缓解!

死神在坚强的徐海东面前慢慢退却了,一天、一个月、半年、一年……徐海东那颗顽强的心脏一直有力地跳动着。1945年8月,日本宣布无条件投降。这时,徐海东已经在担架上、病床上度过了整整5个春秋。他听到这个激动人心的消息,高兴地说:"我这个老病号,终于熬垮了小日本!看来,我还能熬到革命胜利呢!"

1947年9月，根据中央指示，徐海东赴大连休养。在这里，徐海东得到了有效的治疗。他第一次接受X光透视。一位留美医学专家和一位苏军名医给他做检查，发现其肺部大部分已丧失功能，都说不上算是第几期肺病了。当他们得知徐海东多年来仅靠中草药维持生命时，吃惊地问："真是奇迹！你是吃什么好药才活到今天的啊？"徐海东指着周东屏说："问她好了。她让我吃什么，我就吃什么。我能活到今天，都是我夫人的功劳。要不是她日日夜夜地照料，里里外外地为我操持，我可能早就到马克思那里报到去了。"苏联远东军区卫生部部长夸奖周东屏："徐将军活下来是奇迹，夫人的照料太伟大了！"

在大连，徐海东坚持读书学习，并盼望早日康复，重新工作。他说："作为一名共产党员，只要你有一口气，不为党工作，就是最大的耻辱！"正是因为这种生命不息、奋斗不止的精神的支撑，"老病号"不仅"熬"到了革命胜利，而且在新中国担任了中央人民政府人民革命军事委员会委员等职。1955年9月27日，他光荣地被授予中国人民解放军大将军衔。

坚守崇高的党性

1933年三四月份，红二十五军经过郭家河战斗和潘家河战斗，军威大振，迅速发展到1.3万余人，但是，胜利也使以鄂豫皖省委书记沈泽民为代表的"左"倾路线领导人产生轻敌思想，计划下一步强攻敌重镇七里坪。4月14日，鄂豫皖省委发布通告，宣布以夺回新集、七里坪作为反攻时期的主要任务。这是省委执行以博古为首的临时中央的"左"倾盲动主义做出的错误决定。

七里坪是离黄安县城30余里的大镇，镇里驻有国民党军第十三师的6000多人，周围筑满了围墙、壕沟、碉堡，还布上了层层铁丝网和鹿砦。时任红二十五军副军长的徐海东得知省委讨论攻打七里坪的部署时，提出了反对意见，但未被采纳。省委强调这是中央的指示，坚持要打。在红二十五军攻打七里坪的战斗中，省委还提出：现在内部反革命猖狂，我们一面围城，一面"肃反"。这就是著名的"七里坪火线肃反"。对待

"肃反"，徐海东始终持怀疑态度。他真想不通红军和党内到底有多少反革命！第四次反"围剿"之前，红军中就搞"肃反"，闹得人人自危，军心涣散，战斗力下降。此时，局面刚刚好转几天，不趁此机会发展苏区、扩充队伍，却又抓起反革命，这不是在自伤元气吗？在省委"火线肃反"的错误指示下，很多干部战士都被当作"改组派""第三党""AB团"给抓了起来。这时，饥饿、疲惫、"肃反"中的恐怖、冲锋中的伤亡严重威胁围攻七里坪的红军。在这种不利的局面下，省委反而批评一些领导在"肃反"中思想右倾，严令"对武装中的肃反还要加紧"，就这样，"肃反"更加扩大化了。

七里坪久攻不克，部队损失过半，根据地中心区域又遭国民党军破坏。在这种不利局势下，省委不得不做出全军于6月13日撤出阵地的决定。七里坪战斗失利后，徐海东列席了省委会议。在会上，徐海东痛心地说："红二十五军这样好的队伍搞垮了，领导上要负完全责任。"他又补充，"历来，只有小资产阶级领导，只顾自己吃饭，不管战士的死活！……"这几句话刺痛了主持会议的沈泽民，未等徐海东说完，就问徐海东："哪个是小资产阶级？就你是无产阶级？你这个人成问题！"此时，从委员堆里传来斥责声："你没有资格参加我们的会议，出去！"这样，徐海东当场被推押出会场，并让他做检讨，拟以"肃反重点人物"处置。

徐海东思想负担很重。他想，在"肃反"中讲了几句"怪话"的人，都会被带上"反革命"的帽子杀害，而自己这一次直接批评省委主要领导，肯定要被定成"反革命"，便寻思与其不明不白地叫人扣个"反革命"的帽子杀了，还不如在战场上战死，也落得个光荣。

不久，国民党军突然发动进攻。徐海东满腔悲愤，把两个团长找来，部署说："马上组织反击！你们两个团从后翼包抄。"当团长问正面怎么应对时，徐海东拍着胸脯说："有我呢！"在阵地前沿，当国民党军黑压压地攻上来时，徐海东抱定赴死之心。他甩掉帽子，扒下上衣、裤子，只穿一条短裤，从警卫员手里抓过战刀，不等冲锋号声响起，便跳出工事，第一个冲向敌人。特务连、交通队的战士们见副军长身先士卒，也都高喊着，随徐海东杀向敌人。担任包抄任务的两个团长见正面的徐海东不要命地冲锋，也带头冲锋。国民党军被这种拼了命的打法惊呆了，很快被冲散，纷纷后撤，溃败下去。

徐海东赤膊上阵，带领官兵打垮了敌人，感动了沈泽民。他到前线看望徐海东，称赞说："你打仗很勇敢，不怕牺牲，是好样的。"之后，沈泽民对鄂东北道委书记徐宝珊说："宝珊，我不死，不准再有人说徐海东有问题。哪个说他有问题，哪个就是反革命！"严酷的现实使省委的头脑有所清醒，停止了"肃反"。

1933年6月中旬，红二十五军在向皖西北转移途中给养困难，有一半人员非伤即病，部队很多人都在抬担架。徐海东随第七十四师行动，瘸着一条伤腿艰难地步行。当部队进至福田河一带时，突然接到军部命令：过福田河以东筹粮不用调查，牛、羊、猪、鸡都可以杀，以供应部队生活。这一命令是错误的，是旧军队军阀主义的表现。徐海东接到命令后，十分气愤，马上将第七十四师3个团长找来，嘱咐他们不准执行这一命令。他特别强调不能杀群众的牛，说牛是贫苦农民家的命根子，杀一条牛等于杀了他们全家，工农武装应该为工农着想。由于徐海东抓得紧，第七十四师指战员一路上宁愿忍饥挨饿，也不骚扰百姓，很好地维护了群众纪律。途中，徐海东还派人把军部丢下的牛皮、牛骨头埋起来，并赔偿了损失。后来，沈泽民见到徐海东时，流着泪说："海东同志，要有你这样的党性，二十五军不会这样！"

1935年9月，红二十五军长征到达陕北，和红二十六军、红二十七军合编为红十五军团，徐海东为军团长，程子华为政委，全军团7000余人。为了扩大和巩固陕北根据地，迎接中央红军北上，红十五军团积极投入陕北根据地第三次反"围剿"战斗，首战劳山，再战榆林桥，三战张村驿，连战皆捷。正在围攻张村驿时，徐海东接到政委程子华来信，说毛泽东这晚要到军团司令部来，接信后速回。徐海东当即把指挥任务交给两个团长，快马加鞭，用3个半钟头跑完135里路，在军团司令部第一次见到了毛泽东。二人为革命神交已久，共同分析了敌情，决定先拿下张村驿。毛泽东留给徐海东一部电台。徐海东连夜返回了前线。11月，徐海东率领红十五军团与红一军团并肩作战，在直罗镇战役中全歼国民党军第一〇九师，粉碎了国民党军对陕甘根据地的"围剿"，为党中央把革命大本营设在陕北举行了奠基礼。也就是在此战总结大会上，毛泽东称徐海东是"对中国革命有大功的人"！

　　两军会合后，革命力量大增，是很值得庆幸的，然而，一下子开进这么多部队，要供应吃饭、穿衣，就使十分贫瘠的陕北难以承受了。经过长征，中央红军的后勤保障几乎弹尽粮绝，囊空如洗，以自身的力量解决数千人御寒的冬装问题，谈何容易！偏偏那年天公又好像有意与红军为难，时令还不到立冬，一场风雪便笼罩了陕北大地。绝大多数出生于南方的红军官兵还都身着单衣，他们以无畏的身躯和刺骨的寒风、恶劣的天气顽强地抗争着。

　　中央红军面临的严峻形势很快逐级反映到军委首长那里。后勤部领导杨至成的报告也工工整整地摆在了毛泽东的案头。这份报告不仅分析了部队在物资保障上存在的严重困难，而且提出了解决这些困难的意见，其中有个数字特别醒目：要渡过这次难关，最少需要2000至3000银圆。看到这份报告，毛泽东陷入深深的思索之中。他何尝不明白部队存在的严重困难，他那一身补丁摞补丁的薄棉衣不是很好的说明吗？而广大指战员就连这样的棉衣也是少之又少啊！但毛泽东也很清楚，筹措偌大一笔款子，一时要求地方解决并不现实。陕北地广人稀，土地贫瘠，正常年景，人民群众尚难得温饱，更何况这几年国民党军队对陕北实行严密封锁，反复"清剿"，早已把群众侵扰得户户家徒四壁，哪里还有盈余供应部队？红军是工农的子弟兵，应该与广大群众同甘苦、共命运。在这种时刻，决不能再加重群众的负担了！然而，部队急切需要解决的困难怎么办？

　　这笔款子在今天看来也许是微不足道的，但在那兵连祸结的年代，它可能维系数千人的生存和命运！毛泽东双眉紧锁，在窑洞中慢慢地踱步，手中的香烟一支接着一支被点燃。他忽然想到了徐海东和红二十五军。毛泽东知道，这笔钱对于徐海东他们来讲也并非轻而易举就能筹集，可毕竟红二十五军来陕北之前，已经在陕南开辟了鄂豫陕根据地，活动了几个月，或许多少会有点儿积蓄。"试一试吧。这也是病急了乱投医哟！"毛泽东自言自语，并马上派人找来了杨至成："至成同志，你的报告，看过了。我看是不是先向徐海东同志求助一下，以解燃眉之急？"

　　"主席！红二十五军仅仅比中央红军早到陕北一个多月，他们能有这个力量吗?"杨至成不无疑虑地说。

"先去跑一下嘛！红二十五军在陕南经营了几个月，希望他们多少还能有点儿家底。我相信，只要有可能，徐海东同志是会帮这个忙的！"毛泽东点燃了一支烟，接着讲道，"我写个借条，你拿着去。不过，你要注意，千万不要使海东同志为难！"

毛泽东给徐海东的借条写道："因部队过冬，吃、穿出现困难，特向你借款 2500 元。"最后署上"毛泽东"3 个字。

杨至成带着这一张借条，就像怀揣着中央红军数千人的希望，冒着纷纷扬扬的雪花，纵马飞奔而去。

到达徐海东的驻地，时间已近中午，大雪仍然下个不停。徐海东热情地接待了杨至成。他知道，一定是有什么紧急事情，不然，杨至成不会在这样的天气里赶来。果然，两个人交谈几句话之后，杨至成便把毛泽东那张借条递了过来。

徐海东看完，手禁不住有些颤抖，眼睛也有点儿发酸。他既为毛泽东对自己的信任而激动，也为自己没有事先想到中央红军的困难而愧疚。徐海东立即将借条放到怀里，就像收藏起一件珍品。他伸出双手，紧紧和杨至成的手握在一起，连声说："至成同志，真对不起，我们考虑得太简单，也太粗心了！"杨至成还没有完全弄明白徐海东这句话的意思，赶忙说："我们知道，你们一定也很困难，可……"

"不！不！我们再困难，也比你们好一些。"没等杨至成再说下去，徐海东连声说道，"天下红军是一家！你们的困难，就是我们的困难！请军委首长放心，我们一定尽快想办法筹款送去！"同时，徐海东坚定地表示完全服从党中央的领导。

杨至成走后，徐海东立即叫人把供给部长找来，问："咱们现在总共还剩多少钱？"

"还剩 7000 块大洋。"供给部长答道。

"啊，太好了！太好了！"徐海东高兴地一连在供给部长肩上拍了好几下。

"有什么好！不当家不知柴米贵！"供给部长立刻向徐海东诉起了苦，"军长，你不知道，马上添置冬装要花钱，买药品要花钱，买油盐粮菜也要花钱。现在算来抠去，我这里还差3000多块没有着落哩！"

"行了，甭说那么多了，先拿出5000元来。"

"要钱做什么？"供给部长一听这么大的数字，吃惊地瞪大了眼睛。

徐海东慢慢地摸出了毛泽东写的那张借条，轻轻地放在供给部长的手上。供给部长看完借条，也为中央红军的困难而忧虑，但职责所系，他还是有些犹豫地说："军长，这钱是该借。可……你也知道，这7000元是长征一开始，我们就一分一厘地掰着指头攒下来的！你至今连一件大衣也没舍得添，部队过冬也需要钱……"说着说着，供给部长的眼里涌出了泪花。

徐海东沉默了。他怎么能不知道自己部队所面临的严重困难。他慢慢地踱到窗前，把目光投到更远的地方。室外，大雪纷飞，朔风呼啸。徐海东不禁打了一个寒战。他顷刻意识到，一个共产党员，应该无条件地服务于党中央。为了革命，为了共同的事业，不能再犹豫了！

他倏地转过身，对供给部长说："我知道，我们的日子过得也非常苦。可你想想毛主席和中央红军走了整整一年，跨过那么多山山水水，刚刚经历过两万多里的长征，他们过的又是什么样的日子？！如今，我们会合了，革命需要我们，但更需要党中央！更需要毛主席！更需要中央红军那数千阶级兄弟！我们哪怕就是遭些罪，甚至冻死、饿死，也要抠出钱来，保证他们熬过陕北这第一个冬天！"讲到这里，徐海东把手臂用力一挥，斩钉截铁地说，"明天就请你把钱送过去，一天也不能再耽误了！"

第二天，供给部派人把5000块大洋送到中央红军后勤部。杨至成高兴地说："这下可救了急了！"毛泽东、张闻天、周恩来、彭德怀等领导同志都把这5000块大洋看作雪中送炭。一天，彭德怀见到徐海东，由衷地说："那钱真是'雪中送炭'，应多多感谢你这位财神爷！"徐海东不好意思地回应："彭司令怎么这么客气！这是应该的，本应多给些，无奈，我们穷，拿不出来啊……"

不仅这5000块大洋，为了进一步从人员和物资上支援中央红军，红十五军团专门召开了干部会议进行动员。大家一致表示：给中央红军送礼物是全军团的心愿。徐海东宣布了军团支援中央红军的人员和物资的决定：一、每个连队抽出机枪3挺和部分其他枪支、弹药；二、经济部、卫生部抽出部分衣物、医药用品；三、将榆林桥和劳山战役中编入的全部"解放战士"

补充给中央红军。为了保证质量，做到了"三不送"：不送缺损零件的枪支；不送变质药品；不送破脏衣服。红十五军团还成立了督促小组，检查各连队任务落实情况。每个连队都组织人员擦洗枪支、补洗衣服，保证每支枪不但完好无损，而且油光发亮，没有锈迹，许多人还把自己的羊皮袄拿出来，送给中央红军。"解放战士"也积极响应号召，为了争取早日成为光荣的红一军团的红军战士而努力学习，军事素质提高很快。一切都准备齐后，这些物资和人员被转交给了中央红军，进一步化解了中央红军的燃眉之急。

若干年后，毛泽东对这件事仍然记忆犹新，他在一次干部大会上说："在陕北最困难时，还多亏了海东同志借给我的5000元钱呢！如果没有他的雪中送炭，红军官兵可能熬不过那个冬天！"亲历过这段历史的人皆对徐海东充满敬意。中华人民共和国成立后，周恩来有一次在北戴河理发室理发，刚理到一半，听说徐海东来访，立刻让理发师停下，出门迎接，紧紧握住徐海东的手，相谈甚欢。1969年4月1日，中共九大召开。在会议召开前夕，毛泽东得知徐海东没有来，便专门派人去请。他对到会的九大代表讲了一段话："当年如果没有徐海东率领的红二十五军到达陕北，巩固和发展了陕北的根据地，就没有中央红军的立足之地。徐海东同志是对中国革命有大功的人，我提议他为九大代表和主席团成员。"

淡泊名利，3次"让官"

说起徐海东，许多人首先想到的是他骁勇善战。无论是蒋介石的国民党嫡系亲随，还是杨虎城的西北军、张学良的东北军、阎锡山的晋军，都屡屡败在他的手下。美国记者埃德加·斯诺在《西行漫记》中写道："中国共产党的军事领导人中，恐怕没有人能比徐海东更加'大名鼎鼎'，也肯定没有人能比他更加神秘的了。"然而，名震天下的徐海东不仅是一名战功卓越的军事家，更是一位胸襟宽广、淡泊名利的共产党员。特别是他几次主动"让官"的经历，让我们看到了共产党员的宽广襟怀。

1931年3月，徐海东被调到红四军第十二师第三十八团任团长。在一次战斗中，徐海东跟随连队一起冲杀，身负重伤。他的左腿连中两发机枪子弹，一发穿过皮肉，一发卡在大腿骨和小腿骨之间。他被抬下战场后，昏迷了整整一天一夜，随后被送入红军医院。手术后不久，他就拄着棍子，一瘸一拐地长途跋涉，找到了部队。没想到，因为战事太紧，组织上又不知道徐海东何时出院，于是就任命了一名新团长，而且政委也不缺，只缺一名副团长，他这个老团长反倒成了没处安置的干部。师政委让他先在师部休息养伤，等待分配，他不干，斩钉截铁地说："我去当副团长。"

"这怎么行？"师政委吃惊地望着徐海东。

"这有什么？"徐海东大度地说，"团长、副团长不是一样领兵打仗吗？再说，我们闹革命又不是争官当！"

在徐海东再三要求下，师里同意了他的请求。他又回到了第三十八团，有板有眼地当起副团长来。他与团长、政委通力配合，胜仗照样是一个接一个地打，他的威名在大别山区传得更响了。

1933年10月以后，鄂豫皖根据地受到了严重破坏。在国民党重兵"围剿"下，根据地被分割、压缩成几小块，敌我兵力极端悬殊。在这种情况下，张国焘率中共中央鄂豫皖分局和红四方面军主力撤离鄂豫皖苏区。中共湖北省委决定重建红二十五军。徐海东被任命为红二十五军第七十四师师长，后又任副军长。

1934年3月，徐海东率部队转战到葛藤山一带，以不到2000人的兵力吃掉了国民党军第五十四师第一六一旅两个团。国民党军第五十四师代师长柳树春和他的1600多官兵一起成了红军的俘虏。对自己的惨败，柳树春百思不解。他问徐海东："徐军长，您是'黄埔'（指黄埔军校）第几期的？"徐海东摇了摇头。柳树春又问："那您是'保定'（指保定陆军军官学校）第几期的？"对于柳树春的求问，徐海东手指远山近岭回答："我既没有听过'保定'的课，也没有入过'黄埔'的门，我是'青山大学'毕业生！"柳树春听罢，目瞪口呆。

葛藤山战斗后不久，徐海东率部同吴焕先领导的队伍会师合编，并出任红二十五军军长。程子华传达党中央的指示，红二十五军主力于11月编为中国工农红军北上抗日第二先遣队，实施战略转移，建立新根据地。

出征前，部队在罗山段家湾、何家冲一带进行整编时，徐海东主动向

风 范

省委提出请求，由程子华担任军长，自己改任副军长，因为他听说程子华在黄埔军校武汉分校学习过，参加过广州暴动和海陆丰斗争，又当过中央红军的师长。他想，不论是从文的方面还是武的方面来说，程子华都会比他这个"青山大学"毕业的军长强，这样，红二十五军就能少受些挫折，少走些弯路，发展壮大也会更快一些。但是，他不当军长，主动要求做副手的举动，大家不一定都能理解，一时间，议论也多了起来："老军长怎么变成副的了？""还不是被'老三'①咬了的。""不！听说是他自己主动提出要当副军长的。"听了这些议论，徐海东只是笑笑，根本没有放在心上。省委书记徐宝珊知道徐海东性子急，又要强，怕他听了这些话受不了，就专门去找他。徐海东听了徐宝珊安慰他的话，反而笑了起来，说："做副手，是我自愿的。我这人打仗有瘾，走路有瘾，以前喝酒也有瘾，就是没有官瘾。干什么不是为了革命呢？想一想，以前我还是个窑花子呢！陈赓师长说得好，我们是共产党的干部，党和人民的利益高于一切！再说了，程子华同志就是比我这个'青山大学'毕业的军长强！"听了徐海东这一番肺腑之言，徐宝珊大为感动。就这样，为了革命的需要，徐海东又一次"让官"，由军长变成了副军长。

北上转战数千里，红二十五军指挥官严重"减员"：军长程子华负伤，省委书记徐宝珊病逝，政委吴焕先不幸牺牲。此时，另一个军部领导向徐海东提议："现在只剩你我了。我俩是老搭档，我看，我们共同负责，把这支队伍带起来，怎么样？"徐海东知道他话中的意思：他是想当军政委了。对此人的品行和才能，徐海东是最清楚的：资历是不浅，但军事指挥不行，政治上"左"倾，"肃反"抓"改组派""AB团"最卖力，伤了许多好同志，这样的人若做了政委，可能就要让红二十五军遭受损失。不久，红二十五军和省委召开会议，决定到陕北，与刘志丹率领的红军会合。会上，大多数人提议由徐海东代理军政委，但也有人提议由那位军部领导代理军政委。徐海东宁肯继续担任副军长，也不愿会议做出可能不利于党的决定，于是提议：在困难时刻不讨论人事安排。徐海东的提议得到大家的认可。淡泊名

---

① 指"肃反"中被抓的所谓"第三党"的人。

利，才能做到宠辱不惊。徐海东在关键时刻又一次显示了以党和革命事业为重的优秀品质。

斗转星移，一晃十几年过去了，一个崭新的共和国在战火中诞生了。由于身负17处创伤，且长期超负荷战斗与工作，徐海东患了极其严重的肺病，只好脱离工作岗位，在大连长期疗养。尽管这样，党和人民没有忘记这位功勋卓著的老将。1955年，中国人民解放军开始实行军衔制。经毛泽东提议，党中央决定授予徐海东大将军衔。

消息传到正在大连养病的徐海东那里，躺在病榻上的他彻夜难眠，深感不安。他想，自己虽然资历不浅，但在出任新四军四支队司令员后不久就病倒了，1940年以后，几乎就是在担架和病床上度过的，自己并没有继续为党做更多的工作，怎么能接受这么高的军衔呢？他想向党中央反映情况，恳请把自己从大将的名单中拿掉。

恰在此时，周恩来到大连，特地看望了徐海东。徐海东见到周恩来，真挚而坦诚地说："总理，我长期养病，为党工作太少了，授我大将军衔，我受之有愧啊！党中央能不能重新考虑……"

周恩来不仅钟爱这位窑工出身的虎将所向披靡、万夫莫勇的军事才华，更欣赏他淡泊名利、光明磊落的胸怀与人格，不由得紧紧握住他的手，郑重地说："海东同志，你不要让了，给你授大将军衔，是根据你对革命所做的贡献决定的，依我看，不高，也不低，恰当！"

徐海东说："党给予我的荣誉太高了！我感到心中不安！"

周恩来望着徐海东，深情地说："你这些年养病，是由于你在战争年代多次负伤，身体垮了，不是你不干嘛，是你病了嘛。你对党的贡献很大，中央的决定是有根据的，你不要有顾虑。"

就这样，在中国人民解放军第一次授衔时，徐海东被授予大将军衔，荣获一级八一勋章、一级独立自由勋章和一级解放勋章。

1955年9月，全军正式授衔之后，徐海东的一些老战友、老部下认为自己的军衔被定低了，觉得不公平，就来找徐海东诉苦、发牢骚。有一位资格很老的同志甚至讲出了"老革命不如新革命，新革命不如反革命"的怪话。他这怪话的言外之意是：有些资格不如他的同志军衔比他高，有些起义将领的军衔也比他高。

风 范

徐海东听完这些话皱起了眉头,严肃地对老战友说:"你的看法是不对的,是错误的。如果我们没有党,不是党解放了我们、教育了我们,今天,我徐海东在家仍然是一个穷窑工,你在家还不仍然是一个穷农民吗?不是党的培养,你哪有今天?我们能有今天,是多少战友牺牲换来的,我们是幸存者啊!想想牺牲的同志,他们得到了什么?你说出这样的话,对得起牺牲的战友吗?你这是忘本啊!"

老战友被徐海东这一席话深深地打动了,流着眼泪说:"请放心吧,像我这样想法的不止我一个,我一定把你的话带给和我有一样想法的人。"他回去后,果然不再计较军衔高低,并对想不通的同志做工作,起了很好的作用。

徐海东身边有一位警卫人员被授予准尉军衔。准尉比"一杠一花"的少尉低一级,肩章上只有一道杠,没有"花"。这位警卫人员觉得脸面上不好看,心里老大不高兴,想通过徐海东要个"花",升为少尉,便对徐海东说:"首长,我戴着这个光板肩章太难看了,连个'花'都没有,能不能……"

徐海东听了,笑着打断他的话:"同志,荣誉怎么能伸手要呢?不能伸手要荣誉、要级别嘛。一个共产党员,应当考虑的是怎样能为党、为人民多做一些工作。"徐海东的话使这位警卫人员深受教育,几十年后,他仍然难以忘怀,还常常把徐海东的话转述给年轻的同志听。

最好的共产党员

被毛泽东誉为"最好的共产党员"的徐海东不仅骁勇善战、功勋卓著,在日常工作和生活中更是处处体现了共产党员的崇高品格和精神风范。

徐海东很爱与他同生死、共患难的妻子。抗日战争爆发后,从大后方来了许多有文化的女学生。一次,有位同志向徐海东半开玩笑、半认真地说:"要改组吗?我帮你介绍一个漂亮的大学生。"徐海东一听这话,生气地说:"浑话!东屏是受苦人,我是泥巴人,我们既是夫妻,又是战友,我怎么能干那种事!"

中华人民共和国成立后,徐海东常讲的一句话是"不能忘本"。他在大连养病期间，得知自己的一位老部下闹离婚，执意抛弃共患难8年的妻子去另寻新欢，非常生气，一连骂了好几天。自此以后，每逢有老战友、老同志、老部下来看望他，他不管对方爱听不爱听，都要问3句话："政治上犯错误了没有？""经济上多吃多占了没有？""生活上和老婆闹离婚了没有？"得到满意的回答后，徐海东脸上才会露出笑容。周东屏见他总问这3句话，担心会引起客人不高兴，就提醒说："都是多年不见的老同志，大老远地来看你，怎么一开口就问这些？"徐海东却说："问问有什么不好？这是爱护他们。净说好听的话，那还算什么共产党员！"

徐海东对自己要求很严，就连应该享受的待遇也坚辞不受。1955年，周恩来安排有关部门给徐海东修建房子，他知道后，说："国家正在搞建设，花钱的地方有很多。我的房子暂时不用修建了，以后再说吧。"一次，周恩来在北戴河会议上见到徐海东时问："你为什么不让修建房子？""现在有房子住，很好了！"徐海东再次拒绝为他修房。

大革命时期，徐海东家族失去了66位亲人。中华人民共和国成立后，为了纪念他们，徐海东决定修个烈士墓。尽管失去的亲人们都是为革命牺牲的，但徐海东认为，为他们修墓是"自己家的事"，不能占公家的便宜，于是，他自己出钱，于1949年10月在家乡湖北大悟建成"徐海东亲属烈士墓"。

徐海东对自己"抠门儿"，对家乡却很慷慨。中华人民共和国成立不久，徐海东找安徽省要了40多万株茶树种到大悟。后来，这些茶树成为乡亲们的"致富树"。他还筹资修通了从大悟到武汉的公路，帮助家乡建起了烟厂、化肥厂、榨油厂等。

徐海东的老战友们常说他"上战场是凶老头儿，下战场是好老头儿"。的确，徐海东打起仗来浑身是胆，对敌人狠极了，对同志却没半点儿架子，亲昵得像一家人。一天，徐海东正在睡觉，一名通信员来给他送信，周东屏没叫醒他，把信收了下来。徐海东醒后，见信，不见通信员，很不高兴，批评妻子没有群众观点："以后不管我在干什么，只要有下面的同志来，一定要让他们来见我，我要见到他们。"

徐海东克己奉公、以身作则的同时，对子女们管教也很严，从不允许他们凭借父辈的功劳去谋求特殊照顾。

战争年代，徐海东就要求子女与老百姓家的孩子一样，甚至还特意让

风 范

自己的孩子去经受危险的磨砺。1942 年,徐海东住在津浦路东的芦店子时,房东王大伯的儿子要娶亲,新娘入洞房要有两个属牛的金童玉女捧花烛。徐海东长子徐文伯的属相恰好是牛,又是"徐老虎"的儿子,房东大娘特别希望徐文伯这个"金童"捧花烛。他们向警卫部队提出了这个要求,部队领导认为捧花烛的风俗有迷信色彩,让首长的儿子去捧花烛影响不好,就没有答应。事情传到了徐海东的耳中,他笑着说:"我看这不但不是什么坏事,还是和群众打成一片的好事。我的儿子有什么特别?和群众的孩子没有任何区别嘛。我同意小林(徐文伯的小名)给房东大伯的儿子娶亲拿花烛,但注意一条:不要磕头,鞠躬就行了。"这件事在十里八乡传开后,老乡们都说:"新四军大官的儿子肯给我们老百姓捧花烛,共产党和我们真是一家人啊!"

1946 年,9 岁的徐文伯随徐海东转战,徐海东给了他一个任务,跟尖兵走在队伍最前面,每到一地,就到乡公所搜集报纸,这样,徐海东每到一地,就能马上看到报纸。做尖兵是很危险的,可徐海东为了锻炼儿子,仍然让儿子去做,这也使徐文伯从小就养成了看报纸的习惯,从小就很关心国内外大事。

徐海东经常对子女说:"你没有什么特殊的,跟其他孩子没什么两样,只不过你生在这个家庭。"他要求子女不能向政府提要求,不能给政府添麻烦。

1925 年,徐海东大女儿徐文金出生。1927 年大革命失败时,他的前妻田得斋被关进大牢,他也被迫逃离家乡,大女儿被三伯父用箩筐挑着连夜逃走。事后,徐文金隐姓埋名,成为一个乡村人家的童养媳。徐文金长大后,与一名乡村医生结了婚。中华人民共和国成立后,徐文金得知父亲不仅活着,还做了大官,就和丈夫计划找父亲讨份好工作。1951 年,徐文金第一次走出大山沟,到大连一家疗养院见到了阔别 23 年的父亲。两个月后,徐文金向父亲说自己打算在城里找份工作。徐海东听了,沉默了一会儿,劝道:"现在刚刚解放,政府负担还很重,你又没有文化,怎能搞特殊化呢?再说,我们流血闹革命图个啥?现在农村有田地种,有房子住,穷苦的老百姓翻身做了主人,你回到农村与乡亲们一道种田有什么不好呢?"不久,徐文金告别了父亲,回家乡继续当农民了。

1962 年,徐文伯被调到国防部五院二分院政治部从事青年工作,终于穿上了自己喜爱的绿军装，并于 1963 年获中尉军衔。正当他准备大干一场的时候，1965 年，中央军委将国防部五院改为国务院第七机械工业部，涉及的 10 万人都要转业。徐文伯舍不得脱下穿了 3 年的军装，想调到别的部队。他把这个想法告诉父亲后，父亲却大发雷霆，严肃地批评说："你怎么遇到事情就先为自己打算呢？你们单位 10 万人转业，这是军委的决定、党中央的决定，你为什么就不能转？作为一个革命干部的子弟，应该事事、处处起模范带头作用，万万不能搞特殊！"一看父亲动了怒，徐文伯也确实知道自己错了，连忙做了检讨。回到单位，他主动打报告，带头脱了军装。

徐海东教育孩子们要尊敬他人。凡是在徐海东身边工作的男同志，年纪稍大的，他让孩子们喊"叔叔"，年纪较小的，让孩子们喊"哥哥"，从来不准直呼其名。在日常生活中，徐海东夫妇要求孩子们要勤俭节约，杜绝浪费。二女儿徐文惠上小学时，周围的同学穿的都是漂亮的布拉吉（连衣裙），母亲周东屏觉得孩子上学总要有一两套漂亮的衣服，过节、开联欢会时好穿，就给女儿做了一件新裙子。没想到，这事遭到徐海东的一顿呵斥："你一下子给她花这么多钱买衣服，这是忘本，不懂得艰苦朴素！"周东屏很委屈，因为这事，这对革命模范夫妻还吵了起来。徐海东不仅从不让孩子们乘坐公家为他配的专车，就连公家配发的信封、信纸、墨水，也一律不许孩子们用。他还教育孩子们，钱分为两种，一种是公家的钱，私人是不能花的；一种是自己的钱，但也不能随便乱花。

谈起父辈对子女们的影响，徐文惠深情地回忆说："父母的出身都很苦，父亲在 18 岁之前没吃过一顿饱饭、没穿过一件新衣。母亲 7 岁开始乞讨，后来卖给人家做童养媳，12 岁逃出来参加革命。在大连期间，生活条件虽得到改善，父母仍克己奉公，时时处处严格要求自己。他们穿的是新四军时期的旧军服，即使破旧了，也要缝补后继续使用；用了 30 年的搪瓷缸子等生活用品，都舍不得扔掉；国家发给父母的信封、信纸等办公用品，我们子女一概不许使用；决不允许我们浪费一粒米、一滴水、一度电……通过点点滴滴的言传身教，使我们养成了勤俭节约的好习惯。"

黄克诚

"党内夸刚正，人推黄克诚"

"党内夸刚正，人推黄克诚。奋斗仗精诚，最佩正气雄。"黄克诚从青年时代起就追求真理，终生不渝。他一生光明磊落，仗义执言，不盲从，不跟风，不趋炎附势。他在60多年的革命生涯中，除了被错误批判、降职、撤职外，还曾经险些被杀头，虽屡遭不公正对待，但坚强的他像一棵迎风傲霜的青松，从不弯腰俯首，丝毫未动摇对党的忠诚、对共产主义的坚定信念，始终保持共产党人应有的刚直品格和铮铮铁骨。

从红军时期起，黄克诚就坚持独立思考，从不随波逐流，完全从党和人民的利益出发，勇于直陈自己的见解。1930年7月，以李立三为代表的"左"倾冒险主义照搬苏俄革命的经验，把中心城市的武装暴动看作决定中国革命胜负的关键，提出"会师武汉、饮马长江"的口号。红三军团和湘南省委、湘赣特委在平江城举行联席会议。会议上，一部分干部极力主张按中央的部署攻取武汉；另一部分干部，主要是军团部和湘南省委的干部主张先攻取长沙，再打武汉。双方激烈争论，相持不下。黄克诚明确陈述了自己的意见："现在提出攻取武汉的主张是不现实的，因为目前我们根本不具备夺取武汉的条件。至于打长沙，不是不可以打，但不是暴动夺取，而只能是采取游击军事行动，设法将长沙守敌吸引到野外歼灭之。若打胜了，相机占领长沙，可以达到扩大影响和扩军筹款之目的。"黄克诚一讲完，当即受到围攻，发言者指责他是严重的右倾机会主义。军团政委试图说服他。黄克诚认为错的不是他，而是指责他的人。他对批评者说："我现在不服，将来也不服，准备再和你们争论20年。"彭德怀劝他："提了没用，不如不说，下一步，你少放炮。"黄克诚坚持说："这做不到。明知不对，让我不说，杀了也不干！"为此，他受到严厉批判，被撤销了原本要他担任纵队政委的任命，仍任支队政委。这是黄克诚因公开发表所谓"右倾"意见第一次被撤职（保留原任）。黄克诚一如既往，指挥部队英勇作战，并在领导部队打土豪、筹粮中立了大功。李立三"左"倾冒险错误被纠正后，黄克诚于1931年被任命为师政委。

1931年"富田事变"发生后，根据中央指示，继续大规模开展以打"AB团"为重点的"肃反"运动。这次打"AB团"运动是在第二次反"围剿"之后开始的，"肃反"扩大化的倾向十分严重。"肃反委员会"可以根据"逼供信"得来的材料随便抓人、处决。黄克诚时任红三军团第三师政委，他对上次开展"肃反"杀人过多深感痛心，并竭力进行抵制，对被怀疑的干部尽力保护，可是，"肃反委员会"权力很大，他虽是第三师政委，希望慎重审查处理，但有些干部，他还是没保住，如组织科长周鉴、政务科长盛农、宣传科长何笃才等，都是党的忠诚而优秀的干部，还是被杀害了。

何笃才等干部被杀害之后，黄克诚更加意识到这种"肃反"路线是胡来。一天，"肃反委员会"主任带着两名保卫战士找上门来，给黄克诚一份所谓"AB团"分子的名单，要他按名单抓人，进行审查处理。黄克诚硬着头皮顶，坚决不肯抓人。他对"肃反委员会"主任说："不能随便抓人！枉杀了自己的同志，不仅会遗恨千古，而且对革命会造成痛心的损失啊！""以前是说地主富农钻进革命阵营破坏革命，要进行阶级决战，可是在你们所要抓捕的人当中，没有一个是地主富农，全都是经过我们自己培养起来的干部，他们怎么会是反革命呢？""肃反委员会"主任指着名单说："已经有人供出了他们，一定要抓起来审查。"黄克诚也指着名单说："他们都是连长、连政治委员、基层干部，我敢担保，他们没有一个'AB团'分子。如果有，你枪毙我黄克诚。我请求上级网开一面，刀下留人。"

"肃反委员会"这次提供的所谓"AB团"分子名单上的人，确实大多是连队基层干部。其中有两个连政治委员，一个名叫石元祥，一个名叫曾彬农，都是农民出身，平时表现很不错，打起仗来非常勇敢，黄克诚根本不相信他们会是反革命，决心保护他们。既然"肃反委员会"一定要抓捕他们，黄克诚自知硬顶无济于事，便派警卫员悄悄告诉他们暂时上山找个地方躲起来。"肃反委员会"几次来抓捕，都未能抓到。

石元祥、曾彬农二人在山上躲藏，每天由黄克诚派人偷偷地给他们送饭，打起仗来就派人叫他们下山，回到各自的连队带兵参加战斗，战斗一结束，他们马上再上山躲藏。他们明知上边要抓捕他们，但并不逃跑，打仗更加勇敢。他们向黄克诚表示，宁可牺牲在战场上，也决不当逃兵，以此表明自己无愧于党和革命。黄克诚愈加坚信他们是革命的忠诚战士、党的好干部，决心把他们保护好。可是，大约过了两个星期，事情最终被"肃反委员会"发觉了。一天，战斗刚刚结束，石元祥、曾彬农等几个人尚未来得及上山躲避，就被"肃反委员会"抓捕并杀害了。黄克诚痛惜万分，深深责备自己没有能够保护好他们。黄克诚悲愤地质问"肃反委员会"何以滥杀无辜，因而被怀疑"有问题"，有的说他是"AB团"分子，有的说他是"托陈取消派"，于是决定将他抓起来进行审查，幸好彭德怀得知后出面干预，要"肃反委员会"拿出证据。"肃反委员会"拿不出证据来，只好说他至少是右倾机会主义分子。彭德怀说，对右倾机会主义分子可以批判斗争，怎么可以采取抓捕的办法来处理呢？"肃反委员会"理屈词穷，只得将他释放，这样，他才幸免被捕、被杀。但是，兵是不准他再带了，撤销了他第三师政委的职务，让他在军团部当秘书，直到周恩来到中央苏区主持做出《关于苏区肃反工作决议案》，承认"肃反"工作犯了路线错误后，他才又被任命为师政委。

第五次反"围剿"失败后，中央红军被迫退出中央苏区，开始了漫长而艰难的征程。出发时，黄克诚任红三军团第四师政委，率部担任军团前卫。1935年2月，中革军委决定部队缩编，取消师一级组织，红三军团直辖4个团，黄克诚任第十团政委。接着，红军第二次渡过赤水河，强攻娄山关，二占遵义城。老鸦山一仗，毙俘国民党军5000多人，打了长征以来的第一个大胜仗。在欢庆胜利的同时，黄克诚以清醒的头脑思考下一步怎么办的问题。他联想到部队减员严重，对军团一位领导说："老根据地已被敌人摧残殆尽，主力红军又受到重大挫折，剩下的部队已经不多了。当前保存革命力量十分重要，应该尽量避免与敌人打硬仗，因为红军再也经受不起消耗了。与敌人作战时，当要注意掌握时机，作周密考虑，找出打开新局面的办法来。"黄克诚长期以来被批判为右倾，他没想到，这次同领导谈话又引起了误会，被认为缺乏信心，有悲观情绪，不适宜带兵，因此被免去了团政委职务，调去当侦察科科长。会理会议后，在批判部队中的右倾机会主义思想时又把他批了一通，侦察科科长也不让他干了，他被调到教导营当营政委。9月，部队到达哈达铺，红军改编为陕甘支队，红三军团改编为第二纵队。纵队领导原拟要他担任政治部组织部部长，但因有位领导认为他反对整顿纪律，一贯右倾，未能通过，要他当了裁判所所长，负责审判处理犯错误干部。从哈达铺到榜罗镇有八九天的路程，行军途中，官兵们疲惫饥饿到了极点，掉队的人一路不断。保卫部门把掉队的人抓来后交给黄克诚审判处决。黄克诚实在不忍心下手，找到第二纵队司令员彭雪枫讲情，认为这种情况情有可原，不应处决，恰巧碰到政治部门的两位同志，被他们当面训斥："你还当过师政委呢，连这点儿小事都处理不了，真不中用！"就因为这件事，有位领导竟然说："像黄克诚、吴溉之这样的人，年龄大了，干不了什么工作了，连当个红军战士也不够格。"就这样，黄克诚的裁判所所长职务也没有了，只好跟在部队后面走，直到11月30日，毛泽东从第二纵队司令员彭雪枫那里详细了解他的情况后，他才被任命为军委卫生部部长。毛泽东说："黄克诚这个人，优点很突出，但缺点也突出，是个敢讲真话的人。"

黄克诚善于从战争全局出发思考战略战术，又敢于表达观点并承担责任，特别是他在苏北工作期间，曾多次提出重要的建议。虽然有时因与领导同志意见有分歧而受到误解、批评甚至处分，但他一方面服从大局，以宽广的胸怀坦然对待，另一方面不改初衷，该讲的意见还是照讲不误。

1940年10月，随着黄桥决战的胜利，南下的八路军与新四军胜利会师，华中敌后形势发生了好转，苏北抗日斗争初步打开了局面。然而，盘踞在苏北和苏中的国民党顽固派害怕八路军、新四军"抢占"其地盘，处心积虑加以排挤，破坏抗战。在这样错综复杂的局势面前，究竟是应该先巩固根据地、发动群众、把脚跟站稳,还是先消灭驻守在苏北地区的国民党军,就摆到华中总指挥部和中原局面前。这是曹甸战役的缘起,也是日后争论的焦点。

主持华中抗日大局的刘少奇希望先彻底驱逐或消灭盘踞在江苏的国民党顽固派韩德勤部,从而建立抗日民主的新江苏。刚刚在黄桥决战中以少胜多,陈毅也想挟胜利之师之威,一举歼灭逃到曹甸的韩德勤余部,从而彻底打垮国民党军在苏北的势力。刘少奇、陈毅想到了一起。谁也没有想到,在召集华中新四军、八路军的各路将领开会研究部署此事时,八路军第五纵队司令员黄克诚反对仓促攻打曹甸。他坦诚地对刘少奇、陈毅说:咱们的愿望是好的,曹甸,我们迟早要打,但在目前情况下不宜攻打。第一,政治气候不成熟。现在正在搞统一战线,我党对国民党的斗争策略是有理、有利、有节。这次打曹甸和黄桥决战不同。黄桥决战是韩德勤部主动犯我,我们自卫,而现在,韩并没有来犯我,我们跑去打人家,会造成被动。我们要站在自卫立场,不应主动进攻。第二,我们刚刚占领淮海、盐城地区,没有站稳脚跟,当务之急是发动群众,巩固根据地。等到我们把苏北的伪顽残部、土匪、特务、反动地主武装消灭了,再去打韩德勤也不迟。第三,曹甸是韩德勤的老巢,韩在这里苦心经营了多年,形成了坚固的防御系统,而且是水网地带,易守难攻;我军缺少攻坚武器、火力薄弱。因此,我们现在贸然去打曹甸,政治上不利,军事上也没有把握,打下来被动,打不下来更是被动。黄克诚的正确意见没有被采纳。

经刘少奇、陈毅多次把攻打曹甸的计划上报中央,并一再坚持,中央最终同意攻打曹甸。中央命令既下,黄克诚坚决服从中央决定和华中总指挥部的作战命令,命令八路军第五纵队第一支队和第二支队第六八七团分别参加攻打曹甸和车桥的战斗。

11月29日夜,曹甸战役打响。曹甸之战局势的进展果然不出黄克诚所料,我军久攻未克,双方僵持不下。率部连日苦战的黄克诚目睹一大批八路军和新四军官兵前仆后继、冲锋陷阵、倒在血泊和水网泥泞之中,心急如焚,觉得再这样死打硬拼下去不是办法。12月11日,黄克诚发电给华中总指挥部并报中央,对曹甸战役的具体打法提出了自己的看法。他在电报中说:"我军无攻坚武器,历史上用速战速决、猛打猛冲战法攻击坚固据点,极少成功……曹甸、车桥等处工事较前坚固，兵力更多，如猛攻猛打，不但胜利把握不大，且有招致重大伤亡可能。"并提出6条持久作战的战法，但他的建议再次被否决。华中总指挥部于12月12日下达了总攻曹甸的命令。虽各参战部队奋勇作战，但最终未能突破韩德勤部基本阵地，损失惨重。

刘少奇冷静下来，12月15日，他电告中央调整部署，结束曹甸战役，坚持长期、持久斗争。第二天，毛泽东复电同意刘少奇的意见。12月19日，陈毅、刘少奇及时命令各参战部队撤出战斗，曹甸战役结束。曹甸一役虽没有达到预期目的，但也取得了一定成果。此战歼韩德勤主力8000余人，粉碎了国民党顽固派东西夹击我军的阴谋，韩德勤部从此一蹶不振，蛰居一隅，再也没有力量与八路军和新四军分庭抗礼，苏北敌后抗日根据地的斗争出现了暂时相对稳定的局面。

曹甸一役没有达到预期目的，华中局在总结经验教训时把账记到了黄克诚身上，认为他右倾保守，攻击时不够勇猛，因此撤了他第五纵队司令员一职，但保留了政委职务。后来，华中局在阜宁召开领导干部会议时，陈毅又把黄克诚批了一通，还要他做检查。黄克诚据理力争，坚决不认错。他说："我为什么要检讨！我两次建议，至今也不认为自己有错。曹甸未打下来，纯属因为你们不听取别人意见，要做检查，也是由你们来做。我把部队几乎都用上了。第五纵队的伤亡最大。"会后，黄克诚找到陈毅，掏出心窝里的话："从井冈山时起，你就是我的老上级，我什么时候不服从你的指挥了？"陈毅说："战前，你不同意打；战中，你又对具体打法提出异议。你自始至终就不想打。"黄克诚解释说："想不想打是一码事，打的时候使不使劲是另一码事。我把部队交给了你，没打下来怎么能怪我呢？"争来争去，黄克诚委曲求全，违心地做了检查。

1942年，陈毅在《曹甸战斗总结》一文中坦承，曹甸一役错在自己。他说："曹甸之战是我去攻人家，缺少理的。""我很轻敌，准备非常不够，变成了浪战。""我们的战斗手段是攻坚，这就要有很好的准备和按攻坚战原则作战才行。当时，我们这方面就差了，光是猛攻是解决不了问题的。"陈毅胸怀坦荡地承认了当时黄克诚的建议是正确的，指出曹甸之战的深刻教训。1945年10月，陈毅在山东临沂欢送黄克诚出征东北时，当着罗荣桓的面再次检讨说："过去，我也有批评错的地方，请你多加原谅。例如曹甸战役，我和少奇没有认真听取你的意见，坚持要打，结果没有打下，我军伤亡很大。最后批评你配合不力，撤了你的职，其实责任在我……"黄克诚见陈毅主动承担责任，丝毫没有介怀他之前对自己的误解，感动地说："军长不必过于自责！"对于曹甸之战，刘少奇也多次做过不同程度的自我批评。1944年7月10日，刘少奇在给黄克诚的信中又做了诚恳的自我批评："当时，你反对强攻是对的。至于曹甸战役未能完成任务，当然不能由你负主要责任，当时有此说法是不妥当的。"

"皖南事变"发生后不久，中央军委即发布重建新四军军部的命令，在华中的新四军、八路军各部队统一改编为新四军。黄克诚任新四军第三师师长兼政委。

1941年7月上旬，日军纠集一个独立混成旅团以及李长江、杨仲华伪军部队约1.7万人，对华中抗日根据地的军事、政治、经济、文化中心盐城构成三面合围之势。设在南京的日军总司令部也狂言："要以闪击战打击陈毅将军即今重建的新四军军部及其主力。"

黄克诚在日伪军"扫荡"开始前就建议：华中局、军部机关及早撤离盐城，转移到阜宁地区；主要部队跳出敌人包围圈，把主力隐蔽起来，避开敌人锋芒，展开分散的游击战。等敌人兵力分散、精疲力竭之时，再相机集中兵力，一口一口吃掉敌人。但是，一些指挥员认为，盐城是军部和华中局所在地，是华中敌后根据地的中心，失守影响太大，为此，提出了"保卫盐城"的口号。

陈毅、刘少奇在盐城紧急召开会议，研究制定作战方案。会上，陈毅代军长斩钉截铁地说："我们的口号是'保卫盐城，保卫苏北根据地'，给予日军以狠狠打击，决不让敌人占领盐城！盐城是我们华中根据地的大本营，全国人民注视着这里，保不住盐城，我们不好向党中央、向全国人民交代，这次反'扫荡'也是一场政治仗，一定要打好盐城保卫战！"政委刘少奇也表示赞同。

听了陈毅慷慨激昂的一席话，与会的一些师长、旅长不由得热血沸腾，情绪激昂，纷纷表示坚决执行军部命令，用生命和鲜血保卫盐城，捍卫华中根据地大本营。突然，黄克诚站起来，说："我不同意军部的这个作战方案，不同意'保卫盐城'的口号！"大家顿时静了下来，将目光转向了黄克诚。

刘少奇见他如此表态，便说："克诚同志，谈谈你的意见。"

黄克诚坦率地说："我从八路军里来，参加过华北的反'扫荡'。基于华北反'扫荡'的经验教训，我认为在目前敌强我弱的情况下，不宜对日军搞正面阻击，'保卫盐城'的口号是不适宜的。现在的任务，第一是保存部队实力，第二才是保卫根据地。根据地丢了，以后可以夺回来，而部队损失了，短期内难以恢复。我建议华中局与军部尽快从盐城撤离，转移到阜宁农村，跳出敌人的包围圈。至于部队，则应实行分散游击，待机反击。"

一石激起千层浪。黄克诚的意见引起不少人的反对，有的说根据地是千辛万苦打下来的，怎能不打就让给日本鬼子？有的说华中不是华北，华北的经验怎能搬到华中来？部队撤了，根据地的干部群众可就遭殃了……

刘少奇耐心地解释说："要从政治的高度对待这次战斗，看到它的政治意义。我们打的是人民战争，有广大后方依托，有广大民兵的协助，我们得人心，就能得天下，守天下。"刘少奇的话没有说服黄克诚。黄克诚仍坚持自己的看法："那是美好愿望。盐城是肯定守不住的。"

陈毅也做了解释，但黄克诚还是坚持己见，说着说着，两个人争执起来，声音越来越大。陈毅有些恼火，忍不住说："在新四军里，除了饶漱石敢顶撞我，就是你黄克诚了，可你是我的部下！""真理往往掌握在少数人手里。"黄克诚坚持道，"我建议取消这个方案，放弃盐城！"

军情如火，不容长久讨论。陈毅以军长身份下了命令："军部决定，你率三师与一师共同保卫盐城。必须全力保卫，否则按军纪处置！"

黄克诚当即表态："我三师坚持执行军部命令！但是，我保留自己的意见。"

保卫盐城的战斗打响后，战局发展大致如黄克诚所料，虽然第三师将士打得非常顽强，取得了不小的胜利，但部队伤亡较大。黄克诚忧心如焚。个人对错事小，部队拼光了，新四军军部损失了，事就大了！他一面指挥作战，一面紧急给延安发报，直接向党中央、毛泽东建议：新四军军部必须尽快转移，撤离盐城。电文中，他还直言不讳地谈了自己和军部领导的分歧。毛泽东看了黄克诚的电报，马上发电报给新四军军部，询问情况。

这时，日伪军攻势更加猛烈，反"扫荡"作战的前景非常严峻。有的指挥员开始认识到，如果这样硬拼下去，部队主力会拼光，盐城还是保不住。

刘少奇复电毛泽东，报告了新四军军部的争论和当前的情况，表示军部已在重新考虑黄克诚的意见，从盐城撤军。7月10日，华中局和新四军军部开始撤离盐城，转移到阜宁县农村，后方机关、学校、医院、工厂也分别疏散，避开敌人的锋芒。

1942年3月，刘少奇从华中返回延安途中，给陈毅、张云逸发电报："当敌人合击与'扫荡'时，主力应切实避免与敌人作战。不要企图去阻止或打击敌人之一路，应主动分散向周边区及敌占区行动……"刘少奇的这份电报，实际上肯定了黄克诚在盐城保卫战中所坚持的按照实际情况决定作战方针的意见是正确的。黄克诚面对上级领导和多数同志的不同意见，勇于坚持自己的主张、不随波逐流的可贵精神尤其令人敬佩。

黄克诚不仅是一位具有战略眼光的高级将领，更是一位全局意识和责任感都极强、又敢于建言的人。

抗战胜利后，为了实现人民和平民主的愿望，毛泽东飞赴重庆与蒋介石进行和谈，中央同时指示全党做好自卫战争准备。形势云谲波诡，和战难定。在这个关键的历史时刻，黄克诚洞观时局，立足现实，着眼发展，对我党我军下一步的战略部署思考形成了一个完整的方案。他认为，中央虽然对出兵东北做了部署，但派的兵力不够多，动作不够快，立即找到华中局代理书记饶漱石，谈了自己的看法。黄克诚说：目前，中央已派部队赴东北，这是一着妙棋，但我认为部队少了不行，步子慢了也不行，要多派部队去，要抢时间，建议中央在政治上与国民党谈判，军事上加强调整部署，加强长江以北，建立连成一片的大战略根据地，尤其要抓紧抽调大批部队进军东北。他建议以华中局名义上报中央。饶漱石虽同意其想法，但以战略方针性的问题需开会讨论为由予以回避。黄克诚说："如果你觉得以华中局名义给中央发电不方便，那我就以个人名义发吧。"饶漱石表示同意。黄克诚回到住处已是晚上八九点钟，他坐在煤油灯下立即展纸疾书。因早有一个腹稿，所以，电文很快起草出来。9月14日一早，他便将电文交机要员迅即发出。这是黄克诚在国内形势复杂多变的历史时刻，向中共中央和中央军委呈送的一份极重要的电报。他认为："蒋介石毫无诚意，内战不可避免，应抓紧有利时机，大举进军东北，多派部队，至少5万，能去10万为最好，并派有威望的军队领导人去主持工作，迅速创造总根据地，支援关内斗争。"

他提出"以晋、绥、察三地为关内第一战略根据地,山东为第二战略根据地,其他各地区则成为第二大战略根据地之卫星"。他还对兵力的调动提出了明确而具体的意见:山东3万至5万人去东北,华中3万至6万人到山东,新四军第一师应从江南调回江北。电报发出后,黄克诚顿觉了却心头一件大事。他这一关系到战略全局的建议,与毛泽东、刘少奇的考虑不谋而合。就在他的电报发出之时,中央政治局会议决定把战略重点放在东北,力争在东北建立战略根据地。中央收到黄克诚的电报后,政治局领导人立即进行了传阅,大家一致称赞黄克诚有战略眼光,对总的部署调整考虑得很细,同党中央想到一起了。9月17日,刘少奇在致毛泽东的电报中特别引用了黄克诚的建议。9月20日,刘少奇以中央书记处名义复电黄克诚:"你的提议中央同志都看过,并在原则上同意你的意见。""请你以后多提意见。"刘少奇后来在同一位领导干部谈到黄克诚时说:"我们对黄克诚的认识比较迟,像他这样能以战略高度思考问题并向中央提出建议的高级干部太少了。"

黄克诚对毛泽东的敬重和钦佩是真实的,是发自内心的,并把维护毛泽东的崇高威信当成自己的使命,即使如此,面对毛泽东,他也是坚持真理,不盲从,不苟同,只唯实。

庐山会议期间,彭德怀给毛泽东写了著名的"万言书",提了不少意见。在之后的小组发言中,黄克诚比较全面地阐述了自己的观点,支持了彭德怀的意见。后来,毛泽东召集黄克诚等人谈话。谈话中,毛泽东对黄克诚说:"小组会上为什么很多人说你对彭德怀唯命是从,彭德怀对你是言听计从,惯言你们是'父子关系'?"对此,黄克诚回答:"我与彭德怀观点基本一致,只能就庐山会议这次的意见而言。过去,我和彭德怀争论很多,有不同意见就争,几乎争论了一辈子,不能说我们的观点基本一致,但我们争论是为了找到真理,从不伤感情。说我和彭总的关系是'父子关系',这是对我的侮辱。我们的关系是正常的,谈不上什么'父子关系'。"

谈话中还涉及1946年4月至5月18日的四平保卫战问题。四平保卫战是中共中央和毛泽东从全国战略全局出发、在特定的历史条件下决定进行的一次大规模城市防御战,由林彪统一指挥。毛泽东电令林彪要坚守,"把四平变为马德里"。当时,黄克诚任西满军区司令员,他竭尽全力,组织抽调兵力,筹措给养,支援前线作战,时刻关注前线的情况。

当得知国民党军兵力日增，我方部队伤亡严重、难以支持时，他连电建议林彪撤守。得不到回复，他又以个人名义致电中共中央，如实反映前线的伤亡情况，提出"四平坚持有极大困难"，"如停战短期不能实现，应即让出四平、长春"。

此次，黄克诚依然认为，在敌强我弱的形势下，四平保卫战开始阻挡一下可以，但不应死守，同国民党军拼消耗。毛泽东说："'保卫四平'是我决定的，难道也错了？"黄克诚直率地说："即便是你的决定，我认为那场消耗战也是不该打的。"毛泽东说："那就让历史和后人去评说吧！"

黄克诚在庐山会议上被错定为"彭（彭德怀）黄（黄克诚）反党集团"的主要成员，被批判、撤职并脱军装，甚至身陷囹圄，时间长达18年。即使如此，他也从不后悔，从不抱怨。20世纪80年代初，中共批判"两个凡是"、实行改革开放之后，党内和社会上出现了一股否定毛泽东和毛泽东思想的思潮。经历了10年浩劫的人们在反思教训时，对毛泽东的晚年错误议论纷纷，对毛泽东思想也提出了质疑，甚至有人肆意诋毁、否定毛泽东和毛泽东思想。在此背景下，黄克诚勇敢地站出来，发表了那篇著名的讲话——《正确评价毛泽东和毛泽东思想》。他依据自己参加革命战争的经历，深情地回顾了毛泽东对中国革命的不朽功勋，如实地分析了毛泽东的晚年错误，指出了对待毛泽东和毛泽东思想的应有态度。当时，有人说："黄克诚老糊涂了，挨那么多整，几乎丢了老命，还在为毛泽东呐喊！"对此，黄克诚说："对于这样关系重大的问题，绝不能感情用事，意气用事。我们只能从整个党和国家的根本利益、从10亿人民的根本利害出发，从怎样做才有利于我们的子孙后代、有利于社会主义革命事业出发来考虑问题。"这位老共产党人高屋建瓴的讲话和大局观，令真正的共产党人和广大人民群众肃然起敬。

在长期的革命生涯中，黄克诚也提出过不完善或不正确的意见。每遇这种情况，他总是服从真理，果断改正，同样表现了不计个人得失的坦荡胸怀。1984年2月11日，黄克诚在接受军史编写人员访问时说："在党内有什么意见就应该提出来，现在应该提倡这种精神。""提的意见不一定正确，还可能是错误的，这不要紧，错了也可以批评。""如果把自己的观点隐瞒起来，上面说什么就跟着说什么，这不是正确的态度。"

1985年9月16日，中国共产党第十二届中央委员会第四次全体会议同意黄克诚因健康原因辞去领导职务，在给他的致敬信中特别指出："您具有无产阶级党性，不盲从，不苟同，坚持真理，刚直不阿，不论身居高位还是身陷逆境，都一心为公，无私无畏。您的崇高品德，永远是我们学习的榜样。"

刚直不阿，敢讲真话，造就了黄克诚光明磊落的不朽人格。中共中央的这个评价，为这位无产阶级政治家、军事家做了公正的结论。黄克诚在历史上多次因为坚持正确意见而受到错误批判和打击，9次被撤职、降级，蒙冤18年，却肝胆照人，无私无畏，顾全大局，丝毫不计个人恩怨，始终把党、国家和人民的利益放在高于一切的位置，与党和人民忧患与共，坦坦荡荡，令人敬仰。陈云评价他是"一代楷模"。

"节约标兵"

黄克诚无论身处艰难困苦的战争年代，还是身居高位、手握审批重权的和平时期，于公于私，都以勤俭节约为本，从不铺张浪费，始终保持为国为民谋福利的初心。

艰苦的革命生涯，使黄克诚养成了开源节流、精打细算的节约作风。

1941年1月，新四军在苏北盐城举行"皖南事变"后重建军部大会。根据中共中央和华中局指示，黄克诚率领的八路军第五纵队改编为新四军第三师，黄克诚担任第三师师长兼政委。从此，黄克诚率部加入巩固和建设苏北抗日根据地的艰苦斗争中。苏北地区由于受日伪的残酷"扫荡"和经济掠夺，生产力遭受严重破坏，抗日军民的生活极度困难。1941年5月，时任华中局书记和新四军政委的刘少奇在一次总结讲话中说："新四军全军7个师，第三师人最多，花钱却最少，应该学习他们的经验。"为何第三师人最多，却花钱最少？这与黄克诚始终坚持以身作则、带领官兵厉行节俭之风、靠发扬勇敢战斗的作风和艰苦奋斗的传统来支撑苏北抗日大局有密切的关系。

当时，苏北盐阜区种植棉花，却没有纺织厂。老百姓穿衣，全靠自己手工纺织，一年织的土布十分有限。1943年年初，第三师供给部在赶制夏季

风 范

服装时，出现了棉布不足的问题。黄克诚在指挥作战之余，也在思考如何解决部队棉布供应困难问题，以减轻人民的负担。一天深夜，黄克诚突然有了主意。他让妻子唐棣华帮他改军帽帽箍。新四军的单军帽沿用了国民党军队陆军军帽式样。这种军帽，在后脑处多一道双层布箍，放下来，前面部分可以拉到下巴，但这种帽箍平时没多大作用。黄克诚早就在琢磨怎样把这道帽箍由双层改为单层。他盘算，一顶帽子节约一块小布条，100顶帽子节约的布就能用尺量了，第三师有两万余人，算起来就能节省三四千尺布，要是全军算起来，就更多了。他让唐棣华把他的帽子改成单层帽箍，他先试戴。唐棣华听黄克诚这么一算账，很是惊喜，连忙掏出针线包，把帽箍拆下来，改成单层帽箍，又一针一线地缝合好。黄克诚戴上帽子，正了正帽檐，高兴地说："这跟双层箍的帽子不是一个样嘛！"第二天一早，黄克诚就把这顶改过的帽子交给师部其他干部试戴。大家都一致认为，这样改得好，帽子同样戴，布却省了不少。黄克诚从帽箍得到启发，又仔细地查看自己穿的军装，思索如何节省更多的布料，最后提出改革军服的办法：上衣翻领改成直领，去掉两个口袋；裤子由宽大的中式裤腰改为西式小裤腰；不发绑腿布。军装本来就是土布做的，改制后就显得更"土"了。当时，群众分辨是不是第三师的官兵，从服装上一眼便能辨认出。此项改革举措的作用是巨大的，整个第三师一下节约服装布料万余米，连续几年，布料节约数量很可观，大大减轻了苏北人民的负担。黄克诚发现，打篮球在场上奔跑，鞋子容易坏，于是号召全师干部、战士打篮球时脱掉鞋子，赤脚上场，以减少对鞋子的磨损。有一次，第三师政治部主任吴法宪穿着布鞋打篮球。黄克诚看到后，毫不客气地当场叫吴法宪脱下鞋子再上场。在黄克诚的领导下，党政军机关规定节约口粮的标准，提倡吃糙米杂粮，以菜代粮。脱产人员开会自带粮票，一律不予报销。一切军用器材、卫生用品和人员编制都有严格限制，违反必究。以上种种勤俭节约的规定、措施，作为苏北根据地主要领导人的黄克诚与各级党政军领导干部带头执行，对苏北根据地勤俭节约良好风气的形成起了表率作用。

　　节俭就要从生活上开始。黄克诚对自己的生活要求很严。部队发给黄克诚的毛巾，他先用剪刀一剪为二，到了第二次发毛巾的时候，就以自己的另一半毛巾还是新的为由，把那块新发的毛巾让给其他更需要的战士。

师长带头剪毛巾，官兵们也纷纷响应。原来，15000条毛巾才够用，这时，7500条就够用了，省下来的7500条就可以发给其他部队的官兵。有一年，冬天来了，棉衣又该派上用场了。师部管理员张兴旗给师长黄克诚领了一套新棉衣，黄克诚却从衣柜里翻出了那件补丁摞补丁的旧棉衣。张兴旗心疼地对师长发牢骚："你早该换一件新棉衣了。"黄克诚对张兴旗的话充耳不闻，找出针线，坐在凳子上，把旧棉衣放在膝盖上细心地缝补起来，就像家庭妇女一样熟练，又有谁会相信，他就是指挥千军万马作战的师长呢！师长亲自缝补旧棉衣的事在新四军中传开后，战士们也都没有去领新棉衣，提出要把新棉衣让给其他部队的官兵。大家都觉得，缝补后的旧棉衣同样可以御寒，穿上自己缝补过的旧棉衣，甚至比新棉衣更加暖和。

在新四军遭受封锁的年代，新四军实行严格的供给制度。这个官兵平等的供给制度也是黄克诚提议制定的，其中一项内容是每人每月4两烟丝、两盒火柴。烟丝可以自种，可火柴完全依靠外面供给，因此，当时的火柴就成了奇缺的商品。黄克诚烟瘾大，两盒火柴有点儿不够用，为了解决火柴不够用的问题，他经常跑到老百姓家里的火塘边点火。为了抽烟而跑到老百姓家里点火，不但麻烦，还影响工作效率，张兴旗就悄悄地为师长多领了两盒火柴。黄克诚知道后，严肃批评了张兴旗："新四军的供给制度，官兵平等，你不能以任何借口给我破例。这两盒火柴，你马上退回去。"张兴旗实在是想不通，认为师长不必为两盒火柴小题大做。黄克诚语重心长地说："为全师战士操心是工作职责，是师长应尽的义务。新四军的供给制度是部队纪律，任何人都不能搞特殊。"一席话说得张兴旗无言以对，只好把两盒火柴退了回去。

为了节省烧洗澡水的柴草，黄克诚在冬天也坚持洗冷水澡。警卫员担心他洗冷水澡会生病，他却说："洗冷水澡可以强身健体，特别是能锻炼一个人的毅力。"战士们见师长带头洗冷水澡，也纷纷效仿。此后几年的冬天，驻扎在江苏盐阜的新四军第三师的多数官兵都养成了冬天洗冷水澡的习惯，当地老百姓对此非常钦佩。

榜样的力量是巨大的。在黄克诚的率先垂范下，苏北党政军机关干部都十分注重爱惜人力物力、节约一分一厘，一张白纸两面用，一个信封用两次，自制墨水，个人日用品和津贴也都尽量节省使用。他们还自发地利用工作之余或战斗间隙帮助农民耕地、栽种、收割、开荒种粮食、养猪、种菜、磨豆腐、纺纱织布。久而久之，新四军第三师和苏北军区各部队自力更生、艰苦奋斗、勤俭节约、爱惜民力蔚然成风，成为一支纪律严明、与苏北人民亲如一家的抗日"铁军"。人民群众看在眼里，感动在心里。很快，苏北盐阜区、淮海区500多万名群众投入大生产运动，掀起开垦荒地、多种粮食和家家纺纱、户户织布的热潮。在艰难困苦、烽火连天的抗日战争时期，黄克诚率第三师创造了经济奇迹，使苏北抗日根据地呈现了百业兴旺、生机勃勃的初步繁荣景象，被人们誉为"江北小延安"。1943年年底，当第三师师部开展评选"节约标兵"活动时，师部上下不约而同地一致推选黄克诚为"节约标兵"。

不仅在战争年代，即使在和平时期，功勋卓著的黄克诚也始终保持共产党人勤俭节约、艰苦奋斗的优良传统和作风。

1952年，黄克诚从中共湖南省委书记任上调北京担任中央军委副总参谋长兼总后勤部部长。面对军队后勤系统存在的浪费现象和官僚主义等问题，黄克诚提出了"为国家负责，为部队负责"的后勤工作指导思想，以"保证国家的资财不要在我们手里浪费掉"。

中华人民共和国成立之初，许多部队还在执行围剿国民党残余和土匪的任务，接着是大批部队参加抗美援朝战争。几百万军队，除少量进驻接收的国民党军队的营房外，大部分借住民房，时间久了，老百姓有意见，部队训练管理也很不方便。1953年，志愿军陆续回国，剿匪任务也基本结束，住房问题成为急需解决的课题。8月，根据彭德怀的指示和黄克诚的建议，中央军委做出了修建营房的决定。黄克诚主持领导这项工作。

大规模修建营房当然需要大笔经费，但中央已经下发了压缩军政费用的通知，国家拿不出足够的资金建房，而营房需要又迫在眉睫，同时，营房建设方案怎么搞也尚无经验，怎么办？为妥善解决营房建设的矛盾，加快营房建设的进度，黄克诚亲率总后勤部副部长张令彬、营房部长范子瑜到北京、沈阳等几个军区和一些地方建设部门考察调研，了解情况。在此基础上，黄克诚做出了两项决定：确定建筑标准，实行经费包干。根据详细调研的结果，黄克诚认为，要从我们的国情、军情出发，考虑经济条件和部队实际需要，少花钱，多建房子，要把内部挖潜考虑进去。他们研究后提出的建筑标准和要求是：一个师建20万平方米房，投资800万元（旧币。下同），要能使用20年；要求在坚固、实用、节约的前提下，做到少花钱、多建房子。在建筑结构形式上，除驻城市的部队可以修建楼房和配备卫生、暖气、上下水等设备外，其余部队基本建平房。

这个标准一公布，部队中有些领导干部不满意，认为标准太低了。有位军长是黄克诚的老部下，直接找到黄克诚叫苦："黄老，我是您的老部下了。您知道，我这个人是不怕难事的，可40块钱建一平方米房子，我怎么算也不够用，建议再提高点儿！"黄克诚笑笑，说："你这个同志打仗知道动脑筋，怎么搞建设不知道动脑筋呢。要发动群众。我们战士都是农村出来的，不少人会烧砖、烧瓦、垒墙砌石、做木匠活，人工钱，你几乎可一分钱不花。"他又说，"搞正规化、现代化建设，处处要用钱。国家拨的军费有限，而需要钱的地方又多，这就要求我们大家学会动脑筋，想办法，克服困难，自力更生。"黄克诚的一番话使那位军长茅塞顿开，连忙表态："回去就照您说的办。"

为调动各级建房的积极性，节省经费，保证质量，加快建房进度，黄克诚提出实行经费包干的办法，即按不同情况，规定营房每平方米的造价，提倡自烧砖瓦、自出人工；造价包干后，费用超过不补，节约的归本单位支配。为保证质量，除包造价外，还有包质量、包使用年限。建房标准和包干的办法经中央军委批准后很快下发全军。大规模营建迅速展开，各单位积极性大大提高，进度很快。到1959年，全军基本上都有了固定营房，结束了大量租借民房的历史。

在军委和总参、总后常务工作中，军费的分配和管理是最重要的内容之一。黄克诚说这是他"刚到总参工作时感到最伤脑筋的问题"，主要原因是供需之间的矛盾太突出。

1952年9月，在研究拟制1953年军费预算时，根据军委批准的《军事建设五年计划纲要》提出的建设目标和1952年国家规定的军费指标，总后勤部经过综合平衡，提出了一个58万亿元的方案，而各部门、各军兵种上报的计划总计是75万亿元，比总部的预算超过了17万亿元。9月10日，中央开会研究1953年的军费预算。会上，毛泽东明确指示，军费不能超过1952年的预算标准，即以50万亿元为好，这比总后提出的预算还少了8万亿元。在1953年7月召开的全国财经会议上，毛泽东又提出，今后的军政费用在国家财政支出中不得超过30%。如何在不超过军费总定额的前提下把钱用好，成为军委面对的重要课题，也是黄克诚要思考解决的大问题。

受彭德怀委托，黄克诚主持召开各军兵种、各总部领导人联席会议，研究年度经费预算问题。发给与会者的是根据各单位上报的精简计划，经总参和总后有关业务部门做过审核、黄克诚审阅后的预算文件，大多数项目比各单位上报的数额有所减少，会议要就这些数额分配是否合适进行讨论。

中华人民共和国成立初期，各军兵种和各部门的领导人都是身经百战、功勋卓著的将军，个个雄心勃勃，魄力很大，工作积极性很高，都想在自己的工作岗位上创建新的功绩。他们纷纷向军委、总参、总后写报告或找上门，强调本部门工作的重要性，要求多拨一些经费、多给一些物资、多进口一些机械装备，常常为经费问题争得面红耳赤，不可开交。

面对各军兵种和一些部门领导人争着要钱、要物、要外汇的激烈要求，黄克诚坚持采取公开透明的方针，每次研究军费分配，都先把预算和分配情况全部摆出来，使各军兵种和各部门领导人了解全貌，再据此做出说明，讲国家的困难，讲军队顾全大局的重要性，强调不能再向国家伸手、把矛盾上交，只能在国家批准范围内自行调节、安排处理。他鼓励大家要有克服困难的决心，拿出艰苦奋斗的精神，打一个"少花钱、多办事"的胜仗、好仗；同时指出，要考虑军队全局，只强调某个局部是不行的，平均主义的分配也是不行的，要统筹兼顾，区别主次缓急，妥善配合。讲完这些，把分配计划发给大家，充分让各军兵种和有关部门领导人发表意见，他再耐心做出说明和解释。对于合理的意见，凡应采纳的立即采纳，对于从长远看应当解决，但限于财力近期不能马上解决的则暂缓解决。比如，当时有人提出要建设海军舰队。黄克诚说，这个意见是合理的，但花钱太多，财力暂时难以达到，只好作为长远目标，近期先发展那些建设较快、费用较低的海防建设，如潜艇部队、快艇、小型舰艇等。他还提出大力发展空军、加强空防建设是当务之急，同时花钱较少，容易办到，这也是中央军委确定的方针。他说，根据抗美援朝战争的经验，军委还决定要拿出一定的财力物力加强国防工程建设。各方面都需要钱，因此只能区分轻重缓急，统筹安排……当时就是这样,把整个经费的分配计划向与会者公布出来,而后逐项加以说明,使大家了解全局和重点,再根据会上提出的意见加以补充、修正,直到多数领导人都比较满意,对计划表示理解。对于个别坚持己见、争吵不休者,黄克诚则耐心说服,个别做工作,但决不妥协。最后,有人打趣道:"碰上这个'黄老抠'把门,恐怕也只能这样了!"有人无奈地说:"回去再好好研究一下,如何少花钱、多办事、办好事吧!"其实,大家也都明白,黄克诚"抠门儿"抠得有道理,黄克诚站的位置同他们不一样,考虑的是全局,他们想的是局部,局部服从全局,理所当然。黄克诚经过这样反复研究、讨论、修改,使经费的分配方案既突出了重点,又照顾了军队建设的各个方面,统一了各部门领导人的认识,提高了执行计划的自觉性和主动性,军委领导审批时很快通过。

黄克诚认为,涉及军费开支方面的一些重要制度,都是经过反复酝酿、讨论才确定下来的,一定要严格执行,不能随意变更,要有全局观念,从国家和军队的整体利益考虑。实行薪金制后,子女多的干部生活水平有所下降,有人建议军委规定一项补贴制度,黄克诚坚决不同意。他说:"少数同志的困难可以根据实际情况给予补助,如果形成一项制度,增加时容易,情况变化时想改变就难了。"据此,军委做出规定,有特殊困难的可酌情给予救济。针对有些人对提高生活水平要求过高过急的思想倾向,黄克诚多次严肃地指出:"当人民的温饱问题还没有解决,国家还有困难的时候,如果只顾个人享受,那不是人民军队应有的作风。"1957年,军队有人建议取消家属看病收费、私人用车交钱和军服交旧换新制度。黄克诚在一次讲话中严肃批评这些人是"只顾减少个人开支,不顾给人民增加负担"。

黄克诚虽然节俭、"抠门儿",但对于涉及干部战士健康的问题,即使原来没有制度规定,只要合情合理、又能够办得到的,他就毫不犹豫地做出批示或建议军委讨论。1955年,空军党委给中央军委写报告提出,飞行员的伙食费标准偏低,影响健康,请示适当提高给养标准。黄克诚看完报告,立即做出批示,同意空军的建议,并指出:"飞行员人数不多,培养费用浩大,不要因为节约伙食费而降低体质。试行后加以检查,如不适用,即时改正。"

黄克诚长期担任军委秘书长兼总后勤部部长,又主管全军经费分配,

风 范

权力很大，批一些钱改善一下自己的生活条件在有些人看来应该是很容易的，但他一直对自己要求十分严格，为给国家节省经费，宁肯个人和家庭做出牺牲。他在北海恭俭胡同的住房小，又年久失修，夏天漏雨，冬天漏风，暖气不好，秘书和管理部门几次提出整修。黄克诚说，这要花不少钱，简单维修一下将就着住吧，比战争年代好多了。这一住就是三四年，直到1956年，他才搬到条件较好的西城大水车胡同4号。虽长期蒙冤受难，黄克诚到了晚年仍不改勤俭节约、艰苦奋斗的初心。1977年，黄克诚从山西回到北京，担任军委顾问。组织部门考虑到他的眼睛不好，上下楼不方便，便安排他住到南池子的一处平房小院里。房子是1949年建的，面积还可以，就是太旧了。管理人员申请了一笔维修房子的经费，准备将房子好好翻修一下。黄克诚一脸严肃地说："不行，不行！不要大修，简单一些，哪里透风漏雨，就修哪里。我不设什么'将军府'！"工作人员拗不过他，只好按他的意见办。后来因为从房顶上掉下一块朽木板，正好砸在床边，差点儿伤着正在休息的他，他这才同意翻修，但一听说这次翻修要用几万元钱，又不同意了："花这么多钱去维修没有必要。简单地修一修，不漏水就可以了。"结果，一个修理工只用了大半天时间，爬上屋顶把漏水的地方修补一下就算完工了。后勤管理部门得知黄克诚既不愿换房住，又不同意彻底整修房屋，便准备将临街的墙和门楼加高一些。黄克诚听说要花一两万元，又拒绝了："修那个东西干什么？现在这个铁门虽然旧点儿，可是蛮结实嘛！门就是用来出出进进的，要装那么好、那么高干吗？像这种装门面的东西，咱们宁肯将就点儿，也不要乱花钱！"后勤管理部门只好将准备好的材料退回去。黄克诚家里的暖气是由烧煤供暖，热量不足，就是年轻人冬天坐在他家的屋里还冻得直跺脚，更何况他这位年迈多病的老人。后勤管理部门打算对暖气进行改装，换成由热力管道供暖，需要花3万元钱。大家知道黄克诚不会同意，便趁他不在家的时候更换管道。可是，管道地面刚挖开一半，黄克诚就回来了。他了解情况后，死活不同意改造，并用拐杖猛戳地面，说："3万元钱，你们怎么能因为我这么大手大脚！现在我们国家还很穷，把钱用到更紧要的地方去！我这里能烧煤取暖已经不错了，赶快停工！"直到黄克诚去世，他所住的房子也未大修过。

　　黄克诚的节俭、"抠门儿"还体现在工作、生活的点点滴滴之中。中华人民共和国成立之初，黄克诚任湖南省委书记时，不盖省委、省政府大楼，先盖省政协办公楼。当时实行供给制，根据黄克诚的提议，给湖南省人民军政委员会主席程潜每年的活动经费是旧币4000万元，每月平均330多万元，而黄克诚自己每月仅有100多万元。一到湖南，黄克诚就对妻子唐棣华说："棣华，今后，孩子们就和我们生活在一起了，条件比过去好了，但一定要记住，我们是党的高级领导干部，高级干部的家风影响着党风、政风。我们的一言一行对子女、对周围的人都会产生影响。从今天起，我们家要定两条规矩：一是不准动用公家的汽车办私事，二是不准向公家伸手要照顾。"多年来，无论在湖南还是在北京，黄克诚的子女们一直自觉遵守这一家规。1980年春，黄克诚最小的儿子结婚，工作人员要用小车去接新娘。黄克诚说："摆这个谱干吗？年纪轻轻的就不愿走路，坐公共汽车、骑自行车都可以来嘛！"小儿子懂得父亲的意思，骑上自行车把新娘接进了家，全家人和工作人员吃了一顿便饭，就把喜事办了。那一年，黄克诚的侄子、侄女带着孩子从老家来看他。他内心高兴自不必说，尽量安排他们到名胜古迹看看、走走，但有一点，他没有"开戒"，那就是每次外出都让他们坐公共汽车或乘班车，一次小车也没有让他们坐过。最后，老家的人想去一趟八达岭。黄克诚十分赞成，却对他们说道："你们就坐火车去，车费由我负责。开小车去，汽油太贵，跑一趟八达岭要烧多少汽油啊！再说，我对家里人有个规定，游山玩水一概不用小车。你们也要按这个规定办……"黄克诚的司机王秀全回忆说："我给黄老开车10年，只有一次自作主张送他的掌上明珠——当时唯一的小孙子上学，却碰了壁。那天清晨，天下着大雨，院内外水流遍地。雷鸣电闪之中，我看到黄老的孙子黄健撑着雨伞，卷起裤腿去上学，心里不忍，便自作主张要送小孩儿一趟，却被他奶奶拦住了：'不能破了这个家规。'她边说边撑伞，把孙子送到了公共汽车站。"1983年，党中央安排黄克诚到北京西郊玉泉山疗养。他做出了两条规定：一是到那里，伙食费全部由个人承担；二是他只带工作人员去住，家属子女不要去。有一个星期天，家人去看望他，小孙子不小心打坏了一个茶杯，黄克诚立即让工作人员买一个新的补上。工作人员不解地说："这里的东西坏了，再去领一个就行了，用不着自己买。"黄克诚严肃地说："损坏东西要赔偿，这是我们军队的规矩，什么时候也不能违背。我是个老兵了，不能因为今天当了高级干部就不守规矩，搞特殊化。"黄克诚还经常教育子女："你们要靠自己的努力奋斗成材，不要靠我的什么'关系''后门'，我黄克诚是没有什么'后门'让你们可走的。"这样的家规虽然近乎苛刻，却给子女留下了克勤克俭、艰苦奋斗、自强自立的好家风。

1986年，黄克诚的病情不断加重，他开始拒绝治疗和用药。他说："我已经不能为党工作了，不必为我浪费国家的钱财……"301医院南楼临床部的医务人员在《忆黄克诚在病房的最后岁月》一文中深情地回忆："黄老对我们说：'我都80多岁的人了，又双目失明，不能为党工作了，死了又有什么遗憾。'在黄老身边工作过多年的我们，从未听到他抱怨什么，常听到他对前来探望的老部下说：'共产党人对名誉、地位、待遇要淡泊。'黄老对我们部领导说：'我的病情，你们是了解的，想根治是没有可能了。希望你们不要给我再用贵重药品了，将贵重药品用在别的病人身上吧！'"

黄克诚被中央领导人称赞为"管家理财的行家"，说他不但会打仗，对经济工作也很内行，而且勤俭节约，精打细算，会用钱。毛泽东说："我就是喜欢黄克诚这一点。"周恩来有一次同一些领导人谈话时说："黄克诚这个人，我了解，你给他1万块钱，他能当10万块钱用！"黄克诚逝世后，除了留下几件棉袄、军衣和珍贵的历史图片，几乎没有留下其他东西，但是，他勤俭节约、艰苦朴素的革命实践和崇高风范成为后人宝贵的精神财富。

"调查研究时要蹲下来，沉下去，不能浮躁"

深入实际调查研究，密切联系人民群众，是中国共产党的优良传统作风，是克敌制胜的重要武器，也是领导全国人民建设社会主义的重要法宝。在这方面，黄克诚不仅是一位积极的倡导者，更是一位坚定的实践者、推动者。他掌握了这一法宝的真谛，在长期的革命生涯中贯彻始终。

1928年2月，黄克诚参加领导永兴暴动。"左"倾领导者要他指挥火烧县城，使敌人无房住，无粮吃，以阻挡敌人的"会剿"。黄克诚对这种命令很不理解，便征求了几位普通百姓和当农民的哥哥的意见，结果均不赞成。哥哥悄悄对黄克诚说："老弟呀！你们为什么要烧房子呢？把这么多、这么好的房子烧掉多么可惜！即使是土豪劣绅的房子，也不应该烧掉，可以分配给穷人住嘛！烧房子的做法很不得人心啊，老百姓不得安生。"黄克诚觉得有理，决定只烧县衙、祠堂、庙宇，而且亲临现场监督，不准殃及民房、店铺。此举被县委书记指责为严重右倾，但老百姓拥护，后来的情况也证明，黄克诚的决定是正确的。

战争年代，黄克诚每到一地，总要通过各种渠道先了解当地的敌情、我情、社情、民情。由于调研深入、细致、全面，所以，他提出的建议、做出的决策部署切实可行、效果显著。1940年9月，黄克诚率八路军第五纵队经皖东北进入淮海、盐阜地区。一路上，他除自己听取各方面情况汇报外，还专门派出一批干部做社情调查，所以，他掌握情况很快。12月上旬，黄克诚全面了解了苏北地区相关情况，随即亲自起草了给毛泽东、朱德等的电报，做了详细的报告，并有针对性地提出了干部方面的要求。1941年3月，他又向中原局书记刘少奇提出"划区打匪除霸，巩固盐阜、淮海，开辟皖东北"的行动方针，得到刘少奇的赞许和支持，迅速打开了苏北抗日根据地的新局面。

黄克诚率部到苏北不久，就遇到一次海啸灾难，情景惨不忍睹。黄克诚在《自述》中说："还在我率八路军第五纵队刚进入苏北的时候，就遇到海啸成灾，疮痍满目，难民遍野。在此之前，国民党政府曾迫于当地群众和士绅的一再呼吁，勉强拨了一点经费，修了一道海堤。但因国民党各级官员层层克扣，偷工减料，海堤修得极不牢固，海啸到来，一冲即垮。"黄克诚到达这里后，很快了解了这一情况。苏北地区处于敌、伪、顽的包围之中，土匪猖獗，粮食匮乏，而我军初到，尚未站稳脚跟，困难重重。面对一大堆困难，怎么办？黄克诚毅然决定，先组织力量修筑海堤，安定人民生活。他任命阜宁县长（纵队供给部部长）宋乃德兼任修堤委员会主任，亲自做调查研究，在征询地方的开明地主、士绅等各方面意见后，决定采用3条对策：发行修堤公债集资；以工代赈、万民上阵；新四军第三师在人力和财力上尽力支持。1941年5月15日，空前浩大的治海工程破土动工，工地上军民如潮，车轮滚滚，劳动号子此起彼伏。黄克诚亲率部队挖土筑堤。军民携手奋战，筑起一道高3米、长90里的拦海大堤，共挖土200万立方。新堤建成数日后，恰逢海潮翻腾而至，水位比前次高出6寸，但新海堤屹然未动，保住了人民群众的生命财产安全。与此同时，黄克诚还组织人民群众开展生产自救，初步解决了急迫的生产生活问题。部队的行动，群众看在眼中，暖在心里，他们到处传颂"共产党领导的军队是真心为人民办事的"，连一些曾对八路军、新四军抱怀疑态度和有抵触情绪的地主、士绅也逐渐改变看法，向共产党和抗日政府靠拢。时至今日，苏北人民一说起当年修海堤的事，无不对黄克诚和新四军第三师充满敬意和怀念之情。

在苏北期间，黄克诚深入基层调研、密切联系群众的故事有很多。他经常步行或骑马往来于苏北根据地各地。无论到哪里，一住下来，他总要到田间看看庄稼长势，找老乡聊聊家常。他穿着朴素，没有架子，态度和蔼，往往短短的几句话就拉近了同群众的距离。老百姓有什么心事、难事，都愿意跟他说。1942年春，驻地正是播种季节，一户农民因无牲畜耕种，急得团团转。黄克诚得知后，立即让警卫人员牵着他的枣红马帮助这户农民及时播下种子。他还找来当地乡干部，要他们组织变工队、互助组，帮助缺少牲畜的人耕地播种。

黄克诚下部队视察时，喜欢到连队找干部战士谈心。他不带警卫人员，不事先打招呼，走到哪里，问到哪里。因为他衣着简朴，说话温和，连队的干部战士同他交谈无拘无束。1950年夏，他去湘西视察，来到某连，正赶上连队吃午饭，他就蹲在地上边吃饭，边和战士们聊家常。战士们以为他是团后勤处的处长或股长，来了解伙食情况的，便七嘴八舌地讲，湖南菜辣椒太多，开始时不适应，现在习惯了。有个调皮的战士还向黄克诚提出，来个吃辣椒比赛，黄克诚欣然应战。谈笑间，有人到连队找黄克诚回机关吃饭，这时，战士们才知道，他原来就是大名鼎鼎的湖南省委书记、军区司令员兼政委，个个惊得直伸舌头。

1950年冬的一天，时任中共湖南省委书记的黄克诚冒着严寒来到中共益阳地委检查工作，了解社情民意。白天，他深入基层调查研究，检查指导工作；晚上，他指示地委秘书长万达找两个本地区的地下党员谈话，以听取对党和政府在城乡各方面工作的意见和建议，特别是广大人民群众对党的各项方针政策的实施有何反映与要求。参与谈话的曾路中回忆："到了黄老的住室，万达同志把我们介绍给黄老后就走开了。初次与这样的大人物见面，我们自然有一种敬畏感。然而黄老那极其朴素的衣着，亲切感人的问候,给人一种平易近人、丝毫没有官架子的感觉,我们的拘束感顿时荡然无存。他坐在一条小小的矮凳上,靠近一个小火盆,手拿钢笔和笔记本,戴一副深度的近视眼镜。黄老从问我的姓名、籍贯、工作单位等有关情况入手,与我们促膝交谈。黄老说:'我找你们基层的同志,目的是想了解下面的一些情况,听听群众的呼声。你们在下面接近群众,听到的、看到的和掌握的情况多,很实际,就随便谈谈吧。'当时正值开展轰轰烈烈的镇反运动,我是湘乡人,对家乡的镇反运动情况比较了解,就向黄老反映了这样一个情况:湘乡杨家滩桥头冲有个一生不问政治、连保甲长也没有当过的土地主,他有一个独生子,还是中共地下党员。解放(中华人民共和国成立)初期,他在自家的山上砍了10多株杉树,准备给自己做棺材用。由于他是地主,平日为人比较刻薄,当地农民对他恨之入骨,就以破坏森林罪报请上级政府批准,他很快就被枪毙了。我认为这样的人可以不枪毙,只要给予罚款或者劳动教养改造的处理就行了。当我讲到这里,黄老突然插话:'照你的看法,哪些人应该枪毙?'面对黄老提出的问题,我也毫无顾忌地谈了个人的看法。我说,镇反、反霸是项严肃的政治运动,要多从政治上考虑问题,不能只看表面现象。像这样的土地主说枪毙就枪毙了,而原湘乡县伪党、政、军、警、宪、特、三青团等头目却一个也没有绳之以法,至今逍遥法外,这些恶贯满盈的地主恶霸、反动头子不处决,怎么能平民愤?人民能当家做主吗?接着,我又谈到有的地主外逃大中城市,疏散隐藏金银财宝、枪支弹药、珍贵文物,应该开展追逃、追缴、清算斗争,以防敌人反攻倒算、进行破坏活动等情况和建议。黄老听得特别仔细,非常认真地一一记录下来。不久,上面就组织人员到长沙、武汉等地追查逃亡有反动劣迹的地主。"

黄克诚常说:"涉及重大的问题,调查研究时要蹲下来,沉下去,不能浮躁,不能蜻蜓点水、浮光掠影,只听少数人汇报。"1957年5月,为了调查军队院校贯彻军委扩大会议精神、加强思想建设和教学建设的情况,黄克诚带了一名参谋、一名秘书到哈尔滨军事工程学院蹲点调查。他谢绝住进学院为他安排的高级宾馆,在学院的招待所里一住就是20多天。调查中,他以座谈、个别谈话等方式向院、系领导和教授、机关干部了解情况,听取意见和要求;他还身着便装,到教学班、食堂、警卫分队、军人服务社等,与学员、教员、战士、职工等交谈，了解了很多真实的情况。黄克诚离开学院回京前，在院、系领导干部和部分教授参加的大会上发表讲话，言辞犀利地点出了许多实质性的问题，针对性强，要求明确，引起了很大震动，赢得一阵阵掌声和赞叹声。临走时，他再次嘱咐院领导，学院一定要以教学为中心任务，政治学习可以减少一些。这次调查，为以后军委指导全军院校建设提供了重要参考。

即使身处逆境，黄克诚也不忘搞调查研究。1959年庐山会议后，黄克诚被罢官，在家赋闲。此时，黄克诚考虑的不是个人的荣辱进退，而是党的事业、国家的前途和处在自然灾害之中的人民群众的疾苦饱暖。他经常让管理人员陪他到北京郊区的几个县看庄稼的长势，找老农了解生产生活情况。他看到天旱缺雨，心里比农民还焦急。夜里睡下之后，他一听到刮风的声音，就披衣而起，拄着拐杖在院子里转来转去，仰望天空，企盼下雨。只要下起雨来，不论白天黑夜，他总是把脸盆端到院子里接雨水，目测降水量多少。看到脸盆里的雨水渐渐多起来，他的脸上会绽出孩子般的笑容。雨一停，他就立即跑到郊区问老农："雨下透了没有？旱象是否解除？"有时长时间不下雨，他就会寝食不安，口中不时念叨："又旱了，农民要遭殃了。"这期间，他曾填过一些诗词，其中一首诗云："蛰居矮舍看盛世，漫步小园度白头……唯愿天公不作恶，五湖四海庆丰收。"表达了他忧国忧民的赤子情怀。

黄克诚总是到困难最多、最基层的地方搞调查研究，而且注重发现和总结典型，指导工作。1965年，中央决定他到山西省任副省长。已赋闲6年的黄克诚欣然接受任命并即刻报到。他到太原稍事安顿后，就两次深入基层，走访了洪洞、安泽等20多个县市的许多公社、大队，了解农业生产和农村情况，深入农民家中了解他们的生产生活。不少村子地处山区，车开不进去，黄克诚就拄根棍子同工作人员一起步行，一下去就是一个多月。

至1966年2月，山西有七八个月没有下一场像样的雨或雪，持续的干旱严重影响春耕播种。过了春节，黄克诚就立即从太原出发，到旱情严重的高平县指导抗旱。他踏遍了23个公社、400多个生产大队，同当地干部和社员一道找水源、打土井、搞备耕。经过两个多月奋战，到5月间，抗旱斗争取得很大成绩，打出了一批水井并修建了水利配套工程，降伏了旱魔。时任晋中地委书记的王修德40多年后回忆："黄老在山西一年多，大部分时间在县以下跑,我们到太原开会,很少看到他。我到省委工作后,听到许多人对他的议论。他那么大年龄,资格那么老,被打成'反党集团'成员,受了那么长时间的委屈,降职使用,仍斗志不减,作风不变,我们这些省地领导干部谈起他来,无不表示敬佩。他是我们领导干部的好榜样啊!"

抓党风、查问题"不怕撕破脸皮"

1978年,在党的十一届三中全会召开之前,党中央在研究一批老同志的工作安排时,根据黄克诚刚正廉洁、铁面无私的品格,认为他到中央纪律检查委员会任职为宜。1978年12月18日至22日,中共中央召开了具有历史意义的十一届三中全会。会议选举产生了由100人组成的中央纪律检查委员会,陈云任第一书记,黄克诚为常务书记。

中纪委成立伊始,黄克诚即请示陈云:"纪律检查委员会主要抓什么?"陈云明确回答:"抓党风!"1979年1月,黄克诚在中纪委第一次全委会讲话时说:"我赞成陈云同志的意见,纪律检查委员会要抓党风,要整顿党风,要从思想上、组织上、作风上转变党风。""党风搞好了,党就有希望。"他告诫纪检干部:"党把我们放到纪律检查委员会的岗位上,我们就必须负起责任。绝不能像'混世魔王'一样在纪律检查委员会里马马虎虎、昏天黑地地混。要敢于处理棘手的问题。"黄克诚要求纪检部门:一是要下一点儿狠心,改变软弱的状况,拿出大无畏的精神来,不要怕得罪人;二是要改变那种执法失之于宽、使人民利益受到损害的倾向,以实际行动为抓好党风做出贡献。

黄克诚抓党风、查问题,坚决不顾老情谊、老面子,"不怕撕破脸皮"。他担任中纪委常务书记伊始,接连过问和处理了几件高级干部违规违纪案件。

1980年10月,商业部部长等人在北京丰泽园饭庄多次请客,结账时少付钱,欠款累计120多元。丰泽园有一位年轻厨师向中纪委写信反映此事。中纪委立即派人调查,情况属实。黄克诚做出了指示,中纪委即向全党发出通报,批评了这种不正之风,《人民日报》还发了报道,在高级干部中引起了不小的震动。事后,一位担任中央高级职务的领导同志对这样处理有些意见。黄克诚在列席中央书记处会议时严厉回应道:"现在,群众对干部搞特殊不满,不就是因为领导干部不自觉、搞特殊化吗?难道领导干部就不能批评了?做错事就不能见报了?有什么了不得?舆论监督,听听老百姓的声音有什么不好?"

1979年,"渤海二号"钻探船由于工作人员违章操作,造成钻探船翻沉,最终酿成72人死亡的特大事故。事件发生后,石油部很长时间未向上级报告。事发8个月后,死者家属联名写信告状到中纪委。黄克诚知道后,态度鲜明而坚决:"这事要管,这是涉及人民群众生命财产的大问题。党委干什么去了?为什么拖着不报?一定要查明。"中纪委在查明情况后,立即给予了通报批评,石油部部长被解除职务。分管石油工业的国务院副总理对这起事件负有领导责任,要不要给处分?政治局几次开会研究。黄克诚始终坚持要给予处分,否则无法向全国人民交代。这位分管石油工业的国务院副总理对革命事业忠心耿耿,对开发大庆油田乃至对中国的石油事业做出过突出贡献,但功是功,过是过,赏罚要分明,政治局最后表决通过,给予这位副总理记大过处分。此决定公布后,在社会上引起了巨大反响,普遍反映党中央抓党风是动真格的。

黄克诚还抓了外事活动中接受礼品的问题。他认为,在外事活动中接受礼品有损国格、人格。1982年7月,化工部一位副部长、党组成员在对外经济工作中接受了对方的礼品。黄克诚坚持要做处理,第一次给了这位干部党内警告处分,后经进一步核实,发现处理太轻,事隔半年,中纪委又做出第二次处理,给予留党察看两年和撤销党内一切职务的处分,并建议撤销其在党外的各种职务,另行分配工作。8月11日,国务院撤销了这位干部的化工部副部长职务。

中纪委内部有领导违规,黄克诚处理起来也是毫不留情。"两案"审理[①]领导小组成立之前,中纪委根据中共十一届三中全会精神,临时设立了第二办公室,对外称"中央纪委二办",专门承接中华人民共和国成立以来

[①] 指中华人民共和国公开审判林彪、江青反革命集团主犯的重大政治事件。

特别是"文革"所有历史事件的清查和审理工作，包括审理"两案"工作。"两案"审理领导小组成立后，"中央纪委二办"就成为领导小组的下设"两案"审理办公室，对外仍称"中央纪委二办"。黄克诚亲自点将，把解放军军事检察院检察长曹广化调到"中央纪委二办"担任主任。眼看春节就要到了，有同志提议："二办"有许多从军队抽调来的同志，应该按军队的习惯搞个会餐。曹广化同意会餐，让下面筹办。黄克诚听说后，叫来曹广化，板着脸问："会餐花的是公家的钱吧？"曹广化立即明白了是怎么回事，回答："黄老，这个事是我考虑欠周到，当时只想到大家辛苦工作了这么长时间，会个餐没什么大不了的，没有上升到事关党风党纪的高度看问题……"黄克诚见曹广化主动检讨，脸上的表情缓和了下来："广化啊，我们中央纪委天天说要抓党风，自己却用公款大吃大喝，这怎么带头抓党风？你是中央纪委常委、'二办'主任，又分管机关事务，不请示，不讨论，自己做这个主，是错误的。党风好转是一件一件小事体现出来的，不是喊出来的。"曹广化连忙应道："黄老，您说得对！我这就回去写检讨，在全机关做检讨！"曹广化返回办公室，立即取消了会餐计划，并就会餐之事做了深刻检讨。

与此同时，陈云、黄克诚等还领导中纪委狠刹了建房、分房，党政机关和党政干部经商、办企业以及党员干部索贿、受贿，干部出国等方面的不正之风，并颁发了一系列重要的规定，要求各级党委、纪检部门的每个党员认真贯彻执行。

20世纪80年代，黄克诚在不少场合多次深有感触地表示：对于党组织来说，"文革"造成的思想、作风弊病和"溃疡"尚未治愈，党的工作重心已转到发展经济上来，八面来风，狂澜拍岸，犹如一个身有内伤、尚未完全康复的人开始了高速度的新长征。在这种情况下，党的自身建设和对各级党政领导的监督管理将成败攸关。黄克诚明白，要想使党风有质的提高，要靠全党之力——上到中央最高层领导一抓到底的决心，下至各级党员乃至普通群众积极有效的参与。自己虽已年迈力衰，来日不多，但作为一名老共产党员，唯一的选项只能是竭尽全力、率先垂范。

陈　赓

不贪恋高官厚禄，不改共产党人志向

陈赓在鄂豫皖根据地反"围剿"作战中腿部受重伤，辗转到上海，经秘密治疗，才保住了伤腿。1933年3月，中共中央决定派陈赓到江西中央苏区工作。

在离开上海的前一天，即1933年3月24日晚上，陈赓带着妻儿到贵州路丽都大戏院，遇见了绰号"小白脸"、名叫阿连的叛徒，此人原是上海先施公司的学徒工，曾参加中共特科工作。阿连见到陈赓就急忙上前搭话。陈赓敷衍了几句，就托故向外走，想把叛徒甩掉。陈赓如若还有两条健康的腿，又在苏联专门学过摆脱"盯梢"的技术，加上在中共特科工作时的若干实践，遇见这么个小瘪三算得了什么？但他此时的两条腿都负过重伤，并且右腿才刚痊愈，功能远未恢复，所以跑了一阵，无法甩掉这个"尾巴"，就躲在弄堂里，等阿连追过来，上前三拳两脚就将其翻倒在地，把"小白脸"打成了"大花脸"。陈赓正想离开时，躺在地上的叛徒不仅大喊大叫"捉共匪"，还"嘟嘟嘟"地吹起哨子来。附近巡捕闻声赶来，把腿伤初愈的陈赓抓住了。

和陈赓差不多同时被捕的谭国辅（化名"陈藻英"，假扮成陈赓妹妹）后来说，陈赓这次在上海的住处早就被巡捕房知道了，并进行了监视，他之所以没有早一点儿被捕，是因为那些人还想从他身上"钓"出"大鱼"来，就是希望能抓到更多的共产党员。他在戏院被捕,可能是特务怕他逃走所致。

巡捕房抓住陈赓如获至宝,想从他口中了解共产党的秘密机关和其他党员的住址,但他坚贞不屈,从他嘴里挤不出任何有用的东西。巡捕们正准备对陈赓施以毒刑逼供时,宋庆龄闻讯,率领中国民权保障同盟总干事杨杏佛等人和新闻记者前来探监和采访,制止了租界当局的进一步迫害行动。陈赓趁机对同牢的难友和看守进行宣传,讲述红军英勇战斗的故事和革命道理,教育和鼓舞狱中的战友不要泄气,要团结起来进行反对虐待的斗争。

3月28日,巡捕又逮捕了廖承志、罗登贤、余文化3人。3月31日,租界第二特区法院开庭"审判"陈赓、廖承志等5人。法庭不顾被告律师义正词严的辩驳与抗议,只凭几个奸细、叛徒的瞎说,没有任何证据,就宣布把陈、廖等人引渡给上海市国民党警察局了。

到了国民党的"公审会堂",陈赓和廖承志等人表现了对敌人的无比蔑视,高唱《国际歌》,高呼"打倒国民党反动派"等口号,并慷慨陈词,痛骂国民党反动派压迫人民、杀害革命者及丧权辱国、投降帝国主义的种种罪行,为共产党和自己所从事的光荣而伟大的事业进行辩护,在敌人的恫吓及酷刑面前表现了大无畏的英雄气概。

在监狱中,敌人怕陈赓逃跑,把他单独铐在一根铁柱子上。原中共特科领导人、已成为叛徒的顾顺章多次带着水果和礼品前来劝降,说什么"中国革命已经失败""共产主义不适合中国国情"等鬼话。他还告诉陈赓,蒋介石多次发来电报,要给陈赓"特殊礼遇"。陈赓痛斥:"你是叛徒,快给我滚开!我就是死,也决不会像你那样无耻!"并把顾顺章送来的礼物用脚踢开。

一天,陈赓被押解到南京。敌人知道他会武功,怕他半路逃走,就拿来一条铁链子,把他和谭国辅锁在一起,送上一辆戒备森严的铁闷子车。他俩一路上高唱革命歌曲到达了南京。

国民党宪兵司令谷正伦手持蒋介石的电报,亲自到火车站"接"陈赓。谷正伦把电报读给陈赓听:由于陈赓在广东和北伐期间的历史,要尽量给他"舒适"和"鼓励",以便其"悔过",并加入国民党;如果愿意"起誓归顺"国民党,将给他高级军职和美好的前程。

陈赓听惯了这一套，笑笑，不予理睬。国民党宪兵司令部及其监狱在夫子庙瞻园路。谷正伦将陈赓安排住在大院最好的房间里，并予以好菜好饭招待。这时，一些黄埔军校的同学也都来看他，故意穿着将军制服在他面前炫耀，想引起他的羡慕而动摇他的信念。他们告诉陈赓，蒋介石不会杀黄埔的学生，劝他回心转意，还有的问："红军那种苦生活，你受得了吗？"

陈赓则"顾左右而言他"，给他们讲红军怎样捉国民党将领赵冠英、岳维峻的故事，并谴责国民党卖国求荣的政策等。谷正伦感到自己的努力完全是枉费心机，恼怒之余，露出了刽子手的真面目，重新把陈赓铐上，关入宪兵司令部的监狱。牢房里很阴暗，只在门上设了一个可以向外看的小孔；屋角有个没有盖子的马桶，散发着臭气。

正式审讯，主审官就是顾顺章。他严刑逼供，妄图迫使陈赓屈服，可是招来的是陈赓的一顿痛骂。

宋庆龄、蔡元培等人知道陈赓被押解到南京的消息后，立即联名打电报给南京国民政府行政院长汪精卫、司法部长罗文干，要求释放陈赓。4月5日，宋庆龄还亲自对蒋介石说："陈赓在东江之役一直跟着你打仗，谁不知道！你打了败仗，是他救了你一命，不然，你也活不到今天。现在，你要杀他，你天天讲的礼义廉耻到哪里去了？"宋庆龄又找汪精卫，再次提出释放陈赓等人的要求，又提出到监狱探望陈赓，还带一些新闻记者一同前往。

监狱当局听说"国母"要大驾视察，急忙把陈赓移到一个宽敞、干净的房间，换了新囚衣，还做了一些虚假的布置。陈赓见到宋庆龄，就大讲监狱的黑暗和残暴以及自己受到的拷打和非人待遇，当场揭露为了这次接见、才把他搬到这里、换上干净囚衣等卑劣行为。在探望中，宋庆龄还巧妙地为中共党组织秘密送交了一张字条给陈赓。

宋庆龄一走，愤怒的监狱当局立即把陈赓关在一间又脏又暗的牢房中。牢房里散发着霉臭的味道。陈赓进去，什么也看不见，看守开灯之后，他才看见地上有一堆白骨……但这些怎么能吓倒陈赓呢？他仍坚持不懈地和敌人进行斗争。由于宋庆龄和社会进步人士的营救，国民党反动当局才没敢对他骤然加害。

蒋介石正在南昌指挥军队第四次"围剿"中央苏区，便命令把陈赓押解到南昌，他要以全国最高统治者、以老校长和老领导的身份，亲自做陈赓的工作。

陈赓被押着坐轮船到了九江，然后改乘火车到了南昌。一路上，敌人看管很严，不准他和别人说话，但他不管那一套，见到人就大声宣传共产党抗日救国的主张和红军英勇作战的事迹。到南昌后，陈赓被押到江西大旅社。

两天后，黄埔军校第一期的老同学邓文仪带了很多礼物来看陈赓。邓文仪曾去苏联中山大学学习，回国后，自称是"第一个受俄国教育又转而反对苏联的人"。"四一二反革命政变"后，他曾任黄埔军校"清党检举审查委员会"负责人，干了许多伤天害理的事，因此深得蒋介石的信任。邓文仪一见到陈赓，就滔滔不绝地说"共产主义已经失败""民主在中国不实际，中国需要校长这样的强有力的领导"等；说蒋介石在励精图治；说某高级将领因嫖妓受了处分，某高级官员因腐化而被枪毙；说已修建了很多公路，有的铁路正在开工……说蒋介石不是不抗日，而是在积极准备对日作战；还说"校长的愿望就是要把所有黄埔军校出来的军官争取回来"。邓文仪的口才是出名的，他认为凭自己的"三寸不烂之舌"，肯定能说服陈赓，没想到碰了个大钉子。陈赓义正词严地驳斥了他："你们修公路、铁路，是为了打共产党、打红军。你们积极打内战、镇压人民，对日寇侵占东北、进攻上海却奉行不抵抗主义，简直成了卖国贼！"邓文仪拿来纸笔是叫陈赓写悔过书的，陈赓却写上了"坚决打倒卖国头子蒋介石"等字样，并且用笔在墙上写满了类似的标语口号。

邓文仪的谈话持续了两天，毫无结果。不能说邓文仪不努力。他拿来一份蒋介石签发的命令的副本，内容是送给一个叛徒一笔巨款；他还说，只要陈赓写个悔过书，蒋介石可以让陈赓当师长，或者当围攻大别山革命根据地的第三军的参谋长。陈赓对这一切的威胁和利诱嗤之以鼻，说："你叫我写的，全在墙上了，请仔细看吧！"

陈赓在监狱里被关了一个月，胡子长得很长，身上虱子很多，衣服也破烂不堪。一天，邓文仪拿来绸子衬衣、哔叽长袍，还有裤子、礼帽、鞋子等，说蒋介石要亲自接见陈赓，叫他刮脸、洗澡、换衣服，还说："你去见校长，蓬头垢面的这个样子，多不礼貌。"陈赓瞪起眼睛，不屑地说："是你们把我整成这个样子的嘛！你们对我不礼貌，叫我怎么对你们礼貌！"他拒绝接受这一套。

一天下午，陈赓被带进一间宽敞的客厅，里里外外站满了卫兵。他坐下不久，听到楼梯上响起"吱吱嘎嘎"的皮鞋声。蒋介石故意一边下楼，一边大声说："陈赓在哪里？陈赓在哪里？"意思是想叫陈赓站起来迎接他这个老校长、此时叱咤风云的大人物。陈赓却依然坐着不动，顺手抓起一张报纸遮住了自己的脸，假装看报，不予理睬。

报纸被邓文仪抽走了。蒋介石走到陈赓面前，用充满感情的声音说："你是陈赓，是校长的好学生，黄埔的杰出学生。你虽然政治上犯了错误，但校长从来对学生都是爱护的，宽大的，我可以原谅你。"

陈赓把脸转到一边，冷冷地回答："我根本不需要你的原谅。你爱怎么办就怎么办吧！"

蒋介石为了缓和气氛，耐着性子说："嗨，你怎么能这样说呢，大家都是黄埔的老同志了。黄埔人都应当团结救国。你跟着他们有什么好处呢？弄成这个样子。我告诉你，黄埔的校长决不杀黄埔人的。嗯……"他看着陈赓，换了个话题，"你才从大别山来，那里的情况怎么样？老百姓还过得下去吗？"

"你派兵去那里打仗，杀人放火，他们过不下去，不也得马马虎虎过嘛！"陈赓转过身来，瞪着蒋介石说道。

蒋介石从来没听见有人敢这么和他讲话，怒火中烧，但又不便发作，尴尬地在屋里走来走去，好久才站住，说："你不要老这样想不开。只要你过来，一切好办。愿意带兵，好说，可以随便挑一个师。"

陈赓冷笑一声，说："我决不做你们的官！共产党员怎么能像你们那样，榨取人民血汗来供自己享受呢？更不会去给帝国主义当走狗。今天落在你的手里，我没有任何幻想。还是那句话，要打就打，要杀就杀吧！"

"嗨，陈赓，你怎么会这样想不通呢？"蒋介石装作沉痛的样子，"你看，现在国家弄得这样糟，剿匪死伤30多万人。中国应当团结起来，不能再这样牺牲下去了……"

"国家弄得这样糟，还不是应当由你负责。是你背叛革命，发动内战嘛！"陈赓大声打断了蒋介石的话。

陈赓义正词严的讲话，屋里屋外的人都听得很清楚。蒋介石觉得自己大丢面子，气得脸色发青，指着陈赓结结巴巴地说："你你，你这个态度……应该悔过！应该悔过！"

十分难堪的蒋介石正无法下台的时候，听说东北军将领于学忠要见他，就"顺坡下驴"地对邓文仪说："你好好劝劝他，这样不行。"并转过脸对陈赓说，"以后，邓文仪代表我和你谈话。"说完，便匆匆走了。

邓文仪把陈赓送回旅馆，叹了口气，说："哎，真想不到你会是这个样子。你今后打算怎么办呢？"

陈赓笑笑："这能由我吗？枪毙吧。"

"如果不枪毙呢？"

"那就放我走。"

邓文仪思索了一下，说："如果真的放了你，你回到红军，告诉黄埔同学，只要他们回头，校长是不会杀他们的，这样好吗？"

"不好！"陈赓摇了摇头，斩钉截铁地说，"我怎么能背叛共产党，做这种事呢？"

"啊！那就不好办了！"

邓文仪又派人把陈赓押回南京，重新关进牢房，继续逼他自首、悔过。

这时，中共党组织和宋庆龄等人都在积极营救陈赓，为他奔走呼号，弄得国民党当局想杀他，却很有顾虑；蒋介石还想把红军中的黄埔军校学生争取过来，杀了"黄埔三杰"之一的陈赓，怕失掉全国黄埔军校学生的心，也一直犹豫不决；此外，国民党内中上层敬仰、喜爱陈赓的人有很多，早年孙中山、廖仲恺就很赏识陈赓，何香凝还想把他纳为爱婿。蒋介石在国内外、国民党内外以及道德伦理的压力下，不得不接受宋庆龄营救政治犯委员会提出的释放要求。

陈赓在《我的自传》中说："在狱中凡四月，（国民党）当局用尽威吓利诱（手段），我丝毫未为所动。因以黄埔关系，红军势大，（国民党）当局幻想以我影响红军中之黄埔生，被释放。"陈赓在这里说的"释放"，是指把他从南京监狱的大牢中放了出来。陈赓和狱友们告别时，还挥着手大声喊："同志们！再见了！将来我会带着10万红军打回来救你们！"对这样的人，蒋介石怎能放虎归山呢？是蒋介石和邓文仪见对陈赓来硬的不行，改为采取软化的办法，把他弄出大牢，送到一个小楼里软禁。

5月底，陈赓真正受到了特殊"照顾"。特务停止了审讯，在卫兵的看管下，他可以在南京自由活动，可以到太平南路逛商店，去夫子庙听戏、看电影，衣食住行都有专人侍候。陈赓也刮了胡须，穿上干净衣服，不和他们吵闹了，变得随和起来，有好吃的、好喝的就吃、就喝，也表示愿意和他们在一起玩玩了……敌人觉得软化的办法在生效，对陈赓就放心多了。有一天，有个陈赓早就认识的外号叫"广东麻子"的共产党员，化装成国民党的高级军官，和另外两个同志协助他逃走了。

　　陈赓从南京逃到上海，找到了中共党组织。由于陈赓在上海不能存身，党组织叫他迅速离开上海去中央苏区工作。到苏区后，陈赓任红军第一步兵学校即彭杨步兵学校校长，为培养红军连、排级干部开始了辛勤的工作。

党性高于一切

　　无论是在革命战争年代，还是在和平建设时期，无论是在戎马倥偬之时，还是在办学育人期间，陈赓时时处处以自己的实际行动诠释了一个真正的共产党员永不褪色的政治坚守，那就是党性高于一切。

　　陈赓早在青少年时期就积极参加各种爱国活动，追求进步，立志从戎。1916年，他抱着为国家和社会有所作为的雄心，到湘军中当兵。当他认识到在旧军队中根本不可能实现为国为民的抱负时，便毅然离开。之后，陈赓阅读了许多进步书刊，对新思想勤于探索，并与毛泽东等人创办的革命组织有了密切接触。1922年年底，他加入中国共产党，成为中国早期共产主义运动中的一名坚强战士。他后来回忆："我的党龄应该是与党同龄。1921年，我在湖南党的小组工作，提出入党请求，可当时党的负责人说，陈赓出身于地主家庭，是个大少爷，应该多考验一个时期再说，就这样才批准我1922年入党。"

　　陈赓对党忠诚、党性坚强，不仅表现在他与国民党反动派进行的斗争中，也表现在他对党内错误思想和倾向进行的抵制中。

　　在鄂豫皖苏区工作期间，他看不惯张国焘滥用职权的恶劣作风，特别对在红军中开展"肃反"、杀害大批优秀干部和同志的"左"倾错误进行了抵制。他曾直接找到张国焘，表示怀疑"肃反"政策，指出不应该对干部群众搞"逼供信"。陈赓负伤到上海后，及时向中央汇报了张国焘给党和红军造成重大损失的情况。1935年6月，当张国焘分裂党、分裂红军时，陈赓勇敢地捍卫党中央，对张国焘的分裂行为进行了坚决的斗争，为加强党和红军的团结做出了重要贡献。1937年1月，抗日军政大学成立，陈赓任抗大第一队队长。抗大根据党中央政治局的精神，在全校开展对张国焘错误的批判，从政治上、思想上、理论上与张国焘路线划清界限。陈赓早先在鄂豫皖苏区红四方面军任师长，后来才到中央苏区红一方面军任职，所以，他同红四方面军许多高级干部都熟悉，其中不少干部是他的部下，这些人对他是了解而尊敬的。时任抗大第七队队长兼军事教员的贾若瑜回忆："陈赓拥护党中央的决定，态度鲜明，立场坚定，但在发言中说得有理有据，态度中肯、诚挚，很有分寸，得到了红四方面军很多学员的认同和赞赏，积极推动各方面干部之间的相互了解，增进并加强了党内和红军内部的团结。陈赓同志在重大原则问题上，是严肃认真、讲究原则、注意分寸的，这些给我很深的印象。"

陈（陈赓）谢（谢富治）兵团挺进豫西以后，所向披靡，在很短的时间里就解放了大片地区，取得了辉煌的战果，但是，由于受到各种因素的影响，这支部队中也出现了一些不良倾向，最为突出的就是从老解放区"刮"过来的那股"贫雇农当家"的错误思想，这在一定程度上造成了官兵思想上的混乱。当时，一些部队对剥削阶级出身的干部采取敌视态度，要求地主富农出身的干部向贫雇农战士投降，撤销了这些干部担任的党内外职务。后来，有些部队还召开了诉苦大会，在驻地搭了灵棚，让大家穿上孝服，先由贫雇农出身的战士诉苦，祭奠在旧社会被害的亲属，然后由非贫雇农出身的人员宣布向贫雇农投降。有些部队还发展到分剥削阶级出身的干部的"浮财"的情况，由贫雇农出身的战士查看他们的行李和马褡子，今天分这个干部的东西，明天分那个干部的东西。由于这股"风"来得很快，"刮"得很猛，一时间闹得人心惶惶。

陈赓是地主家庭出身，所以，兵团的一些部队领导推广"贫雇农当家"时，是背着陈赓干的。等陈赓知道了这个情况，感到这可不是一个小问题，而是一个涉及党的政策的问题，是一个重大的原则问题。他想到在自己带领的这支部队里，每个连队都有相当数量的非贫雇农出身的班、排长，他们久经战争的锻炼，政治思想可靠，会打仗，很勇敢，能够团结自己的班、排作战，如果搞唯成分论，把他们全部撤换掉，部队的战斗力马上就会受到影响，再说，大多数同志也是不会同意这样做的。经过深入思考，陈赓意识到，我们这支部队究竟是党领导，还是"贫雇农当家"，这个问题必须解决好，否则，任其发展下去，就会削弱和影响部队的士气和战斗力。

在与身边的同志谈话时，陈赓就非常尖锐地指出："在部队里让'贫雇农当家'，那共产党怎么办？"他还在一次干部会议上明确指出："我是候补中央委员，我就不知道中央有过'贫雇农当家'的指示！你们要搞'贫雇农当家'，难道我们共产党不能当家？我们是党领导的军队，怎能由'贫雇农当家'？我们军队是用马列主义、毛泽东思想武装起来的，怎么能说贫雇农思想最革命？贫雇农是农村中最革命的阶级，但也要在党的领导下才能胜利。我们党是无产阶级的先锋队，又不是贫雇农的先锋队。马列主义、毛泽东思想是无产阶级思想的代表，无产阶级最集中的思想，也不是贫雇农思想。"

陈赓经过深入细致的调查研究，开始着手解决这个问题。他多次找政治部的同志及有关人员谈话，并把这一问题交给前委负责同志讨论。由于当时新华社和新华广播电台不断报道华北土地改革的成果和经验，宣传"贫雇农的思想最革命"等口号，人们误以为这就是中共中央的新精神，因此，对于陈赓的正确主张，一时还有许多同志接受不了。有些人提出"贫雇农当家"不仅不应该停止、还要在部队中进一步开展运动的主张，甚至有人散布：陈赓是地主家庭出身，不能听他的！

为了解决好这个问题，陈赓一方面组织召开由部队旅、地方地区以上领导同志参加的前委扩大会议，以便澄清认识、统一思想；另一方面，他还专门发电报给党中央，汇报当时部队的思想情况，陈述自己的意见和看法，并向党中央和毛泽东请示，究竟应当是共产党当家，还是贫雇农当家。对于这个涉及党的政策问题和重大原则问题，地主家庭出身的陈赓反对贫雇农当家做主，在很多人眼里简直像是飞蛾扑火的行动。陈赓的报告是作为急件拍发的。电报发出后，陈赓不仅睡不着觉、吃不下饭，而且几乎到了心急如焚的程度。没多久，党中央回电：同意陈赓的意见！是党当家，不是贫雇农当家！

根据党中央和毛泽东的指示精神，陈赓主持召开了会议，及时纠正部队中出现的这一偏差，稳定了部队的正常秩序和官兵的思想情绪，为部队不断取得军事行动的胜利奠定了坚实的思想基础。他高兴地说："同样的道理，我讲了好几遍，有些同志思想总不通，现在一读党中央的电报，马上就通了。这说明毛主席有崇高的威望，大家高度信赖党中央。有人根据我家庭成分不好，便不相信我说得有道理，是不对的。不错，我出身于地主家庭，可是中国共产党成立的第二年，我就入了党，从入党的那一天起，我就背叛了原来的阶级，投降了无产阶级，献身于革命事业。我们党从来主张有成分论，重在表现。人为地把干部、战士分成两部分，让贫雇农家庭出身的人，去检查没收非贫雇农家庭出身干部的东西，必然要造成混乱，伤害一部分人的积极性，使部队造成分裂，这是十分危险的事。"陈赓这种在大是大非面前思想敏锐、立场坚定、坚持讲政治的可贵精神受到了上级领导和所部指战员的高度评价。

陈赓党性原则强，也体现在他"不邀功、不诿过"、勇于承担责任方面。1954年10月，中共中央、中央军委根据中央政治局的决定，任命陈赓为中国人民解放军副总参谋长，仍任军事工程学院院长兼政治委员。陈赓任副总长后，分管作战工作。有个星期六晚上，根据粟裕总参谋长的指示，由总参作战部出面在全聚德宴请苏联顾问鲍尔铭少将等人。当晚，华东军区要对一个师进行嘉奖，新华社急着要发表这条消息，于是给作战部值班室打电话，要求作战部对这条新闻报道提意见（当时，新华社的同志并没有说明具体内容，只说是有个新闻稿）。值班室把电话转到了全聚德餐厅。由于不便在这种场合处理公务，作战部的领导就要值班室转告新华社的同志，请他们把这个新闻稿送给陈赓副总长审阅。身体有病的陈赓已就寝，送稿者才把新闻稿送到，而且说这则新闻稿是经过作战部同意后才送给他的。陈赓认为，既然作战部同志看过了可公开的新闻稿，相信作战部是会把关的，便答道："既然作战部看了，那就可以了。"于是，新华社就发布了这条消息。第二天，刘少奇看到这条消息后，立即给粟裕打电话询问此事，并严肃地指出，中央军委已经有决定，对师级（含）以上单位的表扬，只有军委才有这种权力，大军区级无权批准，要粟裕查询此事。粟裕当即查询作战部，方知该事原委。陈赓马上表态说，此事是他同意的，应由他承担责任。粟裕则说自己是总参谋长，应由总参谋长承担责任。上下级争着承担责任的精神充分体现了我们党的"不邀功、不诿过"的优良传统。刘少奇知道后，说："你们这种精神很好，今后注意就行了。"领导们真诚主动地承担责任的精神，对作战部参谋人员有很大的教育作用。

陈赓党性原则强，还体现在他不搞本位主义、以大局为重方面。1956年，中共中央成立国防部航空工业委员会（简称"航委"），聂荣臻任主任。聂荣臻随即着手组建办事机构和研究队伍，邀请军事工程学院院长陈赓、国家科委副主任范长江、一机部部长黄敬、中国科学院副院长张劲夫等人以及国务院各部委负责人开会，商讨调选科技骨干的问题。会上，聂荣臻详细地谈了我国将发展以"两弹"为主的武器计划之后，恳切地说："我国发展尖端武器迫在眉睫，但国际技术援助还没有落实。虽然困难很多，但中央下了决心。当前需要的各类人才，请在座诸位大力援助，鼎力相助！"聂荣臻讲完，大家都默不作声。曾经参与组建军事工程学院、赴各处抽调专家的陈赓知道事情难办，便站起来，坚定地说："搞导弹需要集中全国的优秀技术骨干才能攻克难关，把研究工作进行下去。我们军工学院有一批从事航空和火箭专业的专家、教授，我想从中抽调6名教授，支援航委。"陈赓的发言打破了会场的沉默，大家开始发言。有人说："搞尖端武器是国家急需，我们坚决拥护，但是，我们的科技人员也很少，每年只分配几个大学生，我们恨不得拿他们一个当几个来用。"会场上顿时发出了一阵笑声，这笑声在急需人才的聂荣臻听来不太顺耳：虽然各单位都有需要，但是搞导弹事业是国家急需的，作为党的高级干部，怎么可以搞本位主义而不顾国家安全大计呢？这时，又是陈赓站出来讲话。他对聂荣臻说："选调专业干部，我们军事工程学院准备再抽调三四人，至于大学生，我们第一期学员毕业就可以向你输送足够的新生力量。"陈赓无私的情怀感染了大家，中国科学院、各部委都纷纷表示要支持航委的发展，在用人方面提供方便。在酒泉靶场的建设初期，设计和施工单位发生了一些矛盾，聂荣臻拟派人前往协调。当陈赓得知那人不愿意去时，毅然要求亲自前往。对此，聂荣臻很感动，但考虑到陈赓的身体不好，去靶场路途艰难，当地气候条件极差，怕他因心脏病吃不消，就没有同意。

陈赓党性原则强，还体现在他严守机密、兢兢业业为党奋斗到生命最后一息方面。陈赓对保守党和国家机密十分重视，非常严格地遵守各项保密规定。秘书任金池调来后，陈赓第一次交代任务时，就嘱咐要注意保密。陈赓严肃地说："你是我的机要秘书，我对你无密可保，你对我的保密工作要完全负责。在这个问题上，可不能出一点儿差错！"平时，陈赓十分谨慎，看过的文件、电报，总是随时退交给机要秘书，从不随身携带。1955年冬季，在辽东半岛举行抗登陆演习时，陈赓一行住在大连国际旅行社。一天，陈赓凌晨4点起床出发，由于走得很急，秘书把一份绝密文件落在了床头柜的抽屉里。下楼走到旅行社门口时，陈赓突然提醒秘书："离开房间时全检查过了吗？"秘书顿时想起还有一个抽屉没有检查，于是急忙上楼，发现了这份文件，避免了泄密事故的发生。

陈赓对党和国家的方针政策、对中央军委的指示决定，一向认真学习、深刻领会、坚决贯彻执行。对上级交办的每一项任务，他都是严肃认真、一丝不苟、竭尽全力地完成。他为了准备一份报告，起草一份文件，常常顾不上吃饭，顾不上睡觉。他总是说："搞好了，饭才吃得香，觉才睡得甜。"他一再向秘书交代："凡是毛主席、周总理、彭德怀同志以及军委各位副主席办公室打来的电话、交办的事情，一刻也不能耽误。"有一次，陈赓到外面开会回来，车刚停稳，正准备下车回家吃饭，早已等候在门口的秘书任金池马上向他汇报："下午6点多，郭英会同志（周恩来的军事秘书）来电话，要您去一趟，总理找您……"没等任秘书把话说完，陈赓立即驱车直奔中南海周恩来处，任秘书想给他拿些点心都没有来得及。1958年5月，国务院免除陈赓兼任军事工程学院政治委员之职，但仍任院长兼党委书记。由于战争年代的艰险和长期繁重工作的劳累，陈赓的健康状况日趋恶化，医生严格限制他的工作时间，周恩来也专门做了交代，让他留在北京，限制他去外地。对总理的这一指示，军事工程学院的领导是知道的，因此，每次来北京看望陈赓，总是想方设法找些理由劝说他不要去哈尔滨。陈赓对自己的病情和总理的指示并不知晓，总是执意要去。有一次，军事工程学院的一位领导同志来看望陈赓，向他汇报工作。陈赓再次提出要去军事工程学院，而且是非去不可。这位领导照例找些理由婉言劝阻，这下可把陈赓惹火了。他猛地从沙发上站起来，摇晃着身躯大声说："我这个院长还没有被撤职，你们为什么老不让我去？你们有什么权力剥夺我去学院的自由？……"1960

年冬，半年前第二次心肌梗死发作、又一次从死亡线上挣扎过关的陈赓，感到这年北京的冬天格外寒冷。他的病情越来越重，胸部疼痛日甚一日。他知道属于自己的时间不多了，便越发抓紧时间为党多做些工作。他惦念自己亲手创办的军事工程学院，提笔给院党委常委写信，提出自己对调整后的学院工作的建议。就在陈赓逝世的前一天，他还在构思《作战经验总结》，要把自己在长期实践中积累起来的宝贵财富留给后人，但他只写完了《序言》部分，大面积心肌梗死第三次发作了……

严于律己，宽以待人

对于战士和身边的工作人员，陈赓不仅无微不至地关心他们的生活，而且对于他们的错误或过失，总是循循善诱地进行教育。

中华人民共和国成立之初，陈赓领衔创办军事工程学院。当时，学院住房十分紧张。陈赓从自己做起，带头把好房子让给专家、教授，自己和家人则住在两间小平房里。1954 年，陈赓因为身体不好，妻子傅涯也有病，全家从小平房搬到了吉林街 182 号的小楼里。警卫营派了一个班到那里负责警卫。陈赓经常到警卫班看望干部、战士，嘘寒问暖，关怀备至。战士谢友来感冒发烧，陈赓和妻子傅涯一同到战士宿舍看望，问谢友来想吃什么，回去后，立即叫炊事员做了一碗面送过去。原警卫营一连指导员何尚奎回忆说：陈赓院长在学院主持工作期间，逢年过节都要到警卫营慰问干部、战士，平时也常常一个人走到警卫营的食堂、宿舍了解战士的生活情况。

有一次，下着大雨。陈赓经过军事工程学院致知楼出口处的岗亭，看到在岗亭里站岗的战士被刮进岗亭的雨水淋透了，就叫战士赶紧从岗亭里出来，帮他把对着风雨的门稍稍转了一个角度。雨水再也进不了岗亭了，陈赓却弄得一身水、满手泥。战士并不知道帮自己移动岗亭的老同志是谁，后来才知道是他们可敬的陈赓院长。

干部在雨中为站岗战士披上雨衣，对不对？这在当时曾经引起了争议。事情是这样的：一天，雨很大。一个干部走过学院第一道大门，看见站岗的卫兵被大雨淋湿，赶紧把自己穿的雨衣脱下，披到卫兵身上。卫兵很受感动，写了一篇题为《一件雨衣的故事》的稿子,送到《工学》报。文章登出来了,苏联顾问看后,向队列部提出严厉批评:"卫兵值勤时,不能让任何人接近自己,可是在一道门站岗的卫兵,不仅让人靠近自己,而且允许这个人把雨衣披到自己身上,这是绝对不能容许的违纪事情。因此,这个战士应当受到处分,而那个把雨衣披到卫兵身上的干部,也应受到批评。"问题反映到陈赓那里,陈赓说:"卫兵淋雨,干部把自己身上的雨衣脱下来披到卫兵身上,反映了我军官兵之间的阶级友爱。那个干部不但不应该批评,而且应该表扬。卫兵接受干部的关爱并没有错,怎么能受到处分?"

陈赓对身边的工作人员的关心是无微不至的。如果工作人员在陈赓家工作,到了开饭的时间,陈赓总是不让其回食堂吃饭,坚持留其同他一道用餐,而且要加菜,若不依,他会不高兴。陈赓常常工作到深夜,这时,他就催促身边的人赶快去休息,怕耽误他们睡觉。有一次,他的一位在战争年代负伤回家的警卫员到北京治病。他知道后,马上帮忙找医院,并嘱咐警卫员要把伤治好再回家。有一位秘书的未婚妻专程从南京某军校来北京同秘书结婚,陈赓知道后,首先向他们表示祝贺,还批了秘书一个星期的假,让秘书陪爱人逛逛北京。秘书不好意思,第二天照常来办公室上班。陈赓见秘书又来了,就要秘书马上回去,并一再嘱咐:"不要再来了,好好陪新娘子玩儿几天。"

如果战士和身边的工作人员犯了错误,陈赓总是以宽容爱护的态度,给予耐心的说服教育。陈赓有个秘书在为他誊写发言稿时,由于粗心大意,抄丢了一段,致使陈赓在会上发言时上下语句连接不上,搞得很尴尬。会后,陈赓向秘书要他的原稿对照,才发现了这一问题。这个错误是很严重的,可是陈赓既没批评,也没训斥,只是自言自语地说:"我说怎么不通顺,原来给我抄丢了一段……"陈赓的宽容反而令这个秘书十分难受,暗下决心要改掉粗心的毛病。

抗美援朝战争刚结束时,哈尔滨住了不少从战场回来的伤残军人。有一次,在军事工程学院大门口,一辆公共汽车进站后,人们排队按顺序上车时,突然拥来了十几个年轻的志愿军伤残军人,争着要上车。人群中有几个转业军人说了他们几句,激怒了他们,他们高声说:"除了志愿军司令员,谁也别来管我们!"

就在这时,一声"霹雳",把这些伤残军人震住了:"我就是志愿军司令员。今天,我就管管你们!"

"居然冒出个志愿军司令员!"有几个伤残军人笑道。

"我是陈赓!"

那些伤残军人一听,"唰"地一下立正,行了军礼,连手都不敢放下来。

"警卫员,把他们带走!"陈赓严肃地下达命令后,对车站上的群众抱歉地说,"战士无礼,干部有责,这是我陈赓教育不严。"他又朗声对那些转业军人说,"总算还有几个懂得遵纪守法的,不然,我这个司令员可无脸见江东父老了。"

事后,陈赓把那十几个年轻的伤残军人狠狠地"剋"了一顿,然后要了一部车子,派人带他们游了斯大林公园和太阳岛,又把他们送回休养院。临走时,陈赓与这些伤残军人一一拥抱,还亲切地刮了每个人一下鼻子,并深情地说:"在战场上,你们都是英雄,是有功之人,人民敬重你们。你们千万不要居功自傲,要保持志愿军的荣誉,万万不可把自己降成兵痞!要是人民厌恶、嫌弃了你们,你们就连亲爹亲娘也没有啦!"

陈赓对战士和身边工作人员关爱、宽容,对自己却一向严格要求,从不搞特殊。他说:"领导干部严于律己,说话才能有人听。"

陈赓每次去地方视察和检查工作,都是一切从简,反对警卫森严、夹道迎送,认为那是做官当老爷的作风。1955年冬,陈赓参加完辽东半岛抗登陆演习,由大连去哈尔滨为军事工程学院的干部授衔。他乘坐的公务车抵达哈尔滨后,即告诉秘书把车退掉,不要专为他留着。秘书考虑他工作忙,为了走时方便,就没有及时退掉车。陈赓知道后,严肃地批评说:"车在这里压一天,要花很多钱。军费是国家给的,是人民的血汗,我们不能浪费掉啊!"停了一会儿,他又耐心地讲道理,"这节车厢早些退掉,投入使用,又可为国家赚来很多的钱,你就不会算算这个账?"一席话说得秘书很歉疚,赶快去把车退掉了。陈赓不抽烟、不喝酒,生活十分简朴,外出工作,到下面视察,从不吃请,和大家是一样的伙食标准,临走时,他总要叮嘱秘书按照规定交纳伙食费和粮票,不占公家一点儿便宜。有一次,时任军事工程学院院长兼政委的陈赓回到学院,按理说住条件较好的苏联专家招待所一点儿也不过分,但他婉言谢绝了学院其他领导的好意,坚持住他原先住的小平房。住下后，陈赓为了挂衣服，叫营房处做了两个衣架，一个上了漆，一个是原木色。做好后一试，尺寸小了一点儿，没法用，但陈赓还是让工作人员交了成本费。

陈赓遵守制度、服从管理也是有口皆碑的。1953年，陈赓住军事工程学院的小平房时，晚上经常一个人在宿舍周围散步，警卫们都习以为常了。有一天，新战士顾英洲到小平房值勤。他不认识陈赓，不准陈赓在那里来回走动。陈赓马上接受了他的意见，回到自己的宿舍。这件事被警卫连连长和连指导员知道后，对他进行了批评。事情传到陈赓耳朵里，陈赓立即把警卫连的领导叫去，说："哨兵执行值勤任务，包括我，大家都要服从。顾英洲做得对，为什么要批评他呢？"还有一次，陈赓散步时走到空军工程系的停机坪附近，想到停机场里看看飞机。卫兵要求出示特别通行证，陈赓说"没有"，卫兵便说："没有就不准进。"陈赓二话没说，改道往别处去了。事后，陈赓向队列部部长夸奖停机坪的卫兵："这个战士好，工作认真负责。"

陈赓对事业看得重于泰山，对个人待遇却并不在意。陈赓到北京工作后，组织上给他分配住房。他叮嘱，不要大，方便工作就行。按他的资历，可分配大将级别的住房，可他坚持要了一套连中将级别标准也不够的住房。对此，他从不计较，在那里，他一直住到去世。他常对家人说：这已经很不错了。我的好多战友都牺牲了，我能够活下来已经是很幸运的了。1955年授衔后，对于这个新生事物，人们都在议论，连学校里的一些学生都在比谁的父亲军衔高。在育英学校上学的陈知建问父亲陈赓："爸爸，你是什么将呀？"陈赓回答："我是辣椒酱啊！"儿子不解地问："我同学的爸爸是少将、中将、上将，爸爸为什么是辣椒酱啊？"陈赓回答："湖南人爱吃辣椒酱啊！"说完，陈赓开心地大笑起来。从这幽默风趣的话语中，我们可以看到陈赓对待功名的态度。

1961年3月16日，陈赓病故。妻子傅涯遵照他的遗愿，当即找管理局的同志，要求把电话撤掉。她说："这个电话是组织给老陈配的，我们不能用。地毯也要撤掉。过去家里铺地毯，是因为老陈两条腿都负过重伤，走路怕滑。现在，他走了，应该撤掉。"她还坚持要带孩子们从组织上给陈赓分配的住房里搬走。孩子们不理解，她说："你们的父亲走了，我们不应该再住在那里。"陈赓之子陈知庶说:"身教重于言教。父母亲严于律己的品格,是对我们子女最管用的教育。受他们的影响,我和哥哥姐姐的生活都比较简朴。在我的印象里,小时候几乎没有买过新衣服,总是穿哥哥姐姐穿过的衣服。走向工作岗位后,我们都能够恪尽职守,认真负责地干好每一件事情,做到问心无愧。"

真心实意地尊重知识,爱护人才

"得人才者,得天下。""为政之要,唯在得人。"这些至理名言深深扎根在陈赓心中,特别是他在担任中国人民解放军军事工程学院院长兼政委期间,尊重知识,尊重人才,为我国培养了一批又一批高素质的国防科技人才。

军事工程学院创办之初,陈赓常跟院领导们念叨的一句名言是:在学院,学员是"吃饭吃菜"的,教员是"做饭做菜"的,领导是"端盘子"的。

办学最大的困难是师资力量缺乏。陈赓这个一院之长把全学院看作一盘棋,组建教师队伍是他最看重的一步棋。他抓教师队伍的办法是"尚方宝剑"加"八方求援",最后广聚人才,依靠事业拴心留人。然而,中华人民共和国成立之初,各行各业都急需科技人才,一些名教授都是所在单位的宝贵财富,要把他们从多年从事的工作岗位上和良好的生活环境中一下调到寒冷的哈尔滨,谈何容易!单位愿意放和个人愿意去都成了难题。

陈赓首先请从德国留学归来的弹道专家张述祖教授根据学院所需专业和请调小组的意见,提出所要聘请的教授和专家的名单。张述祖拿着那一长串的名单递给陈赓时连连咂舌:"人,我是写出来了,可是要把这些人调来难啊!"当陈赓问他调这些专家需要经什么人同意时,他用迟疑的目光看着陈赓,说:"地方的、军队的都有,起码要政务院副总理批,也许还要找周总理批……"于是,陈赓拿着名单去找贺龙、陈毅,又去找分管此项工作的习仲勋、安子文、杨秀峰等领导同志商量。经中央军委同意,陈赓要亲自将请调教师的报告呈送周恩来总理审批。

周恩来日理万机,很难找到,陈赓只好在早晨或夜间到周恩来的家里去"堵"。一天早晨,他来到中南海西花厅。周恩来正接见民主人士,客厅里已坐满了人。陈赓一看不便闯进去,就等在门外。恰好此时,他看见周恩来去洗手间,便迅速地跟了进去。周恩来见他匆匆忙忙走进来,奇怪地问:"陈赓,你怎么到了这儿?"

陈赓赶紧把纸和笔递过去:"我要调几个教授,请你批一下。"

周恩来说:"你等一下不行吗?"

"等一下,你就走啦。"陈赓笑着实话实说。

"你真是个急性子!"周恩来看完报告,问,"你这个陈赓啊!怎么要这么多教授?一次抽调62名教授!太多了,能否减少一些?"

"这是最低要求。不能再减,务请如数调聘。"陈赓说完,看着周恩来,要起了"赖","你不批,我就不走。"

周恩来看到陈赓迫不及待的样子,微笑着点了点头,接过陈赓手里的笔,在报告上批示"同意"。

陈赓抓得紧,周恩来全力支持,几个月内便从华东、中南、西南、京津地区抽调来一大批有名的教授和专家。

面对当时国内人才需求与人才短缺的矛盾,陈赓以非凡之举选聘人才,以博大的胸怀去发现人才,爱惜人才,传为佳话。

中华人民共和国第一所高等军事工程学院作为重点保密单位,要调进来的人员都需经过严格的政治审查。一些政治历史有"问题"的人,还要送陈赓亲自审定。一天,学院保卫部门向陈赓反映:数学教员俞大贞政审条件不合格,她的哥哥俞大维是中国台湾国民党政府要员,不宜留校工作。陈赓在了解她的工作表现一贯认真负责后,对有关同志说:"她确有一个哥哥是国民党的要员,可是她还有个哥哥是黄敬同志,是我们第一机械工业部部长。她没有跟国民党的哥哥跑到台湾去,却跟共产党的哥哥留在祖国大陆,不正好说明她是进步的吗?"这样,俞大贞就留在学院继续任教。

随着受聘的上百名教授、讲师陆续到达学院,陈赓问张述祖:"张教授,你曾经说的那个弹道专家到底怎么样了?"

"他叫沈毅,曾经留学法国。"张述祖扶了一下眼镜,介绍道,"在我们弹道同行里,都认为他是个宝。现在学院正缺弹道专家,可惜呀……"

陈赓听了,便催促说:"是宝贝,咱们赶紧要呀!"

风 范

　　张述祖表情复杂地摇摇头:"恐怕要不来。"

　　经询问,陈赓才知道,沈毅曾在国民党兵工厂工作,又曾任国民党第三战区的少将专员,解放战争时期在东北参加起义,对我军建设兵工厂、制造枪炮有过贡献,但是,中华人民共和国成立后,他在民航总局任财务处长时,贪污了巨额公款,在"三反"运动中被打成"大老虎",并被判处死刑……陈赓怎么也没想到情况会这样复杂。经过一段时间考虑,陈赓终于下了决心:"把他要来!"面对其他同志的质疑,陈赓决心已定:"可以叫他立功赎罪嘛!"

　　陈赓立即给中央"三反""五反"运动的领导人之一薄一波打电话,请他刀下留人。薄一波听了陈赓的要求,感叹道:"你真爱惜人才!这个贪污犯判了死刑,你也敢要？"陈赓语气坚定地说:"敢要。既然是人才,请你留他一条命,我还可以用他。我要改造他,让他戴罪立功。"薄一波说:"光我一个人还不行,咱们要共同给董老打电话,咱俩都得给董老打包票。"时任政务院副总理兼中央政法委员会主任的董必武在与最高人民法院院长沈钧儒商议后,将沈毅的死刑改为死缓,监外服刑,以观后效。

　　一个星期后,最高人民法院派人将戴着手铐脚镣的沈毅押送到北京市恭俭胡同军事工程学院筹备处办公室,交保卫部签字接收。

　　在陈赓面前,沈毅羞愧地低下头,活动了一下卡出印痕的手腕和双脚,干黄的脸埋在胸前,不敢看陈赓,也不敢说话。陈赓宽厚地安慰他:"你是我们保出来的,希望你不要给我们军事工程学院脸上抹黑。到了哈尔滨,我给你找一间房子。你就专门翻译科技情报资料,在那里一面劳动,一面工作,洗心革面,重新做人。"沈毅"扑通"一声双膝跪地,呜咽道:"你们给我一条生路,我一定好好干,将功赎罪!"陈赓把他拉起来,说:"不要这样。以后将功补过吧。"

　　沈毅到军事工程学院后,努力工作,翻译的资料对弹道专业的教学和研究很有参考价值。为了奖励他,陈赓与学院的保卫部研究后,决定给他减刑,鼓励他更好地工作。1959年,沈毅被特赦,不再服刑,和其他老教授一样同住在教授楼里,一直工作到晚年。几十年后,著名航天专家任新民和一些老教授一提起这件事还记忆犹新。任新民动情地说:"陈赓院长是真心实意地尊重知识,爱护人才!"

陈赓爱才、识才、聚才有一股锲而不舍的精神。那时，想调一个知名教授、学术带头人到军事工程学院可真是不容易。别看有"尚方宝剑"，拿着调令到高等学府里调人，照样会被拒绝。军事工程学院工作人员奉命拿着周恩来签发的调令和高教部的红头文件，却被浙江大学冷在那里。本来学院全称叫"军事工程技术学院"，因为按当时的保密规定，只能叫"军事工程学院"，连学院开设的专业都不准对外讲。浙江大学校方不明白一个军事学院为何来调他们地方大学的学术带头人，于是严肃地表明态度，坚决不放其数学教授卢庆骏。时任上海市市长陈毅打电话跟陈赓说："陈院长，有人告你们军事工程学院的状啦，说你们要挖浙大卢庆骏教授。人家培养好多年才出这么一位叫得响的数学家，你们拿张调令就想把人挖走。苏步青先生在上海市民主党派会议上提意见说：'军工是挖工事的，指名要卢庆骏干什么？'苏先生一说，好几位民主人士都不满意啦。你可要想个办法去解释一下呀。"苏步青是中国教育界泰斗、国际数学界杰出人士，又曾任浙江大学校长，当然很看重自己精心培育的得意门生卢庆骏。陈赓万万没想到，调一位数学教授竟会震动这么大。他立即派军事工程学院筹委会副主任专程到上海向苏步青说明原委，请苏步青给予支持。苏步青了解清楚后，说："我这才清楚了。你早告诉我军工这么重要，我早就同意了。我还以为军工是挖工事的。既然这样，就调给你们吧！卢庆骏可是我的得力助手，他年富力强，数学功底厚，放他走，我还真有点舍不得。你们可要发挥他的作用啊！"卢庆骏调到军事工程学院后，任数学教授会主任，对数学教学和科研工作发挥了很大作用。

就这样，1953年8月，军事工程学院成立前夕，已拥有各类教师500多人、实验人员300多人。当时，刘伯承看到陈赓对教师队伍抓得这样紧、这样快、这样有成效，开玩笑地称赞他："你的手长，你的腿勤，能争取到各方面的支持，军事工程学院进展神速啊！"

经过一年的紧张筹备，中国人民解放军历史上第一所高等军事工程学院正式成立了。1953年9月1日，在军事工程学院成立暨第一期开学典礼上，举行了隆重的阅兵式。毛泽东给全体师生和工作人员颁发了训词，周恩来也为军事工程学院亲笔题词。陈赓在开学典礼上对全校师生说："中央军委给我们学院的任务就是为建设正规化、现代化的国防军而培养对党、对祖国高度忠诚、积极负责、英勇顽强、能克服困难、坚决执行命令、有高度的组织性、精通现代化军事科学技术的各军兵种军事工程师及国防技术人员，以适应今后国防建设的需要。"为了完成这一光荣任务，陈赓充分发挥教授、专家的聪明才智，为他们施展才华创造各种条件。

开学以后，数以百计的知识分子陆续调来学院任教，陈赓始终把他们看成党和国家的宝贵财富，看成是办好这所学院的依靠力量。他认为能否调动这些知识分子的积极性，能否充分发挥他们的作用，是办好学院的关键所在。陈赓用革命家宽厚的胸怀去关心人、爱护人、理解人、信任人，在军事工程学院努力创造一个"拴心留人"的好环境。

当时，军事工程学院的校园所在地哈尔滨比起上海、南京等南方大城市，条件还是差得太远。一些留洋回来的教授已经适应了南方大城市的生活，且不说吃不惯高粱米、小米饭、窝窝头之类的粗粮，就是冰城的寒冷也着实让他们受不了，而且在这么冷的天，住房一时解决不了那么多，很多人只能先住到老百姓的民房里。对于这些知识分子来说，要过好3关：一是家庭关——他们舍不得离开原来的大城市的家；二是山海关——从温暖的江南到寒冷的北国，气候不适应；三是军队关——他们过惯了地方院校的生活，一时很难适应严格紧张的军队生活。

由于当时住房条件十分困难，陈赓就把一幢最好的楼房作为老教师的宿舍，自己则同一些学院领导住在院区的一排小平房里。1953年8月上旬，中国人民志愿军司令员彭德怀参加《朝鲜停战协定》签字后回国，专程到哈尔滨视察即将宣告成立的军事工程学院，也顺便看望老战友陈赓。彭德怀在陈赓住的小平房里仔细端详，只见房间简单而整洁，没有任何豪华的装饰，只是比朝鲜战场的宿舍里多了一些书，增加了一些儒雅之气，感到非常温馨。他对陈赓带头住小平房、把好房子让给教授们住很满意，赞扬道："陈赓，你还是老革命的作风啊！"

一天，陈赓接到一位老教授打来的电话。这位老教授心情不太好，他的上海话本来就不好懂，加上他语速又急又快，一说就是半个多小时，陈赓几乎什么也没听明白，但还是把电话放在耳边，耐心地听下去。直到老教授把心里话都倒了出来，陈赓才谦虚地说："您别急，我马上让秘书去听取您的意见。"经秘书了解，老教授是因为当时借住的民房条件太差而心情不好。为此，陈赓专门到老教授家登门拜访。陈赓一进门就真诚地说："您放弃大上海那么好的工作和生活条件到军事工程学院来培养军事科技人才，我向您致谢呀！"老教授不好意思地笑笑："陈院长，您坐。我在上海好好的，非要把我调到这儿来，借住在老百姓的民房里。"陈赓打量着简陋的房间，到处堆的都是书，拥挤不堪，心头不由得涌起敬佩之情，便对老教授说："这房太小，又冷，确实难为您了。学院初建，住房遇到暂时困难，我希望您把学院当成家，咱们共同来克服困难。这样吧，您先搬到我那儿去住。我有两间小平房，有一间可以当客厅兼书房，还有一间可以作卧室。我先搬到您这儿住，凑合一段时间，咱们都会有房住的。"老教授得知陈赓的住房也和大家一样艰苦，感动地说："咱们还是各居其室，共建军工吧。"

对于教授们的工作、生活，陈赓可谓无微不至地关心。他说："学院就是要养成尊师重教的良好风气。"陈赓让营建部专门为老教授们修建了一个饭厅。当时，哈尔滨的建筑工人还不善于在寒冷的冬季施工。在陈赓亲自督促下，一座木结构的食堂很快就修建起来了。陈赓还特意从湖南请来厨师，让一大批来自南方的教授能品尝到南方风味的饭香菜美。有一次，营建部给教授们配发营具时，按部队的营、团等级标准配发。陈赓得知此事，找上门去询问负责人："这是谁规定的？谁叫你们把营、团概念套到教授们身上去的？"营建部的同志解释说："他们这些人从哪儿调来的都有，也没个标准，我们就按营、团标准掌握了。"陈赓说："老教授们应该住得比我们好一点，家具也应该多发一点，这是工作需要。他们的书多，桌子小了不行！你们就按我说的办吧。"当时，学院内的车很少，陈赓规定教授因公外出可以派车。有一次，陈赓到校医院看病，排队等候看病的人主动让院长先看。陈赓走进诊室，听到有人在外边说："我马上要上课了，还排这么长的队，来不及了。"陈赓立即站起来，说："快让教授先看，不能耽误他上课。"为此，陈赓和院党委统一了认识，专门规定了教授优先制，教授看病、购物、理发、洗澡，可以不排队。他还规定了在学院里看戏，要让老教授坐在前面，老干部坐在后面。陈赓热心地为教授们解决后顾之忧，要干部部门负责联系教授家属的工作安排和子女上学等问题。碰到难题，他甚至亲自打电话帮助联系，让秘书跑去落实，一定要解决好教授们的生活问题。年轻教授在学院结婚，陈赓亲自参加婚礼，有时还热情地给他们当主婚人。到了春节，陈赓带领几位学院领导挨家挨户地给教授们拜年，同时看看他们生活中有什么困难，并积极帮助解决……这些事情一直温暖着军事工程学院教授们的心。

当时，从各地调来的大多数教授不是共产党员。许多人来时既不想入党，也不想参军，而是抱着到这儿先试试看、过不惯就回去的想法。陈赓非常关心教授、专家们的政治进步，善于用伟大的事业凝聚人才。他要求政治机关积极在教授中发展党员。他这个党委书记亲自做培养教育工作，在发展第一批教授入党时，还亲自参加了党员的入党宣誓仪式。当陈赓听说有的老教授因为自己的出身、历史和社会关系等问题背上沉重的思想包袱、怀疑组织不信任自己时，就开诚布公地给他们讲党的"有成分论，但不唯成分论，重在表现"的政策，并以自己做例子，现身说法。陈赓坦诚地说："你们历史上有什么问题，有些什么社会关系，把它讲清楚就是了。放下包袱，好好工作。难道你们的社会关系还有我复杂？我家里是大地主，在东江讨伐陈炯明时，我当过蒋介石的侍卫参谋，冒着炮火把蒋介石背出重围，救了他的命。不少同志批评我说，当初不该救他，好像我犯了个大错误似的，我承认当初我要知道他会叛变，我才不干那种蠢事呢！再说成分吧，1927年在长沙制造'马日事变'的许克祥，出身是很苦的。他家距我家只有几里路。他的父亲许七是碓匠，在乡里走街串巷谋生，每年冬夏两季都要到我家来干活。由于选择的道路不同，我这个大地主的儿子成了共产党员，而许克祥这个穷苦家庭出身的人却成了屠杀共产党人的刽子手！一个人的阶级立场是可以改变的，关键在于你选择什么样的道路，树立什么样的世界观！"陈赓推心置腹的一席话，把老教授说得心服口服。曾经有一个老教授一直入不了党，陈赓去世以后，他终于如愿以偿入党了。他委托到北京出差的同志专门到八宝山陈赓的骨灰盒前，捎一句话："老院长，你放心，我现在已经入党了，我一定在这个岗位上奋斗到底。"

当然，办好这所学院还要充分发挥部队老干部的作用。陈赓把老干部和老教师当作学院的两根支柱。在筹办建院的时候，他就提出了"两老办校"的方针，其目的是要充分发挥老干部和老教授的作用，既发扬我军的优良传统，又将科学技术知识传授给青年教师和学员。他还时常教育军队老干部要尊重、团结知识分子一道工作，注意同教授们交朋友。当时，有些人对陈赓提出的这些方针不理解，甚至在背后讲些怪话。针对这些错误思想，陈赓教育部队干部说："办好我们高等军事工程学院，首先要依靠老教授，不能光靠'两万五'和'三八式'老干部，不能光看到你们在'太行山'8年艰苦抗战，也要看到教授们在'旧金山'10年寒窗苦读。我们的口号是老教授和老干部携手办学，共同完成党交给我们的光荣任务。对教授们政治上多关心，大胆使用；生活上多照顾，让他们安心工作。这是我们办好学院的根本保证，我们军事工程学院要成为落实党的知识分子政策的典范。"功夫不负有心人。在陈赓的多方努力下，教授、干部和学员拧成了一股绳，学院的各项工作逐渐步入正轨。

陈赓创造性地贯彻执行党的知识分子政策，真正做到了政治上充分信任，工作上大胆使用，生活上尽可能给予照顾。经过长时间的接触交流，陈赓同专家、教授们建立了深厚的感情，同他接触过的老师们异口同声地说：陈赓同志是真正把高级知识分子当成自己人看待的。大家都愿意把他当作良师、益友和亲人。学院教育工作者协会负责人周明鸂想起到军事工程学院的前前后后，深有感触地说："从陈赓将军身上，我看到了共产党人捧向科学家们的是一颗赤诚的心！"

树学习典型，真情育人

在担任军事工程学院院长时，陈赓十分重视对学生的培养教育工作。他认为，军事工程学院的一切工作都是为了培养高质量人才，是为军队培养高级军事工程科技军官的，检查与衡量各项工作均应以此为标准。他慧眼识英才，为军事工程学院树起了一个刻苦学习的标兵，以激励学员们努力学习。

在1954年的军事工程学院春节联欢会上，工程兵工程系的学员们自编自演了独幕话剧《谭国玉》，讲的是只有初中文化程度的谭国玉不怕困难、刻苦学习的故事。这是第一次把真人真事搬上舞台，别开生面而且感人至深，引起全院师生员工的极大反响，全院上下都知道了谭国玉。

谭国玉出生于哈尔滨一个铁路工人家庭，祖上四代都是家徒四壁的贫雇农。尽管生活艰苦，但颇有见识的父亲说什么也要让孩子读书。谭国玉一边读书，一边担任中共地下党的小交通员。初中没毕业，他就参加了东北民主联军，因作战勇敢，多次立功，成为部队的模范基层干部。1950年，部队开展"扫除文盲、学习文化"运动，具有初中文化的谭国玉成了全营的扫盲骨干。他越是接触文化学习，越觉得自己的知识不够用，于是，他向上级领导提出了参加速成中学学习的要求。1953年，组织上保送他去军事工程学院提高文化。学院根据谭国玉的文化程度，让他先补习高中课程，合格后再学大学课程。

在新生大队进行文化补习教育期间，谭国玉对所补习的高中数理化课程一窍不通，上课听不懂，下课看不懂，作业不会做。头两个月测验，他门门功课不及格。到了4月中旬，在按文化程度重新编班的考试中，5门功课按5分制计算，他一共得了7分。谭国玉成了全院新生的落后典型，一时间，压力让他抬不起头、吃不下饭，苏联顾问打算让他回原部队。谭国玉也感到自己的底子太差，根本不是上大学那块料，这样下去，迟早得被学校除名，倒不如自己主动提出回原部队，还可以给学院减少麻烦。于是，他向区队长递交了一份退学报告。

院长陈赓了解到这个情况后，让谭国玉在晚饭之前到他的住处来。谭国玉忐忑不安地来到了小平房。一进门，谭国玉就怔住了，陈赓正坐在饭桌前等他呢。陈赓说："来，来，咱们一边吃饭，一边聊聊。"谭国玉有点儿手足无措，脸也红了。陈赓一边给谭国玉盛饭，一边说："请你来吃饭，主要是谈谈你打报告退学的事。"谭国玉不好意思地说，自己底子太差，成了学院的包袱，所以想退学算了。陈赓语重心长地说："小谭，你当指导员的时候，对战士们喊：'人在，阵地在。'现在学院给你创造了这么好的条件，让你好好学习，你还想走，那不是啥也不在了吗？"谭国玉看院长如此关心自己这样一名普通学员，心中涌动着暖流，站起来激动地表示："院长，你放心，我一定以'人在，阵地在'的劲头攻克文化堡垒。既然你把学习当成阵地交给我，我死也要死在阵地上！"陈赓拍拍谭国玉的肩膀，关怀地说："有什么困难，你就跟我说，我会尽力帮助你的。"

第二天，谭国玉就撤回了退学报告。他拿出"人在，阵地在"的精神去攻克文化堡垒，在跟全班同学补习高中文化的同时，还挤出时间补习初中的数理化课程。他把所有的时间都用在了学习上，每天睡眠不足两小时。晚上熄灯后，经常能看到他在走廊、锅炉房的灯下学习，有时躲在被子里用手电筒照着学习。因为睡眠严重不足，他经常累得晕倒，被同学们抬到门诊部抢救。他的拼命精神让学院各级领导、任课教师和班里的同学感动不已。尽管他的考试还是不及格，但陈赓等院领导决定让他拼下去，相信他能取得最后的胜利。陈赓要把谭国玉当作一个勤奋学习的典型，把他培养成才，给教师打招呼：谭国玉如果考试还不及格，就干脆别打分，免得引起非议；平时对他多辅导，多补课，多帮助。谭国玉经过刻苦努力，在文化补习的后期，数理化考试都及格了，他看到了希望。

1953年7月，一期学员进行文化补习教育结业考试。考试成绩将决定学员能否升入大学本科。考试成绩下来，谭国玉只有数学一门及格。按学院的规定，一门不及格还可以勉强作为试读生入学读一年，两门不及格就要退学了。苏联顾问也认为他跟不上，让他退学。谭国玉如释重负地长出一口气："这下终于可以跳出苦海，回部队了。"

这时，班长突然通知谭国玉，陈赓院长让他去家里。谭国玉一愣："我哪儿还有脸去见院长呀？"没办法，他又拖着沉重的步子来到陈赓的住处。谭国玉跟陈赓说，他不是读书的料，按学院的规定，自己该走。陈赓拍拍他的肩膀，半认真、半开玩笑地说："谭国玉同志，你是战斗英雄。现在，学院的门大开着，你是英雄，还是狗熊，就看你从哪个门出去了！"谭国玉愣愣地看着陈赓，一时不知如何回答好。陈赓接着说："你虽然文化底子薄、基础差，但你学习刻苦，进步大。这次结业考试，你数学及格了就是一大进步，虽然理、化不及格，那是时间问题。教员们认为，你完全有希望学好的，你一定能行！"陈赓停顿了一下，问，"你告诉我，你还有信心继续学下去吗？"谭国玉的脸突然涨得通红，憋了半天，迸出3个字："有信心！"陈赓和蔼地说："那就好。院党委研究过了，决定破格把你分到工程兵工程系试读一年，给你一年时间。你继续努力吧！"谭国玉感谢院首长，决心学好功课，不再掉队。

陈赓后来又找谭国玉谈过两次话，提醒他注意改进学习方法，要多向成绩好的学员学习。功夫不负有心人。试读第一学年的上半学期考试，谭

风 范

国玉只有个别功课不及格，半年后的期末考试，所有功课全都及格。谭国玉终于摘掉了试读生的帽子，转为正式生。第二学年上学期，谭国玉的考试成绩中出现了4分，下学期考试成绩中出现了5分。第三学年上学期，谭国玉消灭了3分，下学期考试全都是5分。对于谭国玉的进步，系领导们既高兴，又怀疑，期末考试时亲自到考场检查。有一次考试，谭国玉见系主任、科主任都在考场，就满怀信心地对他们说："请首长放心，这次我能考5分，我要对得起陈赓院长对我的帮助。"他果然说到做到，并获得了在军旗前照相的荣誉。然而，苏联顾问对谭国玉的学习成绩仍抱怀疑态度，但经过实地观察、监督，在铁的事实面前都服气了。工程兵工程系的苏联顾问克拉辛柯夫赞叹道："在谭国玉身上，我看到了中国人民解放军是战无不胜的。"首席顾问奥列霍夫为谭国玉的学习曾和院领导打过赌，最后也只好认输地说："中国军人是无坚不摧的。"谭国玉后来成为我军的高级将领，为工程兵现代化建设事业做出了突出的贡献。

陈赓除了关心军事工程学院学员们的学习，还倡导自己身边的工作人员学习。他曾对警卫副官曹德广说："人在年轻时要多学点知识。我这里古今军政文集很多，看了不懂，咱们可以研讨。"陈赓考虑到身边工作人员的发展，还给他们创造机会读书学习。1956年8月的一天，陈赓参加军委关于部队精简整编的会议后，一回到办公室，就把总参办公室谭主任找来，简要地传达了会议精神，接着谈了他的看法和意见："精简，精简，每次都是光减下面，上面越减越多，这怎么行?!这次要下决心减上面，要从我们自身做起！"说到这里，他指着站立在一旁的秘书任金池，说："你看任秘书，他这么年轻，不让他去学习，要耽误他的前途的……"谭主任离开后，陈赓关切地问任秘书："你想不想去学习？"任秘书立即回答："想，很想！"陈赓爽快地说："好，你选学校，我批。"过了几天，任秘书捧着请求进通信工程学院（后改名为"军事电信工程学院"）学习的报告呈交陈赓审阅。陈赓当即做出批示："同意学习。"在任秘书赴通信工程学院学习后不久，陈赓的另一名秘书徐嘉谷也进入南京军事学院学习。陈赓身边一度只剩下王勉秘书一人。

在学习上，陈赓对孩子们的要求是极严格的。他要求孩子们要做到认真刻苦，一丝不苟。他不管工作多忙，回到家多晚，每天都要抽出一定的时间查看孩子们的作业。有时发现有错别字,他就让孩子们自己查字典纠正过来,以便加深记忆;有时发现作业写得不工整,他就要求重写一遍,从而让孩子们养成认真的态度。陈赓的侄子在上中学时,有一次把成绩册上的2分改成了4分。陈赓发现后,气得一拍桌子,桌子上的铜墨盒一蹦老高。他严厉地批评侄子弄虚作假,要求必须检讨。他的儿子陈知建站在旁边,看到父亲大发雷霆,吓得拔腿就跑。从此,孩子们牢牢记住了谁都不能弄虚作假,在学习和工作中都要实事求是。

谭　政

"他不是争个人的署名权，而是争一个清白！"

20世纪70年代末，大家都在纷纷撰写回忆录的时候，很多单位、很多人都找到谭政，希望他把自己那些宝贵的革命历史、斗争历史回忆一下，记录下来。对此，谭政犹豫了很长时间。谭政觉得，一方面，时间比较久远了，有些东西记不清楚了；另一方面，有些东西，自己没有亲身经历，也不好根据别人说的去写。归根结底，还是源于他一向坚持原则的品格和严肃认真的作风。谭政的这种品格和作风早在他参加革命之初已经充分显现，并贯穿于他长期的革命生涯中。

1927年秋收起义后，部队实行三湾改编时，谭政第一次见到仰慕已久的东山高小校友毛泽东，聆听了毛泽东关于"没有挫折和失败，就不会有成功"的著名讲话。当天晚上，谭政凭记忆一字一句地把毛泽东的发言记录下来。多年后，这份原始记录成为毛泽东三湾改编讲话的唯一一份珍贵史料，但在这只有142个字的原始笔录中有6处省略号，这到底是怎么回事呢？谭政秘书乔希章解开了这个谜底："他当时也没纸，用的（是）毛边纸，书包里头拣出来一个铅笔头，还不是当时记的，（凭）回忆记的。谭政这个人，有个原则：不是原话，不是他（毛泽东）真正的原话，他不算数的，所以，他把后头，主要这一段，他整理出来以后，后面打了点（省略号），就是现在这个稿子。"文如其人。带有省略号的三湾改编讲话笔录映照了带笔从戎的谭政的原则性和严谨细致的工作作风。

上井冈山后不久，毛泽东亲自点将，将谭政这位一直做文书工作和宣传工作的"书生"调到了前委，并任命为前委"书记官"。谭政因自己坚定的革命意志和良好的古文基础、写字工整，成为毛泽东的第一任秘书。跟随毛泽东的那段日子成为谭政一生中最重要的学习岁月。"八月失败"[①]之后，毛泽东针对"红旗到底能打多久"的疑问，为党的代表会议起草《决议案》。这一《决议案》是毛泽东针对当时人民军队中存在的问题而写的。落实到文字，写成稿子，不知有多少次的反复，而毛泽东每反复一次，谭政就要重抄一遍，最后形成总决议，也就是我们今天看到的《中国的红色政权为什么能够存在？》。1928年11月，毛泽东又给党中央写了全面总结井冈山工农武装割据经验的长篇报告。谭政协助毛泽东起草了报告。报告从起草到定稿，不但用时较长，而且写作时的地点也不固定，部队一宿营，毛泽东就连夜起草，谭政则连夜誊抄。定稿时，谭政用了好几天的时间，夜以继日地抄写了两套，一套由湖南省委送中央，一套由江西省委送中央。谭政把抄书的过程当成了悉心领会毛泽东建军思想的机会，其中最令他难忘的是在1929年，他协助毛泽东起草《古田会议决议》。为了写好这个具有里程碑意义的决议案，毛泽东带领谭政进行了艰苦细致的调查研究，掌握了大量翔实的第一手资料。起草这个决议的过程也使谭政对毛泽东的建军思想和深入调查研究的工作作风有了更深一层的领悟。多年后，谭政仍常常感怀在毛泽东身边工作的那段时光，认为那是学生向老师求教的启蒙岁月，他也时时不忘把这种体会传承给自己的后代。1965年，当长子谭泽代考上军校时，谭政庄重地把自己精心准备的一套《毛泽东选集》作为礼物送给长子，在书上题写了："读毛主席的书，听毛主席的话，照毛主席的指示办事，做毛主席的好战士。"

在早期的革命斗争中，无论是在反"围剿"还是在长征路上，谭政都

[①] 1928年6月下旬，正当井冈山革命根据地蓬勃发展的时候，杜修经作为中共湖南省委的代表，携带省委对边界红军的错误决定上井冈山，从而导致了红军大队冒进湘南，造成了井冈山斗争的"八月失败"。

孜孜不倦地学习，不断写材料总结经验。红军胜利到达陕北后，1936年12月，毛泽东撰写了《中国革命战争的战略问题》。这是第二次国内革命战争时期，党内关于军事问题大争论的结果，毛泽东自己则说，因为"西安事变"的发生，在文章中还有政治工作等问题没有写出。而1936年3月，谭政将他的《关于红军中新的政治工作的意见》上报中共中央，是在政治工作领域填补空白、拓荒探路。政治工作因其在军队建设和战斗力生成中所特有的功能，成为我军的生命线。谭政的《意见》，是他投身革命以来悉心研究政治工作的结果。毛泽东、朱德、罗荣桓等都对他的这一大作给予了高度评价。当时，一位中央领导风趣地问谭政："谭政同志，给你10发子弹，你能命中10个敌人吗？"谭政挠挠头，不好意思地回答："打死靶子差不多，打运动目标，一个也不保险。"这位领导说："那你就不要拿枪了，好好地用你的笔。你那支笔用好了，战斗力是不可估量的。"1927年，谭政初上井冈山给毛泽东当秘书时刚满21岁，1929年，协助毛泽东起草《古田会议决议》时才23岁。1937年10月，谭政出任中央军委总政治部副主任。此时，三十而立的谭政已经成长为具有远见卓识的人民军队政治工作领导人，在后来每一个重大历史转折期到来的时候，他总能以军队政治工作的新思考让毛泽东感到欣慰。

1938年春至1942年冬，谭政在任中央军委总政治部副主任期间，参与全军政治工作领导，指导在敌后坚持抗战的八路军、新四军开展政治工作，加强军队建设。1944年4月，谭政在毛泽东的直接授意下，受党中央的委托，起草并在西北局高干会议上做了《关于军队政治工作问题的报告》，明确提出"共产党领导的革命的政治工作是革命军队的生命线"这一重要论断。《报告》总结了红军和八路军、新四军政治工作的经验，结合抗日战争时期形势和任务的变化，论述人民军队政治工作的性质、地位和基本方针、原则，并提出改革政治工作组织形式和工作制度的意见。这个报告是谭政经过半年多的广泛深入调查研究，在毛泽东召集陕甘宁晋绥联防军领导人贺龙、徐向前、肖劲光等讨论军队政治工作问题的基础上，写成了26000多字的报告初稿，送给毛泽东审阅。毛泽东做了多处重要修改，加写了3000字的有关内容，并给谭政写了回信，指示要将修改稿送周恩来审查修改，同时送给正在中央党校学习的各根据地党政军主要领导干部征求意见。周恩来召集在中央党校学习的各根据地领导干部、留守兵团负责人和从前方回到延安准备参加党的七大的旅以上干部讨论了这个修改稿，并集中大家意见，充实和丰富了修改稿的内容。1944年春天，出席西北局高干会议的干部对这个《报告》进行了多次讨论，毛泽东在此基础上又做了几次修改，增写了许多精辟的论述。最后，该《报告》经扩大的中央书记处会议讨论通过。谭政的这篇《报告》，在党内、军内引起了巨大的反响。4月20日，中共中央宣传部、中央军委总政治部下发了《关于学习和散发谭政〈关于军队政治工作问题的报告〉的通知》。10月1日，总政治部再次发出《对研究谭政同志政工报告的意见》的指示。此《报告》后来被列为党的整风文件，长期作为我军政治工作的指南。叶剑英曾评价说：谭政在西北局高干会议上作的《关于军队政治工作问题的报告》是继《古田会议决议》之后，我军政治工作的又一历史性文献。它肃清了王明路线在政治工作上的影响，发扬了优良传统，进一步提高了我军政治工作的威信和地位。

然而，也正是这个被誉为"建军里程碑"的《报告》，后来成为政治运动中谭政被攻击的缘由。有人发难说："1944年，你在西北局高干会议上作的《关于军队政治工作问题的报告》是经过毛主席几次修改形成的，这是毛主席的著作，可用你的名义发表以后，你捞了多少政治资本？"谭政忍无可忍，义正词严地回答："这个《报告》是由我起草的，也是毛主席修改的，中央书记处讨论通过的，后来在大会上宣读和在报上发表用我的名义，都是中央开会定下来的，我就是想用我的名义发表也发表不了哇！"1978年，全军政治工作会议重印了谭政在西北局高干会议上做的《关于军队政治工作问题的报告》，没有署谭政的名，也没有署别人的名，而是署了"留守兵团政治部"。谭政对此又好气，又好笑："留守兵团政治部怎么做报告？这不是天大的笑话嘛！"秘书说："可能是他们搞错了吧。"谭政十分认真地说："历史是真实的，总有一天会有人说公道话的。"1983年，中央军委、总政治部下令恢复原作者谭政的署名，并将《报告》再次印发全军。一天，老秘书兴冲冲地来看谭政，边从包里掏书边说："谭老，这是党的权威部门编辑的《中共党史参考资料》，里面收了你的那篇文章。"谭政这时听力不好，没有听明白。老秘书赶忙写在纸上，告诉他这个消息，又把书打开给他看。谭政最终明白了，脸上出现了难得见到的笑容。他的嘴动了动，轻轻地说出了几个字。老秘书无法听清楚他说的是什么,从口型看,好像是说:"实事求是就好。"有人说,谭政这个人就是特别计较这些事。谭政说,这不是个名利问题,对这样的事有必要较较真!谭政病逝后,人们发现他的枕头下一直收藏的就是那本选入署名谭政的《报告》的《中共党史参考资料》。熟悉他人品的老秘书说得好:"他不是争个人的署名权,而是争一个清白!"

谭政在晚年重新工作后,有一次,胡耀邦在看望他时提出:"谭主任,你可是中国人民解放军创始人之一,对军队建设,尤其政治工作做出非常重大的贡献,身心曾遭受无情的摧残,年迈多病体弱,可不要把终身积累下来的宝贵的东西都带走啊!应该找人帮助你整理《回忆录》。"胡耀邦的提醒,使一向不愿意为个人树碑立传的谭政转变了想法。他想把自己一生奋斗历史中对党和人民有益的经验教训稍加总结,留给后人参考,可惜的是,此时的他已重疾缠身,有心无力。即使这样,谭政还是以对党和人民极大的责任感和顽强的毅力,在重病中靠秘书的帮助,整理了《八路军政治工作的回顾》《东北野战军平津战役政治工作》等文稿。

1986年6月14日,在家人和秘书的陪伴下,谭政在医院的病榻上度过了八十寿辰。这一天,徐向前给谭政发来了贺信。信中写道:"您对人民军队政治工作的建树,您对革命的功绩,是永不磨灭的。"谭政看着徐帅发来的贺信,心中荡起了无限的感慨与激情。回想80年不平凡的人生历程与戎马生涯,回想林彪的迫害与党和人民对自己的信任、理解与支持,他不禁热泪盈眶。

谭政就是"坦正",一生坦正

谭政一生严于律己、清正廉洁。在和平建设时期,他虽身居高位,但在物质待遇上从不提额外要求,要求别人做到的,自己首先身体力行做好表率,始终保持了普通一兵的本色。

1954年10月,谭政调到北京后,中央管理局分配给他一套住房。该住房设施简陋,年久失修,但他从未提出过修缮和更新。当管理局决定拆去旧厨房、修建一个新厨房并加大取暖锅炉的时候,他拒绝了。他家里会客室的沙发很陈旧,当有关部门提出给他更换时,他不同意,说:"党和人民给了我们老同志很好的生活待遇,有了车子、房子,生活好了可不能忘了群众。现在,群众生活还有不少困难,一家几口人都在一间房子里,公共汽车里挤得很,所以,艰苦奋斗不但是个工作作风问题,也是个群众观点问题。"1965年,谭政去福建当副省长,他家带走的只有一些衣物、被褥和书籍,其他公家配发的东西全被留在客厅里了。考虑到福建天气热,需要电风扇,而谭政家正好有个用了几年的电风扇,有人就劝他带上,但他认为电风扇是公家的,不能占公家的便宜,所以坚持不带走。到福建后,当地同志看他搬家就这么点儿东西,都觉得难以置信。

在日常生活中,谭政节衣缩食,能省就省。他晚年穿的一件绒衣是很多年前买的,不但早就褪色了,而且缝补了很多处,但他不让换新的,说还能穿嘛。谭政任总政治部副主任、主任10多年,没有用公款请过一次客。有熟人来看望他或谈工作,碰到吃饭的时间,他只是让炊事员临时加个菜,一同就餐。谭政出国访问时,外国友人赠送给他的贵重礼品,他从来都是如数上交。原总政宣传部部长姜思毅在回忆时由衷地说:"谭政同志廉洁奉公、不谋私利的品格是令人敬佩的。他任总政主任期间,我多次随他到东北、华东、华南、中南等地驻军调查研究和开会,他从来没有大搞游山逛景;他出国到莫斯科,(前)苏方送给他的照相机、望远镜,回国后都交给机关使用;他参观工厂,临走时,厂领导将少量产品送他留念,悄悄放在车上,他发现后,一定退回,有时三送三退,横直不收。"

谭政晚年外出开会,看到街上跑着很多空车,就感慨地说:这么多空车子在街上跑,造成多大的浪费呀!要是有个机关把空车子组织起来,装满货物跑就好了。他主张精简文件,建议:像退居二线的老同志,不主持工作了,有些文件就不要发他们了,他们看不过来,造成纸张的浪费。他经常对工作人员和亲友们讲:我们国家还很穷,要注意节约。毛主席说过,为了战争,节约每一个铜板。现在搞建设,用钱的地方很多,更要注意过紧日子。就是将来生活富裕了,也不能大手大脚、讲排场、乱花钱。艰苦奋斗是我们党的优良传统,老同志要带头发扬这个传统,要把这一传统一代一代传下去。你们年轻人要养成艰苦朴素的好作风。

谭政70多岁高龄时,每天的作息时间仍然非常有规律,就是到外地视察工作和疗养也不例外。8年的牢房生活摧残了他的身体，为了早日恢复健康，继续为党工作，他以顽强的毅力坚持锻炼。他编了一套适合自己身体状况的健身操，做下来要一个多小时，从转头到深呼吸，从扭腰到踢脚，一个动作一个动作地做，很有章法，从不间断，表现出很强的毅力。他对工作人员说："一个人在生活上、工作上养成一个好的作风，不是一件容易的事，要靠长期的严格要求和训练。工作上严肃认真，生活上朴实严谨，这是成事之道，你们年轻人要多注意这方面的锻炼。"

谭政平时很随和，没有一点儿架子。1959年，时任总政治部主任的谭政回到阔别30多年的母校——东山学校。他从招待所步行出发，从望春码头乘船过河到东山。他身着一套褪了色的蓝棉衣服，外罩一件粗呢大衣，头上那顶洗得有些发白的帽子戴得端端正正。东岸坪的人们不知从哪里得到了消息，很快便聚集在码头上，争着往前靠。谭政见状，马上跳下船舷，向久违了的父老乡亲招手致意，并和近前的群众一一握手。来到学校，当听到欢迎的学生队伍高喊"欢迎首长"时，他马上走近学生们，说："回到母校，我不是什么首长。在井冈山时，毛主席说他和我都是东山学校的校友。"他平易近人的品格赢得了家乡人民的一致称赞。20世纪60年代，有一次，谭政的长子谭泽代的几个同学提出想到他家见见新中国的大将是什么样的。按常理，像谭政这么高级别的领导人，哪能是几个孩子想见就见的，但谭泽代回家跟谭政说后，出乎意料的是，父亲慈祥地说："你让他们来嘛，来玩儿嘛！"一个星期天，谭泽代带着同学们回家，谭政不仅热情地和他们交谈，还让工作人员买了好多糖来招待他们。事后，他们都说："哎呀，大将竟然这么平易近人，真没有想到啊！"1963年秋，谭政到天津做调研时，不顾年高体弱，无论白天夜晚，都坚持和大家同调查、共研究。他亲自下到车间调查生产情况，与工人、干部座谈，听各厂领导汇报。会上，他不仅认真倾听、仔细询问，而且做记录。在调查中，他对职工的生活福利和基层思想政治工作特别关注，听得很认真，问得很详细，即使一些细小的、具体的问题，也不轻易放过。一次，有个厂的党委书记汇报时，照本宣科。谭政耐心听他念完，才提问，可这位书记离开了本本，竟一问三不知。谭政面无愠色，只是说："就汇报到这里吧。那些问题，你回去把情况弄清楚后，再跟我们说。"接着，谭政严肃地指出，"作为一厂之主，对厂里的情况，如果胸中无数，眼底墨黑，就没法实施领导。只有情况明，才能决心大、方法对嘛！"谭政含蓄的批评，不但使那位厂领导深感内疚，对在场的同志来说，也是一次深刻的教育。晚年，他恢复自由后，在中组部招待所住了一段时间，很多人见了他都不相信他就是谭政大将，人这么和气，这么平易近人，问是不是与谭政大将重名啊？

谭政虽然随和、平易近人，却刚正一生，党性原则很强。

作为军队政治工作的卓越领导人以及政治工作理论和原则的模范实践者，坚持真理，光明磊落，原则性强，不盲从，不苟同，是贯穿谭政一生的政治品格。1927年，秋收起义部队在毛泽东的带领下经过三湾改编，但处境非常艰难。谭政在躲避敌人的袭击时，把自己的行李用具全丢了，吃饭的时候，只能拿自己的衣服兜着饭，用树枝当筷子夹饭菜吃。就是在这么艰苦的条件下，他也从来没有改变自己的信念和参加革命的初心。毛泽东曾对谭政说："当时很多人跑掉了，你没有跑，你这个书记官不错嘛！"

谭政工作认真细致，政治责任心强。他起草、修改文件，总是反复推敲、字斟句酌，不仅注意思想性、政策性等大问题，而且连不妥当的字句，甚至标点符号也不放过。听取汇报时，他经常打破砂锅问到底，不容含糊。谭政不但提倡指战员要学习文化知识，善于使用干部、培养教育干部，而且注意保护干部。谭政认为，在对待官兵的问题上，不仅要尽量满足官兵合理的物质要求，而且要在人格上尊重他们。他经常讲："对人的问题，一定要慎重对待，注意接受历史的教训，打击面不能太宽。"他亲自处理了许多假案、错案，平反了多起重大冤案。在工作中，谭政总是认真听取意见，具体问题，具体分析，从不搞家长制、一言堂，对犯错误的同志也从不一棍子打死。在担任总政治部第一副主任期间，谭政亲自抓军队的"肃反"工作。1955年11月，谭政亲赴湖南指导工作。当时，湖南省军区的"肃反"工作已经进入定案阶段。军区领导在向他汇报工作时，提到该部有一名政工科长，在1947年伪造了党员介绍信与入党志愿书，利用分配到一个新工作单位的机会，混入党内。军区领导表示对这个人的问题已经全部核实完毕，本人也承认了错误，他们准备将此人定为混入党内的政治骗子，清除出党。谭政没有立刻下定论，而是仔细询问了该同志入伍后的表现及是否具备一名共产党员的资格。军区领导如实回答，说这位同志"一贯表现较好，作风正派,能联系群众,工作上有一定成绩",具备了做一名共产党员的条件。弄清楚情况后,谭政认为该同志采取这种方式进到党内,做法上肯定是错误的,但既不能把其定为混入党内的政治骗子,也不能将其清除出党。事实证明,该同志经历过战争年代的考验,到党内来并非别有用心,而是出于想干革命的动机,这与政治骗子截然不同。最后,谭政说:"我看还是为他补办一个入党手续,帮助他成为一个合格的共产党员吧!他会为党继续努力工作,对党有益无害。"

毛泽东曾称赞谭政"敢于坚持原则,同党内的错误思想进行斗争,一生都是如此"。在不同的历史时期,谭政在工作中都努力坚持实事求是、一切从实际出发的原则,对于上级的指示,不照抄照搬、不赶风头,而是尽量结合实际情况研究贯彻的措施。党的八大做出了国内的主要矛盾是人民对于经济文化迅速发展的需要同当前经济文化不能满足人民需要的状况之间的矛盾、主要任务是发展社会生产力的正确论断,可是从1957年9月开始,党的工作背离了八大的正确路线,"两个阶级、两条道路的斗争"被当作主要矛盾。1960年春天,谭政在南京和粟裕、王平、许光达等一起读书,研讨政治经济学,在发言中对改变八大的提法表示疑惑不解。他的这种实事求是、坚持真理的精神,使当时在座的战友们为之一惊。"大跃进"大炼钢铁时,对于一些部队和院校搞"小高炉",他总是详细询问原料来源、产品质量和经济核算等问题,告诫大家注意不要干"得不偿失"的事。1958年,他到福建沿海视察国防工事施工情况时,发现部队受"大跃进"浮夸风的影响,片面追求掘进速度,工程质量不好,伤亡事故增多。针对这一情况,他授意《解放军报》撰写了《百年大计、质量第一》和《实事求是》等文章,要求部队从实际出发,量力而行,不要盲目追求高指标。虽然这件事后来成为他"反对'大跃进'"的罪名之一,但是这一正确思想对于保证国防工程质量起了很好的作用。作为总政治部主任,在部队奉命开展一些"左"的政治运动时,他常常被视为"思想迟钝",甚至一再被斥为"按兵不动"。1959年,庐山会议错误批判彭德怀、黄克诚等同志,在随后举行的广州高干会议上,他不随波逐流,发言中只谈部队文化教育和整风情况,没有违心地批判彭、黄的所谓"资产阶级军事路线"。庐山会议后,林彪就任中共中央副主席、中央军委第一副主席兼国防部长。在林彪首次主持召开的部署军队工作的会议上，谭政在做报告时，打破了对刚接任的领导表态拥护的"惯例"，没对林彪说一句赞颂之词。对林彪在军队推行"突出政治"，把毛泽东思想同马克思主义割裂开来，用"活学活用""立竿见影""走捷径"代替系统学习等"左"的东西，谭政也不同意，有保留、有抵制，这在当时的情况下是极其难能可贵的。他大声疾呼"理论还是要系统地学"，并主持制定了军队院校开设哲学、政治经济学、中共党史3门课程的教学大纲。1960年年初，林彪在广州召开的军委扩大会议上，把毛泽东于1939年给抗日军政大学的题词"坚定正确的政治方向，艰苦奋斗的工作作风，灵活机动的战略战术"和"团结、紧张、严肃、活泼"3句话、8个字概括为"三八作风"，并提出部队要用毛主席倡导的"三八作风"来要求自己。谭政听了，感到十分意外，怎么能把毛泽东思想这么丰富的内容如此简单化地概括为"三八作风"呢？谭政也不同意林彪只提学毛著、要求背警句的说法。他认为，有些理论是马克思发明的，毛主席没有发明，如政治经济学，如果只提毛泽东思想，马列主义就不能概括。谭政还认为，对毛泽东思想"不能庸俗化"。散会以后，谭政怀着不解的心情与疑虑，不以为然地对同事说道：林彪的"三八作风"，提法很不科学，很不准确，还有个"三八妇女节"，这很容易混淆，恐怕需要再斟酌斟酌。对学毛著的提法，谭政也提出了不同的看法。不久，谭政对"三八作风"提法持怀疑、反对的话以及对林彪那一套学毛著的不同看法传到了林彪的耳朵里。林彪十分不满，并对谭政进行了陷害和批判，使他受到撤职、降级的处分。尤其在"文革"中遭受残酷迫害的情况下，谭政仍然不屈不挠、刚正不阿，同林彪、江青反革命集团进行了坚决的斗争。他的正直、正派，在全军是有口皆碑的。一些老同志曾风趣地说，谭政就是"坦正"，一生坦正。

谭政的模范作风和原则性也渗透到对家庭和身边工作人员的教育之中。他对孩子们要求很严格，公家的车子，从不允许孩子们随便乘坐，孩子们从小上下学，从来都是坐公共汽车，就连身为老红军的妻子王长德也不例外。妻子偶尔坐了谭政的车子去办事，谭政每次都要求司机一定要按规定收费。在饭桌上，当孩子们嫌饭菜不好吃时，谭政夫妇就会教育说："你们不要忘本啊。红军爬雪山、过草地，吃糠咽菜，那都吃不上。你们现在就是身在福中不知福。"谭政经常教导孩子们不要以干部子弟自居，不准搞特殊化。那时，他的女儿谭星明的工作单位在北京郊区，上下班坐公共汽车要花两个小时，便请求父亲想办法把她调到一个离家近一点儿的单位工作。谭政听了，劝道："你上班是远了点儿，但能磨炼你的意志，在公共汽车上和群众一起挤车，既能听到群众的呼声，又能培养好的群众观点。"有一次，当谭政看到长子谭泽代买了很多大米，没要汽车去拉，而是自己用自行车驮回来，累得气喘吁吁、满头大汗时，高兴地说："这就好了，青年人舍得吃苦，这对自己的成长有好处。"谭政得知次子谭竞先在内蒙古插队一段时间后想调回北京时，便教导儿子："你要听毛主席的话。毛主席说了，广阔天地，大有作为，要扎根边疆。"这样，谭竞先一直在内蒙古工作了10年。儿女们回忆："我们从小在父亲身边，没有听过他说过别人什么，他不爱议论什么事、什么人，从来没有。因为父亲革命多年，党内的事知道的也不少，但是，他非常讲原则，从来没有在家里说过这些事情。""父亲在家里看文件，看完后，他马上就让秘书锁在保险柜里面，不像有些人就搁在桌上，别人一眼就看见了。我们印象挺深的，小时候，他放在茶几上的那些文件，一看我们回来，他就盖上，不让我们看。问你几句话：学习怎么样啊，听不听话啊，这样那样的。问了以后，说：'行，你忙你的吧，我还要看文件呢。'你走，他才打开；你过来，他就盖上。"对待身边的工作人员，谭政要求既严格，又关怀备至。逢年过节，他都要嘱咐炊事员多做几道好菜，自己掏钱请工作人员吃饭。得知哪个工作人员生活有困难，他就买些衣服之类的东西让人送去。战士探家前，他都拿钱为战士父母买些副食品带回去。在生活上，他关心身边的同志，但在工作上，他严格要求大家，强调身边的工作人员要遵守纪律，不要搞特殊化，要培养严谨细致的工作作风和吃苦耐劳的品格。他总对身边的工作人员说："工作上严肃认真，生活上相互严谨。"

"不论走到哪里，都要模范遵守党的纪律"

对于党员领导干部搞不正之风、以权谋私、贪污受贿等现象，谭政深恶痛绝，多次强调"领导干部要做清正廉洁的带头人"，并经常用毛泽东在七届二中全会上"务必使同志们继续地保持谦虚、谨慎、不骄、不躁的作风,务必使同志们继续地保持艰苦奋斗的作风"的讲话勉励自己、教育别人。谭政经常同身边工作人员说:"不论走到哪里,都要模范遵守党的纪律。"

20世纪50年代,有一次,谭政到东北检查部队工作。当地政府出于对上级首长的尊重,特地在政府机关招待所餐厅里为谭政等摆了一桌酒席,并把茅台酒说成"东北地方名酒",把熊掌说成"牛蹄"。当谭政入席,看到桌上摆着的高档酒菜时,大发雷霆,严厉地批评了当地政府的不正之风,当即要退席。后来经过别人再三劝说,当地领导答应撤下高档酒菜之后,谭政才出于礼节,坐下来简单地用了餐。

谭政晚年重新出来工作时,国家物质条件大为改善了,他对自己的要求却丝毫没有放松。每次外出视察或者疗养,他都要再三叮嘱:"我们是休息、养病的。地方和军队的工作很忙,千万不能因为接待我们而影响工作,不能给人家添麻烦,也不能因为我们是从北京来的就盛气凌人、摆架子。要谦虚谨慎,要和那里的同志团结好。"

1979年春天,谭政外出经过湖南,住在长沙市蓉园宾馆三号楼。谭政是湖南湘乡人,由于工作原因,他已经多年没回过家乡了。省委接待处的同志介绍说:"您的家乡湘乡近几年变化很大,有了大水泥厂、啤酒厂等工业,农业发展很快,修了水库,人民生活有了很大的改变。"随行工作人员知道谭政思乡情切,便建议他回老家看看。谭政说:"我是想回去看看,就怕我一回去,家里人知道了,利用我的关系向政府提这要那,不就给政府添麻烦了吗?"在大家反复劝说下,谭政终于下决心回去一趟。临行前,他嘱咐:"告诉县政府的同志,我这次来湖南,只是回去看看家乡的建设和变化,千万不要通知我的亲属,免得他们打我的旗号找政府的麻烦。"在湘乡,谭政参观了工厂、学校、剧团,还听取了县政府的工作汇报。返回长沙前,县政府领导感谢他对家乡人民的关怀,要送给他几包茶叶和云片糕等土特产。谭政说:"中央三令五申,不请客送礼,不搞特殊化,我们都要带头遵守。这个礼,我不能收。"回到蓉园宾馆后,接待处的工作人员拎着土特产找到谭政:"谭老,县政府的同志把东西硬放在车里了。家乡人民的一片心意,您就收下吧。"谭政考虑到退回去费时、费力、费钱,便转身对随行的工作人员说:"你们代我付款给县政府。"他还对接待处的工作人员说,"下不为例!"随行的工作人员马上按谭政的指示办了。没想到,午休时间还没过，谭政就去敲工作人员的门。谭政严肃地问："你付钱给县政府了没有？"工作人员说付了，并拿出了付款单据。谭政点点头，追问："你付了多少？"工作人员答："付了15元，我估计差不多。"谭政一听，语气更加严肃地说："差不多可不行。我们不能随便收人家的礼品，这是党的纪律，我们要严格遵守。领导干部要做清正廉洁的带头人。你再付15元，并代我表示歉意。"有一次，在湘乡市一家糖果厂参观时，厂领导背着谭政，把几包糖塞进了车。谭政回到宾馆发现后，硬是让秘书把这几包糖退回了糖果厂。

对于富饶的东北大地和勤劳的东北人民，谭政是有深厚的感情的。解放战争时期，谭政曾任东北民主联军政治部主任、第四野战军副政委兼政治部主任，参与指挥解放军在东北战场同国民党军队的战略决战。30多年后，1979年春，谭政重返东北大地，想看看昔日战斗过的地方发生的变化，同时搞调查研究。为防止当地政府搞特殊招待，谭政一到长春，就叫秘书告诉吉林省政府接待人员，要他们一切按规定办。有一天，谭政在四平市参观时，发现沿途搞了开道警车和交通管制，便生气地说："不要这么搞，这是严重地脱离群众。如果不把警车和路岗撤掉，今天的参观，我就不去了！"陪同的干部虽然挨了批评，心里却非常钦佩老将军严于律己和密切联系群众的好作风。

1979年年底，谭政到广州疗养。当时，深圳正处于改革开放初期，有很多新的改革举措和建设项目出台，新生事物层出不穷，建设速度进展很快。听人介绍深圳改革开放发生的巨大变化后，谭政也想到那儿去实地考察一下，开开眼界，受受教育。正当准备工作基本就绪时，党中央和中央军委颁发了《关于高级干部生活待遇的若干规定》的文件。谭政学习文件后，严肃地对秘书说："中央下发了文件，中央、军委号召高级干部自觉地以身作则，发扬我党我军艰苦奋斗的优良传统，起模范带头作用，在社会主义现代化建设的关键时期，与人民同甘共苦、同心同德搞'四化'。党的规定就是纪律，我们要模范执行。请你告诉军区的同志，取消去深圳的计划。"听到这个消息，原来准备搭车随同谭政去深圳的几位老同志都来找他，劝他改变主意："谭主任，既然公务车都安排好了，深圳的接待工作也准备好了，还是去深圳看看吧。这是个机会，我们也好沾个光。"谭政耐心地做这几位老同志的工作："我们都是老同志，中央有规定，我们老同志都要认真执行，模范遵守。我们要和人民群众同甘共苦，不能搞特殊化，要带头艰苦朴素、带头执行中央和军委的规定和纪律。党中央不让去做的，我们就不要去做。你们说对吧？"老同志们连声称赞："真不愧是总政的老主任！"

1980年年初，胡耀邦到广州视察工作，回北京前，提出要看望在广州休养的谭政，并要一起共进午餐。谭政的秘书佟印按要求准备了两个人的饭菜，有冬笋腊肉、豆豉苦瓜、冬苋菜等，都是两个人爱吃的普通湖南菜。快到开饭时，何长工、韩先楚、邓华等也到了谭政的住处。老战友们相见，那种喜悦的心情是不言而喻的，从拨乱反正、落实政策的问题到党的建设等，大家边谈工作边吃饭，兴致很浓。原来准备的饭菜不够吃了，佟印只好把广州军区司令部管理局和宾馆的领导请来，请他们帮助再加几道菜。这么多领导同志一起用餐，又是谈工作，按常规，这顿饭可以由公家报销，但谭政专门嘱咐管理局和宾馆的领导：一是谢谢军区的同志们；二是饭钱由他来付，算他请客。地方的领导想劝阻他，反而受到了他的批评。

1982年12月，谭政一行到湖南桃花源参观，先看菊圃，后看桃花观。因为他身体不好，当地同志就在菊圃设擂茶招待他。有人提出用轿子抬他上山的建议，他很不乐意地说："我不要抬，不要特殊，要自力更生！"大家只好将他半扶半推地从遇仙桥往上带，慢慢进入桃花观。到了桃花观山门，他居高临下地俯视山下，愉快地说："我好多年没上这么高的地方了，今天特别舒畅！桃花源茂林修竹，真是个好地方！"下山时，虽然已经很累了，但他仍坚持不要人抬，被随行人员搀扶着慢慢下山。

在谭政的教导和模范带动下，他身边的工作人员不仅自觉遵守有关纪律和规定，从没有出现任何违反政策和纪律的问题，而且养成了良好的工作习惯：无论走到哪里，除了安排好首长的工作和生活外，还主动帮助服务员打水擦地，尽力帮助地方同志解决实际困难，得到地方领导和部队同志的赞许。人们从谭政身边的工作人员的一言一行上，看到了谭政的高风亮节和崇高风范。

肖劲光

矢志不渝的初心和坦荡无私的胸怀

共产国际派往中国的李德在《中国纪事》一书中有这样一段话："第五次反'围剿'中，肖劲光在黎川城不战而弃，带领他的独立部队仓皇撤退，把赤色的黎川城以及红军用血肉换来的一部分军事装备送给敌人，做了敌人的内应……"正是根据这一所谓的"罪状"，1934年1月，在瑞金最高临时军事裁判法庭，对红七军团政委肖劲光进行了"公审"。

事情的经过是这样的：

1933年9月，经蒋介石一番精心布置，国民党军对中央苏区的第五次"围剿"形成了北、西、南三面庞大的堡垒体系网，只剩下东部和东北部一个缺口。蒋介石为了隔断中央苏区与闽浙赣苏区之间红军的联系，乘红军主力东、西分离之际，命令国民党军周浑元部3个师进攻黎川。黎川县城地处瑞金东北部，与福建毗邻，是中央苏区的北大门。

面对来势汹汹的国民党军，黎川是守是弃，是利用阵地抵抗还是在运动中歼敌，中共内部发生了分歧。博古和李德坚持"御敌于国门之外"，要求死守；被剥夺了红军指挥权的毛泽东则主张弃城，诱敌深入，集中兵力在运动中消灭敌人。此时，防守黎川城的苏区闽赣省军区司令员肖劲光对这种敌我对峙所采取的策略十分担忧。他不能理解，毛泽东"诱敌深入""运动歼敌"的战术原则怎么变成了"过了时的游击主义战术方法";他更难相信,"全线出击""四面迎接"的战术能打赢这场战争。为此,当国民党军的"围剿"阵势一拉开,肖劲光就给前总发电,建议让出空城,集结主力于黎川东北部,从侧面打击国民党军。然而,肖劲光的正确意见未被采纳,相反,中革军委既令肖劲光守住黎川,又将驻守黎川的红军主力全部调走,其主力第十九师被调往福建,独立师被调往峭石,闽赣省委和省政府也撤出了城,黎川只剩下70余人的教导队和一些地方游击队。仅凭这点儿力量,想顶住数千国民党军的进攻,岂不是开玩笑?

9月25日,国民党军周浑元部3个师由南城、峭石向黎川发起进攻,开始了对中央苏区的第五次"围剿"。9月28日,敌先头部队占领了黎川的外围阵地,又派别动队插到黎川后面。在敌我力量悬殊、敌人即将形成合围、而我退路将被切断的情况下,肖劲光部署了紧急撤退。掩护伤员和物资转移出去后,肖劲光带着70余人的教导队最后撤出了黎川,退到60里外的溪口。肖劲光在他的回忆录里是这样记载的:"从我接受任务回黎川到撤出黎川这8天的时间里,军委没有给我下达坚守黎川的指示,也没有明确的撤离黎川的指示。从军委的意图看,是不想丢失黎川的,因为当时的口号是'御敌于国门之外''不丢失一寸土地',可是,由于主力部队分离作战,全部分散在外,黎川事实上是无力坚守的。9月25日,军委发现敌人疾进黎川时,才急令东方军①立即结束东方战线,集中泰宁准备出西北迎敌。东方军自延平、将乐、顺昌前线撤回泰宁时,已是10月初了。在这期间,靠我70人的教导队顶住敌人3个师的进攻,如何有可能呢?或是被围歼消灭,或是撤退待机。在形势十分危急的情况下,我做出了后一种决断。我个人认为,黎川失守是不得已的,失守的原因当归之于'左'倾冒险主义领导者军事指挥上的失误。"

9月28日,黎川失守。为了收复黎川,博古、李德即令彭德怀率东方军北上,分成两个纵队进攻峭石和资溪桥,想以最快速度收复黎川。当东

---

① 1933年6月,以红三军团与第十九师为主组成东方军,司令员为彭德怀。

方军日夜兼程到达指定的位置峭石时，发现此处前后左右布满了国民党军的碉堡，随时都有被夹击全歼的危险。见此情景，彭德怀气恼地说："坐在瑞金凭着地图瞎指挥，简直把我们当儿戏！"中革军委先是命令肖劲光到资溪指挥地方部队，分向东、北两个方向开展游击战，阻挠国民党军前进，后来让肖劲光指挥第十九、第二十师钳制金溪地域的国民党军，以配合峭石、资溪桥作战。结果，由于敌强我弱，血战数日，两次作战均失利，红军遭到很大的损失。

奇怪的是，黎川失守后，肖劲光并未被立即"问罪"。原来，李德自恃深谙中国"恩威并用"的真谛，意在收买人心，在峭石、资溪桥战斗失败后，又起用了肖劲光，让他"戴罪立功"，组建红七军团，并令他任军团政委。军团组成后，即接到中央关于阻止国民党军进占浒湾的命令。在李德看来，这次肖劲光一定会"感恩戴德"，拼命冲锋陷阵。

浒湾位于黎川西面、抚州东南，属黎川县的一个小镇，交通位置十分重要。11月，国民党军一个师出资溪，沿金溪公路向浒湾移动。中革军委给肖劲光的任务，一是钳制浒湾之敌，二是截断金溪至浒湾的公路，阻敌向浒湾移动，待红三军团赶到后，再一举消灭。中革军委的战略意图仍旧是先消灭黎川外围的国民党军，再伺机收复黎川。当时，红七军团共有3个师3000多兵力，但主力第十九师已交由彭德怀，剩下2000多人。肖劲光接到命令后，立即率部开赴浒湾，当到达指定的地点时，发现命令中要求红七军团构筑的工事足有20里长！尽管按此命令部署兵力会过于分散，但肖劲光不得不服从，即令部队按指示加快修筑工事。

工事还未修筑好，国民党军就气势汹汹向浒湾开来。激烈的战斗拉锯般地持续了一天一夜，国民党军被阻止在一片森林地带。第二天傍晚，红三军团赶到了浒湾并立即投入战斗。当时，因彭德怀生病，由彭雪枫代为指挥。由于国民党军已经在森林里构筑了工事，红三军团的主攻没有奏效，伤亡700余人，无力再进行突击。国民党军将红军主攻部队击退后，终日用飞机对红军阵地轰炸。到了晚间，守卫浒湾的国民党军出来接应，被围的国民党军也集中力量向红军防御阵地突围，绵延20里的防线最终被冲垮了，国民党军突出包围圈，打通了去浒湾的道路。

浒湾一战非但没能收复黎川，相反，吃了红军第五次反"围剿"中的又一个败仗，博古和李德十分恼怒。李德大发雷霆，喊道："肖劲光这个人多次失职，先把黎川双手奉给敌人，现又胆敢放弃浒湾，这是有意破坏我们反'围剿'的整个部署，应该军法从事！"

红军的前4次反"围剿"大获全胜。然而，李德、博古接手军事指挥权后，接连失利，这是他们无法接受，也不愿接受的，本想以战斗失利为名，加罪于彭德怀，但慑于彭德怀在军队中的威望，又没有直接指挥这次战斗，所以就下令撤销了肖劲光红七军团政委的职务，并将他押到红一方面军总部福建建宁审查。

总部派彭德怀调查战斗失利的经过。彭德怀调查的结果认为，责任不在肖劲光，并向总部做了说明。可是，王明"左"倾冒险主义为了推行其"御敌于国门之外"的战略方针，在军队中开展反对"右倾逃跑主义"的斗争，借反"罗明路线"[①]的斗争，继续强行推行其"左"倾冒险主义的错误。根据这一斗争的需要，虽然彭德怀调查说明肖劲光并无责任，但"左"倾路线的执行者们仍然不放过肖劲光，反过头来抓黎川失守的问题。肖劲光提出诱敌深入在前，没有硬拼死守在后，这就构成了他们反"罗明路线"所需要的右倾逃跑主义的口实，于是，肖劲光便成了"罗明路线在军队中的代表"者。

在建宁被"审查"之后，肖劲光即被送往瑞金。到瑞金后，第一次党的活动分子会议就开展了对肖劲光的斗争。会议的内容是"反肖劲光机会主义"，并提出"打倒蒋介石的走狗肖劲光"等口号。随后，在全军上下运用报刊、漫画、演戏等各种形式，开展对肖劲光的批判斗争。后来，肖劲光被告知："党决定要公审你。"这样，在瑞金近一个月的时间，未经初审，便召开了对肖劲光的公审大会。

1934年1月6日，瑞金中央政府大礼堂座无虚席，由最高法庭组织的最高临时军事裁判法庭在这里对肖劲光进行公审。此次公审大会规模之大，在中央苏区还是第一次。参加大会的有红军各部队、中央和各后方机关代

---

① 1933年年初，中共福建省委代理书记罗明认为，闽西根据地边缘地区条件困难，党的政策应不同于巩固地区。当时，党内"左"倾错误领导人把这说成"机会主义的、取消主义的逃跑退却路线"，因而发生了反"罗明路线"事件。

表，关心此事的苏区群众也涌进了会场。主席宣布开庭后，由书记读控告书。控告书以黎川失守为主题，以浒湾战斗"丢伤兵"为罪名。肖劲光不禁疑惑："从黎川失守到浒湾战斗失利，相隔一个半月，并没有追究我的责任，还让我去组建红七军团。我被撤职查办的罪名是浒湾战斗失利，怎么又跑出黎川失守的说法呢？"控告书读毕，台下有人领着高呼口号："肖劲光是机会主义！""打倒机会主义！""肖劲光是怕死鬼！"这是为了壮大声势、事先有意安排的，有些不明真相的群众跟着喊了起来。

当审判长问肖劲光有什么意见时，肖劲光答辩说："我手上的兵都被调走了，敌人是1个军、3个师，我只有70人的教导队，怎么能守住黎川呢？再说也没有任何人让我死守黎川。我守到差不多被敌人包围的严重情况下才带部队撤出，避免了全军覆没，这有什么错呢？"

"为什么不发动群众？"

"省委、省政府早就撤走了，我靠什么发动群众？即使发动群众，他们赤手空拳，怎么对付得了那么多荷枪实弹的敌人？……"

至于"丢伤兵"的事，控告书指责肖劲光在浒湾战斗中没有派部队护送伤员，以致让敌人俘去一批伤员。事实是，肖劲光派一个营护送300余伤员经过敌占区去后方根据地，途中遇到敌人袭击，有十几名伤员掉队，而其他大部分伤员在红军的掩护下，安全到达了后方根据地。这个罪名也不是实事求是的。

肖劲光说明情况后，那些起先不明真相并喊口号的群众不再作声了，批判的氛围一下淡了许多，公审难以继续，于是，在没有充分证据的情况下，大会草草收场。审判长宣布公审结果：开除肖劲光的党籍和军籍，判处5年徒刑，无上诉权。

判决后，肖劲光被关押起来。在此期间，毛泽东让夫人贺子珍前去探视。贺子珍转达了毛泽东的话，大意是，黎川失守是"左"倾军事路线的错误造成的，你应该撤退，做得对。肖劲光回忆："后来，我听说在决定处罚我时，有的人主张杀掉我，毛泽东同志坚决不同意，王稼祥同志几次拒绝签字。我被关了一个月后，在2月初的一天，一位负责同志找我谈话，让我到'红大'当教员。可以说，我得以释放，能活到今天，是毛泽东等同志同'左'倾教条主义者坚决斗争的结果。如果没有中央这些领导同志的保护，在红军离开中央苏区长征时，根本不会留下我这个'罪犯'，很可能被杀掉了。我是一个幸存者。当时，多少好同志受打击，多少好同志被错杀啊！"

肖劲光身处逆境，受到这么大的冤屈，但毫不动摇对党的信念，对革命事业矢志不渝。他重新回到工作岗位后，从未表露任何怨言，仍然忍辱负重地为革命忘我工作。在肖劲光晚年时，有人问他为什么选择了革命道路，他坦率地回答："青年人都是追求理想的。我出身贫苦，生活在一个社会变革的时代，读了点儿书，参加了'五四运动'，眼界开阔了，不满中国的现状了，不愿走父兄的老路，决心寻找自己的理想的出路。恰好共产国际帮助中国建党，要送一批青年人去俄国学习，我报名并入选了。到苏联后学习了马克思主义，又亲眼看到第一个社会主义国家，个人的理想和祖国的出路结合在一起，从此就坚定不移地走下去了。"

长征开始后，肖劲光任军委干部团上级干部队[①]队长。有的领导对包括肖劲光在内的上干队内犯有"错误"和"罪行"的干部不信任，不放心，甚至还布置人暗中监视。对此，肖劲光忍辱负重，心胸坦荡，坚信党的正确领导终要胜利，而且十分信赖身边的战友。他坚决执行上级的战斗命令，模范地维护党的威信，决心带领全队圆满完成任务。当时，部队成天爬山钻洞、涉水渡河，有个别同志发牢骚。肖劲光知道后，严肃指出：作为共产党员，犯自由主义是不对的，共产党员要有气节，不怕苦，不怕难，要坚决完成党给予的任务。他的模范行动深深感染了全队同志。

路漫漫，夜茫茫。从瑞金到遵义，历时近3个月，大部分时间是夜行军。这是红军长征中损失最严重、处境最艰难的一段路，红军要通过国民党军的四道封锁线和数不清的大江大河、高山峻岭。国民党军前后围追堵截，敌机盘旋轰炸扫射，反动民团和特务分子破坏袭扰，加之"左"倾路线还没有彻底肃清，大家的心情十分焦急。肖劲光虽然是队长，但既没有通信员，也没有马匹，行军时，他将背包、干粮和手枪往肩上一背，总是走在队伍的最前头。部队大都是夜行昼宿。一到驻地，其他队员都抓紧时间休息，可

---

① 由原红军大学的指挥科、政治科及中央党校合编而成，简称"上干队"。

他要先去了解当地的情况，到各科以至各班转一转，还必须检查岗哨派好了没有。上干队的苏进回忆："有时，我看见他从团部开会回来，胡楂乱蓬蓬的，颧骨高耸，眼窝深陷，拖着疲惫的身躯。他的担子够重了！尽管如此，他对队里的同志仍是非常信任和关心。……还有一次，在乌江东岸猴场宿营，我不知吃了什么东西，一晚上连吐带泻十几次，第二天就全身松软，头晕目眩，不像样子了。肖劲光看着我憔悴无力的样子，立即派人找来一副担架，又雇请了8个民夫，准备4人一班，轮流抬我行军。我虽坚持走路，没有坐担架，但温暖的战友之情铭刻心中。"除此之外，肖劲光还经常讲故事、说笑话，鼓励周围的同志，空余时教大家学习文化。长征后期，组织上给他配了一匹马，但他从未骑过，一直用它驮病号或行李。在革命处于极其困难的时刻，肖劲光经受住了错误路线"残酷斗争，无情打击"的严峻考验，以自己的实际行动、一个共产党员的坦荡胸怀，忍辱负重、忠贞不渝地为党工作着。

遵义会议后，周恩来找肖劲光谈话。"会议为你平了反。"周恩来郑重地说，"你的问题过去搞错了，取消了对你的处分，决定恢复你的党籍和军籍。中央还要考虑重新安排你的工作。"四渡赤水后，肖劲光被调到彭德怀的红三军团，接替叶剑英任军团参谋长。历史终于做出了公正的评判。肖劲光在回忆这段艰难的历程时谈了四点发人深省的体会。他说："王明'左'倾路线迫害的好人太多了，对他们搞的那一套方针政策，我认为不符合当时的国情，是错误的，这是第一。第二，至于对我的迫害，我深信他们所依据的材料不符合事实，是为了'斗争'的需要，强加于我的。我藐视王明路线。第三，毛主席、王稼祥等中央领导同志是支持我的，保护我的，而且有许多正直的同志像彭德怀、伍修权等，多次为我申辩，说明事情真相，这都给我以极大的鼓励和战胜困难的勇气。第四，我从17岁参加革命，在党的关怀教育下入了团、入了党，党就如同我的父母。党组织有怎样的错误，我都没有不满意的地方。博古、李德他们以为我会消极、动摇，会跑到敌人那里去，长征时，还派学员秘密监视我，实际上，我心安理得，工作得很好。"

后来，当有同志问肖劲光：你在党内遭受残酷斗争、无情打击，蒙受不白之冤，险些丧命，那时都想了些什么？有没有想过离开党？肖劲光不假思索地回答:"没有。我只是想,自己选择的共产主义事业是战无不胜的,尽管道路是曲折的,但前途一定是光明的。"肖劲光在晚年时,子女们问及他过去的坎坷遭遇,他说:"你们不要老是对这些感兴趣,要相信党、相信真理。对一个人来说,在生命的长河中受点儿委屈、挫折,是在所难免的,只要从中吸取教训,有则改之,无则加勉,就能使人更聪明起来。没有党,就没有我肖劲光。一个人离开了党,将一事无成。"在纪念长征胜利50周年前夕,肖劲光讲起长征途中的往事时说:"那个时候,我们只有一个信念:坚决跟着党走,跟着党走就是胜利。频繁的战斗,连续的行军,爬雪山,过草地,啃草根、树皮,靠的就是不怕任何艰难困苦、敢于藐视一切艰难险阻、在任何情况下都不屈服的坚韧精神。这种精神可以统称为长征精神,你们报纸要经常宣传这种精神。这是革命的传家宝呀!"从肖劲光的这数次谈话中,可以看到一个共产党人矢志不渝的初心和坦荡无私的胸怀。

作风民主,对人宽容

民主作风是中国共产党实现正确领导、推进党的事业的重要保证,也是党的优良传统。肖劲光在漫长的革命生涯中一向作风民主,关心同志,对人宽容,勇于担责。

1946年,肖劲光被任命为南满军区司令员。在南满,肖劲光从不把自己的观点和意见强加给别人,也从不采取生硬的领导方式。他刚刚到达南满,就热水河子战斗问题专门召开了师以上干部军事会议。会上,他提出了此次战斗的意图,并就打法问题请大家出谋献策。当时,许多人对肖劲光的性格还不甚了解,尤其是有些人对坚持南满斗争信心不足,极力主张撤出南满,与北满联军主力会合。大伙儿讨论来讨论去,总是争执不下。这时候,肖劲光也没有强行下达命令。对此,肖劲光后来解释:"在当时大家思想还没有完全通的情况下,硬性命令很可能使战斗难以达到理想效果,而当时我们最需要的是士气,如果那一仗打不好,就更会影响部队坚持南满斗争的信心和勇气。"二保临江战斗发起前,肖劲光又组织召开了一次这样的"诸葛亮会"。大家围绕肖劲光提出的战斗意图和如何打好的问题各抒己见,畅所欲言，真可谓酣畅淋漓、一吐为快。肖劲光得知大家的意见与他的作战决心完全相吻合时，才把事先确定的作战部署拿出来，正式做了战前布置。肖劲光这种严谨的求实态度和民主的工作作风，赢得了指挥员们由衷的钦佩和敬仰。

东北民主联军第四纵队跳出临江地区外线作战后，肖劲光几乎每天都在第三纵队3个师的部队中转。有一天，肖劲光来到第九师，和师里领导亲切地交谈，直到开饭时，大家仍浑然不觉。言犹未尽的第九师师长徐国夫与肖劲光端着饭碗边吃边谈。肖劲光像亲密无间的兄长般对徐国夫说："早就听说你是位打仗好手，打仗不要命，枪一响就往前跑，作为战士，这是十分难得的，但现在不同啦，国夫同志，你现在是师长，是'将'，古人云：将在谋，而不在勇。几千人的性命就攥在你的手里，稍微的莽撞大意都可能造成无谓的流血牺牲，所以，个人的勇敢远不及深谋远虑更重要。一个人再勇猛，力量毕竟有限，如果用兵得法，把部下的勇猛都调动起来，发挥出来，那会是怎样的效果呢？"听了肖劲光的这番话语，徐国夫被深深触动了，以后在战场上、工作中刻意加强了自己在这方面的修养。

海军创建初期，在制定建设计划、购买武器装备等问题上，海军领导成员之间有过一些分歧。有一位副司令员在工作中有些缩手缩脚，却指责肖劲光的一些积极主动的做法是"盲目冒进""搞大海军主义"。在1954年3月召开的海军党委全会上，这位副司令员受到大多数党委成员的批评，他自己也承认"我在许多问题上表现保守，束手束脚"。20世纪80年代，协助肖劲光撰写回忆录的同志从档案文献上看到有关这场争论的真实材料后，便就这件事写了个初稿，并读给肖劲光听。肖劲光沉默好一阵儿后，语调深沉地说："你写的这些都是事实。这位同志当时看困难多些，但他是个好同志。他工作积极，肯负责任，性格直爽，生活艰苦朴素，优点很多。我们之间的争论只是工作上的不同意见。事情过去几十年了，他又在几年前先我去世了，这些事还写它干什么呢？"停了一会儿，肖劲光补充说，"对待别人要宽容一些为好，不要老记着别人的缺点。那个时候，党委内部有些分歧，没有及时解决，影响了团结。作为党委的第一把手，我是首先要负责的。自己做对了，是应该的，没啥好写的，不能借写回忆录给自己贴金，压低别人！"

1959年初冬,东海舰队某支队在舟山以东海区进行攻潜训练,发生了人民海军创建10年以来最严重的事故,不仅给海军的建设,而且给党和人民的事业造成了不可挽回的重大损失。当然,发生这一恶性事故的原因是多方面的,但其中很重要的一个原因是指挥员配备不够得力。这次训练的海上指挥员是由"昆明"舰舰长张韵兼任的,"衡阳"舰舰长是由实习舰长董继和代理的,"成都"舰舰长是由当时任副舰长的安立群代理的。主要领导为什么不出海呢?主要是因为当时正进行"反右倾",支队党委正在召开扩大会,主要领导几乎全留在岸上开会了。

事故发生后,张韵、董继和二人的第一感觉是犯了罪,非蹲监狱不可,心理压力极大。一个星期后,他俩接到上级通知,到宁波向海军和舰队首长汇报事故发生的详细情况。他俩自知责任重大,都感到这次去宁波是"凶多吉少",很难再回来了。当安立群向他俩话别时,三人以泪洗面,泣不成声。最后,张韵和董继和都凄苦地把自己的妻儿老小托付给了安立群。

来到宁波后,肖劲光等领导同志听取了张、董二人的汇报。在汇报的过程中,肖劲光听得十分仔细,就连一个非常细微的情节也要问个明白。由于紧张,张、董二人说话结结巴巴,肖劲光反复劝他们:"不要紧张,慢慢说。"当听到他俩说"难过得吃不下饭"时,肖劲光意味深长地说:"要吃饭,不吃饭怎么行呢!身体垮了,怎么干海军?"肖劲光还和他俩具体分析了事故的原因。最后,谈到责任,肖劲光恳切地指出:"出海部队有责任,领导机关也有责任,而且不可推卸!"谈到教训,他沉痛地对他俩说:"你们要吸取,我们也要总结……"

安立群后来回忆说:"张韵与董继和走后,想到他俩的责任和命运,我日思夜虑,寝食不安。正当我度日如年的时候,他俩却突然回来了!看到他俩的一刹那,我真不敢相信自己的眼睛。张韵与董继和怀着十分感激的心情,争着向我叙述汇报会的情景……董继和万般感慨地说:'整个会议的基调是肖司令员代表海军领导机关承担责任,这是我们做梦也想不到的呀!海军有这么好的司令员指挥,有朝一日让我们上刀山、下火海,我们也万死不辞!'"

1969年12月初,某导弹试验靶场准备进行导弹试射。肖劲光一到试验基地,就到阵地检查各项准备工作。他在检查发射准备情况时,连营区的语录牌都认真看过。第二天,在进行导弹实地发射时,第一发导弹点火后没有打出去,发射失败。观看发射的海军党委第一书记李作鹏立即大发雷霆,盛怒之中摔碎了手中的茶杯,并高声批评发射人员。发射人员极力克制着紧张的心情,按原计划继续组织指挥了第二次单发和第三次双发齐射的发射试验,导弹均直接命中靶船,获得成功,并录取了全部数据。试验结束,在全体军人大会上,李作鹏余怒未消,继续发火。肖劲光沉默地坐在主席台上,没有讲话。

当天,李作鹏一行乘飞机返回北京,肖劲光留了下来,召集领导干部和科技干部开会,分析查找第一次发射失败的原因。开会前,负责发射任务的同志忐忑不安,都在想:因为第一发导弹没有打出去,给海军丢了脸,挨了李作鹏的训斥,肖司令员召集开会,说不定,我们又要挨批评。谁知,肖劲光一走进会议室,便面带笑容地和大家一一握手,并亲切地说:"导弹没打出去,你们压力大,我很理解,但从总体看,发射是成功的。虽说有一发没打出去,但其他3发直接命中了靶船嘛!"肖劲光一番中肯的话语,说得大家心里热乎乎的,大家紧张的心情立刻松弛下来。肖劲光接着指出:"今天请你们来,主要是一起冷静地查找导弹的故障原因。我们是搞科研试验的,一定要讲究科学的态度,大家不要紧张,充分发表个人意见。"肖劲光和蔼可亲的态度使座谈会的气氛一下子活跃起来,大家你一言、我一语,争着发言,毫无顾虑。肖劲光边听边问,仿佛一位普通的科技干部。当大家分析认为失败原因可能是电池没有被激活时,有位同志说这类电池是一次性使用,不好对故障进行复现,只有把电池从导弹上拆下来解剖,才能证实故障。肖劲光立即表态同意这个意见,并指示马上解剖电池。经过解剖,最后证明导弹发射失败的原因果然是电池故障,是工厂生产质量问题。肖劲光了解情况后,称赞大家工作细心,故障查得快,还带几分幽默地说:"你们就像医生给病人看病一样,终于把原因查出来了。谢谢大家。"最后,肖劲光指示要将导弹发射失败的原因写一份详细报告送交李作鹏后,才放心地离开了试验靶场。

肖劲光不仅对干部宽容,勇于承担责任,对战士也极为关心,言谈举止中时常表露出对战士的牵挂之情、关爱之心。1969年秋的一天下午,肖劲光专门让海军司令部警卫一连指导员邓花绪到他的住处,说要听听警卫一连的情况。当肖劲光问起新兵情况和连队生活时，邓花绪都一一做了回答。肖劲光听着听着，突然问道："今年新兵中湘潭籍的战士思想情况怎样？他们有些什么特点？"邓花绪怎么也没想到司令员竟会问得这么具体，便支支吾吾地抽象概括了几句。肖劲光听了，虽然不满意，但耐心地说："连队指导员应该是最知战士之心、最通战士之情、最晓战士所想、最解战士之意的战士贴心人。"当肖劲光得知邓花绪一天能同两三个战士谈话、做思想工作时，说："太少了！当指导员的，每天至少要同五六个战士谈心。谈心也不要只是在问题发生之后才去谈，而要经常地谈。谈心的方法要自然，不是把战士叫到办公室，一个讲、一个听，而是要和战士打成一片，做战士的知心朋友，这样，战士们有什么心里话才会对你讲，你也才能够成为战士思想的'寒暑表'。"对于后进战士，肖劲光也很关心，并详细地对邓花绪传授了自己的经验："战士中不管先进、中间还是后进的，都是我们亲密的阶级兄弟，应当关心他们每个人的进步。特别是对于后进的战士，要给予更多的关心和帮助，不能因为他们落后就歧视他们，厌弃他们，战士的本质都是好的。对于后进战士所表现的缺点、错误及其产生的原因，要实事求是地具体分析，区别对待，以不同的方法给以不同的处理，不能笼统地给他们戴上'后进'的帽子。一个人思想觉悟的提高要有一个自我斗争的过程。说服教育后进战士，就是一个艰苦细致的工作过程。不能认为谈一两次话，端一两次病号饭，就算工作到家了，要耐心去做……当然，对后进战士耐心说服、耐心等待，这并不是说就可以放弃严格要求的原则，可以对他们放任不管，对他们的缺点、错误可以姑息迁就，甚至出了严重的问题也不严肃处理，相反，在对后进战士的管理教育中，必须根据他们的特点，认真贯彻严格要求的原则。同时，耐心说服、耐心等待也正是为了提高他们的自觉性，克服他们的缺点、错误，从而达到严格要求的目的……"肖劲光是以他长期的工作经验来启迪干部做好战士的思想工作，字字句句都体现了对战士的关心和爱护。

　　肖劲光关心身边的每一个工作人员。他经常嘱咐大家要注重政治、军事理论的学习。他说自己在苏联学习过6年，在延安又系统地学习了马克思主义哲学，这使他终身受益。他时常问身边的工作人员都学习些什么，读什么书。有时，他晚饭后散步，看到警卫班战士在屋中学习，就进去坐一坐，听一听，讲一讲。他对战士们讲得最多的是党的历史，并现身说法，教育大家要坚定共产主义信念。1985年7月1日，肖劲光提出要和工作人员一起过一次组织生活，纪念党的生日。在这次组织生活会上，他回顾了自己跟党走的亲身经历，联系十一届三中全会后，党再次走出低谷的现实，语重心长地告诫大家，中国共产党是伟大的党，尽管在发展过程中不免要犯错误，要有挫折，但党终究能够纠正错误，克服困难，走向胜利，无论何时何地，要坚信这一点。他对工作人员十分宽厚，即使他们有一些缺点、错误，也主张实事求是地进行帮助教育。一次，警卫班的一个战士犯了点儿错误，加上平时表现不太好，有的同志主张借此机会给其处分。肖劲光知道后，叫来警卫班班长，说：一个小战士，今后的路还很长，要多教育，多帮助，不要让其背上思想包袱。这个战士很受感动，后来进步较大。

　　肖劲光在生活上也关心每一个工作人员。每当一位新的工作人员到来，他总要亲自谈话，了解其个人和家庭情况。每当老的工作人员工作调动，他也要谈话，询问对工作调动的意见、想法。警卫战士、工作人员探亲归队，他总要问问其家里的情况，有无困难。多数工作人员刚到肖劲光身边工作的时候，难免拘束、胆怯。他总是亲切地说，我们之间没有高低贵贱之分，都是人民的勤务员。1987年"八一"前夕，肖劲光嘱咐秘书拿出100元给工作人员改善生活，庆祝建军60周年。警卫班的战士说，首长过节还不忘记我们警卫战士，真是和我们心连心。他在住院期间，还惦记着家里的工作人员，谁生病了，谁的父母得脑血栓了，警卫员的孩子有病了，女护士还没有男朋友，炊事员的入党问题，战士要探家……他都记在心上，并嘱咐子女要关心他们，在经济上给予帮助。肖劲光晚年时，多种疾病缠身，行动不方便，身边的护理人员为他多做些护理，他总是很客气地说"谢谢"。在临终的前几天，垂危中的肖劲光还叫来秘书，问几点钟了，医护人员是不是该下班了，说身边不需要这么多人，让医护人员早点儿去休息。凡是在肖劲光身边工作过的人员，都说他是一个和蔼可亲、平易近人、善良正直的人。工作人员几乎都是来时顾虑重重，担心不能胜任工作，走时却恋恋不舍，对肖劲光充满了感情。

"遇着困难就要勇敢地去克服它"

1949年10月中旬，衡宝战役的炮声刚刚停息，身在长沙组建湖南军区的肖劲光突然接到中央军委的电报，说毛泽东主席有要事与他面谈。肖劲光只带了一个秘书急忙启程，赶赴北京。

在中南海，毛泽东说：解放全国的作战任务虽然还相当繁重，但是，组建一支空军和一支海军的任务已经提上了议事日程。空军的筹建工作已经差不多了，中央决定让刘亚楼同志去当司令员。现在要着手筹建海军，我们想让你来当司令员。今天先和你打个招呼，并听听你的意见。

那时，我国18000多公里的大陆海岸线、6500多个面积在500平方米以上的岛屿都面临着有海无防的困境，特别是东南不少岛屿尚未解放，国民党军队还时不时地实施海上骚扰。

消息来得太突然，肖劲光思想上毫无准备，便坦率地说："主席，我是个'旱鸭子'，又不懂海军，哪能当海军司令员？我晕船挺厉害，连海船都坐不得。我这辈子总共坐过五六次海船，每次都晕得不轻。"毛泽东笑道："是让你去组织指挥，又不让你成天出海！有海就要有海军。过去，我国有海无防，受人欺负。我们把海军搞起来，就不怕帝国主义欺负了，海军一定要搞，没有海军不行。要搞海军，就要有个人去领头。"毛泽东认为肖劲光深谙我军传统，又在苏联学习过，精通俄语，了解苏联军队，方便向苏联学习海军建设，他就是看上了这个"旱鸭子"。

1950年1月下旬，"旱鸭子"肖劲光离开长沙，来到北京，开始了海军筹建工作。国民党海军司令桂永清曾经扬言："共产党要想建设海军，无异于痴人说梦！"虽然这是他低估人民力量的狂妄之辞，但是，创建人民海军所遇到的困难的确是大极了！人民海军建军之初，几乎是从零开始，基本队伍都是从陆军到海军。从装备上看，除了接收国民党几十条破旧舰艇外，几乎一无所有。入职两个月后，肖劲光到了威海，打算过海到刘公岛察看，但没有船，只好向当地渔民租了一条小船。渔民开玩笑说："你是个海军司令员，还要租我们的渔船！"这话对肖劲光刺激很大，可有什么办法呢？

他这个司令员可是两手空空呀！他随即让同行人员记下了这段话，鞭策自己，暗下决心，一定要打造出一支强大的海军。

开始时没有军舰，没有油水补给船，没有飞机，没有海岸炮，缺少像样的码头、机场，甚至工作人员连办公的地方都没有，只能在旅馆、胡同里办公……重任在肩，军令如山。肖劲光克服重重困难，埋头学习，查阅外军资料，主持制定了海军建设的一系列方针、原则和措施。他考察调研了全国各地海岸，寻找适合建设军港的地方和物资供应基地……在中央领导同志的亲切关怀下，以肖劲光为首的海军将士共同努力，在较短的时间内完成了创建海军的任务，初步构建了中国海上防御体系，并多次击败国民党海上武装力量的挑衅，受到毛泽东的夸赞。在这个岗位上，他工作了整整30年，几乎倾注了自己后半生的全部心血，也使我们看到了一位共产党员的执着追求。

肖劲光不怕困难、勇挑重担的精神也熏陶和教育了他的子女。几个孩子从记事起，肖劲光就经常教育他们要热爱党、热爱人民、热爱劳动。有一次，他问孩子们长大了想干什么？有的说要开飞机，有的说要当科学家，小儿子肖策能说："我要像爸爸一样，做一名军人。"肖劲光笑着连声说"好"，又嘱咐道："无论做什么工作，首先要念好书，做一个好学生。我要看你们谁最有出息。"

1948年8月，东北局为了迎接全国解放，迎接即将到来的新民主主义经济建设而培养自己的知识分子，决定派21名青年去苏联学习，肖劲光的长子肖永定也在其中。在儿子去苏联前，肖劲光在百忙中抽出时间，和他进行了一个晚上的郑重谈话，并且一边谈、一边写："一切要从实际出发，实事求是。要把了解情况、钻研问题、学习别人的经验教训、总结自己的经验教训，成为你的日常生活作风；常找人谈话，细听同志们的意见，尤其是群众意见，看报纸，成为你的生活习惯。一定要有事业心、进取心，这就是一定要具有生活的目的和方向，否则，你就没有出息……""凡事都有困难，事业是从不断地克服困难中完成。遇着困难就要勇敢地去克服它，撞了钉子就要向钉子学习，并研究如何去拔出它……"别人的赠言一般都是短短几句话，但肖劲光给儿子的赠言足足写了7页纸！

9月，肖永定进入苏联莫斯科大学学习政治经济学。1950年年初，在苏联养病的任弼时得知肖永定等几个人在学习政治经济学时，建议说："党送你们到苏联来学习，是为了培养祖国社会主义建设迫切需要的红色技术专家，希望你们能改学一门技术专业。"当时，肖永定的思想斗争非常激烈，因为他生长在战争年代，学习条件艰苦，在延安只读过一年初中，到东北后断断续续地读了不过半年高中的课程，数理化基础很差，如果直接上理工大学，困难是不言而喻的。他后来回忆说："在我举棋不定的时候，父亲的赠言响在耳边：'一定要有事业、进取心……凡事都有困难，事业是从不断地克服困难中完成。遇着困难就要勇敢地去克服它……'我仿佛看到了他对我那期待的目光，顿时有了勇气和力量。我很快按照党的要求做出了新的抉择，转到莫斯科动力学院动力系，直接插班上大学。以后，各种困难接踵而至，是父亲的赠言鼓舞我克服了学习上的重重困难，终于以比较优异的成绩毕了业。"

肖劲光不仅把这份赠言给了大儿子，他最小的儿子肖策能于1961年考上哈尔滨军事工程学院的时候，他把这份赠言重新抄写了一遍，又给了小儿子。另外几个孩子，凡是走上工作岗位之前，肖劲光都让肖永定把这份赠言给他们，以希望他们能努力地工作和学习。

孩子们在学习中遇到困难，有时有畏难、放弃的想法。比如学代数、学几何，一遇到困难，有的孩子不想去钻研，而是想投机取巧，怎么容易就怎么做。肖劲光得知这种情况后，没有简单地进行说教，而是通过实践教育他们。肖劲光带着家人去青岛，在海滨浴场对孩子们说："你们作为海军司令的儿女，都应该学会游泳。学游泳，能培养你们的毅力，锻炼拼搏精神和坚强意志，使你们在困难中勇往直前，决不后退！"有的孩子学习游泳之初，因为害怕，不敢下水，肖劲光就把其扔到海里，把其脑袋摁到水里。听到孩子因害怕而大呼小叫时，肖劲光便鼓励说："学会游泳，你们就能战胜一切困难，到大风大浪里去搏斗，这样才能把你们锻炼出来，克服眼前的各种困难。困难有什么可害怕的，关键是人！"孩子们遵循父亲的教导，每天早晨6点就去浴场，中午也不休息，傍晚还去游泳，不仅很快脱离了"旱鸭子"的行列，而且把这种精神用在了学习上，学业方面也取得了很好的成绩。

风 范

严于律己，孜孜不倦

肖劲光一生严于律己、谦虚谨慎、勤于学习、孜孜不倦，为党的事业奋斗到生命的最后一息。

东北民主联军进行四保临江战役时是南满根据地最艰苦的时期，国民党军大军压境，根据地狭小，加上近摄氏零下40度的严寒，部队缺衣少食。时任东北民主联军副总司令兼辽东军区司令员的肖劲光不仅和战士们同甘共苦，一起徒步跋涉，风餐露宿于白山黑水、狂风暴雪之中，还常常不顾个人安危，亲临前线指挥。1947年2月，第二次保卫临江战斗打响后，一天，肖劲光来到第七师第十九团第一营的前沿阵地察看。第七师领导劝道："首长不要再往前走了，这里离敌人前沿阵地太近了，只有不到200米了。"肖劲光很严肃地说："指挥靠前是一条很重要的原则。作为一个指挥员，不亲自到前沿阵地观察敌人，怎么能够知己知彼，又怎么能够指挥好作战呢？"他置个人安危于度外，坚持到阵地最前沿。肖劲光这种身先士卒的精神，使我军指战员深受鼓舞。寒冬腊月是东北作战条件最严酷的季节，肖劲光率领两万多衣装单薄的官兵，以迂回战术与装备精良的强敌斗耐力、拼韧劲，一次次在冰天雪地里把进犯之敌累倒、拖垮，一直坚持到4月松花江春暖化冻的时候，终于取得了四保临江战役的全胜，彻底打乱了蒋介石在东北的战略布局。毛泽东在电文中称赞"此战甚慰，是扭转东北战局的关键一仗"。

1949年初夏，第四野战军著名将领徐国夫陪同肖劲光等从武汉去长沙同国民党军谈判。徐国夫考虑肖劲光老家就在湖南长沙，早年离家投身革命，戎马倥偬几十载，从没有回家探望过亲人，这次总算有了机会，便趁工作间隙派人把肖劲光的一位亲属接了过来，想让他们好好团聚一下。

肖劲光于1903年出生在长沙市郊赵洲港的一个贫穷的小手工业者家庭，有3个哥哥、两个姐姐，只有他活到了中华人民共和国成立后，哥哥姐姐全在贫困中去世了。他有个侄子名叫肖伟，自幼父母双亡。抗日战争时期，肖劲光把肖伟接到延安，教其投身革命，以后又鼓励其随王震南下，继而留在湖南，在省工委周里领导下从事党的地下工作。1948年11月，肖伟在醴陵发动矿警队武装起义时不幸被捕，牺牲时年仅28岁。

徐国夫帮肖劲光找来亲属，也是想让他能感受到一丝家乡的亲情，但让徐国夫始料不及的是，他知道这件事情后，非常生气地说："咱们是来办公事的，不是来办私事的，谁叫你这么做的？"事后，他还耐心地对徐国夫说："我们作为领导干部，就应先公后私，公私分明，要始终把党的事业放在第一位，这一点必须时刻牢牢记住！"肖劲光率军解放长沙后，因工作繁忙，直到离开湖南前夕，才回去看望了乡亲们。他身穿一件白衬衣、一条黄布军裤，脚蹬方口布鞋，手拿大蒲扇，家乡人民看到的不是衣锦还乡的高官显贵，而是人民解放军的普通一兵。

在赵洲港东边坡地上，有一座土木结构的普通农舍，这就是肖劲光的故居。肖劲光在赵洲港度过了童年和少年时代。中华人民共和国成立后，家乡人民看到肖劲光的故居年久失修、陈旧破烂，几次打算修缮，但每次都被他拒绝了。20世纪80年代的一天，长沙郊区党委、政府和岳麓山乡的主要负责人带着修复图纸和方案专程到北京向肖劲光汇报。已80多岁高龄的肖劲光见到家乡来客，十分高兴，不待地方同志问候，就急切地问起乡亲们的近况，还询问家乡人民生活及市场供应情况。当听到长沙每人每月供应两公斤猪肉时，他兴奋地说："好哇，比北京还多一公斤！"地方同志拿出从赵洲港捎来的橘子，说："这是家乡的橘子，也是家乡人民的一点儿心意。"肖劲光一边品尝，一边不停地说："家乡的橘子真甜！真甜！我多想再回家乡看看啊！可惜老了，手脚不灵便了……"说到这里，他的眼眶湿润了。当肖劲光问到家乡人民生活和建设情况时，岳麓山乡党委书记戴香龄说："自从党的十一届三中全会以来，家乡人民在党的富民政策指引下，生活发生了可喜的变化，村民们盖起了一幢幢崭新的住房，只有您老人家那幢旧居显得陈旧。乡亲们渴望党和政府早日修复。我们顺乎民意，决定由区、乡拿出些钱修复一下。怎样修好？想先听听您老意见……"听到这里，肖劲光连连摆手，说："家乡人民的情谊，我心领了，但旧居不要修了，不要把钱花在这上面，要把钱用于'四化'建设。"寥寥数语，字字千钧！肖劲光拒修故居，充分体现了他艰苦奋斗的优良品格，寄托了他对家乡"四化"建设的深切关怀。遵照肖劲光的意愿，长沙郊区政府只好终止对他的故居的修复，仍旧保持原貌。

在生活中，肖劲光也是处处注意节俭，从不浪费。他的女儿肖凯回忆：（1957年）我正在北京女一中读书，我家就住在北海公园附近，爸爸常带我一起去公园散步。一天，我又陪他去了北海，我们先在湖边小径上漫步，然后又坐到树下长椅上聊天。记不得怎么引起的，他说起了自己的出身，他说："延燕（肖凯的乳名），你知道吗？咱们家原来是很穷的，你爷爷开了个小小的豆腐坊，奶奶会用木机织土布，全家七八口人就靠他们的劳动度日，那个艰难，你们是想象不到的！"他说自己是家里最小的孩子，也只有他活到了新中国成立，其余的全在贫困中去世了！由于他是在那种环境里生活过的，因此，他一生都很俭朴，他穿的内衣、衬裤、袜子和常用的床单，都打着一块又一块的补丁。他身边的工作人员实在看不过去，趁他不注意，"处理"掉几件。他发现后很生气，问道："你们把我的衣服丢到哪里去了？快去找回来！"他还教导说："你们这样是不对的，衣服、袜子破了，补一补同样能穿。你们知道吗？毛主席的内衣也有补丁，周总理一向注意节约，党和国家领袖都这样，我们不应该好好学习吗？"父亲又对我们说："我们国家还很穷，几亿农民就靠种田养活自己和全国，任何浪费都对不起劳动人民。"所以，我们每次和他一起吃饭，他只要见到谁碗里还有半粒剩饭，马上就会吩咐我们把各自的残余米粒"消灭"干净，以致这成了我们家的习惯和传统，连我们的孩子也知道该怎样做。

当儿女们问及父亲对革命事业的贡献时，肖劲光却总是讲毛泽东的英明伟大、周恩来的谦虚谨慎、刘少奇的机智勇敢、朱德的忠诚正派、任弼时的勤奋好学、陈云的细心果断、邓小平的智谋胆略、王震的耿直豪爽……讲革命的艰苦卓绝，讲胜利如何来之不易，讲打江山难、守江山更难……唯独不讲他自己。肖劲光一向不主张写回忆录，觉得自己不过是沧海一粟，没啥可写的。20世纪80年代初，鉴于一大批老同志年事已高，中央和全军的党史研究部门提出要趁他们健在，组织力量协助他们写些回忆文章，把许多珍贵的资料"抢救"下来。当海军党史办派了一位同志去协助肖劲光，并向他转达上级这一指示时，他听了"抢救"两个字，不禁哑然失笑："抢救？因为心肌梗死，我被抢救过两次了，不晓得现在又需要一次抢救。"他说，自己年纪大了，身体不行了，不能为党做更多的事情了，回忆自己一生在党的领导下做了一些工作，有经验，也有教训，如实记下来，留给党做参考，或许还有些价值。特别在他得知自己身患绝症、所剩时间不多后，更是只争朝夕、孜孜不倦，并经常将自己的回忆录的进展情况向所在的中共中央顾问委员会报告。当这部凝聚他最后心血的近50万字的著作完成时，他欣慰地说，唯一的心愿实现了。

党的十一届三中全会以后，是肖劲光最高兴的一段时间。他经常对工作人员说，过去30年，我们搞社会主义，封闭式，吃大锅饭，路子越走越窄；党的十一届三中全会以后，思想解放了，实行改革开放，一下子走出了死胡同，道路越走越宽广，中国有希望了。1982年，肖劲光退居二线后，虽年事已高，身体多病，但仍如饥似渴地学习，时刻关心党、国家和军队的建设，关心革命同志。孩子们时常一边握着肖劲光那瘦骨嶙峋的手，一边流着泪给他讲外面的形势，给他念新闻，给他放英语、俄语录音……他时常对孩子们说："一个人要活到老、学到老，人笨点儿不要紧，就怕他不爱学习。我最讨厌不爱学习、不求上进的人。"肖劲光在患癌症的后期，生活不能自理，活动又有限制，几乎每天被困在病床、沙发和轮椅上。这一切，对于像他这样一位性格开朗、思维敏捷、勤奋好学、雷厉风行的老军人来说，十分不习惯。虽然他的身体越来越衰弱，但他对党的事业的热忱丝毫未减。他每天叫秘书给他读书、念文件，听到什么不好的消息就忧心忡忡，躺在床上还在想如何给中央写建议书。有时，他想得晚上睡不着，第二天，心电图就很不好，医生、护士没办法，后来干脆和秘书商定，每天少念一些文件，且尽量选择念不让他忧虑的内容。肖劲光每天最盼望的时刻就是秘书来医院给他念文件，讲讲外面的形势。他总是寻根问底，总感到信息量太少。子女们来看望他，他见面后第一句话总是问："外面有什么好消息？"肖劲光时刻关心党的未来，关心国家和军队的前途。1987年，党的十三大中央委员会预选名单征求意见时，他发现39岁以下的中青年干部只有一人，沉思良久后说：我们党的事业要兴旺发达，需要后继有人，要注意培养中青年干部，要特别注重从地市级领导干部中选拔党的接班人。1988年，我国的经济改革遇到了一些困难，物价涨势很猛，群众反映强烈。肖劲光对此十分关心，经常向身边工作人员询问市场情况，甚至警卫员探家回来，他也要问一问农村形势怎么样，物价贵不贵，群众情绪好不好。直至病危弥留之际，肖劲光还念念不忘国家经济形势是否好转，还向工作人员询问七届人大二次会议上有什么好消息。肖劲光为党的事业奋斗到生命的最后一息！在肖劲光临终前10天，他还嘱咐子女们："以后有时间，常去看看王新兰、林月琴、楚青、刘志、魏兵等同志。"他说："别人在危难之时，一定要伸出援助之手，不要眼睛光往上看，要往下看，要老老实实做人，清清白白做事。"短短几句话，他断断续续讲了好一会儿才说清。子女们不由得感叹：亲爱的爸爸啊！在您临终之时，您也从没有想到自己，总是关心别人！

张云逸

坚持原则、"懂经济的军事家"

无论在战争年代，还是在和平时期，张云逸都坚持真理，刚正不阿，在原则问题上从不马虎。

张云逸坚持原则、不讲情面，最突出体现在对红七军和红八军总指挥李明瑞表弟和自己堂弟的违纪问题的处理上。

1929年夏，为了与蒋介石抗衡，掌握广西军政大权的俞作柏和李明瑞邀请共产党人到广西进行合作。中共中央和广东省委派出邓小平、张云逸、叶季壮等一批共产党人进入桂系军队和政府以及左右江农村工作。广西警备第四大队除一部分是俞、李在广州招募的广西籍进步青年外，大部分是两个人回广西后收编的散兵游勇，成分复杂，纪律松懈。桂系将领李明瑞知道张云逸在有"铁军"之称的国民革命军第四军当过师参谋长，所以请他来担任教导总队副总队长兼广西警备第四大队大队长。张云逸上任后，利用职务之便，把共产党员派至各连队担任干部和学员，建立党的秘密组织，逐渐掌握了这两支部队，这为后来举行震惊中外的百色起义打下了基础。10月，俞作柏和李明瑞反蒋失败，邓小平和张云逸指挥广西警备第四大队从南宁向百色撤退，于12月11日广州起义两周年纪念日举行了百色起义。

在组织领导百色起义的过程中，任用共产党员替换旧军官需要时间，因此仍保留了个别旧军官。在撤退之前，张云逸等已对军队许多旧军官进行了撤换。李明瑞的表弟梁祝南时任警备第四大队第三营营长。他在北伐时就是一名连长，而且有一定的战功，加上和李明瑞的这层亲戚关系，所以未被撤换。进驻百色后，必须对这支军队进行整顿，以担当革命使命。根据部队党委会议的决议，队伍立即行动起来，实行官兵平等，建立士兵委员会，发扬民主，反对军阀制度，反对贪污，反对虐待士兵，继续清洗军队中的反革命分子。梁祝南改变不了旧军官的习气，常打骂士兵，克扣军饷，一些士兵对他敢怒不敢言。张云逸知道后，亲自到第三营，找士兵逐个了解情况，然后在全营士兵大会上批判梁祝南的军阀作风，并对他进行了严肃处理。

值得一提的是，不只李明瑞的表弟梁祝南受到处理，张云逸还将自己的堂弟张逸秋撤了职。张逸秋在北伐战争时期就加入了中国共产党，曾在广东从事地下工作，与张云逸一起到广西，百色起义时为红七军首任经理处处长、军部供给大队队长。百色起义不久，主力部队外出，1000余土匪突袭百色，张逸秋组织人员参加了战斗。在平马的张云逸得到土匪袭击百色的消息后，立即调一营兵力赶到百色增援，将土匪击退。隆安、亭泗战斗后，红七军撤到东兰县武篆休整，这时，指战员反映张逸秋在处理部分财物时有违规操作的情况。张云逸了解后，回到军部立即召开会议，责成张逸秋做出深刻检讨，并撤销了他的经理处处长职务。张云逸对同志们说：“张逸秋有缺点、错误，大家要坚决给予揭发、批评，否则，发展下去，就会给革命事业带来严重的损失。”为了这件事，张云逸对堂弟进行多次教育，鼓励他"跌倒，爬起来就是嘛"。张逸秋改正了自己的错误，继续为党工作。部队北上江西，张逸秋转到广东继续从事地下工作，1932年被捕，1935年获释后回家养病。从1937年冬天开始，他在广州、罗定等地从事抗日宣传工作，1940年再次被捕，同年10月保外就医，不久病逝。张逸秋的女儿张念环在父母去世后流落到广西，给地主家当使女。中华人民共和国成立后，张云逸派人多方寻找，几经周折，才把她救出困境。张云逸像对待自己的亲生女儿一样，送她到学校读书，把她培养成一名军医。张念环常感怀地说："张老就像是我的亲生父亲！"

对梁祝南、张逸秋的处理，反映了张云逸在红七军时期不徇私情、刚正不阿的崇高品格。红七军实行十分严格的纪律，对一些看似不大的问题，都严肃查处，而且处理措辞尤为严厉。除了梁祝南、张逸秋受到处理外，右江根据地创建人之一的雷经天的妻子、右江苏维埃政府妇女部部长杨金梅因财务管理不善，也受到组织的严格审查和批评。

张云逸原则性强，还表现在政治上、军事上不盲从，坚持真理，实事求是。

东征讨伐陈炯明期间，张云逸调入张发奎率领的国民革命军第四军第一独立旅当参谋长。在部队遇到困难的关口，他屡屡施妙计获胜。蒋介石听说后，便想给张发奎换一个参谋长，意欲重用张云逸。张发奎听说，急得跟蒋介石嚷嚷道："总司令，你不要拆我的台呀，你就是拿一个师来换胜之[①]，我也不干！"从此，"张云逸是老蒋拿一个师也换不去的旅参谋长"便传开了。

1926年北伐时，张云逸已经是国民革命军的少将参谋长。这年10月，张云逸在武汉秘密加入中国共产党，时年34岁。他曾回忆说："我入党时年龄已经很大，薪俸相当高，我是为了解放劳动人民才来入党的。"中华人民共和国成立后，张云逸的儿子张光东问他为什么要入党时，他说："你太小，你不知道当时的社会多黑暗。我参加革命不是人逼的，我是自觉自愿地选择了中国共产党，放弃优厚的一切。"是坚持真理、"改变中国"的信仰让他毅然选择加入了中国共产党。

解放战争时期，汪东兴带一个排阻击了国民党一个团的兵力，打了一天一夜。毛泽东问他用的什么招数？他说是游击战，在红军大学的时候，张云逸给讲的。毛泽东感叹："那个时候，我正在'下放'，上面强调的是正规战，竟然还有人在讲我的游击战术呀！"1931年，临时党中央搬到苏区，李德等人反对毛泽东的游击战术，以"正统"身份否定游击战。当时，张云逸在红军大学讲课，讲的内容正是游击战。1936年年底，张云逸到延安后，经常去抗日军政大学听课，毛泽东的课，他每课必听。

"文革"期间，张云逸看到一些革命同志，甚至党和国家领导人被打成"叛徒""走资派"，很不理解，便给有关部门打电话："你们不能这样做，不

---

① 张云逸原名"张运镒"，又名"张胜之"。

能这样对待同志。"他甚至气愤地说:"江青是个什么东西!"由于他不同意林彪鼓吹的毛泽东思想是马列主义发展的"顶峰"和"第三个里程碑",而被指责为"落后了20年"。尽管张云逸处境非常艰难,但他绝不违背自己的良心,坚持原则,不怕被"扣帽子"。因为他曾担任中共中央监察委员会副书记,掌握不少党内的检举信和揭发信,"造反派"曾向他索要,但都被他拒绝了。

张云逸不会说你得势了,就巴结你;你失势了,就不理你。1970年庐山会议时,林彪建议要设国家主席。会议第二天,陈伯达在华北组会议上宣讲由其编选、经林彪审定的"天才论"的材料,试图让华北组通过坚决要求设国家主席的决议。张云逸也参加了这个会议,一直没有发言。有人对张云逸说,你发言吧,再不发言就晚了。直到最后,张云逸也一声不吭。不过,林彪、陈伯达等人的如意算盘打错了,第二天,毛泽东让发言的人都做检讨。20世纪80年代,时任解放军总政治部主任的余秋里去看望张云逸的遗孀韩碧。余秋里很动情地说,他于"文革"的时候住院,敢来看他的人很少,但张云逸专门到病房找他聊天。

张云逸坚持原则,坚持真理,还体现在经济方面。这位被称为"懂经济的军事家"在广西经济建设和经济发展思路上不随波逐流、人云亦云,而是实事求是,独立思考,不畏困难,坚持用发展的眼光审视地区经济发展。

抗日战争时期,时任淮南军区司令员兼新四军副军长、第二师师长的张云逸在开会时看到有战士从地上捡烟蒂吸,大受触动,便与第二师供给部部长胡弼亮商量:"能否办个烟厂,解决部队官兵抽烟问题?"新四军竟然"不务正业"办烟厂!胡弼亮几乎不敢相信自己的耳朵。张云逸坚持自己的想法,说若出了问题,他来担负责任。供给部经调查,提出与当地烟草公司合资入股的设想,一来解决资金短缺的问题,二来扶持破产企业。1943年3月,供给部办烟厂,开始生产卷烟。张云逸先是派人把这家濒于破产的烟厂盘活,又专门从上海找来专家,派人跟着学,并另建了一个烟厂,扩展生产,最后把两个厂合并,变成一个股份公司。从此,有了新群烟草公司(山东青州卷烟厂的前身),并将原来的"神龙"香烟易名"飞马"。这就是后来大名鼎鼎的"飞马"牌香烟。当时在延安的毛泽东也抽"飞马"牌香烟。

不仅如此，张云逸还把香烟销往敌占区以赚取资金。由于敌占区规定不许购买"飞马"牌香烟，张云逸派人从上海精印了大批"大英"牌香烟空盒，装上自己生产的香烟运出去，或者干脆用白纸包起来卖，这种烟被称为"四爷的烟"。"四爷"指的是新四军。新四军因此筹集了大量资金换取药品、钢材等急需物资。中华人民共和国成立后，济南、徐州等烟厂均生产过"飞马"牌香烟。

1949年9月，中共中央任命张云逸为华南分局第二书记，并担任中共广西省委书记兼省人民政府主席。当时的广西工业基础差不多等于零，连最基本的蜡烛、钉子都不能生产。初到广西的张云逸写信给上海市市长陈毅，把上海的一批工业企业的技术、设备、人员、管理整体"连根拔起"，搬迁到广西。张云逸的思路是尽快把工业基础打起来，而不是白手起家、一步一步发展，他认为把企业整体搬迁过来后，配套的东西都会过来。于是，一大批上海人就这样在广西安家了。每年春节，总有一批人从广西到上海过年，这些人就是举家搬迁到广西、参与新中国广西建设的上海人。

1954年，张云逸调到中央工作，当选为第一届全国人民代表大会的广西代表，并被选为人大常委。他虽身在中央，但仍继续关心广西的工作，与广西的干部和群众保持密切的联系。他几乎每年都要回广西搞调查研究，找干部和群众开会，听取意见。他满怀感情地说："我是广西人民代表，要为广西人民办实事。"他认为，要改变广西经济落后的局面，必须发展交通运输事业，要修公路、修铁路，广西特别需要一个出海口。比较一下中华人民共和国成立前的中国省区版图和现在的地图，很明显地看到中华人民共和国成立前的广西连一块海都没有，就是一个内陆省区。张云逸向中央和有关省积极陈述理由，坚持把钦廉地区划归广西。经过多方努力，终于使广西有了出海口，为广西的经济发展创造了重要的条件。然而，张云逸要这个出海口的时候，很多人反对。当时，沿海要进行防御，那是前线，要了海岸线，就增加了防务任务，意味着增加工作难度，带来负担。张云逸力排众议，坚决认为广西发展需要出海口这个重要引擎。

20世纪60年代，邕江大桥兴建时，张云逸给予了高度重视和大力支持。当时正值我国困难时期，建桥需用的钢材、水泥等材料都很紧缺，国家计委只给数百万元包干，想要建一座较高质量的桥根本不够用，但张云逸高瞻远瞩地说，不能按普通桥的标准建，要充分考虑它的质量和长远的经济效益。最后，大家想尽办法，克服一切困难，建成了广西的第一座公路桥。直到今天，邕江大桥还起着重要的作用，仍然是南宁市的主要交通命脉，经济效益非常大。想问题比较远，这是张云逸一贯的作风。

同样在南宁机场的建设，特别是选址问题上，也体现了张云逸的这一作风。在建机场时，张云逸参与了各项建设工作，经常亲自与地方相关部门协调解决机场用地、征地等问题。张云逸与负责该项目的领导人讲，要把机场建好，把机场建成一个国际性的机场，不能只满足于有飞机坐，所以，在他的指示下，机场建设按照国际性机场的标准和要求进行了科学严密的规划，特别对机场选址进行了精心的定位。在当时看来，机场确实离市区较远，有部分干部很不理解。张云逸说，选址重在考虑将来的城市发展，将来南宁的城市发展规模一定会加大，机场不能因为城市扩建而改建，不能浪费将来的资源。

正是因为张云逸有这种实事求是、不随波逐流的高远眼光，广西在经济比较困难的时候就上马了包括南宁体育场、南宁剧院、邕江大桥、303医院等较高层次的工程。那时候，他就已经想到南宁往国际方向发展的蓝图了。

"有大海容人之量、高山仰止之德"

1955年，张云逸被授予大将军衔。他几次向中央军委提出："我年龄大了，身体不好，不能一如既往地工作了，这大将的军衔还是授给别人吧。"毛泽东称赞他："数十年如一日奋斗不息，是模范的共产党员。"张云逸平易近人，谦虚敦厚，克勤克俭。陈毅称他为"同志长兄"，"有大海容人之量、高山仰止之德"。张云逸不仅严于律己、处处做好表率，也要求家人在各方面都不能特殊，要养成良好的习惯和作风。

张云逸爱兵如子，平易近人，没有一点儿官架子。

在百色革命根据地期间，张云逸同其他官兵毫无两样，领一样的薪饷，穿一样的衣服,吃一样的饭菜,没有特别嗜好,仅因工作需要而多配了一匹马。张云逸深知自古以来"兵强第一"和"带兵在爱兵"之道,经常深入士兵之中,尽力帮助士兵解决生活中的困难。有一次,他发现战士们理发用的剃刀旧了,便拿出自己的薪饷,给他们买了一把新的。现此剃刀存展在中国人民革命军事博物馆。曾任张云逸随从医生的欧阳山回忆说:"每到宿营地,将军必至炊事班,拾柴、烧火、煮饭、炒菜,忙得不亦乐乎,故大家称之为'老火头军'。"

1931年1月,红七军奉命由全州北上,去江西苏区与中央红军会师。敌军前堵后追,红七军只能且战且走,伤亡比较大。有一天,张云逸在行军路上看见一个伤员一瘸一拐地艰难行走,便上前去扶,出乎意料的是,伤员非常惊惧,一个劲地往旁边躲。张云逸感到非常奇怪。旁边的人告诉他,这个伤员已经被安置在老乡家了,但舍不得部队,偷偷跟上来的。张云逸听后,神情肃然,马上传令:"什么东西都可以丢掉,就是不能丢掉伤员!"命令很快传达到全军,伤病员们听到后无不动容,有的甚至感动地流下了眼泪。

1942年,时任新四军副军长的张云逸在第四师师长彭雪枫的陪同下视察第四师骑兵团。张云逸检阅完骑兵马术表演,彭雪枫请他给部队讲话。张云逸开头就说:"20年前,我也当过骑兵。"接着,他通俗易懂地说了骑兵在战斗中的作用以及如何练技术、练战术。骑兵们听出他讲的是内行话,都深深为他丰富的实践经验和深入浅出的军事理论所折服。部队回营后,张云逸在与骑兵团的领导们座谈时还专门强调说:"对骑兵,要严格管理,不然容易违反纪律。你们不仅要让他们喂好马,还要让他们保养好身体,特别是不能叫他们老是骑马,尽量多走点路,免得搞成罗圈腿。"参加座谈的人员听着,感到十分温暖、亲切。

张云逸为人谦虚谨慎,温和敦厚,拥有高尚的情操。

抗日战争时期,抗大八分校举行开学典礼,时任新四军副军长兼抗大八分校校长的张云逸与新四军政治部主任邓子恢同时出席。会间,张云逸起立,向邓子恢敬礼,并请他作指示。后有人质疑:"副军长向政治部主任请示报告,不合礼仪。"张云逸答道:"我虽是副军长,但也是学校校长。学校校长向军政治部主任请示报告,有何不可?"

风 范

　　1939年至1940年，面对国民党顽固派发动的第一次反共高潮，张云逸与刘少奇等同国民党顽军进行了有理、有利、有节的斗争。1940年3月，在国民党顽军大兵压境的严重情况下，张云逸指挥部队奋起反击，取得定远、半塔集战斗的胜利。半塔保卫战是新四军以少胜多、以弱胜强的一次典型战例，不仅奠定了淮南抗日根据地的基础，而且对建立发展华中敌后抗日根据地的影响至关重大。1964年，安徽来安县委、县政府给张云逸写了一封信，请他为半塔保卫战写一篇碑文。张云逸收到信后，非常重视。作为半塔保卫战的亲历者、见证者，张云逸觉得自己有责任、有义务把半塔保卫战的前后经过记录下来，可是一想，他又觉得自己写不合适，因为当时新四军是在中原局和刘少奇的领导下对反共顽固派的进攻予以坚决反击，应该请刘少奇写。于是，张云逸让秘书带着这封信，恳请刘少奇为半塔烈士纪念碑题写碑文。刘少奇看过信，认为勇敢作战、指挥有力的一线士兵、一线指挥员才最有资格写。刘少奇平静地把信折好，放回信封里，对张云逸的秘书说："这个仗，是你们首长指挥的，你们首长写最合适。"这样，在皖东烈士陵园半塔烈士纪念塔前矗立着的大理石纪念碑上面刻上了张云逸于1964年5月1日撰写的《半塔烈士纪念碑记》碑文。在这篇碑文中，张云逸没有写自己是如何指挥的，只写自己是半塔保卫战的参与者，实事求是而又客观公正地记录了半塔保卫战的前后经过。

　　凡是和张云逸相处的同志，无不说他有慈父之心。1950年，广西刚解放不久，人称"倔强将军"的覃国翰被任命为右江军分区（后改为"百色军分区"）司令员。覃国翰到百色时，情况相当复杂。军分区刚成立，百废待兴，干部配备不齐，兵力又不多，只有一个独立团，物资补充又不够，加上右江流散的散兵游勇、土匪多，工作难度大。工作一段时间后，覃国翰就回南宁向张云逸汇报说："不好工作，担子太重！"张云逸问："怎么不好法？"覃国翰发牢骚："你还不懂？抗日战争时期，我当军分区司令员，有3个团，包括一个骑兵团，现在也当军分区司令员，只有一个独立团。土匪多，又没有干部，叫我怎么工作、打开局面？"覃国翰诉说一通后，望着张云逸，准备等着挨训。张云逸那慈祥的脸上显得很平静，他不时捻着胡子，似乎很理解覃国翰的心情，不吭声，也不板面孔，就连一点儿怒色也没有。

覃国翰平静片刻之后，张云逸问："你看怎么办？"覃国翰马上说："请军区解决，多给一点儿兵。"张云逸叹了一口气，说："我是党委书记，又是军区司令员，也有困难呀！"覃国翰则回应道："你有困难，有中南军区上级解决；我有困难，只好找军区解决。"张云逸在房子里踱起步来，说："你把地委、军分区搬到田东来好不好？"覃国翰听张云逸这么一说，不禁心头一震。覃国翰后来回忆说："他的话是话中有话呀，他是试探我是有决心干下去，还是把百色让给敌人。这真比打我一巴掌还厉害。我想到这里，脸上顿时热辣辣起来。我说：'不能把桂西让给敌人，我国翰没有向敌人低过头。抗日战争时期，我有困难，自己解决。现在，我有个独立团，死也死在百色镇里。'他见我的气慢慢地消了，信心增强后，就说：'这就对了，有决心，就有办法克服困难啊！'停了一下，他又说，'广西是李（宗仁）、黄（绍竑）、白（崇禧）的老巢，土匪多，全省都还有困难，以后再给你一个团吧！'谈来谈去，还是一没人，二没钱，三没有干部。我见他已交了底，就不再说什么。他又拍着我的肩膀，似乎把我向前推了一步，我紧锁的眉头慢慢地展开了。谈完，他叫我一起进晚餐。我说：'明天，我就走。'他说：'发牢骚够了没有？还有什么话，也可以到李天佑同志那里再谈一谈。'我又一阵脸红，说：'够了，心情也轻松多了。你也有困难，但我不喊不成呀！'他哈哈大笑起来。我的苦恼，顿时烟消云散。事后，我跟覃士冕同志交谈，他说：'在新四军的时候，张老是副军长，谁要是有火气，到张老面前，气就消了。'这次，我自己亲身体会到了。"

1952年，张云逸时任中共广西省委第一书记、省人民政府主席兼广西军区司令员。一天，他跟覃国翰说："现在，我兼职太多，忙不过来，年纪又大了，精力有限，我想把省军区的担子让给别的同志来挑好了。"

听张云逸这么一说，覃国翰简直不相信自己的耳朵，问："怎么，把省军区这一摊子让出来？"

"是呀！让出来！"张云逸毫不含糊地肯定。

"司令员，你对广西情况熟悉，工作需要你，你应该继续干下去。"覃国翰劝道。

张云逸坚定地说："不，兼职太多，容易犯官僚主义，再说，别的人也上不来，还是让年轻、能干的同志来干好！"

"那谁能胜任这个职务？"覃国翰问。

"李天佑同志。他是红七军上来的，很有基础。"张云逸胸有成竹地说。

覃国翰又问："这是谁的主意？"

张云逸答道："我早已反复考虑过。"

李天佑是张云逸一手培养起来的。他原是红七军的特务连连长，经过南征北战，在革命战争中锻炼成长为人民解放军的优秀指挥员，任过军长、兵团副司令员，当时担任广西军区副司令员。覃国翰听后感慨颇深："张老让自己培养出来的人接班，和自己平起平坐，并不认为低人一等，相反，感到很光荣。他的胸怀多么宽广啊！而且，张老时刻考虑着把革命的旗帜接过来，传下去。这是我们党的事业兴旺发达的重要标志啊！"

后来，经中南军区批准，中央军委备案，1952年6月，李天佑担任广西军区司令员。张云逸主动让贤，在广西开创了先例。

张云逸主政广西时，妻子韩碧任广西保育院第一任院长。在丈夫的鼓励下，韩碧逐渐进入角色，把保育院工作搞得有声有色。1953年年底，50岁的韩碧性格与情绪发生了明显的变化，加上更年期的影响，常常烦躁不安，被确诊患了精神分裂症。她的病时好时坏，甚至会在夜里突然大吵大闹，严重影响了张云逸的工作与休息。那时，不少人好意劝张云逸把韩碧送到精神病院，但张云逸始终不肯。他认为，把妻子送到医院那种环境对她的康复更不利，留在家里，有自己和家人陪伴，有亲人的关心和体贴，有助于她的康复。韩碧发病时，张云逸从不发火，而且只要有时间，总会陪她散步，陪她说话。1957年的一天，张云逸专门提醒儿子张远之和儿媳："五月初九是你们母亲的生日，你们应该有所表示，让她高兴高兴。"儿子和儿媳给母亲买了一套绣花丝绸衣服作为生日礼物，韩碧非常喜欢，一直保留着。也许是家庭的温暖起了作用，在张云逸的精心照料下，渐渐地，韩碧犯病的间隔越来越长，情绪也相对稳定了。

1955年，新中国首次授衔时，张云逸被授予大将军衔，是唯一拿元帅级别工资的大将，但他家里的钱总是捉襟见肘。他把守寡的两个姐姐和妹妹接到家里来照顾，还出钱资助烈士子女和家乡几个自幼失去父亲的堂侄读书，包括冯白驹的女儿冯尔超，以致小儿子常迷惑不解：家里哪儿来这么多的姐姐呢？逢年过节，张云逸总要把身边工作人员请来聚餐。工作人员家属来北京，他都要请到家里吃一顿饭，临走时还要送钱、送东西。每隔一段时间，张云逸还要买大批书籍寄给自己家乡的学校。一次，文昌县长发小学校长来信，说学校经费困难，希望张云逸能号召华侨给他们捐款。张云逸回信："向华侨募捐不妥。你们可把我在文昌县的房子卖掉，用以补贴学校。"

张云逸与人为善，有宽广的胸怀。1959年，张云逸在青岛期间，有些新闻单位来采访，他总是把青岛市交际处派来的厨师请出来，并与其亲切握手、照相，以示感谢。有一次，张云逸拉窗帘，大概因年久失修，窗帘上端的铁制横杆锈蚀，铁杆和墙体连接处的石灰松动了，下边一拉，铁杆一头脱离墙体，"哗啦"一声掉了下来，砸向张云逸头顶，幸好张云逸拉窗帘后，身子朝后一仰，没有被铁杆击中头部，避免了一场可能危及生命的大祸。警卫人员吓出一身汗，对于管理人员工作如此粗枝大叶十分恼火，拿起电话就要问责，张云逸却平静地说："不用了，不用了！不是没有出事吗？大家都不容易，谁知道（会发生事故）呢……"

主政广西期间，政权建设、经济恢复、土地改革、肃清匪患，艰巨而复杂的任务使张云逸经常夜不能寝，卧室兼办公室的灯光久久不熄。在炎热的季节，房间里连电风扇都没有。他打着赤膊，穿着短裤，或坐在办公桌前，或站在挂在墙上的地图前，不分昼夜地忙碌着。这位省主席的住处连冲凉的地方都没有，上厕所要去机关后门外一片水田里的小木棚解决。虽然条件艰苦，但已花甲之年的张云逸经常深入各地，布置工作，宣讲政策，访贫问苦。

1954年秋，张云逸到北京安家后，他位于南池子18号的住处由于年久失修，呈现一派破旧景象。一天，张云逸在大柳树下乘凉时，秘书张广华趁机建议说："张老，房子破旧成这个样子，应该请营房部门来维修一下了。"张云逸听了，摇着头说："你这个意见早有人提出了。破旧一点有什么关系？比工人、农民兄弟住的条件好多啦！为什么花公家许多钱去维修呢？国家经济还比较困难嘛！"按照当时国家有关制度规定，张云逸外出可乘公务车，但他总是说买软席包厢就很好了。有一次，警卫人员说："坐公务车是国家规定的，对首长来说也比较安全。"张云逸一听，很不高兴地说："就我们几个人，坐了一节车太浪费了！买一个软席包厢不是很好嘛，与群众在一起有什么不安全的啊！"

张云逸对家人要求一向非常严格。1929年5月，张云逸接到党的指示后，毫不犹豫地离开妻子韩碧和出生几个月的儿子张远之，到广西组织革命武装和开辟革命根据地。他和邓小平一起领导了百色起义，以后又率领红七军转战千里到达中央苏区，参加第二次至第五次反"围剿"和长征。在这漫长的岁月里，他和家人失去了联系。1937年5月，中共中央派张云逸从延安到香港，在华南地区开展抗日统一战线工作。为了做掩护，组织上将韩碧和张远之接往香港。这是相隔8年后，一家三口的第一次重逢，可儿子还没来得及熟悉父亲，张云逸又被派去组建新四军了。1939年7月，新四军军需处处长叶辅平等到香港转运军需物资，借此机会，韩碧和张远之随他们一道赴江南新四军军部与张云逸团聚。当母子二人历尽艰险赶到新四军军部时，张云逸已被派往江北指挥部工作，母子二人只好又踏上了征程，去江北找张云逸。1940年3月，韩碧母子及新四军干部、战士共25人行至安徽无为县时，遭到国民党武装的无理扣押。直到9月，国民党反共顽固派才释放了韩碧和张远之，此时，母子二人已被扣押7个月之久。令人发指的是，与韩碧同行的23名同志均被惨无人道地杀害了。至此，历经一年多的千难万险，母子二人终于在江北指挥部见到了张云逸。

再次见到历尽磨难的妻儿，张云逸虽然在戎马倥偬之余细心照料、关爱他们，却不允许他们有特殊。新四军军部转移到淮南黄花塘的一天早饭后，张云逸见有一匹马不在，就问警卫员那匹马到哪里去了。警卫员深知在他面前是不能讲假话的，只好嗫嚅着照实回答："我和饲养员看远之年纪小，背着背包等东西，还要走这么远的路，怕他吃不消，所以用马送他去上学。"张云逸听了，当即命令警卫员将儿子追回来。之后，他召集身边工作人员和家人一起就此事开了一次小讨论会。会上，他和蔼坦诚地对大家说："我们都是老同志了，都知道我们部队在红军时代就有许多红军小战士，现在也有不少抗日小战士，他们不管刮风下雨，天寒地冻，爬山越岭，身上背着背包和我们一样行军几十里，甚至百里以上，有的还要照顾伤病员。他们中的大多数和我的儿子年龄差不多大，有的甚至还比他小，他们能这样做，为什么我的儿子做不到呢？绝不能因为他是副军长的儿子就特殊……"听完张云逸的发言，大家意识到用马送张远之上学的做法只会对张远之有害。而张远之听后，乖巧地抢着说："爸爸、妈妈、叔叔们，请您们放心，我一定向红军和抗日小战士学习，学习他们不怕苦的好思想。"

1945年，韩碧在山东临沂生下女儿张远明。女儿可爱的笑容给了她莫大的安慰，然而，女儿刚一岁半，就因突发疾病早逝在了韩碧怀中。经受了牢狱之灾，又面对丧女之痛，韩碧的精神受到了严重的刺激。一天，张云逸的警卫员跑到军部门诊所，要医生去给韩碧看病，恰巧被张云逸看见。他对警卫员说："门诊所工作很忙，不但要为司令部许多单位巡诊，还要做防病保健工作，有时还要给人民群众看病。以后凡是我的家属有病，只要自己能跑去看病的，都要自己去门诊所，不要门诊所派人来。"房东老大娘病了，张云逸却亲自跑到门诊所，叫医生来为老大娘看病。直到1946年，韩碧的小儿子张光东出生后，她的情绪才稍有好转。

到北京后，工作人员劝张云逸让小儿子张光东到八一小学读书，说那里的教学、伙食等条件比较好。张云逸听了，不以为然地说："那么多干部子女在一起，有好处，也有坏处。清朝的八旗子弟，许多人只知吃喝玩乐，什么事也不能干。我们干部子女要自己去奋斗，可不能变为八旗子弟啊！"他越说越激动，"附近就有北池子小学，为什么要舍近求远呢？让光东多交一些劳动人民子弟的朋友，增加对劳动人民的感情，这对他成长有好处嘛！"说到这里，张云逸还把小儿子叫到身边，交代说，"你到北池子小学读书，填表时，只填你妈妈的名字，不要填我的名字。"张光东听后，为难地问："如果人家问我爸爸是谁，在哪里工作，我怎么回答呢？"张云逸笑笑，幽默地说："那好办嘛！你就说我爸爸失踪了⋯⋯"1959年，张光东以优异的成绩考取北京四中，后来考上军事工程学院。张光东在哈尔滨读书期间，不仅学习努力，而且表现优异，光荣地加入了中国共产党。张光东入党后，一次，张云逸在给小儿子写信时，称呼小儿子为"光东同志"，并在信中解释为什么称小儿子为"同志"："你已经是党员了，我们是同志了，要严格按党员的要求来行事。""父亲对我最大的影响，就是不管作战指挥，还是其他各个方面，都是按规矩办事，实事求是。他还教给我不争名夺利。他本人从来不冲在功劳前头，从不为自己争成绩。"张光东深有感触地说。

张云逸不仅对子女要求严格,即使是对"隔代亲"的孙儿辈,要求也毫不放松。有一次,张云逸要外出,让他的孙子张晓龙告诉司机王宝禄准备出车。张晓龙走出门外,大声喊道:"王宝禄,王宝禄,我爷爷要出去,快准备出车!"张云逸听到喊声,大步跨出门,抓住孙子的手,大声斥责:"王叔叔同你爸爸妈妈是一代人,你这样直呼王叔叔的名字,是非常不礼貌的。你现在赶紧去向王叔叔道歉,诚恳地赔不是!"张晓龙参军后,给爷爷写信说部队的食堂和仓库里有很多老鼠糟蹋粮食。张云逸收到信后,马上叫工作人员买了许多老鼠夹寄给张晓龙,还写信加以表扬。张云逸的孙子小强中学毕业后被分配到军垦农场劳动,张云逸知道后,高兴地说:"我们家里又有了一个农民,很好,我也是农家子弟嘛!"

张云逸爱整洁,外出时非常注意军人仪表。他平时在家衣着朴素,衣服、鞋袜破损了,凡能修补的便修补后再穿,从不随便丢弃。他还经常做自己力所能及的事。饮食上,他不让请高级厨师,每餐两菜一汤,少许大米饭足矣,从不提任何过分的要求。为了让全家能养成这样的好风尚,他还在各个房间贴上亲笔写的"节约用水,节约用电""有时需作无时想,莫到无时想有时"。他曾亲笔题诗,贴在厨房墙上:"节约好比燕衔泥,浪费好比河决堤,积累如同针挑土,浪费如同水推泥;滴水汇成河,粒米凑成箩,算了再用常有余,用了再算悔已迟。"在张云逸的示范和教育下,他的子女一直坚持用洗澡水、洗衣水冲厕所,用洗菜水、洗米水浇花。

"对待普通群众的态度是一个严肃的政治问题"

张云逸是文昌人,1892年出生。他早年加入同盟会,参加了孙中山领导的广州起义,1926年加入中国共产党时已是国民革命军的少将参谋长,与国民党军许多将领有旧。上小学时,他就和后来成为国民党高级将领的薛岳同班同座。他和叶挺早在北伐战争期间就互为战友、知己,皆为对方的才能、人品所折服。当时,他俩同在国民革命军第四军第二十五师,张云逸任师参谋长,叶挺任第四军独立团团长。1926年,北伐军向湖北腹地推进时,叶挺率独立团抢先冲至咸宁城下。师长张发奎担心孤军深入,遭敌围歼,急令叶挺停止攻击。叶挺听后大笑道："我有胜之作后援，怕什么？"果然，就在他久攻不克之际，张云逸率领人马赶来增援，咸宁遂被攻破。蒋桂战争爆发前，张云逸以我党代表的身份去做桂系的工作。李宗仁、白崇禧在南宁公开举行了极其盛大的欢迎仪式。毛泽东曾说："共产党能对国民党将领说话的人不多，张云逸是其一。共产党对桂、粤、港、川抗日统一战线工作成绩昭著，张云逸居功至伟。"因此，他后来常被党中央委派做国民党军政要员的工作。毛泽东称赞张云逸"老成持重、威望颇高"。1965年，曾为国民政府代总统的李宗仁从海外回到北京，中共中央拟派张云逸到机场迎接。张云逸说："我与李宗仁打了半辈子仗，他杀了我们那么多人，从我个人感情上讲，我不愿见他，但我服从组织安排。"李宗仁在北京专程到张云逸住处拜访。李宗仁来到张云逸家，一进门，面对迎出的张云逸，一个立正后，深深地给张云逸鞠了一躬。张云逸高尚的人格和不朽的功绩不仅为党内所认可，连他的对手也对他深表敬意。

这位资历如此深厚的老革命家，平时却朴实无华，密切联系群众。在张云逸眼里，"对待普通群众的态度是一个严肃的政治问题"，不可等闲视之。

主政广西期间，已年近60岁的张云逸还经常深入各地，布置工作，宣讲政策，访贫问苦，下乡因路途遥远，时常自带干粮和开水。一次，他下车去农民家，警卫员提着热水瓶在他身后随行，他发现后，叫警卫员把热水瓶送回去，并对身边的人说："我们到农民家去，喝自己的水，用自己的杯子，这还算一家人吗？农民会对你说心里话吗？"此后，再没有发生类似的事。

1956年11月下旬，时任中共中央委员、全国人大常委会委员、国防委员会委员和中央监察委员会副书记的张云逸到山东济南视察工作。当天下午，省委统战部部长马保三陪同他到大明湖游玩，可四面荷花三面柳的景色并未引起张云逸多大的兴趣。在返回住地的途中，马保三说："明天，我们去千佛山、趵突泉看看。"张云逸一听，连连摆手："不要去了，不要去了！我是来工作的，不是来游山玩水的啊！"之后，张云逸在济南每天工作10小时以上，听取汇报，视察医院、食品公司及郊区的农业合作社，每到一处，都要召开基层干部和群众代表参加的座谈会。

张云逸从济南来到青岛时，人大常委会转来一封群众来信。写信的是解放军某部一名连队干部，反映他的家乡山东文登小屯村一名村干部因为土地改革时的一些问题，对他的父亲于同海打击报复，希望人大常委会调查处理。张云逸结束在青岛的视察工作，对青岛市委书记滕景禄说："我还要到文登小屯村去，调查了解一个军人家属被打击报复的问题。"滕景禄劝阻说："现在气候很冷，你就别去了，让你的秘书张广华同志去调查处理就可以了，我们还有些工作要向你汇报呢。"张云逸勉强同意了。

张广华到文登县后，了解了此事的前后经过和准备处理的意见。他返回青岛，把情况向张云逸做了汇报。张云逸听了，深思后问道："你到小屯村去看过于同海老人吗？"张广华如实回答："没有。小屯村离县城还有30里左右，我看县里已经准备解决了，就没到村里去。"张云逸听后，批评说："这个工作没有做到家嘛！这样吧，我再去一次，看看文登县的情况，也看望一下于同海老人。"

12月24日，张云逸冒着纷飞的大雪和刺骨的寒风来到小屯村。于同海得知张云逸专程来这里了解处理他受打击报复的问题，感动得泪流满面，当场就要叩头致谢。张云逸连忙拦住他，说："我受人民政府的委托，作为人民代表，到这里来了解与解决你的问题是我应尽的责任，不必谢我，要谢就谢党和人民政府吧！"

在随后村里召开的群众座谈会上，张云逸认真听取了群众对政府工作和干部的意见。他说："我们各级人民政府都是为人民服务的，一切干部都是人民的勤务员，应该全心全意为人民办好事，解决群众的实际困难，决不能以权压人，从私利出发，对群众打击报复更是党纪国法所不能允许的！"他的话引起了群众的热烈掌声。

张云逸告诫身边的工作人员，不管什么人来找他，都要热情接待，不能给人以距离感。有一次，客人来访，警卫员隔着门问话。张云逸知道了，对警卫员说："你以后不要隔着门说话，隔着门不礼貌。你请他进来，坐着说。"1958年夏季的一天，警卫员报告说有位客人来访。张云逸问警卫员是否认识来客，请人家进来没有？当他得知客人还在大门外等着时，就批评说："这样做不好。不管谁来，那是人家看得起我们，都应先请进大门里来，热情相待，不要把人家堵在门外问长问短，多不礼貌！"警卫员接受了批评，马上去把客人请进屋来。事后，张云逸再次对身边的工作人员谈到了这个问题，希望大家不要犯这样的错误。即使对陌生人或小孩子，张云逸也要求必须客气、热情。一天，有一个农民突然推开大门走了进来，警卫员赶紧上前将其推了出去。当时，张云逸正在院子里散步，严肃地批评警卫员说："他走错了，你应该热情帮助，不能把人推出去。不要看我是个领导干部，我也是从农村来的。我们干革命为了什么？就是为了人民过上幸福的生活！"有一次，张云逸的儿子邀请几个同学到家里玩儿。这些十几岁的小孩子又说又笑，大喊大叫，喧闹声很大。秘书怕影响张云逸休息，便对他说："小孩子在家叫得太厉害，还是让他们出去玩儿吧。"张云逸摇摇头，说："不好嘛！人家是老百姓的孩子，到我们家来玩儿，我们应当热情欢迎、照顾好他们，把人家赶跑多不好啊！"

在张云逸身边工作的同志都知道他立下了这样的规矩，凡是到他家来的电工、木工、锅炉工、水暖工等一切修理人员和勤杂人员，都要被当作客人一样用茶水热情招待，未能这样执行，都会受到他的批评。有一次，电工来他家修理电灯，服务员忙别的事，忘了给送茶水，恰巧张云逸出来发现了，便马上亲自倒茶，送给电工饮用，令电工十分感动。还有一次，两位工人师傅来维修下水道。警卫员知道他们会抽烟，便取了"中华"牌香烟招待他们。张云逸的小儿子张光东看见了，说用这么好的香烟招待普通工人太可惜了。这事传到张云逸的耳朵里，他马上把小儿子叫来，批评了小儿子把来客分等级的不正确思想。

张光东深有感触地说："我现在去山东，去父亲以前到过的地方，还有老乡记得他，说我父亲个头儿不高，但军装穿得整整齐齐，警卫离得远远的，交流起来方便。老一代和人民的鱼水关系是战争年代形成的，感情是真挚而深厚的，所以，他们很容易谈得来。他们确实是真心实意愿意跟群众接触。去广西后，父亲住在南宁市桃源路3号。他常穿布衣外出，进入小市场与市民聊天，或者去农户家与农民谈心，没人知道他是广西最大的官。有一天，父亲去柳州，路上看见两个农民在山上打柴，于是就下车拍了拍他们的肩膀，与他们谈了起来。这个时候，广西还有国民党撤退时留下的大量特务和土匪。警卫见到他们手持砍刀，都很紧张，但是，父亲仍然谈笑自如。还有一次，父亲去百色路上见山林起火，就让司机停车，他与当地群众一道上山灭火，火灭了，才开车继续前进。"

罗瑞卿

坚持"三不"原则

无论在工作中,还是在生活中,罗瑞卿一贯坚持"三不"原则,即不居功,不重官衔;不计待遇;不搞特殊化。

一是不居功,不重官衔。1952年1月24日,时任公安部部长的罗瑞卿看到东北公安部批转辽西省①公安厅的一份报告的批语中说:"辽西省公安厅应根据毛主席、党中央、东北局及罗部长的历次指示,将'三反'运动深入一步。"罗瑞卿立即指示:"以后各地报告,只准提党中央、毛主席,不准提罗部长,尤其把罗部长与党中央、毛主席放在一起,更是严重错误。这个报告就是典型。别的地方,似乎也有。请你们严重加以注意,哪里有了,就向哪里提出要他们纠正,这个报告的错误也要打电报或打电话批评,并要他们纠正。"6月,罗瑞卿到旅大(今大连)视察,在公安局礼堂参加晚会时,发现礼堂四周挂了一些语录牌,大部分是毛泽东、刘少奇、周恩来的,也有一条是他的。第二天,他在听取市公安局领导汇报时,严厉批评道:"你们选领袖的语录是应当的,但怎么能选我的讲话呢?你们懂不懂得这是

---

① 1949年,设辽西省,省会锦州;1954年,与辽东省合并为辽宁省,部分地区划归吉林省。

一个什么问题？这说明你们政治上很幼稚。我是做具体工作的，怎么能把我的话同毛主席、周总理的话并列呢？要马上把选我的话的那一条取下来，今后再不允许发生这种情况！"他离开旅大时，又专门给市公安局领导写了一封信，对此事再次提出批评。

公安部工作取得很大成绩，每次总结工作，罗瑞卿总是把成绩归功于党中央、毛主席的正确领导，归功于人民群众的积极支持，归功于全体公安干警的努力，坚持"这些成绩，在座同志都有份"，却从不宣扬、也不允许别人宣扬他的功劳。他总是强调自我批评，每次会议报告在讲成绩之后，必须要讲工作中还有哪些缺点、错误。他认为，只讲成绩，不讲缺点、错误的报告，不是好报告。每次开会，他都要反复征求到会同志的批评意见。1956年，他在党的八大一次会议上发言，论述我国"肃反"工作的主要情况和若干经验，全文不到10000字，自我批评部分占了1200多字。他身边的工作人员建议压缩一些，他却说检查缺点、错误，一个字也不能少。

罗瑞卿担任公安部部长时，还同时担任中央人民政府政务委员、中央人民革命军事委员会委员、中央人民政府政治法律委员会委员，兼任北京市公安局局长、公安部队司令员兼政委，1955年被授予大将军衔。他只顾做事，到处奔走，从不注意这些官衔。公安部的同志都叫他"罗部长"，后来，他又被任命为国务院副总理，大家一下子改不了口，还是叫他"罗部长"，很少有人称他"罗副总理"，他对此从不在意。他说，一个人的官衔有时有变化，但是，只要基本职务没有变，称呼就不要随便改。"你们一会儿喊我'罗副总理'，一会儿喊我'罗大将'，把我都弄糊涂了，还是叫'部长'吧，又熟悉，又亲切，不是更好吗？"

二是不计待遇。1949年6月，罗瑞卿奉命调入北京任公安部部长，他的家也迁至北京，住在南池子缎库胡同的一座楼房内。该楼房算上低矮的顶楼共有3层，房间较多。罗瑞卿建议公安部副部长王昭搬进来，两家各住一半。王昭不搬，罗瑞卿就让他的秘书王仲方把家搬进来。由于公安部办公室紧张，他又让机要处搬到他住的院内办公。这所院子的大门年久失修，门框耷拉下来，开关甚为不便。门卫向管理员反映了几次，管理员便将机关木工请来把大门修了一下。新换的木板同原来大门上的木板的颜色不一致，像是给大门打了补丁，颇不雅观。管理员怕木板时间久了会糟，也为了让大门好看一些，便让木工将大门油漆了一遍。罗瑞卿回来后见大门油漆一新，便把管理员叫来问道："是谁让油的？"管理员做了解释。罗瑞卿严肃地说："隔壁的大门不是比我们的还破吗？人家不油漆不一样可以进出吗？你今后不要给我搞这种浪费，不要给我往脸上抹黑！"罗瑞卿的办公室除了一张写字台、一个保险柜和一把椅子外，还有一对单人沙发。公安部办公厅副主任余光文看到沙发太旧了，趁他不在，给换了一套新的。罗瑞卿看到后，马上追问新沙发是哪里来的，弄清来路后，立即让余光文把那一对旧沙发换了回来。罗瑞卿的公务车也是旧的，是一辆没收来的美国"别克"牌小汽车，因车子太旧，经常出故障。有一次去中南海开会，正逢大雨，车刚出家门就抛锚了，幸好遇上同去开会的其他领导同志的车，才没有误事。后来，有关部门进口了一批"吉姆"车，罗瑞卿才坐上新车。不久，国务院有关部门要给他换一辆大一些的"吉斯"车，他坚决不要。

　　罗瑞卿经常教育干部："不准坐霸王车、吃霸王饭、看霸王戏！"他是这样说的，也是这样做的。1957年，他到四川视察工作，省委秘书长提出要搞个专场，请他看剧，他急忙阻止："不，不，要买票！"他又再三嘱咐警卫科长："不能把群众赶走，要照常卖票，否则，我不看。"罗瑞卿去河北视察工作，发现省公安厅专门派了警卫处副处长跟车警卫，便立即让省公安厅副厅长叫这位副处长回去。他说："我这样的干部不需要警卫。"到安国县时，按省委和地委指示，县里给他腾了一个院子作为住所，还配备了做饭的大师傅。他对县委书记说："我这次来就是了解公安工作的，不麻烦县委，我就住在公安局。"公安局局长急忙说："公安局没地方住。"罗瑞卿说："就住在你住的地方，你另找地方住。不要配大师傅，我就在公安局食堂吃饭。"县委书记说："那就按中央领导同志的意见办。"罗瑞卿立即纠正说："我不是中央领导，我就是个公安部部长。"他在安国县公安局待了两天三夜，睡的是硬板床，吃的是大灶饭。伙房要给他单炒一个菜，也被他拒绝了。到藁城县前，他先同河北省公安厅厅长打了招呼，吃住全在公安局，不喝牛奶。他到藁城后，吃头一顿早饭就看到了牛奶，问公安厅厅长是怎么回事。厅长答："县局同志同我商量过，他们有现成的奶牛，我同意了。"罗瑞卿不再说什么了，但未喝一口牛奶。

三是不搞特殊化。有一次，罗瑞卿去火车站接客人，因为火车快到站了，时间来不及，就没有买站台票，直接来到检票口。随行的同志对检票员说："我们是公安部的，来接客人。"说罢，便同罗瑞卿进了站。在回来的路上，罗瑞卿忽然问："补站台票了吗？"随行的同志摇摇头。把客人送到住处之后，罗瑞卿对那位随行的同志说："现在，你马上到车站，补交3张站台票钱！要知道中国古人有一句话：'不以恶小而为之，不以善小而不为。'公安人员应当做守法模范，不能有特权思想！"

20世纪50年代前期，每逢重大节日，罗瑞卿都要宴请在公安部的苏联顾问和专家，有时餐桌就摆在他家里。有一次，首席顾问伊凡诺夫和夫人要带着孩子到罗瑞卿家做客，编译处长姚艮便从公安部办公厅借来一块地毯，将餐厅布置了一下。罗瑞卿夫妇在家里热情接待了客人，气氛非常融洽，都很尽兴。宴会结束，罗瑞卿便让姚艮把地毯搬走。姚艮嘴上答应了，可心里想，这条地毯反正也是放在仓库里闲着，还不如就留在罗瑞卿家中，以后再接待客人就不用搬来搬去了，就没有马上行动。谁知当他回到编译处时，地毯已经先送回来了。也是在这次宴会上，没有用完做饭的大师傅发的干海参。姚艮一看海参都已经发了，也不多，就未拿走。罗瑞卿发现后，立即让姚艮取走。有一次，伊凡诺夫由莫斯科经乌鲁木齐到北京，从乌鲁木齐拉来了一些哈密瓜，请姚艮送一些给罗瑞卿。罗瑞卿立即吩咐转送给病号。有时，南方一些省市送来一些时鲜果品，他总是让工作人员告诉送礼的人今后不要再送，并将东西送到医院。1957年冬，罗瑞卿到苏联访问，苏联国家安全委员会送给他一台带有电唱机的落地式收音机，他回来后，立即送给部机关团委，供其开展机关文化娱乐活动之用。在全国第九次公安会议期间，有些地方代表带来了苹果、葡萄等土特产品，为此，罗瑞卿在大会上宣布："各地带来的东西，一律带回去。"罗瑞卿不收礼也有例外。1951年，他到江苏，他的老战友送给他几个无锡惠山的泥娃娃，他收下了，但在"三反"中，他在自我批评时又以此为例，认为自己"有失检点"，做了认真的检查。

罗瑞卿艰苦朴素、廉洁奉公的作风体现在日常的工作、生活点滴中。他的衣服、鞋子破了，就补补再穿。有一年在北戴河，天较热，在海边散步时，罗瑞卿脱了外衣，里面的背心上有几个洞。一同散步的康克清见了，同他开玩笑说："嗨，背心上的窟窿是孩子们给捅的吧？"他的布鞋后跟磨破了，便吩咐警卫员送上街补一补。警卫员对他说："上次在四川买了两双，还有一双新的，穿新的吧！"但罗瑞卿坚持把旧布鞋补好再穿。罗瑞卿在家历来是做饭的师傅做什么，他吃什么。在实行供给制的年代，他只关心一件事：伙食不能超过供给标准。他经常问管理员，伙食超支了没有，关照超支了，就用他的津贴补上。有一次，罗瑞卿回家向妻子郝治平要钱："你一角钱、一角钱地给我装 10 张票。"妻子不解地问他干什么用，他回答："昨天在大会堂开会，人家请我吃（喝）茶，我今天要回请。"郝治平回忆说，罗瑞卿记忆力特别好，唯独家中有多少钱弄不清。他一生只向她要过这一次钱。"文革"中，造反派几次抄他的家，发现他家一无金银财宝，二无大额存款，三无古玩字画，四无名烟名酒，五无绫罗绸缎，六无人参鹿茸，称得上是两袖清风。

"把我放在这个位置上，我就要负这个责任"

1949 年 4 月，时任华北军区政治部主任兼第十九兵团政委的罗瑞卿与周士第一起，参与指挥部队解放了太原。5 月中旬，部队准备挥师远征时，毛泽东致电罗瑞卿"请来中央一叙，部队工作找人代理"。到北平后，周恩来找罗瑞卿谈话，说毛主席点将，要他出任即将成立的中央人民政府的公安部部长。他表态说自己希望随部队南下。

毛泽东点将，并非空穴来风。早在红军时期，罗瑞卿就担任红一军团保卫局局长、红一方面军保卫局局长，长征中一路保卫党中央；抗日战争时期，罗瑞卿任八路军野战政治部主任，曾领导开展锄奸侦察工作，显示了卓越的保卫工作才干。当晚，毛泽东在香山别墅见到罗瑞卿时说："听说你不愿意干公安部部长，还要去打仗？现在要建立新的国家政权了，我们都不干，都去打仗，那行吗？"罗瑞卿认识到让他当公安部部长是形势的需要，便愉快地接受了任务。7 月上旬，罗瑞卿走马上任，成为中华人民共和国第一任公安部部长。

罗瑞卿从组建公安部队开始就非常忙碌。中华人民共和国成立初期，国民党反动派的残余势力不甘心失败，仍然在进行猖狂的复辟活动和破坏活动；旧社会遗留下来的流氓地痞、恶霸盗匪仍继续为非作歹；许多丑恶的社会现象，比如青楼妓院、烟馆赌场等依然存在。这些旧社会遗留下来的污泥浊水亟待清扫和涤荡。罗瑞卿一上任即着手进行这方面的工作，先是让"反动党团骨干"限期登记，不自首的重点打击，接着是严厉打击城市盗匪。与此同时，罗瑞卿指示从严打击流氓、阿飞活动，另外就是禁毒。罗瑞卿对发现和破获重大毒品案件都亲自参与，指示对贩毒、售毒、制毒、运毒的大犯、惯犯及开烟馆的大业主、大窝坚决打击。

北京的妓院在明清时就有了规模，主要集中在八大胡同。妓院老鸨、班主都是与官府勾结的流氓、恶霸，残害、盘剥妇女，逼她们卖淫，稍不如意即施以酷刑，许多妇女生活在水深火热之中。妓院又是藏污纳垢之所，贩毒品、开赌局、拐卖妇女、勾结盗匪、窝藏反革命。

毛泽东对罗瑞卿说："新中国绝不允许娼妓遍地，黑道横行！"1949年11月21日下午5时30分，罗瑞卿向封闭妓院行动组发出了"立即行动"的命令。罗瑞卿用打仗的办法指挥行动：首先是包围，派人在妓院周围形成包围圈，由便衣和民警实施戒严，不许有其他人员走动，防止坏人破坏；然后把老板、嫖客和妓女集中在院子里或大屋子里，宣布立即封闭妓院的命令；之后把妓院里的帮工和伙计、茶房、女佣集中起来，登记在册，实行遣散回去的政策；对于嫖客，经过检查身份和登记，教育后，当场释放。11月22日凌晨，北京市一夜之间关闭了全市224家妓院，集中拘留了400多个老板，收容了1268个妓女。政府对被解救出来的妓女进行教育，给她们检查身体、治病，遣送有家可归者回家，有对象者，助其结婚，组织其余人员学习生产技术，让她们掌握谋生之道。很多人都去了纺织厂工作。清匪反霸、清理妓院、禁毒戒毒，这几组重拳打出之后，北京的秩序好了很多。

中华人民共和国成立伊始，执政地位以及和平环境使个别共产党员增加了脱离群众、脱离实际的危险性，腐败现象也随之滋生。深谙腐败亡国之理的毛泽东告诫全党"决不当李自成"。全国范围内开展了轰轰烈烈的"三反"运动。全国公安机关的"三反"运动是在公安部党组的统一部署组织下开展的，罗瑞卿亲临一线指挥。随着运动的深入开展，很快就检举揭发了一个大贪污分子——宋德贵。罗瑞卿疾恶如仇，处理罪行昭著的贪污腐化分子一点儿不讲情面。时任罗瑞卿秘书的王仲方在一篇回忆文章中写道："公安部打出一条'大老虎'叫宋德贵。此人原是公安部办公厅的行政处长，转业的红军干部，因为倒卖基建木材贪污受贿，情节严重，被判处死刑，经国务院批准，准备开公审大会执行。大会前一天是星期天，大家经过紧张工作好多天之后，都在休息。正在这个时候，我接到公安部一位同志的电话，说他翻阅宋德贵档案，此人在红军东征时负过伤，有战功，意思是判他死刑时是否考虑到了这一点。这个电话使我非常为难，已经决定即将执行的事，是不该随便反映的，可是人命关天，不反映也是不应该的。于是，我冒着很大风险去见罗部长。这时，他正从楼上下来，我就把刚才接的电话报告给他。罗部长立刻明白是什么意思，脸色一下子变得冷若冰霜，反身上楼，并告诉我立刻通知公安部党组的同志来开会。我没有想到会有这种场面，赶快去打电话，因为是星期天早晨，有的同志还在睡觉，就被我叫了起来。罗部长正严肃地等待着，气氛颇有些紧张，大家不知道发生了什么事。坐定之后，罗部长说明天要开公审大会，枪毙宋德贵，党组同志还有什么意见？大家莫名其妙，说这个问题，党组讨论过多次，一致同意并做了决定，且已经批准，怎么又提了出来？罗部长说，现在有人动摇，所以请大家来讨论。大家很奇怪，谁有动摇？这时，打电话来的同志也在座，他没有出来说明，我只好硬着头皮说有人反映说从档案上看到宋德贵有战功，但没有说是谁反映的。这时，罗部长冲着我说，立过功怎么样？刘青山、张子善的功劳比宋德贵小吗？而且我们研究过宋德贵的历史，其罪处死，不能宽恕。党组同志都表示不应该有动摇，于是，罗部长宣布散会。第二天在中山公园音乐堂，公审宋德贵的大会开得很成功。"

"人民警察"（简称"民警"）的称呼是罗瑞卿最早提出的。一天，罗瑞卿在从公安部大楼步行回家的路上，发现一个警察在维持交通秩序时态度粗暴。经了解，事情起因是一个小贩推着车占道卖菜，妨碍交通了，警察态度不太好，就和小贩争吵起来了，后来，警察将小贩的推车掀翻了。罗瑞卿走过去批评教育警察，警察问："你是谁？你管得着吗？"秘书告诉警察这是公安部的罗部长，警察吓坏了，说以后一定认真改正执法态度。罗瑞卿说:"现在是新社会了,应该做人民警察。"罗瑞卿认为,要建设一支忠于党、忠于人民的公安队伍,必须从基层抓起。1957年至1958年,罗瑞卿深入北京、上海、武汉、重庆、南宁、杭州等城市的十几个派出所检查工作。1957年4月10日下午,罗瑞卿来到重庆市曾家岩派出所。派出所驻地在一座两层楼的二楼。走到楼梯口,罗瑞卿见迎面挂了一块牌子,上面写着:"非本所公安人员,不得上楼。"便问:"我能不能上楼?"陪同的干警尴尬地连声说:"能,能。"上楼后,罗瑞卿对派出所的干警们说:"你们楼下是街道办事处,如果他们也挂一个牌子:'非本处工作人员,不得下楼',那你们怎么办?这种牌子对坏人不起作用,对好人则印象不好。"

1929年3月,罗瑞卿从上海到闽西参加当地的武装斗争后不久认识了毛泽东。在此后近半个世纪的岁月里,罗瑞卿始终是毛泽东的忠实追随者和忠诚卫士。毛泽东曾说:"天塌下来,有罗长子(指罗瑞卿)顶着。""罗长子往我身边一站,我就感到十分放心。"罗瑞卿最担心的是毛泽东的安全,中华人民共和国成立后,毛泽东走到哪儿,他跟到哪儿。这不光是跟的问题,好多事情,他都要事先做好。每年的"五一"、国庆游行是罗瑞卿最忙碌的时候。那些活动,毛泽东都要参加,罗瑞卿都时刻站在毛泽东身后,负责安全保卫。1959年6月,毛泽东去长沙,要游湘江。罗瑞卿不会游泳,但为保卫毛泽东,他在50多岁时学会了游泳。罗瑞卿长子罗箭感慨地说:"父亲的工作性质决定了他要紧张一辈子,但是父亲从没有说过。"

1961年夏,位于哈尔滨的解放军军事工程学院在北京地区招生,北京不少军队干部子女被保送入学,其中有学习成绩不好,甚至思想品德差和身体有病的,也通过家长的关系被录取。遵照周恩来的指示,罗瑞卿对此事进行了调查,并召开军委办公会议传达总理的指示,做出了凭考试成绩入学的规定。1962年8月,罗瑞卿又亲自检查军事工程学院招生工作问题。有人主张对几个父亲是少将副部长以上的、平均成绩在80分以下的干部子弟适当予以照顾,罗瑞卿坚决反对:"要反对特殊化。干部子女为什么要特殊?少奇的女儿就没照顾,为什么我们要照顾呢?"

1965年,中国人民解放军取消军衔制,全军官兵一律佩戴又红又大的五角星帽徽,并配以两枚鲜红的领章。这种配有红帽徽和红领章的军服,在毛泽东"全国学解放军"的倡导下，颇受人们的喜爱。一天，江青对罗瑞卿说："我对军队很有感情，新发军装，给我也发一套吧。"罗瑞卿考虑再三，认为江青不是军人，不宜穿军装，嘱咐有关部门只发给她一套军装，却不发领章、帽徽。江青为此恨得咬牙切齿。

1978年5月10日，中央党校内部刊物《理论动态》发表了《光明日报》供稿的《实践是检验真理的唯一标准》；11日，此文又以"本报特约评论员"名义在《光明日报》公开发表；12日，《人民日报》《解放军》同时转载，新华社发了通稿，全国各报纷纷转载，立即在全国引起强烈的反响。一场关系到党和国家能否从"文革"的桎梏中解脱出来、迈开前进步伐的思想大讨论蓬勃开展起来了，支持者有之，反对者有之，观望者甚众。罗瑞卿则旗帜鲜明地支持这一篇文章。他说："这是一篇坚持马列主义、毛泽东思想的好文章，它提出的是一个牵一发而动全身的大问题。这是一件大事，不解决这一问题，我们的事业就不能前进。"他还提出在军队中消除"两个凡是"的影响，《解放军报》要积极支持和参加这场讨论。《解放军报》领导高度重视，约理论家吴江撰文《马克思主义的一个最基本的原则》。罗瑞卿审读后，指示："这篇文章很好。一定要使文章更充实、理论水平更高。什么时候改好，什么时候发表，不要抢时间。"他亲自查阅毛泽东的《实践论》《反对本本主义》《人的正确思想是从哪里来的？》，重读了邓小平的有关论述，建议在文章中引用毛泽东和邓小平的相关论述，做到立论更稳、无懈可击。此文进行全面修改后，他再次审阅，并亲自动笔字斟句酌地进行修改。修改期间，他同解放军报社通了5次电话，还同当时的中共中央组织部部长兼中央党校副校长胡耀邦就此文进行反复磋商。文章基本定稿之后，罗瑞卿第三次进行审改。他在电话中对《解放军报》领导说："发表这篇文章可能有人反对，准备驳。不要紧，出了问题，我负责，打板子打我。"郝治平回忆说："他这个人就是这样，耿直、拼命。人各有志，禀性难移。人家经过'文化大革命'接受教训，遇事拐个弯，绕个圈；他倒好，反而更耿直、更拼命了。"

6月24日，在邓小平的支持下，由罗瑞卿主持修改、定稿的《马克思主义的一个最基本的原则》以"特约评论员"名义在《解放军报》发表。翌日，《人民日报》《光明日报》转载，新华社发了通稿。这篇文章一发，天平便迅速向坚持实事求是的正确一方倾斜。这场关于真理标准问题的讨论为中共十一届三中全会的召开、为党重新确立马克思主义的思想路线做了思想上、理论上的重要准备。"莫道桑榆晚，为霞尚满天。"尽管罗瑞卿未能看到中共十一届三中全会这一盛会的胜利召开，但是，他在其生命的最后一年迸发出的光辉就像照亮长空的夕阳，喷吐出满天绚烂的晚霞，将永远留在人们的记忆之中。

写在墙上的"家教"

罗瑞卿共有8个子女：他参加革命后不久，在老家的前妻林氏生育了女儿玉华；他在延安时期与前妻拱平生育了儿子罗箭；郝治平生育有4个女儿——峪田、峪书、峪治和峪平，两个儿子——罗宇和罗原。罗瑞卿家中还生活着一个女孩儿，叫邓金纳，是中国工人运动早期领导人邓发的女儿。邓发于1946年4月同叶挺、王若飞、秦邦宪等因所乘飞机失事而遇难。中华人民共和国成立不久，邓金纳从苏联回国后，跟随母亲住在广州。1950年，当罗瑞卿到广州检查工作时，邓金纳的母亲因女儿对广州气候不适应，向罗瑞卿提出想送女儿到北京读书，并请罗瑞卿夫妇代管。这样，邓金纳到北京后就住在了罗瑞卿家。罗瑞卿家9个孩子中，既有罗家的，也有邓发的，罗家的8个孩子又出自3个母亲，但是这些孩子相处得十分和睦、融洽，彼此十分团结，根本原因在于罗瑞卿夫妇对孩子们不偏不倚，一视同仁。

罗瑞卿很爱孩子们。那时，孩子们大部分在学校寄宿，罗瑞卿同他们见面主要在节假日吃晚饭时。孩子们都把同父亲一起吃饭看作过节，而罗瑞卿也把在饭桌上同孩子们交流看作一种乐趣。有一次，为了解一道几何题，罗峪治和哥哥争论起来，一气之下，便放下碗筷，跑进自己的小屋，把门关上了。罗瑞卿见状，连忙劝她回来吃饭，见她不开门，便站在门外耐心地把这道题应该如何做仔仔细细地讲了一遍，直到她破涕为笑、开门走出来为止。

在20世纪60年代初的经济困难时期，学校的伙食都不太好，孩子们肚子里的油水很少，又正处于成长时期，胃口很好，吃什么都香，似乎吃

风 范

多少也吃不饱。此时，罗瑞卿已任总参谋长。每逢节日，罗瑞卿夫妇便把总参机关供应的黄羊肉之类的副食品拿出来给孩子们打牙祭。孩子们一上饭桌，顷刻间便风卷残云，将这些在当时来说无疑是珍馐美味的食品一扫而光。罗瑞卿一边爱怜地看着孩子们吃，一边诙谐地朗诵普希金的诗："蝗虫飞呀飞，飞来就落地。落地一切都吃净，从此飞去无消息。"久而久之，孩子们也会背这首诗了，于是，他一念，把饭菜吃光的孩子们便面对饭桌，一起背这首诗。罗瑞卿身边的工作人员从加强罗瑞卿营养的角度出发，建议他单独吃，但是，只要他在家，孩子们也在家，他必定要同孩子们一块儿吃，绝无例外。只要罗瑞卿有空，总是喜欢和孩子们待在一起。他所喜爱的文体活动，只要有可能，也总要让孩子们一同参加，分享他的快乐。

罗瑞卿夫妇对孩子们很关爱，但要求非常严格。罗瑞卿对孩子们说："你们出生在这个家庭里，没有什么可特殊的，不能自恃特殊。如果说你们特殊，就应当是好好学习，好好工作，为国家多做贡献。"

对孩子们，罗瑞卿夫妇在生活上的原则是能吃饱穿暖就行。20世纪50年代，罗瑞卿家的孩子在穿着上是"新老大，旧老二，缝缝补补是老三"。孩子们的个子长高了，裤子短了，就加上一截裤腿继续穿，都不感到这么做有什么寒碜。这件事不知怎么传到了毛泽东那里。有一次，中央在颐年堂开会，毛泽东在会上说："罗瑞卿穿的是带补丁的鞋。他家娃娃多，穿衣服大多是阿姨给做。一件衣服大的不能穿了，小的接着穿，一个个传下去，直到没人能穿为止。"

罗瑞卿处处要求子女不能有特殊。有一次，罗瑞卿出差时，管理部门将他家孩子睡的铺板换成了铁床。他回来后，立即把管理部门负责人找来，批评他们这样做不对。管理部门人员解释说："别人家也都换了。"他才不再说什么，但在"三反"时，他在大会讲话中又就此事做了自我批评。1965年，他的女儿罗峪田大学毕业，分配工作前，罗瑞卿问她："你的第一志愿报在哪里？"罗峪田回答："在总参。"罗瑞卿严肃地摇摇头："我在总参，你就不能到总参来。"于是，罗峪田便被分配到内蒙古，一待就是10年。他的长子罗箭说："我从小上学填表的时候，都是只填母亲的名字，不填父亲的。"罗箭于1952年在北京101中学读书，供给关系在学校，暑假领了伙食费回家，就把钱交到大灶上，吃大灶。

罗瑞卿不希望儿女们靠父辈的荫庇生活，希望他们自食其力，自己努力，凭真本事成长。罗瑞卿因为工作忙，常常见不到孩子，便在墙上写下要求："学习必须是最好的，中学不许谈恋爱，大学不许结婚。""不许抽烟，不许喝酒！""一定要看《毛选》(《毛泽东选集》)，一定要熟读刘少奇的《论共产党员的修养》。平时生活中也要按照这个做，这个就是标准……"

在父亲的严格要求和言传身教下，罗瑞卿的几个子女的学业都很优秀。罗箭于1958年从中国科技大学毕业，后到哈尔滨军事工程学院学习，是军事工程学院第一届原子能专业的毕业生，也是新中国自己培养的第一代核物理专家；罗峪田是中科大化学系的高才生；罗峪书也是读的军事工程学院核物理专业；罗峪平是上海第二军医大毕业……罗瑞卿的子女们生活都比较低调，其中不乏子承父业的，但更多是奋斗在其他的领域里，并且卓有成就，成为国家的有用人才。

1977年，罗瑞卿恢复工作后，组织上考虑到罗瑞卿年纪大了，需要有个孩子留在身边照顾他，准备把罗箭调回北京，但他拒绝了："现在国家正在搞建设，边疆更需要他这样的科技人员，让他回来干什么？"于是，罗箭又被父亲"送"到了新疆，一待就是好多年。"那时候还是很想不通的，不知道父亲为什么那么不喜欢自己在他身边。后来想一想，这是父亲的一番苦心，他是爱儿子的，但他心里装着的是整个中国的国防事业。"

"我今年72岁，要当27岁过"

20世纪60年代，罗瑞卿身兼十数职，担任了多个方面的职务：在党内，他是中共中央委员、中共中央书记处书记；在政府，他是国务院副总理；在军内，他是军委常委、军委秘书长、总参谋长、国防部副部长、国防委员会副主席、人民防空委员会主任；在国防工业战线，他是国防工业办公室主任、15人专门委员会和中央专委成员兼办公室主任；他还是对台工作小组负责人；在人大，他是人大常委会委员。他办事干练、果断、快捷，极具效率，每天像高速运转的机器一样工作。

罗瑞卿每天要处理的文件堆积如山，电话铃声不绝。1961年，他的秘书做了一个统计：1960年全年共收文件36000份，平均每月3000份，每天约100份，包括电报16560份、刊物资料5000份、会议文件2225份、日常往来文件12000份；全年批办文件1772份。为了处理这些文件、电报、电话，他有4位精干的秘书。他们接了电话便做成记录，把文件分成急办、要件等，在文件前写上文件摘要和处理意见。他一回家，4位秘书便把一摞摞急需批阅的文件呈送给他。面对每位秘书手中的一摞文件，罗瑞卿常开玩笑说："嚄，我又被包围了。"然后一面吃饭，一面批阅文件。由于有一些文件篇幅长，又很重要，但并不紧急，秘书们便将这些文件留起来，待他有时间再审批。他外出时经常坐飞机，秘书们便把他乘飞机的时间看成请他批阅文件的好时机，因此，他一上飞机，文件便堆满小桌，他走一路，就批阅一路文件。20世纪60年代，他乘坐小飞机有时碰到气流，颠簸得很厉害，但他身体极好，从不晕机，文件也就照看不误。

对于送来的需要审批的报告，罗瑞卿要求秘书事先弄清全部情况，凡是情况不清的，他都要打回去，让秘书重新了解清楚后再送批。他对秘书们说："你们事先把事情弄清楚了，等于是帮我了解了情况。"他的秘书们都了解他的这一特点，因此，每份送他审批的文件内容，事先都被调查得清清楚楚，这样就提高了他的批阅文件的效率。由于罗瑞卿的工作经常处于超负荷的状态，他的几位秘书为了完成任务，没有节假日，也不分上下班，思想的弦都绷得紧紧的。罗瑞卿对他的秘书们很满意，1962年1月，他对秘书们说："你们工作做得不错，对我有很大帮助……没有你们，我弄不了这么多事。"

罗瑞卿的妻子郝治平回忆：罗瑞卿白天工作，晚上亦不得闲。毛泽东、周恩来习惯夜晚工作，常找他办事。毛泽东无论饭前饭后、深更半夜，有事找罗瑞卿，罗瑞卿闻命即去，一刻也不耽误。周恩来凡有事找罗瑞卿，必先问他睡了没有，睡了就不要叫他。罗瑞卿知道后，交代家人和秘书："不行，睡了也要叫我。不能耽误公事。"

1975年8月，罗瑞卿恢复工作，任中共中央军委顾问。任命顾问，这在我军是第一次。有的顾问不知道应该如何工作。罗瑞卿说："我们可以搞一点儿调查研究，比如，我就准备研究一下台湾问题。"此时，罗瑞卿离开工作岗位近10年，为了能尽快工作，他需要补课，为此，他向有关方面的领导提出，希望将这10年来的文件送给他翻阅。于是，他的办公桌上又堆起了成摞的文件资料。他一面看文件，一面治腿，治疗日益见效，步履日益坚实。

1977年8月12日，党的十一大在北京召开。罗瑞卿继八大之后，又一次被选进中央委员会，并在十一届一中全会上被任命为中央军委秘书长。郝治平从报纸上看到十一届一中全会已经结束，而罗瑞卿还没有回家，就把电话打到京西宾馆询问。罗瑞卿告诉她："中央已经给我分配了新的工作岗位，回去后再详细告诉你。现在，我这里有许多各地来开会的同志在谈事情。你不要着急，事情办完，我就会回去。"

军委秘书长的任命一宣布，繁忙又重新回到罗瑞卿的生命中。罗瑞卿被任命为军委秘书长很突然，秘书班子一时还没有配齐，工作却已经铺天盖地而来。罗瑞卿让人把以前的卫士长赵文岐找来。赵文岐已经40多岁，再做警卫不太合适，罗瑞卿就叫他改任秘书。赵文岐望着罗瑞卿的残腿和已经驼了的背，直流眼泪。罗瑞卿说："文岐，你回来了，怎么样？"赵文岐说："我还好。首长您受苦了！"罗瑞卿说："现在好了，我们往前看吧。"当时，拨乱反正需要做的工作千头万绪，大量的文件、大量要办的事情像潮水一样涌来。有些事，罗瑞卿答复不了，还要再往上请示。赵文岐每天光收发文件都来不及，曾患癌症、动过手术的郝治平也只好仓促上阵。电话铃声不断，秘书记了一下，有一天不算文件，光电话就来了143个！好多电话，秘书来不及接，罗瑞卿就自己接了。后来，秘书多了，除了赵文岐，还有金耀铭和陶驷驹。在金耀铭来之前，组织部门从总参作战部调来一名副处长当秘书。这位同志干了20多天，因工作强度太大，心脏受不了，加班时昏倒了。没办法，组织部门又调金耀铭到罗瑞卿办公室。金耀铭前来报到的第一天，罗瑞卿就问："我这里太忙，你身体行吗？"金耀铭回答："我身体不要紧，到总参这么长时间，我在301医院还没有一个病历号，我从来没有看过病。"罗瑞卿说："好。这里工作多，你熟悉一下。没关系，该问就问，要细一点儿，尽量把事情弄清，认真办好。"

为了那失去的宝贵岁月，为了当好军委副主席邓小平的助手，面对案头堆积如山的文件，罗瑞卿每天工作时间之长、工作量之大都是惊人的。他虽然身残年迈，但与10年前相比，他的工作热情不仅没有减退，反而显得更急切，一复出就又同"文革"前一样，进入了不分上班下班、没有白天黑夜的"革命加拼命"状态。他常常五六个小时不挪地方，一副老花镜把鼻子两侧压出深深的紫斑。他的残腿也在捣乱，疼得夜里难以入眠，不得不服用大量的镇静剂。他平时需坐轮椅，行动不便。为了不让残腿影响工作，中午休息时，他不摘假肢，和衣躺着休息一会儿，以此节约穿衣服、脱衣服的点滴时间。他上厕所也很费时间，为减少上厕所的次数，他一上午不喝一口水。就连吃饭也是他思考问题的时间，你问他每天吃的是什么，他十有八九都回答不上来。以前，饭桌上七嘴八舌，这时，大家谁也不敢说话，就怕打断他的思路。他生病住院，病房便成为办公室，每天都要工作到深夜。有些单位及其领导几乎每天深夜12点左右都会接到罗瑞卿打来的询问情况和交换意见的电话。《解放军报》的夜班编辑下了班，习惯性地要等到报社领导传来罗瑞卿的指示后才去休息。对于罗瑞卿的认真，金耀铭是体会到家了：文件上有错字，罗瑞卿都要自己动笔改。郝治平说："首长这么忙，几个错字，你就替他改了得了。"金耀铭说："他要自己改。这是原件，是历史档案，他一定要是他自己的字。"罗瑞卿常常说："做领导工作，光坐办公室批阅文件、听汇报，不深入实际了解情况是危险的。""文革"前，为了视察陆海军边防，他的足迹遍及除西藏外的沿海和边疆省份，到过许多国防工程所在地和工厂。复出以后，他在短短一年内视察过京郊、天津、徐州等地。有的地方坑道太窄，轮椅难以通行，他便拄着手杖通过。

保持如此高强度的工作状态，长此下去，对于一位70多岁的老人来说怎么能行呢？毕竟"人生七十古来稀"。战友和亲属担心罗瑞卿累坏了身体，劝他放慢工作节奏，他却说："你们总劝我吃饭、睡觉，你们为什么不劝我多做些工作呢？"郝治平插了一句："天哪！谁还敢劝你工作，再劝，你的命恐怕也要没有了。"罗瑞卿说："你们知道《水浒》中有个拼命三郎石秀吗？我今天就要当这个'拼命三郎'。"他还常常说："光阴如箭，时不我待。我今年72岁，要当27岁过。"

罗瑞卿复出后，积极批转信件，主持平反了大量的冤假错案，但是，他从未提出给自己平反的要求。当郝治平问他时，他说："不要急。党有难处。我们不能够给党增加困难。"他感到让他出来工作就行了。1980年5月20日，中共中央发出《关于为罗瑞卿同志平反的通知》，撤销了 1966 年 5 月 16 日《中共中央批转中央工作小组关于罗瑞卿同志错误问题的报告》。《通知》指出，有关因罗瑞卿问题受株连的同志，也应予以平反，恢复名誉，而这时，罗瑞卿已经去世一年多了。

王树声

严以修身、严以用权、严以律己的"普通一兵"

中华人民共和国成立后,王树声先后担任湖北军区司令员、解放军总军械部部长、国防部副部长、军事科学院副院长等职,可谓位高权重,但他从不居功自傲、以权谋私、追求物质上的奢华和享受,相反,他严以修身、严以用权、严以律己,始终保持"普通一兵"的公仆本色。

王树声有句话常挂在嘴边:共产党人的品德高下,不但要看在大是大非面前的原则立场,更要看日常小事。小事上最能看出一个人的道德水准,特别是有了权、有了大权以后。

中华人民共和国成立后,环境变了,地位变了,但王树声及妻子杨炬的无产阶级先锋战士本质没有变。刚进武汉,王树声就与杨炬严肃地讨论要过好"三关",即名位关、亲属关、享乐关。杨炬非常理解丈夫,并身体力行地予以支持。杨炬是1938年投奔延安、1939年入党的老布尔什维克。1961年,杨炬在军事科学院任门诊部主任,从家到单位,坐公共汽车往返需要两个多小时。无论酷暑还是严寒,上班还是下班,她坚持坐公共汽车,尽管和王树声上下班很顺路,但她从没让丈夫的专车接送过。有一次,因为雪天路滑、堵车,耽误了上班,同事看她急急忙忙赶来,便问:王大将在军事科学院上班,专车就路过咱们医院门口,为何不能搭他的便车呢?反正座位也是空着嘛！杨炬笑着答："那是老王定的家规。家里任何人乘坐专车都被视为违规，他绝不允许。"执行国家规定，王树声要求家人必须从细微处做起，认为揩公家油、追求个人享受不是共产党人的作风。

对于工作上的事，特别是有关干部问题、领导成员间的关系问题，王树声从来不让妻子过问，更厌恶"枕边风"。杨炬通情达理，养成了这样的习惯：一听来客是找丈夫谈工作、谈人事问题，她总是礼貌地与客人打一声招呼，然后默默地避开。但是，对于拒礼、按规定交费等，她毫不回避，积极参与。

在王树声夫妇选房的事情上尤其能体现他们严以修身的良好作风。

20世纪50年代，有关方面决定给赴京上任的王树声建一幢住宅。按照当时有关规定，时任总军械部部长的王树声的住房标准和设施配备完全可以搞得讲究一些，但他坚决不同意这样做。他要求把房子盖成一般的平房，外加"两不要"：不要独门独院，不要警卫森严。这样，王树声一家就住在当时的总军械部大院内一幢极其普通的平房里。房子使用面积约120平方米，屋里用的是寻常的家具，没有特别的装饰，墙上的一幅《延安宝塔山》油画显得格外醒目，其用意是明显的：永远不忘记艰苦奋斗的延安精神。

20世纪60年代初，随着总军械部被撤销，原机关的一些人陆陆续续搬走了，王树声住的大院搬进了另一个机关，这样，他们的住房也成了新单位的了。组织上体谅王树声住在这里不方便，决定为他另选一个地方建房。有关部门为他选定的住房地点是西城区护城河畔的一座古庙宇院内，远山近水，有花有草，风景秀丽宜人，让王树声和杨炬一起来看看。开始，王树声夫妇都看中了这个地方，可一打听才知道，这里原来是某自治区的驻京办事处。王树声摇起了头，连声说："这不妥，为我们一家就把人家办事处的地方给占了，这不违反民族政策吗？这不行！我们还是不要在这儿修了。"杨炬也附和说："再换个地方吧，不要麻烦人家。"王树声看妻子也很赞同他的意见，就"嘿嘿"地笑着说："对，再换个地方，千万不要这样。"

"文革"期间，规划人员在北京东城区为王树声找到一处旧院落。这里是闹市中的一个僻静之处，出门买东西、办事都非常方便。王树声对这里很满意，但他得知这里以前是某民主党派机关所在地后，果断地说："算了，算了！怎么能占人家民主党派的机关呢？我们住进去，将来人家在哪儿办公？共产党人可不能这样！你们的好意，我们心领了。"规划人员解释说："他们早就被红卫兵赶跑了，已经没有人办公了。"王树声听后，浓眉一锁："这是胡闹！是破坏党的统一战线！早晚还得请人家回来！"

过了一段时间，王树声夫妇又被邀请去看建房地址。有关部门充分考虑到了王树声前几次的意见，心想这回选址准成。地址是在玉渊潭附近，环境幽静，风光如画，很适宜工作和休息。对于组织上的关心，王树声和杨炬很感激。这怎能不让他们高兴呢？为了他们的住房，组织上做了多少努力啊！正要下决心，王树声突然发现不远处有几间农舍，忙问："我们盖房子，碍不碍老百姓的事？"身边的同志解释说："我们早考虑好了，为了安全，我们准备让他们搬走。"王树声一听这话，连忙摆手，说："我不是这个意思！我看算了吧，我们凭什么要撵人家老百姓呢？这房子，我不盖了。"杨炬也说："是呀，我们盖房，赶人家搬家，那可不好。我们有个地方住就行了，不要麻烦人家。干脆，我们还住原来那里吧。""首长，你们那个房子太陈旧了，一下大雨就漏，还是定下来在这里盖吧。"几个一同前来的有关部门的同志一听也急了。"修一修嘛，夏天不漏雨就行。我看那个房子蛮好的。"王树声表了态，杨炬也在一旁直点头，那几位同志还能说什么呢？

就这样，王树声数次选址建房，处处都为别人着想，为别人考虑，一处也没选成，仍住在当年总军械部盖的那所外墙简陋、内廊狭窄的平房里，直到与世长辞，此事一直传为美谈。

王树声虽身居高位，却严守制度，严以用权，为人谦虚，从不摆官架子，与他接触过的人都深有同感。

中华人民共和国成立不久，一些沾亲带故的亲朋好友找到王树声，求他帮忙在城市找工作或弄个一官半职。王树声断然拒绝。他对亲戚们说："我的职权是党和人民给的，是用来为党工作、为人民服务的，没有丝毫营私的权力。"王树声的亲侄子是革命烈士之子，一直在家务农。王树声任湖北军区司令员时，侄子找到武汉，提出想在部队或武汉谋份工作。王树声耐心地劝导说："你是烈士的儿子，你父亲是为了革命、追求平等而牺牲的，如果搞特殊，为你找份工作，就违背了我们革命的目的，就对不起你牺牲的父亲！"他劝侄子仍回家务农。事后很长一段时间，乡亲们说起这件事，仍对王树声不理解，说他六亲不认，不看在牺牲的兄弟的面子上照顾烈士子女。

按规定，王树声除有专车外，还可以配一辆生活用车，但他一再婉拒。他说："国家现在还有很大困难，我有辆车上下班用就可以了。"直到他去世，从未为他配过生活用车。王树声乘火车到外地，按规定可以乘坐公务车，而他只准许购买卧铺包间，内住4人，他与秘书、警卫员同住。王树声可以配备多名警卫员，甚至一个班、一个排，可他只要了一名警卫员。他认为，人力的节约是最大的节约。按制度规定，他需要的卫生用具、餐具、厨具均可以到行管部门领取或报销，他则要工作人员到市场上自行购置。按他的身体状况，可以购买和报销保健滋补药品，而他只服用一般的降血压和治疗心脏病的药品，从未让人帮他购买或报销特殊用药。

在对待女儿请假这个问题上，尤能体现王树声严以用权的作风。他的女儿王季迟十几岁时在北京某部长途台当了一名通信兵，工作单位离家很近。1971年春节，她格外想家。王树声因为妻子杨炬这一年不在家过年，家里十分冷清，就打电话问王季迟大年初二能不能回家热闹一下，但王季迟告诉他这天没有假，他就没再往下说。春节不像其他节日，在这个万家团圆的日子里，王树声更加思念女儿。大年初二这天，王季迟突然接到传达室的通知，说有人要看她。她赶到传达室时，只见王树声穿着一件普通的军大衣，一个人坐在传达室的一条板凳上排队等着填表，眼睛还时不时朝女儿来的方向张望。眼前这一幕让王季迟的眼睛顿时湿润了：这就是她身为国防部副部长的父亲！她不过是一个小兵，父亲若给部队打一个电话，她回家一趟是多么容易的事，但父亲就是把自己当成一位普通父亲，就是不打这个电话！

王树声为人谦虚，没有架子。他在军事科学院工作期间，无论遇到干部还是战士，总是满面笑容地主动打招呼，问对方叫什么名字、是哪里人，参加组织生活，他从不缺席，与他同在一个党小组的同志都觉得他和蔼可亲，都愿意跟他讲心里话。身为院首长，王树声总是中午去食堂排队买饭。部下们爱戴他，请他不必排队，到前面先买，但他总是坚持按顺序排队，这在高级干部中是很少见的。后来，大家劝他到小食堂就餐，他却不肯，一直坚持排队买饭。炊事班的人要给他加个菜，他坚决不允许，并认真地说：

"大家都一样，我怎么能搞特殊呢？"后来，在炊事班的一再坚持下，他说："那就加个咸菜吧，滴一点儿香油。"这就是他生活上仅有的一点儿特殊了。

王树声在布置每项工作时都征求下属的意见。他特别注意总结重大工作的经验教训，总是严格要求自己，找出自己在工作中的不足，并勇于承担责任。王树声在病重期间，徐向前不止一次地对他说："你是大别山的英雄战士！"王树声谦虚地回答："我做得还很不够。"1974年1月2日下午，周恩来对弥留之际的王树声说："树声同志，党中央、毛主席了解你，我们了解你！你是党的好同志，你是鄂豫皖根据地的创始人之一……"王树声用微弱的声音说："我不能算，我不算！"王树声是极易满足的人，在生命的最后时刻，能得到周恩来的高度评价，他相当满足。

王树声严以律己，勤俭节约，公私分明，不搞特殊，从不占公家便宜。他要求自己专车的司机严格区别"公事"和"私事"，如果是为他个人的私事用车，必须记下，按行车公里数报给车队收费。比如乘车到北京饭店或京西宾馆理发，他都认为是私事，一律凭行车公里数交钱。有一次，王树声因公不慎将腿摔骨折了，需要在家疗养。为能让他尽快痊愈，妻子杨炬要司机上街买一只鸡给他滋补身体。没想到，车要开了，王树声高声喊"停"，要警卫员去驾驶室抄下出发的公里表数。司机买鸡回来，他又让警卫员查看用了多少公里，然后如数上缴了车费。在他看来，上街买鸡给他补身子属于个人私事，因私事用了公车，按价付费理所应当。管财务的同志看到王树声让人送来的车费，表示为难，说首长买鸡用了一次车而缴费，财务压根儿就没有这个立项。王树声听了，当即发火，说："规矩、制度是人定的，没有立项，就从这次开始立项，为私事用了公车就要缴费！"他身边的人不禁感叹：首长的车真可谓"专"到家了。

1962年春节，城市供应紧张。在这种情况下，王树声的老家湖北麻城的生产队杀了一头猪，专门派人送到北京，分给几个湖北籍的领导，同时送给每家几斤茶叶。王树声家收到东西后，先是欢喜，后是发愁，最后是坚决不收。来人说："这只是一点儿家乡的土特产啊！"王树声却一本正经地说："生产队的猪是集体的，杀了送我们，这怎么好？东西送来了，这份情要收。"于是，他让杨炬按照市价付给来人80元钱，算作猪肉和茶叶款，还给他们买了返回湖北的火车票。收下的猪肉被王树声转送给了红四方面军战史编辑委员会办公室。

王树声担任国防部副部长时，多次出国访问和接待外宾。每次外宾赠送给他的礼品，他都悉数交公。有一次，警卫员把外宾赠送王树声的礼品放到了公车里，王树声看到后，立即让送给了有关部门。还有一次，新来的勤务员将礼品拿到车上，说："王部长，人家说了，这礼品是送给首长您个人的。"王树声却严肃地说："我这个国防部副部长是代表中华人民共和国政府与外宾打交道的，礼品怎么会是赠送我个人的呢？公私分明，是我们革命战士的一个起码准则，今后务必牢记啊！"

王树声和杨炬的工资收入除了安排全家生活费用外，还要接济困难的部属和乡亲，次子王楚有较严重的先天性残疾，杨炬担心他长大后不能自食其力，每月还要挤点儿钱为他蓄存，所以生活并不宽裕。身为高级干部，王树声不吸烟，不喝酒，生活简朴得有如大别山的普通农民。他平时以素食为主，每餐少不了酸豆角和花生米。到了节假日，孩子们才在家改善一下生活。

王树声在生活上严格要求自己，即使在病中，也从不含糊。在他病重期间，警卫部队给他送来了6只母鸡，他听说后，硬是坚持付钱，说："不收钱，我就不吃！"对于王树声生活上的严以律己，他抗战时期的警卫员齐吉树体会更深。1973年，王树声因病住进了301医院。那时，齐吉树在中央对外联络部万寿路招待所工作，经常抽空到医院陪陪他。一天，王树声对齐吉树说："我化疗后，胃口特别不好，不想吃饭，大概是医院的饭不合口味，不知你们招待所是否有湖北师傅？"齐吉树告诉他："我们有两位湖北师傅。"王树声一听，很高兴，说："请你们给我做几个鱼肉丸子好不好？"难得王树声有这个心情，齐吉树立即答应了。晚饭时，齐吉树给王树声送来一碗鱼肉丸子。王树声吃得有滋有味。吃了几次后，王树声执意要付钱，齐吉树说啥也不肯收。王树声说："今后不要再送了。"齐吉树问为什么？王树声答："医院就这么多的人，都吃医院的饭，我却叫你给我送饭，等于我一个人在这里吃小灶，就有点儿不好了，加上你又不收我的钱，这不是搞特殊化吗？"齐吉树连忙说："首长，您吃的饭，我付过钱了，没有占公家的便宜，请您放心吧！"王树声却说："我收入比你多，你出钱，我吃饭，这不合理，我坚决不叫你给我送了！"就这样，连他最爱吃的鱼肉丸子也不让送了。

王树声常以革命年代的艰难困苦和不少农民、市民仍然没有摆脱贫困的事例教育子女，要他们保持艰苦奋斗的精神，不要搞特殊化。有一次，因为保姆没有把衣服洗干净，长子王鲁光在饭桌上不高兴。王树声一听原因，把桌子一拍，几乎把汤都震洒了。他大声说："革命的目的是什么？就是为了平等，解放劳苦大众！你的衣服，为什么不自己洗？还抱怨洗得不干净，以后自己洗！"此后，王鲁光都是自己洗衣服了。

王树声对子女严格要求有时近乎无情，甚至连身边的工作人员也"鸣不平"。1972年年底，王鲁光准备结婚时，王树声夫妇只给新人安排了一间房、一张床和两条棉被。王鲁光看到家里除了一个旧衣柜，什么家具也没有，买是不可能的，为了不至于太寒酸，便从室外葡萄架下搬来一个石头茶几，在上面铺了一块布。由于没有椅子，更没有沙发，孤单单的一个茶几显得很难看。警卫员杨伯钧看不过去，便自作主张，同司机罗正祥把王树声在军事科学院宿舍里用于临时休息的一套沙发搬到车上，准备借给王鲁光结婚时用，婚后再送回。王树声下班时看到车后装的沙发，问清缘由后，大发脾气，说："沙发是公家的。我儿子结婚，为什么要用公家的东西？马上给我卸下来！"他还说，"结婚要那些玩意儿干什么？往日，同志们结婚，连个'窝'都没有。如今，你们有房、有床、有被，就很不错了！再说，结婚是自个儿的事，怎么能随便动用公家的东西呢？"

爱憎分明

王树声一生光明磊落，爱憎分明，体现了高尚的品质和人格魅力。

王树声非常珍视战友之情。他曾负责军队的外事活动，与周恩来接触很多，但他每次陪周恩来接见外宾，总是提前半小时到，决不让周恩来等自己。上了年岁、身体又不好的王树声有睡午觉的习惯。一次，他刚睡熟，周恩来打电话找他。工作人员向周恩来说明实情，没有叫他。等他醒来听说后，对工作人员大发脾气。他说："总理找我肯定有事，他工作那么忙，为什么不叫醒我？！"说完，他就与司机开车急赴周恩来处请示并致歉。这时，周恩来已经把事情处理好了，安慰王树声要注意身体。王树声感动得说不出话来。有一次，王树声在北京饭店理发，刚理了一半，周恩来来了，他坚持让周恩来先理，并说："总理工作那么忙，整天那么辛苦，怎么能让总理等呢？！"周恩来拗不过他。就这样，他硬是理了一半，等周恩来离去后才继续理。

王树声与彭德怀有特殊的感情。他任总军械部部长时，在国防部长彭德怀的领导和支持下，为中国人民解放军的军械工作现代化建设做出了突出的贡献，同时与彭德怀结下了深厚友谊。一天，王树声正在301医院住院养病，警卫员杨伯钧悄悄地说："首长，我看见彭总了。"王树声又惊又喜，迫不及待地要去看彭德怀。"可是……"杨伯钧有些后悔把这一消息告诉王树声，因为当时彭德怀是"反革命"，要看彭德怀是非常危险的。在那个年代，王树声也明白，必须同"反革命"划清界限，但对彭德怀的感情和思念又使他觉得哪怕看上一眼也好。于是，王树声说："这样吧，咱们找一个能看见他的地方！"杨伯钧的眼睛湿润了。王树声扶着阳台栏杆，果然看见对面一个病房外面，彭德怀穿着一件旧军大衣坐着晒太阳。王树声一阵心酸，多么想叫一声"彭总"啊！但在当时的背景下，两个人近在咫尺，却似远在天涯。王树声把手举起来，向彭德怀招了招手。彭德怀也看见了王树声，只是不住地晃动身子，因为彭德怀知道，自己不能招手，身边还站着一个看管自己的战士。在以后的日子里，王树声每天都要到阳台上望一会儿，看一看彭德怀的身影，这体现了他对彭德怀的思念，也成了他的一种寄托。他还不时地轻声念叨："这是指挥过千军万马的老帅啊！"

"文革"期间，军事科学院里的领导大部分都"靠边站"了，没有"问题"的王树声就成了众人瞩目的"当权派"。有一天，军事科学院内的一个红卫兵组织要王树声出具介绍信，以军事科学院的名义外出调查叶剑英的"问题"。王树声对造反派头头儿说："你们外出调查我王树声，我马上让机关给你们写介绍信。你们外出调查叶剑英，就是打死我，我也不会批准机关写介绍信！"为此，王树声不仅受到数次围攻，而且挨了很多拳脚，身体也被打伤。

有一次，王树声一家与徐向前一家同在北戴河疗养。王树声的儿子王鲁光与徐向前的儿子徐小岩每天都在一起玩耍，与当地的渔民相处得很好，还学会了摇橹、划船。一天，他俩把船划得很远，玩儿得很尽兴。后来，起风了，浪特别大，很危险，他俩就拼命地往回摇船。快到岸时，只见王树声正在岸边焦急地等待。他俩上岸后，王树声二话没说，上前就打了儿子，生气地说："徐帅就这么一个儿子，万一出事怎么办？叫我怎么对得起徐帅？"由此也可以看出王树声对徐向前的深厚的革命感情。

李先念是王树声生死与共的战友，从红四方面军创建到西路军喋血河西走廊，从会师桐柏山到中原突围，从湖北军区到北京，两个人在几十年的革命斗争和工作中结下了深厚的革命友谊。王树声病重，李先念时刻挂在心上。在医院里，李先念的乡音也勾起了王树声美好的回忆，把他的思绪带回了家乡，带回了大别山，带回了烽火连天的难忘岁月。他深情地对李先念说："你晓得，我多么想我们的老区呀！等我病好了，我们一定结伴回去看看！"弥留之际，时常处于昏迷状态的王树声突然来了精神，要起床下地，医生阻止，他不同意，坚持要下地。他让警卫员扶着走向走廊，还不停地说："我要回大别山……"

即使对部属和普通的战士，王树声也十分关怀。

1957年，王树声的老警卫员李树林转业到天津工作，失去了与王树声的联系。20世纪60年代末，他通过在天津工作的王树声的亲戚杨忠实找到了王树声。王树声得知李树林的儿子小刚患有严重的肾炎，立即让李树林带孩子到北京治疗。这时，小刚的肾炎已经引起腹水，非常严重，如果不及时治疗，很危险。于是，王树声把孩子安排在妻子杨炬任院领导的解放军304医院进行治疗。在杨炬的亲切关怀和悉心治疗下，小刚的病被治愈了。之后，王树声又多次让杨炬带小刚到301医院复查，使小刚的病最终得以根治。提起这件事，李树林激动地说："首长对我们感情深啊！他与战争年代一样，关心部属胜过关心他自己，他把战友情看得很重！"

1962年，王树声对新秘书鲁永成说，自己在长征时有个马夫叫王大江，最近写信反映生活非常困难，嘱咐鲁永成了解一下具体情况，如果属实，可向有关部门汇报，在政策许可的范围内，适当予以照顾。王大江是湖北麻城人，贫苦农民出身，1930年，他年仅14岁就参加了红军。红四方面军长征三过草地时，他是王树声的马夫。后来，他到了战斗部队，任班、排、连、营各级职务，身经百战，多处负伤。中华人民共和国成立后，王大江因伤病在湖北荣军医院养伤治疗，后被安排到省交通厅所属的一个公路段工作。1952年评定级别时，他说："我脑部受伤，记忆力不好，做不了大事情，不要把我的级别定高了。"这样，他被定为18级（相当于地方的科级，部队的营级）。鲁永成经了解，王大江家住在湖北军区附近的紫阳村的一个几户共住的两层楼房里，他有9个子女，最大的17岁，最小的尚在襁褓中，妻子没有工作，而他每月的收入仅83元，人均生活费不足8元，生活贫困可想而知。鲁永成如实向王大江的上级领导部门——省交通厅汇报了情况。不久，根据王大江的历史、相关干部政策以及有关困难补助的规定，省交通厅决定将王大江的工资（加困难补助）每月提高到165元，这样，他的家庭的人均生活费达到了15元，为当时的中等生活水平。得知这一决定时，王大江热泪盈眶地紧紧握着鲁永成的双手，激动得说不出话来。

1972年，王树声在抗日战争时期的警卫员白金泉在太原出了车祸。他的单位党委决定想尽一切办法给他治疗，并打听到他原来跟王树声在一起，遂让他的爱人给王树声的妻子杨炬写信，希望到军队医院接受治疗。王树声知道这件事后，马上发了电报与驻山西的部队联系。于是，驻太原的部队立即送白金泉到了北京。白金泉后来回忆："到北京后，首长特别关心，亲自到医院看我。304医院见首长对我如此关心，就对我特别照顾，我的病也就很快地好起来。"

王树声对战友尊重，对战士关爱，对"文革"中"四人帮"的所作所为却恨之入骨。

一次，王树声参加完阿尔巴尼亚驻华大使在北京饭店举行的国庆招待会，与众人乘电梯下楼，不想，姚文元也在电梯中。姚文元为了拉拢王树声，老远伸过手来要跟他握手，可他把脸一沉，把手背在身后，装作没看见。接着，王树声当着姚文元的面，主动伸出手来，同李先念等握手道别，把姚文元晾在那里，弄得姚文元都不知把伸出的手放在哪里，十分狼狈。第二天，警卫员杨伯钧陪王树声散步时说："首长，昨天，姚文元要跟你握手，你不跟他握，使他很难堪，他会整你的。"王树声不屑一顾地说："管他呢！"

还有一次，王树声乘车前往南口观看北京军区组织的军事演习。路上，传来后面一辆车要求让路的喇叭声。当他得知后面是张春桥的车时，立即告诉司机："不理他，我们照常开！"就这样，王树声的车一直不给张春桥的车让路。张春桥只能生闷气，却没有办法。

一天，王树声到京西宾馆礼堂看京剧《龙江颂》。演出结束后，朱德、江青等上台接见演员，江青居中上台，朱德则侧行。演员们高呼口号："向江青同志学习！向江青同志致敬！"王树声听了很气愤，在回家途中骂道："这个家伙，敢欺负朱老总！……"又有一次，王树声去看禁演多年的电影《渡江侦察记》。在回家的路上，他对警卫员杨伯钧等人说："这么好的电影，臭婆娘都不让演！……"大家明白，他是在骂江青。

胸襟宽广

无论是面对个人恩怨、亲人遭遇横祸，还是面对职务的升降，王树声都秉持忠于党和人民的初心，一向识大体、顾大局，始终把党和人民的利益放在第一位，从不计较个人恩怨。

1951年7月，为慰问第二次国内革命战争时期革命根据地的人民，中央人民政府组成了南方老革命根据地访问团，慰问根据地的革命烈士家属、革命军人家属、残疾军人和当地广大的人民群众，并借此了解他们的生活情况。王树声任鄂豫皖分团团长。8月，王树声率访问团来到大别山革命老区。访问团每到一处，都深入群众嘘寒问暖，走村串户，了解群众疾苦，帮助解决实际困难，受到群众的热烈欢迎，许多地方的群众听说访问团要来，在烈日下结队等候数天之久。然而，有一个名叫付可元的人不敢出来与王树声见面。

付可元早在土地革命战争时期担任麻城县独立团的连长，1931年，张国焘在红四方面军"肃反"时，他被调到麻城县保卫局工作，曾执行张国焘的错误路线，亲自抓捕了王树声的堂弟王宏学、王树声的妹妹和弟媳。王树声的几个亲人因"肃反"扩大化而遭到杀害。付可元真想把20年前的事情向王树声说明白，虽然王树声的亲人不是他亲手杀害的，但他毕竟参与杀害了其他战友，因此，听说王树声率访问团来到大别山，他想王树声肯定要向自己讨还血债，在恐慌中度日如年。

王树声和随行人员来到付可元家，他顿时吓得说不出话来。王树声对他说："你的事情，我都知道了。人死不能复生，但要从中吸取教训，不能让烈士的鲜血白流，要让大别山永远记住他们。你要自食其力，老老实实地做人，用自己的行动来告慰死去的冤魂。"付可元事后说，当时，自己的脑袋一片空白，王树声什么时候离开的都不清楚，但王树声宽阔的胸襟给他留下了终生难忘的印象。

"文革"初期，造反派曾围攻王树声，逼他揭发军事科学院院长叶剑英的"内幕"。据时任王树声的秘书回忆："有一次，军科的红卫兵把王大将从住地弄到院里来，说是要开会，结果是要他交代问题，对他进行了长时间的围攻，他一直不开口。后来让我们走，不让秘书和警卫人员在现场。整整一个晚上，王大将也没说什么，历史问题都有结论的，有什么好说的。斗争的焦点没在他身上，是想通过他整叶帅的材料，揭发叶帅的'内幕'。可是，王大将任由他们逼问，就是守口如瓶。也正因为他胸怀坦荡，光明磊落，使得'革命小将'无计可施。为此，王大将还受了不少拳脚，胸部被打得疼痛难忍。"王树声被任命为军事科学院第二政委后，批斗、殴打过他的人紧张起来，怕遭他报复。王树声主持工作后，院里组织对领导和干部进行审查，作历史材料的结论。王树声坚持原则，从实际出发，不上纲上线，要求没有调查落实的，不准先扣帽子。对于干部的使用，过去支持他的也好，反对他的也罢，他都一视同仁，没有因为反对过他，他就打击报复。他对干部的前途很重视，对于一般喊过"打倒叶（剑英）粟（裕）王（树声）"口号的，强调不要写在结论上。他对待干部很谨慎，很认真，所以，粉碎"四人帮"后，军事科学院清查，没有一起冤案。

面对职务变化，王树声同样胸襟宽广，体现了共产党人的不忘初心和高风亮节。王树声有一句名言："职务高低，都是为人民服务。我只有为人民服务的义务，没有争名誉地位的权力。"王树声是这么说的，更是这么做的。

王树声从1927年参与组织领导湖北麻城"九月暴动"和率部参加黄麻起义开始，因为屡立战功，先后担任团长、副师长、师长等职。1933年7月，王树声任红四方面军副总指挥兼第三十一军军长，协助红四方面军总指挥徐向前指挥反"六路围攻"作战，巩固和发展了川陕革命根据地。1935年6月，王树声任岷江纵队司令员，指挥红军抗击强敌进攻，有力地保障了红一方面军和红四方面军胜利会师。1936年10月，红军三大主力在甘肃会宁会师后，红四方面军一部遵照中革军委命令，西渡黄河，执行宁夏战役计划，王树声在病中以教导团团长的身份随部西征。无论是担任红四方面军副总指挥还是担任纵队司令员、教导团团长，无论是统率部队还是辅佐领导，王树声都尽职尽责地做好本职工作，为党和人民的事业奋勇拼搏。在抗日战争时期，王树声任晋冀豫军区代司令员，领导地方武装，配合主力作战，保卫晋冀豫抗日根据地。1940年6月，党中央决定将晋冀豫军区一分为二，分别组成太行军区和太岳军区，王树声由晋冀豫军区代司令员调任太行军区副司令员兼动员武装部部长，主要负责地方武装的创建与发展。从晋冀豫军区到太行军区，从代司令员到副司令员，王树声愉快地服从组织安排，积极主动地协助太行军区司令员和政委做好各项工作，为巩固和扩大根据地做出了积极贡献。1944年秋，王树声率部队南下中原，与豫西抗日先遣支队会合，组建了河南军区。1945年年初，王树声任河南军区司令员。1945年10月，王树声奉命率部南下桐柏山，与新四军第五师会合，组成中原军区，任副司令员兼第一纵队司令员和政委。在解放战争的几年里，无论是担任河南军区司令员还是中原军区副司令员，王树声都识大体、顾大局、勤勉任事，努力把自己承担的工作做好、做到位。

中华人民共和国成立后，王树声任湖北军区司令员。1955年3月，王树声被任命为军委八大总部之一的解放军总军械部部长，致力于研究改善武器装备，加强部队革命化、现代化、正规化建设，为军事装备事业发展奠定了坚实的基础。1957年7月，总军械部改属总参谋部，王树声由解放军总军械部部长改任总参谋部军械部部长，他一如既往，认真负责地做好军械建设工作。1959年，王树声调到军事科学院任副院长；1972年，任第二政委、党委第二书记等职务。他始终勤勤恳恳地为人民服务、为革命事业做贡献。

在近半个世纪的革命生涯中，王树声多次由正职改任同层级副职，由上级机关领导岗位调任下级机关领导职务，一些原来的同事乃至下级成为他的上级。他秉持忠于党和人民的初心，不挑不拣，任劳任怨，始终以党和人民的利益为重，坚决服从组织决定，尽心尽力做好工作，为高级干部能上能下树立了榜样。

在面对自己身患重病、爱子惨遭重大不幸等问题时，王树声更是展现了共产党人的宽广胸襟。

1973年春，王树声被确诊患了食道癌。他知道自己的病情后，总是以乐观的情绪面对，劝慰家人："想远点，看远点。我还要争取活到80岁呢！过去，敌人的子弹都要不了我的命，小小的癌细胞没什么可怕的！"他还经常关心周围的病友，每逢户外散步，他常鼓励病友要树立战胜疾病的信心。躺在病床上的王树声时刻不忘关心国家大事。在7月至9月底的一段时间里，他晚上住院治疗，白天振奋精神，如正常上班一样，参加了"八一"建军节招待会、中共十大和国庆24周年纪念活动。此后，他精力实在不行了，不便外出，就在医院里通过收听广播和请人读报纸、文件，了解国内外形势。

王树声的长子王鲁光离当新郎仅剩3天时突遇车祸。他在骑自行车上班途中，因漫天大雾、地面结冰，冷不防被疾驰而过的电车撞倒，电车刹车不及，又将他挤到路旁，致使他的脊椎骨被撞断，再也站不起来了。事故发生后，车队领导蒙了：把国防部副部长、大将的儿子撞得如此严重，这是塌天大祸呀！大家都不知该如何处理。电车司机家里也乱成了一锅粥：父母被吓得心惊肉跳，担心儿子会坐牢，说不定会被枪毙，整天哭哭啼啼；司机紧张得面如土色，坐立不安，茶饭不思。

王树声的3个儿子中，次子王楚有较严重的先天性残疾，三子建初在当兵期间落下了精神不健全的病根，唯有1964年就考入清华大学、这时为空军干部的长子王鲁光身体健全、才思敏捷、年轻有为，却又偏偏不幸遇上如此横祸！王树声的亲戚、朋友、战友对此百感交集，既惋惜、同情，又担心他不能承受这样残酷的打击。

爱子受伤，使王树声精神上受到了极其沉重的打击，然而，当他得知那个肇事司机害怕得几天吃不下饭时，他那颗默默流泪的心悸动了：那个司机也是百姓的后代啊！也是父母含辛茹苦拉扯大的，比起我这样的家庭，付出的辛苦要多得多！车祸已经酿成了一个家庭难以挽回的悲剧，难道……他对前来看望的车队领导宽厚地说："请转告司机，饭还是要吃的，好好吸取这个教训就行了。"这样的话语竟出自受害者的父亲之口，没有特权的意味，没有权势的大棒，所体现的却是慈父般的宽容、大海一样宽广的情怀！

当时，王鲁光和遭受相似命运的邓小平之子邓朴方住在一家医院。刚恢复工作的邓小平也有同样的心情，他对王树声说："两个孩子的病，都是麻烦事，我们要使他们能够生活自理，将来生活有来源，我们也就放心了。"王树声要王鲁光和邓朴方住在一个病房，互相鼓励，勇敢地与疾病做斗争。在王树声和邓小平的鼓励下，王鲁光和邓朴方慢慢想通了。他们一起学习，一起下棋，一起谈大学时的同学，也设计将来怎样生活……

许光达

坚强的革命意志

1932年1月,许光达率部于鄂西毛家畈、胡家地区与国民党军激战。这是红三军回到洪湖苏区以来打得最辉煌、也最惨烈的一仗。一面是国民党武汉绥靖公署5个旅的疯狂"围剿";一面是王明"左"倾路线"不许部队后退半步"的教条"战术"在指挥上的失误,尤其是所谓"火线肃反",滥杀无辜,使红三军内外交困,血流成河。

时任红三军第九师第二十五团团长的许光达此时也上了"肃反委员会"的黑名单,大战已经打响,保卫人员却蹲在团部抓捕他。许光达请求打完眼前这一仗再跟他们走,说着就冲进了阵地的火海。

在战斗中,许光达中弹,昏迷不醒,被送到洪湖瞿家湾的红军医院。第九师师长段德昌一身血迹打马赶来,反复向余学艺院长恳求:"许光达不可多得呀!你们一定要救活他,一定一定要救活他……"

这时,一个20多岁的年轻人赶了过来。他叫杨鼎成,是苏区医院有点儿权威的医生。实际上,他也只是在红军学校学过一点儿中医,后来给有名的土郎中王炳南打过一段时间的下手,但他胆子大,敢动刀,锯胳膊、锯腿都不含糊。

杨鼎成对段德昌说:"别做大指望,子弹离心窝子近得很,动刀子,危险性大，可是，不赶快动刀子，命就没了！"

"那还等什么？就开刀吧！"段德昌急得头上直冒汗。

"开？怎么开？一滴麻药都没有。这么大的手术，开膛破肚的，还不把人疼死啊！"

段德昌一听，愣住了，正要问还有什么办法，忽听躺在地上的许光达开了口："没麻药，不要紧，里外是个疼！"

见许光达醒过来说话了，段德昌惊奇不已，三步并作两步地走上前，说："光达，你醒啦……"两双粗大的手握在了一起。

"炮楼打掉了吗？"许光达有气无力地问。

段德昌直点头。看到战友重伤之下还挂念战事，段德昌感动得热泪盈眶。

许光达听后，嘴角微微含笑，断断续续地说："那好……先不忙动刀子……先把我送到'肃反委员会'去吧……"

"谁说的？"段德昌愤怒地问。

"不用问了……师长，我接受组织审查……"许光达态度坚决，然而，这些话仿佛耗尽了他全身的气力，说完，他的眼睛一合，又昏了过去。

经初步检查，许光达体内的弹头离心脏只有 10 厘米左右，手术分秒不能耽误！余学艺院长再次召集会议。大家手忙脚乱，说干就干。一张简易的长条木桌，四角吊着汽灯；一堆刀刀剪剪，其中只有少数几件是通过地下组织从上海、武汉搞到的制式用品，而大多数来自铁匠铺；一桶滚开的盐水浸泡着半桶棉花，还有一个可以洗澡的长形木盆，接在长条木桌底下。这就算是手术室的设施了。

因为没有麻药，杨鼎成把牙齿咬得"咯咯"响，就是不忍心下刀。

"没关系，我吃得住，干吧！"苏醒过来的许光达瞪着双眼催促说，并让人把一条毛巾塞到他的嘴里咬住。

"扑哧"一声，刀下去了，旁边一位叫黄超云的女护士惊叫了一声，眼泪止不住地涌了出来。她实在不敢看手术台，闭上眼睛，使劲咬自己的舌头。手术下来，她才发现把舌头都咬破了。几十年后，她回忆起这件事来还是心颤不已："我从来没见过那么刚强的人！地上鲜血接了一盆啊……"

折腾了 3 个多钟头，然而，由于子弹进得太深，手术没有成功。医生们不甘心，又在缝合的刀口上拉开一道口子，忙活半天，还是没有成功。接着，第三次开刀……还是没能把子弹取出来。

这时，贺龙赶到了。他决定派人送许光达去上海。那里有一家中共地下党组织控制的医院，全国各红色游击区高级指挥员负伤，都可秘密送去那里治疗。

历尽艰险，伤势严重的许光达在2月底终于躺在上海这家医院的手术台上。护士亲切地安慰他："你尽管放心，手术时会打麻药的，不痛呢。"这时，戴眼镜的主刀医生和他的副手们都从来苏水里面抽出双手，卫生准备工作一就绪，就各自开始走上工作位置。负责麻醉的医生先行忙碌开了，他刚夹出一根煮过的针头，忽听手术室的大门"砰"的一声被人拉开了。只见一位穿着天蓝色旗袍的中年女子匆匆忙忙地闯了进来。这一突然的举动让所有的医护人员全都愣在了那里。

那女子定了定神，气质高雅地对大家说："对不起！阿拉家里临时出了大事，必须阿弟回去处理一下，手术先不做了……对不起！"她边说边动手帮许光达穿衣服。

"太太，先生的手术……否则……"主刀医生对那女子的举动深感唐突，说话都有些语无伦次了。

那女子不管这些，急速地帮许光达穿好衣服，对众人说："手术还是要做的，床位不要退好啦……"说着，将许光达放上活动床，推着快步通过太平道下到一楼。早有一辆轿车等在门口。那女子将许光达背到车上，钻进驾驶室就是一脚油门。轿车驶出不到一条街，身后警笛大作，国民党特务包围了这家医院。几分钟后，就有3名正在接受手术的红军指挥员被闯入医院的国民党特务当场枪杀在手术台上。

昏昏沉沉的许光达被送到租界里的新西兰友好人士艾黎家里。后经地下党组织安排，他又辗转去了苏联。在莫斯科，终于历尽劫波，把那颗距离心脏约10厘米的子弹取了出来。

1938年1月，在苏联治伤和学习的许光达抵达延安。贺龙见到许光达，高兴地说："国民党打了你一枪，却救了你一条命。别人挨一枪是祸，你挨一枪是福。"的确，如果许光达不是到苏联治伤，极有可能像段德昌一样，在"肃反"中被杀害了。

"一定要找到党,决不能半途而废!"

邓小平说,我们党有强大的战斗力,是因为有"马克思主义和共产主义的信念。……无论过去、现在和将来,这都是我们的真正优势"。的确,信仰是内心深处的追求和坚持。思想上坚信不疑,所以,意志上坚韧不拔;灵魂中坚实熔铸,所以,行动上坚定不移。

大革命失败后,许光达两度与党失去联系,两度重新找到党组织。无论青年时期执着追求革命真理,还是在白色恐怖下同国民党做斗争,许光达都表现了坚定的政治信仰,始终对党赤胆忠心,"死不退出共产党"。他正是以坚定的意志、不懈的追求,刻写了对党的忠诚、对信仰的坚守。

许光达13岁时考入长沙师范学校。当时,适逢马列主义传播到了中国,一些觉醒的革命知识分子开始探讨救国救民的真理。长沙师范学校也有了秘密的共产党和中国社会主义青年团组织。邻校长沙女子师范学校里的进步教师徐特立、周以栗等也常来此演讲。他们对国家前途和民族命运的担忧唤起了民众起来抗争的巨大热情,也深深地打动了许光达的心。他开始把目光投向民众,投向社会,积极参加学校里的各项活动。在共产党员、国文教师曹典琦的引导下,许光达阅读了大量宣传革命和进步思想的书刊,经常与同学讨论时事,钻研马列主义理论,从中了解到中国社会的落后及其根源。他与同学经常走上街头示威游行,反对军阀的黑暗统治,抵制日货,声援工人阶级的革命斗争。

1924年,孙中山在中国共产党的帮助下,在广州创办了黄埔军校,以培养革命的军事人才。消息传来,许光达看到了希望,萌生了投笔从戎的念头。许光达的父亲信奉"好男不当兵",得知儿子欲南下进军校,匆匆赶来长沙劝说。许光达决心已下,不听劝阻,留给家人一张8个字的纸条:"南下求学,诸事勿念。"就踏上了南下的列车。他要为追求真理而奋斗。

1925年5月,许光达由毛东湖、陈公陶介绍,加入了中国社会主义青年团,9月,转为中国共产党党员。入党仪式是在秘密状况下进行的。当看到墙上挂着马克思的画像时,不满17岁的许光达觉得特别神圣,为自己成为一名共产党员而自豪。这年冬天,许光达由党组织选中,准备被派到黄埔军校深造,并于第二年春入黄埔军校第五期学习,后来编入炮兵科,实现了投笔从戎的愿望。

在黄埔军校学习期间,许光达认真学习马列主义著作,积极宣传革命思想。他的床头常摆放《向导》《中国青年》《创造》《共产党宣言》等厚厚的书刊,他如饥似渴地阅读学习,不断从中汲取营养,逐步坚定了共产主义信仰。

1926年3月爆发震惊中国的"中山舰事件"后,蒋介石为了限制和削弱共产党的活动,强令共产党员填表登记,逼迫他们退党。立场坚定的许光达旗帜鲜明地在登记表上写下了铮铮誓言:"死不退出共产党!"

1927年4月12日,蒋介石公开叛变,大肆屠杀革命党人。紧接着,江苏、浙江、安徽等省以"清党"为名,大规模搜杀共产党员和革命群众。在严重的白色恐怖下,退出革命的人越来越多,自动放弃共产党党籍的也大有人在,每个共产党员都面临严峻的考验。

一天,校方发给许光达一张"学员政治面貌登记表",让他填写以表明自己的政治态度。许光达明白,"清党"终于轮到自己头上了。这段时间,"清党"已经使学员几乎无法正常上课了。校方提出军校的学员要么退出国民党,要么退出共产党,除此之外,别无选择。作为跨党党员,许光达也有双重党籍,面对取舍选择时,他毫不犹豫地在登记表上郑重写下:"中国共产党!"大浪淘沙,在复杂的斗争面前,许光达做出了无悔的选择。

1927年7月,轰轰烈烈的大革命失败了,黄埔军校决定让许光达所在的第五期的学员提前毕业。在毕业典礼上,恽代英致辞,勉励学员以解放人民为己任,发扬革命传统,把革命进行到底。这些话在许光达的心底深深地扎下了根。根据党的指示,许光达和另外几名中共党员利用武汉政府与蒋介石夺地盘而打出的"东征讨蒋"的旗号,打进驻扎在九江的张发奎第二方面军,积蓄和发动革命的军事力量,随时准备迎接突发的事变。

许光达来到九江后,被分配在国民革命军第二方面军直属炮兵营当见习排长。8月1日,南昌起义爆发。按照九江市中共党组织的指示,许光达和几个共产党员脱离炮兵营，赶赴南昌与起义部队会合。他们来到南昌时，起义部队已经撤出南昌城，往南转移了。面对这种情况，有的人不知如何是好。许光达坚定地对大家说："党指给我们一条光明的大道。我们一定要找到党，决不能半途而废！"他们沿着起义军走过的路日夜兼程，躲过敌人的搜捕，来到宁都，终于追赶上了起义部队。许光达被分配到第二十五师第七十五团第三营第十一连任排长。后来，有人问他："为何追败军之师？"他答："虽败犹荣。"有人担忧地问："这不是去送死吗？"他坚定地回答："虽死犹生！"

8月23日，起义军在瑞金经过短暂的休整后，通过会昌向广东进发。南路的国民党军总指挥钱大钧调10个团兵力，以会昌为中心，企图阻击起义军。第十一连党代表廖浩然向全连传达了上级的作战命令，指战员们个个摩拳擦掌，跃跃欲试。许光达更是振奋，这是他加入起义军以来参加的第一次战斗。随着响亮的冲锋号响起，全团指战员如猛虎下山，杀向敌人。许光达身先士卒，率领尖刀排涉水过河，勇猛冲击，很快就攻占了第一个山头，占据了有利地形。突然，一颗子弹打伤了他的胳膊，鲜血染红了他的袖子。他顾不上包扎，端着机枪始终冲在前面，直到把红旗插上会昌城头。这次战役后，许光达被任命为第十一连连长。钱大钧不甘心失败，在会昌之战一个月后又纠集3个师的兵力，向朱德指挥的第二十五师所占领的三河坝地域发起了疯狂的进攻。正当国民党军在优势火力掩护下冲上起义军的阵地之际，许光达端着刺刀跃出战壕，一边高呼："同志们，记住我们的口号：没有泪，只有血，用我们的刺刀开辟胜利的路！"一边率先冲向敌群。这时，一发炮弹在许光达身旁炸开，气浪把他推倒，鲜血从他后腰的伤口里流了出来。他挣扎着站起身来，可是摇摇晃晃向前冲了几步，只觉眼前一黑，栽倒在地……

战斗中，廖浩然也身负重伤，动弹不得。许光达醒来后，忍着伤痛，冒着枪林弹雨，将廖浩然背下火线，由当地赤卫队将他们一起转移到三河坝附近的茂之前村老乡家里隐藏、治伤。

多年后，廖浩然的侄子廖光达等回忆，他们童年时，夏日午后，常见廖浩然打赤膊坐在门前树荫下乘凉，看他们玩耍。他们常常上前看他身上那两个大伤疤，有时还用手摸摸。每当这时，他便喃喃自语，又像是告诉他们：当年要不是许光达将身负重伤的他背下火线，后来又护送到家，恐怕他的一把骨头早就遗弃他乡了，是许光达给了他第二次生命……

11月，伤未痊愈的许光达和廖浩然离开茂之前村，迎着初升的太阳匆匆上路，开始了艰辛找党的历程。许光达和廖浩然徒步到了潮州，得知南昌起义的部队已经失败，潮州城内到处张贴着缉拿起义军官兵的布告。他们不敢久留，又匆匆赶到汕头，汕头也同样处在白色恐怖之中。怎么办？他俩相对无言，心情从来没有像这时这样沉重。如果部队在前方，目标明确，再苦再累，心情舒畅，而眼下，起义失败了，部队打散了，到哪里去找党呢？苦闷、焦虑笼罩着他们。去武汉？不行！汪精卫发动"七一五反革命政变"，武汉也是白色恐怖。回长沙？不行！虽然那里有自己的老师、同学，可是国民政府湖南省主席何健奉行蒋介石的命令，大肆屠杀共产党人。去哪里呢？上海！一个念头闪现出来。尽管那里也是白色恐怖，但毕竟是党中央的所在地，也许会找到一点儿线索。

历尽艰辛，他们辗转来到了上海。在上海，反革命势力比潮州的更为猖狂，共产党的一切活动都处于秘密状态。时值隆冬，两个人在上海找党，身无分文，衣衫褴褛，幸得廖浩然堂叔廖梓英热情相助，为两个人更换衣服，找到一个供两个人临时落脚的地方。

偌大的上海，人如潮涌，车水马龙。党在何处？许光达和廖浩然如同失去桨舵的孤舟，在大上海漂来荡去。一天，许光达怀着失望的心情走进一家书店，翻看一本郑板桥的画册，一首诗映入了他的眼帘："咬定青山不放松，立根原在破岩中。千磨万击还坚劲，任尔东西南北风。"人生不也是这样吗？既然确定了奋斗的目标，哪怕是赴汤蹈火，也要"咬定青山不放松"！许光达从口袋中掏出一个小本子，将这首诗抄录下来自勉：一定要找到党，决不能半途而废！

又一天，许光达和廖浩然意外遇见一位同乡，得知南昌起义部队第七十五团团长孙一中回到了家乡安徽寿县，许多南昌起义人员都到了那里。他俩为此十分激动，抖落一身的疲惫，立即打起精神出发，想方设法前往安徽。两个人先到南京的第三十三军办事处，见到了战友廖运周。在三河坝战斗中，廖运周也负了伤，被转移到当地老乡家里养伤。廖运周康复以后，与部队失去了联系，回到寿县老家后，恰巧遇上孙一中在寿县办起了学兵团，就一块儿干上了。从廖运周的口中，他俩还得知：党的八七会议后，陈独秀的右倾投降主义受到了批判，为了保存更多的革命力量，中央指示懂军事的同志利用一些私人关系，打进国民党军队，以便掌握武装力量，准备迎接新的革命高潮的到来。孙一中就是利用国民党第三十三军军长柏文蔚与安徽省主席陈调元的矛盾而打进国民党的。在廖运周的帮助下，许光达和廖浩然来到了安徽寿县。就这样，在白色恐怖下，许光达等怀着对革命事业的必胜信念，冒着生命危险，历尽艰难千里寻党，终于与党组织接上了关系。

1928年农历正月十五，学兵团在寿县成立，有400余人，分4个中队。柏文蔚发给两万元开办费和500条枪，不过，一发子弹也不给。又过了一个月，根据中共中央巡视员的建议，学兵团成立了中共秘密党支部，孙一中任书记，许光达负责组织工作。他们都参加了中共寿县县委的领导工作，担任县委委员。这样，一个由中国共产党领导的打着国民党旗号的学兵团在寿县开始活动了。许光达此时就像一株栽到了适合生长的土壤里的小树，充满了青春的活力，把全部精力都放在了学兵团的工作上。

随着工作的顺利开展，根据中共寿县县委的指示，学兵团要为寿南农民暴动做出有力的策应。正当许光达等策划组织武装暴动时，行动被国民党当局察觉，一道逮捕令随即发出。在紧急关头，他们接到组织的指示，机智地骗过哨兵，一路飞跑，逃出了虎口，潜回了老家。

回到家乡，在长辈的安排下，许光达与未婚妻邹靖华完婚。就在他们新婚宴尔之时，叛徒在武汉供出了许光达的身份和去向，大军阀何健立即签署加急电报拍往长沙，要求将许光达"速缉拿归案"。在长沙警备司令部供职的邹靖华的姐夫得悉此事后，连忙托人带消息给许光达，叫他快逃。许光达逃到长沙时，城里到处都是缉拿他的通缉令，他见别无去处，蓦地想到岳父邹希鲁已在河北省清河县任县长，便躲到了那里。在岳父处待了一段时间，他又到了北平，最后辗转来到上海，终于与党组织接上了关系。这一年来，许光达从南方漂泊到北方，又从北方辗转到南方，躲过了国民党的追捕，经历了生活的折磨，从人海中寻找，在艰险中追寻，终于再次回到了党的怀抱。

1929年，许光达被推荐到周恩来主办的军事训练班学习。结业后，他作为党代表被派到湘鄂西，参与组建中国工农红军第六军。在奔向洪湖苏区的途中，许光达更加清楚地意识到，尽管新的革命斗争是异常艰苦、激烈和复杂的，但最后的胜利一定是"非共产党莫属的"！共产党，是他一生唯一的选择。

离别10年情不移

1938年1月，在苏联治伤和学习的许光达回到延安后，被任命为抗日军政大学训练部部长，5月，改任抗大教育长。这位英俊潇洒、身居高位且吃过洋面包、喝过洋墨水的将军立即引起了人们的关注，他的婚事也成了大家议论的话题。

在当时的延安，结婚的条件是"二八五七团"，即年满28岁、党龄5年、军龄7年、团级及团级以上干部。许光达是具备这些条件的人员当中的佼佼者。抗大是女青年集中之地，其中不乏对许光达的爱慕者，直接向他发动爱情攻势者有之，托人迂回"说媒"者有之，他却不为所动。不了解情况的人还以为这位教育长在选择爱人的问题上过于挑剔。有知情人基于他与妻子失散多年，妻子生死不明，而且他们的婚姻是典型的旧式婚姻，是父母之命、媒妁之言的产物，因此劝他："你同妻子离散10年了，兵荒马乱，倘若她不在人世了，你岂不是白等啦？"许光达坚决地回答："不，我要等。万一她没有死，我另娶她人，岂不伤透了她的心？这些年来，她为我做出了那么大的牺牲，盼望与我团圆，我怎能辜负她！即便她真的死了，我也要到她的坟前哭一回，添上一抔土。"

在许光达的内心深处，到底隐藏了怎样的一份深厚的夫妻感情呢？

许光达原名许德华，1908年11月出生于湖南长沙东乡萝卜冲的一个贫苦农家，7岁就给人放牛。他非常羡慕学堂里读书的孩子们，常常利用放牛的机会偷偷来到学堂窗外当"旁听生"。那琅琅的读书声对他很有吸引力。在一个寒冷的风雪天，于学堂窗外的他竟不堪受冻挨饿而晕倒在地。教书先生邹希鲁早就注意到了这个偷偷听课的穷孩子，这时见他晕倒，十分感动和怜爱，立刻将他救醒，收下了这名学生，且破例免收他的学费。

1921年秋，许光达考入长沙师范学校。这所学校是邹希鲁的同窗好友徐特立创办的。后来，徐特立将邹希鲁聘来学校任国文教员。许光达深知读书不易，发奋读书，加以天资聪慧，在同学中品学兼优，出类拔萃。邹希鲁非常喜爱和器重这个寒门学子，打算给9岁的二女儿邹靖华找个人家时，就想到了忠厚诚实的许光达，主动托人到许家提亲。许家欣然应允。这一年，许光达14岁，邹靖华才9岁，两个人都少不更事，婚姻大事自然就由父辈做主。亲事订下以后，邹靖华随父亲去了长沙，进了女子职业学校读书。

　　1928年年初，许光达辗转到安徽寿县与党组织接上关系，参与筹划国民党军第三十三军学兵团暴动。筹划工作失败后，他潜回老家。

　　就在许光达历尽艰险的时候，邹靖华因经济困难，辍学回到了家乡，靠绣花赚点儿钱贴补家用。老人们考虑他俩的年纪已经不小，又处在兵荒马乱的年月，都主张把他俩的喜事给办了。许光达并不想马上结婚，担心自己四处奔波，不能守家度日，反而连累了邹靖华，但他的老父亲想用结婚拴住儿子，坚决要求儿子办喜事。没办法，中秋过后几天，他们举行了婚礼。

　　结婚的这天夜晚，客人散尽。许光达坐在邹靖华身边，诚恳地说："我是个穷光蛋，你嫁给我可要吃苦啊！"

　　邹靖华低声说："那有什么，我会种田、会绣花，我能自己养活自己！"

　　"你知道郭亮吗？"看着善良的邹靖华，许光达故作神秘地问。

　　邹靖华听后吓了一跳。她知道郭亮是共产党员，在湖南的名号叫得很响，不久前被当局杀害了，为了这件事，她的父亲在家里还大骂国民党呢！想到此，她瞪大眼睛，不解地反问许光达："你问郭亮干什么？"

　　"报纸上说共产党人都是青面獠牙，杀人放火，你相信吗？"许光达没有直接回答她的问题，继续问道。

　　"这可是瞎说！我爸爸的学生中有不少人是共产党员，他们都是好人！"邹靖华有些着急地说。她感到许光达话中有话，便担心地问："你是哪个党的？"

　　"我哪个党也不是，是黄埔生。"许光达接着反问，"那你喜欢哪个党？"

　　"共产党！"邹靖华小声答道。

许光达高兴地说："好，那我一定争取当个共产党员！"

就在他们婚后的第十天，一封从武汉特务机关发出的加急电报到了长沙警备司令部。电报称："顷获匪犯供称，长沙东乡许光达系共党分子，速缉拿归案。"在长沙警备司令部供职的邹靖华的姐夫得知这一情况，吓得心惊肉跳，立即托人来到许光达家，把这一情况告诉了他。

这一消息把邹靖华惊呆了，她惊恐地问许光达："你真的是共产党员？"

许光达淡淡一笑，平静地说："无须解释，我确实是中共党员！"

"你快逃吧！我知道你走的是正路。不打倒那些坏蛋，穷人就没有活路。"邹靖华哽咽地说。

"我走后，你要多保重。我会回来的！"将要被迫离家的许光达轻轻擦去妻子的泪水，安慰说。

"你放心吧，天崩地裂，我也等你回来！"邹靖华再也说不下去了，痛哭失声。

半夜时分，浏阳河畔，一叶小舟载走了许光达。他俩新婚才10天，可没想到这一别竟是10年！

许光达逃走后，反动派隔三岔五到许家坐堂要人，闹得鸡犬不宁，邹靖华更是受到种种磨难。为了生计，她只能到长沙一家织袜厂做工。由于过度劳累，她常常咳嗽、吐血，有一次竟晕倒在织机旁。医生说她得了"痨病"。反动派仍然没有放过她，让她在脖子上挂"共匪婆"的牌子游街示众。有一天，长沙警备司令部的人拿着一份事先写好的与许光达的"离婚声明"让邹靖华签字，声称只要她签了字，就可以获得自由，但她一把将那张纸撕得粉碎。

而此时的许光达正躺在上海一家医院的病床上。他是在一次战斗中负的伤，敌人的子弹打在他心脏附近，威胁着他的生命，贺龙特地派人送他到上海治疗。临行时，贺龙给了他一笔医疗费。他思念远在故乡的妻子，趁此难得的空闲，假托别人名字给家里写了一封探询性的书信。邹靖华细看笔迹，觉得信是丈夫写的，断定丈夫是借别人之名投石问路，这使苦苦思念丈夫的她得到了莫大的安慰，她立即按信上的地址写了回信。当许光达的第二封信到了邹靖华手中时，她喜极而泣。邹靖华把丈夫的信放在最里层的衣袋里，从不离身，每当想念他的时候，就悄悄地拿出信来读一读。丈夫在信中嘱咐她多读书，并寄来了他从医疗费和生活费中节省下来的200元钱，使她重新燃起了希望。她发奋苦读，在很短的时间内就补完了课程，考上了长沙女子师范学校。她天天盼望丈夫的再次来信，但未见音讯。

在焦虑和失望中，邹靖华终于又收到了许光达从苏联寄来的信。许光达随信寄来10张小纸条，上面用中文、俄文写了收信地址，他告诉邹靖华，只要把其中一张贴在信封上，他就可以收到她写的信。10张小纸条寄托了他对妻子的无限深情。

邹靖华欣喜若狂，心里踏实了。她已有了相当的文化水平，对苏联有不少的了解。她连续给许光达写信，把那10张纸条都用光了，却没有一点儿回音，不祥之兆再次袭上她的心头。她哪里知道，由于国民党同苏联关系恶化，两国边境封锁，信路中断了。

许光达从苏联回到延安后，给妻子去过信，可是，根据地发到国统区的信根本邮不到。到抗大后，他又查阅了学员花名册，凡是花名册上记录的从湖南来的学员，他都去问过，但没有人知道邹靖华。

真是老天有眼！这一天，又有一批新学员来到了延安，其中就有许光达的妻子邹靖华和他的妹妹许启亮。那么，她们是怎么来到延安的呢？

事情是这样的。1938年，根据党的指示，徐特立回到了长沙，组建八路军长沙办事处，领导湖南抗日统一战线工作。一次，他到老朋友邹希鲁家串门，恰巧遇到了邹靖华。邹希鲁告诉徐特立：女婿离开这么多年，一点儿消息都没有，可女儿铁了心地等女婿，劝她改嫁，但她死活不依，说生是许家的人，死是许家的鬼……现在，她失学在家，也没有工作，真是没有办法。

徐特立见邹靖华聪明伶俐，就对她说："你如果想继续念书的话，我可以介绍你去延安抗大。"邹靖华一听去延安，高兴极了。这些年来，她偷偷地读了一些马克思主义的书籍，对共产主义有了一些了解，知道延安是好人待的地方；再者，说不定到那里还能找到离散的丈夫。于是，她坚定地对徐特立说："去延安、去抗大，我去！"许光达的妹妹许启亮得知嫂子要去延安，表示愿意一同前往。就这样，她们带着徐特立开的介绍信，按照徐特立告诉的路线，踏上了奔赴延安的行程。

几经周折，邹靖华和许启亮终于到了延安。接待的人把她们带到延安大旅社。刚刚进屋安顿下来，突然有个小战士进到屋里大声问："请问哪位是邹靖华？"邹靖华万万没想到，在延安还有人知道自己的名字，不解地问："是谁找我？""是我们的教育长许光达！"小战士的话音未落，一位身材高大的军人挑帘进来。邹靖华抬眼一看，这个人不正是自己10年未见、朝思暮想的丈夫吗？她忘情地扑到许光达的怀里，"呜呜"地哭了起来。许光达虽有思想准备，但还是抑制不住感情，无声地流下了眼泪！原来，邹靖华她们到八路军武汉办事处时，向林伯渠打听过许光达。林伯渠认识许光达，知道他是抗大的教育长，但不知道他是否又成了家，对邹靖华是什么态度，便提前给许光达拍了电报，说了情况。许光达立即给林伯渠回电：欢迎邹靖华来延安！但电报晚到了，邹靖华已经从武汉启程了。

不久，应毛泽东之邀，许光达带着邹靖华来到毛泽东的窑洞做客。一见面，毛泽东就握着邹靖华的手，高兴地说："祝贺你们夫妻团聚！欢迎你到抗大学习！"毛泽东向邹靖华简要介绍了当前的政治形势，鼓励她努力学习，并送给她几本小册子，有马列的，也有他自己的。因为在谈话中，邹靖华说她曾吃斋、信佛，所以，毛泽东风趣地对她说："光达是信马列的，你可不要再信佛了。"很快，邹靖华被编入抗大四大队学习。

妻子奇迹般地出现在许光达面前，抗大的许多同事及学员来到他们的住处表示祝贺。有几个偷偷爱慕过许光达的女学员也来了，在她们看来，邹靖华不过是个平常的女人，貌不出众，语不惊人，但她是教育长苦苦等待的心上人，因此，她们对这位教育长更加敬佩了。

夫妻久别重逢，许光达心绪难平：10年来，一个在枪林弹雨中南征北战，一个在受苦忍辱里东奔西走；一个内心抱愧、忠贞不贰，一个望眼欲穿、魂牵梦萦。现在，新的生活开始了。许光达情不自禁，奋笔疾书，给妻子写了一首深情款款的诗：

> 我俩的结婚整整已经有了10年，
> 然而相聚的时间仅仅只有两个月零21天。
> 不知流过了多少的伤心泪，
> 也曾受尽了艰苦与辛酸，

> 丝毫也不能摧毁我们铁的心愿。
> 在生命的征途上还会遇着狂风巨涛，
> 像从前一样的冲破，
> 我们永远的（地）骄傲自豪。

邹靖华把这首诗当作丈夫的爱情信物，一直珍藏在身边，作为他们夫妇风雨同舟、相濡以沫的见证。

许光达与邹靖华之间的感情不仅经受了战争年代的洗礼，也经历了和平时期的考验。

这对经过10年离别和战火洗礼的患难夫妻，于1949年又踏进了新的共同奋斗的天地。1950年，中国人民解放军装甲兵司令部成立，许光达任司令员兼政治委员，邹靖华任司令部机关直属队党总支书记，一家人从兰州来到北京。在新的征途上，夫妻风雨同舟，共担创业的艰辛。

20世纪50年代，装甲兵是我军一个全新的兵种。万事开头难，遇到的困难是可想而知的。许光达一心扑在工作上，殚精竭虑，甚至吃饭、走路都在考虑如何把装甲兵建设得更好。看到丈夫日渐疲惫的样子，邹靖华感到心疼，但她只能尽心尽力地为他做些力所能及的事，以减轻他的劳累。她帮他查找资料、誊写文稿，实在无力帮他做事时，就坐在他身边陪陪他。装甲兵机关的人员来自不同的单位，思想问题比较复杂，邹靖华作为一名机关党组织的负责人，尽力协助丈夫做好思想工作。许光达一再强调："没有技术就没有装甲部队。"他号召每个机关人员都要学会一种驾驶技术，或是学会驾驶坦克，或是学会驾驶汽车，至少要学会驾驶摩托车。邹靖华连自行车都不会骑，为了支持丈夫的工作，她鼓起勇气学开摩托车。有一次，摩托车翻了，摔得她鼻青脸肿。回到家里，许光达心疼地对她说："你身体不好，就免了吧，情况特殊嘛！"邹靖华却坚决地说："那不行！司令员下的命令，我拼死拼活也要执行啊！不能因为是你的妻子，就搞特殊，那不是扯你的后腿吗？"

邹靖华身体瘦弱多病，睡眠不好，许光达总是尽量照顾她。装甲兵机关每周放映一两次电影。每次去看电影，许光达都搀扶着妻子一同走向座位。许光达身居高位，出席重大礼仪活动时，需要夫人陪同，而邹靖华不愿参加这种活动。因在战争年代饱受疾病和生活的摧残，使她未老先衰，与那些光彩照人的夫人相比，她自觉逊色，不愿公开露面，但许光达每次都硬拉她去参加活动。他坦荡地说："国家的威仪，不仅仅体现在外表上，更是要看一个国家的国魂、士气、民风和人民的精神面貌。在这方面，你是可以把那些外国武官夫人比下去的。古人说，'糟糠之妻不下堂'，这是做人的起码道德，也反映了社会主义崭新的道德风尚，何况你我是多年的患难夫妻。"

"文革"开始后，林彪及其死党给许光达罗织罪名，并把他从家押走。临出门时，许光达对妻子说："靖华，看来你得有个准备，可能还要再过一次10年那样的生活。"他见妻子一脸悲苦、默不作声，又说，"你还记得我写给你的那首诗吗？你我都是大风大浪里闯过来的，今天也同样不会在任何艰难面前低头！"邹靖华望着丈夫那刚毅倔强的面孔，两眼噙着泪花，咬紧牙关，使劲地点了点头。

在许光达被关押的日子里，邹靖华也被说成"走资派""臭婆娘"而受到残酷的迫害。造反派把她押到批斗会场，要她"交代揭发"许光达的"罪行"，还要她同许光达"划清界线"。邹靖华正气凛然地答道："许光达只有革命，没有罪行！我们结婚快40年了，彼此的心融合在一起，这个界线划得清吗？"造反派抄家，看到邹靖华一直珍藏的许光达写的那首诗时，便诋毁说保留这份情书就是思想糜烂、精神颓废的表现。对此，邹靖华严肃地说："年轻人，你们无法理解老一代夫妻在革命战争的洗礼中用鲜血和生命铸成的爱情。"

被关押期间，许光达的健康状况急剧恶化，常常咳嗽、吐血，心脏病也常常发作，但专案组说他装病，不仅不给他治疗，反而让批斗升级。在身心交瘁、自身难保的情况下，许光达仍然牵挂着妻子。他嘱咐来医院看望自己的儿子和儿媳："要好好照看你们的妈妈，她身体一直很弱，多给她搞点儿有营养的东西吃……"

1969年6月3日，被残酷迫害了一年半之久的许光达带着对妻子的无限眷念，在狱中含冤辞世。

历史是公正的。1977年6月，经中央军委批准，在八宝山革命公墓举行了许光达骨灰安放仪式，为他平反昭雪，恢复名誉。

望着骨灰盒上丈夫的遗像，邹靖华忍了多年的泪水夺眶而出："光达，

风 范

你可以安息了，我们终于盼到了你安息的这一天！"

"共产党人自身的明镜"

1955年，中国人民解放军实行军衔制时，根据许光达为中国革命和军队建设所做出的贡献，中央军委决定授予他大将军衔。

当一些军官认为自己的衔级低而感到心中不平时，许光达在庆祝建军28周年的宴会上得知自己被毛泽东提名、将被授予大将军衔后，不仅没有半点儿喜悦，反而满脸愁容、深感不安。他对妻子说："几十年的风风雨雨，和我并肩战斗的周逸群、段德昌、柳直荀……还有更多的叫不出名字的年轻战友，把他们满腔热血洒在了共和国的土地上。'一将功成万骨枯'啊！我这顶'乌纱帽'是他们用鲜血换来的。一想到他们，我领受这么大的荣誉，实在是愧得慌……"许光达获授大将军衔，本属实至名归，但他经反复思考之后，做出了一个让很多人意想不到的决定：申请降衔。

许光达惶恐不安地找到老首长贺龙。这对亲密的将帅之间就授衔之事有过一段推心置腹的对话。

"老总，授我大将衔，太高了！"许光达不安地说。

"高啥子嘛！依我看，不低，也不高。你有大革命的经历，有内战的经历，有抗日战争的经历，有解放战争的经历，还有苏联红军的经历，我觉得应该授你大将军衔。这次授衔，10个元帅、10个大将，是毛主席同中央军委几位副主席反复研究、权衡，又照顾各方面而决定的，综合考虑了战功、资历、'山头'等因素。目前，红二军团谁还有资格担当大将位置？"贺龙做了详细的评定和解释。

许光达停顿了一下，低声说："如果周逸群、柳直荀还在，应该授什么衔？"

"这个问题问得好！我们不应忘记过去同生死、共患难的战友。"贺龙的思绪被许光达带到了出生入死的战争岁月，缓缓地说，"周、柳有可能像总理、小平一样，改行搞党务或行政。"

许光达又继续问："贺锦斋、段德昌要是还在呢？"

贺龙轻声叹了口气，说："可能是大将吧……"

对话中提及的几个人，在红二军团历史上很具代表性。周逸群是湘鄂西苏区的创始人之一，能文能武，贺龙视之为良师益友；段德昌是洪湖苏区的创始人之一，红二军团第六军军长，是贺龙的左膀右臂；贺锦斋在南昌起义时就是贺龙指挥的第二十军的师长，创建湘鄂西苏区之初又是贺龙领导的红四军的师长，是牺牲最早的师级干部；柳直荀是红二军团政治部主任兼红六军政治委员，是一员不可多得的政工干将。

"毛主席、中央军委对我的信任，我衷心感谢。但与其他几位大将比，我无论德、才、资，均不如他们。"许光达郑重地说，"老总，我正式向你请求，降低我的衔级，这样，我才能心安一些。组织上也该考虑一下我个人的意见嘛！"

看着许光达真诚的眼神，贺龙说："我可以把你的意见带上去。你听从军委的决定吧！"

几次面请降衔无果后，许光达再也按捺不住自己的情绪，向毛泽东和中央军委领导写了一份情真意切的降衔申请书。

不久，在一次评衔工作小组会议上，彭德怀一上来就让人宣读一份文件，文件便是许光达要求降衔的申请书。申请书中这样写道：

军委毛主席、各位副主席：

授我以大将衔的消息，我已获悉。我感谢主席和军委领导对我的高度器重。高兴之余，惶惶难安。我扪心自问：论德、才、资、功，我佩戴四星，心安神静吗？回顾自身历史，1925年参加革命，战绩平平。1932—1937年，在苏联疗伤学习，对中国革命毫无建树。而这一时期是中国革命最艰难困苦的时期，蒋匪军数次血腥的（地）大"围剿"，3个方面军被迫作战略转移。战友们在敌军层层包围下，艰苦奋战，吃树皮草根，献出鲜血生命。我坐在窗明几净的房间吃牛奶、面包。自苏联返回后，有几年是在后方。

我对中国革命的贡献，实事求是地说，是微不足道的。不要说同大将们比，心中有愧，与一些年资较深的上将比，也自愧不如……为了心安，为了公正，我曾向贺副主席面请降衔。现在我诚恳、慎重地向主席、各位副主席申请：授予我上将衔，另授功勋卓著者以大将。

许光达
1955年9月10日

好一会儿，彭德怀起身踱了几步，说："我早就讲过，军衔这个东西，我不太喜欢。可是，在这次评定军衔当中，我看见了让我喜欢的东西，但这次我要做光达同志的工作。"说完，彭德怀抄起电话，待接通后劈头一句："你是怎么搞的嘛？"

电话里传来许光达的声音："给我定大将，太高了……"

彭德怀不等许光达说完，大声说："高么子嘛，我看不高！"

许光达继续说："我给主席和军委的报告……"

"报告，我看过了，3个字：不同意！"彭德怀说得斩钉截铁。

许光达进一步解释："彭总，我是经过深思熟虑的……"

"中央也是深思熟虑过的嘛！是你许光达'深思熟虑'大，还是中央和主席'深思熟虑'大呀？"彭德怀说完就挂了电话。

授衔、授勋的日子一天天迫近，许光达的心情矛盾极了。问题已经提到了组织纪律的高度，他还能不答应接受这个大将军衔吗？他只好怀着巨大的不安，等待组织最后的决定。

毛泽东和中央军委最终并没有同意许光达的申请，仍然授予他大将军衔。这份情真意切的降衔申请书，反映了许光达淡泊名利、光明磊落的崇高品格，让毛泽东欣慰不已。在一次中央军委会议上，毛泽东手中高高扬起许光达的申请书，激动地说："这是一面明镜，共产党人自身的明镜！"

彭德怀插话："这样的报告，许光达一连写了3份。"

毛泽东点头，接着说："不简单啊！对待金钱、地位和荣誉，最容易看出一个人，古来如此！500年前，大将徐达，二度平西，智勇冠中州；500年后，大将许光达，几番让衔，英名天下扬……"

许光达的降衔申请没有获准，但他又打了一份要求降低行政级别的报告。对于这一报告，中央军委批准了。当时，按规定，大将是行政四级。由于许光达的再三请求，他的行政级别改定为行政五级，他也因此成为唯一被定为行政五级的大将。

清白传家

戎马一生、战功显赫的许光达严以律己，严以用权，从不为己谋私利，从未用权为家人谋福利，对自己的亲属显得铁面无情。在儿子许延滨的回忆里，父亲严格得近乎"冷漠"。许光达看似冷漠待亲人，但亲人们都明白，他把更多的爱给了大家，却从不把私情留给自己。许光达"清白传家"的家训深入家人骨髓，他们也一直严守家训，形成了朴实、低调的家族作风。

许光达与邹靖华既是生活中的亲密伴侣，又是革命事业上互相帮助的战友，他们志向相投，总是把国家利益置于个人利益之上，是模范夫妻的代表。1952年，中央决定军队的大批干部转业到地方工作。装甲兵系统同其他系统一样，也要转业一批干部。根据邹靖华的情况，本可继续留在军队，可是，许光达动员她响应党的号召，转业到地方工作。邹靖华一时难以接受，委屈地说："军队是你我成长的摇篮。我们的青春是从军队开始的，我们的革命道路是从军队起步的，我们的事业是在军队里建设的，怎么舍得离开呢？"许光达听了，目光中带着真切的期望，耐心地劝妻子："可是，国家进行大规模的经济建设，需要人啊。我想，你应该带个头。"邹靖华也是一位老革命，觉悟很高，支持丈夫的决定，依依不舍地说："好吧，我脱军装！……谁让我是司令员的妻子呢……""谢谢你对我的支持！"许光达激动地拉住邹靖华的手，"我知道，你这是为了我在干部面前说话更有号召力。""可你知道，人家心里是多么难受……"邹靖华的眼泪在眼眶里打着转转。这位1938年参军的老战士尽管心里难受，还是带头脱下了军装，转业到重工业部有色金属设计院政治部工作。

许光达这位身经百战的大将只有一个儿子，名叫许延滨。一次，许光达下班回家，在司令部大院里看见一群孩子吵吵嚷嚷，相互比谁的爸爸官大。许延滨跑到他跟前问："爸爸，你的官大不大？"许光达平静地回答："不大。爸爸的官小，只是个人民的勤务员。"这件事引起了许光达的极大重视：一群天真烂漫的孩子比谁的爸爸官大，好像爸爸官越大，儿子越光彩，就可以高人一等、盛气凌人，这怎么能行呢？儿子靠老子吃饭是没有出息的，并且不利于孩子的成长进步。为此，他给儿子立了3条规矩：一是上学就住校，从小就过集体生活；二是严格控制零花钱，生活标准向工农子弟看齐；三是不准司机接送，自己跑路。另外，他还严格警告儿子："在外面不准打我的牌子。如果你对别人讲自己是许司令员的儿子，就不准你回这个家！"

许延滨是个听话的孩子，父亲立下的3条规矩，他一条不犯。每逢周末，学校门前有一些小车来接学生回家，而许延滨总是背着书包，向公共汽车站走去。从上学起，他从不对别人讲父亲是司令员，在填表时都是只填母亲、不填父亲的名字。许延滨高中毕业，由于品学兼优，学校准备推荐他出国留学，可是，当审查他在学校填的各种表格时，发现无论是小学还是中学，"家长栏"里只有他母亲的名字，没有他父亲的名字。他的父亲是谁呢？会不会有什么政治历史问题？不然，为什么要隐瞒？学校负责政审的同志来到许延滨家中，一方面想了解他父亲的情况，另一方面就关于他出国学习的事，想征求一下家长的意见。学校的同志见到许光达后，不禁一怔：许延滨的父亲是大名鼎鼎的许光达司令员！敬佩之情油然而生。许光达听学校的同志介绍许延滨在学校的各种表现后，认真地说："生了孩子就给社会添了一个成员，父母就要对社会多负一份责任。延滨有了进步，多亏你们的培养，做父母的也很高兴，但是，我不同意推荐他出国留学。"学校的同志不解：推荐许延滨出国学习，既没有人情关系，也不是他滥竽充数，为什么许司令员不让他去呢？于是一再劝许光达答应让许延滨去留学。许光达就是不点头，并恳切地说："高级干部子女在国外会受到特别照顾，对子女的成长没有好处，还是推荐那些优秀的工农子女去吧！"

许延滨最终没有出国，而是去了哈尔滨军事工程学院。许延滨延续了父亲的军事生命，最终成长为人民解放军灿烂将星中的一员后，才真正明白："只有心里装着国家和军队，一个将军才会真正无私。父亲用'冷漠'给我指引了方向，温暖着我。"

1957年，许光达的父亲去世了。噩耗传来，举家悲痛。许光达极力控制着自己的感情，悲伤地在屋内踱来踱去。老人去世，按照长沙当地的风俗习惯，要办隆重的丧事，特别是有儿子在京城当了"大官"，似乎就更应当讲讲排场，搞得不寻常些。为此，许光达的几个兄弟多次拍电报，让他立即回去主持丧礼，还提出许多要求，光是办丧事所用的白布就在单子上列了30匹。

许光达心里非常矛盾：一方面，为人子女，尽孝是本分，自己特别想回去再看老父亲最后一眼；另一方面，他知道哥哥点名让他带几十匹白布回去并主持丧礼，无非是想通过把葬礼办得隆重一些来光宗耀祖。然而，这与中央提倡的移风易俗、从简办丧事是相违背的，自己作为中央委员，不能带头违反中央的指示精神。特别是如果自己回去，省政府和省军区等各级部门都要派人跟自己去，再加上北京和乡里的干部，该有多少人啊！如果这么搞，会在老百姓心中造成多么大的恶劣影响！这和国民党的官僚有何区别？不回去，从维护党的威信来讲是正确的，但亲人们会不理解。

看到丈夫左右为难，一旁的邹靖华说："是呀，你不回去，从维护党的威信来讲是应该的，可是，就怕家里人不理解，骂我们六亲不认，是不孝之子。""骂就骂吧。"许光达无可奈何地说。"要不，我替你回去。这样既可以协助哥哥把丧事办理好，也可以表达我们的心意。"邹靖华用征求的目光看着许光达。"那也不行！"过了一会儿，许光达斩钉截铁地说，"第一，我不能回去，你也不能回去；第二，这是关系到移风易俗的问题；第三，派个得力点儿的干部去一下，适当地给点儿钱。"

决定后，许光达立即找来一名熟悉湖南风土人情的政治干事，向他做了交代：一、不准搞迷信活动；二、取得地方的帮助，做好亲属的工作；三、带200块钱，该用的还是要用一些。许光达还几次打电话给当地政府人员，要求他们"严格控制"，不能因为是司令员的父亲去世就铺张浪费，一定不能超过当地老百姓办理丧事的标准。

许光达的哥哥及亲戚们原本想把丧事办得"体面"一些，还计划请和尚做道场，并雇好了一大群吹鼓手，就单等许光达回来主持丧礼。可是等了几天，许光达没有回来，却只派了一个干事来办这事。许光达的几个叔伯和兄弟对此非常不满，质问那个干事："许光达为什么不回来？家里等他回来主持丧礼，他不回来，老爹爹就不出殡了！"当时天气炎热，老人的遗体停在灵堂里，不抓紧出殡就要腐烂。干事给许光达的亲戚反复做工作，可是，许光达的哥哥十分固执，坚持许光达不回来，老爹就不出殡。

干事没有办法，只好给许光达打电话。许光达和邹靖华原来也考虑到家人会想不通，但是，没有想到会不出殡。许光达这时真的为难了。邹靖华又提出代他回去尽孝。许光达想了很久，说："你回去，我们前面做的工作就没有什么意义了，无疑是我们向旧的风俗习惯低头。我们只能带头树新风。"他给那个干事回话说："继续做工作，按我原来说的办！"同时，他电告当地政府："他们不葬，作为儿子的我，就委托地方政府动员群众代葬。"

在许光达的坚持下，那个干事继续反复做工作，当地的党组织和当地政府也积极配合，许光达的哥哥和亲戚们没有办法，只好从简办丧事，安葬了老人。那个干事从湖南回来一报账，丧事共花费了150元。后来，许光达的母亲去世时，家乡亲属再也没有人提出额外要求了。

20世纪60年代初，年轻的人民共和国连遭天灾人祸，陷入了空前的粮荒。当时，军队的条件稍好一些，所以，装甲兵机关好多干部的亲属从四面八方拥进北京，在机关大院长吃长住，往日静谧的机关大院一时间变得乱哄哄的，既破坏了司令部正常的办公秩序，又损坏了军队的威望，不利于团结全国人民同饥荒做斗争。为此，许光达主持召开装甲兵司令部党委会议，做出一项决议："困难期间，司令部机关的干部要动员亲属不要来北京；已经来的，要动员其尽快回去；凡是来探亲的，只允许住3天，就动员他们返回原籍。"

就在上述决议公布后没几天，许光达的四哥许德富和六弟许德强从湖南老家投奔他来了。他们已饿得挺不住了，也是来这里找饭吃的。一石激起千层浪，整个装甲兵机关大院的军官和家属们瞪大了眼睛，注视着许光达。

白天，许光达参加了一个重要会议。晚上，他回家还没坐稳，就听到四哥和六弟唠叨起邹靖华的不是来："不是我们存心要告她的状。她说装甲兵党委有个什么决议，让我们只住3天就得走。就3天哪！我们不信，难道司令员的哥哥、弟弟也只准住3天？"许光达解释道："是这样的，这不怪她，大家都要这么做。执行党委的决议，司令员家也不例外。"接着，许光达耐心地做起了四哥和六弟的思想工作。许德富火了，对许光达说："这个地方，你官大，你不发话，谁敢要我走？"他们再也没有说话，气呼呼地回卧室睡觉了。

邹靖华为难地对许光达说：四哥和六弟这次来，不但不能留他们长住，还得撵他们走，心里有说不出的滋味……长兄若父。是四哥许德富把许光达从小养大，还供他上学。他参加红军后，家人就成了"匪属"，被挂牌游街。为让他逃避国民党的追捕，又是四哥长途奔波给他报信，他才得以脱险。面对恩重如山的四哥和骨瘦如柴的六弟，面对妻子想留他们多住几天的请求，许光达在公私之间选择了以身作则、维护党委决议："我不能带这个头（来违反党委做出的决议）。他们还是得走，不走就撵。"

夜里，许光达的四哥和六弟翻来覆去睡不着。他们想不通的是，许光达不光要撵他们走，而且给他们吃的第一顿饭只有两个菜——炒白菜和煮黄豆。难道他家真的这么困难？第二天一早，他们走进厨房，打开厨柜一看，一下子全明白了。炊事员老张苦笑着告诉他们："全部吃的都在这里。平时是一菜一汤，你们哥俩来了，加了个菜，算是优待。黄豆算作营养品，专供首长食用，每月只有3斤。"说到这里，老张叹了口气，"实话对你们说吧，首长的粮食供应定量有限，来的客人比较多，粮食不够吃，只好吃代用食品。"说着，老张取出一些代用食品给他们看。这时，他们难过起来，觉得不该在这个节骨眼儿上来北京，更不该让许光达为难。于是，他们决定第二天就回老家。

"怎么，明天就走？"许光达回来后得知四哥和六弟第二天就要回老家，心里过意不去，内疚地说，"唉！有什么办法呢？国家困难时期，党和国家领导人同群众一样，共渡难关。咱们还有啥说的？"许光达把家里能吃的和存的酒全都拿出来为四哥和六弟饯行，还把出国访问带回的20多盒外国香烟全送给了他们。夫妻俩亲自到车站，把两兄弟送上了火车。

那时，国内各种物资奇缺。兄弟俩在火车上商量，还是把这些香烟换成吃的，保命要紧。于是，车到河南信阳时，许德强下了车，在站内兜售香烟。当时，市场上连国内的香烟都见不到，一个乡下人却卖外国名烟，便有人报告了公安局，公安局便把许德强抓去"说清楚"。许德强实话实说，但公安局怎么也不相信眼前这个病歪歪的乡下人竟会是许光达将军的兄弟，于是打电话到装甲兵司令部求证。正在这时，许德强在车站病倒了。许光达接到电话后，立即接许德强回京治疗。许德强到北京，一下火车就晕倒了，被送到医院当夜就去世了。许光达站在六弟的病床前，一夜未眠。医院在征得许光达的同意后，对遗体进行了解剖，发现许德强其实并没有什么严重的疾病，只是胃完全萎缩了，这是长期挨饿造成的。

许光达把六弟的骨灰盒拥在胸前，刚毅的脸上泪如泉涌……"当了司令，却饿死了弟弟。"乡亲颇为惋惜地说。

许光达的兄弟多，侄子、侄女也多。亲属们为许家出了一个大官而感到自豪，有的也想沾沾光。一天，许光达接到侄女来信，说让五叔许光达在北京给她找个工作。许光达不同意，当即就写了回信。信中，他批评了侄女不安心待在农村的思想，鼓励她好好念书，为建设家乡出力。"……当然，根据我的权力，给你在北京找个工作是不成问题的。可是，我在想，你是咱们许家女孩子中第一个念中学的。你是幸运的。你的几个姑姑不但没有念过书，还从小给人当童养媳，受尽了欺凌，那是社会制度不好。现在，咱们国家还很穷，尤其是农村，比较落后，需要有知识、有文化的人去改变农村的面貌。你是新中国的青年，应该有这样的志气。你还是安心念书吧。如果生活上有困难，我会想办法帮你解决。"

邹靖华十分支持丈夫，也理解亲属们的困难。她对侄子、侄女说："你们指望叔叔给你们安排好工作，这不可能。但是，叔叔和婶婶支持你们念书。你们当中凡是通过自己努力考入中等以上学校的，叔叔婶婶就供你们。"果然，后来有好几个侄子、侄女念大学，都是他们夫妇供的。

普通一兵，普通一民

许光达是我军历史上的现代化兵种——中国人民解放军装甲兵事业的奠基人。他几乎白手起家，领导组建了装甲兵的机关、部队、院校、基地和科研机构，推动了装甲兵部队的正规化建设，被誉为"中国装甲兵之父"。许光达身为装甲兵第一任司令员兼政治委员，亲自带头到坦克学校学习坦克技术知识与操作技能，体会坦克的特点，亲自主持编写和审定了装甲兵战斗条令和教程、教范及教材等，时时以普通一兵的标准要求自己。

许光达在某坦克厂蹲点时，为自己制定了"三不"规定："不另外做饭，不安排高级宾馆，不要任何特殊照顾。我和大家一样，就是普通一兵。"

有一次，许光达专门抽出时间到某坦克学校学习苏式坦克驾驶。这天，天气很热，教员为照顾他，劝他开窗练习驾驶。许光达拒绝说："打起仗来难道也能开窗吗？"苏式坦克那笨重的操纵杆拉起来有几十斤重，年轻人都会感到有些吃力，但已经50多岁的许光达咬着牙，天天去驾驶场，一连10多天，终于"驯服"了这个庞然大物，掌握了它的性能。每次驾驶练习结束，年轻教员都累得汗流浃背，许光达却还要去参加保养车辆的工作。教员听说许光达在战争年代负过伤，又患有严重的风湿性关节炎，便劝道："司令员，您这么大年纪，这么认真干吗？尝一下驾驶坦克的滋味就行了。"许光达笑着拍拍教员的肩膀，说："我是装甲兵司令员啊，不懂点儿军事技术，怎么去领导部队呢？再说，我也是装甲兵的普通一兵啊，为什么不能干这些事呢？"

一次，在上实车驾驶课时，许光达开着坦克在起伏的跑道上前进。他的动作有条不紊，手拉操纵杆，脚踏油门，坦克加速向下坡冲去。突然，前面出现了一个斜坡。许光达还未来得及把坦克调整过来，坦克便顺着斜坡驶了下去，好在坦克没翻过去，最终停在一个很陡的斜坡上。这个意外情况可把教员吓坏了，对许光达说："首长，您下车，我把坦克开过去。"许光达说："不，我开上来的，我还要把它开下去。在这里，我不是首长，是你的学员。"说完，许光达屏住气，硬是把坦克从斜坡上开了过去。

1958年夏天，许光达到南方的某坦克部队视察。随行人员告诉他，试制的国产坦克正在这里做高温条件下的破坏性试验，以便取得需要的数据。听到这个消息，他高兴极了，兴冲冲地赶到了试验现场，看着、摸着坦克，就像母亲看到了自己刚刚出生的孩子，脸上满是笑容。多么不容易呀，终于有自己生产的坦克了！国产的样车出来了，性能究竟怎么样？许光达想登上坦克亲自驾驶，实际摸摸有什么问题，也可以向工业部门反映，但试验员不同意。南方的夏天，气温高达三十七八摄氏度，人在车外都感到酷热难忍，司令员那么大年龄，怎么能受得了坦克舱内的高温啊？更何况这是试制坦克，性能不稳定，又是做破坏性试验，具有很大的危险性，如果司令员出了事，谁负得起这个责呀？陪同人员竭力劝说许光达不要试，要试也要等新车定型后再试。许光达却轻松地说："没关系，我这个司令员亲自摸一下国产新坦克的性能，取得第一手资料，对定型新车不是也有点儿帮助吗？

没什么可担心的。一会儿，你们当中谁有兴趣，也可以试试。"说完，许光达便钻进了坦克。坦克发动了，发出震耳欲聋的轰鸣，随即隆隆朝前方冲去。许光达驾驶着坦克，亲身体验了国产坦克的各种性能，掌握了第一手资料。当他脸色发白、挥汗如雨地钻出驾驶舱时，高兴得几乎喊叫起来，而其他人那一直悬着的心这才放了下来。

在许光达以身作则、率先垂范的感召下，广大装甲兵官兵学军练武蔚然成风。一段时间后，装甲兵官兵的军事技术素质有了大幅度提高，战斗力显著增强。

在生活中，许光达处处严格要求自己，从不以领导自居、搞特殊化，他常说："我们共产党人不是要做官，而是要革命，没有在生活上要求特殊化的权利。"

许光达从不计较住房的好坏，以全家人能住下为满足。亲朋来了，他也不让住招待所，只在家里挤着住。管理部门提出给他扩建一所房子，被他谢绝。妻子邹靖华想让他休息得好一些，便自费买了一张弹簧床，这是他们家里唯一的"奢侈品"。管理部门知道了，要把弹簧床当作营具报销。许光达把发票要回来并撕掉，还告诉管理部门的同志："这是自家用的东西，又能买得起，让公家报销是不合理的。我们国家还很穷，处处需要钱，做管理工作的同志要处处想到节省。"

许光达在严以律己的同时，处处宽以待人。下属找他谈工作，他总是主动站起来握手，亲自倒茶。逢年过节，他还到警卫员、司机、炊事员家里嘘寒问暖，对他们一年来的服务工作表示感谢。

1963年，许光达因眼疾住进解放军总医院治疗，会诊后确诊为睑腺炎。该院决定由眼科一级教授张福星为他做手术。

张教授此时已60多岁了。中华人民共和国成立前，他开过私人眼科诊所，医术精湛，名气很大，因此被调入上海部队系统的医院，后又调到北京解放军总医院。张教授因个人经历中有所谓"政治历史问题"（开过私人诊所），根不红，苗不正，平时十分小心谨慎。他在给许光达做手术时，由于年纪大了，视力减退，不慎碰伤了许光达眼睑小血管，引起皮下淤血，许光达的眼睛很快就肿得乌青乌青的。对此，中央保健局下达了三点指示：一是追查责任；二是许光达立即转到北京医院治疗；三是写出事故报告。许光达立即对此做出了三点回答：一是不转院；二是不要再声张；三是仍请张福星教授治疗。许光达说，张大夫年纪大了，做手术时，手可能有点儿颤。谁的工作不会出差错？仅仅因为碰上了我，就这样兴师问罪，我若是个普通人呢？这样搞，不就把张大夫毁了吗？许光达又给医院写了一封信，要求医院领导不要追查什么责任了。

出了事故，张教授可紧张坏了，思想压力很大，尤其害怕从政治上联系到个人经历来整他。而许光达夫妇把他当作贵宾接到家里，肯定他的劳动，感谢他的治疗，劝他放下一切思想负担，放手大胆工作。张教授被感动得热泪盈眶。

张教授重新给许光达做手术前，为了消除张教授的紧张情绪，许光达先跟他聊天，又给他剥了橘子，开玩笑说："你们当医生的爱讲维他命，总没有我这橘子维他命丰富吧！吃！吃！"治疗开始时，许光达一再说："不疼，不疼，你尽管动手吧！"在张教授的精心治疗下，许光达的眼疾很快就治好了。此事从始至终，全医院的人都知道，人人都很敬佩许光达夫妇广阔的胸襟和平等待人的高尚品格。

后 记

中华人民共和国开国元帅、开国大将是中国共产党人不忘初心、牢记使命的缩影，是新中国孕育、诞生、成长并取得国际威望的缩影，是中国人民艰辛探索、不断开拓、凯歌行进的缩影。在引领中国人民争取民族独立、人民解放和实现国家富强、人民富裕两大历史任务的波澜壮阔的历程中，他们坚守信仰、一心为民，思想卓越、宏图大略，严于律己、率先垂范，体现了中国共产党人的崇高革命风范。

这些崇高革命风范对共产党人的感召、对人民群众的激励"是历史的，也是时代的"。在中国特色社会主义新时代的今天，学习和弘扬开国元帅、开国大将的崇高革命风范，有助于广大党员、群众深入了解党史、国史、军史中的重要人物，从其光辉历程和精神风貌中汲取营养，滋养初心、淬炼灵魂，激发为实现中华民族伟大复兴而奋斗的信心和动力，以昂扬姿态奋力开启全面建设社会主义现代化国家新征程。

本书的编写出版参考了相关的图书、报刊等资料，借鉴和吸收了其中的研究成果，引用了一些相关回忆和口述文献，在此表示衷心感谢。还要感谢现代出版社的支持，特别是为此书付出心血的领导和编辑同志。我们之间通过这部书稿的合作，进一步增加了友谊和信任。

因本人水平所限，书中难免有疏漏或不当之处，敬请广大读者批评指正。

史全伟

2022 年 2 月 2 日

主要参考文献

1.《中国共产党历史》第一卷（1921—1949）（上、下），中共中央党史研究室著，中共党史出版社2011年版。

2.《中国共产党历史》第二卷（1949—1978）（上、下），中共中央党史研究室著，中共党史出版社2011年版。

3.《中国共产党的九十年》，中共中央党史研究室著，中共党史出版社、党建读物出版社2016年版。

4.《朱德传》（修订本），中共中央文献研究室编，中央文献出版社2006年版。

5.《朱德年谱（1886—1976）》（上、中、下），中共中央文献研究室编，中央文献出版社2006年版。

6.《回忆朱德》，《回忆朱德》编辑组编，中央文献出版社1992年版。

7.《彭德怀传》，《彭德怀传》编写组著，当代中国出版社2006年版。

8.《彭德怀年谱》，王焰主编，人民出版社1998年版。

9.《彭德怀自述》，彭德怀著，人民出版社1981年版。

10.《怀念彭德怀同志》，湖南人民出版社编，湖南人民出版社1979年版。

11.《刘伯承传》，《刘伯承传》编写组著，当代中国出版社2007年版。

12.《刘伯承年谱（1892—1986）》（上、下），军事科学院《刘伯承年谱》编写组编，解放军出版社2012年版。

13.《刘伯承回忆录》（一），刘伯承著，上海文艺出版社1981年版。

14.《刘伯承回忆录》（二），上海文艺出版社编，上海文艺出版社1985年版。

15.《刘伯承回忆录》（三），上海文艺出版社编，上海文艺出版社1987

年版。

16.《贺龙传》,《贺龙传》编写组著,当代中国出版社 2007 年版。

17.《贺龙年谱》,《贺龙年谱》编写组编,中共中央党校出版社 1988 年版。

18.《贺龙年谱》,李烈主编,人民出版社 1996 年版。

19.《回忆贺龙》,中国社会科学院现代革命史研究室编,上海人民出版社 1979 年版。

20.《陈毅传》,《陈毅传》编写组著,当代中国出版社 2006 年版。

21.《陈毅年谱》(上、下),刘树发主编,人民出版社 1995 年版。

22.《回忆陈毅》,人民出版社编,人民出版社 1980 年版。

23.《怀念陈毅》,中华人民共和国外交部外交史研究室编,世界知识出版社 1991 年版。

24.《陈毅百年诞辰纪念文集》,中国新四军和华中抗日根据地研究会、四川省新四军史料征集研究会编,四川人民出版社 2001 年版。

25.《罗荣桓传》,《罗荣桓传》编写组著,当代中国出版社 2006 年版。

26.《罗荣桓年谱》,黄瑶主编,人民出版社 2002 年版。

27.《回忆罗荣桓》,《罗荣桓传》编写组编,解放军出版社 1987 年版。

28.《怀念罗荣桓同志》,中共衡东县委宣传部编,湖南人民出版社 1979 年版。

29.《徐向前传》,《徐向前传》编写组著,当代中国出版社 2007 年版。

30.《徐向前年谱》(上、下),国防大学《徐向前年谱》编委会编著,解放军出版社 2016 年版。

31.《历史的回顾》,徐向前著,解放军出版社 1988 年版。

32.《聂荣臻传》,《聂荣臻传》编写组著,当代中国出版社 2006 年版。

33.《聂荣臻年谱》(上、下),周均伦主编,人民出版社 1999 年版。

34.《聂荣臻回忆录》,聂荣臻著,解放军出版社 2007 年版。

35.《山高水长——回忆父亲聂荣臻》,聂力著,上海文艺出版社 2006 年版。

36.《叶剑英传》,《叶剑英传》编写组编,当代中国出版社 2006 年版。

37.《叶剑英年谱(1897—1986)》(上、下),中国人民解放军军事科学院编,中央文献出版社 2007 年版。

38.《紫思录——怀念叶剑英》,《紫思录》编辑小组编,人民出版社 1987 年版。

39.《夕照集》,范硕著,广东教育出版社 1997 年版。

40.《粟裕传》,《粟裕传》编写组著,当代中国出版社 2012 年版。

41.《粟裕年谱》,中共江苏省委党史工作办公室编,当代中国出版社 2012 年版。

42.《粟裕回忆录》,粟裕著,解放军出版社 2007 年版。

43.《徐海东将军传》,张麟著,上海文艺出版社 1983 年版。

44.《忆徐海东》,《忆徐海东》编辑组编,河南人民出版社 1981 年版。

45.《徐海东纪念文集》,徐海东纪念文集编委会编,军事科学出版社 2000 年版。

46.《生平自述》,徐海东著,三联书店 1982 年版。

47.《黄克诚传》,《黄克诚传》编写组著,当代中国出版社 2012 年版。

48.《黄克诚年谱》,《黄克诚传》编写组著,当代中国出版社 2018 年版。

49.《黄克诚自述》,黄克诚著,人民出版社 2004 年版。

50.《陈赓传》,《陈赓传》编写组著,当代中国出版社 2013 年版。

51.《百年追思——陈赓大将诞辰 100 周年纪念文集》(上、下),纪念文集编审委员会编,解放军出版社 2003 年版。

52.《谭政大将》,乔希章著,解放军文艺出版社 2005 年版。

53.《谭政大将人生之路》,胡锦昌等著,中央文献出版社 2006 年版。

54.《谭政大将画传》,张国君编著,四川人民出版社 2009 年版。

55.《肖劲光大将》,胡学庆、孙国著,解放军文艺出版社 2005 年版。

56.《肖劲光回忆录》,肖劲光著,当代中国出版社 2013 年版。

57.《张云逸传》,《张云逸传》编写组著,当代中国出版社 2012 年版。

58.《张云逸年谱》,《张云逸传》编写组、海南省档案馆编,当代中国出版社 2012 年版。

59.《罗瑞卿传》,《罗瑞卿传》编写组著,当代中国出版社 2007 年版。

60.《我的父亲罗瑞卿》,点点著,上海文艺出版社 1997 年版。

61.《怀念罗瑞卿同志》,湖南人民出版社编,湖南人民出版社 1979 年版。

62.《王树声传》,《王树声传》编写组著,当代中国出版社 2007 年版。

63.《王树声纪念文集》，军事科学院编，军事科学出版社 2005 年版。

64.《王树声大将》，芦笙著，海燕出版社 1987 年版。

65.《许光达大将》，田越英编著，四川人民出版社 2009 年版。

66.《许光达》，田越英著，作家出版社 1997 年版。

67.《杨尚昆日记》（上、下），杨尚昆著，中央文献出版社 2001 年版。

68.《追忆领袖战友同志》，杨尚昆著，中央文献出版社 2001 年版。

69.《在历史巨人身边——师哲回忆录》，师哲著，中央文献出版社 1991 年版。

70.《中国人民解放军高级将领传》，中国人民解放军《中国人民解放军高级将领传》编审委员会、中国中共党史人物研究会《中国人民解放军高级将领传》编撰委员会编，解放军出版社 2013 年版。

71.《中国共产党一百年大事记：1921 年 7 月—2021 年 6 月》，中共中央党史和文献研究院编，人民出版社 2021 年版。